Robert
Debré

L'honneur de vivre

Témoignage

Stock Hermann

ISBN 2 7056 5772 X

A mes enfants
A mes petits-enfants
A ceux d'Elisabeth

A tous les miens, qu'ils le soient par la naissance ou devenus par l'affection

Préambule

Après avoir tant écrit, me voici devant la page blanche d'un nouveau cahier. Ma tâche est achevée et l'existence parcourue. Quelle singulière impression je ressens d'abandonner, pour un livre de souvenirs, la longue série des leçons, articles, ouvrages destinés à dépeindre ce que j'ai observé, à instruire mes cadets et faire partager mon expérience aux hommes de mon métier.

Vais-je être arrêté par toutes les objections qui me viennent à l'esprit ? Ainsi la pudeur exige-t-elle que l'on évite dans son récit l'évocation des bonheurs comme des malheurs personnels et les pensées intimes. Mais comment peut-on ne jamais parler de sa vie privée ? Trop de secrets lient un médecin qui, jusque dans ses mémoires, l'obligent à garder le silence. Quant aux anecdotes sont-elles supportables ailleurs que dans la légèreté des conversations ?

En contant son histoire, ne fait-on pas l'éloge de soi-même ? Complaisant pour les bons sentiments, on laisse dans l'ombre les défaillances, les fautes commises. Et comment faire un choix, alors qu'affluent à la conscience les souvenirs des événements, grands et petits, des hommes que l'on a connus, des conduites que l'on a tenues ? Et puis, aussi fidèle ou bien exercée qu'elle paraisse, la mémoire est capricieuse.

Lorsque l'on sait le peu que vaut le témoignage humain et que l'on sent si fort combien notre être participe à l'évolution perpétuelle qui modifie toute chose, il convient de se demander dans quelle mesure sont vraies les images du passé que l'on a créées en soi-même.

Ne peut-on pas cependant tenter de rappeler les impressions que l'on ressentit et les actes que l'on accomplit, lorsqu'au cours d'une longue vie on assista à tant de drames et de bouleversements historiques qui ont transformé le monde et dire les attitudes que l'on prit devant les mystères de la destinée humaine ? Enfin ne doit-on pas rendre hommage aux plus grands de ses contemporains, lorsqu'on eut la chance de les approcher ?

Il ne me déplaît point de raconter ce que j'ai voulu. Appelé au chevet de tant d'enfants malades, je me suis intéressé avec passion au sort de l'enfant, au développement de l'être humain, à la connaissance de ses besoins, au soulagement de ses souffrances. J'ai essayé d'approfondir la médecine du jeune âge et de l'éclairer par des connaissances scientifiques. J'ai tenté de comprendre les générations nouvelles. J'ai tendu mes forces pour favoriser la recherche biologique et lutter contre les fléaux sociaux. J'ai voulu, par une réforme d'ensemble, adapter l'enseignement de la médecine à la vitalité renaissante de mon pays, en réunissant autour des malades, à l'hôpital, étudiants, cliniciens, biologistes et chercheurs. De toute mon énergie j'ai participé à l'essor mondial de la pédiatrie et aux tentatives internationales pour aider les enfants les plus déshérités. J'ai défendu la langue et la pensée françaises chaque fois qu'il m'a été donné de les servir.

La collaboration de mes élèves qui m'ont aidé avec tant de ferveur et de capacité, a rendu possibles toutes ces entreprises et permis la réussite de certaines d'entre elles. Qu'il me soit pardonné de ne pouvoir tous les citer ici.

Enfin, j'ai combattu dans les rangs de notre vieux peuple guerrier, j'ai partagé ses angoisses, ses malheurs et ses gloires. Le sort a fait que ma vie s'est ouverte sur de vastes horizons. Mon fils aîné est devenu l'un des chefs de notre pays et a une influence sur le cours de son histoire. Mon existence a été illustrée par la joie et l'honneur que m'ont procurés mes enfants.

Je n'ai pu parcourir le chemin de ma vie que parce que je fus éclairé par des êtres rayonnants.

Voici donc mon témoignage.

•1•

Un petit monde d'autrefois

On se représente mal aujourd'hui la vie de ce « petit monde d'autrefois », comme l'appelait Fogazzaro, celui de la bourgeoisie moyenne en France à la fin du XIXe siècle. Les récits de ma mère et de mon père, mes propres souvenirs et ceux de mes frères et de ma sœur évoquent une même époque. On vivait dans la stabilité et la sécurité, fondées sur des gains modestes mais fixes et réguliers, adaptant les dépenses, suffisantes pour une existence simple et considérée alors comme confortable. On gagnait sa vie et cette vie était douce. L'idée que l'argent économisé ou les objets pouvaient changer de valeur n'effleurait personne. La vie n'était pas chère, on se contentait de peu et l'on jouissait de ce que l'on avait. La société était ce qu'elle était depuis longtemps et on ne pensait pas qu'elle dût se modifier. On profitait sans scrupule du travail des servantes indispensables. La maladie ou le départ inattendu de l'une d'entre elles était une catastrophe. Je n'ose penser à la misère des chambres de bonnes situées tout en haut des maisons et tour à tour, suivant la saison, ou torrides ou glacées, pauvres en moyens de toilette. Qui se souciait de l'existence personnelle de ces jeunes filles venues de la campagne, bretonnes ou alsaciennes ? Leur vie intime était inconnue jusqu'au jour où éclatait un drame. Alors certains maîtres implacables — à la vérité, je dois le dire, blâmés autour de moi — les congédiaient à l'annonce d'une grossesse. Et combien devait être difficile l'existence de celles qui prélevaient sur leurs trop justes salaires les frais d'un enfant placé en nourrice ! Parfois, même assez souvent il me semble, elles s'attachaient à ceux qu'elles servaient, les enfants les aimaient et elles le leur rendaient bien. Elles entraient dans le cercle de famille et y demeuraient pour toujours, y jouant un grand rôle, entourées d'une affection qu'elles éprouvaient elles aussi, à l'exclusion de toute autre. En écrivant ces lignes, je songe à Toinette et à Maria, car je ne puis rédiger mes souvenirs sans citer leur nom.

Un paternalisme spontané dominait dans les rapports entre maîtres et serviteurs. La société était formée de riches, de moins riches et de pauvres. C'était une évidence de tous les temps et le monde acceptait ce sort inévitable.

La religion s'y résignait, pourvu qu'on fût charitable. Mes parents me disaient : « Malheureusement, il y aura toujours des pauvres » et ajoutaient qu'ils avaient bien de la chance d'appartenir à cette classe également éloignée de l'éclat des richesses et des misères des « pauvres gens ». Ils expliquaient à leurs enfants que vivant dans leur milieu ils pouvaient mener l'existence la plus heureuse et la plus digne à la fois.

Au cours du déroulement des jours, les grands et petits événements qui touchent le groupe étroit de la famille et de ses amis étaient l'objet de commentaires interminables : les petits soucis de santé, le travail scolaire des enfants — ou plus exactement des garçons, car l'instruction des filles était peu importante —, les incidents de carrière des pères de famille, les toilettes des jeunes filles pour les quelques bals de l'hiver. Les « dames » avaient leur « jour » et l'on se félicitait quand beaucoup d'amies avaient « rendu » leur visite. A notre grand ennui on faisait, devant ces dames, comparaître les enfants bien habillés. Les menus incidents dans le train-train du ménage étaient le sujet de toutes les conversations et de toutes les lettres. Dès qu'un proche changeait de résidence, s'établissait une correspondance féminine quotidienne, longue missive d'une belle écriture anglaise. Les fiançailles, préparées par les parents, étaient l'occasion de fêtes familiales, de réunions et de présentations. On se réjouissait quand le mariage était un mariage d' « inclination » et non de raison, à condition bien entendu que fussent respectées toutes les « bonnes règles ». Les fiançailles étaient rarement rompues et l'on donnait un bal le soir du mariage. Ces événements provoquaient de grandes ondes d'émotions collectivement ressenties et exprimées. Le voyage de noces, qui consistait en une série de rencontres provinciales avec des parents proches ou lointains, était souvent pour le jeune couple sa première et parfois unique occasion de déplacement.

Les distractions étaient simples ; leur naïveté peut-elle être considérée comme touchante ? En famille, c'étaient les jeux de société ou des soirées amicales : morceaux de piano ou grands airs de chant exécutés par des amateurs. Chez une de mes tantes un peu avare, lorsque arrivait l'heure des rafraîchissements, comme l'on servait des verres d'eau avec un morceau de sucre et quelques gouttes d'alcool de menthe, un de mes oncles, pour se moquer de ce verre d'eau, imitait en sourdine les deux notes sonores des voitures de pompier. Les jours de congé, c'étaient des visites obligatoires aux membres de la famille, car l'on cousinait assidûment. On allait bien rarement au théâtre, plus souvent pour assister à une grande représentation classique à la Comédie-Française ou à l'Odéon qu'à une pièce moderne dans un théâtre des boulevards. Chacune de ces soirées était un événement et l'on faisait toilette bien longtemps avant le dîner pris de bonne heure et à la hâte.

Les promenades à pied étaient le grand plaisir des jours fériés et aussi le seul sport, mis à part les exercices de gymnastique aux agrès pour les collégiens. Les jeunes filles jouaient au volant. Verlaine les a décrites :

Et nous courons par les prés
Et rions et babillons
Des aubes jusqu'aux vesprées
Et chassons aux papillons
Et des chapeaux de bergères
Défendent notre fraîcheur,
Et nos robes — si légères —
Sont d'une extrême blancheur.

On lisait beaucoup. On se prêtait des livres, on en empruntait au cabinet de lecture. Il existait toute une littérature destinée aux enfants et aux jeunes gens. Les plus petits étaient fidèles à la « Bibliothèque Rose » où dominaient les célèbres histoires de la comtesse de Ségur née Rostopchine. Les plus grands lisaient passionnément les ouvrages de Jules Verne et les romans d'Erckmann-Chatrian. Tous connaissaient par cœur les aventures de la famille Fenouillard et du sapeur Camember dont l'image leur était familière. Beaucoup de livres étaient interdits aux jeunes et presque tous aux jeunes filles et jeunes femmes, alors que les grands classiques et romantiques étaient entourés d'un respect intangible. On aimait les ouvrages d'histoire. Dans toutes les bibliothèques figuraient les nombreux volumes de l'*Histoire de la Révolution et de l'Empire* de M. Thiers. Mais l'histoire, c'était le passé lointain. L'histoire récente et contemporaine, qui ne figurait pas dans les programmes d'étude, était réservée à ceux qui s'occupaient de politique.

La morale rigide était généralement bien supportée ; pudeur, interdits sexuels, respect des parents et des maîtres, obéissance à toutes les règles sociales et religieuses, accomplissement des devoirs familiaux et patriotiques représentaient des obligations par tous consenties. Tout le monde obéissait : les enfants à leurs parents, les serviteurs à leurs maîtres, les ouvriers à leurs patrons. Les enfants devaient être « bien élevés », acquérir de bonnes manières. On nous disait : « Laissez la parole aux grandes personnes. » Que de recommandations impérieuses chaque jour ! Les repas avaient une certaine solennité ; on devait arriver à l'heure, avoir les mains propres, bien se tenir sur sa chaise, ne pas mettre les coudes sur la table, accepter même des mets qui ne vous plaisaient pas pour ne pas offenser la cuisinière, ne pas parler de la qualité des plats et, enfin et surtout, ne pas laisser de pain, ce pain si précieux pour les pauvres gens qu'il ne devait pas être gaspillé. Il convenait de respecter l'ordre établi, de ne jamais mentir ni frauder et d'agir avec honneur. Ainsi l'on était des braves gens, fort contents et assez orgueilleux de l'être, car les « bonnes » familles avaient leur vanité. Les défauts caractériels, les troubles de l'équilibre mental, qui n'étaient pas plus rares qu'à présent, rendaient malheureux les membres les plus proches de la famille ; dans ce milieu clos, on évitait de laisser transparaître ce que l'intimité pouvait cacher. On n'en parlait pas à autrui, car on était « fier ». Les brouilles familiales, inévitables, étaient acceptées et en quelque sorte avalisées par chacun. La même hiérarchie des valeurs était reconnue unanimement. D'abord le travail et, dans mon propre milieu, le travail intellectuel, l'emportait sur l'acquisition des richesses, encore que les grands possédants fussent entourés d'un indéniable respect. On se souciait moins de la beauté physique des hommes que de leur savoir et de leur dignité et chez la femme étaient surtout appréciés le charme sans coquetterie — guère de poudre et un peu de parfum, seulement dans les grandes circonstances — et les qualités de bonne épouse, mère et ménagère.

Les logis étaient simples, la lumière du jour obscurcie par des tentures, les pièces encombrées de meubles, d'objets et de bibelots gardés en souvenir : photographies, bronzes d'art, vases aux formes diverses.

Le charbon brûlant dans la cheminée ou, trop rarement, la flambée de belles bûches dont nous aimions les lueurs et les odeurs assuraient un chauffage qui paraissait suffisant dans la plupart des chambres. Transporter chaque jour de la cave à l'étage le charbon et le bois fournis par le marchand voisin était le premier travail de la servante.

Point de salle de bains. A de grandes occasions, le porteur d'eau montait jusqu'à l'appartement la baignoire et l'eau chaude. Pour leur propreté et leur bonne santé, les enfants étaient chaque matin douchés à l'eau du robinet, nus dans un tub et recevant le contenu d'un broc d'eau, puis se nettoyaient avec une grosse éponge. Après ce contact un peu rude avec l'eau froide, c'était l'horrible cuillerée d'huile de foie de morue dont l'affreuse saveur persistait malgré le bonbon à la menthe destiné à l'atténuer.

Peu à peu les lampes à huile, dont on remontait assez solennellement le mécanisme, étaient remplacées par des lampes à pétrole. C'était un grand progrès, même si de temps en temps les mèches fumaient, les verres se cassaient ou le pétrole manquait. Chacun aimait bien sa lampe et douce était la lumière sous les abat-jour d'étoffe ou de carton. Sur les cheminées, c'étaient de gros lampadaires avec des globes et, au-dessus de la table de la salle à manger, une suspension avec la grosse lampe et toutes ses bougies. Les petites lampes portatives Pigeon représentaient une grande amélioration pour remplacer les bougeoirs individuels. Les escaliers étaient éclairés au gaz. Une plaque bleue au-dessus du porche de la maison indiquait « eau et gaz à tous les étages ». Comme on le lit souvent dans les romans de Balzac, les maisons abritaient des gens de toutes conditions, d'autant plus modestes que l'étage était plus élevé. C'est peu à peu, sous nos yeux, que devaient s'établir, dans les logis et les quartiers, les divisions de la société.

On avait ses fournisseurs, on leur restait fidèle. Ce qu'en racontait ma mère est resté vrai durant ma petite enfance : le chemisier qui venait prendre les mesures, ainsi que le petit tailleur et, de son temps, la faiseuse des bonnets de dentelle, la vendeuse de volaille et de charcuterie, le marchand de vin de Bordeaux — personnage important —, le blanchisseur avec son grand panier — il y avait même alors le blanchisseur de gros et celui de fin. Les maîtresses de maison faisaient leur marché et les maraîchères les connaissaient bien. Naturellement, une servante les accompagnait pour porter le panier à provisions. C'est avec joie que les enfants — encore petits — prenaient part à ces expéditions ménagères. Chez ma grand-mère, tous les jours, puis chez ma mère de temps à autre, venait la lingère, la mère Claveau, qui, à pied sans doute et par tous les temps venant de quartiers lointains, arrivait à la même heure. Coiffée d'un bonnet, le nez chaussé de lunettes, en hiver les pieds sur une chaufferette, elle cousait tout le jour, ravaudant les chaussettes gonflées par une bille de bois ovale. On la savait seule dans la vie, participant à l'existence de nous tous et heureuse — disait-on — de gagner 1,50 F par jour avec son repas de midi.

Enfermé sur lui-même, ce monde de moyenne bourgeoisie n'avait guère de liens avec les autres classes de la société. La population ouvrière ne lui était connue que par les artisans venant travailler à domicile. Le prolétariat industriel, qui commençait à se développer en France, était totalement ignoré. Ignorés aussi, le monde rural ainsi que la grande bourgeoisie très aisée. Quant à la noblesse, elle n'était connue que par l'histoire de France.

Le père de famille lisait bien régulièrement chaque soir ou le *Journal des Débats* qui avait, si je me souviens bien, deux éditions de couleur un peu différente, ou *Le Temps* qui apportait de Paris, de la France et de l'Europe — le reste du monde était bien lointain — des nouvelles dont on s'entretenait peu.

C'est à un groupe particulier de ce « petit monde d'autrefois » qu'appartenaient mes familles paternelle et maternelle, celui des familles israélites parisiennes originaires de l'Alsace et de la Lorraine.

Mon père, né dans le village de Westhoffen, dans le Bas-Rhin, resta toute sa vie attaché à son pays natal dont je parlerai longuement quand je raconterai nos voyages d'enfants en Alsace, car cette province a joué un grand rôle dans notre vie. Il pensait que son nom inscrit sur les registres de l'Etat-Civil, lorsque cette inscription fut devenue obligatoire au moment de la Révolution française, venait de la prononciation, avec l'accent de la province, de celui de « Desprès », puisque, disait-il, en parlant de ses compatriotes, « ils confondent toujours le *b* et le *p* ». Il était issu d'une de ces communautés juives des villages d'Alsace qui avaient une physionomie assez originale, fortement attachées à la terre natale, solidement réunies par la religion à laquelle elles étaient scrupuleusement fidèles, bien intégrées depuis la fin du XVIIIe siècle, à la nation française et qui furent, sous les occupations allemandes, un foyer chaleureux de patriotisme. Erckmann et Chatrian les ont bien dépeintes. D'après une tradition familiale, mon arrière-grand-père avait servi de modèle pour le portrait du vieux Reb, le personnage connu du célèbre roman *L'Ami Fritz*. Aimé de tous les notables de sa petite ville, mentor de l'ami Fritz Kobus, sa silhouette est bien celle de mon arrière-grand-père. Ma tante Jeanne me racontait qu'il avait belle allure, avec le grand chapeau de feutre, la longue redingote, la culotte noire, les bas blancs dont Erckmann-Chatrian ont dit qu'ils n'étaient pas toujours bien tirés, et les souliers à boucles d'argent. Affable, il offrait volontiers, comme le veut la coutume, une « prise » de tabac avant d'engager la conversation et retirait de la poche de son gilet une petite tabatière plate. Lorsqu'il s'asseyait à la table de la brasserie du Grand Cerf pour boire une chope de bière avec ses amis et qu'il allait allumer sa grande pipe, il plongeait sa main dans la poche profonde des pans de la redingote pour en tirer sa grosse tabatière. Je possède aujourd'hui ces deux tabatières d'argent finement décorées. On le savait sage, avisé, généreux. Comme il fut heureux, ainsi que le racontent les romanciers, lorsque Fritz Kobus consentit, sur sa demande, à prêter sans intérêts une petite somme au pauvre colporteur qui allait se marier ! Il était plein d'humour et savait se tirer avec finesse de situations embarrassantes, comme il lui arriva lorsqu'il empêcha le maquignon de prêter un faux serment sur la Bible.

Le vin d'Alsace ne lui déplaisait point, ni le bon kirsch du pays et, fidèle en ses amitiés, il goûtait les conversations plaisantes et les discussions cordiales au cours desquelles il laissait entendre combien il était fier d'appartenir au peuple choisi par Dieu.

De son fils, mon grand-père, on disait qu'il remplissait aussi scrupuleusement ses devoirs civiques que religieux et l'on racontait cette anecdote. Lorsqu'il faisait porter un message par un de ses enfants ou un petit gamin au village voisin, pour ne pas frustrer l'Etat, qui aurait dû recevoir le revenu de la poste, il ne manquait pas de déchirer un timbre — un des premiers timbres français à l'effigie de Napoléon III — et s'expliquait en une phrase qui voulait bien dire : il faut rendre à César ce qui appartient à César.

Mon grand-père, conseiller municipal et maire adjoint de son village et qui s'enorgueillissait d'avoir beaucoup contribué à la construction du nouveau temple protestant, trouva tout naturel que son fils, au lendemain de l'annexion, quittât l'Alsace pour toujours. C'est à ce moment que, comme dans toute la province annexée, certains membres de la famille vinrent en France et les autres restèrent au pays pour garder la maison, les propriétés, les souvenirs et symboliser l'attachement à la terre où étaient ensevelis les ancêtres. Lorsqu'il mourut, très âgé, peu de temps après la guerre de 1870, ce fut après une agonie troublée par de violents orages. Quand il entendait le tonnerre, il répétait : « Ecoutez, mes enfants, ce sont les canons du Grand Empereur qui viennent nous délivrer. »

La famille de ma mère — Trénel et Dennery — portait les noms de villages voisins de Metz où elle s'était fixée depuis bien des générations. Certains de ses membres s'étaient établis à Nancy, d'autres à Lunéville, d'autres à Paris. Des récits familiaux évoquaient une arrière-grand-tante d'une famille de dentelliers de Lunéville qui, sur les épaules de son père, assista à l'entrée du roi Louis XV le Bien-Aimé au cours de son voyage en Lorraine. On nous parlait aussi de ces parents et alliés qui furent professeurs à l'Ecole normale et à l'Ecole polytechnique au moment de la création de ces grandes écoles, ou soldats dans les armées de la Révolution et de l'Empire, notamment de l'un d'eux, médecin militaire, qui, au retour de l'Empereur, reprit du service pendant les Cent-Jours et fut porté disparu — nous savons ce que ces mots veulent dire — le soir de Waterloo. On était assez fier des alliances lointaines avec les Soulé, les Dauvé et les Fould, peintres, musiciens, professeurs, officiers, dont les uns restèrent attachés à la religion juive, tandis que d'autres devinrent catholiques ou protestants. Je ne sais quel lien nous rattachait à un notable de la communauté israélite, Serbert, qui essaya d'obtenir de Malesherbes, lorsque celui-ci abolit les discriminations qui frappaient les protestants, que les juifs habitants le royaume fussent peu à peu transformés en sujets naturels du roi.

La jeunesse de ma mère s'était écoulée à Paris. Elle nous disait : « Nous avons été des petits Parisiens privilégiés, nous n'avons pas été enfermés dans un appartement, nous avons habité une jolie maison sur une large avenue, le boulevard Richard-Lenoir, appelé aussi le Canal parce que le large terre-plein qui séparait les deux chaussées recouvrait une partie du canal Saint-Martin. Il n'y avait guère autour de notre maison que des sortes de chaumières paysannes, peu de voitures, sauf, parfois, un lourd fardier traîné par six chevaux et chargé de pierres de taille. Nous nous sentions chez nous et nous fûmes révoltés quand on posa les rails du premier tramway parisien Saint-Ouen-Bastille. »

La famille de ma mère dut abandonner la maison du boulevard Richard-Lenoir lorsque l'école rabbinique que dirigeait mon grand-père maternel, qui avait été transférée après la guerre de 1870 de Metz à Paris et qui était vénérée dans le monde israélite de ce temps, vint s'installer au Quartier latin, rue Vauquelin, où mes souvenirs vont rejoindre ceux de ma mère. En effet, j'ai connu cette maison où habitaient mes grands-parents maternels. Mon grand-père Trénel y résidait avec sa famille et les élèves de ce séminaire. Il y gouvernait avec rigueur tout un groupe de jeunes hommes venus pour la plupart d'Alsace ou de Lorraine, auxquels se joignaient quelques Parisiens qui voulaient se vouer à la carrière rabbinique. Tous étaient tenus en respect par la sévérité de mon grand-père. Ce petit homme, à la figure large encadrée d'une barbe, la tête recouverte d'une calotte ronde comme on la portait alors, le veston orné d'un ruban rouge qui nous frappait (les enfants sont toujours très attentifs aux décorations qui ornent les boutonnières), était sévère pour lui-même et pour autrui. Mes oncles ont toute leur vie gardé le souvenir des réveils matinaux et des longues prières hébraïques qu'ils devaient réciter avant de partir pour le lycée Charlemagne. Chef de famille autoritaire, il était entouré d'un respect craintif. On le savait juste et implacable.

De ma grand-mère j'ai gardé le souvenir de sa figure douce. Elle portait toujours un bonnet de dentelle noire d'où pendaient deux sortes de larges rubans, également faits de dentelle, qui encadraient son visage. Elle essayait d'atténuer pour ses enfants et petits-enfants les rigueurs de son époux. Ses enfants n'usaient point, en lui parlant, ou en parlant de lui, du diminutif habituel, mais l'appelaient « père ». Lorsque, écolier, j'entendais parler des pouvoirs du *paterfamilias* romain, c'est la figure de mon grand-père Trénel qui symbolisait pour moi ce chef de famille antique. Comme ses coreligionnaires, il était patriote et pieux. Il exigeait l'obéissance rigoureuse aux règles de la religion, au point qu'une fois un de mes oncles ne put prendre part au concours de l'Ecole normale supérieure parce que les épreuves avaient lieu un samedi et qu'il fallait respecter le repos du sabbat.

Mon père, ayant, comme je l'ai dit, opté pour la France après le traité de Francfort, avait quitté le village de Westhoffen, abandonnant tous les siens, pour ce Paris immense et mystérieux et s'était comme réfugié au foyer de cette école où mon grand-père maternel l'avait accueilli. Il n'en avait pas gardé un mauvais souvenir malgré la discipline austère imposée à ce jeune campagnard qui avait jusqu'alors vécu sans grande contrainte.

Les élèves de l'école rabbinique ne poursuivaient pas seulement des études religieuses, lisant et relisant les textes sacrés, approfondissant leurs connaissances en langue hébraïque, mais dans le même temps préparaient leur baccalauréat, d'où l'importance des études de la langue et de la littérature françaises ainsi que du grec et du latin.

Parmi ses professeurs laïcs, mon père avait gardé le souvenir de deux d'entre eux devenus plus tard célèbres : Paul Bourget, alors jeune étudiant, qui lui donna, ainsi qu'à mes oncles, des répétitions pour les préparer au baccalauréat, et Burdeau, dont la philosophie se rattachait aux doctrines de Kant et d'Auguste Comte. Celui-ci devint plus tard un homme politique et fut attaqué lors du scandale de l'affaire de Panama. Maurice Barrès a tracé dans *Leurs Figures* une image cruelle de cet homme « pâle, disait-il, du cœur dont il devait mourir ». Mon père n'a cessé de me répéter que Burdeau avait été injustement outragé. A un bal chez les Ferry, je devais rencontrer, bien des années plus tard, la frêle et charmante Mlle Burdeau, sa fille, et je fus heureux de lui dire le respect que mon père avait gardé pour le sien.

Les vers latins étaient obligatoires, je crois, même pour l'examen du baccalauréat. Je possède encore le *Thesaurus Poeticus* qui avait aidé mon père et ses amis à écrire leurs poésies latines.

La maison de la rue Vauquelin apparaissait à mon enfance comme un lieu secret, étonnamment silencieux, où l'on ne pouvait ni jouer ni se battre et dont on parcourait sans mot dire les longs couloirs. Quelques élèves du séminaire venaient gentiment et rapidement dire quelques mots aux petits-enfants de leur directeur, mais, en vérité, un seul personnage nous semblait important, c'était

Bernard, le concierge. Ce petit Alsacien, râblé et souriant, me paraissait appartenir à l'histoire, car, dans les grandes circonstances, il arborait sa médaille de la guerre de Crimée suspendue par un ruban de couleur blanche et verte avec un serpent et un aigle noir. Il jouait avec nous. En songeant à lui, je me rappelle qu'un jour de détresse enfantine, où, après m'être senti très seul dans le jardin, je courais au milieu des feuilles sèches et mortes que froissaient mes pas dans un bruit que j'entends encore, il vint en quelque sorte au secours de mon angoisse en me donnant une branche fleurie de fuchsia. J'ai toujours aimé cet arbrisseau et ces fleurs, en souvenir de la consolation qu'apporta à mon chagrin d'enfant la gentillesse du brave Bernard.

·2·

Enfance heureuse. Patrie et religion

NOUS AVONS EU, mes deux frères, ma sœur et moi-même, une enfance heureuse, bienfait pour la vie entière. Quand, jusqu'à un âge avancé, nous parlions du temps passé, nous retrouvions la gaieté de ces beaux jours.

Je suis né à Sedan, sous-préfecture des Ardennes, le 7 décembre 1882. Mon père, Simon Debré, qui avait épousé Marianne Trénel, la fille du directeur de l'école rabbinique, avait été désigné pour occuper le poste de rabbin de cette ville. Mes parents m'ont conté qu'en ce temps et en ce lieu la tolérance et la concorde régnaient dans la population. Les grandes familles de cette ville industrielle et militaire étaient en majorité protestantes. C'étaient les fabricants du drap de Sedan. La communauté israélite y était faite de commerçants, d'artisans, de petits industriels, pour la plupart d'origine alsacienne. Mon père, qui avait perfectionné sa connaissance de la langue allemande apprise au pays natal, avait offert aux officiers de la garnison de leur apprendre cette langue. Notre armée renaissante voulait être plus instruite que celle de l'Empire. Il fallait que nos officiers pussent lire les livres allemands sur l'art de la guerre.

Ainsi s'étaient créés des liens entre eux et ma famille. C'est dans la famille du commandant Gérard de Conchart — j'en ai gardé la mémoire — que je fus abrité pendant que ma mère mettait au monde ma jeune sœur.

Ma mère me plaçait à la fenêtre lorsque nous entendions retentir les trompette des cavaliers, car à cette époque défilait souvent dans la ville le régiment de dragons dont tous étaient fiers. Comme il va de soi, j'admirais les beaux uniformes et, de mon bras d'enfant, je faisais de grands gestes lorsque les officiers saluaient ma mère.

Mon père me conduisait volontiers dans la campagne des environs. Nous allions jusqu'à Ballan et à Bazeilles, où l'on visitait « la maison des dernières cartouches » conservée telle qu'elle était après la bataille. Une reproduction du tableau d'Alphonse de Neuville me fut donnée alors et soigneusement encadrée. Elle orna pendant toute ma jeunesse le mur de ma chambre. On y voyait, dans une pièce délabrée, les soldats de l'infanterie de marine, notamment un officier blessé appuyé contre le rebord d'une armoire, tandis qu'entre par la porte un soldat bavarois. Cette vision s'est fixée définitivement dans ma mémoire et j'en ai retenu les moindres détails. Au cours de nos promenades, mon père, me tenant par la main, me montrait de sa canne les bois de la Marfé, dont je revois la ligne sombre à l'horizon, les collines d'où l'armée allemande canonnait l'armée française, le champ de bataille où se déroula la charge héroïque et désespérée de la division Margueritte. Je croyais, dans mon imagination d'enfant, voir l'endroit d'où, comme me le racontait mon père, le roi de Prusse, regardant le sacrifice de nos cavaliers, avait dit : « Les braves gens ». Jc ne sais en vérité si j'ai vu ces lieux historiques, mais il m'en fut tant parlé que je crois vraiment les avoir contemplés. Je ne sais si j'ai été conduit à la maisonnette où Napoléon III se rendit pour remettre son épée au vainqueur. Par contre, j'ai le souvenir exact des grandes prairies qui longent le cours sinueux de la Meuse. C'est là, me disait mon père, qu'avaient été couchés sur le sol les pauvres soldats vaincus et prisonniers.

On m'a fait visiter le château de Sedan avec ses souterrains sombres qui me faisaient peur et l'on me parlait d'une forteresse imprenable, mot dont je ne comprenais pas le sens. Il me semble que j'étais fort intrigué lorsque, me montrant un bas-relief représentant Turenne, on me dit que pour prouver son endurance, il avait un soir d'hiver, sur les remparts, passé la nuit sur un canon.

En 1888 mon père fut nommé grand rabbin et affecté à la communauté israélite de Neuilly. Neuilly était alors riche en parcs, jardins, verdure, petites maisons de campagne et demeures rurales. On y parcourt aujourd'hui les grandes et belles avenues plantées d'arbres, mais il faut un effort d'imagination pour se représenter le calme et le silence qui y régnaient alors et que seuls interrompaient le chant des oiseaux que l'on entend encore et aussi le trot des chevaux tirant des landaus ou des poneys attelés à de petites voitures. Un berger basque, en blouse bleue et coiffé d'un béret, soufflait dans son flageolet en menant ses quelques chèvres dont il vendait le lait. Parfois de grands troupeaux de bœufs traversaient la ville pour être conduits jusqu'aux abattoirs. A la sortie des classes, on entendait tout à coup les grands cris des enfants qui organisaient des jeux bruyants sur les trottoirs.

Nous habitions dans une petite avenue qui portait alors le nom de Masséna et où l'on voyait une statue, plus grande que nature, du maréchal de l'Empire. C'est au milieu des jardins qui entouraient notre logis que nous faisions de grandes parties de jeux, mes frères, ma sœur et moi-même, et tous les enfants du voisinage devenus nos compagnons. Parmi eux se trouvaient René Le Senne, sage, timide même, qui devait devenir le grand philosophe que l'on connaît, et Raoul Nordling qui devait, comme consul général de Suède, jouer un rôle lors de la libération de Paris. Nous étions surveillés de loin par le concierge de notre maison, vieux soldat de Napoléon III, qui avait gardé les façons militaires et portait une moustache blanche et une barbiche à l'impériale.

Le bois de Boulogne était le lieu de nos promenades. Escortés d'une Allemande, notre Fräulein, nous parcourions en toute sécurité le chemin qui nous séparait de la porte du Bois. Un des exploits de mon jeune frère avait été de poursuivre, sans le moindre arrêt, un cerceau qu'il faisait rouler avec son petit bâton, de notre logis jusqu'au bois de Boulogne et ma sœur rivalisait avec lui en nous affirmant qu'elle avait pu faire rouler une toupie qu'elle animait de son fouet et qui n'avait cessé de tournoyer pendant tout le trajet. Ces habiletés d'enfants n'étaient possibles que parce qu'on ne rencontrait que peu de passants et pas de voitures dans les rues paisibles. Nous retrouvions nos camarades dans la sapinière des Sablons que nous considérions comme nôtre et dont nous connaissions tous les détails. Une seule interdiction : par crainte de la fièvre typhoïde, il nous était interdit de boire le verre de coco, qui pourtant nous tentait beaucoup, et dont se régalaient d'autres enfants après l'avoir acheté au marchand ambulant qui annonçait sa présence par un bruit de claquette assez curieux.

Les dimanches, pour le repas de famille, souvent l'on traversait Paris par un voyage interminable, entassés dans un fiacre dont le cheval trottinait entre la porte Maillot et la rue Vauquelin. Ce déjeuner nous paraissait solennel et ennuyeux. Parfois, nous écoutions les conversations des grandes personnes. Pourquoi ai-je gardé le souvenir de celles dont Pasteur était le sujet ? J'eus le sentiment qu'on parlait d'un homme vénéré.

De mes oncles et tantes, c'est l'aîné, Jacques Trenel, dont je me sentais le plus proche. Il devait plus tard, quand il devint étudiant en Sorbonne puis professeur, me donner des leçons de français et de latin les plus ingénieuses et les plus enrichissantes. Savant modeste, il devait m'accueillir à Versailles, car il était professeur au lycée Hoche. La mémoire de son affection très douce est liée au soin qu'il prit pour me faire admirer plus que tout autre monument des hommes le château de Versailles et le dessin de son parc.

Au retour, mon père essayait d'obtenir les bonnes grâces du cocher. Les cochers de fiacre d'alors étaient des personnages bien particuliers, avec leur chapeau haut de forme de cuir bouilli, leur grande capote à pèlerine et leur fouet qui me paraissait immense. Il fallait les persuader, moyennant quelque supplément, de franchir la barrière de l'octroi et de pénétrer dans Neuilly pour nous conduire à domicile, ce qui était une faveur singulière.

Certaines visites à de vieilles tantes nous étaient imposées : autre traversée de Paris en parcourant le trajet de l'omnibus Ternes-Filles-du-Calvaire tiré par de gros percherons qui frappaient le pavé du fer de leurs sabots, pour trouver deux vieilles dames et un vieux monsieur dans un petit appartement lointain où nous étions régulièrement reçus par ces mots : « On ne vous voit jamais », puis gratifiés d'un unique bonbon pris dans le ventre d'un canard en porcelaine.

D'autres fois nous visitions Paris, ses monuments, ses jardins, ses musées. Les beaux jours, on pouvait monter sur l'impériale d'un omnibus et jouir intensément des vues amusantes sur la rue animée.

Enfin, quand venait la belle saison, nous avions la chance de promenades à la campagne. Elles étaient attendues avec impatience et nous procuraient les plus grandes joies. Des tramways à chevaux nous conduisaient jusqu'à Nanterre ou Suresnes, ou bien le petit train sur rail, avec sa locomotive fumante, nous menait jusqu'à Malmaison. Les trajets étaient longs encore qu'amusants pour nous. Et puis l'on partait à pied, retrouvant avec un plaisir intense l'atmosphère de ce que nous appelions la « vraie campagne », d'où nous revenions, chargés de branches de lilas ou même de bleuets et de coquelicots cueillis en bordure des champs cultivés.

En été, lorsque les marches se prolongeaient, mon père nous offrait le régal d'une miche de très bon pain de ménage et d'un morceau de fromage avec un verre de bière, qui nous étaient avec complaisance servis dans un petit cabaret aux allures rustiques.

Une des chances qui favorisèrent cette enfance heureuse fut la présence parmi nous et l'affection de Marguerite Petitfrère. C'est elle qui, venant chaque jour, nous instruisait, mes frères, ma sœur et moi-même. Nous l'appelions Guite. C'était une grande jeune fille, rieuse, animant tout le monde autour d'elle. Plus importante que ses leçons de français, d'histoire et d'arithmétique, était la joie collective que causait sa venue. Très vite elle devint une amie, une compagne indispensable à toute ma famille. Dans les moments où le caractère de mon père s'assombrissait, où ma mère s'attristait et où nous nous taisions, elle arrivait à dérider toute la maisonnée.

Fille d'un officier toulousain, elle avait été élevée à la Maison d'éducation de la Légion d'honneur de Saint-Denis. Elle avait reçu la solide instruction que l'on donnait alors en langue et littérature françaises et en histoire de France. Elle était gracieuse dans sa robe de foulard bleu à pois blancs ou lorsque, se préparant pour une promenade à bicyclette, elle nous apparaissait dans son costume à culottes bouffantes, coiffée d'un petit canotier de paille posé sur son chignon. Je la trouvais très belle. Enfant, je l'aimais. Je lui suis resté fidèle jusqu'au jour sombre où une tuberculose implacable la terrassa quelques années après la Grande Guerre. Nous souriions encore ensemble lorsque j'allais m'asseoir à côté de son lit pendant son long séjour au sanatorium d'Avron. Jamais je n'ai tant souffert de notre incapacité à guérir la phtisie que lorsque je revoyais, mourante, celle qui avait enchanté mes jeunes années.

La religion juive a fait partie intégrante de notre enfance. Elle se mêlait à notre vie d'une façon toute simple. C'est tout naturellement, et sans nous en apercevoir, que nous obéissions aux prescriptions du repos sabbatique. Faut-il rappeler à ce propos une anecdote de ma mère qui évoque un passage fameux des Evangiles : demandant à mon père pourquoi il était interdit de cueillir des fleurs le jour du sabbat, celui-ci lui répondit : « Nos pères ont dit : " Entourez la loi de barrières. " » Les règles alimentaires étaient, cela va de soi, respectées dans notre famille, mais bien vite nous prîmes notre liberté hors de la table familiale. Tous écoutaient la prière dite au début de chaque repas pour rendre grâces au Seigneur. Chaque soir, une fois couchés, après le dernier baiser maternel, nous devions réciter à mi-voix une prière pour demander à Dieu de conserver la santé de nos grands-parents, de nos parents et de tous nos proches soigneusement énumérés pour que le Seigneur n'oublie personne. Les fêtes religieuses n'étaient pas simplement des jours de congé. Pendant le jeûne du Grand Pardon, les grandes personnes restaient du matin au soir à la synagogue, et nous, presque toute la journée. On ne cessait de prier. Les fidèles se frappaient la poitrine en proclamant leurs péchés. Parfois retentissait le son du cor sacré fait d'une corne de bélier qui évoquait dans sa rude simplicité un peuple antique de bergers. Le sermon était grave, devant une foule recueillie. A un moment donné, mon père, qui avait revêtu une robe de toile blanche symbolisant son linceul, se prosternait jusqu'à terre et restait un instant étendu. Nous étions très impressionnés, et si, par son usage immodéré, ce mot n'avait pas perdu sa vigueur, je dirais que nous étions bouleversés. On l'aidait à se relever en marmottant des prières. L'office terminé, les visages aux traits fatigués se détendaient. C'était la délivrance, Dieu avait pardonné.

D'autres fêtes étaient joyeuses et, sans bien comprendre, vêtus de nos beaux habits, nous participions à une sorte d'allégresse, notamment lorsque, à la fête des tentes, l'office religieux avait lieu en dehors de la synagogue, dans une construction de bois, au milieu de guirlandes de feuilles et de fleurs. Le repas pascal était solennel et singulier. Sur la table couverte d'une belle nappe et brillamment éclairée on plaçait, dans les plats d'argent garnis de bandes de soieries, pain azyme, fines herbes, vinaigre, raifort, pommes râpées et cannelle, aliments symboliques dont on nous rappelait la signification : le sacrifice de l'agneau pascal, l'exil en Egypte, la construction du Temple de Jérusalem. L'on goûtait tous ces mets en récitant des prières et en prononçant des phrases hébraïques. Une place vide était laissée autour de la table, dont la tradition voulait qu'elle fût pour le prophète Elie et dont notre père disait qu'elle était en réalité réservée au voyageur ou au pauvre qu'on devait accueillir. La phrase d'espoir : « L'an prochain à Jérusalem » avait une signification spirituelle bien éloignée de toute idée d'un retour à Sion.

Le jour du sabbat, à la synagogue qu'on appelait le temple, on assistait à la sortie des rouleaux sacrés conservés dans le tabernacle que l'on promenait parmi les rangs des fidèles, puis on enlevait leur enveloppe de soie et l'on découvrait la page que l'on devait lire lors de la cérémonie du jour en suivant les lignes à l'aide d'une petite main d'ivoire, répétant ainsi les gestes que les ancêtres avaient accomplis, pendant des siècles, bien longtemps avant qu'ils ne fussent répétés par Jésus-Christ lui-même.

Mon père nous apprenait l'histoire sainte sans nous éclairer bien nettement sur la véracité des récits de l'Ancien Testament. Dans la Bible se mêlent aux faits historiques, légendes, miracles, mystères, et nos esprits d'enfants ne discernaient pas ce qu'il fallait rejeter, ce qu'il fallait considérer comme article de foi, accepter pour vrai ou admettre comme croyance populaire. Le catéchisme était fait de préceptes très simples dont certains, à vrai dire, n'étaient pas clairs pour nos intelligences enfantines mais il était comme illuminé par la profession de foi solennelle qu'on nous faisait répéter :

« Ecoute, Israël, L'Eternel notre Dieu, L'Eternel est Un.

« Béni soit-Il ! La gloire de Son règne est éternelle !

« Tu aimeras l'Eternel ton Dieu de tout ton cœur, de toute ton âme et de tout ton pouvoir.

« Que les paroles que je te prescris aujourd'hui soient gravées dans ton cœur.

« Tu les inculqueras à tes enfants, tu en parleras en demeurant dans ta maison, en allant en chemin, en te couchant et en te levant. »

Nous respections cet enseignement, mais je suis obligé de dire que nous n'en étions pas vraiment imprégnés.

La réunion à la synagogue était l'occasion du rassemblement des fidèles autour de leur pasteur. Le samedi et les jours de fête, devant ses ouailles réunies, mon père, berger de ce troupeau, prononçait le sermon que chacun attendait. Il l'avait écrit soigneusement dans une langue châtiée, l'émaillait de citations hébraïques et l'avait répété en se promenant de long en large dans son bureau avant de le prononcer d'une voix bien timbrée et chaleureuse. Il exhortait les hommes et les femmes qui l'écoutaient à la croyance en Dieu, aux devoirs de la morale, les persuadait qu'ils devaient obéir aux prescriptions de la religion ancestrale et rester attachés au judaïsme. L'évocation de certains passages de la Bible montrait l'honneur d'avoir été choisis par Dieu pour être Son peuple. Il exaltait la gloire d'avoir apporté au monde la foi en un Dieu unique et exigeait un monothéisme rigoureux. Enfin, il rappelait le martyrologe de ceux qui, au cours d'une longue histoire — que l'auditoire ne connaissait pas, n'ayant naturellement appris que l'histoire de France — avaient été persécutés, chassés, méprisés et étaient morts brûlés ou massacrés sans avoir trahi la foi de leurs pères. Puis, les bras tendus et tenant dans ses mains la frange du châle traditionnel, il transmettait à la communauté la bénédiction des patriarches. Cette communauté voulait conserver la solidarité qui l'unissait. Tout en participant aux sentiments et aux pensées de la vie nationale, on devait rester proche de ses coreligionnaires, avec eux maintenir les traditions de ceux que l'on considérait comme des ancêtres et préserver leur patrimoine spirituel. Il fallait aider les pauvres, assister les malades, honorer les morts. Le maintien de l'idéal communautaire n'empêchait nullement l'établissement, en dehors de la communauté, de liens d'admiration, d'amitié, d'affection. Il ne semblait pas alors que l'antisémitisme auquel on faisait allusion et dont on racontait avec horreur les méfaits en d'autres temps et en d'autres lieux pût parvenir jusqu'à nous et troubler nos relations humaines. Ce ne fut que plus tard, au moment de l'affaire Dreyfus, qu'on souffrit, en France, des déchaînements de cette passion.

Aucun lien n'unissait ces communautés israélites françaises à celles de l'étranger. On accueillait, avec une charité un peu réservée et même parfois quelque peu hautaine, les juifs trop souvent mendiants, venus de Pologne ou de Russie chercher un asile sur une terre généreuse. On ne connaissait guère les juifs d'Algérie, ces Berbères judaïsés il y a plusieurs siècles et dont le décret Crémieux avait fait tout d'un coup des citoyens français. Au cours du dernier quart de siècle beaucoup d'entre eux ont fait honneur à la France. L'on se félicitait que l'Alliance israélite universelle créât des écoles et apprît la langue française aux enfants des juifs établis en Egypte, en Turquie ou en Asie Mineure. On ne parlait alors ni de race ni de peuple. On savait très bien que la dispersion dans le monde ancien des communautés juives était tout autant liée à des émigrations qui avaient commencé longtemps avant l'ère chrétienne qu'à des conversions au judaïsme de populations les plus diverses à une époque où la religion juive pratiquait un prosélytisme très actif. Du sionisme on parlait si peu que l'on n'avait pas lieu d'en accepter ou d'en rejeter l'idée. Pour les croyants, la mission spirituelle d'Israël était si forte que toute pensée de puissance temporelle en Palestine ne pouvait avoir aucun sens. D'une façon assez pittoresque, ma mère, qui considérait la langue hébraïque comme une langue sacrée, disait : « Je ne vois vraiment pas bien les harengères de Jérusalem se disputer en hébreu. »

N'avaient-ils pas raison, mes parents et mes grands-parents, et ne voyons-nous pas aujourd'hui combien la création, après une guerre de conquête, d'un Etat juif au milieu d'un monde musulman devenu hostile est une entreprise dangereuse et sans doute funeste ? La mission spirituelle d'Israël à laquelle croyaient mes parents et mes grands-parents est forcément abandonnée par une nation devenue le jouet des grandes puissances uniquement dominées par leurs intérêts politiques et économiques, et l'on peut craindre que dans un temps plus ou moins long, après bien des tribulations, cette petite République ne finisse comme le royaume franc de Jérusalem.

L'essentiel, qui n'était point exprimé mais ressenti profondément par tous, était la nécessité du mariage entre soi. Seul, pensait-on, il pouvait préserver la pérennité de la religion juive, la vie des communautés israélites éparses dans le monde et qui adoraient le Dieu unique. On pouvait vraiment dire que le seul interdit rigoureux était celui du mariage hors des familles juives.

Le grand sanhédrin réuni par Napoléon Ier avait accepté toutes les obligations que celui-ci lui avait imposées pour incorporer définitivement à la nation les juifs de France, sauf celle du mariage entre juifs et chrétiens que l'Empereur estimait nécessaire dans une proportion qu'il avait lui-même définie.

Mon père était, je crois, satisfait d'exercer son ministère. Le métier de rabbin est celui non d'un homme séparé du monde et faisant partie d'une Eglise, mais d'un savant et d'un sage. Connaissant les Ecritures, sachant interpréter les lois religieuses et juger les actes des hommes, capable de comprendre les symboles sacrés, il conseillait ses ouailles à la façon d'un patriarche. L'administration du culte, des consistoires et des communautés avait été établie suivant la pensée napoléonienne qui, dans ce domaine comme dans tant d'autres, a créé les régimes du monde moderne et fait des prêtres, des pasteurs et des rabbins, des fonctionnaires de l'Etat. La tâche essentielle était et est restée celle de docteur de la Loi. Aussi fallait-il connaître non seulement la langue hébraïque, mais les textes nombreux des commentaires de l'Ecriture.

Mon père était un érudit. Il enseignait au séminaire de la rue Vauquelin les langues sémitiques. Il ne considérait certainement pas comme réels les miracles et interprétait comme des symboles bien des récits des textes sacrés. Il cherchait des explications morales ou hygiéniques aux prescriptions du rituel. Sa tolérance le poussait à se complaire dans la compagnie des pasteurs protestants et des prêtres catholiques. L'abbé Valadier, aumônier des prisons, venait souvent nous voir et paraissait enchanté des soirées passées dans notre cercle familial. Je ne crois pas que les problèmes religieux fussent soulevés dans les conversations qu'il avait avec mon père. Nous attendions avec impatience qu'ils aient fini de s'entretenir de leur ministère parce que l'abbé Valadier était pour les enfants un admirable conteur d'histoires. Lorsque je partis pour le service militaire, c'est à l'un des pasteurs les plus estimés, Wilfred Monod, pasteur à Rouen, que mon père me confia.

Mon père parcourait volontiers sa circonscription rabbinique en donnant des leçons de catéchisme aux enfants de Neuilly, de Boulogne, de Billancourt. Il visitait ses fidèles lorsqu'ils étaient troublés par les difficultés de l'existence ou frappés par le malheur. Il donnait un enseignement religieux aux collégiens du lycée Janson-de-Sailly dont il était l'aumônier. Je crois que son rôle d'aumônier militaire était peu actif, mais se traduisait par un livret militaire et une feuille de mobilisation soigneusement rangés.

Aucune contradiction n'existait entre les devoirs religieux et patriotiques. Le diplôme de rabbin portait ces mots : « Religion et Patrie. » La prière pour la nation, prononcée en français au cours de chaque cérémonie religieuse : « Que Dieu bénisse et protège la République française et le peuple français », était écoutée avec respect et l'assemblée chantait en chœur : « Amen » au son de l'orgue. On nous racontait qu'après la perte des deux provinces, lorsque les rabbins d'Alsace et de Lorraine avaient été obligés de prier en allemand pour l'empereur Guillaume, il avait fallu obliger le bedeau à dire : « Amen », car l'assemblée se taisait.

J'appartiens à une génération dominée par les souvenirs de « l'année terrible ». Née peu d'années après la Guerre, que l'on désignait sans épithète et par une majuscule, cette génération unanime ressentait l'humiliation de la défaite dont les récits, les anecdotes étaient le sujet des conversations. La secousse qu'avait subie la nation, on l'éprouvait encore et l'on ne pouvait s'habituer aux suites d'une catastrophe considérée alors à la fois comme un malheur et une injustice. La France était tombée de très haut, sans s'y attendre, et l'on maudissait les coupables, les responsables de l'abaissement subit d'un pays qui semblait jusqu'en 1870 si puissant et si prospère. On haïssait les Prussiens et surtout Bismarck. On revenait sans cesse sur la falsification contenue dans la dépêche d'Ems. On maudissait l'Empire et la légèreté de ses dirigeants. Que de fois j'ai entendu parler des discours des républicains, des ironies cinglantes de Rochefort et de son journal *La Lanterne* et de la sagesse de M. Thiers qui avait tout prévu et tout redouté.

Mon père était à peine sorti de l'enfance lorsque l'écho des premières défaites en Alsace parvint à son village. Il nous racontait comment, le soir de Wissembourg, il avait partagé la tarte aux myrtilles de son goûter avec un zouave épuisé et affamé et lui avait donné à boire. Ce soldat représentait à ses yeux le courage de nos troupes vaincues. Par la suite, j'ai trouvé que ce soldat avait fui bien loin du champ de bataille. Mon père disait que les généraux étaient choisis par la faveur.

La trahison de Bazaine faisait horreur. Mon père me racontait les souffrances de l'armée assiégée dans Metz. Il me disait que les soldats auraient voulu se battre avant d'être trop affaiblis par les rigueurs du siège. Il me parlait de ces « pauvres soldats » qui mangeaient la viande de leurs propres chevaux, dont la fadeur accrue par le manque de sel leur donnait la nausée. J'éprouvais pendant ce récit une sensation de dégoût qui est restée liée dans ma mémoire à l'histoire du siège de Metz.

Les souvenirs de ma mère s'attachaient à la vie de Paris durant la guerre, le siège, la Commune. Elle n'avait pas oublié la journée du 4 septembre 1870. Il faisait beau, on était joyeux, car, la République proclamée, on croyait que la guerre allait finir.

Puis elle parlait des duretés du siège de Paris. Elle avait conservé dans un carton un morceau de pain, symbole des souffrances des Parisiens qui n'avaient plus qu'une petite ration de pain noir et une nourriture réduite. On se rappelait certains œufs frais précieux qu'un de mes oncles avait rapportés après avoir fait la queue devant une épicerie. On parlait des bombardements des forts de

Paris et des embrasements, de la curiosité de mes oncles qui, comme les autres gamins de Paris, se promenaient dans les rues en chantant le refrain moqueur :

« As-tu vu Bismarck
à la porte de Châtillon,
as-tu vu Bismarck ? »

Mon oncle Dennery, dont je porte le prénom, racontait aux enfants ses journées et ses gardes de faction sur les fortifications et les « sorties » de la garde mobile. Et l'on disait : « Il va être blessé à la tête, car sa taille dépasse celle de ses camarades. »

Ma mère nous dépeignait la grande flambée de la Commune. Elle nous racontait qu'un jour, avec ses frères et sœurs, ils coururent à la fenêtre parce que retentissaient dans la rue des musiques, des chants et le bruit d'un défilé. Que voit-on ? Leur ancienne institutrice qui marche au premier rang, tenant vigoureusement la hampe d'un drapeau rouge. Ce fut une stupéfaction mêlée d'horreur. En effet, la révolte de la Commune était considérée comme un mouvement criminel. On disait que les communards étaient des traîtres qui s'étaient soulevés contre le gouvernement de la République alors qu'il fallait rester unis pour résister aux Prussiens. L'hostilité contre les communards fut à son comble lorsque, au moment des derniers combats, les fédérés avaient poursuivi notre grand-père dans la maison du boulevard Richard-Lenoir et qu'une bataille s'était livrée dans cette maison entre eux et les troupes de ligne.

Toute ma vie j'ai lu et relu les récits des événements de la guerre de 1870-1871 : manœuvres diplomatiques et militaires, déroulement des batailles, souvenirs des contemporains du second Empire et des chefs républicains.

J'ai vécu pendant mon enfance dans un milieu où étaient respectés l'idéal républicain et les hommes qui fondèrent la IIIe République. Les opinions qu'on m'avait transmises étaient considérées comme définitives et irrévocables ; j'ai par la suite complètement modifié mon jugement personnel sur la commune. La révolte du peuple de Paris m'est apparue sous un jour bien nouveau lorsque j'ai connu son idéal à la fois patriotique et socialiste, ses audaces généreuses, le courage de ses combattants victimes des représailles cruelles des Versaillais. Comme je le raconterai, je me suis plus tard attaché avec sympathie à d'anciens communards rencontrés dans les quartiers ouvriers de Paris.

Si l'anathème jeté sur Bazaine, les dures critiques faites à l'impréparation militaire et diplomatique à la conduite de la guerre sont restés justes à mes yeux, trop sévère m'est apparue la condamnation d'Emile Ollivier qui n'avait pas le pouvoir d'un chef de gouvernement et dont on a mal interprété le discours sur « le cœur léger ». Chargé de présenter en une préface un livre de Geneviève Ollivier-Troisier consacré à son père, je reçus du général de Gaulle, auquel j'avais adressé mon texte, une lettre, comme toujours écrite de sa main, où il me disait notamment : « ... Quant à Emile Ollivier, il s'est trouvé, à mon avis, injustement écrasé par des événements excessifs, mais il eut ensuite le grand mérite de ne point démordre de ce qu'il avait cru et dit et de ne pas se figurer qu'il pourrait refaire sa carrière dans la palinodie. »

Après le traité de Francfort et l'arrachement des deux provinces, le pays tout entier se sentait mutilé. Quoi qu'on n'en parlât jamais ouvertement, suivant la recommandation de Gambetta, l'idée d'une revanche était partout répandue. Elle venait à l'esprit des enfants lorsqu'à l'école on lisait « La dernière classe » d'Alphonse Daudet ou quand on apprenait les vers de Déroulède. Un patriotisme blessé et vibrant se manifestait lors des batailles électorales, des discussions parlementaires, des cérémonies officielles. Tous pensaient qu'on n'en resterait pas à l'humiliation de la défaite. Certains rêvaient d'un rétablissement de la justice en Europe qui permettrait aux peuples de décider de leur sort, alors on rentrerait à Strasbourg et à Metz avec les troupes françaises. Il me semble que l'on peut dire que la guerre n'était souhaitée par personne, mais on supposait bien qu'elle éclaterait un jour. L'Allemagne redoutant le retour de nos forces ne préparait-elle pas une guerre préventive ? Mon père, pour ne pas souhaiter de guerre nouvelle, imaginait une négociation où l'on offrirait l'Indochine à l'empereur d'Allemagne en échange de l'Alsace et de la Lorraine.

Les Français s'intéressaient à tout ce qui touchait leur armée. Le récit des grandes manœuvres annuelles était lu et commenté, les images en étaient partout reproduites. Les musiques militaires donnaient des concerts chaque dimanche dans les villes de garnison et la foule se pressait autour du kiosque de la grande place. Souvent les régiments défilaient dans les rues au son des tambours et des clairons. Les officiers circulaient en uniforme. Dans les réunions, les réceptions, les bals, ils jouissaient du plus grand prestige. Les beaux spectacles militaires donnés lors des visites des souverains provoquaient des émotions collectives. Les victoires coloniales s'auréolaient des rayons d'une nouvelle gloire qui s'ajoutait à celles de l'histoire. On s'intéressait aux problèmes, voire aux détails de la vie militaire, aux changements d'uniformes et d'armement. J'ai encore dans le souvenir les discussions que suscitèrent jadis les désignations successives des généralissimes. Le gros général Saussier, gouverneur de Paris, était populaire et acclamé lorsqu'il passait à cheval, en uniforme, à la tête de ses troupes. Le service militaire était une affaire importante. Au moment de leur départ, dans les villages, les conscrits, le chapeau orné de rubans et d'une pancarte où était marqué leur numéro de tirage au sort, donnaient une fête animée par de joyeuses beuveries. L'armée était bien celle de la nation, faite alors d'un peuple de paysans. Lorsque plus tard je devais apparaître dans ma famille en uniforme, avec la capote bleue, le pantalon rouge et le képi à cocarde, ma mère me dit : « Si ton grand-père te voyait ! »

On avait reproché au second Empire, à juste titre, de n'avoir point noué d'alliances véritables lorsque la Prusse devenait si puissante et ambitieuse après Sadowa. Le régime républicain devait faire tous ses efforts pour que la France ne fût pas isolée face au puissant Empire allemand. L'alliance russe était souhaitée. Elle réalisait la menace, pour l'Allemagne, d'une guerre sur deux fronts que Bismarck adjurait son empereur d'éviter. L'explosion de joie que provoqua la déclaration de cette alliance fut unanime, la phrase du tsar parlant de la France amie et alliée eut un retentissement parmi le peuple tout entier. La foule se pressait lors des visites du tsar à Paris. Elle avait comme un sentiment de la fin de l'humiliation et de l'insécurité, on en venait à oublier l'implacable dureté du régime tsariste contre la Finlande, la Pologne et surtout les étudiants révoltés. Je me rappelle une journée entière passée au bois de Boulogne avec mon frère et notre camarade Emile Bonamy pour voir les ornements, guirlandes, décorations, fleurs de papier, rampes de gaz, rubans et drapeaux préparés dans l'admiration et la joie générales pour orner les allées où devait passer le tsar fêté à Paris.

L'anniversaire du 14 juillet dans mon enfance n'était pas seulement considéré comme un jour de congé pour les enfants et de loisir pour les grandes personnes, mais comme une fête populaire, patriotique et républicaine. Le soir du 13, comme les autres gamins de ce temps, nous obtenions quelques sous pour nous procurer chez le quincaillier des pétards qui crépitaient dans les rues ordinairement bien silencieuses et des feux de Bengale que nous allumions le soir et dont les illuminations dans le jardin nous paraissaient magnifiques. Aux balcons des habitations, dans les villes et sur les places des villages, des drapeaux tricolores. Dans la soirée, les habitants des faubourgs se répandaient dans les beaux quartiers, beaucoup moins pavoisés — la bourgeoisie comptait encore de nombreux monarchistes et des bonapartistes — et réclamaient en criant : « Des lampions, des lampions ! » Le peuple des villes tenait à sa république.

Le matin du 14, nos parents nous emmenaient au bois de Boulogne pour voir passer les régiments en route vers Longchamp où avait lieu la grande revue. Le président de la République, en habit, coiffé d'un chapeau haut de forme et le torse barré par le grand ruban de la Légion d'honneur, se rendait de l'Elysée au bois de Boulogne dans une calèche attelée à la daumont, conduite par un cocher en costume d'apparat, dont les chevaux étaient montés par des postillons eux aussi costumés. Il était escorté par un peloton de cavaliers portant de grandes lances avec une oriflamme blanche et rouge. On criait : « Vive la France ! Vive la République ! » A la tribune d'honneur étaient placés les ambassadeurs en uniforme, les hauts fonctionnaires et les invités en grande tenue. Les généraux, à cheval, en dolmans noirs, avec leurs grandes bottes, leur culotte de cuir blanc et leur bicorne à plumes d'autruche, saluaient de l'épée le chef de l'Etat. Après le défilé, c'était la charge de cavalerie des dragons, cuirassiers, hussards, chasseurs à cheval qui, sabre au clair et hurlant, après un beau galop arrêtaient brusquement leurs chevaux au pied de la tribune. C'était tout l'espoir du relèvement de la France qui s'exprimait par cette parade. Lorsque la fièvre boulangiste secoua une partie de la population française, autour de moi on était choqué par le tour vulgaire que certaines chansons — dont la plus célèbre, celle de Paulus : « En revenant de la revue » — donnaient au vrai patriotisme.

***

Nos vacances se passaient en Alsace. Les préparatifs du voyage, l'accumulation dans des malles énormes d'une provision singulière de vêtements et d'objets, exigeaient des soins compliqués. Au moment du départ, on chargeait tout un bagage encombrant et fort lourd sur le toit à galerie des omnibus de la Compagnie de l'Est. Malgré le souci général du retard redouté, on ne manquait pas, chaque année, de nous faire admirer la statue de Strasbourg au sommet du fronton de la gare. Puis, c'était un effarement : enregistrement des bagages, billets, recherche du wagon, installation, représentaient toute une série de démarches dans la crainte de la perte d'un papier ou de l'un de ces objets, vêtements et accessoires dont nous étions surchargés.

Le trajet en train était interminable, avec des arrêts nombreux, ce qui permettait d'acheter dans les gares les spécialités régionales : les madeleines à Commercy, les macarons à Nancy. Lorsque, vers le soir, nous approchions de la frontière, l'émotion nous gagnait. Nous allions arriver à Avricourt. Il y avait maintenant, séparés par la nouvelle frontière, celle du liséré vert, deux villages d'Avricourt, Avricourt français et, de l'autre côté, Deutsch Avricourt. Alors, comme le train lentement nous conduisait d'un village à l'autre, nous nous levions dans le wagon, mes frères, ma sœur et moi-même, et entonnions *La Marseillaise*. A Deutsch Avricourt montaient les douaniers, les policiers, les employés de chemin de fer allemands, en costumes impeccables, à la tenue raide. L'inquiétude s'emparait de nous, car mon père ne pouvait entrer au pays natal qu'avec une permission chaque année demandée au gouverneur, le Statthalter. Tous nos yeux étaient braqués sur l'officier allemand examinant le papier officiel. Nous ne nous doutions pas que cette vérification très simple présageait des contrôles moins bénins par la police allemande en des temps plus cruels. A côté de nous se tenait, planté dans ses grandes bottes, le gendarme coiffé de son casque à pointe. Nous atteignions la hauteur de son ceinturon et regardions sa petite baïonnette. A ce moment nous chantions plus bas et je pense que ne montait pas jusqu'à lui le son de nos voix murmurantes : « ... contre nous de la tyrannie... ».

La traversée du col de Saverne était impressionnante. C'était la terre d'Alsace, une terre de couleur rouge. Nous entrions dans la petite patrie meurtris par le cri des employés des gares appelant les stations par leurs noms prononcés à l'allemande. Westhoffen et Balbronn, les deux villages où avait vécu ma famille paternelle, nous paraissaient charmants et nous furent bientôt familiers. On retrouvait les habitations des parents, des grands-parents, construites à la mode du pays. La tante Pauline nous recevait, à notre grande joie nous montrait tous ses animaux, notamment les oies qu'elle gavait de maïs, selon la coutume, pour faire du bon foie gras d'Alsace. Le spectacle du gavage ne nous plaisait guère et le foie gras nous déplaisait franchement. Nous parcourions les rues du village, la place avec son abreuvoir où parfois nous tombions au milieu du troupeau des oies. Nous faisions de grandes randonnées en voiture et aussi de longues promenades à pied sur les routes chaudes et poussiéreuses aux bords plantés de pruniers (quetsches du pays) et de noyers à l'ombre desquels les villageois nous conseillaient de ne pas rester par crainte de la fraîcheur, ou le long des champs ou des vignobles et des plantations de houblon, dans un paysage qui nous ravissait. Tout nous enchantait : la vie rurale, le spectacle des animaux, surtout des cigognes, la beauté des Vosges et les courses en montagne. Mon père retrouvait avec plaisir les compagnons de sa jeunesse et leur parlait en ce dialecte que, pas plus que ma mère, nous ne comprenions. Les deux aînés l'accompagnaient dans ses visites officielles : au maire du village, au rabbin, au pasteur. Chez ce dernier, je vois encore, sur le mur du salon, les deux assiettes peintes qui représentaient l'empereur Guillaume II et la Kaiserin. Cet hommage nous avait surpris, et mon père ajoutait : « Le pasteur est contraint de le rendre. »

Lorsque nous passions près de Mutzig, mon père disait : « Les Allemands construisent là un grand fort pour se protéger contre nous » et il montrait la voie de chemin de fer en nous indiquant : « C'est une voie stratégique. » Ce mot savant et pour nous incompréhensible nous inspirait une sorte de crainte. Après tout, nous n'avions pas tort.

A Strasbourg, la vue des soldats et des officiers allemands circulant dans la ville, la langue allemande inscrite sur les plaques des rues et aux devantures des boutiques, le poste d'infanterie montant la garde place Kléber, la construction d'un palais pour la résidence de l'empereur, l'apposition d'aigles sur le portail de la demeure du gouverneur, dans le nouveau bureau de poste aux allures majestueuses la grande toile représentant l'Allemagne attirant vers elle une Alsacienne et une Lorraine, tout nous choquait. Un jour, dans la maison du vieil oncle Faule, nous eûmes un grand déjeuner. L'homme était considéré comme un original, un Alsacien du vieux temps, grand priseur de tabac, aimant bien sa vigne de vin blanc. La chaleur était torride, et cependant il ferma soigneusement fenêtres et volets pour que le gendarme allemand ne pût l'entendre, car, à la fin du repas, d'une voix vibrante, parlant français comme il le faisait seulement dans les grandes circonstances alors que communément il s'exprimait en dialecte, il nous demanda de boire à la santé de la République française et du tsar de toutes les Russies, oubliant dans son enthousiasme que celui-ci livrait ses coreligionnaires à des pogromes souvent sanglants.

Vers la fin des séjours, la situation généralement se gâtait, car mon père devait demander une prolongation de son permis pour que nous puissions rester jusqu'à la fin des vacances. L'instituteur, secrétaire de la mairie, agent des autorités allemandes, devait établir les papiers. Bien vite la conversation avec lui tournait à l'aigre, et il est arrivé finalement que nous soyons obligés de partir plus tôt que nous ne l'espérions. Nous faisions une dernière promenade pleine de mélancolie dans une forêt des Vosges, car de tous les paysages de cette terre c'est à celui des grandes sapinières que nous étions le plus attachés. Une fois, l'on surprit mon frère Jacques qui, au moment du départ, enserrant un arbre de ses bras d'enfant, posait un baiser sur l'écorce.

Ces étés en Alsace laissaient à tout notre groupe familial une impression profonde et l'on en parlait toute l'année. L'Alsace restait donc parmi nous et son évocation était entretenue par la venue de neveux et nièces qui, les uns après les autres, quittaient leur pays natal pour la France. Les jeunes hommes qui s'exilaient juste avant l'âge du service militaire étaient considérés par les autorités allemandes comme des déserteurs.

Au moment des fêtes de Noël, nous étions invités au Cirque d'Hiver autour d'un grand arbre couvert de jouets, que les associations d'Alsaciens-Lorrains offraient aux enfants de ceux qui avaient opté pour la France. Nous chantions, nous dansions, la fête nous paraissait magnifique. De cette époque date le début de la grande vogue des fêtes de Noël, des sapins et du Père Noël encapuchonné, barbu et distributeur de cadeaux. A la fin de la journée, mon père allait saluer Mme Jules Ferry, présidente de ce beau gala.

Je raconterai plus loin comment, plus tard, je retrouvai l'Alsace, mes séjours et mes visites à Strasbourg et au village familial. Et voici que maintenant, chaque premier de l'an, le maire de Westhoffen vient souhaiter la « bonne année » à mon fils Michel en lui apportant quelques bouteilles de vin du pays et qu'il a placé dans la salle du conseil municipal la photographie de mon fils. Avec fierté, il me la montra, il y a peu d'années, lors de mon dernier voyage en Alsace.

·3·

Horizon plus large : le lycée, l'affaire Dreyfus

Au cours de ma grande enfance et de mon adolescence, les barrières qui entouraient le petit monde d'autrefois ont été abattues. Certains liens ont été brisés, la religion a été rejetée, les opinions bourgeoises contestées. Souvent l'esprit guerrier de revanche a été remplacé par un désir d'union entre les peuples. Ma génération a rêvé d'une société nouvelle, soucieuse de l'égalité entre les hommes. Puis, sous l'influence des grandes secousses qui ont ébranlé l'Europe et le monde, le patriotisme latent s'est réveillé et a repris toute sa force.

Comment évolua cette crise personnelle et collective qui, menant notre génération de la passion sociale à la guerre de 1914, termina le XIXe siècle ?

Ce furent d'abord le lycée, le monde des maîtres, des « copains », le magnifique univers de la connaissance et l'attrait d'amitiés nouvelles qui s'offraient à nous.

Quatre fois par jour, une troupe de collégiens a fait à pied, pendant des années, le trajet, qui paraîtrait bien long aujourd'hui, du parc de Neuilly au lycée Janson-de-Sailly. Cette marche salubre, à des heures régulières et par tous les temps, était un excellent exercice. Parfois la sacoche, portée sur le dos quand nous étions petits, remplacée par une serviette de cuir tenue à la main quand nous fûmes plus grands, paraissait un peu lourde lorsque nous transportions beaucoup de livres et de cahiers et que le temps pressait. Nous avions grand-peur d'arriver en retard et de trouver porte close. Mon frère Jacques qui fut le compagnon de toute ma vie, quelques condisciples et moi, nous parcourions la rue de Chartres, jetant un coup d'œil sur les boutiques familières et sur une ferme — vestige du temps passé — dont on apercevait au bout d'une allée les vaches alignées dans l'étable. Au bout de la rue s'étendaient, à notre gauche, les fortifications de Paris, avec leur grand fossé, leurs hautes murailles de pierre et les talus d'herbe rare, longées par une route assez déserte au nom évocateur : la route de la Révolte, fréquentée, nous disait-on, par des « rôdeurs qui s'y battaient dans la nuit ». On apercevait de loin la chapelle basse élevée à la mémoire du fils aîné de Louis-Philippe, le duc d'Orléans, mort en ce lieu, victime d'un accident de voiture. Ce paysage, quand nous rentrions du lycée les soirs d'hiver, donnait une impression assez sinistre.

Pour passer de Neuilly à Paris, nous traversions la porte de l'octroi dont la grille barrait dans toute sa longueur la porte Maillot. Dans une maisonnette de bois s'abritait le bureau des employés de l'octroi. Ceux-ci, en uniforme, revêtus d'un képi, suveillaient l'entrée dans Paris des denrées imposées. Ils devaient longtemps encore veiller à cette perception lorsque les premières automobiles allaient dans la banlieue ou en revenaient et qu'il leur fallait mesurer à la jauge l'essence contenue dans le réservoir. Au temps dont je parle, munis d'un curieux instrument formé d'une longue tige métallique, ils fouillaient les chargements de paille, de foin et de légumes qu'apportaient vers la capitale de grands fardiers pour la nourriture des hommes et des chevaux et où des fraudeurs auraient pu cacher des bouteilles ou des tonneaux.

Au coin de la porte se trouvait, dès l'approche de la belle saison, tenant son grand panier, une jeune marchande de violettes à qui nous souriions en passant, heureux de sa bonne grâce. De temps en temps, nous lui achetions pour deux sous un petit bouquet dont elle rassemblait les fleurs odorantes au milieu de feuilles de lierre. En hiver, c'était un gros Auvergnat, marchand de marrons, entretenant le feu de son chaudron d'où émanait avec la fumée une bonne chaleur, et l'on avait le choix entre les marrons rôtis et les marrons bouillis vendus dans des cornets de papier journal. L'avenue Malakoff montrait ses grandes vitrines où l'on voyait exposées les voitures des carrossiers célèbres : victorias, landaus, cabriolets. En traversant l'avenue du Bois on admirait les cavaliers alors fort nombreux — officiers en uniforme, femmes en tenue d'amazone, parfois des personnages parisiens bien connus — qui trottaient ou galopaient de l'Etoile à la belle grille de la porte Dauphine. Pourquoi l'a-t-on détruite ? Parmi eux se faisait remarquer la famille de Lesseps dont les enfants montaient des chevaux de tailles variant suivant leur âge, dominés par M. de Lesseps coiffé de son chapeau haut de forme et qui dirigeait cette troupe nombreuse d'un geste de sa cravache. La traversée de l'avenue nous paraissait dangereuse, car quelques fiacres et cabriolets la parcouraient au petit trot...

La rue de la Pompe était interminable pour nos petites jambes fatiguées et nous étions soulagés en approchant du bâtiment qui nous paraissait immense et en franchissant la grille de la porte d'entrée.

Tout le quartier du lycée Janson-de-Sailly était à nous. Faisaient partie de notre territoire l'avenue Henri Martin et ses beaux arbres, dont les trottoirs étaient propices pour les jeux de toupie et de cerceau, les grandes étendues des prairies de la Muette et le bois de Boulogne où les plus grands se promenaient en barque sur les lacs.

Le lycée nous a formés. C'est avec respect que j'évoque les maîtres qui nous ont modelés. De chacun je garde le souvenir le plus exact. En parlant de ce temps, j'aperçois leurs visages, je retrouve leurs gestes et le son de leur voix. Ils avaient le souci de leur bonne tenue, de la correction de leur costume, de la gravité de leurs manières. Ils étaient conscients de l'importance de leur mission. Ils savaient qu'ils devaient à la fois nous instruire et nous éduquer.

Au cours de ces années de lycée, nos maîtres nous ont donné le goût de la langue française dans sa belle pureté et celui des bons auteurs. Sans doute les programmes comportaient quelques choix qui nous paraissent aujourd'hui liés à des fautes de goût, mais les grands classiques dominaient. Nos professeurs essayaient de fixer dans nos mémoires les vers de Corneille, Racine et Victor Hugo, les dialogues et tirades de Molière, les portraits de La Bruyère, les satires de Boileau, puis aussi la prose aux belles sonorités de Bossuet. Attachés au XVIIe siècle considéré comme le Grand Siècle, ils nous montraient cependant la manière d'écrire inimitable des grands prosateurs du XVIIIe siècle. L'enseignement que nous recevions était fait pour créer en nous l'admiration pour la civilisation, la pensée et l'art de la Grèce antique. Nous avons appris la langue et l'histoire de Rome, beaucoup moins la langue grecque, et cependant restent encore flottants dans nos souvenirs certains des passages d'Homère ou des tragiques. L'histoire de France était maintes fois répétée et nous en prenions le goût. Beaucoup d'entre nous l'ont gardé pour la vie entière. Il me semble que sont différents les uns des autres les hommes qui connaissent l'histoire et ceux qui l'ont oubliée ou ne l'ont jamais sue. Continuant l'initiation de nos parents, nos professeurs nous inculquaient pour toujours la passion de la lecture et des livres. Avec l'esprit le plus libéral, grâce aux exemples qu'ils nous donnaient, ils devaient nous imprégner du sens de l'honneur, de la dignité, du respect d'autrui, de l'amour de la vérité et de la patrie, enfin du consentement au sacrifice. Il ne nous serait jamais venu à l'idée de suspecter leur esprit de justice, et nous acceptions sans réserve leurs jugements, leurs classements, leurs critiques. Ils méritaient l'éloge que faisait Ernest Renan de ses maîtres en disant qu'ils nous ont soumis à de « simples, fortes et honnêtes disciplines », nous ont inculqué « l'amour de la vérité, le respect de la raison, le sérieux de la vie ». De la vie commune que nous avons menée avec eux pendant une longue période de notre enfance se dégage une impression très forte.

La classe leur obéissait et à certains d'entre eux vouait son admiration. Quelquefois un maître n'était pas accepté, il ne s'était pas imposé ; alors, c'était le chahut qui nous amusait fort malgré la crainte des consignes : cris, ricanements, bruits les plus divers, frottements des pieds contre le sol, jets de flèches en papier, sans compter les grands jours où l'on recourait aux « boules puantes ».

A vrai dire, d'une façon générale ce petit peuple était discipliné, appliqué à un travail régulier, sérieux pendant les heures de classe. Celles-ci se terminaient au roulement du tambour, qu'à l'heure juste et suivant la tradition napoléonienne le concierge faisait retentir en parcourant les couloirs. Alors, c'était

— comme toujours et partout —, avec la grande ruée vers les cours de récréation, les hurlements, vociférations, bourrades et bagarres. Nous étions gais, les obligations qu'on nous imposait ne nous pesaient pas et nous étions rieurs et heureux. En écrivant ce mot je me demande si les élèves internes, trop soumis à la sévérité des maîtres répétiteurs et surtout d'un surveillant très raide, ont d'aussi bons souvenirs.

Dans ce lycée laïc, les professeurs tenaient à honneur la liberté de la pensée et veillaient à ne point influer sur nos consciences. Fidèles à la neutralité scolaire, ils traitaient avec respect toutes les opinions politiques, religieuses ou sociales. Seul le patriotisme était au-dessus de toute discussion. Confusément, nous appréciions la valeur de cette attitude qui était l'honneur de notre université. L'instruction religieuse était facultative et n'occupait qu'une place bien restreinte. Deux prêtres catholiques, un pasteur protestant et mon père donnaient quelques leçons après les classes, en fin de journée. Cependant, avant la période de la première communion, cet enseignement était bien régulièrement suivi et, au moment de la première communion elle-même, l'horaire des classes était modifié.

Ce petit monde était soumis aux règles rigoureuses de son milieu. La bonne camaraderie était plus prisée que les succès scolaires. Trois fautes étaient inexpiables : la flatterie qu'on appelait la « lèche », la dénonciation qu'on appelait le cafardage, et aussi, au cours des jeux, la tricherie.

Dans cette atmosphère collective se formaient nos caractères, s'établissait pour notre conduite l'échelle des valeurs. Les plus courageux, les plus francs inspiraient la confiance ; les drôles, l'indulgence ; ceux qui « léchaient » ou « cafardaient », le mépris, et les tricheurs étaient mal vus.

Nous n'avions au lycée que peu de discussions sur les partis politiques. Les grands événements du monde ne nous laissaient pas indifférents. Certaines querelles violentes éclatèrent lorsque les Etats-Unis déclarèrent la guerre à l'Espagne pour s'emparer de Cuba, de Porto-Rico et des Philippines. Nous avons ressenti profondément l'échec et l'humiliation de Fachoda lorsque la mission Marchand fut arrêtée aux bords du Nil par Lord Kitchener. Au moment de la guerre du Transvaal, les passions étaient aussi vigoureuses, notre sympathie pour les Boers, violente et l'horreur pour cette conquête des mines d'or se manifestait bruyamment. J'ai déjà parlé de l'importance qu'eut aux yeux de la France et du monde l'alliance russe. Nous en parlions sans fin au lycée, à l'occasion de la visite des marins français à Cronstadt, de celle des marins russes à Toulon, de la venue du tsar à Paris et de l'admirable spectacle que donnait le cortège majestueux, avenue du Bois, où les landaus officiels étaient entourés d'escadrons de spahis, et des grandes revues militaires à Châlons.

Malgré sa régularité, l'écoulement de la vie ne nous paraissait point monotone tant le moindre événement ou incident de notre existence d'écolier nous intéressait, en particulier les compositions et les classements. Les résultats des compositions étaient proclamés en présence du proviseur. Grand, revêtu de sa redingote, enlevant son chapeau haut de forme lorsqu'il entrait dans la classe, le proviseur nous en imposait beaucoup. D'un geste, le professeur nous faisait lever, et nous restions debout jusqu'au moment où le proviseur s'asseyait sur la petite estrade. Puis il se levait et solennellement lisait la longue liste. Il s'arrêtait un instant après avoir prononcé le nom du premier et finissait par une allocution que l'on n'écoutait guère, l'esprit restant attentif aux résultats de la compétition.

Les inspections générales étaient encore plus impressionnantes, car nous sentions le professeur ému et nous étions nous-mêmes inquiets à la pensée d'être interrogés. Même cérémonial à l'entrée, l'inspecteur disant : « Asseyez-vous, mes enfants, et continuez, monsieur le professeur, votre classe ; où en étiez-vous donc ? » A ce moment, la visite étant survenue à l'improviste, personne ne savait plus où il en était. Puis on retrouvait ses esprits et l'inspecteur essayait de dialoguer avec les élèves. Un de ces inspecteurs était un homme alors connu, Eugène Manuel, poète bien médiocre dont on nous avait fait apprendre par cœur les vers.

Nous avons eu la sensation que nous avions approché un personnage historique lorsque, après la classe, je racontai à mes camarades ce que je savais par mon père, qui était son ami : Eugène Manuel, jeune normalien, avait fait partie d'une délégation qui à l'Infirmerie Sainte-Thérèse avait rendu visite à Chateaubriand !

Un grand événement était la montée vers la Sorbonne pour les compositions du concours général où l'on avait l'honneur de représenter son lycée. On était installé sous les combles, dans les grandes salles, sous la chaleur étouffante, et l'on se soutenait en avalant des sandwichs pendant les longues heures de la composition.

La fête de la Saint-Charlemagne était célébrée comme une solennité très attendue. Les premiers de chaque classe étaient réunis au réfectoire. Nous étions assis autour des tables de marbre, et deux d'entre nous avaient la lourde charge de prononcer un discours, l'un en français, l'autre en vers latins. Au bout de peu d'années, le latin devait disparaître. Après le discours, toujours trouvé trop long, du proviseur, nous pouvions enfin bavarder et nous ébattre. Le repas commençait invariablement par des bouchées à la reine et le champagne, boisson rare, nous enivrait quelque peu. Une impression dominait : le surveillant général, habituellement si sévère et qui avait coutume d'appeler auprès de lui d'un coup de sifflet, pour l'admonester ou le punir, l'écolier coupable de quelque peccadille contre la discipline, montrait en ce jour une bienveillance exceptionnelle et malheureusement temporaire.

A la fin du mois de juillet avait lieu la distribution des prix dans la grande salle du palais du Trocadéro alors encore debout. La foule des élèves et des parents emplissait l'amphithéâtre. Sur l'estrade entourée de plantes vertes, se tenaient les professeurs en robe, le président en habit. A gauche était rassemblée la musique d'un régiment de ligne et nous regardions les soldats en capote bleue et pantalon rouge. Après *La Marseillaise*, c'étaient les discours, puis l'appel des lauréats applaudis d'une manière plus ou moins vive suivant leur popularité. La longue cérémonie finie, nous traversions, sous le soleil d'été, la place du Trocadéro, avec une pile plus ou moins élevée de livres aux reliures rouges et aux tranches dorées, portant, enfilées sur l'avant-bras, les couronnes de lauriers — feuilles de papier vert glacé réunies par un fil de fer —, modeste évocation des temps antiques et des héros. Ceux de mes camarades qui n'avaient point de livres ou de couronnes ne paraissaient nullement affectés. Ils ne semblaient guère souffrir des complexes d'infériorité que l'on a inventés depuis. Sans doute certains étaient absents. Je ne sais ce qu'ils pensaient, mais ils étaient fort peu nombreux. D'ailleurs, à cette époque, le redoublement d'une classe était un fait exceptionnel. Nous étions, au moment des grands au revoir bruyants et chaleureux, tout à la joie du début des vacances.

Dans notre milieu, pour nos familles, pour nous-mêmes, pour notre fratrie, la vie du lycée avait la plus grande importance. Tantôt les petits événements de l'existence de chaque jour étaient commentés, tantôt — assez souvent — nous n'en parlions pas à notre entourage : secret de notre vie intime.

Nous étions férus de camaraderie. Ce choix des amitiés nous plaisait infiniment, nous dégageait des relations imposées par les liens familiaux. Ce fut, dans le domaine affectif, l'éclosion d'une ère de liberté puisque, sans aucune suggestion ou pression, se formaient des groupes — qui restèrent unis par l'amitié — parmi la population variée des classes successives. Cette intimité de l'âge tendre, rien ne la remplace jamais. De ce temps datèrent, pour reprendre l'expression de Raïssa Maritain, de « grandes amitiés » qui durèrent l'existence entière et même se prolongèrent dans les générations successives, s'étendirent à nos familles ou souvent à presque tous nos proches et parfois furent scellées par des mariages entre nos enfants.

De nouveaux horizons apparaissaient à nos yeux, on plongeait dans des milieux différents, on participait à d'autres existences, on approchait d'autres parents que les siens, on apprenait à connaître d'autres religions.

Chez les Villepigue, j'étais reçu presque chaque soir, traité — ainsi qu'on le disait — comme un enfant de la famille. L'atmosphère de cette maison était très cordiale, les conversations très franches et très directes. M. Villepigue était chef de cabinet du préfet de la Seine, M. Poubelle. Les Parisiens, oublieux de l'arrêté préfectoral d'hygiène urbaine dont il est l'auteur, ont fait de ce nom le nom commun que l'on sait. Nous étions fiers quand M. Villepigue nous parlait de ce qui se passait à l'Hôtel de Ville. Mme Villepigue, primesautière et bienveillante, veillait à mon éducation. Un jour, pour me punir de quelque incartade, elle me donna un soufflet : « De la part de ta mère », me dit-elle. La gifle faisait partie des méthodes éducatives et résolvait en général une situation tendue en calmant les nerfs de tous. Sans doute, les psychiatres d'aujourd'hui donnent de ce comportement une explication compliquée et imaginaire. De mon temps, on considérait le geste comme salutaire et je continue de penser qu'on avait raison. Dans les grandes circonstances, nous avions l'honneur d'être invités dans l'appartement de l'avenue de Neuilly à des soirées musicales telles qu'on les donnait alors : morceaux de piano joués par des adolescents et duos d'opéra chantés par des amateurs dans la grande tenue de l'époque. Avec Robert Villepigue l'amitié dure sans nuages depuis plus de quatre-vingt-deux ans.

Très proche de moi était Jacques Gompel. Petit, brun, vif, les yeux noirs, agile et souriant, il était issu d'une famille israélite alsacienne, et son père, après s'être battu en 1870, était venu, avec ses frères, fonder à Paris une grande entreprise.

Nous nous comprenions, Jacques Gompel et moi, à demi-mot. Il était scrupuleux et généreux. J'aimais sa belle nature, droite, noble. Comme je le raconterai plus loin, la guerre a fauché celui qui était l'un des meilleurs d'entre nous.

En ce temps, nous partagions nos livres de lecture et nous en parlions indéfiniment. Les romans d'Emile Zola nous émouvaient, surtout *Germinal* et *L'Assommoir*. Nous goûtions Anatole France, nous recherchions les romans étrangers dont on commençait à répandre les traductions, les russes, les scandinaves, d'autres encore. Nous aimions les poètes parnassiens. Jacques Gompel préférait José-Maria de Heredia, j'aimais les *Noces corinthiennes* d'Anatole France. Mais tout ce goût de la littérature ne nous empêchait pas de rester de grands enfants rieurs et blagueurs.

Nous aimions le théâtre. Mon frère Jacques et moi, nous allions parfois assister aux représentations classiques du jeudi au Théâtre-Français, après une longue attente qui nous permettait d'accéder aux places du parterre dont le prix était fort modique. La mère de Jacques Gompel nous offrait, pour notre grand plaisir, des places au Théâtre-Antoine où l'on jouait les pièces d'avant-garde : *Poil de Carotte, Boubouroche, La Clairière, La Fille Elisa, Les Oiseaux de passage*. Presque toutes ces pièces de Jules Renard, de Courteline, de M. Donnay, des Goncourt, de Lucien Descaves paraissaient alors d'une grande audace.

Chez les Coulon j'étais intégré à la fratrie des six garçons endiablés, tant bien que mal maintenus par une discipline paternelle rigide et silencieuse. M. Georges Coulon, président du Conseil d'Etat, était un personnage imposant qui nous inspirait le respect le plus profond. Il dirigeait sa maisonnée avec une autorité méticuleuse, associant la discipline à un sentiment de respect pour la personnalité de chacun, même des plus jeunes. Les paroles qu'il nous adressait nous impressionnaient fort. Entrer dans son bureau, être reçu par lui, était un honneur exceptionnel. On percevait en sourdine la fantaisie spirituelle de Mme Georges Coulon. Celle-ci, Geneviève Pelletan, fille et petite-fille de pasteurs des Charentes, était la sœur de Camille Pelletan, homme politique républicain dont le radicalisme s'opposait à l'opportunisme du gouvernement et dont les chansonniers plaisantaient les longs cheveux et la grande barbe. Mme Coulon était pleine d'esprit et cachait sa tendresse sous des traits ironiques. Elle devint l'amie de ma mère et m'accueillit comme l'un des plus proches amis de ses enfants. Nous organisions ensemble toutes sortes de divertissements ou, plutôt, des farces qui nous faisaient morigéner par la gouvernante alsacienne, Mlle Hortense, adorée de tous, tandis que Mme Coulon nous aidait à échapper à de justes châtiments.

Par suite de quelles circonstances M. Coulon m'a-t-il présenté un soir à M. de Freycinet ? Celui-ci parla avec bienveillance à l'enfant intimidé que j'étais et qui évoquait en lui-même les récits paternels sur l'organisation des armées de la défense nationale en 1871 et sur le rôle politique de celui que l'on avait surnommé la petite souris blanche.

M. Georges Coulon présida une année la distribution des prix du lycée Janson et prononça un discours patriotique auquel nous devions songer depuis, lorsque deux de ses fils tombèrent au feu pendant la guerre de 1914-1918.

Les vies de nos deux familles se sont mêlées et restent toutes proches. Plus tard, j'en parlerai en évoquant ce que fut mon ami Jean-Paul Coulon.

Abel Ferry fut notre compagnon. Il nous conduisait dans l'hôtel de la rue Bayard, habité par sa tante, la veuve de Jules Ferry, qu'on appelait « tante Jules », par la veuve du colonel Charras et M. Charles Ferry, député des Vosges et père de notre ami. Nous étions impressionnés à la fois par la grandeur et la richesse du cadre et par les souvenirs historiques. Les Ferry rappelaient volontiers leurs ascendants, Villemain, grand universitaire, écrivain et ministre, et Charlotte Kestner, la Lotte aimée par Goethe et si bien décrite dans *Werther*. Nous écoutions avec respect M. Charles Ferry, frère cadet et cependant quelque peu le mentor de son grand aîné, évoquer le passé. Un soir se trouvaient réunis, dans le grand salon de la rue Bayard, les amis de son fils Abel : Charles de La Porte, Jean-Paul Coulon, Jean Baruzi, Henri Gans, Jacques Gompel. J'aurai l'occasion de parler plus loin de chacun d'eux. M. Charles Ferry rappelait l'époque où, lors des luttes républicaines sous le Second Empire, il habitait avec son frère. Ils sentaient tous deux qu'Emile Ollivier songeait à une alliance avec le pouvoir et rêvait de fonder « l'Empire libéral ». Jules Ferry était pris alors entre sa conviction de républicain résistant et son amitié pour Emile Ollivier. Il avait aussi une pure et tendre passion pour la délicieuse Blandine, fille de Liszt et de la comtesse d'Agoult, et première épouse d'Emile Ollivier. A son frère Charles il apparut vacillant. Charles lui montra son devoir de rigueur et de fidélité aux principes. Jules parut perdre de sa fermeté. « Arrête-toi, lui dit son frère, si tu cèdes, tu ne seras qu'un séide. » Je ne puis oublier avec quelle sorte de solennité M. Charles Ferry répétait devant nous ce mot qui est bien celui du vocabulaire de l'époque... Fâché, Jules Ferry quitta le domicile partagé par les deux frères, s'absenta deux jours puis revint apaisé et convaincu. S'il avait cédé, Ollivier l'eût plus tard entraîné dans sa chute, et c'en était fini de toute sa carrière. Ce fut ce même soir que, la conversation ayant continué sur les rapports entre la France et l'Allemagne et quelqu'un ayant, comme on l'a fait souvent, opposé la prétendue légèreté des Français au caractère sérieux des Allemands, M. Charles Ferry nous dit : « Retenez tous, pour bien en garder le souvenir, ce mot de M. Jules Cambon, si longtemps notre ambassadeur à Berlin : « Ce qui m'inquiète dans le peuple allemand, c'est sa versatilité. »

Charles de La Porte, solide, éloquent, courageux, était un compagnon fidèle de notre groupe. Il était, comme Abel Ferry, le petit-fils d'Alain Targé. Celui-ci avait exactement la physionomie que l'on prête aux républicains de 1848 dont il était l'un des survivants ; de grande taille, les cheveux longs, une barbe blanche encadrant son visage. Il nous accueillait chez sa fille, Mme de La Porte, avec bienveillance et parlait de la nationalisation des chemins de fer, ce qui semblait une mesure très révolutionnaire. L'une de ses filles avait épousé Charles Ferry ; elle était morte de bonne heure, et notre ami Abel avait été élevé auprès de son père par sa tante Jules. Son autre fille avait épousé M. de La Porte, le père de notre ami. Celui-ci appartenait au parti radical qui s'opposait au parti modéré de Jules Ferry. Nous étions les témoins attentifs et un peu effrayés de ces divergences politiques entre les familles des deux cousins. Il advint que M. de La Porte fut appelé à diriger le sous-secrétariat d'Etat aux Colonies, alors rattaché au ministère de la Marine. Un jour, comme nous accompagnions Charles de La Porte jusqu'à sa maison de l'avenue Henri Martin, se trouvait, attendant sur la chaussée, l'équipage ministériel : victoria attelée d'un beau cheval et conduite par un cocher muni d'un haut-de-forme à cocarde tricolore. A la question posée par les petits collégiens, ses amis, à Charles de La Porte : « Quand te promènes-tu dans cette belle voiture ? » il répondit : « Jamais, c'est une voiture officielle, seul mon père peut y monter. » Telles étaient les mœurs républicaines de ce temps.

Chez les Cruet, deux grands garçons, Jean et Pierre, amis d'adolescence, dont l'un fut juriste et l'autre chirurgien, devaient mourir très jeunes d'une maladie fatale dont ils supportèrent courageusement les atteintes dès leur plus tendre enfance, tout en restant tout vibrants, pleins d'humour et de charme.

Nos parents, loin de nous retenir, favorisaient ces camaraderies et recevaient bien volontiers toute cette jeunesse. Le libéralisme familial se réjouissait de nous voir mener une vie heureuse et gaie au milieu de ces compagnons. Peut-être aussi les nôtres éprouvaient-ils une certaine satisfaction de sentir que mon frère et moi-même étions appréciés dans des milieux qu'ils estimaient fort.

La fréquentation des Ferry, des de La Porte, des Coulon entretenait notre intérêt pour la politique. Celle-ci passionnait parents et enfants. Les célébrités du temps venaient compléter la liste des hommes illustres dont on cultivait la mémoire. Nous suivions de près les débats politiques, le déroulement des élections, les campagnes de presse. La République était attaquée, elle se défendait et poursuivait son programme d'instruction populaire, de laïcité, de conquêtes coloniales, d'organisation militaire, d'effort diplomatique, de développement culturel, de protection de la paysannerie. Nous lisions les discours parlementaires ou les articles de journaux, jeunes témoins passionnés de l'enfantement difficile du régime républicain. Tout ce qui, sous nos yeux, se passait en France, paraissait important aux yeux du monde, où l'on se souciait de sa pensée et de son attitude. Malgré la défaite, elle avait conservé son rayonnement intellectuel.

Pour ce qui me concerne, le plus grand événement se passait au fond de moi-même. Je prenais alors conscience d'une absence totale de sentiment religieux. Je ne retrouve dans mon souvenir ni l'influence d'un homme ou d'une lecture, ni le malaise d'une période d'angoisse, ni même les émotions d'une crise ou la perception d'une déchirure. Cette conviction que j'étais tel m'apparut comme toute simple et toute naturelle ; sans doute parce que ma forme d'esprit était ainsi faite que je ne ressentais nul besoin d'une croyance. Il n'y avait aucune place dans ma pensée pour l'irrationnel. Lorsqu'en sixième j'apprenais l'histoire des peuples anciens de l'Orient dans le magnifique manuel de G. Maspéro, l'histoire du peuple hébreu racontée avec celle des peuples égyptien, assyrien, babylonien se montrait à moi comme pleine d'intérêt, sans doute, mais ne me touchait pas personnellement. Rien ne m'apparaissait comme acceptable, ni la foi en un Dieu, ni l'obéissance à des prescriptions traditionnelles. La signification de l'acte religieux, à la fois si puissant et si obscur, ne m'émouvait pas et les symboles — toujours évoqués — n'avaient pour moi point d'attrait. J'étais comme entouré par une indifférence totale qui me laissait en pleine sécurité. L'idée d'un Dieu jugeant les hommes, se souciant des hommes, se préoccupant de chaque homme, ne pouvait entrer dans mon esprit. Le désir de Le prier et de Le louer me semblait une attitude singulière, spontanée chez beaucoup d'hommes mais qui ne pouvait me convenir. Les révélations faites aux prophètes, les miracles, les prodiges, la sainteté de l'Ecriture, je ne pouvais y croire. Il m'est arrivé à plusieurs reprises d'envisager ces problèmes dans mes conversations d'enfant avec mon père. Il m'opposait la nécessité d'une Intelligence supérieure, d'un Dieu créateur du monde que ne peut expliquer aucune autre hypothèse. Je n'étais pas ému par ce raisonnement, pas plus que par l'obligation dont il parlait de rattacher à une religion les règles de la morale, de l'honneur et du devoir.

Elève de seconde et âgé de quatorze ans, je prenais plaisir à professer à ma sœur cadette un cours sur l'histoire des civilisations. A cet âge on a toutes les audaces et ma sœur était fort intéressée par mes descriptions des peuples de l'Orient et de l'Occident extraites de mes souvenirs scolaires et de mes lectures.

Un jour, elle me demanda : « Et toi, quelle religion as-tu ? » Sans hésiter, je lui répondis : « Je suis païen. »

A la fin de ma période d'enfance, l'indifférence, l'impossibilité d'adhérer et de ressentir déterminaient un ennui pénible lors de la participation aux rites religieux que je ne pouvais pas, à cause de mon père, éviter ou critiquer. A cet égard, jamais une opposition vive ne se manifesta, la tolérance familiale était suffisante pour que, peu à peu, sans éclat, je pusse m'écarter totalement de toute pratique qu'elle qu'elle fût et sans avoir à manifester la moindre énergie. La situation devait brusquement devenir dramatique à l'âge viril, au moment du mariage.

***

Deux tourmentes devaient secouer notre grande enfance et notre adolescence : l'affaire Dreyfus et la passion socialiste.

Les débuts de l'affaire Dreyfus furent comme une catastrophe survenant en pleine sérénité. Lorsqu'on eut connaissance parmi nous de l'accusation, puis du procès qui se déroulait à la prison du Cherche-Midi, la réaction la plus forte fut ainsi formulée : c'est impossible, un officier juif alsacien ne trahit pas la France. C'était une vérité évidente. La condamnation, la dégradation, l'envoi à l'île du Diable furent subis comme des malheurs, des hontes, une inexplicable horreur. Mais on ne pouvait pas supposer une erreur judiciaire. Un conseil de guerre s'était prononcé formellement. On ne comprenait pas. L'événement était si grave et si triste qu'on n'en parlait pas et cependant la campagne antisémite parvenait jusqu'à nous. Ce fut à ce moment, et à ce moment seulement, que nous éprouvâmes l'étrange sensation d'une sorte d'éloignement de la part de certains, d'une tendance au mépris qui nous était insupportable. On le sait, on l'a bien appris depuis lors, les collectivités humaines supportent tout : la servitude, la cruauté, le massacre, mais pas le mépris. A la vérité, au cours de notre enfance et de notre adolescence, ce ne fut que bien rarement que nous ressentîmes de pareilles impressions. C'est seulement au cours de l'affaire Dreyfus que nous devions entendre, pendant les manifestations et les bousculades de collégiens et d'étudiants, des cris hostiles et que nous devions ressentir douloureusement l'éloignement de quelques-uns. Rien de tel ne pénétra dans le groupe de nos amis. Ils devaient tous, sans exception, faire partie de ce qu'on a appelé plus tard les dreyfusards de la première heure. Lorsque éclatèrent les premières manifestations en faveur de la révision du procès, ce fut pour nous comme le coup de tonnerre, l'orage fulgurant qu'avaient annoncé les nuées amoncelées. Comme pour tous les Français d'alors, l'Affaire devint pour nous la grande Affaire. Comme on le sait, les familles françaises étaient divisées, des groupes, des clans s'étaient formés. On ne parlait que de l'Affaire. Le monde entier, tout au moins celui qui comptait alors, était attentif aux péripéties de ce drame et celles-ci furent nombreuses, singulières, compliquées, bousculant la vie publique de la nation. Avec l'enthousiasme de notre âge, la conviction d'un évident bon droit, nous étions tout remplis par la passion dreyfusarde. Nos amitiés, nos admirations étaient dominées par elle. On lisait les journaux qui défendaient Dreyfus, on gardait les photographies des héros de la révision, on prenait part aux agitations de la rue. Je dois dire que notre jeunesse, très animée, tout entraînée par ce tumulte, goûtait cette aventure avec ses coups de théâtre, ses articles sensationnels, ses réunions publiques houleuses. Des événements étranges, des péripéties longtemps mystérieuses, des controverses de tous les épisodes de ce drame prolongé, on connaît aujourd'hui le détail. Un des moments les plus émouvants fut le procès d'Emile Zola. Un jour, avec Mme Georges Coulon et Jean-Paul, j'assistai à l'une des scènes dramatiques de celui-ci. Nous étions serrés dans la foule des assistants qui avaient obtenu la permission de pénétrer dans la salle de la cour d'assises du palais de Justice. J'entendais, sans les voir, les témoins qui venaient déposer. Leur parole était vibrante. Les avocats, notamment Me Labori, voulaient leur poser des questions difficiles. Le président de la cour d'assises s'y opposait. La foule manifestait. La tension était extrême. Une sorte d'énervement collectif ébranlait toute l'assistance. Je ressens encore aujourd'hui, soixante-quinze ans plus tard, l'émotion collective qui secouait ces hommes rassemblés, tous entraînés par des passions contradictoires, refrénant avec peine leurs tendances violentes et agressives qui devaient, du reste, se déchaîner dans la cour du Palais quelques heures plus tard lorsque Emile Zola et ses amis durent être protégés de la foule. L'accent de bonne foi de chacun de ceux qui déposaient me frappait et me tourmentait. Comment peuvent-ils croire à de pareilles erreurs ? Dès ce moment, beaucoup parmi nous pensaient que bien des adversaires de la révision du procès étaient victimes de leur crédulité. Intègres et scrupuleux, des hommes comme le général de Boisdeffre ou le général Pellieux étaient certains de la culpabilité de l'homme qu'ils accusaient et étaient indignés qu'on mît leur parole en doute. C'est seulement bien plus tard qu'ils devaient reconnaître qu'ils avaient été trompés.

Pour comprendre cette extraordinaire affaire, il faut se rendre compte de la force des sentiments qui animaient les Français de cette époque. Comme nous l'avons rappelé, dans la France d'alors, non seulement l'armée était respectée et aimée, mais un état d'esprit particulier régnait : le souci de ce qu'on appelait les secrets militaires. On savait qu'une sorte de rivalité animait les usines d'armement de la France et de l'Allemagne pour la fabrication des mitrailleuses, des canons, la préparation des explosifs. Les mots de dynamite, de mélinite, semblaient cacher des mystères terrifiants. On pensait aussi que les plans des fortifications, les projets de mobilisation et d'attaque devaient être soigneusement ignorés de l'ennemi. De temps en temps, on parlait d'espionnage. Dans la nation pleine d'amour de la patrie, et qui avait exécré Bazaine, la trahison apparaissait comme le plus grand des crimes, comme était, sous la royauté, l'attentat contre la personne du roi. Aussi peut-on imaginer quelle émotion devait soulever dans le peuple tout entier l'annonce qu'un officier d'état-major avait livré des secrets à l'Allemagne, qu'un texte trouvé à l'ambassade d'Allemagne en contenait la liste et que cet officier était d'origine juive ; tout cela venait en quelque sorte fournir la preuve des accusations portées par les campagnes antisémites. Lorsqu'il apparut que le bordereau d'envoi des documents avait été écrit par un officier, singulier aventurier, aux relations louches, criblé de dettes, auteur d'extraordinaires lettres antipatriotiques, et que le procès n'avait pas été régulier, la possibilité d'une erreur judiciaire devint évidente, et ceux sur lesquels on faisait peser un injuste opprobre purent se vouer sans hésitation à la défense de leur honneur.

La France avait par ailleurs gardé une tradition, entretenue par des luttes de pensée et des révolutions, faite de générosité pour la défense des hommes et des collectivités opprimés. On conçoit que dans différents milieux, notamment dans les milieux universitaires et lettrés, parmi les artistes, se soient levés des hommes pour rejoindre ceux de l'entourage de Dreyfus et aussi les Alsaciens hantés par la peur d'une grave erreur judiciaire.

Dans le tumulte, on oubliait les souffrances éprouvées par l'innocente victime qui gardait sa confiance en ses chefs, car c'était une grande bataille pour l'honneur qui se livrait en France et qui était, justement, l'honneur de la France. Comme il arrive toujours lorsque éclate dans notre pays une vive querelle, les partis se lançaient dans le combat. L'ennemi politique était symbolisé pour certains d'entre nous par Maurice Barrès, qui jouissait d'une grande faveur parmi les cercles littéraires et certains groupes de jeunesse. Bien qu'appréciant son style d'une grande beauté, il m'apparaissait comme égoïste et insolent. Charles Maurras nous semblait aussi aveugle qu'il était sourd, et obstiné dans l'erreur. Ceux que nous admirions étaient Emile Zola, image, à nos yeux, du courage, Anatole France, dont la finesse de pensée, la justesse de l'expression et l'ironie nous semblaient égaler celles de Voltaire et Jean Jaurès, l'éloquence et la générosité mêmes, aux accents irrésistibles. La France était divisée en deux moitiés hostiles, comme jadis lors des guerres de religion, des révolutions et, comme ce fut le cas, tout récemment, lors de l'occupation allemande.

Malgré la violence des paroles, des écrits, des pensées, la lutte de l'affaire Dreyfus ne fut pas meurtrière. En d'autres temps sans doute, Dreyfus, quoique innocent, eût été condamné à mort et exécuté. Les mœurs de cette époque étaient en vérité plus douces que lors d'autres périodes de notre histoire, comme celle que nous vivons. Sans doute, au cours de duels dont l'usage n'avait pas encore disparu, on compta deux morts : celles d'officiers israélites de nos amis. Ce furent, avec une balle tirée par un fanatique dans le dos de l'avocat Labori, les seuls actes sanglants de la violence qui régnait.

Nous nous sentions au centre du combat. Les Dreyfus faisaient partie d'une famille respectée à Mulhouse, rattachée par des alliances à la famille de mon oncle Hadamard. M. Scheurer-Kestner, l'un des survivants des députés protestataires qui avaient siégé au Reichstag après l'annexion de l'Alsace, était devenu sénateur inamovible et était entouré du plus grand respect. Il était un parent de la famille Ferry. Il avait été, comme maître Leblois, autre Alsacien de ses amis, convaincu de l'innocence d'Alfred Dreyfus et cherchait à faire partager son opinion par ses amis de l'armée et du gouvernement. Le colonel Picquart était originaire d'Alsace.

Aujourd'hui que les documents ont été révélés, étudiés et analysés, tout paraît s'éclaircir et, avec Marcel Thomas, grâce à la plus exacte discipline historique et à la connaissance des documents d'archives, on finit par penser qu'il n'y eut point de traître à proprement parler. Quel paradoxe ! L'affaire Dreyfus — grand drame de la trahison — fut une erreur judiciaire sans qu'il y eût un coupable de ce crime. Esterhazy, en effet, auteur de tout le mal, était plus un escroc prêt à trahir qu'un traître. Son fameux bordereau énumérait des pièces de documents de peu de valeur qu'il essayait de vendre à l'ambassade d'Allemagne, dont il cherchait, sans scrupules, à soutirer l'argent dont il avait besoin.

Un des épisodes les plus extravagants de l'affaire Dreyfus est l'histoire, partout répandue, que l'armoire de fer du Deuxième Bureau de l'Etat-Major contenait une lettre manuscrite de l'empereur Guillaume II où Alfred Dreyfus était cité en toutes lettres. C'est tout juste si l'on n'ajoutait pas qu'il s'agissait d'une lettre adressée par l'empereur d'Allemagne à Alfred Dreyfus. Cette légende d'une absurdité évidente était acceptée par des hommes raisonnables dont le jugement était troublé par la passion. On a même dit que le faux du colonel Henri avait été établi par celui-ci, qui n'avait trouvé aucune pièce valable permettant de conclure à la culpabilité d'Alfred Dreyfus et qui voulait éviter la révélation des documents secrets de la fameuse armoire de fer qui évidemment ne contenait aucun des textes concernant Alfred Dreyfus.

Mon ami le docteur Roudinesco pense que l'origine possible de cette histoire singulière peut être liée à la maladie du colonel Sandherr, alsacien patriote et chef du Deuxième Bureau, qui pendant de longues années remplit excellemment sa tâche et gagna la confiance de tous ses chefs. Il devait succomber à une paralysie générale, et l'on sait que cette maladie est précédée d'une période de « délire de grandeur » et d'absurde mégalomanie.

L'affaire Dreyfus au XIXe siècle, comme l'affaire Calas au XVIIIe, orienta dans un certain sens la politique même de la nation. Ces grandes crises qui secouent le peuple tout entier ont de lointaines répercussions. Deux des conséquences les plus remarquables furent les progrès de la laïcité de l'Etat et le début de l'application du socialisme réformiste. La séparation des Eglises et de l'Etat, aussi favorable à l'Etat qu'aux religions, fut en effet, après de longues agitations, votée en 1902, et ce fut en 1900, dans le cabinet Waldeck-Rousseau, qu'Alexandre Millerand, premier député socialiste devenu Ministre du Commerce et, pour la première fois, du Travail, inaugura par différentes mesures le socialiste réformiste qui n'a cessé de se développer depuis cette époque. Jean Jaurès lui prêta son appui.

Pour la génération de ceux qui, alors, étaient jeunes, ce fut l'abandon de l'esthétisme, de l'art pour l'art, avec une prise de conscience plus vive des problèmes sociaux.

·4·

La passion sociale

GRAVE ET BRÛLANTE fut la passion sociale. Ce bouleversement dans les sentiments et la pensée n'a pas été provoqué par les rencontres avec les groupes d'étudiants entraînés par les idées socialistes, qui discutaient, rédigeaient des journaux et des revues. Si intéressé que je fusse par des doctrines politiques, je n'avais aucun désir de m'enrôler dans quelque parti que ce fût. Etait-ce pour conserver toute ma liberté ou bien parce qu'il m'apparaissait, dès cette époque, qu'il fallait choisir entre le dévouement total à la classe ouvrière et une carrière professionnelle insérée dans la vie bourgeoise ? Je ne sais. En tout cas, je me rappelle fort bien mon refus de tout enrôlement. En 1899, tandis que j'étais encore lycéen et en classe de philosophie, la fréquentation des quartiers populaires devait me causer l'une des émotions les plus fortes de mes jeunes années.

A la Belle Epoque, les quartiers de Grenelle et de Javel donnaient une triste impression d'abandon, de pauvreté, de malpropreté. De longues rues aux parcours interminables étaient bordées de murs sombres derrière lesquels s'abritaient les ateliers et les usines. Peu de boutiques, quelques étalages assez négligés. Beaucoup de débits de boissons dont les devantures n'étaient pas souvent repeintes, où l'on vendait aussi le charbon domestique. Les maisons d'habitation, aux façades mal entretenues, souvent assez petites, étaient parfois séparées par des chantiers garnis de palissades d'où pendait le papier des affiches déchirées. Sur les trottoirs mal nettoyés, des débris de toutes sortes. Le pavé des chaussées était inégal et l'arrosage bien insuffisant. Sauf aux heures animées de la fin des classes et de la sortie des ateliers où une foule pressée les parcourait, ces rues étaient peu fréquentées. C'est seulement sur les places qu'on retrouvait l'animation et la vie populaire, les ménagères faisant leur marché et leurs achats, les enfants jouant librement, car il y avait peu de voitures et le passage des omnibus n'était pas fréquent. Au fond de quelques impasses, sur les berges de la Seine, des masures pittoresques et des bistrots assez louches évoquaient pour nous les tableaux de Paris d'Eugène Sue ou de Victor Hugo.

Quand le soir tombait, nous ressentions une impression sinistre. De rares réverbères à la lumière jaune ne permettaient pas au regard de percer l'obscurité, surtout lorsque le vent rabattait la fumée noire des cheminées d'usines.

Mon évocation de ces lieux et de ces temps ne serait pas complète si je n'ajoutais que les dimanches et les jours de fête, surtout quand venait le printemps, les rues et les places de ce quartier ouvrier se montraient sous un autre aspect. Elles devenaient un lieu de promenade où apprentis, ouvrières, adolescents, plaisantaient et riaient. Les mères de famille surveillaient leurs bambins, qui envahissaient les trottoirs. La foule donnait alors une impression de bonne humeur et de gentillesse populaire. Des chanteurs et des chanteuses faisaient répéter les refrains et les rengaines à la mode. Les joueurs d'accordéon recevaient dans leur sébile une menue monnaie ; les gens pauvres, pensions-nous, donnent facilement le peu qu'ils ont. Quelques femmes ou jeunes filles achetaient des fleurs aux bouquetières ambulantes qui poussaient leurs charrettes à bras en ne stationnant que loin du sergent de ville chargé de faire respecter le droit des boutiquiers.

Tel était le décor d'un monde nouveau pour moi. Quelle vie devaient mener, tout à côté de nous, ces hommes, ces femmes et ces enfants dont j'ignorais tout !

Lorsque, faisant peu à peu connaissance avec les habitants du XVe arrondissement, je pus pénétrer dans les pauvres logis où vivaient les ouvriers d'alors, l'aspect de ces taudis m'épouvanta. Les escaliers étaient généralement sordides et malodorants, avec de petits postes d'eau pour l'usage commun. Dans des pièces étroites, souvent mal éclairées, se trouvaient des mobiliers usés et mille objets entassés. La demeure était surpeuplée. Parfois, deux ou trois générations s'y entassaient. On sentait quel effort il fallait à la ménagère pour maintenir quelque ordre et quelque propreté. Après les grands nettoyages, elle y parvenait ; le sol était bien lavé et la toile cirée qui recouvrait la table, bien nette. Parfois, on était encombré par les enfants des voisins recueillis pendant que la ménagère faisait ses courses ou l'on se chargeait de garder le nourrisson d'une voisine de palier. Ainsi se manifestait cette entraide généreuse qui ne cessa de me frapper lorsque je connus davantage le peuple parisien de ce temps. J'avais devant moi le spectacle de la misère du prolétariat à l'époque de la première révolution industrielle de la France.

C'est le mouvement des universités populaires, dont je parlerai plus loin, qui m'avait entraîné vers le monde ouvrier. Mais celui de mes amis qui m'y fit pénétrer et me le fit connaître, c'était Robert Louzon. Je l'avais rencontré dans les petites classes du lycée Janson-de-Sailly. Nous nous sommes liés vers l'âge de dix ans. Nous ne nous sommes jamais quittés et notre amitié a plus de quatre-vingts ans. Lors de nos premières rencontres, il était interne au lycée. Revêtu d'un costume d'intérieur que portaient les internes : veste et pantalon de gros drap bleu, chemisette blanche et petite cravate noire — c'est sans doute la seule époque de sa vie où Robert Louzon ait porté une cravate —, les yeux noirs et, à cette époque, le regard un peu rêveur, son visage assez large souvent animé d'un sourire de gentillesse, les gestes très vifs, il donnait alors l'impression d'un garçonnet sage, réservé, mais accueillant.

Il était bon coureur lors de nos grandes parties de balles ou de barres dans la cour du lycée. Orphelin, il sortait le dimanche chez son tuteur et correspondant, dans une famille de bourgeois aisés habitant un bel appartement du XVIe arrondissement. Je l'ai toujours connu assez éloigné de cette famille. L'héritage de ses parents et grands-parents lui permit de mener une existence indépendante. Très tôt, il avait pris son parti et déterminé la ligne de sa vie. Je me demande à présent si ce n'est pas déjà tout jeune lycéen que, décidé à se vouer à la classe ouvrière, convaincu qu'elle ne se délivrerait de l'oppression que par une révolution, il n'hésitait qu'entre deux orientations : serait-il socialiste ou libertaire ? Il choisit cette dernière voie et ne l'a point quittée à quatre-vingt-dix ans passés. Dans une lettre adressée à Jean-Paul Coulon lorsque nous étions ensemble au lycée, qui fut récemment retrouvée et dont la maturité nous frappe aujourd'hui, il discute les raisons de sa décision et l'on sent que celle-ci est bien prise. Adolescent et jeune homme, il mêlait son existence à celle des fondateurs du syndicalisme français qui étaient, comme lui, éloignés de tout parti politique, animait les ouvriers d'usines, les poussait à s'unir pour préparer la révolution et la création d'une société entièrement nouvelle par son économie et sa morale, prolétarienne et non plus bourgeoise. Quand nous nous revoyions à cette époque, je retrouvais sa cordialité, sa simplicité et sa vivacité d'esprit. Il était devenu plus rieur que dans son enfance, me faisait de grandes théories en frottant ses mains l'une contre l'autre, de son geste habituel, m'intéressait par ses idées originales et profondes et m'intriguait par le secret de sa vie libre. C'est à cette époque aussi, je pense, que pris par la police dans des manifestations de grévistes il fit pour la première fois connaissance avec la prison.

Il devait, par une vie conforme à son idéal, par ses actes de courage et de générosité, par la force de sa pensée philosophique, politique et sociologique, par la puissance de ses vues sur l'économie et l'histoire, par l'influence exercée autour de lui, devenir le plus remarquable des hommes de ma génération. Peu connu à présent, sauf par le groupe de ses camarades, il sera demain découvert lorsqu'on éditera ses textes ou lorsqu'on donnera la diffusion qu'ils méritent à certains de ses écrits sur la philosophie, l'économie, la politique, les doctrines de Georges Sorel et l'évolution de la Chine, à laquelle depuis longtemps il s'intéresse. Alors on le mettra à sa vraie place.

Après le lycée, il devait entrer à l'Ecole des Mines, puis, comme ingénieur, travailler dans des entreprises minières d'Espagne. Je pense que c'est pour avoir pris alors le parti des ouvriers qu'il dut quitter ce poste. La Compagnie du Gaz de Paris l'engagea et lui confia la direction de son usine du cours de Vincennes, à Saint-Mandé, où Robert Louzon habita. A cette époque, externe à l'hôpital Trousseau qui était dans le voisinage, pour le revoir de temps en temps j'allais déjeuner avec lui. Il paraissait satisfait de son poste et, grâce à sa gentillesse et à la valeur de son travail, avait gagné la sympathie de tous les ouvriers et de l'ensemble du personnel.

Un beau jour, il est appelé par l'un des directeurs qui lui demande s'il est vrai qu'il met gratuitement à la disposition de l'Union des syndicats ouvriers une maison à Paris qui lui appartient. Le directeur ajoute qu'il ne peut croire à cette légende. Naturellement, c'était exact. Robert Louzon est congédié.

Pour différentes raisons, il s'installe en Tunisie, à El-Aïouna, près de Tunis, ne se contente naturellement pas de son travail d'agriculteur mais se lie avec les militants du Destour avec lesquels il collabore. Aussi, lorsque le président Millerand se rend en visite officielle en Tunisie, quelques policiers désireux d'éviter toute manifestation hostile viennent trouver Louzon très tranquille dans sa ferme et le prient de les suivre à la prison de Bab-el-Oued à Alger.

Vient la Grande Guerre ; Louzon considère, comme les militants syndicalistes d'alors, qu'il obéira aux ordres de mobilisation. Cette guerre, qui doit détruire en Europe les restes de la féodalité, vaincre le militarisme, lui apparaît comme une guerre libératrice. Il n'aura pas le même sentiment pour la Deuxième Guerre mondiale. Il part comme lieutenant avec le 4ᵉ régiment de zouaves. Celui-ci doit supporter, au long du premier hiver de la guerre, la première attaque des Allemands aux gaz à Langemarck, en Belgique. L'effet de la surprise est vraiment terrible mais le régiment tient tête. Louzon tombe. Une balle allemande a traversé son rein droit. Par une chance extraordinaire, il survit. Lorsque le colonel vient lui apporter sur son lit d'ambulance la Légion d'honneur, Louzon remercie discrètement et fait disparaître pour toujours le ruban rouge.

Ce ne fut pas sa seule guerre, car, plus tard, il devait reprendre son fusil, s'enrôler avec les brigades anarchistes pour défendre la République espagnole. Puis, l'âge étant venu, gardant sa bonne humeur, sa vivacité d'esprit, sa fermeté d'âme au cours des épreuves, son goût de connaître l'évolution du monde, il mène la vie simple d'un philosophe qui se suffit à lui-même, polycopiant ses propres écrits pour les adresser à ses abonnés des *Etudes matérialistes* et écrivant des notes d'économie politique dans *La Révolution prolétarienne,* tout en aidant à la libération des peuples coloniaux soulevés pour conquérir leur indépendance.

Enfants et adolescents, nous avions fait de longues promenades avec nos amis communs, parlé, discuté ensemble. Puis, au régiment, nous vécûmes côte à côte, partageant la même chambre. Plus tard, nos existences furent si séparées que nous ne devions nous rejoindre qu'à de longs intervalles, mais notre amitié est restée solide. Nous savions que nous pouvions compter l'un sur l'autre. Au moment de la guerre d'Espagne, il m'envoyait des réfugiés. Lorsque je fus moi-même menacé par la police nazie, c'est lui, le premier, qui vint offrir de m'abriter.

Et maintenant que nos vies s'achèvent et qu'il habite dans le Midi de la France, nous gardons le plaisir de rares rencontres.

C'est donc surtout grâce à Robert Louzon que furent établis mes liens avec certains ouvriers de Grenelle. Naturellement, ils ne se plaignaient point, mais ils étaient révoltés contre la situation de leur classe sociale.

Ils nous parlaient de leurs salaires, de la durée du travail et de la fatigue, des heures de repos trop mesurées, des rigueurs de la discipline à laquelle ils étaient soumis à l'usine, parfois de la hantise du renvoi et de la menace terrible du chômage, des tracas et des inquiétudes que donnait la maladie, aussi bien celle du père de famille qui gagnait la vie de tous que celle de la ménagère ou des enfants.

La plupart des femmes mariées n'avaient point d'emploi, mais quelle tâche harassante : la lessive, le repassage, le raccommodage, les courses du ménage et enfin les enfants. Il fallait que l'instinct maternel fût bien fort pour qu'elles en jouissent malgré la lourdeur de la charge et les mille difficultés pour les bien soigner.

Ainsi ce n'est pas par la lecture des journaux ou les grandes phrases des réunions publiques que nous devions connaître les problèmes de la vie quotidienne du prolétariat. C'est peu à peu, au cours de nos visites, que je prenais conscience d'une réalité insoupçonnée par les enfants gâtés que nous étions. Je ressentais un sentiment de gêne, de malaise, à vrai dire de honte, devant ce contraste, ou plutôt cette barrière, cet immense espace vide qui séparait notre monde heureux et douillet de celui où le peuple menait la plus rude vie. Une image est restée fixée dans ma mémoire. Un jour, visitant la famille de Voncken, paveur de rues, avec laquelle je m'étais lié, je pris dans mes bras l'un de ses enfants de deux ans. Le petit m'apparut si faible, si pâle, si triste, qu'il me semblait symboliser toute la misère du monde.

En même temps, nous admirions l'effort de beaucoup d'ouvriers pour s'instruire. Certains militaient dans les syndicats dont l'organisation légale était encore récente. La première réunion de la Confédération générale du Travail date de 1902, elle réunissait alors 130 000 ouvriers. Tous parlaient des grèves considérées alors comme une bataille fort rude et dangereuse, des heurts avec la police et des ouvriers hostiles à la grève qu'on appelait les « jaunes ». Lorsque les grèves se prolongeaient, les dettes s'accumulaient chez le boulanger et le boucher. Les ménagères rappelaient que bientôt le pain allait manquer, car on n'aurait plus les quatre sous que valait alors le kilo de pain de ménage. Les manifestations ouvrières étaient mal tolérées et la grève souvent jugée comme inadmissible. C'était un drame au déroulement pathétique et souvent tragique. Il me semble que le mot de grève employé aujourd'hui n'a plus du tout le même sens qu'autrefois. Il était facile de comprendre alors comment ce peuple, aspirant à une vie meilleure, épris de liberté et de justice, qui manifestait en criant : « Du travail et du pain », n'avait d'autre espoir qu'une révolution.

Dans le même temps, les grands désordres politiques de l'affaire Dreyfus agitaient la nation. Le militarisme, caricature de l'attachement à l'armée, le cléricalisme, déformation de la foi religieuse, le nationalisme, détournement de l'amour pour la patrie, étaient combattus. Le pays n'était pas seulement secoué par des batailles politiques et idéologiques, mais par un ébranlement social et économique. Le monde ouvrier clamait ses protestations et ses révoltes. Les doctrinaires disaient : le prolétariat affirme sa conscience de classe. De nouveaux essais, toujours vains, pour réaliser l'union internationale des prolétaires, étaient tentés. Des ordres de grève qui répandaient l'effroi étaient lancés. Par désespoir, on envisageait des sabotages.

Le socialisme moderne naissait, définissant sa doctrine et sa politique. Il apparaissait bien différent du socialisme de l'époque romantique.

Les universitaires « dreyfusards » créèrent alors les universités populaires. On parlait beaucoup de l'union des travailleurs intellectuels et des travailleurs manuels. Nous étions entraînés dans le sillage de ce mouvement. Certains d'entre nous sentaient bien que le mot de « travailleur » évoquait une ressemblance qui n'existait point en réalité. Nous n'en étions pas moins des fidèles de l'Emancipatrice, université populaire du XVe arrondissement. Nous participions avec nos modestes moyens à ces rencontres de bonne volonté où les enseignants généreux offraient à un auditoire avide de connaissances une pâture intellectuelle d'une grande variété : exposés de vulgarisation scientifique, lectures poétiques, leçons d'économie politique et aussi auditions musicales semblaient plaire. Malgré la cordialité des entretiens et l'intérêt de ces soirées, nous ne pouvions oublier le contraste entre notre vie et celle des auditeurs ouvriers.

Nous avions été, dans notre jeunesse, habitués à cette distraction : jouer la comédie. A l'université populaire, nous montâmes une pièce, celle d'un auteur allemand alors en vogue, Gerhart Hauptmann, qui représente la vie des tisserands. A un moment donné, un petit apprenti transformé en acteur, perdu dans la foule des ouvriers, s'effondre sur les planches. Est-ce la fatigue, la faim, une crise d'épilepsie ? Parmi ces ouvriers qui, pour jouer la comédie, avaient naturellement conservé le costume de travail qu'ils portaient tous les jours, la tragédie m'apparut si réelle qu'aucun effet de théâtre ne m'a jamais autant frappé.

Des liens de camaraderie nous ont unis alors à quelques-uns des ouvriers qui aimaient nous faire parler et discuter avec nous de nos lectures. En effet, en jeunes intellectuels consciencieux, nous nous étions plongés dans les écrits de Karl Marx, et pas seulement son livre *Le Capital*, mais aussi ses textes sur le coup d'Etat du 2 décembre, la Commune, sa correspondance avec Engels et de nombreux ouvrages divers commentant et complétant ses théories sur la lutte des classes, le matérialisme historique, les lois économiques. Je ne suis pas sûr d'avoir lu à cette époque Proudhon et les ouvrages des socialistes français, mais certainement ceux des révolutionnaires russes. Parmi les hommes que je pus alors apercevoir se trouvaient les fondateurs du mouvement syndicaliste : Merrheim et Greffulhe, Pataud, et je crois aussi Monatte. On nous parlait de Fernand Pelloutier, de son œuvre, de sa vie, de son action. Nos interlocuteurs étaient des ouvriers de tous les métiers et d'âges différents : mécaniciens, ferblantiers, ouvriers du bâtiment, imprimeurs, menuisiers, serruriers et aussi manœuvres. Non seulement ils s'intéressaient à leurs machines, mais je crois pouvoir dire qu'ils aimaient leur travail. Certains avaient le courage de lire lorsqu'ils n'étaient pas trop fatigués. D'autres étaient animés d'une foi révolutionnaire ou bien se rattachaient à l'une des fractions du parti socialiste ou aux groupements des syndicats de leurs camarades d'usine. Tous nous parlaient avec simplicité et nous expliquaient leurs pensées, comme à des jeunes gens venus d'un autre monde.

Leurs vêtements différaient quelque peu suivant le métier qu'ils exerçaient. Je me souviens notamment de la silhouette d'un ouvrier menuisier, grand et solide, qui portait toujours une large ceinture de flanelle rouge plusieurs fois roulée autour des reins et un pantalon de velours brun à côtes légèrement bouffant.

Je n'ai point gardé de souvenirs très précis de ces rencontres ou de ces récits, mais ce dont je me souviens, c'est que je fus profondément impresssionné par la sensation de capacité intellectuelle, d'énergie et de courage qu'ils me donnèrent. Il en fallait alors pour créer en France le mouvement syndical. Ils voyaient avec allégresse les durs combats qu'ils auraient à livrer. Jamais je n'ai éprouvé les mêmes impressions en entendant hommes politiques ou hommes d'études parler des problèmes sociaux. Le respect pour le travail manuel que je n'avais jamais estimé auparavant se développait en moi. Le travail de l'esprit n'était-il pas par lui-même source de jouissance et, dans notre état social, entouré de confort alors que pour le travail manuel c'étaient la peine, la fatigue et la pauvreté ?

Dans son ardeur, notre jeunesse ne pouvait rester inactive, et nous désirions participer aux efforts des hommes qui nous entouraient et voulions, si quelque occasion favorable se présentait, aider à la libération de quelques-uns d'entre eux. Seize ouvriers typographes eurent l'idée de créer une imprimerie dont ils seraient seuls propriétaires et gestionnaires, dont les bénéfices seraient partagés entre tous et la direction assurée par l'ensemble des ouvriers. Que de courses dans Paris ! Que de démarches jusqu'à ce que l'atelier pût fonctionner ! J'ai sous les yeux les programmes que nous rédigions, car nous étions aptes aux besognes d'écriture. La recherche des fonds nécessaires fut, comme on l'imagine, assez difficile. Grâce aux souscriptions des ouvriers qui sacrifiaient leurs modestes économies, grâce à l'aide de Robert Louzon et aussi en forçant un peu la main de certains amis fortunés, les sommes suffisantes furent finalement recueillies. Nous avons sollicité M. Georges Coulon dont j'ai évoqué plus haut l'image. Un événement était en effet resté présent à nos esprits. Il avait un jour invité Louzon, encore collégien, dont il connaissait les opinions, à s'entretenir avec lui et lui avait dit qu'il avait pris une certaine décision par respect des chefs syndicalistes. Cette expression employée par ce grand fonctionnaire de la République bourgeoise était bien frappante et tout à fait inusitée en ce temps. Il avait ajouté que la IIIe République était en train d'échouer, car elle n'avait pas su intégrer au régime la population ouvrière comme elle l'avait fait pour la population paysanne. Cet entretien singulier et solennel, nous l'avons rappelé souvent au cours de nos conversations de jeunesse. Il est resté gravé dans notre mémoire. Nous avons obtenu l'aide de M. Coulon pour l'entreprise de nos camarades. Ce fut d'abord la recherche du terrain, puis l'aménagement de l'atelier, l'achat des machines.

Pendant ce temps, nous vivions côte à côte avec les fondateurs de l'imprimerie et prenions souvent nos repas en commun dans l'atelier où, après un bon coup de balai, nous restions à table pour deviser gaiement pendant et après le déjeuner. Enfin, tout fut prêt. On décida de faire une belle inauguration. Je fus prié d'inviter Anatole France. Dans un discours soigneusement écrit et lu avec lenteur, il rappela que Rabelais avait qualifié l'imprimerie d'invention céleste et la poudre à canon d'invention diabolique. Ainsi fut fondée cette imprimerie. Elle porta le nom de « l'Emancipatrice, imprimerie communiste ». Ce mot avait alors un sens différent de celui qu'il a aujourd'hui depuis que, par le triomphe du bolchevisme, a été créé un immense Etat dictatorial, bureaucratique, policier et impérialiste. Cette autogestion nous semblait alors le modèle que devaient prendre les ouvriers dans leur effort de libération, car nous étions les uns et les autres épris de liberté. Cette imprimerie existe toujours au 3 de la rue de Pondichéry, à Paris, dans le XVe arrondissement.

Plus que jamais, je ressens la difficulté d'exprimer la vérité sur mes pensées d'alors. Le monde et le narrateur ont tant changé depuis ce temps que même les notes prises à cette époque, les fragments de journaux conservés, les épreuves corrigées de manifestes et les souvenirs de toutes sortes accumulés ne permettent pas de bien retrouver les sentiments éprouvés.

J'avais l'âge des crises juvéniles, où l'adolescent est à la fois contestataire, enthousiaste et généreux. Bientôt devait apparaître clairement qu'il fallait choisir : ou bien rompre avec le milieu où je vivais et vraiment devenir semblable à l'un de ceux vers qui j'étais allé, ou bien poursuivre mes projets personnels de travail et de carrière. Dans mes notes de cette époque, je retrouve cette phrase : « Serai-je un bourgeois savant ou un révolutionnaire ? » Je devais bientôt me rendre compte que je n'avais pas un courage, une fermeté et un enthousiasme suffisants pour sortir de la classe à laquelle j'appartenais. Les deux formes de destinées m'apparaissaient incompatibles. N'est-on pas pour toujours attaché à sa classe ? J'étais alors attiré d'une façon irrésistible par les études et par l'espoir d'une carrière universitaire vouée à la philosophie. Notre professeur Gustave Belot m'avait dit : « Vous êtes capable d'entrer à l'Ecole normale supérieure. » Je me dirigeai délibérément vers la Sorbonne. Cette crise a laissé en moi la nostalgie d'un abandon.

·5·

Charles Péguy

SUR NOTRE GÉNÉRATION de lycéens les professeurs de philosophie avaient une grande influence. Qu'on se souvienne du rôle joué par M. A. Darlu dans la formation de Marcel Proust, par Alain dans celle d'André Maurois et par J. Lachelier pour d'autres.

Notre groupe de camarades de lycée, entraîné par l'ascendant qu'avait pris sur nous Gustave Belot dont l'enseignement est resté présent à nos mémoires toute notre vie — je l'évoque parfois en parlant à Robert Louzon —, pensait que pour commencer notre existence d'étudiants, la voie où nous devions nous engager était celle de la Sorbonne et qu'il nous fallait préparer la licence de philosophie. Jean-Paul Coulon, Abel Ferry, Charles de La Porte, Jean Cruet, Jean Baruzi et moi-même allâmes nous inscrire à la Sorbonne, où nous devions retrouver Jacques Maritain. Nous fûmes quelques-uns à persister dans cette voie et à obtenir le diplôme de licencié. Ce diplôme s'intitulait alors « licence ès lettres, mention philosophie » et comprenait des épreuves où la littérature française, le grec et le latin avaient leur importance. Pour cet examen, nous devions rédiger un mémoire. Mon choix se porta sur l'un de ceux que Napoléon Ier appelait les « idéologues ». J. Cruet étudia Destutt de Tracy, et mon sujet fut : « Cabanis, médecin et philosophe ». Un de nos compagnons disait : « Nous sommes une génération de philosophes, et trois d'entre nous enseigneront la philosophie à la Sorbonne et deviendront membres de l'Académie française : Jean Baruzi, Jacques Maritain et Robert Debré. »

De Jacques Maritain on connaît la vie, la carrière et l'œuvre considérable qui devaient le rendre illustre. Jean Baruzi, homme vif et nerveux, avait une pensée très profonde. Grâce à des textes originaux, il devait éclairer la philosophie de Leibnitz. Puis il étudia l'histoire des religions et succéda avec éclat à l'abbé Loisy dans sa chaire du Collège de France.

Sur la montagne Sainte-Geneviève, les étudiants étaient à cette époque peu nombreux. Ils se réunissaient en petits groupes et ne donnaient point, comme à présent, la sensation de foule. On marchait tantôt dans de petites rues tortueuses aux maisons anciennes et boutiquières, tantôt dans les grandes voies assez froides qu'avait percées le baron Haussmann et que bordaient des bâtiments nouveaux, des lycées et des écoles. On parcourait aisément le boulevard Saint-Michel, car il n'y avait pas beaucoup de monde sur les trottoirs, alors presque sans boutique et sans restaurant, et la chaussée n'était animée que par le passage des derniers omnibus dont les chevaux percherons peinaient à la montée et à la descente et les roues ferrées faisaient grand bruit sur le pavé.

Le jardin du Luxembourg, qui n'avait point changé depuis l'époque des *Misérables* lorsque Marius rencontrait Cosette, était propice à nos promenades, nos flâneries, nos discussions, nos rendez-vous. Tout en haut, la place du Panthéon, plus vide qu'à présent, silencieuse, apparaissait immense. Je revois, la traversant sous le soleil du printemps, deux ombres isolées. C'étaient Henri Pieron, l'un des futurs fondateurs de la psychologie expérimentale, devenu, lui aussi, professeur au Collège de France, alors jeune étudiant à la barbe blonde, et sa fiancée qu'il tenait par le bras.

Certains étudiants fréquentaient la Brasserie Lorraine, d'autres le café Vachette où le souvenir de Verlaine était encore tout proche, ou enfin la Closerie des Lilas, alors rustique, où trônait Jean Moréas. La nouvelle Sorbonne, dont l'architecte Nénot terminait la construction, montrait encore ses palissades, ses chantiers, ses amas de matériaux. Nous suivions des couloirs de planches pour rejoindre les parties achevées de l'édifice. A travers ces dédales se poursuivaient les bagarres et se dressaient les embuscades de la bataille dreyfusarde. En effet, les chahuts d'étudiants, les bousculades à la sortie des cours, les combats à coups de pied et à coups de poing, parfois à coups de cannes, les vociférations troublaient périodiquement le Quartier latin, car nous vivions alors en pleine affaire Dreyfus.

La tâche des groupes d'étudiants dreyfusards était difficile, car leurs adversaires venaient en foule interrompre les cours des professeurs partisans de la révision et, faute de pouvoir les expulser, nous montions comme eux sur les tables et nos cris augmentaient le tumulte. Un jour que, juchés sur un pupitre, nous hurlions, Jean-Paul Coulon et moi, « Vive la République », nous fûmes assez vigoureusement assaillis. Je l'ai rappelé, les échanges d'injures et de coups, pour violents qu'ils fussent, ne provoquaient pas de graves dégâts. Faut-il ajouter que nous n'étions, comme tous les jeunes, pas très mécontents de prendre part à ces désordres et à ces combats.

Quelquefois, de grandes masses d'étudiants se heurtaient avec les agents de la police. Ceux-ci les refoulaient à coups de poing ou se servaient comme arme — la seule arme de ce temps — de leurs capuchons roulés. Telles étaient les violences d'alors...

Mais les habitudes étaient si fortes que malgré cette agitation et le déchaînement des passions, maîtres et élèves poursuivaient leur tâche. L'idée d'une grève ou d'une interruption, même la plus passagère, aurait semblé folie. Tout ce désordre, qui n'apparaissait que comme de grandes poussées de fièvre intermittente, n'arrivait pas à changer le rythme régulier de l'existence que menaient professeurs et étudiants.

Nous entourions nos maîtres du même respect que celui que nous avions voué à nos professeurs du lycée. On pouvait appliquer à tous, ou à presque tous, les éloges que Péguy a faits de ses professeurs de l'enseignement primaire et secondaire. Ils étaient « doux et sévères », ils étaient « ponctuels », « ils faisaient leur métier ». Ils étaient l'honneur de l'ancienne Université. Bien que connaissant et appréciant les penseurs allemands et anglais, ils avaient une conviction partagée par nous : il n'y a pas au monde de culture plus belle que celle dont ils nous imprégnaient, ni de formation plus noble que celle à laquelle ils vouaient la jeunesse universitaire française. Leur enseignement était orienté par la tendance laïque et rationaliste de la plupart d'entre eux, par leur admiration pour les systèmes philosophiques et le goût du beau style. Nos maîtres essayaient de nous rendre familiers Descartes et Spinoza, Leibnitz et Kant, et les philosophes de l'école française contemporaine, Henri Taine, Charles Renouvier et Alfred Fouillée. Dans leur pensée, il n'était pas d'univers où l'on pouvait mieux vivre que celui de la lecture et de la réflexion. Pour eux, le plus beau des métiers était celui des hommes voués à la compréhension des idées, aux progrès de la métaphysique et à la formation des générations nouvelles.

Il semble que jusqu'à l'affaire Dreyfus la plupart d'entre eux avaient mené une existence un peu séparée de celle de la nation.

Parmi mes professeurs, je puis en évoquer quelques-uns : le père Edet, « Pater Aedeas » — puis-je l'appeler autrement qu'en rappelant ce jeu de mot virgilien —, à la figure large et à la chevelure luisante, lourde, plate, rejetée en arrière, qui expliquait *Les Bucoliques* avec ferveur. Il était sensible à la beauté des vers et à la description des paysages de Virgile ; Samuel Rocheblave, aux belles allures d'officier, protestant, méridional et grave, qui aimait George Sand ; Gustave Larroumet et Emile Faguet, qui analysaient certains des plus beaux textes de la littérature classique. Emile Faguet m'a fait aimer La Fontaine que je n'appréciais pas jusqu'alors et Gustave Larroumet, qui devait devenir chroniqueur dramatique au journal *Le Temps*, se permettait parfois de faire allusion, en pleine Sorbonne, au théâtre des boulevards, ce qui paraissait assez audacieux. Egger, notre professeur de langue grecque, était méticuleux et ennuyeux. Puech nous expliquait Platon, mais il était si soucieux des détails du texte que la pensée restait obscure. Gabriel Séailles, aux yeux clairs derrière ses lorgnons et au visage animé dont le menton portait une petite barbiche, était très bienveillant pour moi. Son enseignement sociologique a marqué le début généreux et encore peu précis de cette nouvelle science. Charles

Seignobos, professeur d'histoire contemporaine, à la parole rapide, confuse, parfois bredouillante, luttait pour rétablir dans l'interprétation des mouvements historiques les vérités auxquelles il croyait. Nous étions attachés à Albert Gazier. Nous aimions bien ce grammairien dont on disait qu'il allait chaque dimanche accomplir un pèlerinage pieux à Port-Royal des Champs. N'allait-il pas, en cheminant à travers bois, évoquer l'ombre de Pascal et, lorsqu'il gravissait l'escalier qui mène aux Petites Ecoles, ne suivait-il pas l'itinéraire de Racine qu'il fallait maudire parce qu'il avait trahi ses maîtres. N'ai-je pas toujours gardé quelque trace de cette pensée d'alors ?

Parmi les professeurs de philosophie, l'un des plus proches de nous était Lucien Lévy-Bruhl. Il ne nous parlait pas de l'ethnologie qui plus tard devait le rendre célèbre et associer son œuvre à celle d'Emile Durkheim. Les obligations du programme lui imposaient un enseignement sévère qu'il donnait ponctuellement. Fiche après fiche, il essayait d'éclairer, en des exposés pour nous difficiles à comprendre, la monadologie de Leibnitz. Enfin, le plus impressionnant était Victor Brochard, dont les yeux aveugles rendaient plus pathétique la vision intérieure. Il était guidé jusqu'à sa chaire par l'aide secourable d'une secrétaire qui nous souriait en passant. Le chapeau haut de forme posé sur la table, le mouchoir jeté dans le chapeau, ayant l'air de regarder un horizon qu'il ne voyait pas, il citait, sans que sa mémoire bronchât, des phrases d'Héraclite, de Démocrite et d'Epicure, et reconstituait pour nous leurs systèmes métaphysiques.

Régnaient dans ce monde sorbonnard une pensée libérale, un respect de l'homme et des opinions, une vigoureuse passion pour la justice. Neutralité universitaire signifiait pour eux liberté de conscience, refus absolu de toute propagande et de toute immixtion de la religion ou de la politique. Certains d'entre eux ont été bien dépeints par Anatole France sous les traits de M. Bergeret dont peu, à vrai dire, avaient les manières douces mais dont la plupart partageaient les opinions. L'effort pour que justice fût rendue dans le procès du capitaine Alfred Dreyfus devait mener beaucoup d'entre eux vers le désir de participer à l'avènement de la justice sociale. Ils pensaient que celle-ci exigeait non seulement un effort politique, une révolution économique, mais la diffusion de la culture. Ils devaient donc participer à la création des universités populaires.

La crise de l'affaire Dreyfus avait bouleversé l'Université peut-être plus encore que d'autres corps de l'Etat. C'est avec passion que jeunes et vieux professeurs prenaient part à la grande dispute nationale. Beaucoup, à l'appel de leurs maîtres parmi les plus éminents, voire les plus illustres, et aussi de Jean Jaurès sorti de leurs rangs, s'étaient lancés furieusement dans le combat en faveur de la révision du procès de Dreyfus. D'autres, au contraire, guidaient la foule hostile. Aux républicains et à ceux qu'attiraient les doctrines propagées par les différentes écoles du socialisme s'opposaient les nationalistes, avant que ne se développent un peu plus tard les mouvements d'Action française.

L'étudiant sorti du lycée se sentait trop abandonné à lui-même ; les cours magistraux, les heures de bibliothèque nous apportaient, comme au hasard, un flot de connaissances. Nous n'étions pas guidés dans notre travail enrichissant mais désordonné. J'avais la chance de fréquenter le charmant ménage de mon oncle Jacques Hadamard, qui habitait alors en face de la Sorbonne, rue du Sommerard. Etant l'aîné des neveux, j'étais traité comme un frère cadet. La gaieté de ma tante Louise et la saveur des conversations avec mon oncle Jacques qui s'intéressait à tout, savait tout et s'amusait de bien des choses, rendaient l'atmosphère de la maison séduisante pour la jeunesse. On chantait, on riait, on bavardait, on organisait des réunions musicales ou des excursions au cours desquelles mon oncle Jacques Hadamard, passionné de la nature, commençait sa carrière de grand spécialiste des fougères. J'aimais vivre auprès de ce couple amoureux où la naissance successive des enfants était accueillie avec joie. Comme il me semblait que l'atmosphère était légère dans cette simplicité d'existence des universitaires ! Ceux-ci continuaient à s'amuser entre eux comme lorsqu'ils étaient à l'Ecole normale et m'apprenaient tous les refrains et les canulars de l'école. J'ai gardé de toute cette fraîcheur et de ce pétillement d'intelligence, au milieu d'une famille heureuse, l'image d'un idéal de bonheur.

L'affaire Dreyfus, au moment de la révision, vint un jour jeter comme un flot de soucis, d'émotions, de préoccupations graves et devint l'unique objet des réunions, entretiens, démarches, actions privées et publiques. L'effort pour démêler les mystères de l'Affaire, pour convaincre, pour lutter en faveur du droit, envahit toute la vie.

Reconnu comme l'un des principaux génies mathématiques de son temps, Jacques Hadamard était alors pour moi un maître à penser, un maître qui n'enseignait pas mais donnait, comme en se jouant, son opinion sur les grands problèmes. Il m'a fait réfléchir et a dirigé mon esprit.

Un jour, me sentant désemparé dans la poursuite de mes études de Sorbonne, il me prit par la main pour trouver le mentor nécessaire à l'apprenti philosophe incapable de s'orienter lui-même que j'étais, il me conduisit à la bibliothèque de l'Ecole normale pour demander conseil à Lucien Herr. L'impression que me fit celui-ci fut profonde et ne fit que grandir à chacune de nos rencontres. Alsacien de grande taille, corps vigoureux et musclé, tête large, front immense, il donnait une sensation d'intelligence, de science et de bonté. Charles Andler, maître en civilisation germanique, qui devait — aux approches de la grande guerre — avertir en vain Jean Jaurès de l'obéissance loyale des syndicats et des ouvriers allemands aux ordres de leur empereur, a dans une biographie magnifique décrit la noblesse du caractère généreux et la dignité de vie de Lucien Herr. Celui-ci, n'acceptant aucune chaire d'enseignement et refusant de « parvenir », voua son existence entière à la bibliothèque de l'Ecole Normale de la rue d'Ulm, à la fois par amour pour les livres, par désir d'orienter dans son travail la génération de ses cadets et aussi pour diriger leur pensée et leur action vers les idées socialistes. Il devait jouer un grand rôle dans la formation des professeurs sortis de l'Ecole Normale de cette époque et inspirer Jean Jaurès comme Charles Péguy. Se consacrant tout entier à sa tâche, il ne put achever son œuvre personnelle qui était un ouvrage sur Hegel. Solitaire, aimant la nature et la musique, son image a été déformée par les grossièretés des libellistes cruels de l'Action française. Une affreuse querelle sépara Charles Péguy et Lucien Herr, au moment des difficultés de la librairie socialiste Georges Bellay. Charles Péguy dans sa colère maudit son maître, mais Lucien Herr — j'en suis sûr — n'a jamais cessé de l'aimer. Au témoignage public de Charles Andler je puis ajouter le mien. Lucien Herr devait, au lendemain de la victoire de la Marne, bouleversé de chagrin, aller seul sur la tombe de Villeroy pleurer la mort au combat de son disciple révolté.

Lucien Herr m'avait donc dirigé vers le groupe qui entourait Charles Péguy. Charles Brun et Guernut me le firent rencontrer dans la boutique de la librairie de la rue Cujas. Dès que je le vis, il m'attira. Cet homme à la petite taille, au visage encadré d'une courte barbe un peu hirsute, à la chevelure tondue, et au regard perçant derrière ses lorgnons, se tenait tout droit, la tête relevée par son col dur. Sa parole me frappa par un léger défaut de prononciation dont ses contemporains, me semble-t-il, n'ont guère parlé. Il interrogeait et, bien vite, d'une manière décidée, commandait, tout au moins lorsqu'il s'adressait aux grands enfants que nous étions. L'allure était à la fois austère et bienveillante.

Dès l'abord, deux sensations devinrent dominantes en mon esprit. La première : j'étais en présence d'un « homme qui n'était pas comme les autres ». La seconde : adolescent à la recherche d'un guide, j'avais trouvé mon chef. Son autorité s'établit tout de suite et tout d'un coup. J'étais enrôlé par lui. Il fallait qu'on le suivît, il avait besoin de troupes jeunes pour ses bataillons dreyfusards, il me recruta avec mes camarades. Nous l'écoutions. Il parlait de notre devoir et de notre tâche dans la défense de la vérité et l'établissement de la république socialiste universelle. Je l'ai accompagné souvent dans des marches à travers Paris où m'entraînait son pas de fantassin. Parfois, nous déjeunions dans un restaurant coopératif universitaire, rue du Sommerard. Nos repas, modestes et peu coûteux, commençaient par des rillettes, et l'on parlait de la Touraine et de l'Orléanais. Il ne se livrait naturellement pas à ses cadets, mais cependant évoquait devant nous les problèmes suscités par les difficultés de la librairie Bellay, les soucis qu'il avait, les querelles qui s'envenimaient. J'étais gêné en l'entendant critiquer Lucien Herr. D'emblée j'avais été conquis et me plaçais sous son autorité, enflammé par l'ardeur de sa pensée et gagné par l'amitié dominatrice qu'il montrait au jeune groupe qui l'entourait.

De mes souvenirs personnels se détache celui de la matinée où je fus chargé de transporter les lourds exemplaires de la première *Jeanne d'Arc*. Ils étaient déposés chez E. Tharaud, 19, rue des Fossés-Saint-Jacques. Il fallait les porter au 16, rue de la Sorbonne, où Péguy s'installait à l'Institut des hautes études sociales. Charles Péguy me donna alors l'exemplaire que j'ai gardé depuis. La présentation du volume, sa taille et son poids, les pages blanches et celles qui ne contiennent que quelques mots, tout me parut étrange. Ce fut mon premier contact avec les textes écrits par Charles Péguy. Dès ce moment, je fus pris d'admiration. Je sentais bien que l'originalité même expliquait la méconnaissance générale, car autour de moi presque personne alors ne partageait mon sentiment.

Vers la même époque eut lieu la cérémonie du Triomphe de la République. C'était le 19 novembre 1899. Toute la journée nous assistâmes, mes camarades et moi-même, à la manifestation, place de la Nation et au défilé interminable des représentants des syndicats, associations, des coopératives ouvrières, délégations de toutes sortes, avec bannières, emblèmes, drapeaux tricolores et drapeaux rouges. Le groupe des personnages officiels était rassemblé au milieu de la place, autour de la fontaine où l'on venait d'ériger la statue de la République, de Dalou. Nous apercevions, Jean-Paul Coulon et moi-même, le président de la République Emile Loubet entouré de ses ministres. On chantait tout en battant la semelle car il faisait frais. Aucune cérémonie populaire ne m'a laissé un pareil souvenir de bonne humeur et d'enthousiasme joyeux. Les chansons étaient reprises en chœur, les refrains indéfiniment répétés, et même les grands cris vouant aux poteaux les adversaires politiques ne paraissaient point cruels. On ne se lassait pas du spectacle qu'on se donnait à soi-même. Charles Péguy a tracé de cette journée une image mémorable. Aucune revue n'ayant accepté de publier son texte, ce fut à cette occasion qu'il créa les *Cahiers de la Quinzaine* dont le premier numéro contient cette longue description. Il s'était en effet séparé de ses amis et avait entrepris son action solitaire. En écrivant ces mots, je pense que je suis, depuis la mort de Jacques Maritain, le seul survivant des cent cinquante premiers abonnés.

Nous devions aider à l'installation de la modeste boutique du 8 rue de la Sorbonne. Qui aurait pu alors supposer, sans être considéré comme vraiment fou, qu'elle deviendrait célèbre, car notre groupe de fidèles était peu nombreux ? Péguy rassemblait quelques-uns de ses anciens camarades de l'Ecole normale, Félicien Challaye et Jules Isaac, ses compagnons de la lutte dreyfusarde et, avant tous les autres, Bernard Lazare qui avait le premier, après une étude attentive, éclairci les données obscures du procès de Dreyfus et s'était voué à sa révision. Charles Péguy l'admirait. S'étaient joints à eux quelques amis d'enfance et de régiment, comme Emile Boivin et André Bourgeois, ceux de la cour rose de l'Ecole Sainte-Barbe et enfin notre petit groupe juvénile. Nous cherchions à recruter des abonnés. C'est ainsi que je fus amené à enrôler Jacques et Jeanne Maritain. J'avais fait leur connaissance grâce à Jean-Paul Coulon dont le père avait été le collaborateur de Jules Favre, grand-père de Jacques et Jeanne. Jacques était notre compagnon d'études à la Sorbonne. A la même époque, Raïssa, qu'il devait épouser plus tard, y suivait les cours de botanique. Il me conduisit chez sa mère, Mme Geneviève Favre-Maritain, dans cet appartement du 149, rue de Rennes, que je n'ai cessé de fréquenter depuis lors. Mme Favre-Maritain me raconta plusieurs fois ce souvenir : « Un jour, me disait-elle, vous voici devant la cheminée, avec votre barbe blonde et votre cravate lavallière bleue à pois blancs ; tout vibrant d'enthousiasme, vous expliquez à Jeanne et à Jacques que Charles Péguy est un homme extraordinaire, notre maître à tous, et qu'ils doivent se rapprocher de lui. C'est ainsi qu'ils firent sa connaissance, le conduisirent chez moi et que fut fondée la grande amitié que vous savez. »

Geneviève, à la pensée et aux manières fines, généreuse, naïve et passionnée, l'entoura d'une affection délicate. Péguy l'appelait « mon enfant » et elle le considérait comme son troisième enfant, à côté de Jacques et de Jeanne.

Pendant toute ma vie, je restai fidèle à l'amitié sensible et douce que me témoigna Geneviève. J'évoque, en écrivant ces lignes, des temps plus récents, ceux de l'occupation allemande pendant la Deuxième Guerre mondiale. Les amis résistants se retrouvaient dans son logis. Toute frêle, Geneviève, séparée des siens, nous donnait dans le malheur l'image du courage et de la compassion. Au cours de l'année 1943, sa santé s'altéra peu à peu au point qu'on désespéra de la voir survivre. Tous les siens étaient loin. A ses côtés restait sa gouvernante, Thérèse Bonnard, avec laquelle Péguy, après s'être querellé à propos de brassées de fleurs rapportées de Lozère, s'était réconcilié avant le grand départ. Je cherchais à soutenir de mon mieux ses forces faiblissantes et nous nous entretenions des pensées et des amis d'autrefois. Qu'on me permette d'évoquer ce jour où, lorsqu'elle était presque mourante, je voulus lui apporter encore de nouveaux et bien inutiles secours. J'appelai Henri Mondor à son chevet. Nous nous trouvâmes seuls dans sa chambre. Dans ce Paris sinistre et farouche, tout naturellement vint sur mes lèvres le nom de Charles Péguy et, d'une voix affaiblie, elle nous parla longuement de son génie et de son âme. Après un moment d'émotion trop tendue, ce ne fut pas seulement pour examiner notre malade qu'Henri Mondor s'agenouilla auprès de son lit.

La boutique de la rue de la Sorbonne n'était pas plus large qu'un couloir. Elle ouvrait sur la rue par une porte vitrée. A côté de celle-ci, dans une petite vitrine, étaient exposés les *Cahiers de la Quinzaine*. La boutique était sombre, meublée d'une façon bien modeste. Les jeudis après-midi, souvent on s'y entassait. On y retrouvait Charles Guyesse, qui y avait installé la rédaction des *Pages Libres,* Emile Boivin celle des *Journaux pour tous,* auxquels Charles Péguy avait offert l'hospitalité. Quelques tables de bois blanc servaient de bureaux. Les murs étaient couverts de rayonnages où l'on plaçait, bien rangées, les piles des revues et des journaux. Dans ce cadre simple et strict régnait une atmosphère vibrante.

Ces revues indépendantes étaient bien faites pour provoquer l'enthousiasme de notre jeunesse contestataire, éprise de liberté. Ceux que nous venions voir dans ce réduit austère se vouaient corps et âme à la proclamation de la vérité.

Charles Péguy parlait peu. Je le vois assis devant sa petite table, écrivant, rangeant, collant, classant. Quelquefois il se tenait debout, assez raide, pour accueillir les entrants. Bien des visiteurs, dont en écrivant le nom je retrouve dans ma mémoire la silhouette d'hommes jeunes, Ernest Tharaud, François Porché, André Spire, Daniel Halévy, Jules Isaac, ne faisaient que passer après une conversation plus ou moins longue avec les uns et les autres. J'ai le souvenir aussi de la grande taille penchée, une fois aperçue, de Romain Rolland. Les plus jeunes s'installaient pour voir et écouter Georges Sorel, que nous appelions le père Sorel. Il se mettait — comme l'ont raconté les Tharaud — à califourchon sur une chaise au siège de paille. Il avait le corps assez lourd, la tête forte et le visage encadré par une barbe grise, éclairé par un regard très lumineux. Il parlait beaucoup et très vite. Ingénieur, ayant épousé une fille du peuple et devenu doctrinaire du socialisme, il usait de formules vigoureuses, exposait des idées originales très nettes. Charles Péguy manifestait vis-à-vis de lui à la fois un grand respect, car il admirait certainement la foi qui animait « notre maître, M. Sorel » et, dans le même temps, une sorte d'indifférence vis-à-vis de sa pensée, car il se sentait, je crois, très éloigné de certaines des idées abondamment exprimées. Georges Sorel critiquait les intellectuels qui voulaient diriger le mouvement socialiste. Charles Péguy trouvait justes ses attaques virulentes. Par contre, il ne le suivait point lorsqu'il exposait les nécessités d'une révolution brutale ou lorsqu'il montrait les différences entre les cruautés des violences dominatrices et la beauté des violences libératrices. G. Sorel décrivait le monde nouveau que devrait créer la révolution prolétarienne, le changement profond des valeurs morales, le renouvellement total de la société, le monde bourgeois avec son idéal une fois dompté et détruit. Dans une préface importante aux textes de sa correspondance avec le libraire Delesalle, Robert Louzon a montré la profondeur et la force de la doctrine sociale à laquelle il associe sa propre pensée. Certains de ses propos ont été retenus par l'Action française, d'autres par Mussolini ; ils déforment les uns et les autres sa philosophie politique. Ses idées puissantes ne sont-elles pas capables de reprendre un jour toute leur vigueur ? Et peut-être la révolution culturelle de la Chine...

Un jour que je cheminais avec Jeanne Maritain en sortant d'un cours de la Sorbonne, je m'ouvris à elle d'une idée qui m'était venue : « Ne pourrions-nous pas créer, lui dis-je, un journal pour les enfants qui serait pour eux ce que sont pour nous les *Cahiers de la Quinzaine,* où nous décririons pour les petits Français la vie des enfants de la classe ouvrière afin de les unir fraternellement et puis les mettrions au courant de tant de cruautés des adultes, par exemple celles des bataillons d'Afrique dont on nous parle à présent. » Jeanne Maritain me fit longuement développer ma pensée. Tout en devisant, nous étions arrivés sur le pont de Solférino. Elle s'arrêta et, me regardant bien en face, me dit que cette idée l'enthousiasmait et qu'elle voulait se vouer à sa réalisation. Je me rappelle que toute la fin de notre promenade fut occupée par une conversation sur Tolstoï dont Jeanne Maritain me disait : « C'est le plus grand, c'est le plus grand. »

Nous décidâmes de soumettre ce projet à Charles Péguy. Jeanne Maritain a raconté la scène qui se passa rue de la Sorbonne ; il écouta ses jeunes visiteurs avec son sérieux ordinaire, approuva l'idée, « mais, ajouta-t-il, si votre projet a une suite, donnez tous vos soins à son exécution typographique. Vous connaissez ma phobie des coquilles, je n'en admets aucune. Ne m'objectez pas qu'il ne s'agit que d'une feuille pour enfants, car cela doit, au contraire, vous inciter à une perfection totale ; évitez à tout prix de donner à vos gosses des exemples de sabotage. » Péguy ajouta qu'il serait rassuré à cet égard si la directrice du nouveau journal venait s'installer à une table auprès de lui, c'est-à-dire aux « Cahiers » ; le local était, certes, très exigu, mais pour « un petit frère », disait gentiment Péguy, on pouvait bien se serrer un peu. Puis il recommanda pour secrétaire « le silencieux Emile Boivin ». Charles Péguy proposa de baptiser le futur journal du nom qu'il a porté : *Jean-Pierre*. Emile Boivin nous rassembla et nous donna les meilleurs conseils. Il nous guidait avec un sourire bienveillant. Dans une lettre à ses parents, il raconte une réunion qui avait eu lieu à l'université populaire du XVe arrondissement. « Il y avait là, raconte-t-il, des petits camarades plus ou moins anarchistes, encore étudiants, plus une demoiselle qui sera la secrétaire de direction. » Ces jeunes anarchistes se nommaient Jacques Maritain, Ernest Psichari, Robert Debré, Jeanne Maritain.

Nous devions, Jacques Maritain, Jeanne Maritain et moi-même, rédiger quelques textes, et nous espérions obtenir la collaboration d'écrivains déjà célèbres : Romain Rolland, les frères Tharaud, François Porché, Salomé, et de dessinateurs connus comme Steinlen, Hermann Paul, d'autres encore. Ces espoirs furent en partie comblés.

Jean-Pierre, ce journal illustré pour enfants, eut un certain succès : 1 300 abonnés après trois mois d'existence. Les deux premières années furent heureuses, mais ceux qui l'animaient n'avaient que vingt ans, et les études, le service militaire, même les projets de mariage, venaient les distraire de la tâche qu'ils s'étaient donnée. Jeanne Maritain travaillait de toutes ses forces et Emile Boivin l'aidait de son mieux. J'étais devenu infidèle à la boutique des *Cahiers,* car mes études de médecine m'absorbaient complètement. Je ne donnais pas assez de temps à *Jean-Pierre*. Jacques Maritain m'écrivit — je viens de retrouver sa lettre — pour me reprocher de laisser peser sur les épaules de sa sœur un travail trop lourd, et il avait raison. De plus, nous manquions tous d'expérience pour nous débattre dans les difficultés financières et administratives. Enfin, au début de la troisième année, un caissier indélicat nous priva de toutes ressources. *Jean-Pierre* ne put survivre.

C'est à cette époque que je cessai de venir régulièrement le jeudi à la boutique des *Cahiers*. Je revoyais surtout Péguy au hasard de rencontres. J'ai le souvenir de l'avoir accompagné jusqu'à la porte de la rue de Rennes, comme il se rendait chez Geneviève Favre avec Maurice Reclus. Et puis, une autre fois, nous marchâmes côte à côte pour aller chez Emile Boivin où parfois, lorsqu'il pensait qu'il était trop tard pour retourner à Lozère, il passait la soirée et la nuit. Par la lecture des *Cahiers*, par l'intermédiaire de nos amis communs, il nous guidait toujours. En ce temps, internationalisme, pacifisme s'effaçaient. Des incidents graves montraient les rivalités croissantes parmi les peuples de l'Europe, les périls que courait la France provoquaient l'émotion des générations élevées dans l'amour de la patrie. Emile Boivin et sa femme me parlaient du retour de Péguy à la religion chrétienne. Au cours de nos rencontres, je le trouvais plus sombre qu'autrefois. Nous parlions de nos amis et des dangers de guerre. Je raconterai plus loin comment je ne pus rencontrer Péguy que je cherchais à voir le jour de la mobilisation. Quelques semaines plus tard, ce fut l'annonce de sa mort.

Tous les amis du temps des *Cahiers* ont disparu. Ma longévité me permet de parler d'eux aujourd'hui.

Dès cette époque, je devais être complètement séparé, par la pensée, de Jacques Maritain. Les liens qui nous avaient unis si fortement s'étaient détachés, mais la trace n'en était pas effacée. Si écartés l'un de l'autre que nous fussions au cours du déroulement de nos existences, nous avons toujours pris soin de connaître les évènements de notre vie et les mouvements de nos esprits. Jacques Maritain m'adressait ses livres dont la lecture m'intéressait, bien que pour moi une grande partie de sa philosophie restât obscure et y joignait chaque fois une dédicace de souvenir et d'amitié dont l'affection me touchait et l'hommage me faisait honneur. Dans les moments tragiques et douloureux de nos existences, nous nous sommes retrouvés et avons éprouvé le sentiment singulier d'être à la fois bien proches et très lointains. Quand la chance était favorable, nous en avons profité pour nous rejoindre en France ou en Amérique et alors nous parlions avec un ton de gaieté comme au temps ancien. Gentiment, il me plaisantait. Il avait aimé jadis la physiologie et la médecine et s'était passionné pour les problèmes sociaux. Il me faisait parler de ces sujets. J'avais la sensation que ces rencontres lui apportaient une sorte de détente. Un jour où nous avions été invités à un grand déjeuner à New York, sortant ensemble nous nous trouvions face à face sur le trottoir de la Cinquième Avenue. Reprenant les phrases solennelles de la maîtresse de maison : « Monsieur l'Ambassadeur », lui dis-je — il revenait de l'ambassade au Vatican pour laquelle le général de Gaulle l'avait désigné ; « Monsieur le Professeur », me répondit-il, et nous éclatâmes de rire. Puis nous nous mîmes à marcher. Gesticulant, nous prenant par le bras, nous arrêtant de temps en temps pour parler avec plus d'animation comme on le fait, ou plutôt comme on le faisait en France, nous nous sentions tout rajeunis et avions oublié que nous étions en Amérique ! Une autre fois, comme nous parlions d'un personnage que nous critiquions, Jacques Maritain, reprenant les expressions outrancières de notre jeunesse, disait : « C'est un crétin, c'est un idiot. » Pour me moquer, je l'arrêtais : « Attention, respecte les pauvres d'esprit. » « Non, non, me dit-il, Dieu aime l'intelligence. »

Et voici qu'au jour de son enterrement, reçu par M. Grunelius à Kolbsheim, comme j'évoquais cette parole, M. Grunelius, qui connaissait si bien les œuvres de Jacques Maritain, retrouva sans peine cette phrase reproduite dans un de ses ouvrages. Après sa mort, son corps fut en effet transporté à Kolbsheim, où pendant plusieurs années il avait réuni un séminaire de philosophie et de théologie. Après la messe, quelques amis suivaient son cercueil porté par les frères en costume blanc, dans les rues du village figé dans le silence que seule troublait la sonnerie du glas, puis à travers la campagne jusqu'au cimetière où il devait être enseveli aux côtés de Raïssa. Je voyais revivre en moi-même des images vieilles de soixante-dix ans. Seul survivant de sa jeunesse fougueuse et généreuse, il m'apparaissait tel qu'il était alors, avec le large front de son grand-père, son abondante chevelure blonde et sa barbe légère, son grand corps un peu penché tandis que Raïssa, notre camarade de Sorbonne, marchait à ses côtés. J'évoquais le regard admirable de ses yeux bleus, sa parole douce et son âme enflammée.

De sa sœur Jeanne, je puis dire que je l'ai accompagnée jusqu'à la fin de son existence. Elle s'intéressait à mes efforts en faveur de l'enfance. Elle devait, quand le temps fut venu, me confier sa fille pour travailler avec moi. Quand vinrent la vieillesse et la maladie — son visage aminci ressemblait alors à celui de sa mère — je l'ai aidée de mon mieux. Chaque fois que je la voyais à la fondation Sainte-Périne qui fut son dernier refuge, je redécouvrais son sourire délicat, sa fraîcheur d'âme et la vivacité de nos sentiments d'amitié.

Emile Boivin, compagnon de Charles Péguy depuis le lycée d'Orléans, modeste, sage, simple dans sa vie et dans ses goûts, solide dans ses convictions, savait pratiquer l'amitié. Comme sa femme, vive et chaleureuse, il connaissait bien Charles Péguy au point de deviner ses pensées. Il mesurait mieux que quiconque l'excès de certaines violences et, par son calme, avec l'esprit *guépin* du peuple orléanais, il pouvait apaiser certaines colères. Il trouvait que Charles Péguy s'abîmait trop dans sa souffrance et essayait d'adoucir ses peines en lui montrant tous les bonheurs qu'il oubliait. La cousine de Juliette Boivin, Blanche Raphaël, qui alors préparait une licence d'anglais, fut une de nos compagnes des *Cahiers de la Quinzaine*. Elle me paraissait douce et aimable, vêtue, quoique d'une façon bien sobre, avec plus de recherche que beaucoup d'étudiantes. Malicieux, les frères

Tharaud disaient qu'elle « sentait bon ». Comme on le sait, Charles Péguy l'aima d'un amour très fort. Chez cet homme rigide en ses mœurs et fidèle au devoir, cette passion ne pouvait que rester platonique. Il en fit la confidence à Geneviève Favre et surtout en fit le sujet de poèmes déchirants. Blanche Raphaël devait se marier et devenir mère de famille. Péguy fut l'hôte du jeune ménage et il écrivait à Blanche. Pendant la guerre, chaque courrier emportait trois lettres, une pour Mme Charles Péguy, une pour Blanche et une pour Geneviève Favre à laquelle il disait que les trois lettres étaient de la même pureté. Emile et Juliette Boivin, parlant de ce drame intime, mêlaient à leur admiration pour Péguy une certaine réserve sur la profondeur de sa souffrance. Ils trouvaient qu'il s'était complu, à la manière d'un poète, à dire qu'il touchait le fond de la misère humaine et pensaient que l'élan poétique l'entraînait à rendre tragique la domination de cet amour. Je ne sais si cette opinion est justifiée. Je crois que Péguy a durement souffert et avait besoin, pour être soutenu, de la miséricorde divine à laquelle il se confiait.

C'est Emile Boivin qui remplit la tragique mission de reconnaître à Villeroy le corps de son ami et lorsque, après la mort de Charles Péguy, au milieu des difficultés de la guerre, Mme Charles Péguy devait mettre au monde son dernier-né, c'est l'affection d'Emile et de Juliette qui l'entoura.

Félicien Challaye était un condisciple de Charles Péguy à l'Ecole normale. Il avait publié, dans les *Cahiers*, les récits de voyages autour du monde — aventure alors extraordinaire — accomplis grâce à la bourse dont il avait bénéficié, et il avait aussi confié à Charles Péguy le rapport de la mission qu'il avait accomplie, en Afrique, à côté de Savorgnan de Brazza dont nous parlerons plus loin. Resté toute sa vie fidèle à un idéal d'absolu pacifisme, il a écrit un ouvrage sur Péguy socialiste. Lors d'une réunion amicale qui groupait des amis de Charles Péguy chez moi, ce professeur charmant, original et courageux nous raconta :

« Un certain jour — c'était en juillet de l'année 1897 —, Péguy me dit, avec le ton autoritaire qu'il avait gardé même à l'égard de certains d'entre nous : “ Tu te trouveras à deux heures à l'entrée du Luxembourg, j'ai à te parler. ” Obéissant aux ordres de Péguy, je suis arrivé à l'entrée du Luxembourg. Ce qu'il voulait de moi, c'était une sorte de confession et l'acceptation de certaines de ses idées. Nous nous sommes promenés pendant deux ou trois heures, et il a été plus éloquent que jamais. Il me dit :

— Est-ce que tu es satisfait de la société dans laquelle nous vivons, de cette société de misère, d'injustice et de guerre ?

— Oh ! non, Péguy, je n'en suis pas satisfait.

— Tu n'approuves pas alors qu'il y ait un régime de pareille inégalité ?

— Oh ! bien sûr que non, Péguy, je n'accepte pas.

— Tu n'approuves pas cette misère dans laquelle vivent un si grand nombre de gens aujourd'hui ?

— Bien sûr, je n'approuve pas.

— Et puis, cette préparation constante à la guerre ?

— Mais non, Péguy, bien sûr, je n'approuve pas.

Il a passé en revue toutes les tares de notre société, puis il a dit :

— Et bien, si tu n'acceptes pas tout cela, est-ce que tu acceptes notre remède ?

— Lequel est-il ?

— Notre remède, c'est la république socialiste universelle. Socialiste, elle luttera contre la misère, elle fera disparaître la misère de notre monde ; tous les hommes, à condition qu'ils travaillent — et ils seront tenus de travailler et même obligés à travailler —, eh bien, tous les hommes pourront participer à une société relativement égalitaire. Voilà nos buts. Et puis cette république sera universelle, les peuples lutteront contre la misère, mais ne lutteront plus les uns contre les autres. Es-tu d'accord ?

— Mais oui, Péguy, naturellement, je suis d'accord avec toi. —

— Eh bien, alors, tu es socialiste comme nous et tu dois entrer avec nous dans le groupe socialiste que nous fondons.

— Mais bien volontiers, mon cher Péguy, très volontiers.

— Alors, je t'inscris ; tu verseras ta petite cotisation. Chacun fixe lui-même sa cotisation dans notre groupe. Alors, nous sommes d'accord ?

Tel fut le dernier entretien entre Félicien Challaye et Charles Péguy. « C'est depuis ce temps, dit Félicien Challaye, que je suis devenu pour toujours socialiste pacifiste. »

Etienne May a été un des compagnons de mon enfance. Je l'avais, au cours de notre jeunesse, entraîné vers la Faculté de médecine alors qu'il avait commencé une carrière de banquier pour laquelle il n'était point fait. Sa brillante intelligence devait rapidement le placer au premier rang.

Cet homme d'une si haute valeur devint l'un des modèles parmi les maîtres des hôpitaux. On a pu dire après sa mort que « son lumineux exemple apporte encore à ses élèves, par-delà la tombe, son impérissable reflet ». Il fut l'un des premiers fidèles. Charles Péguy appréciait les efforts qu'il faisait, modestement et sans éclat, pour recruter les abonnés et retenir ceux qui voulaient nous quitter. Il était l'ami le plus proche d'un autre fidèle, Léon Deshairs, directeur des Arts décoratifs.

Depuis l'époque des *Cahiers*, je n'ai jamais perdu de vue Maurice Reclus. Dans la dernière partie de nos existences, nos académies siégeant le même jour. nous nous retrouvions souvent au palais de l'Institut. Fils d'un pasteur père de onze enfants, il a subi une double empreinte, celle du milieu protestant et aussi celle de ses deux oncles : Elie et Elisée, les théoriciens les plus célèbres de l'anarchie. Il avait fait la connaissance de Charles Péguy chez Geneviève Favre qui lui montrait, ainsi qu'à Ernest Psichari, deux compagnons de son fils Jacques, la plus tendre affection.

Ce qui nous impressionna tous et ne manqua pas de faire aussi grand effet sur Charles Péguy, ce fut son entrée, très jeune, dans les cabinets ministériels. Péguy, raconte Maurice Reclus, le considérait, parmi les hommes de sa troupe, comme une « sentinelle perdue au contact immédiat du monde moderne ». Dans ce monde, Maurice Reclus devait se plonger et briller, il devait devenir le rédacteur de l'article de politique étrangère qui paraissait sur la première colonne du *Temps,* journal important dont les idées exerçaient une influence sur l'opinion mondiale.

Maurice Reclus nous étonnait, Charles Péguy et nous-mêmes, par la richesse de sa culture. Il récitait des pages entières de vers retenues après une simple lecture. Il savait l'histoire de France et en rappelait, avec une précision impeccable, les grands et petits événements. Il aimait les anecdotes, les contait d'une façon pittoresque. La vivacité de son esprit mordant nous enchantait. Il était l'animateur de nos réunions. Dans les périodes de soucis ou de mélancolie, l'apparition parmi nous de sa silhouette suffisait à faire renaître la bonne humeur et sa gaieté nous entraînait malgré nous. Je me souviens qu'un jour, à un déjeuner chez Geneviève Favre, comme l'on parlait gravement des soucis et des inquiétudes que causait la politique allemande, il dit à notre hôtesse : « Quittons la table, Geneviève, et faisons un tour de valse. »

Maurice Reclus avait été dès l'abord subjugué par Charles Péguy. « J'avais été attiré, dit-il, vers Péguy par le prestige littéraire qu'il exerçait sur moi, mais sa séduction avait opéré de bien d'autres manières. Il enseignait quelque chose, et ce quelque chose était le civisme et le patriotisme dont Péguy débordait. » L'amitié entre les deux hommes fut très vive et très proche. Cependant, jamais Charles Péguy ne confia à Maurice Reclus ses tourments religieux.

Maurice Reclus n'a-t-il pas cru que le pèlerinage à Chartres n'était en réalité qu'une marche militaire que Charles Péguy, officier de réserve d'infanterie, s'imposait pour être prêt à la guerre ?

Après bien des années, lorsque nous nous rencontrions, Reclus et moi, nous nous disions alors combien nous étions fiers l'un et l'autre d'avoir, parmi les premiers, reconnu le génie de Péguy et Maurice récitait de longs passages de ses poèmes qui nous envoûtaient comme autrefois.

Malgré toute son existence mêlée au monde officiel — car il fut conseiller d'Etat et membre de l'Académie des sciences morales et politiques —, Maurice Reclus garda l'horreur du conformisme. Ce conseiller d'Etat refusa toute décoration, comme l'avait fait son père, le grand géographe. Il refusa, contrairement aux habitudes, que son éloge funèbre fût prononcé à l'Institut. J'espère qu'elles n'apparaîtront pas comme infidèles aux dernières volontés de mon ami, les quelques lignes que j'ai consacrées à sa mémoire dans un cahier des *Amitiés Charles Péguy.*

Ernest Psichari était un des amis les plus proches de Maurice Reclus. Il s'est considéré comme un disciple de Péguy. Celui-ci rendait volontiers visite à sa mère, Noémie Renan, qui habitait la maison de la rue Chaptal, qui existe toujours et n'a point changé. Elle avait été construite par les frères Scheffer. On y voit encore les portraits peints par Ary Scheffer, qui ont impressionné Péguy ainsi que la bibliothèque d'Ernest Renan et les souvenirs de leur temps. Dans le cahier consacré à « Victor Marie, comte Hugo », Charles Péguy s'adresse à Ernest Psichari, qui est devenu son ami et qui est alors maréchal des logis d'artillerie coloniale en Mauritanie, et il écrit : « Vous..., qui dans une maison glorieuse (dans le siècle), de tant de gloire avez réintroduit l'antique gloire militaire..., qui dans une maison glorieuse des travaux de la paix avez réintroduit la guerre et l'antique gloire guerrière... » Bien souvent Ernest Psichari et Charles Péguy allaient à pied de la rue Chaptal aux « Cahiers », ou des « Cahiers » à la rue Chaptal, car nous aimions tous à cette époque les longues marches à pied et les interminables conversations dans les rues de Paris parcourues le jour et le soir.

Lorsque Charles Péguy retrouva la foi chrétienne et qu'Ernest Psichari se convertit à la religion catholique, il y eut entre eux quelque opposition, car Ernest Psichari exerçait scrupuleusement et avec dévotion tous les rites religieux auxquels Péguy ne voulait point se soumettre. Mais Ernest Psichari n'en était pas moins resté fidèle à Charles Péguy.

Et voici qu'au moment où cet ouvrage paraîtra, on célébrera le centenaire de la naissance de Charles Péguy grâce aux efforts d'Auguste Martin qui a voué sa vie à sa mémoire, créé une société vivante, *L'amitié Charles Péguy.* Le centre Charles-Péguy, d'Orléans, contient la documentation la plus riche sur l'époque que nous avons évoquée. Il a été créé par Auguste Martin avec la collaboration de Roger Secrétain, dont la grand-mère était une compagne de la mère de Péguy, qui fut maire d'Orléans et qui a écrit sur Péguy un ouvrage d'une qualité rare, à mon avis le plus pénétrant.

Grâce à Auguste Martin paraissent régulièrement des feuillets où sont rassemblés des documents sur Charles Péguy, sa vie et sa pensée.

Au cours de ces dernières années, nous avions pris l'habitude de recevoir chaque printemps, à déjeuner chez nous, rue de l'Université, les survivants des premiers amis des *Cahiers de la Quinzaine.* Un jour, nous écoutâmes les souvenirs de Thérèse Bonnard. Celle-ci nous rappelait que Charles Péguy parlait très volontiers de sa mère. Je l'ai moi-même entendu parler de celle-ci. J'ai eu personnellement le sentiment que parfois elle lui faisait peur. Voici ce que Thérèse Bonnard nous raconta : « Mme Péguy était une paysanne qui était habillée avec un caraco, un petit bonnet frisé sur la tête, un tablier à carreaux noirs et blancs ; mais rien ne l'intimidait ; qu'elle soit dans le grand monde ou qu'elle soit dans le petit monde, Mme Péguy était à son aise partout. C'était même extraordinaire qu'une femme de cette époque-là eût une aisance aussi parfaite. » Telle était, vue par Thérèse Bonnard, la rempailleuse de chaises orléanaise qui, veuve de bonne heure, avait élevé et formé son enfant.

Henriette Psichari était des nôtres en souvenir de son frère Ernest. Lorsque celui-ci devint catholique et pratiquant, il continua d'être assidu auprès de sa mère Noémie Renan et celle-ci prenait bien soin de respecter les obligations rituelles de son fils. Henriette, sa sœur, tout incroyante et militante dans son incrédulité qu'elle fût, restait liée par la plus solide affection à son frère dont elle évoquait devant nous la vie et la conversion. Son obédience à la foi communiste, qui la rendait souvent partiale, n'a jamais ébranlé la solidité de notre amitié.

A l'un de ces repas, Henriette Psichari était aux côtés de Maurice Reclus qu'elle n'avait pas revu depuis quarante ans. Après la mort de Maurice Reclus, je lui demandai de rédiger son souvenir de cette rencontre. Voici son texte : « J'ai retrouvé Maurice aussi familier, aussi affectueux qu'autrefois. Les livres publiés, les situations importantes n'avaient terni ni son originalité, ni son charme. L'âge n'avait pas affaibli sa mémoire, et il parlait d'Ernest avec une amitié qu'aucune divergence spirituelle n'avait pu briser. » Ces quelques lignes, qui m'étaient destinées, Henriette Psichari les a écrites un soir, et ce soir fut celui de la veille de sa propre mort. Pénétrant dans sa chambre, où elle avait succombé durant la nuit, ses enfants trouvèrent ce dernier écrit sur son chevet.

Lorsque j'essaie de faire revivre ces souvenirs, je m'étonne de l'événement extraordinaire dont je suis le témoin. Au temps des *Cahiers de la Quinzaine,* comme elle était peu nombreuse la petite troupe des compagnons ! Peu d'hommes et peu de femmes, dans le Paris et la France d'alors, connaissaient Charles Péguy ; il était généralement ignoré. Beaucoup, parmi ceux qui le connaissaient, le jugeaient mal. On le voyait comme un pamphlétaire à la prose alourdie de répétitions, un poète trop classique, un socialiste trop anarchisant, un patriote internationaliste et plus tard, sans doute, un chrétien hérétique. L'originalité si profonde et si belle de son intelligence, son mode de pensée et sa manière d'écrire faisaient que chaque groupe de la société française le regardait en quelque sorte du dehors.

Quand revient en moi-même l'image de ce passé, il me semble que je me représente bien certaines des souffrances de Péguy, certains de ses comportements devant l'échec qui le blessait. Je le sens tout d'abord comme un humain dévoré de passion. Ses idées le menaient au combat. Il ne prédisait pas, il prophétisait ; il ne se contentait pas de discuter, il polémiquait. Il ne réfutait pas seulement, il condamnait, et quand il lui semblait qu'il le fallait, il condamnait à mort. Il se plongeait dans la souffrance, portait ses inquiétudes au plus loin et ses amitiés aux exigences les plus orageuses menant à des ruptures dramatiques. L'amour devenait douleur et tourment. Sa croyance était portée comme une croix. Pour la patrie, il ne pouvait que tomber, mort au combat.

Mais, en le décrivant ainsi, je sens que je ne suis pas juste et que je déforme la vérité car aussitôt je songe aux moments de douceur, aux grands soucis du père de famille, aux affections respectueuses et tendres comme celle qu'il ressentait pour Geneviève Favre, aux attentions admiratives comme celle qu'il avait pour Bergson, à la confiance et aux élans qui le portaient vers Dom Baillet et vers Lotte, à toute la jouissance des grandes amitiés, aux soirées intimes qu'il passait chez les Boivin, à la sûreté tranquille du travail avec André Bourgeois, et, après le compagnonnage de la turne de Normale, aux satisfactions qu'il retirait de l'admiration qu'avaient pour lui ceux qui l'entouraient, à la fierté d'attirer et d'éditer de grands écrivains. Il eut toujours besoin de la chaleur des amitiés : ses condisciples depuis l'école primaire jusqu'à la cour rose de l'école Sainte-Barbe, la cagne de Lakanal, la turne « Utopie » de l'Ecole normale, les abonnés des *Cahiers,* les hommes qu'il jetait dans la bataille dreyfusarde et les soldats de son régiment. La cité harmonieuse était faite d'amitiés. Mais il restait solitaire et secret. Il exprimait par écrit, de sa haute et exacte écriture, une pensée intime et cachée.

Aux yeux de ses contemporains il apparaissait sous des aspects divers. Il se complaisait, je crois, en sa propre diversité, mais en vérité n'a-t-il pas continué d'être au cours de sa vie ce qu'il fut lorsque, « petit garçon sérieux, il croyait entièrement, de la même créance, à tout ce qu'il y avait dans la grammaire et à tout ce qu'il y avait dans le catéchisme » ? Il ne varia pas, malgré les apparences. D'abord, il nous l'a appris, « on ne change jamais ». Il mettait son honneur dans la fidélité et il respectait plusieurs fidélités. Il fut dès l'abord et à la fois laïc et religieux pour toujours. Il me semble qu'il ne cessa jamais d'être un croyant. S'il retrouva la foi — pour reprendre l'expression du dialogue émouvant avec Joseph Lotte —, ce n'est pas qu'il l'avait perdue, mais oubliée. Toute sa vie, Charles Péguy fut un être religieux. Son dreyfusisme, son socialisme furent religieux. Souvent, il se sentait vaincu. Il souffrait d'être inconnu et d'être méconnu.

Et voici que maintenant c'est l'universelle renommée. Pour ceux qui, comme moi, affirmaient aux incrédules que non seulement sa prose et sa poésie étaient très belles, mais sa pensée d'une extraordinaire richesse, le plus imprévu, le plus étonnant est l'élan qui porte tant d'âmes vers lui.

Les *Cahiers,* dont jadis les abonnés sont restés si rares, sont aujourd'hui rassemblés à grand-peine par des collectionneurs passionnés ; les images de l'enfance et de la jeunesse sont retrouvées, les souvenirs sont pieusement recueillis, des personnages officiels inaugurent des rues qui portent son nom, les lectures se poursuivent à voix haute et tout bas. Les différences entre les objets de sa foi au cours de son enfance, de son adolescence, de sa jeunesse et de son âge mûr permettent à des hommes dont les esprits sont dissemblables et dont les passions s'opposent de se rejoindre en lui. Les formules, si belles, de la prose et les vers des poèmes sont partout cités et se fixent dans les mémoires ; bien des jeunes d'aujourd'hui cherchent à comprendre *Notre Jeunesse* ; le clairon de la Sonnerie aux Morts retentit chaque année sur sa tombe ; les fidèles prient pour lui dans les églises et les cathédrales ; le pieux pèlerinage de Chartres chaque année se renouvelle, comme la cérémonie de Villeroy et l'hommage orléanais.

Quel mouvement qui ne ralentit point ! Quel élan qui ne s'arrête pas ! Le plus surprenant est la place qu'il occupe à présent dans la littérature, la société, la religion.

Il me semble qu'il y a dans l'histoire des génies, des héros et des saints bien peu de contrastes aussi violents entre l'obscurité d'une vie pénible et brève et l'éclat si lumineux d'une gloire posthume. Si j'ai relaté ici certaines scènes que j'ai vécues et certains des sentiments que j'ai éprouvés, j'ai pu contribuer à l'histoire des événements, l'histoire que Charles Péguy qualifierait de temporelle. Mais il me faut dire ici l'action spirituelle qu'il exerça sur moi-même et qui s'est prolongée tout le long de ma vie. J'ai souvent songé à Charles Péguy dans certaines circonstances difficiles, lors de décisions et de choix, et je crois même que l'influence qu'il eut s'est, à travers moi, transmise à mes enfants.

·6·

L'enchantement des premières années d'études de médecine

TOUT IMBU DE LITTÉRATURE et de philosophie, ayant réussi à mon examen, entouré d'universitaires et imprégné par leurs idées, je m'en suis assez brusquement, violemment même, détaché pour, après un bref combat intérieur dont j'ai gardé le souvenir écrit, m'élancer vers la médecine. Ce fut un besoin puissant de quitter les livres pour les hommes et la pensée pour l'action. Je ne m'imaginais pas, malgré le succès remporté, menant une existence de lecture, de pure réflexion et d'enseignement théorique. Je ne me sentais pas l'esprit assez fort et original pour forger des idées nouvelles, et, par-dessus tout, j'avais le goût d'une entreprise qui me mêlât au monde des vivants. L'admiration de mon entourage pour les deux médecins de ma famille, admiration que je partageais, offrait un modèle à mes ambitions. Mes maîtres de la Sorbonne accueillirent avec bonne grâce cette décision d'abandon, l'un d'entre eux me suggéra d'envisager — pour profiter d'une double formation — l'orientation vers la médecine mentale, à l'image de Pierre Janet dont j'avais suivi l'enseignement. D'emblée je rejetais ce conseil, voulant avec fermeté choisir ce que je considérais comme la vraie médecine, celle des maladies du corps.

Lorsque j'avouai à Péguy que je voulais devenir médecin et que mes études nouvelles me prenaient tout entier, il me désapprouva. J'ai le souvenir d'une conversation sur ce sujet. Nous étions côte à côte sur la plate-forme d'un omnibus ; il me dit : « Tu vas employer ta jeunesse à passer des examens et, quand tu auras terminé, tu les feras passer aux autres. » En vérité, il critiquait ma décision. A ses yeux, j'abandonnais un métier austère et désintéressé, celui de professeur de philosophie, pour une autre carrière plus brillante et plus rémunératrice. Je trouvais dans ses paroles de critiques comme un écho des deux fameux *Cahiers* : « *L'argent et l'Argent (suite)* ». Et puis, pour chacun des siens, Charles Péguy, d'une façon autoritaire et définitive, avait assigné une tâche, un rôle, un métier, et me voici désobéissant.

Mes années d'études médicales m'enchantèrent. J'étais en même temps guidé et encouragé, je reprenais le travail en groupe et retrouvais l'atmosphère du

« temps des copains » ; surtout, je voyais avec émerveillement comment on s'efforçait de comprendre l'être humain. Cette pénétration dans la connaissance du réel m'enthousiasmait. J'entrais avec émotion à l'hôpital, où à cette époque on était admis dès le tout premier début des études médicales. Les sentiments éprouvés alors étaient en réalité mélangés : une sorte d'horreur devant la souffrance, les blessures, les délabrements et les détresses du corps dans la maladie, les agonies, la mort, et, dans le même temps, un désir intense de collaborer à l'effort accompli sous mes yeux pour soulager, guérir, sauver. Cet élan généreux d'homme jeune était contrarié par la vue d'un pénible spectacle, celui de la misère des hôpitaux, où la pauvreté, la déchéance, la promiscuité ajoutaient leurs peines à celles des maladies. Tout de suite, je vis que je ne pourrais pas passer une partie de mon existence dans ces salles des vieux hôpitaux parisiens. Un seul refuge me fut, par une chance extrême, offert : les services d'enfants, où la vie en commun n'est point pénible et où ni la misère, ni l'inquiétude, ni la vulgarité, ni l'impudeur ne viennent vous accabler, où la joie de vivre reprend vite ses droits et où l'on ne sent point les inégalités sociales.

Enfin, je pensais rester dans la compagnie des enfants qui m'avait toujours plu. La naïve tentative du journal *Jean-Pierre* était bien le témoignage de cette tendance. Je retrouvais aussi, en parlant aux parents des petits malades, ce peuple parisien que j'avais fréquenté, et j'étais satisfait de pouvoir consacrer mon temps au soin de ses enfants.

Avant même de poursuivre mes études, ma décision était prise : je ne pourrais être que médecin d'enfants. Les circonstances avaient favorisé ce choix définitif. En effet, dès ma seconde année, j'avais pu fréquenter le service d'enfants de l'hôpital Trousseau, où je devais être successivement externe, interne et chef de laboratoire. Les matinées étaient remplies par la visite hospitalière. Le petit groupe des étudiants en blouse blanche entourait le patron qui allait de lit en lit, accompagné de son interne et de la surveillante. L'interne présentait les malades ; la surveillante, sur quelques papiers rassemblés ou sur un modeste carnet, inscrivait les prescriptions que le chef de service dictait après nous avoir expliqué les raisons de son diagnostic et nous avoir appris à regarder, à ausculter, à palper.

L'éducation de notre vue, de notre oreille et celle de nos mains était attentivement développée. On nous apprenait aussi à savoir interroger, écouter les plaintes de nos patients, tâcher de connaître l'histoire de leurs misères. Nos maîtres prenaient grand soin de la qualité des observations que nous lisions devant eux. Le mot « observation » résume bien toute la pédagogie de ce temps. Ils nous ont appris à ne rien négliger de ce que pouvaient nous enseigner nos sens, à savoir tout noter, mettre en bon ordre, raisonner en donnant à chaque constatation son importance.

J'étais bien prêt à recevoir cette formation. Mon oncle Jacques Hadamard, dans ses entretiens, m'avait montré que l'esprit d'observation peut être développé par l'exercice, et ce grand mathématicien demandait qu'à l'école on ne négligeât point l'étude des sciences naturelles.

L'initiation clinique était à cette époque excellente. L'école française comptait les meilleurs parmi les cliniciens du monde. Dès ce temps nous avons pris l'habitude de considérer que l'hôpital était le haut lieu où nous devions vivre les heures culminantes de notre journée et qu'il fallait de bien graves raisons pour rompre ce rythme quotidien devenu pour chacun de nous une impérieuse nécessité. On commençait alors à parler de l'utilité des examens de laboratoire. L'anatomie pathologique, la bactériologie, l'hématologie étaient modestement mais, pour l'époque, relativement bien installées. Les analyses chimiques, surtout confiées aux pharmaciens, faisaient leur apparition. Les étudiants vérifiaient la présence ou l'absence de sucre ou d'albumine dans les urines de leurs malades dans la salle même d'hospitalisation, et l'on attendait les indications de quelques rares dosages, avant tout celui de l'urée dans le sang, pour conclure. Les plus grands maîtres de l'école française luttaient pour que les cliniciens ne négligent point les investigations du laboratoire.

Une des grandes leçons qui nous était donnée et que l'expérience de chaque jour devait confirmer, la voici : c'est l'observation méthodique, jointe à une bonne mémoire enrichie de connaissances nombreuses et bien enregistrées, avec une volonté inébranlable de voir clair, qui constitue les éléments nécessaires pour poser un diagnostic.

C'est l'ensemble de ces qualités et de ces acquisitions qui forme ce que l'on désigne, suivant une appellation bien erronée, sous le nom de « flair clinique ». Celui qui n'a point suffisamment observé, palpé, vu et revu son patient, bien enregistré ce qu'il constatait, classé et rangé dans son esprit ses sensations et ses perceptions et enfin retrouvé dans sa mémoire ce qu'il est indispensable de savoir, aucun « flair » ne le guidera pour « sentir » le diagnostic. Celui-ci n'est pas obtenu par une quête que dirigeraient certains instincts secrets, mais grâce à une juste réflexion. Ce n'est pas tout : l'observateur attentif et instruit, non seulement retrouve ce qui est connu, mais est capable de découvrir à son tour ce que d'autres n'avaient pas vu avant lui.

La thérapeutique à cette époque n'avait que des ressources limitées hors du domaine où étaient efficaces les plus précieux des médicaments : la quinine, l'aspirine, la digitale, le mercure, l'iode, l'extrait thyroïdien entre autres. On devait bien souvent se contenter des cataplasmes simples ou synapisés, des ventouses sèches ou scarifiées, de la vessie de glace, des enveloppements froids ou tièdes, des bains chauds ou glacés. Le chloral, la morphine étaient les grands recours contre la souffrance. Le plus souvent la surveillante n'inscrivait comme prescriptions que des sirops calmant la toux, des potions réconfortantes et le régime alimentaire du malade.

Par la fréquentation de l'hôpital, nous recevions la connaissance des maladies en ordre dispersé, au hasard des « entrées ». La pathologie nous était apprise dans les conférences d'externat puis, plus tard, d'internat. C'est qu'en effet nous tenions à honneur de ne point suivre les cours de la Faculté, nous prenions part de mauvaise grâce aux travaux pratiques qui nous étaient imposés. Personnellement — je l'avoue à ma honte —, je ne suivais même pas sérieusement l'enseignement de la physiologie. Nous jouissions d'une liberté telle — celle que l'on considérait comme fondamentale dans l'enseignement supérieur — qu'il nous était possible d'éviter les cours qui ne nous plaisaient point et les stages pour lesquels nous n'avions point d'attrait. J'ai donc pu réussir dans mes efforts pour me dispenser de la présence aux opérations chirurgicales ou aux accouchements. Tout mon labeur était orienté vers la préparation des concours. Apprendre les questions — comme on disait alors —, se réunir entre camarades pour les répéter et enfin les exposer devant nos conférenciers représentaient pour nous l'élément essentiel, on peut presque dire exclusif, de notre formation théorique.

Malgré un certain caractère artificiel, cette méthode pédagogique n'était pas si mauvaise. Ce travail en commun entre camarades, ce contrôle continu des connaissances, suivant l'expression qu'on emploie aujourd'hui, n'avaient point que des défauts, et les générations formées par cette école ont montré des qualités solides. Mais, plus tard, nous avons tous bien vu que nous avions manqué de connaissances fondamentales et dû faire un grand effort pour nous adapter au courant scientifique dont, tout jeunes, nous n'avions point suffisamment senti la puissance. Ceux qui pour apprendre n'avaient pas ménagé leurs forces ni limité leurs heures de travail ont pu très tôt, comme moi-même, être nommés externes juste avant le service militaire, puis internes peu de temps après le retour.

Mon mérite n'était pas grand, tant était vive ma passion de savoir. Nous trouvions en effet, dans la lecture des livres et dans l'enseignement oral, la description bien classée des faits que nous avions vus à l'hôpital et l'explication des troubles et des lésions que présentaient nos malades. Et puis, j'aimais cette émulation et cet agrément du travail en équipe.

Parmi mes chefs de conférence se détache l'image de l'un d'entre eux, Anselme Schwartz, dont l'histoire vaut d'être contée. Il était le fils de ma tante Pauline, qui habitait le village de Balbronn, voisin de celui de mes grands-parents. Celle-ci, qui était restée veuve avec quatre enfants, avait, pour les élever, continué de diriger un commerce de farine et de grains. Anselme nous racontait que sa mère l'exerçait à reconnaître les farines grossières de la « fine fleur » en plongeant simplement la main dans les caisses qui les contenaient et il ajoutait que peut-être l'éducation de son toucher l'avait bien préparé à son futur métier de chirurgien. A peine sorti de l'école du village, il devait s'occuper des chevaux et, avec la carriole, courir les grandes routes pour faire la tournée des moulins. Cette vie ne le contentait point. Il avait décidé qu'il serait médecin, je crois même, chirurgien. Avant tout, il voulait rester français et rejoindre son frère à Paris..., mais sa mère désirait garder auprès d'elle le cadet. C'est par son obstination et une grève de la faim qu'il obtint son consentement. Une belle nuit, il traverse la frontière en chantant tristement : « Adieu, mon petit village ! » en allemand. Peu d'années plus tard, les autorités allemandes le considéreront comme déserteur, et il ne pourra plus revenir au village natal que lors d'une apparition clandestine, abrégée, peu d'heures après son arrivée, par la fuite lorsque fut annoncée la venue des gendarmes prussiens.

A Paris, après de dures années de solitude, de mal du pays, d'efforts pour gagner sa vie, d'un rude travail pour une bonne acquisition de la langue française et la préparation du baccalauréat, il est, dès l'installation de notre famille à Neuilly, adopté par nous tous. Après bien des émotions, des concours successifs, il réussit dans la carrière de chirurgien des hôpitaux et de professeur à la faculté de médecine. Il fut un chirurgien de grande qualité, opérateur méthodique, initiateur de techniques nouvelles, très attentif à poser un diagnostic, très soucieux d'éviter à son malade toute souffrance et toute inquiétude inutiles.

Lui-même était inquiet. Le souci des complications possibles hantait ses nuits et l'empêchait de dormir.

Les traits de son caractère m'ont frappé dès l'enfance. Anselme Schwartz était un juste, juste et exact dans ses gestes, dans la rectitude de sa pensée, la droiture de sa conduite et de ses jugements nets sur les hommes, fondés sur leur rigueur morale. Il était aussi un sage, sachant profiter de son bonheur, du foyer heureux qui fut le sien — il avait épousé ma jeune sœur —, et l'on a pu dire qu'ils vécurent côte à côte comme Philémon et Baucis. Il était fier de ses trois fils que des fées bienfaisantes avaient généreusement doués. Sa petite maison de campagne en Ile-de-France, le jardin fleuri qui l'entourait, les arbres fruitiers qu'il soignait, la vie familiale qu'on y menait dans un cadre tout simple où figuraient quelques vieux meubles venus de la maison d'Alsace, la fréquentation des amis de son choix lui procuraient une joie sans mélange dont il savait jouir, surtout lorsque furent venues les heures de sérénité après les guerres. Il avait engagé le premier, et presque le seul, un combat public contre des mœurs de partage des honoraires qu'il jugeait honteuses. La lutte fut rude. Il était fier de l'avoir menée.

Il était fier aussi de l'amitié fidèle que lui porta toute sa vie le général Gouraud. Elle était née pendant la guerre de 1914, lorsque le général Gouraud avait remarqué l'attitude d'Anselme Schwartz soignant les blessés, un soir de bataille. Malgré la hâte, le surmenage, la nécessité des décisions rapides la difficulté des actes opératoires, Anselme Schwartz prenait un grand souci d'atténuer les souffrances souvent atroces des blessés. De là une amicale admiration vouée pour toujours au chirurgien par le chef militaire que j'ai plusieurs fois revu dans l'intimité du foyer de ma sœur et de mon beau-frère.

Combien de fois n'ai-je pas été soutenu par l'affection et la confiance que ma sœur et lui-même m'ont témoignées ?

Le concours de l'externat franchi, ce fut le départ pour le régiment. Les étudiants étaient, en vertu de la loi, dispensés de deux ans de service militaire sur les trois années de la durée obligatoire. Ce privilège nous paraissait tout naturel. Nous partions assez gaiement pour la caserne, où nous devions nous trouver entre amis, au 74e régiment d'infanterie de Rouen — le 7-4 comme on l'appelait —, bien vite familiarisés avec notre costume nouveau : la tête couverte du képi — orné les jours de fête d'une cocarde et d'un pompon et, les jours de garde, la jugulaire de cuir bien serrée sous le menton —, la cravate de toile bleue qui remplaçait le col, la lourde capote de drap bleu foncé avec ses boutons de cuivre qu'il fallait astiquer et ses pans que l'on relevait en tenue de campagne, le large ceinturon fermé par une plaque de cuivre qui devait briller, le pantalon rouge tombant sur les godillots et, au flanc, la longue baïonnette que l'on tenait à la main lorsqu'on partait au trot.

La vie de la chambrée, souvent bruyante, était supportable. Nos camarades, cultivateurs de Normandie et du Perche, ne paraissaient pas nous en vouloir trop de notre sort si heureux. Sans doute, certaines promiscuités, certaines grossièretés étaient parfois pénibles, mais en général la bonne humeur régnait. Nous faisions partie d'un peloton spécial, le peloton des dispensés, que certains sous-officiers menaient assez rudement. Ils nous entraînaient au maniement d'armes. Mal entraîné à cet exercice je le trouvais pénible, surtout lorsque le froid gelait nos doigts. Le fusil avec sa baïonnette était trop lourd pour ma force lorsqu'il fallait le tenir à bras tendus. Je ressentais péniblement ma faiblesse et ma balourdise, et faisais de grands efforts. Les longues attentes, immobiles, dans la cour du quartier, précédaient le départ au trot et les courses dans les rues de la ville encore à peine éveillée. Serrés dans nos bourgerons de treillis blanc — le mien était toujours trop étroit —, d'un ordre impérieux on nous commandait un nouvel effort lorsque nous étions à bout de souffle. On pestait contre les corvées, on braillait à la cantine et l'on attendait, les jours de sortie, le moment où l'on devrait franchir les grilles du quartier après un inspection minutieuse et redoutée du sous-officier de garde. Certains étaient d'une exigeante sévérité. Je crois que je n'ai jamais dans ma vie passé d'examen aussi difficile... Enfin, on se retrouvait pour un court moment dans les chambres que nous avions louées en ville. Pour cette brève détente nous partagions la même chambre, Robert Louzon et moi-même. Certaines nuits, nous montions la garde, et les heures étaient interminables dans l'immobilité de la guérite, avec quelques marches de long en large pour se réchauffer, car la chaude capote brune des sentinelles ne suffisait pas à nous protéger du froid. Il y avait aussi, plus ennuyeux encore, le service de la prison, où s'étaient produites des évasions. Aussi devions-nous épier certaines ombres de la nuit, tout prêts à tirer en l'air pour donner l'alarme.

Cette vie, toute en obligations et exercices physiques, sans responsabilités, avec la seule crainte des punitions, n'aurait pas été pénible s'il n'y avait eu les longues heures d'inaction et d'ennui pesant, lorsqu'on était enfermé, les soirs d'hiver, entre les murs de la caserne. J'avais toujours affirmé ne point connaître les langueurs de l'ennui ; j'en fis l'apprentissage au cours du service militaire.

On nous entraînait à la marche grâce à laquelle, disait-on alors, l'infanterie gagnait les batailles. Le printemps venu, sur les routes poussiéreuses de la banlieue rouennaise, nous chantions, ou plutôt nous hurlions, les refrains traditionnels. Je retrouve la sensation que donnait le poids du fusil Lebel lorsqu'on nous le faisait porter sur l'épaule et celle du soulagement lorsque retentissait l'ordre : « Arme à la bretelle ». Le sac chargé et surchargé nous paraissait bien lourd après quelques heures de marche.

Les manœuvres ne nous déplaisaient pas. On s'abritait au petit jour à la lisière des bois et, suivant la tradition, on passait de longs moments couchés sur l'herbe et l'on regardait dans la plaine caracoler les cavaliers du 7e régiment de chasseurs à cheval, revêtus de leur dolman bleu clair, que l'on faisait semblant de viser.

Les dimanches, c'était la ruée des permissionnaires envahissant bruyamment les trains. Le soir, au retour, nous entonnions nos chansons coutumières : « Paris, paradis de la femme », puis nous tombions dans le sommeil, brusquement réveillés par le bruit de ferraille lorsque le train traversait le pont de Saint-Etienne-du-Rouvray. Ce fut au cours d'un de ces voyages en train vers Paris qu'une dispute éclata entre un de mes camarades et moi-même. C'était à propos de l'affaire Dreyfus, et je me considérais comme insulté. Un duel fut décidé, les témoins choisis, mais je ne sais exactement comment le colonel en fut instruit ; il nous fit comparaître tous les deux, nous condamna à deux jours de salle de police et nous menaça du conseil de guerre si nous exécutions notre projet.

De la revue du 14 juillet j'ai gardé le souvenir d'une fatigue profonde déterminée par une attente prolongée pendant des heures, puis d'un défilé rendu bien imparfait par l'épuisement, et de l'exclamation de mon ami Louzon qui, tout libertaire qu'il fût, aimait les revues en bon ordre et me cria : « Nom de Dieu, Debré, tu pourrais bien marcher au pas ! » Tout se termina par la rencontre intempestive de deux régiments se heurtant à la suite d'erreurs de commandement, ce qui valut à nos officiers la punition qu'ils méritaient.

Puis ce fut, vers la fin de notre temps de régiment, pour les étudiants, le séjour à l'infirmerie où les occupations réduites permettaient de retrouver la lecture des livres de médecine.

Enfin, nous fûmes détachés à l'hôpital de Rouen, dans cet Hôtel-Dieu où avait exercé le père de Flaubert et qui avait gardé de son passé la beauté des bâtiments et la simplicité des salles d'hôpital. La garnison fut alors ravagée par une épidémie de fièvre typhoïde, et, jour et nuit, nous avons soigné, par des bains froids, nos malades brûlants de fièvre et épuisés. Certaines nuits étaient affreuses lorsque nous assistions, impuissants, à l'agonie de nos camarades. Un matin, je fus réveillé de bonne heure. C'était Emile Boivin, l'ami de Péguy, qui venait me voir. Georges Clemenceau, sénateur, voulait interpeller le ministre sur les causes de cette épidémie désastreuse qui avait fait mourir bien des soldats. Je fus autorisé à faire visiter à Emile Boivin le service dont le spectacle était affligeant, puis pendant un court instant je pus oublier la vie physiquement et moralement éprouvante que nous menions, en écoutant les nouvelles qu'il me donnait de Paris, de Péguy et des *Cahiers*.

Très rapidement après le retour du service militaire, je devais être reçu interne des hôpitaux de Paris.

·7·

Influences anglaises

Des circonstances favorables m'ont permis, avant de commencer mon internat, de passer une année presque entière en Angleterre. Sur l'esprit d'un homme jeune, en pleine fermentation intellectuelle, ce séjour ne pouvait manquer de causer une forte impression. Grâce à des amis qui m'accueillirent et me guidèrent, je pus non seulement tirer bénéfice des enseignements donnés à l'hôpital et au laboratoire, mais aussi pénétrer dans la société anglaise. Dès l'arrivée, j'ai été frappé par la grandeur majestueuse de la capitale de l'empire, l'immensité de la ville, des quais, du port de Londres, par l'importance des palais royaux et du Parlement, la beauté de la Tamise et de ses rives, l'activité de la navigation, la densité des faubourgs, l'agrément des parcs en pleine ville, l'originalité de la cité, le nombre des squares, le caractère cossu des demeures individuelles dans les beaux quartiers, l'étendue des banlieues interminables aux logis médiocres, monotones, avec leurs murs noircis par la poussière de charbon. Mais le plus saisissant était le comportement de chaque Britannique. En ce temps, Edouard VII régnait et l'ère victorienne n'était pas close. La correction de la tenue et les bonnes manières témoignaient à la fois du respect de soi-même et de l'obéissance aux coutumes et à la mode. On percevait bien la certitude, ressentie par chacun, d'appartenir au peuple dominateur du monde, dont le devoir était de représenter l'homme blanc à la surface de la terre.

Telle était la mission d'autorité dont était chargé le peuple britannique qui donnait à tous un style particulier, un caractère fait de force et de dignité. La discipline paraissait bien due à un consentement collectif qui tenait scrupuleusement compte de la liberté individuelle. Il me semble bien en écrivant ces mots que j'évoque mes impressions premières qui furent si vives.

J'avais le plus grand désir de faire connaissance avec l'Angleterre. J'avais de longs moments de loisirs pendant lesquels j'essayais de tout bien regarder. J'habitais dans une simple petite pension de famille, 24, Torrington Square, d'où je partais pour visiter les musées aux richesses inépuisables, assister aux meetings en plein air près de Hyde Park où l'on discutait de tous les problèmes religieux, sociaux et de questions saugrenues posées par des originaux. Mes amis me menaient dans les stades, où se disputaient des matches de football ou de tennis, et sur les hippodromes, où ils se passionnaient pour les courses de chevaux. Au cours de la revue solennelle « trooping the colours », j'eus l'idée du caractère impeccable et grandiose des cérémonies officielles en Angleterre. J'eus la chance de pouvoir assister, le soir, à plusieurs séances du Parlement. L'aspect de la Chambre des Communes ne put manquer de me frapper : le speaker avec sa perruque, et aussi la table centrale avec la masse d'armes et le « dispatch box », sur laquelle mettent carrément les pieds les ministres assis au banc du gouvernement, suivant les rites d'un sans-gêne de bon goût, l'absence de tribune, chacun parlant de sa place en phrases directes, soucieux de ne pas être éloquent. Peu à peu arrivaient les députés, dont beaucoup qui avaient dîné en ville avaient gardé leur tenue de soirée.

Je me rappelle une série de discussions violentes sur les problèmes scolaires, lorsque le ministre de l'Education, Byrrel, était attaqué aux Communes par ceux qui proclamaient : « *Christmen defend your church.* » A la Chambre des Lords, les débats languissaient devant une assistance clairsemée et somnolente.

Le dimanche matin, à cette époque, que pouvais-je faire à Londres où le repos dominical était sacré, les rues vides et l'ennui obligatoire ? J'assistais successivement aux différents cultes, ceux de la High Church comme de l'Armée du Salut, ou ceux des Christian Scientists, ou enfin à des offices d'israélites libéraux qui avaient déplacé le jour du sabbat.

J'aimais me mêler aux rassemblements populaires. Partout se remarquaient à la fois le bon ordre, la conscience tranquille que semblaient avoir les riches alors si bien vêtus et les représentants de toutes les autorités, des plus modestes aux plus élevées. Dans les rencontres privées, chez des amis qui me recevaient à l'heure du thé, ou le soir chez eux ou dans les fameux clubs londoniens, j'essayais, gêné par ma connaissance insuffisante de la langue anglaise, de percevoir les finesses de l'humour et veillais à me plier aux règles non écrites de la société. J'étais frappé de la manière souriante et de la négligence apparente avec laquelle on aimait à traiter des problèmes graves et de la façon dont chacun savait se moquer de lui-même, comme l'on savait bien établir un compromis entre la rigueur des convenances et l'originalité des opinions. Relisant le livre de Taine, j'y retrouvais la description de ce que je pensais percevoir par moi-même : l'art de protéger les libertés au milieu d'une nation ordonnée et cette exceptionnelle capacité d'associer le maintien des traditions et l'acceptation des réformes.

J'allais aussi souvent que possible retrouver Roger Cambon à l'ambassade de France, située à côté d'Albert Gate. Il occupait le poste de secrétaire d'ambassade auprès de son oncle Paul Cambon, l'un des plus grands ambassadeurs de son temps. Ce fut pour moi un avantage précieux que cette compagnie amicale et enrichissante. Lorsque son travail le lui permettait, je l'entraînais dans de grandes promenades. Nous aimions l'un et l'autre marcher dans les rues de Londres ou nous asseoir dans les parcs. C'étaient alors de longues conversations sur la mentalité du peuple anglais et de ses gouvernants, sur la qualité de la diplomatie britannique, que Roger Cambon prisait fort. Il essayait d'analyser les raisons de sa réputation d'hypocrisie et me montrait ce que cachait de calcul et de raffinement dans le souci patriotique le surnom de perfide Albion. L'influence réciproque de la Grande-Bretagne sur la France et de la France sur la Grande-Bretagne, dans tous les domaines, était l'objet de commentaires qui nous conduisaient à exprimer notre admiration pour tant de qualités du peuple anglais qu'un mot résumait : la solidité. Je me souviens aussi que je fus frappé par l'importance donnée publiquement à l'argent, sujet dont il était interdit de parler dans ma famille. Je songeais alors aux invectives de Napoléon sur ce peuple de marchands.

L'épanouissement social de la bourgeoisie du XIXe siècle n'empêchait point la royauté et la noblesse de conserver, avec le consentement général, toute l'importance de leur rôle.

Des réunions avec les jeunes gens et les jeunes filles qui m'accueillaient, je garde un souvenir de fraîcheur et de gaieté en songeant aux parties de canotage sur la Tamise, aux promenades dans les parcs de Kew Garden, aux séjours dans des résidences de campagne, où la vie était si bien ordonnée que l'on pouvait jouir de la nature et de la liberté en mêlant la fantaisie et l'obéissance à la bonne tenue, rigoureuse en ce temps.

Je fus particulièrement heureux de retrouver une des camarades de mon enfance qui toute sa vie resta liée d'amitié avec mon frère Jacques et moi-même. Elle avait séjourné dans sa jeunesse chez mes parents. Elle me fit recevoir par tous les siens. Son accueil ajouta beaucoup d'agrément à mon séjour à Londres. Sa famille continue d'être toute proche de la nôtre.

J'emportais de mon séjour anglais, bien imprimée en mon esprit, une estime profonde pour la Grande-Bretagne.

A maintes reprises, j'ai eu l'impression que j'imitais les exemples donnés par ce pays. Lorsque, plus tard, je créai au château de Longchamp une bibliothèque en plein bois de Boulogne, j'évoquais en moi-même le souvenir des collèges d'Oxford, où j'avais vu les étudiants regarder la verdure par la fenêtre de leurs « librairies ». Lorsque je constituai le Comité interministériel de réforme hospitalière et universitaire, je pensais imiter ces commissions royales anglaises qui savaient et qui savent établir des plans de réforme soigneusement étudiés. Au reste, je devais moi-même avoir l'honneur de collaborer plus tard au travail d'une de ces commissions, où, seul participant étranger, je fus convié à m'associer à l'élaboration d'un de ces rapports sur lesquels sont fondées les décisions du Parlement et du gouvernement britanniques.

Mes espoirs de victoire après la débâcle de 1940 reposaient sur la confiance que j'avais dans le peuple britannique. Je savais son patriotisme capable d'une ténacité indomptable.

Chaque fois que j'en ai eu l'occasion au cours de ma vie, j'ai été heureux de me retrouver à Londres, de m'y retremper dans mes souvenirs de jeunesse et d'y cultiver de précieuses amitiés. Plus tard, dans la dernière période de mon existence, je devais, par mes nouvelles relations familiales, me rapprocher plus encore de la vie britannique.

Ce séjour anglais de mon jeune temps ne fut peut-être pas sans importance, car je voulus faciliter à mon fils aîné la même expérience. Les enfants de mes amis d'autrefois l'ont accueilli alors qu'il était étudiant. Il a pu voir de près comment fonctionnaient le gouvernement et l'administration du Royaume-Uni. L'influence de cette expérience, que devait fortifier l'enseignement exceptionnel d'Elie Halévy à l'Ecole des sciences politiques, a sans doute joué un rôle dans la formation de ses idées, dans sa conception sur l'action du Parlement et du gouvernement et, peut-être, sur certains des principes qui inspirèrent la Constitution française élaborée en 1958.

·8·

L'internat

L'INTERNAT DES HÔPITAUX de Paris était alors une grande et forte école, probablement la meilleure école clinique qui existât à ce moment. C'était aussi une bonne école de camaraderie car on vivait dans les salles de garde qu'on a souvent dépeintes : repas joyeux et bruyants, farces célèbres, chansons obscènes qui défoulaient une jeunesse studieuse, invitations aux artistes et aux petites amies, dîners de « patrons » où la blague irrévérencieuse était permise. Le bal de l'Internat était fameux. Comme tous mes camarades, j'ai pris ma part à la gaieté de ces distractions.

Aucun de nous n'a oublié ses premières gardes de nuit et les émotions devant les responsabilités qu'il fallait prendre. Heureusement, le secours de surveillantes riches d'une grande expérience et la présence d'aînés — car presque tous les internes vivaient à l'hôpital — pouvaient nous rassurer.

C'est à l'hôpital Saint-Antoine que je débutai. Quelles courses dans le vieil hôpital mal éclairé lorsque, au milieu de la nuit, on était appelé auprès d'un malade qui saignait ou qui étouffait, et combien on était démuni pour le secourir ! Dans les anciens bâtiments aux murs noirs, implantés en plein faubourg populaire, étaient soignés beaucoup de malades graves. Sous la conduite du chef de service, M. Jules Thiroloix, maître de ma première année d'internat, je devais m'appliquer à la médecine des adultes. Il avait l'esprit très vif et le goût d'enseigner. Il se plaisait à éblouir l'apprenti que j'étais par des déductions brillantes, des images saisissantes et aussi des saillies très drôles. Il me prit en amitié et, pendant bien des années, lorsque j'avais un moment de découragement, il me conviait à passer la soirée avec lui et me réconfortait par sa conversation plaisante, primesautière, animée par notre goût commun pour les problèmes de la pathologie.

A l'hôpital Boucicaut, où j'accomplis ma seconde année d'internat, tout autre était le ton. Alors construit depuis peu, il était fait de longues salles propres et bien tenues, où régnaient, coiffées de leur grand voile blanc et habillées de leur robe du Moyen Age, les sœurs de Saint-Vincent-de-Paul dont Mme Boucicaut avait exigé le maintien dans l'hôpital qu'elle avait fondé. Plusieurs avaient une grande expérience et m'ont beaucoup appris. La mère Prosper était célèbre. Cette petite femme se plaisait à dominer les personnages assez louches qu'elle soignait pour les coups de couteau reçus les soirs de grande rixe, grâce à une autorité souriante et au rigoureux usage de l'argot qu'elle parlait à merveille.

Maurice Letulle était le maître de l'anatomie pathologique. Le spectacle de cet homme aux gestes agiles, dont le visage aux traits fins était encadré d'une barbe blanche bien taillée, appliqué à faire une autopsie à la recherche des lésions cachées qu'il découvrait et palpait avec ses belles mains nues — car il refusait de mettre des gants — avait la beauté d'un tableau de Rembrandt. Il regardait longuement les pièces qu'il avait prélevées, les considérait en tous sens avec un regard d'artiste et prenait soin de les décrire dans un langage châtié.

Le plus souvent, le soir après le dîner, je passais des heures penché sur le microscope pour examiner les coupes colorées par le préparateur Eugène Normand, afin d'en soumettre l'interprétation au patron le lendemain. Puis, ma longue journée de travail achevée, je repassais dans les salles pour voir, vers minuit, dans quel état étaient les malades graves. Je croisais alors une jeune sœur qui, à petits pas rapides, accourait bien vite pour m'éclairer d'une lampe portative. Un beau jour, je ne la rencontrai plus. « Pourquoi ? » demandais-je à la mère Christophe. « On a pensé, me dit-elle, que vous alliez prendre trop de plaisir à la retrouver ainsi chaque soir et la supérieure l'a renvoyée au couvent. »

A l'hôpital des Enfants-Malades, haut lieu de la pédiatrie mondiale, je retrouvai le pensionnat de l'Enfant-Jésus qui devint en 1751 la Maison royale de l'Enfant-Jésus, puis en 1795 la Maison nationale des orphelines. En 1802, fut fondé l'hôpital des Enfants-Malades auquel était rattachée la construction voisine de l'hôpital de l'Enfant-Jésus. Nous rappelons que ce fut le premier grand hôpital d'enfants du monde car dans les hôpitaux d'alors adultes et enfants étaient mélangés.

A l'hôpital des Enfants-Malades était rattachée toute une tradition de science et d'humanité qui avait contribué au grand renom de la médecine française. A. B. Marfan était bien le représentant de cette tradition. Il nous apprenait toute la pédiatrie classique, ce que l'on savait sur les troubles digestifs, les convulsions, les troubles nerveux, les désordres osseux, les arrêts de croissance, le rachitisme et les anémies des enfants. C'étaient vraiment les fondements de notre science qu'il nous montrait. Son enseignement était clair, son langage précis, ses descriptions d'une rigueur impeccable, ses affirmations absolues. Il était exact, réservé, son allure était grave. Une certaine chaleur méridionale se faisait sentir malgré la retenue de ses manières, car il ne laissait point paraître toute la force des ses convictions d'Albigeois. Me gardant son estime et sa sympathie, il me recevait plus tard, assez souvent le dimanche après-midi, dans son appartement de la rue La Boétie où, avec intérêt, il m'écoutait faire le récit des recherches que je poursuivais.

A l'hôpital Laennec, je travaillais sous la bienveillante et amicale indulgence de Louis Landouzy. Ce vieux patron, alors doyen de la Faculté, était un petit homme solidement campé qui, comme pour hausser sa taille, tenait la tête droite rejetée en arrière. Il vous regardait en face, avec des yeux d'un bleu très clair et vous tendait une main large et vigoureuse. Il m'autorisa — faveur pour moi bien précieuse —, le second interne ayant accepté la charge des grandes salles aux voûtes élevées et où gisaient beaucoup de vieillards accablés par l'âge et par la maladie, à prendre la responsabilité du petit pavillon situé dans le jardin de l'hôpital et transformé en crèche où l'on recevait les mères malades avec leur petit enfant. De la crèche Laennec, qui fut le principal lieu de mes premiers travaux personnels, je parlerai pous loin.

J'ai aimé en Landouzy son goût pour les idées neuves. Représentant la clinique traditionnelle et comme voué à la palpation de l'abdomen, à la percussion du thorax, à l'auscultation du poumon et du cœur, il voulait que ses cadets progressent dans les champs, où il n'avait pu pénétrer, de la bactériologie et de la chimie. Il avait le souci rigoureux des hautes fonctions qu'il occupait. Néanmoins, il engageait avec nous des conversations vives, familières et narquoises. Il s'efforçait de nous aider et de nous guider, tout en nous transmettant, suivant la mission qu'il s'était donnée, l'héritage respectable des maîtres du passé.

Externe, interne, chef de laboratoire, j'ai longtemps travaillé à l'hôpital Trousseau, le plus moderne des hôpitaux d'enfants de ce temps, où étaient conduits les petits malades des arrondissements de l'Est parisien et de la banlieue voisine. Mon maître, le professeur Arnold Netter, a puissamment contribué à ma formation pédiatrique et joué un rôle essentiel dans ma formation médicale. C'est chez lui que je trouvai mon premier refuge lorsque je me sentais malheureux dans les vieux et tristes hôpitaux d'adultes.

Arnold Netter avait une physionomie bien particulière. A nos yeux, il représentait l'image d'un prophète de l'Ancien Testament, mais d'un prophète souriant. Le corps un peu large, la démarche assez lourde, une chevelure puissante aux boucles blanches pleines de fantaisie, une grande barbe qu'il caressait volontiers, un nez aquilin, le regard à la fois vif et doux. Il n'avait point la parole facile, la marche rapide de ses idées la rendait parfois difficile à saisir. Tout jeune, pour passer ses examens, il s'était exercé maintes fois à parler seul devant son encrier. Nous l'entourions à l'hôpital d'un respect attentif. L'atmosphère de son service ne ressemblait à aucune autre. On n'y faisait point de longs exposés didactiques, on n'y retrouvait point l'écho de l'enseignement livresque et théorique. Comme il parlait peu, ses élèves groupés autour de lui cherchaient à deviner comment il établissait ses diagnostics et s'habituaient à participer à son souci immédiat de soulager le petit malade.

Tous les jours, y compris les dimanches et les jours de fête, il est présent à l'hôpital, où il arrive avant nous tous. Il ne néglige rien, n'oublie aucun enfant dans son petit lit, aucun nourrisson dans son berceau, se penche vers chacun en souriant comme un aïeul bienveillant, examine la région endolorie avec douceur, calme le petit être, puis réfléchit en silence, longuement. Il évoque dans sa mémoire infaillible les textes qu'il a lus ou les cas qu'il a déjà observés, et dans son optimisme conclut en prescrivant un traitement dont il espère la guérison.

Son érudition est célèbre. Il a tout lu, et dans toutes les langues, et aussi tout retenu, non seulement de ses lectures mais des observations qu'il a faites au cours de ses voyages en France. Il connaît le passé de la médecine et l'histoire des maladies. Lorsqu'il voit les premiers cas d'encéphalite à Paris, en 1918, ce ne sont pas seulement les publications de l'Autrichien von Economo qui viennent à son esprit, mais tout autant les anciennes descriptions pittoresques des médecins de 1695.

Il fut l'un des fondateurs de l'hygiène moderne qu'il avait apprise puis enseignée sous l'autorité d'Adrien Proust, le père de l'écrivain. Son œuvre médicale fait époque par la liaison entre l'épidémiologie, la bactériologie et la clinique. Charles Nicolle — qui après la mort de son frère Maurice Nicolle, dont Arnold Netter avait été l'ami, l'avait en quelque sorte adopté — rappelait qu'il le considérait comme un précurseur de sa grande découverte sur le mode de contagion du typhus.

La bonté d'Arnold Netter le poussait à l'indulgence, mais son caractère indépendant ne transigeait pas. Cette homme droit suivait sans hésiter la voie qu'il avait choisie, quoi qu'il pût lui en coûter. Il supportait mal l'arrivisme, la prétention et devant les compromissions et les lâchetés éclatait sa colère. Il fit toujours preuve d'un caractère indomptable. Il était incapable de prendre le moindre intérêt à toutes les combinaisons échafaudées autour de lui par tous ceux que tourmentaient la vanité ou l'ambition, mais il défendait avec vigueur, obstination et une passion inlassable ses idées et ses amis.

Arnold Netter fut un fidèle. Il était le fils d'un médecin alsacien qui avait opté pour la France et était devenu un modèle du médecin de famille de l'ancien temps. Le patriotisme d'Arnold Netter lui faisait redouter pour son pays le voisinage d'une nation dont il connaissait, mieux que tout autre, à la fois les qualités et les vices.

Je fus chargé, lors de la seconde délivrance de l'Alsace, de découvrir la plaque commémorative fixée sur le mur du logis de sa famille à Strasbourg.

Cette esquisse bien imparfaite doit être complétée par un trait qu'il eût aimé voir tracé. A une époque où le texte des Ecritures Saintes était plus qu'aujourd'hui présent à l'esprit des Français, une expression avait passé dans notre langue. De certains hommes, l'on disait : « C'est un bon israélite », et l'on entendait par ces mots un homme bon, franc et sincère, craignant Dieu et aimant la justice, car ce sont les paroles que dans l'Evangile de saint Jean on prête à Jésus parlant de Nathanaël et disant : « Voilà un véritable israélite en qui il n'y a nul artifice. »

Arnold Netter méritait l'éloge que le Christ a fait de Nathanaël.

On critique aujourd'hui ces groupements qui rassemblent pour toute la vie les anciens élèves des grandes écoles ou les anciens internes des hôpitaux. Notre génération bénéficia de la notoriété dont jouissaient ceux qui, après une sélection rigoureuse, avaient recueilli pendant quatre années une riche moisson de connaissances.

De ces années d'apprentissage je devais garder, comme chacun d'entre nous, les souvenirs de nos joies collectives et tirer cette leçon : la tâche est tellement vaste qu'il faut s'y vouer tout entier ; si l'on se consacre à la médecine, elle vous prend complètement.

·9·

Le Maroc féodal

A LA FIN DE L'HIVER 1911, les affaires du Maroc causaient bien des soucis aux Français. La dernière entreprise coloniale qui devait compléter notre empire du Maghreb se préparait. La rivalité dramatique avec l'Allemagne provoquait émotion et inquiétude. L'affrontement des deux pays pouvait faire redouter le pire. Voici que l'image de la guerre surgissait devant notre génération, et la pénétration française au Maroc pouvait en être le prétexte. Les plus sages parmi les ministres et les diplomates s'efforçaient d'éviter les gestes orgueilleux et irréparables et d'arriver à des arrangements où personne ne perdrait la face. La France tenace poursuivait l'exécution de ses projets. La constitution d'un empire colonial fut en effet un des desseins les plus patiemment poursuivis par la IIIe République. Celle-ci manifestait dans ce domaine une remarquable continuité de vues et une singulière persévérance qui traduisaient une volonté de puissance et de grandeur.

La situation de l'Empire chérifien était trouble ; la province de la Chaouïa autour de Casablanca était occupée par nos troupes ; à Fez, des détachements français tenaient la ville ; à Marrakech, une petite unité de quelques soldats marocains commandée par un de nos officiers était isolée dans un pays qui n'était point soumis au sultan. Mon ami Abel Ferry, député, désireux de se rendre compte par lui-même de l'état du Maroc, me dit un jour : « Viens, je voudrais faire un voyage d'études au Maroc. Si tu le veux bien, je t'emmène. Cherchons un troisième compagnon. » Nous ne le trouvâmes pas. Autorisé à prendre mes vacances annuelles j'acceptai, et nous partîmes tous les deux.

Casablanca était alors un pauvre village habité par quelques familles de Marocains, pêcheurs ou cultivateurs. guère d'Européens, sauf quelques dizaines d'ouvriers italiens employés surtout aux constructions des premières maisons et des premiers routes, quelques Français, agents de commerce ou militaires. Point de port. Arrivant par bateau de Tanger, nous débarquâmes à dos d'homme.

Installés d'une façon précaire, nous rendons visite aux chefs militaires et aux autorités locales, aussitôt plongés dans un exotisme qui nous séduit. En quelques jours et après de nombreuses démarches est organisée une caravane. Nous engageons quelques hommes de bonne volonté qui acceptent de nous servir ; l'un d'entre eux, qui avec les soldats a appris un peu de français, nous servira d'interprète ; un autre de cuisinier. Nous achetons ou empruntons tout un matériel, en vérité fort sommaire. Par chance, nous pouvons rencontrer le grand vizir El Mokri. Ce plus haut représentant de l'autorité, qui depuis longtemps négocie avec notre pays, nous accueille et nous aide. Grâce à lui, nous pouvons acquérir quelques tentes, deux chevaux, plusieurs mulets.

Nous espérions une petite escorte de harkis fournis par le maghzen. Ne se présenta qu'un guide, très beau cavalier sous son grand burnous, avec un poignard au ceinturon et en bandoulière un fusil arabe au long canon : un modèle pour Delacroix. Nous voici prêts pour le départ, défilant au petit jour et nous moquant de nous-mêmes en disant : « Tartarin était seul, nous sommes deux », en route pour Marrakech, cité de rêve, qui paraissait bien lointaine. Chevauchant sur la piste mal tracée, traversant les oueds à gué, couchant sous la tente, nous étions pris au jeu pitorresque de la découverte. Les chevaux avançaient pas à pas sur un sol tantôt rocailleux et sec, tantôt égayé par les fleurs du printemps. A l'étape, les tentes étaient dressées, et le matin, au réveil, nous étions entourés d'une foule curieuse d'hommes, de femmes et d'enfants. L'aspect de cette foule était misérable. Vêtus de pauvres djellabas, souvent en loques, ils venaient demander secours au médecin, car les nouvelles vont vite à travers le bled. On savait qu'un « toubib » était là. Plaies suppurantes, jointures gonflées, membres déformés par les fractures mal réduites, paupières bouffies, globes oculaires gravement lésés, tumeurs cutanées, beaucoup de jeunes enfants au ventre enflé, parfois vieillards boitant et marchant avec peine ; au milieu des cris j'écoutais leurs plaintes, sans les comprendre. Que faire avec mes pauvres ressources ? Je distribuais quelques médicaments apportés de France, appliquais des couches de teinture d'iode et, aidé par l'interprète, j'essayais d'apaiser de mon mieux les plus inquiets et les plus souffrants. Puis j'abandonnais avec soulagement ce spectacle de misère tandis que nos serviteurs repliaient les tentes, chargeaient nos animaux de bâts et nous repartions à cheval, suivis de notre troupe à pied qui conduisait les mulets. Nous étions toujours précédés par notre guide, qui dirigeait la marche en caracolant. Malgré la longueur des étapes, tout éblouis par l'attrait de notre aventure, nous en arrivions à oublier la fatigue. Quand nous approchions d'un douar, les chefs de village venaient nous accueillir et nous recevaient sous leur tente. Ils nous offraient le thé à la menthe, nous complimentaient. La foule nous regardait avec curiosité et sans antipathie. Puis c'était une nouvelle étape jusqu'à la fin du jour. Nous jouissions de la beauté du paysage au crépuscule et, le lendemain matin, au soleil levant.

Le spectacle des scènes traditionnelles de l'Orient nous enchantait : dans les villages ou les campagnes, les femmes tirant l'eau du puits et repartant avec leurs grandes jarres sur la tête ; les groupes de paysans à califourchon sur leurs petits ânes ; les bergers, couverts du capuchon de leurs burnous, gardant seuls dans la plaine leurs troupeaux de moutons ; images bibliques de l'Ancien Testament, disions-nous. Parfois, une autre caravane nous croisait. On échangeait des mots de salut. Mais partout était frappante la grande pauvreté. A Mechra-ben-Abou, un poste français, un autre à Settat, où de loin, apercevant un soldat au costume colonial, nous galopâmes vers cette sentinelle. Sachant que nous abordions le poste de commandement du colonel Gouraud, nous lui demandons de nous conduire à son chef. Il nous dit en allemand qu'il ne comprenait pas. C'était un de ces soldats de la Légion étrangère dont l'histoire, depuis près d'un siècle, faisait partie des expéditions lointaines, et je songeais à ce moment à la désertion de ces quelques légionnaires allemands à Casablanca qui avait récemment provoqué la résistance de Georges Clemenceau aux demandes allemandes. Le colonel Gouraud nous accueillit de la façon la plus courtoise et nous aida de toutes manières. Mais il nous indiqua bien nettement qu'il n'acceptait aucune responsabilité vis-à-vis de nous si nous poursuivions notre marche vers Marrakech. C'est qu'en effet nous étions à la limite des zones contrôlées par le maghzen et surveillées par l'armée française, et nous allions entrer dans une partie du Maroc libérée de l'autorité du sultan et du maghzen. Nous passions, comme on dit, du bled maghzen au bled siba. Lorsqu'il nous accompagna jusqu'à la sortie du camp, ayant dégagé sa conscience et nous ayant donné des conseils de prudence, il paraissait visiblement heureux de nous voir poursuivre notre voyage. J'ai évoqué cette première rencontre lorsque plus tard je le retrouvai, comme je l'ai raconté, au foyer de ma sœur et de mon beau-frère.

Aucun incident sérieux ne devait nous troubler au cours de notre chevauchée. Chaque matin, nous nous félicitions qu'aucun rezzou ne fût venu dans la nuit nous surprendre et nous capturer. Nous fûmes aussi bien accueillis dans le parcours du bled siba, c'est-à-dire dans la partie indépendante de l'autorité, que dans celui du bled maghzen, région qui obéit au sultan. Même hospitalité dans les villages, mêmes réceptions avec le thé à la menthe ou un vrai repas. Même sympathie et aussi même impression de misère. Grâce à notre interprète, même échange de compliments et de politesses. A chaque étape je retrouvais des tuberculoses, des cancers, des parasitoses cutanées, des trachomes, de mauvaises fractures, des paludismes chroniques, et soupçonnais bien d'autres maladies que je ne pouvais reconnaître. J'évoquais les pays d'Europe au Moyen Age lorsque, avant la naissance d'une science médicale, n'existait guère, dans nos villages et nos campagnes, contre les maladies partout répandues, que la miséricorde des ordres religieux.

Enfin, après onze jours d'un trajet très fatigant, apparurent la palmeraie, la ville admirable, les sommets lointains de l'Atlas couverts d'une neige magnifique sous le ciel bleu. Quelle joie émerveillée ! Impression profonde de grande beauté. De cette vue, aujourd'hui bien connue de tant de visiteurs, je ne parlerai pas.

Rien ne fut plus pittoresque que notre installation dans la ville. On y comptait peu d'Européens, quelques hôteliers ou marchands, en majorité espagnols, et, bien que nous fussions regardés avec curiosité, nous n'avions pas le sentiment d'hostilité.

Des souvenirs de notre séjour en cette ville, je ne retiendrai que quelques-uns, et tout d'abord l'accueil du lieutenant commandant le tabor, Hering. Dès le lendemain de notre arrivée, celui-ci nous disait qu'on entendait parler d'un soulèvement populaire et qu'il n'était point sûr de l'obéissance de ses hommes recrutés parmi les guerriers d'une tribu voisine et incorporés depuis peu de temps. Il les avait désarmés, ou plutôt leur avait laissé leur fusil en vidant complètement leurs cartouchières.

Le spectacle le plus impressionnant pour nous fut celui d'une vente publique d'esclaves. Sur une place très ensoleillée, tout autour des galeries à colonnades où l'on trouvait un peu d'ombre, des hommes enveloppés de leur djellaba, accroupis sur des nattes, immobiles et parlant peu. On entend des chants, c'est la prière, on invoque Allah. Les hommes se prosternent. Puis, abrités derrière un pan de mur — nous ne devions pas être trop apparents —, nous voyons un homme accompagné d'une femme et d'un enfant parcourir la place en longeant la colonnade. A haute voix, il prononce de longues phrases, sans doute les qualités de l'esclave à vendre, ou plutôt des esclaves, car l'enfant est, lui aussi, offert. Visiblement, on proclame les prix. Certains des hommes accroupis se lèvent, s'approchent, regardent les traits, les dents, palpent le corps, tâtent les seins, puis parlent, discutent les conditions de l'achat et l'un d'entre eux entraîne la femme, l'autre l'enfant. Point de cris, point de larmes, mais un bref adieu au moment de cette séparation prévue. Aussitôt après, en un autre point de la place, la même scène se reproduit.

Le lieutenant du tabor nous conseille de nous éloigner. Il craint que notre présence ne soit signalée et ne provoque alors une manifestation hostile. Trop impressionnés pour dire un mot, nous nous retirons avec lui. Rompant notre silence, il dit : « Tantôt l'on vend ici, en ce marché public, des esclaves de travail pour la maison ou les champs ; tantôt de plus jeunes esclaves de harem. » Nous avions assisté à l'une des dernières ventes publiques d'esclaves à Marrakech, car, peu de temps après notre départ, les troupes françaises prenaient la ville.

Une autre vision fut celle d'une sorte de grande fosse très profonde où l'on voyait des hommes et des femmes à peine vêtus, accroupis sur un sol souillé par des ordures. L'aspect de ces malheureux était singulier. Tantôt ils étaient agités, tantôt complètement immobiles, leurs yeux regardant le ciel, ou bien, la tête penchée, le regard tourné vers le sol. Certains se levèrent à notre approche ; ils portaient des chaînes fixées par un anneau autour des chevilles et traînaient un boulet. C'étaient des aliénés. Des hommes et des femmes mus par la pitié venaient chaque jour leur apporter leur nourriture.

Nous nous mêlions à la foule. Ce contact avec la population de la grande capitale du Sud était riche en découvertes, en spectacles nouveaux et en émotions. Je dois dire que nous marchions dans les souks, les ruelles et sur les places avec une insouciance complète, entraînés que nous étions par une curiosité enthousiaste.

Au cours de nos promenades, nous découvrions les monuments de la grande époque, la Koutoubia, peu connue en ce temps. Un jour vint nous trouver la seule Française habitant la ville, une sage-femme, Mme Legey. Elle pénétrait dans l'intimité des harems, en particulier de celui de Hadj Thami Glaoui, le grand seigneur, maître de la ville et de la province. Elle nous parla longuement des mœurs qu'elle avait observées. Je me souviens des récits d'achats et de ventes de jeunes filles ou de jeunes femmes qu'on destinait au harem. Lorsque celles-ci étaient devenues mères, elles ne pouvaient plus être vendues comme esclaves de harem ; aussi, les manœuvres abortives étaient-elles fréquentes. Le nombre considérable des naissances dans chaque harem était tel que le maître en ignorait le chiffre. Femmes libres et esclaves menaient dans les harems une vie singulière de paresse, de gourmandise, de jacasseries et d'intrigues pour plaire. La castration de certains sujets mâles, qui était suivie de mort trois fois sur cinq, permettait d'ajouter au cadeau d'une belle esclave celui d'un eunuque. Certains récits évoquaient les Mille et Une Nuits. Rien n'avait changé depuis des siècles. Pareil à lui-même, ce monde fascinant gardait ses mœurs séculaires, étranger à la vie de notre temps.

La grande place de la ville, où depuis cette époque de nombreux visiteurs étrangers se sont promenés, était peut-être encore plus remplie d'une foule animée en ce temps qu'à présent. On voyait les mêmes scènes, mais parmi ces hommes se trouvaient rassemblés des familles de miséreux plus mal vêtus encore que les campagnards rencontrés sur les routes, des mendiants, des aveugles, des enfants aux yeux couverts de mouches, porteurs de loques crasseuses. Ceux qui aujourd'hui se promènent dans la capitale du Sud y trouvent un spectacle un peu différent de celui que nous avons connu.

J'avais été appelé en consultation au chevet d'un grand chef du Sud, le M'Toughi. Interrogé sur son âge, le vieux seigneur réfléchit longtemps, mettant sa main dans sa bouche comme pour compter ses dents, puis énonça un chiffre visiblement très approximatif. L'examen physique n'était point autorisé. Il fallait se contenter, comme dans notre médecine ancienne, de l'examen du pouls et de la langue, puis d'une longue conversation. Certaines remarques me firent croire que ce patient était diabétique ; je pris rendez-vous avec lui pour le lendemain. Il ne revint jamais.

Notre séjour ne put se prolonger aussi longtemps que nous l'espérions, car le bruit parvint aux oreilles du lieutenant Hering d'une émeute et d'un massacre des Européens à Fez, et l'on craignait l'arrivée à Marrakech des guerriers venus du Sud, notamment des cavaliers conduits par le frère aîné d'Hadj Thami Glaoui. Hadj Thami maître souverain de la ville, était un grand seigneur féodal. Il avait des allures princières et un comportement royal. Il nous invita dans son château et nous interdit d'en sortir. Nous fûmes reçus avec une somptuosité orientale de légende. Je disais à Abel Ferry : « Sommes-nous les hôtes ou les prisonniers du prince sarrazin ? » En vérité, le pacha, déjà favorable aux Français, voulait être sûr de notre protection. Pendant ce séjour singulier et somptueux devait naître au palais un des fils du seigneur. Un demi-siècle plus tard, je devais le rencontrer ambassadeur du roi du Maroc à Paris. Après avoir été présent pendant sa naissance dans un palais des Mille et Une Nuits, je le retrouvais à un dîner en tenue de soirée. Puis un jour, le lieutenant qui commandait le tabor reçut, je ne sais comment, l'ordre d'exiger notre départ de Marrakech. Escortés par la garde du pacha, nous pûmes regagner la côte. Quelques semaines après, la révolte éclatait et la colonne Mangin entrait dans Marrakech. Bien plus tard, à l'époque du protectorat, je pris grand soin d'aller rendre visite à Hadj Thami Glaoui pour le remercier de son hospitalité bienfaisante.

Après cette plongée dans le Maroc féodal et cet aperçu des mœurs datant des époques fabuleuses, après cet exceptionnel voyage, nous voici en quelque sorte placés d'une façon personnelle et directe devant le problème de la colonisation. Que de fois j'en ai parlé avec Abel Ferry !

De ce voyage de jeunesse accompli en un temps si différent du nôtre restait en nous-mêmes une empreinte définitive. Je gardais une attirance persistante pour le Maroc, ses paysages et ses habitants.

Je devais retrouver ses soldats combattant pendant la bataille de Verdun et, plus tard, travailler avec les médecins et les autorités de ce pays pour la protection de l'enfance, la santé publique et l'éducation nationale.

Quand, à présent, au cours de mes voyages de travail, je retrouve la terre du Maroc à laquelle je suis resté attaché et que j'y suis reçu par mes élèves, j'aime à leur rappeler que, longtemps avant leur naissance, venu en ami, j'ai couché sur le sol de leur patrie.

·10·

A Nazelles, avec la famille Debat-Ponsan

En ce début du XXe siècle, on appréciait, on honorait même une certaine culture littéraire et artistique. Les salons littéraires faisaient partie de la vie mondaine encore très active. Les théâtres étaient très fréquentés, les succès des pièces historiques, en prose ou en vers, ou des vaudevilles, comme des pièces boulevardières, considérés comme des événements.

En peinture, c'était le temps des portraits, des grandes toiles représentant des paysages, des scènes diverses ou des nus aux chairs roses. L'exposition des artistes français au palais de l'Industrie intéressait toute la société parisienne. Certaines protestations contre l'enseignement classique de l'Ecole des Beaux-Arts, la passion avec laquelle de rares amateurs défendaient les talents nouveaux et révolutionnaires, ne faisaient qu'augmenter le goût du public pour la peinture académique. La journée du vernissage attirait une foule où, après la visite du président de la République, on se montrait les personnalités connues du Tout-Paris, et parmi celles-ci les artistes, qui se distinguaient de leurs contemporains par leurs cravates lavallière et le rebord plat de leurs chapeaux hauts de forme.

Edouard Debat-Ponsan faisait partie du groupe réputé des peintres officiels de son temps. Dès le début de mes études médicales, je devais faire la connaissance de sa famille et bientôt en faire partie.

Lorsque j'entrais au P.C.N., comme on disait alors, c'est-à-dire lorsque je débutais par l'année préparatoire d'études physiques, chimiques et naturelles rattachées à la Faculté des sciences, qui précédait les études médicales, se trouvaient, parmi les centaines d'étudiants, cinq ou six jeunes filles. Elles avaient dû montrer une grande force de caractère pour affirmer ainsi leur personnalité. A cette époque, c'est avec beaucoup d'hésitations, de réticences et d'inquiétudes que l'on acceptait l'entrée des jeunes filles dans les carrières masculines. La Sorbonne recevait un peu plus d'étudiantes que la Faculté de médecine. Autour de nous, le grand émoi provoqué par les premières victoires féminines n'était pas encore calmé, mais l'hostilité des jeunes hommes cessait et notre camaraderie entourait ces jeunes filles, toutes de remarquable qualité. Dans notre petit groupe se trouvaient réunies

Marianne Giry dont le père était professeur à la Sorbonne, Marie Landry, fille d'un magistrat, et Jeanne Debat-Ponsan, fille du peintre Edouard Debat-Ponsan. Marie Landry et Jeanne Debat-Ponsan se lièrent d'amitié, et celle-ci, s'étendant à leurs familles, se transmit de génération en génération, jusqu'à présent.

Très rapidement, une vive sympathie me rapprocha de Jeanne Debat-Ponsan. C'est ensemble que nous préparâmes l'externat, puis l'internat. Nous poursuivions notre travail en commun. Bien préparée par des études de physiologie poursuivies en Sorbonne et douée d'une clarté et d'une rigueur intellectuelle peu communes, elle m'entraînait, me guidait et me précédait. C'est de justesse qu'elle ne fut pas la première au concours de l'externat. L'internat était alors presque fermé aux candidates. Trois femmes seulement avaient pu jusqu'à présent être admises, et ce fut un grand événement que la promotion simultanée de nos trois camarades qui, par la qualité de leurs épreuves, s'étaient imposées à un jury où se comptaient partisans et adversaires d'une décision considérée alors comme bien audacieuse. Pendant nos années d'internat, je n'étais pas seul à remarquer la distinction des manières de Jeanne Debat-Ponsan, la droiture et la fermeté de son caractère, son courage pour la défense de ses opinions et ses dons exceptionnels qui se révélaient dans l'accomplissement de sa tâche. Chacun de ses maîtres devait témoigner vis-à-vis d'elle d'une particulière et affectueuse estime.

La famille Debat-Ponsan recevait volontiers les camarades et amis de ses trois enfants. Je me sentais personnellement bien accueilli dans la maison de l'avenue Victor-Hugo où se trouvaient, au bout d'une allée montante, l'atelier du peintre, un jardinet fleuri et la demeure familiale. Nous étions invités à l'Opéra, alors dirigé par Pedro Gailhard, qui faisait, lui aussi, partie des Toulousains de Paris, et, au moment des vacances, dans la demeure tourangelle.

J'étais enchanté de mon existence au sein de la famille Debat-Ponsan. J'aimais la franchise et l'esprit libéral qui régnaient dans ce milieu. Mes sentiments s'accordaient avec leurs tendances d'esprit et leurs manières. Dans cette ambiance, tout me plaisait. Avec ses enfants j'admirais Edouard Debat-Ponsan, non seulement comme artiste, mais pour ses qualités d'homme et la valeur de son caractère. Il était né dans une famille d'artistes toulousains, organistes depuis le XVIIIe siècle. Son père était professeur au Conservatoire de musique de Toulouse et ses deux sœurs harpistes à l'église de la Daurade. Il vint à Paris pour étudier la peinture à l'Ecole des Beaux-Arts, dans l'atelier de Cabanel. Tout l'intéressait : portraits, paysages, tableaux historiques, grands sujets de l'actualité. En ce temps, on considérait que la peinture n'était pas seulement faite pour donner des jouissances artistiques, mais aussi pour conserver le souvenir des visages, pour évoquer les grandes scènes du passé et enfin pour participer à l'expression des convictions lors des querelles politiques et sociales et l'on ne méprisait pas les « scènes de genre » destinées à l'amusement.

Toute cette école de peinture, plus tard critiquée avec ironie, a été comme submergée par le succès des impressionnistes puis par le grand flot des peintres modernes dont l'exceptionnelle qualité et souvent le génie méritent l'éclatante faveur dont ils jouissent à présent, et cependant on peut prophétiser un retour du goût pour certaines toiles des maîtres de la Belle Epoque. La renommée d'Edouard Debat-Ponsan devra bénéficier de ce mouvement que l'on sent débuter à présent. Son art, qu'il aimait passionnément, est sobre et sensible, la connaissance de son métier, solide. Des portraits intimes, des paysages toulousains, d'Ile-de-France ou de Touraine témoignent de l'émouvante délicatesse et du talent d'un grand peintre.

Certains de ses tableaux eurent un bruyant retentissement ; leur sujet était inspiré par les événements de son temps. Le premier fut le portrait du général Boulanger sur son cheval noir Tunis, en grand uniforme de l'époque, faisant un large salut, le bicorne à la main. Au moment où ce tableau devait être exposé, le gouvernement républicain poursuivait le général que plaçait à sa tête un mouvement subversif. On demanda à Edouard Debat-Ponsan de renoncer à cette exposition. Deux autres grands tableaux furent dictés par ses convictions et son attitude au cours des crises morales qui secouaient alors la France. Le premier représente une Vérité tenant un miroir et voulant sortir d'un puits. Cette Vérité « sortant du puits » est retenue et refoulée par un spadassin et un moine. Le tableau fut offert à Emile Zola par ses admirateurs. Tout récemment, le conseil d'administration des Musées de France a évité le départ à l'étranger de ce tableau en exerçant son droit de préemption et Michel Debré, comme maire d'Amboise, l'a acheté pour le placer dans le musée de cette ville.

Le second représente Jésus qui, dans un paysage dénudé, s'avance vers un groupe d'hommes armés, au premier rang duquel on aperçoit, l'épée nue, les dragons de Louis XIV. Le titre du tableau porte ces mots : « Et je vous avais dit : aimez-vous les uns les autres. » Il faut se représenter qu'en ce temps l'espoir s'était développé d'une civilisation faite d'humanité, d'oubli des guerres de religion et d'effort vers une paix générale. Et quelle sensation d'échec à la reprise des guerres, celle des Balkans, où les hostilités religieuses dominaient, le massacre des Arméniens par les Turcs et, en France même, les campagnes antisémites ! Elle fut péniblement ressentie dans le monde occidental par les hommes généreux. Edouard Debat-Ponsan était de ceux-là.

Elevé dans une famille catholique fidèle à ses croyances, il s'était peu à peu détaché de la religion, mais gardait très fort en lui le sentiment des devoirs évangéliques qui s'imposent au peuple chrétien. Nous en étions aux jours de l'affaire Dreyfus. Edouard Debat-Ponsan, à la conscience rigoureuse, épris de justice et sachant juger par lui-même les hommes et les événements, était convaincu de l'innocence du condamné. Il pouvait ne pas prendre publiquement parti, mais courageusement il se lança dans la bataille civique. Il savait bien que des amitiés seraient rompues, qu'il rencontrerait dans certains milieux proches de lui une désapprobation pénible, qu'il perdrait des relations utiles et que même des commandes de peinture lui seraient retirées. Il ne se laissa point arrêter.

Avec ses sœurs et sa famille toulousaine, le désaccord familial devait être ressenti douloureusement. La mésentente fut si forte que les retours, chaque été, au pays natal en furent rendus pénibles et que la famille d'Edouard Debat-Ponsan, avec chagrin, renonça aux séjours dans la maison de Gragnague, près de Toulouse, où s'étaient écoulées jusqu'alors d'heureuses vacances. C'est ainsi que fut réalisée l'installation de la famille Debat-Ponsan à Nazelles, en Touraine.

Me voici au moment où ma vie devait changer. Pendant notre seconde année d'internat, Jeanne Debat-Ponsan accepta de m'épouser. L'annonce de cette nouvelle, qui, dans sa famille proche, ne reçut pas un mauvais accueil, ne fit qu'accentuer la rupture avec la parenté toulousaine des Debat-Ponsan. Elle détermina dans ma famille l'ouragan que l'on imagine.

Mes parents avaient senti qu'aucun effort ne pouvait être tenté pour me dissuader, car rien n'ébranlerait notre décision commune. J'avais à ce moment le sentiment que si ma conduite était parfaitement juste et légitime, j'attirais sur les miens une sorte de malédiction, car la profession de mon père excluait tout mariage de ses enfants en dehors de la communauté israélite. Pour lui et les membres de sa communauté, j'étais coupable d'une sorte de reniement, tant était fort le sentiment dont j'ai parlé de l'obligation du mariage entre soi. Tous les soins que nous prîmes, ma fiancée et moi-même, aidés par l'affection de mes proches, notamment de mon frère Jacques, toujours à mes côtés, permirent à mes parents de franchir cette épreuve. Dans l'avenir, rien ne devait troubler notre union heureuse tandis qu'au foyer des mes parents l'émotion s'apaisait.

Les vacances de Pâques et d'été interrompaient chaque année notre vie de travail à Paris. C'est ainsi que je fis la connaissance de la Touraine. L'événement devait compter, car nous devions nous attacher à cette province, l'adopter, être adoptés par elle. Qui eût imaginé alors que mon fils Michel, un demi-siècle plus tard, serait le maire d'Amboise ?

La maison de Nazelles, d'un style ancien, est construite avec de belles pierres ; placée à flanc de coteau, elle est prolongée par une terrasse d'où la vue domine la vallée. La demeure est grande et simple. La vie familiale qu'on y menait était pleine de charme et d'intérêt.

Nous nous promenions à pied dans les prés, les coteaux du vignoble et ses vallons, et parcourions à bicyclette toute la province. Admirer une beauté de paysage et d'architecture aux attraits si souvent et si amoureusement célébrés fut la grande distraction d'une jeunesse bénie. On récitait le vers bien connu de Jules Lemaitre : « La Loire est une reine et les rois l'ont aimée », mais je préférais le poème, qui me paraissait plus beau, de Charles Péguy :

> Le long du coteau courbe et des nobles vallées
> Les châteaux sont semés comme des reposoirs,

Et dans la majesté des matins et des soirs
La Loire et ses vassaux s'en vont par ces allées.

La Loire, dans sa majesté et la grandeur de sa vallée, ses îles, ses sables, les vues de la terrasse du château d'Amboise qui formait à nos yeux le plus beau spectacle du monde ; les bords ombreux de l'Indre, le confluent majestueux de la Vienne, les demeures royales, les villages, les coteaux de vignes, nous ravissaient. Les premières impressions que me firent les couleurs de ces paysages sont restées inoubliables : l'or fin du sable sec et les reflets du ciel lorsqu'un peu d'eau le recouvre. Et voici que tant d'années plus tard je les retrouve, inspirant les grandes fresques de mon fils Olivier qui traduit par le lyrisme coloré de la peinture abstraite les mêmes émotions que celles éprouvées par son père lorsque, dans la fleur de son âge, il se promenait sur les mêmes rivages.

Nous aimions opposer l'aspect de ces paysages à ceux que nous avions connus. En Ile-de-France, c'est la fraîcheur des sous-bois, le vallonnement et les bords des rivières qui avaient séduit Edouard Debat-Ponsan lors de son arrivée à Paris, comme mon père venu de ses forêts vosgiennes couvertes de neige en hiver et étouffantes en été. Les horizons de la vallée de la Loire avec leurs brumes légères et le ciel d'un bleu tendre, les petits bois sur les coteaux, les prairies encore vertes étaient comparées à l'aridité du plateau de Lannemezan sous l'éclat du soleil et aux écrasantes chaleurs de l'été toulousain.

Edouard Debat-Ponsan, sa femme, ses deux filles et son fils gardaient la nostalgie d'un passé riche en souvenirs. Souvent l'on parlait de la vie méridionale, de son langage, de la maison de campagne et des lauriers-roses du jardin, des mœurs paysannes du Languedoc..., et les deux jeunes filles continuaient à porter, pendant les vacances à Nazelles, le grand chapeau de paille finement tressée, au ruban de velours noir, des villageoises de la campagne toulousaine.

Edouard Debat-Ponsan partait à bicyclette pour s'isoler dans la campagne. Les touches de peinture très vives de ses études se rapprochent de celles des impressionnistes. Son petit-fils Olivier, à présent, s'installe sur les berges de la Loire qui inspirent à son talent héréditaire les images de son art nouveau.

Souvent, nos amis et camarades d'études venaient se joindre à nous, accueillis par Mme Debat-Ponsan qui gouvernait toute la maisonnée. Avec eux nous faisions avancer doucement à coups de rames le vieux canot dans lequel nous suivions et remontions le cours de la Cisse.

Bien que les séjours à Nazelles fussent assez brefs, nous fûmes bien vite mêlés à la vie même du village. Celui-ci était encore assez isolé, car l'on n'était en relation avec le voisinage que grâce à la carriole de la mère Marchand qui faisait les courses et transportait les voyageurs jusqu'à la gare.

Nous étions les habitués fidèles des boutiques du village. Les filles de l'épicière étaient des couturières habiles qui ajustaient des robes. Je passais de longs moments dans le salon de coiffure, où l'on parlait beaucoup. Le coiffeur — un petit bossu — devait épouser une très belle fille, ce qui soulevait de longs commentaires. Les fils et petits-fils des villageois de Nazelles sont restés des amis de nos enfants et petits-enfants. Sur les murs de la mairie, je lisais soigneusement les discours officiels imprimés sur les grandes affiches blanches. Le 14 juillet, nous assistions à la revue des pompiers, serrés dans leurs ceinturons et munis de leurs casques, qui défilaient au son de la fanfare puis, très altérés, s'attablaient au café pour goûter, en trinquant, la fraîcheur du vin blanc. Au son des grands airs de la musique villageoise, sur une estrade que l'on avait érigée dans un pré et pavoisée de drapeaux tricolores, les enfants venaient, après de beaux discours, recevoir leurs prix.

C'est au cours de ce temps que je fis vraiment connaissance avec la paysannerie, car j'étais trop jeune lors de mes séjours alsaciens. La vie de ces cultivateurs n'était point sans rudesse. Le travail était dur, les profits modestes. On ne gagnait presque pas d'argent, l'on n'en dépensait pas. Les vignerons labourant avec leur charrue tirée par un cheval peinaient, et, plus encore, les moissonneurs fauchant sous le soleil de l'été, plusieurs sur un seul rang, accomplissant leur grand geste suivant le même rythme pendant de longues heures jusqu'à ce que la fatigue et la chaleur de midi les accablent. Alors, après de larges rasades de vin rouge et un repas fait de pain blanc et de rillettes, ils s'endormaient d'un lourd sommeil.

Seules la nature et les intempéries imposaient leur rythme à la vie de chaque jour, d'où les plaintes perpétuelles contre le temps qui, jamais, n'était celui que l'on aurait souhaité. Pendant la mauvaise saison, les hommes pouvaient prendre du repos, les femmes n'avaient point de relâche. La fermière tenait la maison, trayait les vaches, souvent nettoyait l'étable, s'occupait du poulailler, faisait la lessive, soignait les enfants, préparait et servait les repas tout au long de l'année. Il lui fallait continuer sa tâche malgré les grossesses et les allaitements.

La famille paysanne vivait dans des maisons modestes généralement bien tenues, tout au moins pour ce qui concerne les logis, alors que les cours étaient bien souvent boueuses et nauséabondes. Des fleurs les entouraient. Une vieille vigne à laquelle on était attaché garnissait le mur de l'entrée. J'ai vu un vigneron, ne trahissant guère habituellement ses émotions et, au reste, peu sensible, pleurer le jour où l'on avait dû arracher le pied de vigne que son père avait jadis planté devant la porte. On se nourrissait bien. On parlait volontiers, et dans une belle langue. On aimait les causeries. Que de remarques savoureuses sont restées inoubliables ! C'étaient alors d'interminables conversations sur les récoltes, l'état de la vigne, la qualité du vin. Quelquefois on allait plus avant et l'on parlait de la vie du village. Les brouilles et les liaisons villageoises, les heurts de caractère, les drames intimes, les méchancetés et les rancunes, les vengeances ou les sévérités vis-à-vis des filles mères ou des gars débauchés, faisaient l'objet de remarques malicieuses.

Le père de famille exerçait son autorité sur sa femme et ses enfants, qui lui obéissaient avec respect. Certains se distinguaient par un désir de connaissances élargissant leur horizon. Cyrille Douzilly, personnage à vrai dire exceptionnel, me demandait « de la lecture ». Je lui laissais, à la fin des vacances, pour son hiver, quelques numéros de la *Revue de Paris* en lui recommandant certains articles d'histoire et de politique.

Dans ce pays de vignerons — les vignerons ne sont pas des paysans comme les autres —, vendanges, entretien des tonneaux, tous les soins donnés à la fermentation du jus de raisin, puis à la préparation et à la conservation du vin, jouent un rôle considérable. Que d'heures passées dans les caves profondes : dégustation, comparaison et discussion sur les qualités et les prix ; il faut ajouter, pour quelques-uns, aussi une certaine tendance à l'abus du vin blanc.

Nous rencontrions dans nos promenades de vieilles paysannes qui portaient encore le bonnet, un fichu et une robe noire ; elles menaient paître leur chèvre ou quelquefois tenaient par une corde leur unique vache au retour d'une pâture dans les prés communaux.

La vie municipale m'avait frappé par sa dignité. Bien vite nous fûmes liés avec l'instituteur du village, qui assurait le secrétariat de la mairie. Il était le conseiller de tous. M. et Mme Perroneau devaient, pendant la guerre, recevoir dans leur école nos deux aînés, notre petit garçon et sa sœur, et leur apprendre à lire et à écrire. Ils étaient l'image des instituteurs de ce temps. Ils ont beaucoup aidé les communes des campagnes de France à mériter l'éloge qu'un Anglais faisait d'elles au moment de la Grande Guerre lorsqu'il disait : « *Your beautiful peasantry.* »

La religion, intégrée à la vie collective par ses cérémonies traditionnelles, ne jouait pas un grand rôle. Dans ce domaine régnait la paix et à vrai dire une certaine indifférence malgré le respect du repos du dimanche, jour de la toilette et des vêtements bien propres. Peu d'âmes étaient tourmentées par l'ardeur de la foi.

Faut-il rappeler ici ce mot d'une vieille paysanne tourangelle au docteur Bosc, de Tours ? Celle-ci se plaignait de souffrances dures à supporter et que son médecin ne pouvait pas soulager. Faute de médicaments actifs, le docteur lui dit : « Prenez patience, supportez vos douleurs, il faut du courage ici-bas, mais quand on a la foi ! » Et la vieille de répondre : « Ah ! monsieur le docteur, si l'on était sûr de ce que l'on croit ! »

Les querelles religieuses qui avaient, dans le passé lointain, ravagé le pays quand Tours avait été dévastée par les guerres de religion et que les conjurés protestants d'Amboise, avant d'être pendus au balcon du château, s'étaient réunis au village voisin, étaient oubliées de tous. Seule régnait la religion catholique. On vous rappelait bien de temps en temps, simplement pour information, qu'un papetier d'Amboise ou un courtier en vins étaient protestants, on savait même qu'il y avait à Tours quelques commerçants israélites. Le curé ne cherchait point à prendre quelque influence politique ou à lutter contre l'école laïque.

Malgré les années écoulées, on n'oubliait point la dure épreuve qui avait frappé le pays lorsqu'en 1885 avait sévi le phylloxéra. Le vignoble avait été ravagé, la misère s'était alors abattue sur la campagne, on s'était nourri de pain, de pommes de terre et de châtaignes. Puis, en replantant des vignes greffées, le pays avait retrouvé sa fécondité et sa prospérité, et peu à peu avait repris une existence qui n'était point malheureuse. Aussi, passant mes vacances au milieu de ces villageois, je n'éprouvais pas cette sensation de gêne — et de remords — ressentie naguère à Grenelle. Si dur que fût alors le travail de la terre, n'aurait-on pas accepté de partager cette existence campagnarde dans une région si belle et si douce ?

Les médecins du pays m'adoptèrent. Il leur plaisait qu'un interne parisien vînt leur parler des « nouveautés qu'on étudiait dans les hôpitaux de la capitale ». On me fit pratiquer des ponctions lombaires dont on n'avait point l'habitude, les prises de sang par ponction intraveineuse chez les enfants, et l'on me demandait des essais d'interprétation pour les premières radiographies. Les médecins d'Amboise, de Tours, de Loches, de Chinon et d'Onzain me menèrent dans les villes, villages et fermes isolées. Ainsi le docteur François Manhoudeau devint mon ami. Il était passionné par son métier et désireux de discuter avec moi les cas qui posaient des diagnostics difficiles. Il aimait aussi me montrer la vie et le travail qu'accomplissait un médecin réputé d'Amboise en ce temps. Je connus aussi les praticiens du pays, y compris le dernier officier de santé du second Empire. Il était alors souvent difficile d'obtenir les examens de laboratoire nécessaires, l'hôpital était redouté, et il arrivait qu'en cas d'urgence en pleine nuit le praticien lui-même conduisît l'enfant à l'hôpital dans sa voiture. Grâce à ces consultations, d'autant mieux accueillies qu'il n'était point question d'honoraires, je pénétrais dans la vie intime des cultivateurs tourangeaux. Ce fut pour moi une grande école où, comme il convient pour un médecin, à la connaissance des maladies s'ajoutait celle des hommes. Quelle joie de pouvoir ajouter mes connaissances à celles des praticiens chevronnés ! Ainsi j'ai connu le métier du praticien de campagne et la médecine telle qu'il l'exerçait à cette époque. Répondant à tous les appels, il devait accourir lorsque la diphtérie apparaissait dans un village, distribuer des injections curatives et préventives de sérum antidiphtérique, et, en pleine nuit, tuber et trachéotomiser, comme l'avait fait jadis leur génial ancêtre, Fidèle Bretonneau. Les appendicites aiguës étaient parfois opérées sur la table de la ferme, les accouchements pratiqués à domicile dans des conditions difficiles. Pour opérer, toute la maisonnée était réunie autour du grand feu. La lessiveuse fumait. Quand les linges et les instruments avaient bien bouilli, on nettoyait la table à l'alcool et on plaçait le champ opératoire en évitant le contact de mains trop empressées. Le praticien devait tout faire : plâtrer les fractures, ponctionner les tympans, enlever les végétations adénoïdes, lutter de son mieux contre la contagion familiale de la tuberculose et aussi, comme tout médecin, venir à l'aide des inquiets, des anxieux, des déprimés et des mélancoliques.

Le docteur Meunier, d'Amboise, avait pris sa retraite après avoir exercé pendant de longues années une sorte de magistrature spirituelle sur tout le canton qu'il avait parcouru dans son cabriolet dont il conduisait lui-même le cheval. Il m'arrivait, lorsque je revenais d'une chevauchée dans la forêt d'Amboise, de frapper à la porte de son logis pour m'arrêter un moment dans sa maison calme, aux bonnes odeurs de fruits et de cire. Quelquefois, il m'emmenait à l'hôpital d'Amboise, où les médecins de la ville aimaient à me faire discuter les diagnostics difficiles et disaient en plaisantant : « Nous vous faisons passer une épreuve de concours de médecin des hôpitaux. »

Lorsque j'arrivais pour une période de vacances, le docteur Meunier s'écriait : « Le chef de clinique est dans nos murs » et il organisait un dîner traditionnel entre hommes où l'on invitait un chirurgien des hôpitaux de Paris, Robineau, qui venait régulièrement pratiquer les opérations difficiles à l'hôpital d'Amboise, les personnages importants de la ville, le maire, le notaire. Etait aussi des nôtres Francis Poulenc, qui habitait alors chez sa tante, Mme Liénard, une amie de Mme Alphonse Daudet. Je me rappelle à ce propos une visite de ces deux dames à ma belle-mère, et j'avais été frappé en entendant Mme Alphonse Daudet raconter quelques anecdotes sur Flaubert en l'appelant Gustave. En ce temps, Francis Poulenc venait improviser sur le piano de notre maison de Nazelles la musique du *Bestiaire* d'Apollinaire. Plus tard, il devait devenir célèbre et habiter le village voisin de Noizay. Le poète Vielé-Griffin, revenu d'Amérique et dont la maison était proche de la forêt d'Amboise, était un des convives fidèles. Ce dîner de notables avait gardé sa physionomie provinciale. La chère était soignée, les vins bien choisis, la cuisinière félicitée à la fin du repas, et les conversations se prolongeaient fort tard dans la soirée. On sentait que peu de choses avaient changé dans l'existence de la bourgeoisie d'Amboise depuis l'époque du roi Louis-Philippe. Sous l'apparence de convenances respectées se cachaient les drames secrets qui évoquaient les romans de Balzac.

J'avais fait la connaissance du docteur Bosc. Celui-ci, méridional austère, fidèle aux traditions religieuses et sociales, implanté en Touraine, était médecin de l'hôpital Bretonneau et le grand consultant de la province. Enseignant la clinique à l'hôpital le matin, il recevait chez lui tout le reste du jour et, le soir tombé, partait dans son automobile emportant la collation qui lui servait de dîner pour ne rentrer que bien tard dans la nuit. Vie épuisante pour un homme à la santé fragile, doué d'une farouche énergie, que la passion brûlante de son métier prenait tout entier. Le dimanche il restait étendu, se plongeant dans les livres récemment parus que lui faisait porter chaque semaine le libraire de la rue Nationale, M. Tridon, celui-là même chez qui Anatole France, descendu de La Béchellerie, venait feuilleter les ouvrages nouveaux.

D'un bout de l'année à l'autre, ces médecins étaient surmenés et à la vérité ne détestaient pas cette vie harassante, heureux de la confiance qu'on leur témoignait.

On n'envisageait guère de période de vacances. Cependant, plus tard, on en prit l'habitude et ce furent mes internes qui vinrent remplacer les médecins pendant ces quelques semaines de repos.

Ainsi se créèrent entre les Tourangeaux et moi-même des liens pour la vie entière. Quand, bien plus tard, mon fils Michel, candidat au Sénat, poursuivait sa campagne électorale en leur rendant visite, bien souvent certains de ses électeurs ne manquaient pas de lui dire : « Lorsque, gamin, j'ai été bien malade, votre père est venu me soigner. »

·11·

La grande guerre

VOICI QU'APPROCHE pour notre génération l'épreuve suprême : la guerre. Les tempêtes sur l'Europe annoncent l'ouragan : les grands vents, les coups de tonnerre, l'air chargé d'électricité provoquent ce trouble des nerfs qui fait pressentir l'orage. Sous les apparences de la vie qui continue, l'inquiétude est latente. On craint la guerre, on la déteste, on redoute l'horreur des massacres, et tout de même, peu à peu, les esprits s'y préparent. L'éclat des gloires militaires a toujours effacé dans les mémoires les souffrances dont elles sont faites. Lorsqu'on nous montrait, dans les discours patriotiques tenus devant notre jeunesse, nos soldats chargeant à la baïonnette et montant à l'assaut, on ne voyait que les vainqueurs porteurs du drapeau et personne n'évoquait les cris des blessés et des mourants. Allait-on être forcé de se battre ? On s'en voulait d'y penser secrètement et, peut-être, de le souhaiter. C'est qu'en effet les incidents dramatiques se succédaient et l'on sentait bien que l'Allemagne nous cherchait querelle. Après les négociations d'Algésiras, l'incident des déserteurs de Casablanca, se déroulent toute une série d'épisodes diplomatiques puis, tout d'un coup, c'est l'envoi d'un croiseur allemand devant Agadir sous un prétexte fallacieux. Certains Français demandent que nous envoyions à notre tour un navire de guerre devant le port marocain. On sent que le moindre incident peut déterminer la guerre. Je me souviens qu'à ce moment-là, André Morizet, qui devait après la guerre devenir mon beau-frère, fut envoyé par Jean Jaurès, qui dirigeait alors *L'Humanité,* en reportage à Agadir.

André Morizet, pendant toute sa vie, est resté fidèle au Parti socialiste qu'il avait choisi dans sa jeunesse. Homme cultivé, il aimait l'histoire, la littérature et les beaux livres. Il devait, comme maire de Boulogne-Billancourt, être l'un des précurseurs de l'urbanisme moderne. Il rapporta de son voyage au Maroc la certitude qu'aucun motif légitime n'expliquait l'envoi du bateau de guerre allemand. Il pensait qu'il fallait continuer à négocier et consentir à des concessions coloniales pour éviter le pire.

On voudrait refouler l'ardeur vers la revanche dont on n'a pas parlé mais à laquelle on pense. Un sentiment s'impose : on ne veut pas que la France soit responsable de la guerre. Nous considérions tous, songeant aux événements de juillet 1870, qu'il fallait à tout prix que la France évitât de répondre à une provocation.

On ressentait aussi une autre inquiétude : les Français s'uniraient-ils à l'heure du danger national ? Pendant quelque temps, on avait cru que les ouvriers du monde entier pourraient se liguer pour éviter les guerres, mais on savait bien qu'il fallait abandonner cette illusion. Charles Péguy, toujours brûlant de passion, rêvait d'entrer à Weimar à la tête de sa section d'infanterie et, toujours absolu dans ses malédictions, pensait que la nation en danger de guerre devait, comme la Convention, vouer à la guillotine ceux qui arrêtaient l'élan des patriotes. Jean Jaurès restait fidèle à sa confiance dans les socialistes allemands. Il essaya, quand le drame de Sarajevo éclata, de les rallier à la cause de la paix. Ses tentatives paraissaient bien vaines. Les ouvriers allemands se préparaient à obéir sans défaillance aux ordres de leur empereur. Malgré la plus cruelle des déceptions, Jean Jaurès voulait, jusqu'au dernier moment, s'assurer que la France ne se laisserait pas entraîner par son alliée la Russie du tsar.

Charles Andler, resté fidèle à la pensée socialiste, qui mieux que personne connaissait le peuple allemand et en particulier les socialistes et syndicalistes allemands, avait pendant plusieurs années essayé en vain de convaincre Jaurès de la profonde erreur à laquelle malgré tout il voulait croire. Nous sentions bien que Charles Andler avait raison et que, le jour venu, l'Allemagne disciplinée se jetterait de toutes ses forces sur la France puis, l'ayant abattue, se tournerait contre l'Empire russe.

Un premier souvenir poignant. Le vendredi 31 juillet 1914. Je suis seul à Paris, avec ma femme. Nos deux enfants, tout petits, sont en Touraine avec leur grand-mère, où se prépare le temps des vacances. La chaleur est lourde. Je me décide, Abel Ferry m'ayant demandé de passer le voir, à me rendre au ministère des Affaires étrangères. Il me fait dire d'attendre, que nous nous verrons. Les heures passent, il me rejoint et m'emmène. Nous voici descendant les marches de cet escalier de l'hôtel du Quai d'Orsay qu'avec une toute autre émotion, mais en évoquant ce jour lointain, je monterai beaucoup plus tard pour ma première visite à mon fils, ministre des Affaires étrangères.

En quelques mots, Abel Ferry me laisse comprendre que la Russie mobilise, que nous allons mobiliser aussi. C'est la guerre. Il me parle de Jaurès et de ses compagnons qu'il a reçus en délégation et auxquels il a laissé entendre la vérité, sans la formuler nettement. Jaurès a protesté contre notre décision prévue. Reprenant l'épithète d'Emile Ollivier, il parle de ministres « à la tête légère ». On sent qu'il a fait une dernière tentative pour la paix, « voulant lutter jusqu'au bout pour éviter la guerre », me dit Abel Ferry qui ajoute : « Il va s'y résigner comme nous tous. »

Nous regardons le paysage, les arbres du bord de l'eau, le quai, la ville et, à pas lents — quelques paroles, longs silences —, nous allons chez lui, rue Bayard, dans l'hôtel des Ferry où j'ai été si souvent reçu. L'appartement est vide car Mme Abel Ferry est au bord de la mer. La nuit est avancée. Nous avons faim et improvisons de notre mieux un frugal repas, que nous prenons sans échanger un mot. Au moment de nous quitter, il me fait promettre de garder le secret. Il va passer la nuit au ministère. Je rentre chez moi, rue de Solférino.

Le lendemain matin, samedi 1er août, de bonne heure, me voici sur le balcon qui tourne au coin de la rue de Solférino et de la rue de Lille. Les rues sont vides, le quartier est silencieux. J'aperçois un agent de police montant la garde, car l'ambassade d'Allemagne est tout près. Du haut du balcon, je lui parle : on se sentait désireux de parler à chaque Français rencontré. Il m'annonce l'assassinat de Jaurès. Je suis accablé de chagrin et d'inquiétude.

Vint le jour de la mobilisation, le dimanche 2 août 1914. La foule est dans les rues : un peuple immense, rassemblé, de grands courants de piétons s'entrecroisent, la chaussée envahie comme les trottoirs. Je n'ai le souvenir ni de cris, ni de manifestations, ni de défilés, ni de pillage des laiteries Maggi et de quelques autres boutiques, dont on devait parler plus tard. Je vais au Bon Marché acheter des bonnes chaussures de marche, puis, à la fin de l'après-midi, à la boutique des « Cahiers » dire adieu à Charles Péguy depuis trop longtemps négligé. La boutique est fermée. Je me replonge dans cette masse humaine, parmi ces vagues déferlant dans les rues sous le soleil, ne donnant une impression ni d'angoisse ni de tristesse, mais une sensation d'être tous ensemble, presque une sensation de fête. C'est plus tard que je devais penser : ce fut une fête sacrée avant l'holocauste. Charles Péguy n'a-t-il pas dit : « Celui qui n'a pas vu Paris le 2 août 1914 n'a rien vu » ?

Bientôt, on apprend que les Français restent unis. Ceux qui avaient rêvé que « l'Internationale serait le genre humain » se préparent à partir avec les autres. Par la suite, un des grands chefs syndicalistes, Greffulhe, devait dire : « Si nous avions résisté au courant populaire, le peuple nous aurait fusillés. » Les Français ont la conscience tranquille. Ils sont sûrs que la guerre est juste, que la France, suivant sa mission, défend à la fois son territoire, son honneur et celui des peuples menacés par les impérialistes allemands et autrichiens. Bien plus, tous ont à l'esprit la pensée, la certitude que Péguy exprimait à Geneviève Favre en lui faisant ses adieux et en martelant ses mots : « Grande amie, je pars, soldat de la République, pour le désarmement général et la dernière des guerres. »

Cette conviction de notre bon droit ne devait pas s'affaiblir. Pendant toute la durée de la guerre, nous étions bien sûrs que la vie même de la France était en danger, qu'il fallait continuer à se battre. Les soldats allemands avaient la même pensée pour leur patrie et j'ai été impressionné par cette réponse qu'ils me donnèrent lorsque, après plusieurs mois de guerre, interrogeant des prisonniers ramassés sur le champ de bataille, je les entendis me dire : « Lorsqu'on mobilisa, nous savions que se posait pour notre patrie une question de vie ou de mort, on ne pouvait éviter la guerre et maintenant il faut continuer. »

Sur ces quatre années interminables qui ont marqué au plus profond de nos âmes notre génération, on ne peut, me semble-t-il, rien ajouter à tout ce qu'ont dit les témoins et écrit Georges Duhamel dans *La Vie des martyrs,* Henri Barbusse dans *Le Feu,* Roland Dorgelès dans *Les Croix de bois* et Maurice Genevoix dans *Ceux de 114.* Tout récemment trois normaliens, A. Ducasse, J. Meyer et G. Perreux, ont retracé des spectacles et des sentiments, des élans et des souffrances, le tableau historique.

J'ai fait la guerre comme tout le monde, et, comme la plupart, n'aime pas beaucoup en parler. Malgré les années écoulées, ce passé ne me paraît pas lointain. Quels choix la mémoire fait-elle dans les souvenirs accumulés ? Un premier émerge : après les heures sombres des premières défaites et de la retraite, j'apprends que mon frère Jacques a été blessé. L'histoire de cette blessure, je ne l'ai connue que plus tard. La voici : il était officier orienteur d'un groupe d'artillerie à cheval. Au moment où l'ordre parvient de faire front, il faut retrouver le contact avec l'ennemi que l'on a évité jusqu'alors pendant le repli. Où est-il ? Avec deux cavaliers mon frère au petit jour explore la campagne, il tombe sur un poste ennemi et c'est brusquement la fusillade. Une balle lui traverse la cuisse. Malgré la souffrance il reste à cheval, il faut en hâte rapporter le renseignement. Le cheval au galop, il arrive devant le colonel qui attend pour commander la manœuvre, il donne l'indication qu'il a recueillie puis s'évanouit, anéanti et exsangue, et tombe de cheval. Il fut l'un des tout premiers décorés de la Légion d'honneur sur le champ de bataille.

Innombrables furent les traits de courage semblables au sien ou le surpassant. Malgré tout ce que l'on a pu dire et écrire, certains ne se représentent pas combien fut puissante la grande vague d'héroïsme.

Ma mémoire est remplie par des images poignantes : dans les combats, la chute des corps brusquement projetés en avant ou bien s'affaissant sur eux-mêmes, avec le sang qui coule, les corps déchiquetés retombant brisés, en morceaux, les arrachements des membres, les horribles déchirures des faces, l'ouverture des ventres et le mélange de boue, de sang, de matières, de lambeaux de vêtements, les crânes ouverts et la masse cérébrale broyée. Dans le fracas on arrive à percevoir les cris de douleur. A cours d'un combat sous Verdun, nous les entendons. « Sortons de la tranchée, allons-y », dis-je. « Un instant, mon lieutenant, me dit mon brigadier infirmier Soter, ça tire trop fort. » Nous entendons cet appel : « Maman, maman. » Comment résister ? L'homme, partout blessé, gisait au milieu des fils de fer barbelés. Sur les champs de carnage où l'on continue à se battre, avec la terre bouleversée par les trous d'obus, une odeur nauséabonde se dégage des cadavres de chevaux les quatre fers en l'air, avec leurs membres raides et leur ventre pourri. On marche sur des cadavres d'hommes restés sur place, ne sachant, lorsqu'un obus arrive, où se coucher pour éviter les éclats.

Parfois on était dominé par les malaises de son propre corps. Quand le ravitaillement arrivait mal, la faim était pénible. Puis, surtout, la fatigue : celle des nuits sans sommeil, tant il y avait de blessés à secourir ; celle des longues marches de nuit où, pour ne pas tomber de cheval, on faisait les étapes à pied, homme et cheval somnolant tout en marchant, et l'on tombait littéralement sur le sol pendant les minutes de pose, puis brusquement réveillés on avait alors dans le demi-sommeil des sortes d'hallucinations. Il me semble que je revois, sur ce chemin qui longeait la Meuse, tout un vol de vautours qui n'ont certainement jamais existé. La boue, le froid, la pluie, la saleté, les poux nous éprouvaient, surtout pendant certaines nuits de bombardement intense qui empêchait tout repos.

Lorsque le tir ennemi paraissait changer de direction, j'allais parcourir la position de batterie. Je regardais un à un ces hommes jeunes, l'uniforme taché de boue et le casque rejeté en arrière, auxquels leur visage pâle, leur regard lourd de sommeil, leurs traits tirés donnaient un air d'extrême lassitude, et je me demandais : lequel d'entre eux sera mis devant moi, ce soir ou demain, couché sur un brancard, tout meurtri de blessures ?

Au cours des combats, on était soutenu par une grande force : malgré les dangers et l'épuisement, il fallait aider les camarades. La solidarité nous tenait. On n'abandonne pas les siens et il est tout naturel d'oublier les risques pour ramasser ceux qui sont tombés. A ce sentiment savent bien faire appel les officiers lorsqu'ils en imposent par leur vaillance et que, par leurs qualités de chef, ils entraînent leurs hommes.

J'évoque aussi l'arrivée des voitures d'ambulance, lorsque j'étais de service à l'arrière des lignes. Les blessés ont trop souffert pendant le trajet, les regards sont suppliants. Ils ont soif, ils n'en peuvent plus.

A l'arrière du front nous retrouvions la sécurité, les soins de propreté, le silence. Parfois la joie de vivre renaissait et même la gaieté. Souvent les heures passaient, lentes et mélancoliques. Par les mauvais temps, la pluie dans les plaines crayeuses de la Champagne ou le sable boueux des Flandres, il fallait tendre son énergie pour ne pas trop souffrir de la longueur des absences, des inquiétudes et des chagrins. Pour distraire l'esprit accablé par la longue inaction des journées vides, je m'efforçais de rédiger un texte sur une maladie peu connue alors, l'endocardite lente, grâce à quelques documents enfouis dans une cantine et puis je fus pris du désir de m'intéresser aux problèmes de l'art militaire. Je me faisais à moi-même l'effet de Bouvard et Pécuchet, me procurant les cours de l'Ecole de guerre. Je me rappelle notamment les écrits du général Foch, j'essayais de saisir les doctrines de la stratégie et de la tactique des Français et des Allemands, moqué par mes camarades qui répétaient : « Dans le métier militaire, il ne faut pas chercher à comprendre », et qui ajoutaient en plaisantant, lors de certaines manœuvres que nous accomplissions : « Le toubib lui-même n'y comprend rien. » De ce temps j'ai gardé un certain goût pour la lecture des textes qui traitent des plans et du déroulement des batailles.

Je ne puis oublier qu'au cours de ces périodes passées dans les villages de l'arrière, j'eus pour la première fois la précieuse chance de pouvoir lire et relire les vers de Paul Valéry. Une amie qui fréquentait la librairie d'Adrienne Monnier et qui devait devenir après la guerre ma belle-sœur, Colette Debat-Ponsan, m'avait fait connaître, dès sa parution, *La Jeune Parque*. Une nuit, pour prendre des nouvelles d'un colonel blessé, j'allais jusqu'à l'auto-chir de Robert Proust établie sous Verdun. Son ambulance ne devait pas recevoir de blessés urgents cette nuit, les bombardements n'allaient pas jusqu'à nous. Sous le ciel sillonné de fusées lumineuses il me parla longuement de son frère Marcel, de sa santé, de son œuvre, tandis que pendant ces heures étranges notre conversation était ponctuée par le bruit de la canonnade. Je me suis souvenu de tout ce que Robert Proust m'avait dit de son frère lorsque, beaucoup plus tard, je fis paraître une étude sur *Marcel Proust, ses sommeils et ses réveils,* dont l'envoi au Général de Gaulle me valut une réponse fort intéressante. Il écrivait notamment que mon étude aidait « à comprendre, plaindre et admirer l'hypnose, les hâtes, les angoisses de ce génie et cette vie commune de la création littéraire et de la souffrance ». C'est au cours de ces moments de détente qu'entre camarades de régiment nous nous encouragions mutuellement et avions de longs entretiens. Que de confidences reçues, que de secrets dont on se déchargeait, que de lettres, photographies, souvenirs, que de messages donnés pour le cas de malheur au médecin du groupe !

Plusieurs fois, je fus désigné pour travailler dans un laboratoire de bactériologie de l'armée. Je pus toujours éviter de m'y rendre et obtenir de rester avec mon régiment d'artillerie. Le médecin général Sieur, le chef de notre médecine militaire, m'appelait le « bactériologiste récalcitrant ».

Quelquefois, pendant ces séjours à l'arrière du front, nous pouvions voir les généraux qui nous commandaient. Je me souviens d'une grande revue passée en Artois par le général Joffre. Nous savions que c'était grâce à son sang-froid qu'avait pu être réalisée la grande retraite du début de la guerre puis gagnée la bataille de la Marne. Nous savions bien que cet exploit extraordinaire dans les fastes de l'histoire militaire était dû à la volonté absolue des soldats français de ne pas s'avouer vaincus et d'obtenir la victoire, mais qu'il avait fallu la froide détermination d'un grand chef. Aussi regardions-nous avec un profond respect, en passant devant lui, la lourde silhouette de ce gros homme trapu engoncé dans sa capote bleue à pèlerine et qui se tenait debout, seul, sur un talus.

Une autre fois, ce fut le général Foch qui, dans les Flandres, passait les troupes en revue et réunissait les officiers. Nous faisions cercle autour de lui. D'une voix forte le général Foch déclara qu'il n'y aurait point d'attaque et qu'il fallait faire manœuvrer les troupes comme si nous étions en garnison à Toul. Jacques

Gompel, par chance rencontré, me glissa à l'oreille : « Il se fout de nous ; on attaquera demain ; il est féroce. » Peu de jours après, nous passions à l'attaque. Foch nous apparaissait comme un chef dur. Sa vigoureuse autorité devait en 1918 mener les troupes alliées à la victoire, mais pour épargner un sang déjà trop largement répandu il ne consentit point à achever la manœuvre d'encerclement qui eût à coup sûr fait prisonnière presque toute l'armée allemande.

Quelques autres tableaux, quelques épisodes apparaissent devant moi lorsque j'évoque ce temps. C'est en novembre 1914 que je devais recevoir le baptême du feu, j'entends, celui des fusils et des mitrailleuses. A la bataille de Carency, dans la Somme, nous étions partis avec espoir, bien que le capitaine Frey, qui commandait une compagnie d'infanterie destinée à prendre le village, ne cessât de répéter : « Ce sera une tuerie inutile, nous ne pouvons percer, notre artillerie ne suffira pas. » J'ai le souvenir d'une singulière sensation de fausse innocence donnée par les balles qui fusaient, faisant le bruit d'abeilles qui bourdonnent. Devant moi, une mitrailleuse allemande fauchait nos rangs. Eus-je peur ? « Mais non, m'avait dit le capitaine Frey, vous n'avez pas d'imagination. » C'est vrai. Ce n'était pas du vrai courage, mais de l'inconscience. Au cours de l'assaut, le capitaine Frey, officier si remarquable du Service géographique de l'armée, devait tomber mort. L'affaire se terminait par un succès local. Nous en eûmes quelque fierté. Comme nous avons continué de tenir les ruines du village, j'y ai cueilli quelques fleurs des champs pour les placer sur les cercueils de nos morts, et tout d'abord sur celui du capitaine Frey.

De la bataille de Verdun j'ai surtout le souvenir des nuits, celles où, au début de l'offensive allemande, la division de fer, appelée en hâte pour la défense de nos lignes, devait, en pleine obscurité, dans le combat, creuser des tranchées. Le sol était dur, la terre gelée ; tout le monde s'y mit, officiers et soldats, et tout le premier le général Balfourier, dont les manières, le visage terminé par une barbiche blanche, le torse bombé, le parler vif, évoquaient le temps ancien. Nous l'appelions « le général Bombardos ». Cette nuit, il prit la pioche comme nous. Nous nous mîmes au travail malgré le bombardement, qui fut assez sévère, et nous eûmes de lourdes pertes.

Peu de temps après, nous assistions au reflux d'un bataillon d'infanterie. Les hommes n'en pouvaient plus. Le bombardement avait été d'une intensité et l'attaque d'une violence plus fortes que jamais. Epuisés, assourdis, ayant perdu parmi les morts une grande partie de leurs officiers et sous-officiers, ils quittaient le lieu du combat. Certains reculaient à petits pas, d'autres fuyaient en courant. L'artillerie allemande allongeait son tir pour les harceler au cours de leur repli et éteindre le feu de notre batterie. Alors, sous le bombardement, nous nous mîmes à encourager les fantassins, à les apaiser, à les aider aussi en partageant avec eux nos médiocres abris en partie bouleversés. Malgré le fracas assourdissant, j'entendis notre capitaine criant : « Il faut colmater. » Quelques instants plus tard, il était atteint d'un éclat d'obus mortel dans la poitrine.

Une fois au petit jour, après que nous eûmes parcouru toute la nuit ce long chemin que l'on devait appeler plus tard « la Voie sacrée », nous étions arrivés à notre destination. Les canons de 155 court sont mis en position de batterie. Tous les hommes tombent de sommeil. On se roule dans ses couvertures et on s'étend par terre, malgré le froid. Il ne reste qu'une couverture pour le capitaine Robert Prègre et moi-même. De cet homme courageux et d'un esprit fin et moqueur, j'ai partagé le sort pendant une longue période de cette guerre. Il m'avait désigné comme tuteur de ses enfants. Au petit matin, une secousse : des officiers réveillent à coups de pied les artilleurs endormis. Le capitaine Prègre et moi-même sursautons et nous levons. Devant nous, deux silhouettes, celles du général Pétain et du général Herr, qui venaient inspecter les positions et prendre des décisions. Nous apprenons qu'il nous faut faire mouvement car on abandonne la rive gauche de la Meuse. La rage nous saisit tous. Nous avons la sensation d'un abandon. Bientôt devait venir le contre-ordre : le haut commandement avait décidé de se maintenir sur cette rive.

Une autre de nos positions fut celle des Bois Bourrus, sur la rive gauche de la Meuse. Les obus ennemis cassaient les branches, abattaient les grands arbres, et le bruit de leur chute se mêlait à celui des départs et des arrivées. Un jour où l'on manquait d'officiers et de sous-officiers — à la mort et aux blessures la maladie s'était ajoutée pour décimer nos rangs —, je reçus l'ordre de participer au commandement de la batterie. Je n'avais qu'à lever le bras — puisqu'on ne pouvait entendre le commandement « feu ! » — sur un signal que me donnait l'adjudant, un brave, très tranquille sous le feu, qui dans le civil était chef de rayon à la bonneterie pour dames des Galeries Lafayette.

C'est la seule fois que directement je fus associé aux meutres de la guerre. Au petit jour je devais, accompagnant l'officier observateur, suivre le combat. Grâce à ma jumelle — une jumelle Zeiss, excellente, recueillie sur le cadavre d'un officier allemand —, je voyais l'effet de nos obus sur la tranchée ennemie et, dans l'explosion, jetés en l'air comme des pantins désarticulés, les corps des fantassins allemands.

Affreux furent les mois de mai et juin 1917. Nous avions vu, au cours des batailles, des reculs, des fuites, des abandons, des recherches de « planques », comme on disait, car l'héroïsme n'est pas un état permanent, mais alors ce fut le découragement de tous, l'amertume, le désespoir. On sentait monter le vent de la rébellion. Quelques régiments se révoltèrent. Nous avons tremblé, car, si les Allemands avaient été avertis, il est probable qu'ils remportaient alors la victoire. Nous voulions que la guerre, malgré tout, continuât « jusqu'au bout ». Nous étions de ceux que n'abandonnait pas une volonté tenace, mais quelle pitié pour ceux qui avaient tant souffert et dont l'endurance était à bout après les attaques souvent mal préparées et les coups de mains inutiles !

Le général Pétain fut chargé de rétablir l'ordre. Il était alors entouré de notre respect, car il avait la réputation de ménager ses hommes. Dès ce moment, je pensais qu'aucune condamnation à mort n'aurait dû être prononcée. Je croyais que la discipline militaire retrouverait son pouvoir sans cette cruauté. Retentissait à mon oreille un bruit inoubliable, cette fusillade entendue deux ans auparavant dans la Somme lorsqu'un fuyard, condamné par le conseil de guerre, avait été exécuté à l'aurore. Au milieu du massacre, j'étais devenu l'ennemi de la peine de mort.

Durant ces longues et lourdes années, combien d'actes de courage ont fait mon admiration, combien de fois je songeais à la ténacité magnifique de nos troupes, à la vaillance des recrues des classes successives jetées à tour de rôle au feu, et comme j'étais inquiet en voyant tant d'hommes, tant de Français fauchés par la mort ! Quand cesserait le massacre ?

Au fil des jours, on attendait les nouvelles. Le plus souvent c'étaient de mauvaises nouvelles qui arrivaient. Mon cousin germain, Georges Trénel, fantassin, disparu pendant les batailles de la retraite après Charleroi. Charles Péguy, tué à la tête de sa section le premier jour de la bataille de la Marne. Resté debout malgré la fusillade, il criait à ses hommes : « Tirez, nom de Dieu ! » Une balle le frappe au front, il tombe dans un champ de betteraves. Jean-Louis Coulon, au début de la bataille de l'Aisne ; son jeune frère, Jean-René, devait tomber peu après. Un autre de mes cousins germains, Pierre Hadamard, polytechnicien, envoyé dans les tranchées d'infanterie comme observateur d'artillerie, reste pour se battre avec les fantassins. Il tombe près de Verdun, à la cote 304. L'ayant rencontré quelques jours auparavant — il avait gardé son visage et son allure de grand enfant sous l'uniforme — il m'avait dit, comme je lui demandais d'écrire à ses parents : « Il faut qu'ils s'habituent à mon silence. » Quelques semaines plus tard, son frère cadet, polytechnicien lui aussi, recevait un éclat d'obus. Le soir même, comme j'arrivais à l'ambulance, il venait de mourir. Abel Ferry, redevenu parlementaire après avoir servi aux Eparges, est mortellement blessé par un obus au cours d'une inspection. Je ramène à Paris le corps de mon ami. Jacques Gompel ne veut pas quitter son régiment. Tous les autres officiers qui sont partis ensemble au début de la guerre sont tués, disparus ou blessés. Il reste le dernier. Contre tout espoir, j'imaginais qu'il aurait la chance de survivre et évoquais en moi-même tant de rencontres avec lui dans les tranchées où son humour voilait sa tristesse et la certitude du sort qui l'attendait. Au cours du combat de Mareuil, on me dit qu'il a disparu. Je le recherche. Le bombardement continue. J'apprends de ses hommes la nouvelle fatale.

Pour les médecins, la guerre était moins dangereuse et la survie due au retour à l'arrière et aux mois passés loin derrière les lignes. Je fus moi-même affecté au centre médical de Tours et pus passer plusieurs mois au milieu de ma famille, dans la paix trop douce de la Touraine. Lorsque ma mère recueillit les citations des nôtres, je ne lui communiquai pas les miennes — celle de Verdun et celle de Champagne — quoique je fusse très fier de ces simples citations au régiment et à la brigade. J'avais en vérité été privilégié, et, de toute manière, nous ne pouvions comparer nos états de guerre avec ceux des fantassins qui avaient vécu tant de jours de souffrances, de dangers et d'héroïsme.

·12·

L'Alsace retrouvée

LA GUERRE EST FINIE, l'Alsace délivrée. Nos troupes entrent en territoire alsacien. L'armée Gouraud pénètre à Strasbourg par la porte de Saverne. La foule acclame, jette des fleurs. Les rues sont pavoisées. Le drapeau tricolore flotte sur la cathédrale. Les maires reçoivent soldats et officiers dans les hôtels de ville, on célèbre des Te Deum dans les églises. Tous les villages sont en fête. Dans les grandes villes, c'est une animation singulière. Mon frère Jacques fait partie des troupes qui entrent à Mulhouse. Il défile, tenant devant lui une petite Alsacienne coiffée du grand ruban noir, placée à califourchon sur le pommeau de sa selle. En hâte, les Allemands installés en Alsace fuient par le pont de Kehl. C'est un défilé interminable de familles qui déménagent. Le petit Parlement d'Alsace se réunit, il a été créé par l'empereur pour donner un semblant de liberté à la terre d'empire, le Reichsland. Nous sommes conviés à la séance solennelle. Elle est très courte mais impressionnante ; c'est la proclamation du retour de l'Alsace à la France, l'évocation de Rouget de Lisle chantant pour la première fois *La Marseillaise* chez le maire Dietrich, tous les députés se lèvent et entonnent le chant des Marseillais.

Mais le jour le plus beau fut celui du défilé de toute la population dans Strasbourg, devant les autorités françaises et alsaciennes et les troupes rassemblées. Les groupes d'hommes et de femmes passaient au son des refrains alsaciens. Certains dansaient, d'autres se contentaient d'acclamer. De temps en temps, les défilés s'arrêtaient. Hommes et femmes reprenaient en chœur les strophes de leurs chants. Beaucoup d'hommes avaient revêtu les vieux costumes de leur village. Fillettes, femmes et jeunes filles portaient la coiffure traditionnelle aux grandes ailes noires ou rouges et avaient revêtu de beaux corsages et des jupes amples, courtes et colorées. La gaieté de la foule était telle que de temps en temps fusaient des rires. La joie se lisait sur les visages. L'allégresse dura tout le jour. Nous ne comprenions pas ce qu'on nous disait, car tout le monde parlait patois, mais on le devinait bien car tous pensaient : voici la fin de la guerre, la fin des malheurs, la fin de l'oppression. Le président Poincaré pouvait dire avec raison : « Le plébiscite est fait. »

Mon frère Jacques me rejoint. Tous les deux, nous courons jusqu'au Rhin. Nous voulions revoir le grand fleuve de notre jeunesse, atteindre la frontière reconquise, et, surtout, nous nous rappelions la phrase de Henri Heine : « Le vieux père Rhin s'ennuie, il y a longtemps qu'il n'a pas reflété les uniformes bleus des soldats français. » Le grand-oncle dont j'ai parlé plus haut avait atteint sa centième année et il était resté plein d'une exceptionnelle vigueur. Il met son costume noir des grands jours : le grand feutre, le gilet rouge, la redingote noire, puis entreprend le voyage de Strasbourg, parcourant à pied — comme on l'a raconté, mais est-ce croyable ? — plus de trente kilomètres. Le président Poincaré reçoit le grand vieillard qui depuis sa naissance, sous Louis XVIII, symbolisait toute l'histoire de sa province, et lui donne l'accolade. L'oncle Faule adresse au président de la République un compliment prononcé en dialecte et que personne ne comprend. Tout fier et sûr de lui il veut reprendre la route, déclarant qu'il n'était pas fatigué. Il fallut vaincre sa résistance pour le faire monter dans une carriole qui le ramena à Westhoffen.

Nous voici dans les rues de Strasbourg. Devant nous, on remet sur les plaques les vieux noms : la rue de la Nuée Bleue, la rue de la Petite France. Les boutiquiers traduisent en français leurs enseignes, placent des bouquets tricolores dans leurs vitrines. On entre dans les brasseries ornées de sapins et de guirlandes pour y goûter la bière qui vous est offerte, dans les librairies où vous sont donnés les livres écrits en langue allemande. Partout les soldats sont reçus avec effusion, la foule est dense lors de la revue de la place Kléber. Un vieil Alsacien me dit avec l'accent : « En Alsace, on aime les militaires », et il ajoute, « alors..., maintenant que ce sont les Français ! »

Je suis affecté à la mission militaire et administrative d'Alsace, dont le docteur Edouard Rist dirige la section médicale, et détaché à l'université de Strasbourg où je resterai pendant toute la durée de l'armistice, de novembre 1918 à juillet 1919. Mon ami Eugène Vaucher et moi, nous passons quelques nuits dans la maison de santé protestante puis trouvons pension dans une famille alsacienne qui s'appelle Textor. Quelle chance ! Le nom de la mère de Goethe !

Je suis chargé de prendre la direction de l'Institut d'hygiène. Le professeur Uhlenhuth, bactériologue célèbre, est parti. Je retrouve son bureau, ses collaborateurs ; parmi eux, un Allemand qui me dit : « Je suis resté, ce laboratoire est ma patrie, voulez-vous me garder ? » J'y consens volontiers et il va se joindre au groupe des assistants alsaciens qui se mettent à ma disposition. Une de mes activités prochaines est celle de l'enseignement de la bactériologie. Je me mets au travail. J'étais impressionné, non seulement par la difficulté de ma tâche, mais aussi, dès l'abord, par l'importance de l'institut et son admirable installation. Laquelle de nos universités provinciales, pensais-je, possède un si magnifique établissement voué à la recherche et à l'enseignement ? Déjà se matérialise en moi le souci : quel effort doit faire notre pays, pour développer le travail scientifique, pour reprendre, notamment en médecine, la primauté de jadis ? Les étudiants viennent s'informer. Comment va être aménagé l'enseignement médical par la France ? Il faut organiser, commander et aussi se mettre au travail personnel. Je m'enferme alors dans la bibliothèque ; tous les livres sont écrits en langue allemande. Je m'instruis de toutes mes forces pour enseigner les autres. Je ne voudrais pas paraître aux yeux des étudiants alsaciens inférieur à leurs maîtres allemands.

L'honneur me revient de prononcer dans l'université de Strasbourg la première leçon en français. Dans le petit amphithéâtre de l'institut, les étudiants me fixent avec une attention tendue. Je parle lentement, sans notes, regardant mon auditoire bien en face, et je commence en disant : « Dans mon enfance, nous lisions, dans *Les Lettres de mon moulin,* un récit d'Alphonse Daudet intitulé « La dernière classe ». C'était l'histoire d'un instituteur alsacien qui, en 1871, au moment de l'entrée des Prussiens en Alsace, écrit sur le tableau noir de son école : « Vive la France. » C'est en évoquant ce souvenir que je ressens l'honneur de prononcer devant vous la première leçon en français dans notre université de Strasbourg. » J'expose ensuite comment sera conduit l'enseignement de la bactériologie. Au cours de la seconde leçon, avant de montrer les propriétés générales des microbes, j'évoque Pasteur et son séjour à Strasbourg. Je fus récompensé de mes efforts par le succès de ce cours et l'intérêt qu'y prirent les étudiants. Plus tard, quand je rencontrais l'un de ceux qui l'avaient suivi, il me disait : « Je fus un de vos élèves du premier cours de Strasbourg. » Alors nous échangions un regard où passait la flamme des grands souvenirs.

Nous formions un groupe de médecins en uniforme, dirigeant services et laboratoires dans le vieil hôpital civil aux bâtiments magnifiques recouverts de si beaux toits, où étaient venus nous retrouver quelques maîtres alsaciens, peu nombreux, car presque tout le personnel universitaire était venu d'outre-Rhin. Nous étions satisfaits de notre tâche d'organisateurs et d'enseignants : Ce furent d'abord Léo Ambard, Jean-Alexandre Barré, Pierre Masson, Eugène Vaucher. Plus tard, d'autres, dont Lucien Pautrier, devaient nous rejoindre. Nous étions reçus avec une simplicité cordiale dans les foyers d'Alsaciens connus et inconnus qui, dans les périodes de congé, lorsque nous ne pouvions pas rejoindre nos familles, nous emmenaient faire de belles promenades à la campagne et dans la montagne où partout nos uniformes bleu horizon nous valaient de tous un accueil aimable et empressé.

Que pensaient en réalité les Alsaciens ? Ils avaient vécu sous l'autorité de l'Allemagne qui les avait durement dominés pendant près d'un demi-siècle. Leur culture était germanique, leur dialecte un bas allemand. Sans doute ils donnaient l'impression d'être délivrés d'une oppression, mais ils se sentaient différents de nous et comme isolés.

Le chanoine Muller, qui avait été député au Reichstag et allait être élu député à la Chambre française nous expliquait comment son petit pays, redevenu français, devait garder son autonomie. Nous étions souvent reçus chez Frey, patriote alsacien qui fut le premier maire de la ville redevenue française. Il nous disait : « Nous voulons garder nos libertés, mais ce qu'il faut, c'est que la langue française s'impose vite et d'une façon absolue à toute la population des villes et surtout des campagnes. Car toute la jeune génération n'en sait pas un mot et la plus ancienne l'a oubliée. » L'élan qui portait les Alsaciens vers les « Français de l'intérieur » ne les empêchait point de manifester leur désir de préserver soigneusement tous les caractères propres à leur province. Parfois, je sentais vibrer certaines résonances germaniques dans l'âme de ces Rhénans.

Cette impression, je l'eus très forte lors d'un séjour chez un vieux médecin alsacien qui m'avait invité dans son chalet des Vosges. Celui-ci était enfoui dans la solitude de la forêt ténébreuse. Il me parlait en termes romantiques des bois, des arbres, de ses promenades avec les gardes forestiers, de la vie des bêtes sauvages, de la montagne, et me racontait les traits d'humour alsacien qu'il avait relevés dans la conversation des bûcherons du voisinage. Un soir, pour chanter en s'accompagnant, il s'assit devant son grand piano et, comme l'on s'efforçait devant nous de ne parler jamais que le français, il me demanda la permission de chanter en allemand. Ce chant aux sonorités graves dans cette petite maison isolée dans la montagne faisait vibrer la sensibilité de tous. Mais il me semble qu'il vouait ses mélodies plus encore aux Alsaciens qui l'écoutaient qu'aux soldats rassemblés à leurs côtés.

*
* *

Une fois encore, je devais choisir ma voie. La nouvelle Faculté de médecine de Strasbourg était dirigée désormais par une de ces personnalités alsaciennes ayant opté pour la France et poursuivi leur carrière à Paris. Le doyen Weiss avait quitté sa chaire de physique de la rue de l'Ecole-de-Médecine pour prendre la direction de la Faculté de Strasbourg. Il m'offrit de rester à la tête de l'institut d'hygiène et d'occuper définitivement la chaire de bactériologie. Mon enseignement avait réussi. J'avais commencé quelques travaux personnels et, avec l'aide d'un préparateur de l'institut, décrit le premier cas de pasteurellose humaine. Mes maîtres de l'Institut Pasteur m'encourageaient à persévérer dans la voie où j'étais entré. Amédée Borrel, venu à Strasbourg et qui devait plus tard prendre la direction de l'institut, estimait que j'étais capable d'occuper ce poste. M. Roux, que j'avais interrogé au cours d'un de mes voyages à Paris, le pensait aussi.

Honoré par cette confiance, j'étais moins sûr que la vocation de chercheur de laboratoire fût la mienne. Si je me dirigeais dans cette direction, je ne pourrais plus jamais exercer mon métier de clinicien auprès des enfants. Cependant, l'offre était tentante car à mon retour à Paris je ne pourrais retrouver que le hasard des concours, la possibilité d'un échec, des chances incertaines à courir puisque je n'étais que chef de clinique et que tant d'obstacles s'élevaient encore devant moi. J'hésitais, je redoutais — et pas pour moi seul, loin de là — l'implantation dans cette province à laquelle ne me rattachaient que des souvenirs et plus aucun autre lien. Je craignais pour les miens cette sorte de dépaysement qui, dans l'organisation française d'alors, ne pouvait être que définitif, la vie dans une société cloisonnée et resserrée. Bientôt, je pris mon parti. J'allai, avec le professeur Léon Bernard qui comptait m'aider dans la poursuite de ma carrière parisienne, rendre visite au doyen Weiss dans sa maison campagnarde située au milieu de son vignoble. J'étais gêné d'annoncer mon refus. N'aurais-je pas dû joindre mon effort à l'action que la France devait entreprendre dans l'Alsace reconquise ? Mais l'appel vers l'exercice de la médecine des enfants était vraiment trop fort. Je partis, le cœur un peu gros. Il me semble que je retrouvais les impressions que j'avais ressenties plusieurs années auparavant lorsque j'avais abandonné la Sorbonne, la boutique des *Cahiers* et la philosophie.

·13·

Les temps d'espoir et de bonheur. Le grand élan

NOUS VOICI DONC, mes frères, mes amis, mes camarades, de retour à Paris. Certains historiens ont qualifié d' « années folles » celles qui ont suivi la victoire de 1918, comme ils avaient qualifié de Belle Epoque celle qui avait précédé la Première Guerre mondiale. Ces épithètes étaient sans doute bien justes si l'on considérait une certaine société parisienne. Pour nous, la Belle Epoque ne fut pas celle de la fête — on l'a vu — ni les années folles celles des folies. Il est juste de dire que nous vivions dans une sorte d'ivresse de la victoire qui ne nous empêchait pas de ressentir comme une plaie douloureuse le chagrin des morts de nos amis et de nos proches. Bien souvent nous pensions à eux. C'est discrètement que nous parlions de leur absence lorsque nous retrouvions tel ou tel d'entre nous que la guerre avait épargné. Comment les oublier lorsque nous participions aux grandes fêtes populaires dont la plus éblouissante fut le défilé historique des armées triomphantes conduites par les maréchaux passant sous l'Arc de Triomphe de l'Etoile ?

Comme toute la foule française, nous éprouvions à la fois une impression d'orgueil national, de délivrance, de bonheur presque inespéré et de tristesse. Beaucoup répétaient le mot de Clemenceau parlant des morts et des blessés : « Ils ont des droits sur nous. » Cette idée, nous l'éprouvions sans l'exprimer. Elle ne nous a jamais quittés.

Nous plaçant dans le courant de l'histoire, nous entendions résonner l'écho de toutes les gloires anciennes, mais nous sentions dans le même temps que cette fois la gloire avait été payée trop cher. Sur la guerre et les images que nous avions gardées en nous-mêmes, c'était le silence. A cette réserve de pudeur se joignait le besoin d'effacer du champ de sa conscience les souvenirs d'horreur.

Le temps nous aidait à rejeter, non dans l'oubli mais dans l'ombre, ces visions de cruauté. C'en était fini de la folie guerrière, l'ardeur des combats était tombée. Des réminiscences subites provoquaient un court malaise. Il était fait d'une pitié douloureuse, de chagrin et aussi, l'exaltation étant passée, de la honte des massacres.

Nous étions jeunes. La gloire de la victoire était une sensation exaltante. Nous étions convaincus que la France allait reprendre un rôle dominant dans le monde. Les hommages rendus à notre armée et à notre pays, la certitude d'avoir fait triompher non seulement la justice et le droit, mais aussi notre culture et notre civilisation, et d'avoir rétabli notre prestige donnaient à toute notre génération une démarche fière. Nous nous élancions avec confiance vers l'avenir.

Nous étions repris alors par la pensée qui nous avait animés aux jours de la mobilisation : il faut que ce soit la dernière des guerres. Le traité de Versailles nous apparaissait, malgré les compromis inévitables, comme une œuvre d'équité. Il réparait les violences subies par la France, la Pologne, le Danemark et dégageait de l'oppression à laquelle ils étaient soumis les peuples de l'Europe centrale, des Balkans et du Moyen-Orient. La nouvelle carte d'Europe nous semblait conforme dans son ensemble aux aspirations des nations et la Société des Nations nous paraissait bien donner à la Grande-Bretagne et à la France une juste autorité. Depuis, il est devenu facile de critiquer les clauses du traité et de jeter l'anathème sur ses auteurs. Ceux-ci ne croyaient pas vraisemblable l'abandon des Etats-Unis. On refait aisément l'histoire après que les événements se sont déroulés. Les fautes du traité qui se révélèrent comme de graves erreurs, le couloir de Dantzig par exemple, ne préoccupaient personne. Les problèmes économiques et financiers des réparations n'étaient considérés que comme l'affaire de spécialistes qui devaient bien finir par trouver des solutions convenables, et les Français nous semblaient assez vigoureux pour obtenir la réparation de leurs ruines aux frais des vaincus. Le monde slave d'un côté, les Etats-Unis de l'autre, étaient isolés et écartés de notre sphère d'action. Nous pensions que, le spectre de la guerre bien loin repoussé, s'ouvrait une ère nouvelle. Nous ne sentions pas encore assez combien l'atroce saignée avait anémié la nation, combien la mort des meilleurs de ses fils et le massacre des plus vaillants et des plus nobles avaient diminué la valeur de notre peuple. Nous nous imaginions que nous avions préparé pour nos enfants, alors tout jeunes une vie libre et heureuse. Les souffrances du peuple allemand nous paraissaient une punition méritée et qui prendrait fin un jour par une réconciliation.

Une action paternelle d'aide et de progrès nous semblait s'imposer à la France dans son empire colonial désormais solidement bâti. Le retour de son influence en Amérique latine, dans la Méditerranée et en Orient où elle allait dominer au Liban et en Syrie, représentait une tâche toute prête à se réaliser, tandis que nous gardions la conviction que la promotion sociale devait se poursuivre dans toute l'Europe occidentale, et particulièrement chez nous. Nous croyions que la France était redevenue la grande nation, qu'elle avait conquis sécurité et gloire et que, déchargée du fardeau militaire et des menaces de guerre, elle pouvait reprendre sa politique de réformes pour améliorer la vie rurale et ouvrière. D'après nos souvenirs, ces années devraient être plutôt qualifiées d'années d'illusions que d'années de folie, car le peuple français s'était remis à travailler et à épargner, s'indignant chaque fois que certains ne reconnaissaient pas la valeur de ses sacrifices et qu'on hésitait à le soulager du poids de ses dettes et de ses dépenses. L'union entre les Français, si forte au moment de la déclaration de la guerre et au début de celle-ci, devait naturellement faire place à la reprise des luttes entre les classes et les partis. Personnellement, il nous paraissait juste que le monde ouvrier recommençât le combat et livrât bataille pour obtenir un sort meilleur car l'injustice sociale restait cruelle.

Il faut ajouter que les hommes perspicaces avaient senti quel danger représentait le retrait des Etats-Unis, le refus du Congrès américain de participer à la Société des Nations, et ils indiquaient clairement que cette attitude des représentants du peuple américain rendait fragile la protection qu'aurait dû nous assurer le traité de Versailles. Leurs voix prophétiques n'étaient pas écoutées.

La France demeure fidèle au souvenir des soldats tombés au cours de la Grande Guerre. Les âmes communient dans la mémoire des hommes tués au combat ; pour eux est instauré un culte archaïque venu du vieux fond de l'humanité. Dans chaque village et sur les places des villes, grandes et petites, s'élèvent dans la France entière des monuments commémoratifs où l'on grave la longue liste de ceux qui sont morts. On y retrouve, comme pour répondre à un interminable appel, le nom de toutes les familles. Au milieu des campagnes proches du front, de vastes cimetières militaires montrent leurs croix de bois dans un alignement sans fin, spectacle qui jamais n'avait été vu. En pleine nature, avec son allure militaire, c'est l'image du sacrifice guerrier de toute une jeunesse. Autour de Verdun et de ses champs de bataille ravagés se préparent des lieux de pèlerinage. Une religion nationale organise alors ses rites. Les jours de fête, à certains anniversaires, régulièrement des couronnes sont déposées dans les cimetières, auprès des monuments aux morts. Des drapeaux sont déployés et, dans le silence, retentit la sonnerie du clairon. Les traditions vont s'établir. Sans y manquer, chaque souverain ou chef d'Etat qui nous visite monte à l'Etoile pour rendre hommage au Soldat inconnu.

Aux jours de quiétude devaient peu à peu succéder ceux du souci de l'avenir. Le monde essayait de s'organiser pour une vie nouvelle, et la Société des Nations dont les espoirs étaient, dès sa naissance, limités par le refus américain, cherchait à jouer un rôle dirigeant. Les agitations un peu fracassantes et les discours trop éloquents ne pouvaient guère faire illusion, et dès le début on percevait bien la faiblesse de son influence. La France et l'Angleterre, comme moralement chargées — grâce à leur hégémonie — de diriger la politique de l'Ancien Monde, comment s'orienteraient-elles ? Au bout de peu de temps, ce souci nous vint. Je me souviens en effet de longues conversations avec mon ami Charles Adolphe Pichon, le beau-frère d'Adolphe Landry et de notre amie de jeunesse Marie Landry. Secrétaire général à la présidence de la République, il était devenu le collaborateur de Raymond Poincaré à la Commission des Réparations. A la fin de ma journée de travail, j'allais parfois le retrouver à l'hôtel Majestic, siège de la Commission, et, à pied, nous descendions ensemble l'avenue des Champs-Elysées, profitant de la belle promenade parisienne. Il exprimait ses craintes que la paix ne fût fragile, les Etats-Unis vivant dans l'isolationnisme, la Grande-Bretagne préoccupée de son intérêt immédiat et la France se débattant au milieu de difficultés qu'aucune bonne décision ne pouvait résoudre. Il critiquait l'occupation de la Ruhr, bien qu'elle eût été voulue par Poincaré, il était choqué par les élans éloquents et fallacieux d'Aristide Briand, et surtout montrait les dangers provoqués par l'effondrement économique et financier de l'Allemagne. Déjà, quoique encore bien discrètes, commençaient les préoccupations de l'après-guerre.

Le monde russe nous apparaissait comme étranger à notre propre monde. La révolution qui avait éclaté en 1917, au moment où la France épuisée se sentait prête à faiblir, nous était apparue comme un abandon cruel, toutes les forces ennemies devant alors s'abattre sur notre front. Je me souviens d'avoir dit : « On comprend bien que les moujiks se révoltent, mais n'auraient-ils pas pu attendre la fin de la guerre ? » Depuis ce moment, nous avions assisté, au milieu des guerres civiles, à l'ascension d'un parti dont le caractère tyrannique et même sanguinaire arrêtait le mouvement de sympathie tendu vers un peuple dont la libération avait été si longtemps espérée.

A Genève, l'une des institutions des Nations unies, l'Organisation d'Hygiène, prenait corps et son travail me semblait répondre à un désir sympathique de collaboration internationale pour la santé publique et la recherche médicale.

Toute l'organisation fut créée par un homme de qualité, Ludwig Rajchman. Je parlerai de lui plus tard quand se développeront notre amitié et nos œuvres communes. Patriote polonais, il agissait en fonctionnaire international loyal vis-à-vis de la Société des Nations. Il sut grouper autour de lui les plus éminents parmi les hommes capables de faire progresser la médecine préventive et la santé publique. Leurs échanges de pensées et d'expériences apportaient à chacun le bénéfice de connaissances nouvelles. Ils établissaient des programmes. Beaucoup furent exécutés, qui firent reculer certains fléaux parmi les nations qu'avaient éprouvées les misères de la guerre. Dans bien des pays, gouvernements et hommes de bonne volonté furent guidés et bien orientés. Parmi les Français, un homme comprit la valeur de la tâche entreprise : Léon Bernard.

Celui-ci, l'un des maîtres de la médecine française, m'avait pris en amitié, et j'ai vécu de belles années à ses côtés. Il a facilité ma carrière. J'ai essayé, après sa mort prématurée qui fut une dure épreuve, de continuer son œuvre dans les domaines où je travaillais. Il était doué d'une nature puissante et animé d'une grande flamme. Son esprit était cultivé et son âme vibrante. Il s'appliquait à remplir avec rigueur les devoirs de ses charges nombreuses, entouré d'un groupe d'élèves dont la collaboration et l'affection l'enchantaient. Il s'était attaché à la lutte contre la tuberculose. Le fléau était alors horrible, le combat difficile, car la thérapeutique était insuffisante. Les ravages redoublèrent pendant et après la guerre. Au lendemain de celle-ci, la lutte contre la tuberculose fut le modèle des entreprises de médecine sociale et internationale. Ne pouvant guérir le mal, on cherchait à l'atténuer et surtout on rassemblait tous les efforts pour préserver les sujets sains et d'abord les enfants et les adolescents. Pour une telle besogne, le médecin isolé ne peut suffire. Il faut une équipe. Ayant le sens du travail collectif, Léon Bernard se réjouissait de cette nécessité. Il me considérait comme le chef de son groupe de cadets.

J'ai passé avec lui de longs moments à l'hôpital, au cours de voyages de travail, à son domicile, auprès de lui et des siens. Nous étions reçus affectueusement à son foyer à une époque lumineuse où le bonheur était encore si fort en nous qu'on ne pouvait soupçonner qu'il dût finir un jour. De celui que tout son entourage, comme nous-mêmes, appelait le « patron », une vision est restée en moi : celle de sa démarche ferme, de son allure fière, de sa manière si nette lorsque, sous le vieux porche de l'hôpital Laennec où il semblait pénétrer en maître, je lui parlai pour la première fois. Maintenant s'associe dans ma mémoire, à cette physionomie de sa jeunesse aux traits si beaux, à l'œil noir et brillant enfoncé sous la voûte profonde de l'orbite, la noble effigie au masque plus large de l'homme mûr.

Ainsi que tous les fondateurs, il avait confiance dans la vie ; de lui émanait cette force, l'optimisme ; elle rayonnait sur nous. Comme il était aussi confiant dans les hommes ! Il ne savait pas soupçonner les calculs et les bassesses.

La mort nous le ravit brutalement en 1934 avant qu'il ait eu à souffrir dans sa générosité des horreurs qui devaient s'abattre sur le monde.

Il était bien préparé pour contribuer au développement de l'Organisation d'Hygiène de la Société des Nations où il joua un rôle considérable. Le prestige international qu'il conquit est tel qu'aujourd'hui encore l'Organisation mondiale de la Santé décerne chaque année un prix Léon Bernard pour les services rendus à la santé publique. J'ai eu l'honneur d'en être désigné comme l'un des titulaires, trente ans après la mort de mon maître.

Il essaya de donner une impulsion puissante à l'hygiène publique, à la médecine préventive dans notre pays. Il avait obtenu du gouvernement d'alors, présidé par Aristide Briand, la promesse, qui fut bientôt abandonnée, de la création d'une école internationale de santé publique à Paris.

Un fâcheux infléchissement de sa carrière l'a empêché de former les futurs maîtres voués à la médecine préventive, à l'épidémiologie, à la santé publique, et surtout d'orienter les esprits dans cette direction. Après lui, sauf le professeur Jacques Parisot qui accomplit à Nancy une œuvre excellente, personne n'entreprit la tâche nécessaire. Jamais plus la médecine préventive n'a été solidement ni valablement instituée dans notre pays. Encore aujourd'hui, nous souffrons gravement de cet inachèvement d'une grande œuvre.

Grâce à Léon Bernard, à Ludwig Rajchman et au grand et charmant savant danois Thorvald Madsen, je fus, bien qu'encore jeune, appelé à collaborer à certaines actions de l'Organisation d'hygiène. Une mission en Pologne, une autre en Bohême, en Autriche et en Hongrie, me révélèrent une partie de l'Europe, ses paysages et ses habitants.

Ce fut le début de mon travail dans la coopération internationale et aussi de mes séjours à Genève, tant de fois renouvelés depuis. Nous étions rassemblés dans le grand palais que venait d'inaugurer la Société des Nations. C'était pour moi l'initiation à ces réunions internationales où je prenais intérêt, sauf au cours de certaines communications interminables qui portent à la rêverie, surtout lorsqu'on a devant soi la beauté d'un parc où se pavanent des paons magnifiques. Cet apprentissage du travail international et des problèmes de santé publique devait porter ses fruits, mais mon véritable effort se dirigeait ailleurs. C'est en France et pour l'enfance qu'il me fallait travailler.

Je devais construire ma vie personnelle. Avec confiance, je partais pour la course vers l'avenir. Se mêlaient avec ardeur les ambitions de la carrière, la recherche des succès et la soif intense de connaître. Les concours pour l'obtention des grades de médecin des hôpitaux et d'agrégé ne m'effrayaient point et, je l'avoue, m'amusaient même. Durant toute ma vie j'ai aimé les difficultés, et cette course avec sauts d'obstacles me stimulait. Je ne souffrais point d'insomnie la veille des épreuves. Mais il faut dire la vérité : on se sentait protégé par la puissance de ses maîtres. Le règne des « grands patrons » n'est pas sans inconvénients, mais il était tolérable, car nous étions peu nombreux ; alors, sauf accident rare, tous ceux qui en étaient dignes parvenaient au but. Bientôt les mœurs changèrent en s'altérant, et la valeur des épreuves fut négligée. Le nombre des candidats devait rendre fâcheux le système des choix, si bien que peu à peu la situation devint insupportable, alors qu'à notre époque, même pendant la période des concours, était préservé le plaisir de vivre qu'éprouvaient tout au moins ceux qui étaient abrités sous le large parasol des mandarins.

Nous formâmes un groupe d'amis pour organiser notre travail en commun en une équipe pleine de bonne humeur. Charles Foix était l'homme le plus remarquable de notre promotion. Très précis en sa science, qui lui a permis, en neurologie, des constatations nouvelles, fantaisiste en ses manières, il aimait les lettres. Il était poète. J'admirais ses poèmes, où vibraient à la fois ses croyances religieuses et son amour de l'antiquité grecque. Nous avons longtemps travaillé côte à côte. Le soir, avant de nous plonger dans l'étude, nous nous permettions pendant un court moment de parler des écrivains qui nous plaisaient. Une fois ce fut Anatole France et pendant que je récitais :

> Car ta vie et la mienne, en nos jeunes années
> Sont deux lampes brûlant sur de calmes travaux

je regardais son beau front, sa chevelure touffue, entre ses lèvres larges son sourire si fin, et son regard tour à tour pénétrant, inspiré et moqueur.

Charles Foix et moi, pour nous préparer au concours, après avoir examiné un malade « difficile » dans un service d'hôpital, nous parcourions à grandes enjambées les rues de Paris en discutant à voix haute et avec animation la manière de présenter nos épreuves cliniques sans nous soucier des regards étonnés des passants.

Alors que sa notoriété commençait à s'épanouir, il fut terrassé par la maladie. Sa mort devait me désespérer.

Henri Gougerot, qui allait devenir un grand professeur de dermatologie, avait une taille élevée et portait une large barbe. Amateur de grands voyages, instruit et méticuleux, il avait épousé Marianne Nicot-Vauchelet, artiste de l'Opéra. Celle-ci, après nos heures de travail, venait entonner un grand air de sa voix magnifique pour nous seuls et pour notre récompense.

Noël Fiessinger, petit, trapu, énergique, avait des idées originales. Il devait devenir l'un des maîtres de notre Faculté et occuper d'une façon très brillante la chaire de clinique médicale à l'Hôtel-Dieu de Paris.

Maurice Chiray, futur professeur lui aussi, clinicien raffiné, témoignait d'une grande subtilité dans l'établissement de ses diagnostics.

L'amitié s'établit très fortement entre nos jeunes ménages et nous préparions des réunions communes de distractions qui furent pour nous un des charmes de ce temps. Nous organisâmes ensemble pendant l'été — car nous ne prenions, suivant la règle rigoureusement observée à l'époque, qu'un mois de vacances — des cours gratuits pour les internes et les médecins, ébauche, qui fut brillante, de l'enseignement post-universitaire.

Les soucis de la réussite étaient chez certains empreints d'une grande inquiétude. Optimiste, j'éprouvais peu de craintes, je me sentais assez assuré de poursuivre le cheminement vers les étapes décisives qui me permettraient de mener la vie hospitalière et universitaire telle que je l'avais rêvée. Mon pronostic se réalisa assez vite, après un effort qui me plaisait. Bonne « bête à concours », je n'éprouvais point de déplaisir à les préparer, étant heureux de meubler avec précision ma mémoire et de m'exercer à l'examen des malades pour les épreuves cliniques où nous cherchions à exceller.

La difficulté fut pour moi d'atteindre mon idéal : être, n'être que médecin d'enfants. Une série de chances inespérées se succédèrent au milieu de difficultés très grandes. Bien que la médecine des enfants se fût résolument isolée de celle des adultes, les règlements des administrations françaises n'étaient pas encore convenablement ajustés. Médecin des hôpitaux, j'étais menacé par l'obligation d'un stage plus ou moins long dans un service de vieillards. Je redoutais cette éventualité plus qu'on ne peut l'imaginer. La maladie d'un chef de service de l'hôpital Bretonneau, puis d'un autre à l'hôpital des Enfants-Malades, me permit des remplacements que le directeur de l'Assistance publique décida de faire durer quatre ans. A cette époque, malgré les règles administratives qui prévoyaient, en l'espèce, des successions de remplacement tous les six mois, un grand fonctionnaire de qualité pouvait prendre des décisions favorables au bon fonctionnement des services. M. le directeur général Louis Mourier sentant, sans que je lui en parlasse jamais, ce qu'avaient de préjudiciable pour la bonne marche des services et les soins des malades des changements perpétuels, résolut de me maintenir provisoirement à la tête d'un des plus importants services de l'hôpital des Enfants-Malades. Ce fut un acte d'autorité qui, dans le système bureaucratique et corporatif d'aujourd'hui, serait irréalisable.

Cette occasion inespérée de diriger, dès cette époque, un important service d'enfants parisiens fut un des grands bonheurs de ma carrière, un événement capital pour l'avenir. Ce fut une période bénie que le temps passé alors dans le vieil hôpital des Enfants-Malades. J'y fixais ma méthode de travail et de pensée, et je commençais d'y créer mon école.

J'éprouvais moi-même le bonheur personnel le plus profond. Dans la douceur de notre foyer grandissaient nos deux aînés, charmants et bien doués. Un troisième enfant, né en 1920, nous apportait un bonheur nouveau. Notre petit groupe familial était harmonieux et gai. Les joies intimes unissaient parents et enfants dont le caractère se formait au cours de ces belles années.

·14·

La pédiatrie prise à bras-le-corps

Je me plongeais avec passion dans mon métier. Dans le service de l'hôpital des Enfants-Malades se groupaient autour de moi les plus ardents parmi ceux de la nouvelle génération. Des services voisins venaient des externes et des internes pour suivre ma visite. Des cadets me demandaient des sujets de travail, des étudiants et des médecins originaires de pays proches ou lointains se mêlaient à notre groupe. Des maîtres étrangers nous visitaient. Plusieurs médecins américains, qui étaient à la tête du renouveau de la pédiatrie, de la physiologie de l'enfant et de la biologie du développement, m'impressionnèrent au cours de leur visite. Ce temps marquait aussi le début de liaisons scientifiques définitives.

Un jour, O. Medin, célèbre pédiatre suédois, qui avait jadis décrit la poliomyélite — maladie de Heine-Medin —, demanda à voir mes élèves, puis, comme un général qui passe sa dernière revue, il marcha, appuyé sur sa canne, en regardant longuement chacun des étudiants en blouse blanche alignés devant lui et leur dit : « Vous vous souviendrez que vous avez vu le vieux Medin, heureux du travail des jeunes pédiatres de France, qui est venu revoir au soir de sa vie la lumière du Paris de sa jeunesse. »

J'étais bien fier de l'attirance exercée par un jeune patron. Dès lors se formaient ces amitiés qui devaient durer et durèrent en effet toute une vie avec ceux qui m'avaient choisi et aussi que je me souciais fort de choisir moi-même, écartant avec soin les médiocres, les paresseux, les fats ou les flatteurs fourvoyés parmi nous. Dès ce moment, peut-être surtout à ce moment, j'ai senti le poids des responsabilités qui pèsent sur les épaules d'un chef d'équipe, le devoir d'orienter vers la meilleure direction le travail de chacun pour le bon usage de ses qualités, le souci d'une solide formation pour tous par la critique mutuelle toujours en éveil, avec le maintien indispensable de la bonne entente. Je prenais bien soin de ne tenir aucun compte, dans mes choix, des religions, des opinions politiques, des origines sociales, de la vie privée et de n'apprécier que l'homme seul, ses capacités et son caractère. Il fallait jouer à la fois le rôle de professeur magistral, de censeur, de guide, de patron, d'aîné amical et de chef d'orchestre. Empêcher les rivalités, apaiser les petites querelles, refuser d'écouter ce qui ne concerne pas la tâche commune est, en vérité, facile ; plus difficile à obtenir est l'acceptation de certaines hiérarchies. Mais, pour finir, la qualité des hommes et des femmes rassemblés était telle que la troupe s'avançait dans un joyeux élan. Ma joie était de les réunir chez moi, de les inviter en Touraine où, malgré les attraits de la campagne, nous continuions à travailler, d'associer aux miens une famille spirituelle. Dès cette époque, j'ai voulu que notre amitié franchît les murs de l'hôpital. Voyages, réunions, heures passées ensemble en vacances sont devenus comme des habitudes naturelles. Quelle belle famille nous avons formée !

J'étais exigeant, essayant de donner l'exemple. Je voulais des preuves pour le diagnostic, des dosages répétés pour tout vérifier, des connaissances exactes dans l'information et la bibliographie ; enfin, la clarté, la simplicité et une bonne langue française dans les communications et les publications. Le professeur Jean Bernard rappelait dans sa leçon inaugurale combien de fois je le forçais à récrire telle ou telle phrase ; peut-être l'ai-je aidé à obtenir toute la rigueur impeccable de son style. Je tâchais d'écouter chacun, m'adressant directement à lui. Tous prenaient bien garde à mes remarques et je suivais peu à peu, comme doit le faire tout professeur attentif, leurs progrès dans l'acquisition de bonnes méthodes. Maintenant que les meilleurs d'entre eux sont devenus des maîtres et certains de très grands maîtres, jouissant d'une réputation mondiale, je songe parfois au plaisir que j'eus jadis à guider leurs premiers pas et au profit qu'ils en ont peut-être tiré, lorsque je les forçais à marcher droit. Certains me disent aujourd'hui combien ils me redoutaient. A la vérité, si je me rendais compte parfois que je les intimidais, je ne pouvais m'imaginer qu'ils me craignaient et suis à présent tout étonné d'avoir pu faire peur, car je n'appréciais pas bien la sévérité de mes exigences. Il me semble qu'une sorte d'empreinte leur est restée de cette vie commune et, après bien des lustres, je crois encore reconnaître, parmi ceux que je retrouve aujourd'hui en France ou dans le monde, les traces de cette formation qui se traduit par telle manière dans le comportement, tel trait dans le style, telle forme de la pensée.

C'est au cours des années 20 que s'établirent les fondements sur lesquels s'est élevée la future école. C'est en enseignant que je m'instruisais moi-même.

Je n'exerçais pas seulement mon métier à l'hôpital puisque, ainsi qu'il était obligatoire en ce temps, la journée était partagée entre la longue matinée hospitalière et l'après-midi vouée aux consultations privées. Quel privilège d'être choisi par des parents qui vous confient leur enfant, vous demandent conseil pour protéger sa santé et vous appellent avec émotion lorsque survient un danger ! Contrairement à ce qui se passe à l'hôpital, où l'on est bien entouré, on sent alors plus lourd le poids de sa responsabilité. Ce sens de la responsabilité, cette collaboration avec les parents donnaient le pouvoir de prendre parfois à leur place une décision difficile.

Savoir interroger une mère, avoir la patience de l'écouter, juger de ses capacités d'observation, de son sang-froid lorsqu'elle est inquiète et angoissée, évaluer les témoignages de l'entourage que l'on doit toujours soumettre à un examen critique, tenir compte comme il faut de l'instinct qui guide les parents, apprécier qui domine dans la famille, telles sont quelques-unes des premières tâches. Très vite il faut savoir porter un jugement sur tout l'ensemble familial et aussi sur le médecin qui vous appelle. Un médecin ne peut négliger le respect pour l'instinct maternel et paternel — l'un des plus impérieux — et doit comprendre qu'il mène à certains comportements excessifs.

Il faut mériter la confiance des parents et gagner la sympathie de l'enfant. L'examen de l'enfant, le contact avec lui sont à la fois meilleurs et moins bons dans les familles qu'à l'hôpital ; meilleurs parce qu'on voit et soigne l'enfant dans son milieu, moins bons parce que l'on est moins bien guidé et renseigné par la plupart des mères — il y a de belles exceptions — que par le personnel des soignantes hospitalières dont l'expérience et les qualités de cœur et d'intelligence ne sauraient être trop souvent rappelées lorsqu'on les a appréciées et qu'on en a profité pendant un demi-siècle.

J'enseignais qu'on ne doit jamais cesser de penser à ses malades ; c'est à force d'y songer qu'on parvient à voir clair. On ne doit jamais se contenter d'une simple hypothèse ou même de plusieurs. Il faut accumuler les preuves d'un diagnostic précis. Voir clair, voir clair avant tout, telle est la consigne. Je m'efforçais de m'y plier et de l'enseigner aux autres. Dans son essence même, la médecine d'enfants est différente des autres médecines. Elle forme d'autres liens, exige d'autres comportements. Nous ne tardions pas à sentir combien cette manière d'être créait entre les pédiatres une sorte de communauté particulière. La vie collective avec nos cadets faisait éclore chez chacun des pensées qui nous étaient communes.

Certaines évidences, si banales à présent, commençaient alors à m'apparaître et j'en faisais part à ma jeune cohorte : l'enfant est un être à part et point un adulte en miniature. La complexité de son évolution perpétuelle et rapide ne permet pas d'accepter, pour la prescription des médicaments, qu'on se contente de réduire les doses de l'adulte en tenant compte du poids ou de la surface corporelle car ses organes, ses ferments, ses hormones ne cessent de varier avec l'âge. Il a à la fois plusieurs âges, celui de son squelette et celui de son intelligence, par exemple. Il faut à chaque moment savoir à quel point il en est de sa croissance, de son développement, de sa maturité ou plutôt de ses maturités et ne jamais négliger cette influence réciproque du corps et de l'esprit. Quelle merveille en effet ! Sa capacité d'organisation des connaissances, d'appréhension du monde, sa sensibilité, ses réactions vis-à-vis de son entourage, l'union psychosomatique ne cessaient de nous étonner. Il nous semblait que nous faisions ensemble des constatations nouvelles pour tous. Comment distinguer à chaque moment l'influence du milieu et celle de l'hérédité ? Cette exploration nous permettait de concevoir déjà — oui, déjà — la pédiatrie comme la science du développement du petit de l'homme. S'installait en nous cette pensée que chaque enfant est un être unique, à aucun autre semblable et irremplaçable. Tous les pédiatres aiment les enfants, certes, mais aussi admirent l'enfant et le respectent. Comme ils sont loin de ce mépris que l'adulte, souvent peu capable de progrès, professe parfois pour l'enfance et la jeunesse susceptibles chaque jour d'acquisitions nouvelles, mues par une extraordinaire curiosité à la vérité insatiable ! Ce respect pour l'enfant, nous le montrions par notre attitude envers lui au cours de l'examen. Je prenais l'habitude, pour donner — par un exemple symbolique — cette leçon à mes élèves, de vouvoyer les enfants. Les petits gamins de Paris, toujours tutoyés, étaient désorientés. Mes collaborateurs souriaient de cette bonne manière, et l'on rappelle une caricature de moi, l'abaisse-langue à la main, disant à un nouveau-né : « Ouvrez la bouche, s'il vous plaît. »

Il faut patiemment s'exercer à l'examen de l'enfant. Très tôt j'ai communiqué l'horreur que j'avais de ces examens faits sur le corps d'un enfant se débattant, maintenu de force et hurlant. Il faut savoir l'approcher, l'amadouer, empêcher qu'on le tienne trop serré, qu'on arrête ses gestes. J'enseignais : « Le moment venu, faites parler l'enfant, faites taire les parents », ce qui est souvent difficile, et comme on est alors frappé de son sérieux, de sa gravité, et, nous nous permettrons de le dire, comme ils contrastent parfois avec la puérilité des adultes ! Le maniement du nourrisson demande à être appris. Le nourrisson juge son médecin à la manière dont il le manipule, le sort de son berceau, le prend dans ses bras et le palpe. Toute cette sorte d'école profite à l'entourage. Chaque visite doit être pour les parents une manière de leçon pour l'apprentissage de leur métier difficile.

Ainsi se formaient des comportements, des manières, des attitudes vis-à-vis des enfants et de leur famille, qui devaient peu à peu imprégner notre façon d'être et celle de tous les nôtres. Malgré l'enseignement reçu de nos maîtres, il nous est apparu au cours de ces années que nous découvrions l'enfant et la pédiatrie.

A la vérité, si l'on voulait prendre à bras-le-corps la pédiatrie, il fallait bien se convaincre que l'examen clinique à lui seul, si attentif soit-il, ne peut pas permettre d'y voir clair. Toutes sortes de techniques d'examen sont fondamentales. Or nous manquions en ce temps d'équipements, de collaborateurs et, avant tout, de connaissances. Il fallait donc d'abord s'instruire soi-même. Quelle difficulté lorsqu'on n'a pas été rompu aux mathématiques et aux sciences exactes ! C'est une éducation à refaire, presque un esprit à transformer. La tâche pour moi était bien dure, elle ne fut jamais parfaitement accomplie et je dus souvent me consoler en poussant mes cadets dans la bonne voie. Ainsi il m'apparut bien vite que les malformations congénitales avaient une importance majeure et qu'on les négligeait trop. Pour les comprendre, il fallait s'initier à la génétique humaine, science alors naissante, et à l'embryologie.

J'ai le souvenir, après une journée fatigante, en lisant tard dans la soirée un traité allemand d'embryologie, de m'être endormi épuisé, comme un écolier, la tête sur mon coude appuyé sur la table. Ce souvenir symbolise l'effort que j'ai tenté. Chimie, physique, physiologie, biologie, où en sont parvenues toutes ces sciences ? Pour le savoir, quel redoutable travail à accomplir ! On ne peut que l'entreprendre.

J'exerçais mon esprit d'observation. Tous ceux qui m'entouraient et moi-même, nous apprenions à bien regarder, voir et revoir le petit malade, examiner tout son corps et tout son comportement, sans jamais rien négliger. Je répétais : « Lorsque vous avez terminé votre examen et que vous vous êtes éloigné du lit de votre petit patient, n'oubliez pas de vous approcher de nouveau et, avant de partir, de vous en approcher encore. Peut-être verrez-vous un symptôme jusqu'alors inapparent. »

Le travail de réflexion, fondé sur les faits observés, s'accompagne des évocations des observations antérieures, des lectures, de la connaissance par les livres enregistrées dans une mémoire qu'on s'efforce de bien organiser. Toutes ces richesses sont prêtes à l'emploi.

Je disais à mes élèves : « Le diagnostic est une affaire de volonté. Refuser toute explication verbale, ne pas se contenter d'impressions, avoir horreur des fausses explications, telles sont les prémices. Il faut aller au fond des choses, exiger des précisions et surtout ne pas renoncer à réussir, car c'est une lâcheté. En cas d'échec, ne pas se déclarer vaincu, mais continuer à chercher encore. Bien entendu, il faut avant tout être instruit ; on ne l'est jamais assez. L'acquisition des connaissances doit être une perpétuelle hantise. »

Je m'étais imposé une ambition assez prétentieuse, mais j'y tenais. A propos de chaque problème, je me demandais : Sur quoi est fondée la doctrine traditionnelle ? Peut-on accepter la classification qu'on nous a apprise ? Quelle est la valeur de tel signe, de tel symptôme ? Sont-ils légitimes les rapprochements que l'on fait pour décrire telle entité morbide, tel syndrome pathologique ? Bref, je décidais de soumettre tout l'enseignement classique que j'avais reçu à un examen critique, rigoureux, complet et de le confronter avec mes observations personnelles. J'invoquais le grand philosophe en me répétant la phrase de René Descartes : « Ne recevoir jamais aucune chose pour vraie que je ne la connusse évidemment être telle. »

De toute manière, cet exercice mental m'était utile et, je crois, profitable aux autres. Il nous poussait à une étude personnelle, en quelque sorte sans préalable, de chaque cas. Nous engagions ensemble une lutte contre le psittacisme et la répétition faite sans réflexion de certains lieux communs. Avec l'assurance de la jeunesse et même une certaine arrogance, nous ne voulions tenir compte que de notre propre expérience et même de nos propres idées. Ainsi, pour ne citer que deux exemples, furent révisées complètement les idées sur l'hérédité de la maladie tuberculeuse, l'infection du petit enfant et les modalités de la tuberculose du jeune âge et fut soumise à une critique impitoyable la notion fallacieuse de l'hérédosyphilis dont tout le monde parlait, qui était la cause de maintes erreurs de thérapeutique et l'occasion de fantaisies d'hommes de lettres imprégnés d'une fausse science. Nous commencions enfin à voir plus clair dans les problèmes posés par les hémorragies méningées, les convulsions, les rhumatismes aigus et chroniques de l'enfant, dans certains syndromes d'hypertrophie congénitale des surrénales. Enfin, nous entreprenions nos études sur la pathologie du foie, du cœur et du rein et sur les différents métabolismes et syndromes endocriniens que nous devions continuer plus tard.

Que de sujets ébauchés ! Nous devions les reprendre au moment de l'épanouissement de la clinique médicale des enfants.

·15·

Le métier de consultant

C'EST D'ABORD dans notre appartement de la rue de Solférino, situé au coin de la rue de Lille, aménagé et meublé avec soin et plaisir, que je reçus les premières familles venues me consulter.

Après quelques années, nous devions habiter 5 rue de l'Université, où nous succédions au professeur Auguste Broca et à sa famille. Ma femme avait été son interne et s'était liée avec l'une de ses filles, gravement malade. Le professeur Auguste Broca et son épouse nous accueillirent à leur foyer et nous donnèrent leur amitié. Après la mort du professeur, Mme Auguste Broca — Thérèse Broca, comme nous l'appelions —, personnalité d'une haute valeur, continua à nous protéger. Pendant toute la durée de sa vie, j'ai bénéficié de sa sympathie et de ses conseils. Elle nous facilita, en 1926, l'accès à l'appartement qu'elle quittait. Depuis, nous profitons de l'agrément de ce beau logis. Cette vaste demeure ne comprenait point de chambres pour mes enfants. Ma fille Claude était installée assez sommairement et les deux garçons dans un petit entresol. Les belles pièces, hautes de plafond, donnent soit sur une cour qui a bien gardé son aspect ancien, soit sur un jardin où l'on descend par de longues marches de pierre. Planté de grands arbres et d'arbustes où se nichent les oiseaux, nous devions en modifier le dessin sur les conseils de mon beau-frère Jacques Debat-Ponsan. Dans ce lieu privilégié, je pouvais aisément travailler et recevoir les visiteurs qui, dès notre installation, prenaient nombreux le chemin de cette maison.

Notre existence familiale s'épanouissait et nous jouissions pleinement de la vie en commun et de nos enfants. Sur la pelouse du jardin, une monitrice du lieutenant Hébert les exerçait, ainsi que leurs camarades, à la « gymnastique naturelle ».

Notre quartier n'avait pas l'allure du faubourg Saint-Germain, ni la physionomie de la place Saint-Germain-des-Prés qui commençait à prendre son caractère pittoresque, ni la beauté des quais de la Seine avec leurs berges, mais formait alors, au milieu de cet environnement, comme une cité un peu villageoise dont les rues aux vieux noms évocateurs : rue de l'Université, rue du Pré-aux-Clercs, rue des Saints-Pères, rue Jacob, rue Saint-Benoît, rue du Bac et rue de Bellechasse, étaient bien calmes. Elles n'étaient parcourues que par de rares voitures. Point de marché proche, peu de boutiques, quelques libraires et quelques antiquaires. Au coin de la rue Jacob et de la rue de l'Université se trouvait la porte de l'Hopital de la Charité. Des maisons anciennes toutes pareilles bordaient la rue des Saints-Pères jusqu'au coin du boulevard Saint-Germain. Dans ce Paris ancien, si fâcheusement détruit, se trouvaient des magasins où l'on vendait les soldats de plomb qui faisaient la joie des enfants et des boutiques qui attiraient les flâneurs, amateurs du passé. Rue de l'Université c'étaient de vieux hôtels dont le porche s'ouvre sur des cours et qui cachent la verdure et les arbres de leur jardin.

En ces lieux tranquilles, les enfants pouvaient jouer dans la rue en toute liberté et parcouraient la chaussée, montés sur leurs patins à roulettes. Ils formaient un groupe d'amis avec les familles nombreuses des Doumic, des Richet, des Grégoire, des Monsaingeon, des Camus, puis, plus tard, des enfants de Jean-Paul Coulon.

Les lycées de la rive gauche avaient une bonne réputation de sérieux. Garçons et filles étaient accueillis à « Montaigne » pour les petites classes, puis ce fut « Louis le Grand » pour les garçons et « Victor Duruy » pour ma fille.

Celle-ci et ses camarades, se promenant dans ce beau parc de l'ancien couvent du Sacré-Cœur, se demandaient pourquoi au lycée seuls le concierge et le frotteur avaient le droit de vote et point les agrégées de l'Université qui étaient leurs professeurs...

Chez mon fils aîné Michel se développaient le goût de la lecture, l'amour et la connaissance de l'histoire. Ma fille Claude, réservée et d'une délicate sensibilité cachée par sa discrétion, aimait les bêtes ; pendant les vacances, un chevreau était son compagnon. Il ne la quittait jamais. Quant à son amour pour les chats siamois, elle l'a transmis à ses filles. Déjà j'essayais de démontrer que l'amour des animaux, si fort chez certains, est lié à l'hérédité plutôt qu'au milieu. Olivier, dès ses plus jeunes années, dessinait, peignait, modelait. Ainsi, chez ces trois enfants se voyaient déjà certains traits que l'avenir accuserait.

Plusieurs fois par semaine, je recevais, exerçant le métier de tous les pédiatres. Pendant des années vinrent de nombreux parents, parfois inquiets, parfois sollicitant seulement un conseil ou l'examen complet d'un enfant. Il fallait répondre à beaucoup de questions sur le développement normal du nourrisson, du petit et du grand enfant, reconnaître la cause de tel ou tel désordre et montrer comment le corriger, mais souvent je devais rassurer une famille anxieuse, bien montrer que l'enfant n'avait rien de sérieux, affirmer qu'il était sain et donc lui éviter toute contrainte pour raison de santé. Il était alors assez habituel de prescrire quelques médicaments anodins mais inefficaces pour répondre aux sollicitations. Je m'efforçais d'éviter ces ordonnances faites pour plaire et d'expliquer que tout traitement était inutile. Les problèmes des rapports des enfants avec leurs parents, avec leur fratrie, avec leur entourage, ceux de leur vie scolaire, l'orientation professionnelle même faisaient l'objet de questions souvent fort difficiles à résoudre. J'ai beaucoup appris grâce au souci qu'il fallait prendre des caractères, des formes d'intelligence, des capacités de chacun. Lieux de vacances, cures d'air, de mer, de montagne, sports, il fallait tout envisager pour aider à prendre les décisions familiales.

Les enfants sur lesquels j'avais la charge de donner un avis provenaient des milieux les plus divers, de Paris, des provinces, de familles d'étrangers résidant en France ou traversant notre pays. A la fin du jour, je répondais à l'appel des médecins qui me demandaient de venir en consultation, soit pour tenter de poser un diagnostic difficile, soit pour les assurer dans leur décision et ajouter mon autorité à la leur. Grâce à ces appels de médecins amis dont la confiance me flattait, je pénétrais dans les quartiers les plus divers, des plus riches aux plus pauvres, car il avait été bien établi que, lorsque les malades qu'ils soignaient ne pouvaient pas verser d'honoraires, aucune considération ne devait les faire hésiter pour recourir à mon aide.

Aussi, quel contraste impressionnant lorsqu'au cours d'une même journée, quittant une très belle résidence, il m'arrivait de me trouver au chevet d'un enfant malade dans un de ces taudis qui, alors, étaient bien nombreux !

Cette pénétration en plein cœur du monde contemporain me faisait participer à la vie de tous les groupes sociaux de notre capitale et de sa région. Que de fois j'ai parcouru Paris en tous sens ! Les courses en banlieue, surtout dans la nuit, étaient une aventure, et je disais en riant : « Il est plus difficile de trouver le logis du petit malade que le diagnostic de sa maladie. » J'avais la chance d'être conduit dans ma voiture par un fidèle compagnon, Félix Poncet, dont le fils unique Jean, contemporain de mon fils Olivier, héros de la Résistance, devait mourir pendant l'occupation, fusillé par les Allemands.

Quand nous remontions par certaines journées radieuses l'avenue des Champs-Elysées, ou lorsque nous longions la Seine, traversions l'île Saint-Louis ou encore parcourions le bois de Saint-Cloud ou la forêt de Rambouillet, nous échangions nos impressions, nous réjouissant de la beauté du spectacle. La voiture était pleine de revues médicales, surtout celles de langue anglaise dont la lecture m'était indispensable. Je les lisais avec soin, relevant de temps en temps la tête pour le plaisir de la vue et pour jeter un regard de sympathie aux arbres, mes amis, les marronniers de l'avenue Henri-Martin, témoins de ma jeunesse collégienne, les grands peupliers des berges de la Seine qui, hélas ! mouraient les uns après les autres, les paulownias du pont Henri-IV autour de la statue de Barye, de la place d'Italie ou devant la tour Eiffel, le figuier, singulier survivant près de la gare de Lyon et, aux Champs-Elysées, les marronniers de l'époque des *Jeunes filles en fleurs* peu à peu remplacés par des platanes, les arbres d'essences rares au jardin du Trocadéro. Parfois, nous partions pour des expéditions plus lointaines, souvent nocturnes, vers les provinces. Quelquefois, je faisais ces voyages en train, achetant à la gare des livres de lecture, car je me donnais à moi-même, comme une récompense, le droit de me plonger dans des lectures « profanes » puisque je m'accordais une sorte de vacances de travail pendant le trajet. C'est alors que j'achetai le journal de l'Action française, sachant bien que sa lecture, malgré la qualité de certains articles, m'enfoncerait chaque fois davantage dans l'horreur de ce parti.

Quelques consultations hors de nos frontières m'honoraient fort. Le plus souvent, il s'agissait de maladies graves contre lesquelles la thérapeutique, si désarmée alors, n'apportait point de remèdes. Parfois, au contraire, ce fut le succès. Ainsi, à Athènes, un enfant considéré comme leucémique et condamné m'apparut blotti dans les bras de son grand-père que celui-ci serrait contre lui comme pour le protéger contre la mort inévitable. En examinant les lames de sang, je pus affirmer qu'il s'agissait d'une mononucléose bénigne. Quoique n'ayant pas joué le moindre rôle dans la guérison, je fus considéré comme un sauveur. Une autre fois, à Rome, dans un palais dont la vue dominait le Forum Romanum, comme dans les contes de fées, ce fut une charmante petite princesse étendue toute pâle dans son lit et dont on m'avait laissé entendre qu'elle était condamnée. Aucun traitement ne se montrait efficace, et l'enfant paraissait perdue. En l'examinant attentivement, j'observais qu'un de ses doigts portait une blessure cachée par un linge, que les ganglions de l'aisselle du même côté étaient volumineux. La rate était grosse, la fièvre élevée et oscillante, la formule sanguine particulière. Grâce à mes souvenirs de professeur de bactériologie, j'évoquais une maladie dont le tableau était exactement comparable à celui que je voyais, celui de la maladie des morsures de rat, extrêmement rare en Europe, connue sous son nom japonais de *sodoku.* Après m'être longuement penché sur le lit de l'enfant pour l'examiner en réfléchissant, je me relevais tout d'un coup et posais cette question : « Y a-t-il des rats dans le palais ? » Cette phrase, immédiatement traduite en anglais et en italien, provoqua un émoi dans tout l'entourage rassemblé en foule autour du lit de l'enfant. Que de cris, d'interjections, d'interrogations, de discussions en plusieurs langues ! La gouvernante anglaise, les femmes de chambre, les serviteurs, les infirmières s'interpellaient avec volubilité, et leurs voix couvraient celle des parents qui voulaient m'expliquer que récemment un gros rat s'était égaré dans la maison, que le petit chien basset s'était battu avec lui, avait été mordu et qu'on l'avait retrouvé blessé, couvert de sang. Peu à peu, je rétablis l'histoire en la dégageant des interprétations et légendes. La main de la petite patiente, placée hors du lit, avait été mordue par le rat que le basset, ensuite, avait poursuivi. Le diagnostic de *sodoku* était probable. Le rat contaminé avait infecté l'enfant. En pareil cas, les arsénobenzènes introduits dans la veine sont efficaces, et la guérison survint. On me raconte aujourd'hui encore, en l'enjolivant, ce succès des débuts de ma carrière.

Ainsi s'est établi peu à peu un réseau de sympathie et d'amitié parmi bien des familles dont les enfants, aujourd'hui devenus eux-mêmes des parents, voire des grands-parents, évoquent, quand ils me rencontrent, l'époque où, tout petits, dans mon bureau de la rue de l'Université, ils se présentaient tout nus devant moi pour l'examen médical, et je suis très heureux quand ils me demandent conseil pour leur propre progéniture.

*
* *

En cherchant à connaître ceux qui se confiaient à moi, je m'habituais à discerner les différents comportements vis-à-vis des émotions et des chagrins. Ils varient avec chaque individu mais restent néanmoins assez comparables parmi les membres du même groupe social. J'observais les différences psychologiques qui caractérisent les milieux où je pénétrais. Entre l'aristocratie, la grande bourgeoisie d'affaires, les intellectuels, la moyenne et la petite bourgeoisie parisienne, les marchands des quartiers des Halles et les ouvriers de Belleville, assez nettes sont les différences dans l'échelle des valeurs et aussi les règles de la morale.

La religion joue dans ce domaine un rôle essentiel et même, pourrait-on dire, la religion d'origine qui a cessé d'être pratiquée. Les modes d'éducation laissent une empreinte que l'on peut reconnaître. J'essayais de distinguer les bourgeois qui se faisaient considérer comme des gentilshommes, les israélites qui cherchaient à cacher leurs origines, les protestants qui conservaient la marque de leur formation d'enfance et de jeunesse.

Je pensais : pour mon travail, il me faut aider le médecin à formuler un diagnostic. Et pour moi-même je devais observer les signes et symptômes qui me permettaient de poser un diagnostic social. Les rapports entre parents et enfants, entre époux, entre frères et sœurs, se manifestent de façons particulières. Bien différentes sont les attitudes vis-à-vis du faste et des honneurs du monde. Enfin, j'examinais l'importance donnée à l'argent ou à la lecture et à la culture, l'attitude vis-à-vis du personnel domestique, les goûts que j'aimais à observer, par exemple celui des meubles anciens, qu'ils portent ou non les traces de leur vieillissement dans le milieu familial ou qu'ils aient été achetés chez un antiquaire.

L'attitude vis-à-vis de la souffrance est pour un médecin particulièrement importante à observer. Une anecdote permet d'en montrer l'intérêt. Henri Mondor, qui avait été appelé auprès d'un de mes amis, me téléphone en me disant : « J'hésite à porter tel diagnostic parce que le malade ne souffre pas assez. » « Prends garde, lui dis-je, à la qualité du personnage. Rappelle-toi cette phrase attribuée au roi Stanislas Leczinski : " De mon temps, on avait la goutte et on continuait à marcher, on ne parlait pas de sa souffrance par bonne éducation. " Notre patient a reçu une bonne éducation », et Mondor me répond : « C'est bien ce que je pensais, je l'opère. »

J'en venais à essayer de raffiner mon diagnostic en devinant si la richesse était récemment acquise ou transmise depuis plusieurs générations. Je tentais de parvenir à distinguer la vraie noblesse, celle des grandes familles où l'hérédité des titres, des honneurs et des charges remonte très haut dans l'histoire de France, ou bien celle héritée des longues successions des féodalités rurales. S'y est mêlée aisément la noblesse du premier Empire. A celles-ci s'opposent les parvenus, possesseurs de titres moins valables. Parmi les princes même, il faut distinguer...

Selon les groupes sociaux, ici comptent surtout les règles de l'honneur, la bravoure, le risque téméraire, la beauté féminine et masculine, là, la pureté des mœurs avec l'austérité de la vie, ailleurs l'intelligence, l'étude et les qualités de bonne ménagère. L'attachement à la vie n'est pas partout aussi fort et la perspective de la mort est différemment ressentie.

Je me plaisais à un autre petit jeu. Lorsque je correspondais avec une amie anglaise, nous avions pris l'habitude d'ajouter au nom propre toute une série de majuscules, comme on le fait dans son pays pour évoquer les décorations et les titres. Nos abréviations signifiaient vraie ou fausse noblesse, roture distinguée ou le contraire ; les courageux portaient l'initiale C, de cuirasse, et les poltrons F de flanelle ; ceux qui aiment la campagne : R, rural, et ceux qui ne peuvent supporter d'être loin des villes : U, urbain. Il arrive encore aujourd'hui qu'en rencontrant tel personnage vieilli depuis tant d'années, je retrouve le souvenir de la série des initiales qui, à l'insu de tous, le désignaient jadis pour moi.

Ces amusements remplaçaient en quelque sorte les distractions depuis longtemps supprimées. C'est qu'en effet cette vie aux tâches multiples et lourdes était harassante. Finies les soirées au Théâtre-Antoine ou des Champs-Elysées, celles du Vieux Colombier ou de l'Œuvre ! Le cinéma commençait à se développer. Je me donnai la liberté d'une soirée pour apercevoir un film sans paroles et sans couleurs et je n'y retournai jamais plus. Il me fallut attendre la télévision pour connaître cet art nouveau. Il va de soi qu'il fallait refuser les invitations, même pour rencontrer les personnages les plus intéressants. Seul résistait l'assouvissement de ce « vice impuni », la lecture. Etaient préservés les séjours en Touraine où le travail se mêlait à la vie familiale, rurale et amicale.

J'aurais beaucoup aimé connaître la personnalité des écrivains dont j'admirais les œuvres et profiter de l'enrichissement que m'aurait apporté la joie de les fréquenter. Leur apparition a fait naître chaque fois un désir inassouvi de rencontres plus longues.

Or elles furent brèves les rencontres avec Fernand Gregh, Daniel Halévy, Paul Morand, Saint-John Perse, Léon-Paul Fargue, Paul Faure, Louis Aragon, Elsa Triolet, Marcel Achard. Chacun de ces noms évoque un inutile regret. Il en est de même pour Jacques de Lacretelle, Gérard Bauer, Pierre-Henri Simon,

Georges-Emmanuel Clancier, Maurice Genevoix, Jules Romains, qui fut pendant de longues années mon voisin en Touraine et Jean Prévost, mort à l'ennemi dans le Vercors. Plus proches furent les amitiés de Pierre Sipriot à la culture pénétrante et variée et de Jean Orieux, dont j'admire le talent évocateur et de Claude Aveline, auquel me rattachent mon goût pour sa prose et ses vers et les souvenirs poignants que nous partageons. Jean Giraudoux était notre voisin et parfois, en compagnie de mon ami Charles Richet, nous échangions quelques mots dans la rue du Pré-aux-Clercs. Je n'ai pu malheureusement assez connaître André Malraux, à mon sens la personnalité la plus puissante et le plus grand écrivain parmi les vivants.

Je ne pus me mêler à la vie des artistes et ai très peu profité de l'amitié de Francis Poulenc, de la sympathie de Marie Laurencin, de Georges Auric et d'Emmanuel Bondeville.

J'aimais les vers d'Anna de Noailles, j'aurais aimé la connaître. Je ne pus résister quand Henri Gans nous invita avec elle dans son rez-de-chaussée du boulevard Saint-Germain. Au cours de la conversation, avec une malice qui manquait de délicatesse, les jeunes gens que nous étions prenaient plaisir à parler surtout de Mallarmé et de Paul Valéry. Lorsque nous sortîmes, un grand vent froid soufflait sur le trottoir, son manteau glissait de ses épaules, nous l'aidions à le maintenir et elle nous dit : « Couvrez-moi, ne laissez pas mourir le dernier poète français compréhensible. » Quelques mois plus tard, Henri Gans était mortellement blessé dans un accident de chasse. Il m'appela auprès de lui. Quand j'arrivai, il était mourant, exsangue. Il me chargea pour elle de son dernier message et expira en disant : « Anna. » Lorsque je vins remplir ma mission, j'étais si ému que j'en retrouve difficilement les détails dans ma mémoire.

Je revoyais souvent Henri Mondor. Malgré nos vies si occupées, nous arrivions à nous rejoindre. J'ai ainsi profité à la fois des délicatesses et du charme de l'amitié qu'il me donna et de la saveur de sa conversation. Le souvenir que je garde de nos collègues est lié aux remarques subtiles, parfois malicieuses et sévères, que Mondor s'amusait à m'exprimer. De nos élèves nous parlions avec la franchise d'une secrète intimité. Il enrichissait ma pensée par tout ce qu'il me transmettait de ses lectures, de ses rencontres, de ses remarques sur les hommes comme de ses idées sur la médecine, la chirurgie, notre science et notre métier.

Il me faisait inviter aux déjeuners du *Figaro littéraire* organisés par Pierre Brisson et Maurice Noël, et, bien que soucieux comme moi-même du respect de notre temps voué au travail, m'entraînait à accepter cette distraction raffinée. Ainsi j'eus quelques visions brèves : André Gide — il y avait un piano dans le salon où nous nous réunissions, Gide en jouait avant le repas. Paul Claudel savait plaisanter ; je soignais ses enfants et plus tard ses petits-enfants si nombreux et il me disait en riant : « Pour vous, je suis un bon fournisseur. » François Mauriac était mordant et les morsures étaient profondes.

Mon ami le docteur Henri Le Savoureux, afin d'y établir une maison de repos pour malades nerveux, avait acquis la propriété de la Vallée-aux-Loups où jadis avait vécu Chateaubriand. Celui-ci avait transformé le logis, qu'il appelait « une chaumière des champs », en construisant un portique soutenu par deux colonnes de marbre noir et deux cariatides de marbre blanc. Il en avait remanié l'architecture, si bien que la demeure avait pris un caractère désuet qui lui donnait beaucoup d'agrément. Autour de la maison, dans un grand parc, des arbres et arbrisseaux avaient été plantés par Chateaubriand lui-même, aidé de son jardinier Benjamin. A présent, on s'y promène au milieu d'arbres séculaires. D'admirables buissons de rhododendrons ont envahi la prairie. Parc, jardin, maison sont peuplés par le souvenir de tous ceux et de toutes celles qui en furent jadis les hôtes lorsque Chateaubriand en était le propriétaire, puis par Mathieu de Montmorency qui y reçut Juliette Récamier.

Henri Le Savoureux fut bien vite dévoré par la passion que d'outre-tombe... provoque encore l'Enchanteur. Il se voua à l'étude du grand écrivain, puis au culte de son souvenir. Il réunit documents, lettres, images, portraits, autographes et rassembla autour de lui les amoureux de cette époque. Il créa une Société Chateaubriand, toujours vivante, qu'aiment les lettrés et qui rend service aux historiens. Je n'avais point le temps de participer à ces réunions et, bien rarement, le plaisir d'accepter les invitations à déjeuner où Henri et Lydie Le Savoureux recevaient écrivains et littérateurs : Paul Valéry, Julien Benda, Paul Léautaud et tant d'autres. C'est à leur table que je fis la connaissance de Jean Paulhan. Nous retrouverons Henri Le Savoureux et Jean Paulhan au moment de l'occupation et au temps de la Résistance. Chaque année, dans le parc évocateur, je profitais de la soirée romantique de musique et de poésie organisée par nos amis.

Grâce aux rencontres, chaque mardi, à l'Académie de médecine, je pouvais rester proche de Georges Duhamel dont les enfants furent mes élèves et dont l'amitié m'était précieuse. Son témoignage sur la guerre de 1914 avait frappé toute ma génération. J'appréciais son goût pour la civilisation de la France et pour le langage français, son amour de la nature et de l'enfance, son respect pour notre métier. De ses compagnons de jeunesse, je n'ai connu que mon collègue Georges Heuyer, lui aussi mon ami.

Nous bavardions dans la salle des Pas-Perdus de l'Académie, chez moi ou chez lui. Aux repas, il jouait le rôle du père de famille qui veille à la bonne ordonnance et aux rites traditionnels. Des visites à sa maison de Valmondois émerge le souvenir d'une belle journée de printemps, de vacances campagnardes et de bonheur, nos deux ménages réunis dans le jardin. Il eut la gentillesse, avec l'allure d'un berger que lui donnait son béret basque sur la tête, de jouer quelques airs de flûte pour notre plaisir.

Son livre *Scènes de la vie future* me parut trop sévère pour l'Amérique et ses mœurs. Il n'avait sans doute pas assez visité les hôpitaux, les laboratoires, interrogé les metteurs en œuvre des grandes fondations. Mais en y songeant maintenant, je suis bien forcé de convenir que Georges Duhamel prévoyait les conséquences d'une civilisation que tendent à corrompre à présent, entre autres défauts, la puissance du dollar et le gaspillage des richesses.

Un jour, à l'Académie, nous fûmes en désaccord à propos d'une communication qui tendait à refuser le droit syndical à nos infirmiers et infirmières. Sans doute, comme lui, je ressentais la grandeur de leur devoir. Celui-ci leur interdit, comme aux médecins, de la façon la plus absolue, toute grève des soins. Depuis cette époque, des syndicats se sont formés et sont malheureusement devenus bien souvent des instruments de la politique, mais il faut bien dire qu'il était indispensable en ce temps de lutter contre des salaires trop bas, un travail mal organisé, des logements insuffisants, l'administration imprévoyante ne prenant pas les mesures nécessaires.

Plus tard, nos communes pensées devaient nous rapprocher plus encore que par le passé, sous l'occupation allemande, lors de la Libération et des années qui suivirent.

Le talent d'André Maurois avait été révélé par ses deux volumes du temps de la guerre, *Les Silences du colonel Bramble, Les Discours du docteur O'Grady. Ariel ou la Vie de Shelley* et *La Vie de Disraëli* restent pour moi les plus attachantes des biographies qu'il a composées. A de longs intervalles, je pus jouir de la sympathie qu'il me témoignait. Après sa mort, autorisé par son épouse qui, dans sa jeunesse, avait été liée avec la famille Debat-Ponsan, j'eus l'honneur d'écrire une lettre liminaire pour son écrit posthume : *De la morale médicale ; discours aux médecins.*

Le Perroquet vert, l'un des premiers romans de Marthe Bibesco, m'avait frappé par son humour tendre. La personnalité rayonnante de la Princesse Marthe Bibesco et ses conversations éblouissaient alors la société parisienne ravie par son beau visage. Les écrivains de talent, les hommes connus de notre temps cherchaient à la rencontrer dans les salons parisiens et choyaient cette grande dame roumaine devenue un grand écrivain français.

Lorsque la comtesse François de Castries, dont je parlerai plus loin, me présenta à elle, depuis bien longtemps je n'étais plus un collégien et cependant je sentis que je rougissais. A partir de cette première rencontre s'est développée une amitié qui, je pense, a bien plus de quarante ans. *Catherine-Paris* m'a enchanté. L'attachement qui la lie au vieux quartier de l'île Saint-Louis — elle habite toujours quai Bourbon —, la beauté de son style, le goût que j'ai pour la lecture de ses descriptions, de ses souvenirs et évocations historiques, de ses portraits, de ses peintures de mœurs françaises et britanniques et son grand amour pour la France, si bien exprimé, entretiennent en moi l'admiration que j'ai ressentie en mes jeunes années.

Les grandes tempêtes historiques qui ont bouleversé l'Europe ont brisé le faste où vivait dans la richesse et l'élégance une jeune femme adulée. Frappée par l'adversité, elle a travaillé de son métier d'écrivain. C'est une décision du général de Gaulle, sollicité par Michel Debré, qui lui accorda la naturalisation française et la croix de chevalier de la Légion d'honneur.

Elle est venue plusieurs fois à demeure dans notre maison tourangelle. Quel plaisir de l'entendre réciter les vers de Ronsard lorsque, assis sur la terrasse, nous jouissions de la douceur d'une soirée d'été ! Une fois Jules Romains et sa femme étaient avec nous. Tous, nous l'admirions.

Chaque matin, à mon bras, elle parcourait à pas lents l'allée de tilleuls, et nous allions nous asseoir sur le banc de pierre devant la chapelle qu'elle appelait la chapelle des Exilés, car sur le portail sont inscrits ces mots : « Ad Te Clamamus Exiles », évocation de l'exil du peuple juif en Babylonie, des hommes sur la terre et des Polonais patriotes en terre étrangère, car une famille de nobles Polonais vécut en ces lieux.

Elle m'interrogeait sur les problèmes de l'hérédité, de l'évolution, de la formation de l'être humain. Elle écoutait bien soigneusement mes réponses. Je songeais alors à l'abbé Mugnier disant, en parlant d'elle : « Prenez garde, docteur, prenez bien garde à ce que vous dites ; elle note tout, elle retient tout. » En effet, sa mémoire infaillible lui offrait, le moment venu, des citations de prose ou de vers, des évocations de sa vie, des souvenirs de l'histoire, des précisions généalogiques. En souvenir de l'abbé Mugnier, elle a écrit des pages toutes palpitantes de vie. Elle l'appelait « mon oncle l'abbé », disant qu'elle et Mme de Castries étaient ses nièces.

A Paris je la retrouve dans son pigeonnier. Par la fenêtre, nous apercevons le cours de la Seine, les toits de Saint-Gervais qu'encadrent les peupliers de la rive et leurs pigeons. Elle me parle du temps écoulé, de sa propre vie, des siens, de sa belle-mère française à la vie romanesque qui eut sur elle une telle influence et en vérité l'a formée, des alliances avec les familles de la noblesse de toute l'Europe, de ses voyages, de sa correspondance avec Claudel qui vient de paraître, du *Bal avec Marcel Proust* récemment traduit en polonais, et je pense à Marcel Proust disant dès qu'il la vit : « C'est le profil que je cherchais. » Nous ne pouvons pas nous détacher du souvenir de l'abbé Mugnier. En l'écoutant, je regarde autour de moi. Les tableaux qui sont aux murs illustrent ses paroles, et je vois sur la table où elle écrit la photographie de ma femme et de moi-même dans notre bibliothèque tourangelle. Bien loin semblent les paysages roumains, le grand château de Mogosoëa et son parc immense, les terres du domaine et le temps où son mariage était célébré par une cérémonie princière de légende.

Pendant que je relis le texte qu'on vient de lire, par une coïncidence dramatique, sa servante, la fidèle Berrichonne, m'appelle au téléphone. La Princesse vient de mourir brusquement. Je suis atterré. Dimanche dernier, je lui avais rendu une visite matinale. Avec beaucoup d'animation, nous avions parlé de son travail, de ses Mémoires, de son *Napoléon et l'Europe,* et comme mue par une sorte de pressentiment, elle m'avait donné deux photographies dont l'une la représente enfant et l'autre belle jeune femme, tenant dans ses bras sa fille Valentine. Je me sens incapable d'ajouter à ces lignes le moindre mot.

Paul Valéry aimait les médecins. Les plus proches de lui furent Henri Mondor et Louis Pasteur Vallery-Radot. Il me joignit à eux, d'abord par reconnaissance pour les soins donnés à ses enfants puis par une amitié que sa fille Agathe m'a conservée. Comme je l'ai raconté, *La Jeune Parque,* que j'avais reçue aux armées, m'avait ébloui pour le reste de mes jours.

Comment parler de cet homme, de ceux que j'ai connus le plus grand par la puissance de sa pensée, la fertilité de son esprit, l'universalité de son intelligence, le raffinement de sa sensibilité, la beauté de sa prose et le charme d'une poésie immortelle ?

Certains dimanches matin, précieusement préservés contre tant d'obligations pour un moment rejetées, je montais l'escalier du 40 rue de Villejust. J'attendais un court moment dans le salon, regardant un tableau de Berthe Morizot, *Tante Berthe.* Quelquefois, j'apercevais un enfant, ou Mme Paul Valéry, ou sa sœur Paule Gobillard. Une porte s'ouvrait, Paul Valéry apparaissait, souriant, dirigeant vivement son regard sur l'arrivant tout en continuant machinalement à préparer sa cigarette, ses doigts fins retenant le tabac noir autour duquel il enroulait le papier en un geste qui déjà était agréable au fumeur. Réveillé de très bonne heure dans la ville endormie, il avait, au petit jour, préparé son café, fumé sa première cigarette et puis avait travaillé. C'était maintenant l'heure de la récréation où l'esprit devait enfin se détendre et jouir de sa liberté. Nous partions, la canne cueillie dans l'entrée ; c'était l'époque où l'on portait des canotiers sur la tête, où l'on marchait avec une canne, et la promenade commençait avenue du Bois, plus tard appelée avenue Foch, comme la rue de Villejust devait s'appeler rue Paul Valéry.

Paul Valéry parlait de sa vie à Montpellier, du milieu de Mme Paul Valéry — le milieu Rouard —, de Stéphane Mallarmé, maître respecté et aimé, qui, disait-il, joua un rôle dans son mariage, d'André Gide qui une fois se jeta à ses pieds pour se faire pardonner je ne sais quelle offense, de Marcel Schwob dont il admirait l'érudition, de Pierre Louÿs, son meilleur, son plus cher ami.

Dans ce laisser-aller de sa mémoire, point de recherche ni de souci de l'expression. Rien ne me frappait plus que le contraste entre la rigueur de la pensée et de la forme lorsqu'il écrivait et l'improvisation des conversations. C'est alors qu'il donnait libre cours à l'inspiration et non point quand il écrivait un poème. Ne m'avait-il pas gourmandé lorsque j'avais parlé de fantaisie chez les poètes? Il savait se servir des interlocuteurs de toutes qualités et avec un médecin on peut toujours parler d'une certaine manière de bien des choses. Il m'interrogeait sur le développement de l'enfant, comment le petit homme apprend à saisir les objets et à les manier, à se tenir debout, à marcher, à parler... Soucieux du problème du langage, il s'intéressait aux façons dont l'enfant l'acquiert, et nous parlions aussi du son et du sens des mots et de la musique des phrases. Je me rappelle ses commentaires sur le mot « clair ». « J'aimais, j'aime encore, lui disais-je, " sabre au clair " et lui répondait : « Oui, et clair de lune. » Il s'interrogeait sur le langage intérieur et il riait en répétant cette phrase : « Quelle drôlerie, je me suis dit à moi-même : j'ai oublié mon parapluie ! »

Au cours de ces matinées dominicales où nous allions côte à côte de l'Arc de Triomphe à la porte Dauphine, pendant que je marchais à côté de ce génie fascinant, le sentiment dominant était le fier contentement de bénéficier des monologues improvisés écoutés par mes seules oreilles.

Lorsque j'étais par hasard l'hôte — en même temps que lui — de la duchesse Edmée de La Rochefoucauld, ou lorsque nous nous retrouvions à la Vallée-aux-Loups, le ton changeait quelque peu, mais l'esprit restait aussi pétillant. Enfin, lorsqu'il venait chez moi, il demandait qu'après le dîner on « fît province » et qu'on restât devant la tasse de café, les coudes sur la table, à causer. Il essayait alors de m'entraîner vers un sujet biologique auquel il prenait intérêt. Je m'arrêtais assez vite pour qu'il parlât lui-même.

Son entrée au Collège de France, en 1937, il me semble qu'elle le rapprochait de nous les professeurs, les universitaires. Le jour de sa leçon inaugurale, fuyant les empressements des hommes et des femmes accourus pour l'écouter, après avoir cherché en vain un petit bistrot du Quartier Latin pour se désaltérer, il vint jusque chez moi, rue de l'Université, avec Georges Duhamel, et ma fille nous offrit à tous trois un verre de vin de Vouvray, le meilleur de ma vigne tourangelle. Le 20 juillet 1945, il mourait. C'est avec ma fille Claude, me semble-t-il, que, le soir tombant, j'accompagnai son corps de l'église Saint-Honoré d'Eylau à la place du Trocadéro, où devaient avoir lieu le 24 juillet ses obsèques nationales sous la présidence du général de Gaulle.

Henri Mondor et moi, nous avons parlé souvent de sa dernière maladie, de ce qu'il disait alors dans la souffrance et de la beauté de son courage. C'est plus à l'homme qu'il fut qu'à sa gloire d'écrivain et de penseur que je songeais lorsque, après la guerre, je parcourus, donnant le bras à Mme Paul Valéry, l'exposition de la Bibliothèque Nationale qui lui était vouée et que je copiais ces lignes que je porte sur moi depuis lors et qu'il avait écrites le 30 mai 1945 : « J'ai la sensation que ma vie est achevée, c'est-à-dire que je ne vois rien à présent qui demande un lendemain. Ce qui me reste à vivre ne peut être désormais que du temps à perdre. Après tout, j'ai fait ce que j'ai pu. »

Et maintenant, je rédige ces lignes dans ma bibliothèque tourangelle des Madères entouré par les livres qu'il a écrits, dont les dédicaces marquent les degrés de l'amitié qu'il m'a témoignée, et de la grande collection reliée en blanc de ses Cahiers manuscrits exactement reproduits, faits pour une lecture inépuisable.

C'est au chevet de sa fille Marie, alors toute enfant, que je fis la connaissance de la comtesse François de Castries. Peu à peu, je me liais avec elle et j'entrais dans le cercle de ses amitiés. J'ai eu la bonne fortune d'y demeurer toujours. Tout au long de ces années, la vivacité piquante de son esprit plein d'humour, la finesse de son goût, la sûreté de ses opinions débarrassées de tout préjugé et la franchise de ses conseils n'ont cessé de m'enchanter et de m'aider. Dans certaines circonstances graves, c'est à elle que je me suis confié. Et voici que maintenant, survivant tous les deux, nous évoquons les compagnons de notre vie, presque tous disparus, au cours de ces conversations qui sont un des charmes de notre vieillesse. Il nous semble qu'à côté de nous l'abbé Mugnier — ou l'abbé, comme nous l'appelons tout court — est présent.

Tout le long de sa vie il fut un familier de son foyer, l'ami, le conseiller.

Cet homme, petit de taille, était d'une exceptionnelle vitalité. De sa conversation, de ses gestes, de ses interjections, de ses interrogations, de ses exclamations se dégageait une intensité de vie rare. Revêtu de la soutane traditionnelle, il portait la large ceinture de soie sur laquelle, comme pour scander ses phrases, il tapotait volontiers des deux mains. Coiffé du grand feutre noir et le cou orné du rabat, il représentait bien l'image des prêtres de son temps. Même quand le costume ecclésiastique se simplifia, il resta fidèle au rabat des curés parisiens, rappelant, en s'amusant de ce récit, qu'à la mort de la marquise de Pompadour, l'archevêque de Paris avait décidé que tout son clergé porterait le rabat noir bordé de dentelle blanche, signe de deuil de la marquise réconciliée avec l'Eglise. D'un geste familier, il passait ses doigts dans sa houppe dont la blondeur un peu rousse avait blanchi avec l'âge, tournait vers son interlocuteur son visage animé et le regardait de ses yeux bleus. Même quand ceux-ci cessèrent de voir, il continuait à essayer de regarder autour de lui. « Mes yeux, disait-il, se sont fatigués, maintenant ils se reposent. » En effet, il avait grand-soif de connaissances. Sa curiosité pour le monde qui nous entoure était extrême. Cette curiosité était pleine d'indulgence et de sympathie pour les hommes, pleine d'amour pour la nature. Il aimait les fleurs, surtout les fleurs des champs qu'il ne pouvait s'empêcher de cueillir et dont il faisait de petits bouquets. Je crois qu'un jour je le chagrinai en lui disant qu'ainsi les fleurs mouraient ; mais il me montra qu'il les faisait survivre en les séchant entre les pages de ses livres ou entre les feuillets de ses lettres. Le titre que la princesse Bibesco a donné à son voyage en Palestine est bien symbolique puisqu'elle l'a intitulé : *La croisade pour l'anémone*. Il rappelait volontiers toutes les comparaisons de l'Evangile où sont évoquées les plantes et les fleurs.

La vie des hommes du présent et du passé le passionnait. Dans son amour pour l'histoire de France, il s'intéressait aux grands noms et aux grandes familles. Il lui plaisait de célébrer les mariages qui les unissaient, acceptait volontiers les invitations de ceux et de celles qu'il avait choisis et jouait dans le grand monde, comme dans tous les milieux, le rôle bienfaisant d'un conseiller plein de bonté, à l'esprit libre et généreux, toujours inspiré par la morale de l'Evangile. Il fut pour beaucoup l'indispensable soutien, le guide et, dans la détresse, le sauveteur.

Les conversations des médecins lui plaisaient. Trois d'entre eux furent ses amis : Henri Mondor et moi-même, puis plus tard Henri Le Savoureux. Avec Henri Mondor il parlait littérature et savourait l'ironie des remarques de notre ami. Quand nous étions ensemble, il aimait beaucoup raconter ses souvenirs et aussi m'interroger sur les mystères de la biologie humaine. Il parlait de son enfance au château de Lubersac que son père, architecte, réparait, puis à Nogent-le-Rotrou, au petit séminaire où sa mère l'avait conduit ; elle venait le voir et descendait à l'hôtel du Dauphin. Il la retrouvait et avec elle faisait de grandes promenades dans la campagne. Avec délices, il se plongeait dans les beautés de la nature et laissait voler son imagination. C'est ainsi qu'il découvrit, dans le parc de Mongraham, la Dame Verte de Chateaubriand. A cette statue couchée sur un tombeau et recouverte de mousse il voua une sorte de culte. Plus tard, chaque année, il revenait seul et, sans prévenir ceux qui possédaient ce domaine, pénétrait dans les bois, rêvait, allait retrouver la Dame Verte, déposait un bouquet de fleurs, priait, puis laissait de nouveau son imagination l'entraîner. Plus tard encore la princesse Bibesco l'accompagna à maintes reprises dans ses pèlerinages poétiques et romantiques, nécessaires, pensait-il, pour échapper à la sécheresse de la vie quotidienne.

Il parlait aussi du séminaire de Saint-Sulpice. Il regrettait, comme il me l'a souvent dit, qu'on n'eût point informé ces jeunes séminaristes des mystères de la vie. Il eût préféré cet enseignement aux recommandations éloquentes où, à la veille de la sortie du dimanche, on mettait en garde contre la Babylone moderne. Pour lui, il allait de son pas vif jusqu'au logis de sa mère qui l'avait suivi à Paris, lui donnait à repriser ses bas, à réparer sa soutane, puis reprenait le chemin du séminaire. Tout cela, me dit-il, n'avait rien de très babylonien...

Il lisait alors beaucoup, les classiques et les romantiques. Naissait son amour pour George Sand. *La Petite Fadette* et *La Mare au diable* lui apportaient, dans la vie cloîtrée du séminaire, des images des prés, des champs, de l'existence paysanne. Mais on avait peu de nouvelles au séminaire. C'est par un fragment de journal dont sa mère avait bourré une paire de chaussures de rechange qu'il apprit la mort de George Sand.

Il avait été satisfait au cours de sa vie de visiter l'Allemagne et me parlait de sa visite dans les lieux où Goethe et Schiller avaient vécu. En Grande-Bretagne, il avait cherché les traces de Chateaubriand émigré à Londres. C'est Chateaubriand, en effet, que de tous il préférait. Il le relisait, le citait, retrouvait quand il venait à la Vallée-aux-Loups des épisodes de sa vie d'aventure et de passion. Aveugle, alors qu'il se promenait avec moi dans le parc, il s'approchait des arbres plantés par Chateaubriand et en caressait l'écorce.

Je l'ai accompagné au cours de deux visites romantiques à la mémoire de

George Sand et de Chateaubriand, à Nohant et à Combourg. Il était venu chez nous, en Touraine, pour un court séjour avec Mme la comtesse de Castries. Mes enfants adolescents l'avaient enchanté. Le voici, marchant à côté de mon fils Michel sur la terrasse, les mains enfoncées dans sa large ceinture, le visage animé, la tête relevée, interrogeant, parlant, répondant, tout en admirant, sans bien le distinguer, le paysage, les fleurs et les arbres. Ma fille lui avait présenté ses oiseaux. Il avait été chagriné d'apprendre que les tourterelles montraient parfois quelque cruauté. Puis nous partîmes, mes trois enfants, Mme de Castries, l'abbé Mugnier et moi-même, pour Nohant. Inoubliable voyage. Il ne voyait point le paysage, on le lui décrivait ; les bois de chênes, les ormes taillés, les prés, les bords de l'Indre remplis d'herbe verte et puis la traversée du Blanc où George Sand venait si souvent, enfin l'arrivée sur la petite place, le vieux puits, notre arrêt autour de la margelle au pied des ormes centenaires ; la visite du château où Aurore Lauth, petite-fille de George Sand, nous reçoit, les collections de pierres, l'herbier enfermé dans les meubles anciens, dans l'armoire les marionnettes pour le théâtre de Maurice et de Solange, le piano de Chopin dans le salon dont la fenêtre s'ouvre sur le parc ; enfin la chambre de George Sand, et d'un seul coup l'abbé tombe à genoux pour une prière qu'il renouvellera quand nous approcherons des tombes de George Sand et des siens.

A Combourg, nous voici dans le grand parc. Ce fut un ravissement ; l'abbé humait les magnolias à l'odeur enivrante, citait Chateaubriand, le faisait vivre en quelque sorte à l'époque où il était le chevalier, habitant la petite chambre au haut d'une tour, passant des soirées sinistres où Lucile et lui-même restaient immobiles pendant que leur père marchait à grands pas, les nuits où le vent sifflait dans les tours, où l'on entendait les chouettes et songeait aux fantômes suivis de chats miaulant. Puis ce fut, devant le château, l'étang où jadis M. de Chateaubriand, pour faire taire les grenouilles, forçait ses manants à battre l'eau marécageuse.

Bien souvent, il rappelait le plaisir qu'il avait pris à ces voyages. C'était comme une gerbe de souvenirs de sa dévotion romantique.

Souvent, il me faisait parler de médecine et, plus encore, de biologie. Il était, sur les problèmes les plus délicats de nos instincts et de leurs satisfactions, peu éclairé. Parfois, ses questions témoignaient de quelque naïveté. Il me rappelait que ses premières informations dataient du petit séminaire lorsque ses condisciples — petits paysans du Perche — lui montraient l'accouplement des hannetons et s'amusaient de ce spectacle d'une manière dont la grossièreté le faisait souffrir.

Je lui disais parfois combien il était curieux que ce fût moi qu'interrogeait dans son vieil âge un prêtre qui avait reçu tant de confidences. Facilement, il passait de la biologie à la poésie tant il poétisait toutes choses. « Que pensez-vous, me disait-il, des amours de Chateaubriand et de sa sœur Lucile. Qui était la Sylphide ? »

Un jour, je lui fis le plaisir de lui montrer dans mon laboratoire de la Faculté des préparations de chromosomes. Je lui avais parlé de l'hérédité ; le sujet l'avait passionné. Nous y revînmes souvent. Sa vue commençait à baisser, et je crois qu'il ne devinait les images des coupes microscopiques que par les yeux de l'imagination. Mais il était ravi, le mot grec χρῶμα, « couleur », l'enchantait, car il aimait tant le spectacle coloré de la nature qu'il se réjouissait à la pensée que le message héréditaire eût cette beauté. Il pensait, je suppose, que les chromosomes étaient naturellement colorés.

Alors qu'il vieillissait et perdait la vue, il conservait son entrain. L'intérêt qu'il portait au monde présent continuait d'être aussi passionné. Ses conversations restaient éblouissantes. On répétait ses mots spirituels qui, même lorsqu'ils étaient ironiques, restaient bienveillants. Je me rappelle qu'à l'anniversaire de ses quatre-vingts ans, lorsqu'il eut soufflé les huit bougies, comme on le félicitait de sa verte vieillesse, il répondit par cette belle formule qui s'appliquait si parfaitement à lui : « Bien vieillir, c'est garder tous les âges à la fois. » Il avait, en effet, conservé la naïveté de l'enfance et l'enthousiasme de la jeunesse.

Invité à cette époque chez le baron Edouard de Rothschild avec le grand rabbin de France, celui-ci s'effaçant devant lui pour passer à table en lui disant : « Après vous, mon père », il lui répondit : « Passez d'abord, monsieur le Grand Rabbin, vous êtes notre grand-père. » Citerai-je aussi ce mot qu'il répondit à une dame lui demandant comment il croyait que je ressentais le fait d'être juif : « Il est enchanté, répondit-il, oui, enchanté. Vous savez, il aime les difficultés, et c'en est une de plus. »

Aumônier du couvent voisin, il vivait dans un petit appartement de la rue Méchain, voie peu fréquentée entourée des jardins de l'Observatoire, de couvents et d'hôpitaux. Pendant l'occupation, étant allé — comme je le raconterai — demander son aide à l'abbé Stock, celui-ci me pria de lui faire connaître l'abbé Mugnier. Nous allâmes le voir ensemble. La rue était plus déserte que jamais. En entrant dans le logis, l'abbé Stock fut immédiatement frappé par la vue du grand buste placé au milieu de la cheminée et qui dominait toute la pièce. Il s'approcha. Il ne s'était pas trompé ; c'était bien le buste de Goethe. Il était juste que l'image d'un grand poète romantique fût à cette place. On avait suggéré à l'abbé Mugnier de remplacer ce buste par celui de Victor Hugo pendant la Première Guerre mondiale. Naturellement, il n'en fit rien. En 1941, pendant ces heures tragiques que nous vivions, avant toute conversation nous restâmes tous les trois un moment silencieux autour du buste de Goethe.

C'est dans cette chambre qu'en 1944 l'abbé Mugnier fut atteint d'une pneumonie. En allant le visiter et songeant qu'il était frappé à mort, j'évoquais en moi-même ces pensées qu'il avait souvent exprimées devant nous et que, sans trahir sa pensée, on peut résumer ainsi : « J'aime la vie, il faut y tenir. Les hommes sont vraiment fous... mais je regretterai de les quitter. »

·16·

Les années sombres. Les charges et les honneurs

Les années de travail dans le bonheur ne devaient pas se prolonger. Brusquement, en plein été, en pleine vacances familiales délicieuses, le malheur entra. Après quelques jours de maladie, la mort. J'étais accablé. Notre foyer était détruit, la vie personnelle de mes enfants et de moi-même brisée. Un élan de pitié entraînait vers nous tous les miens, ceux et celles de ma famille, de ma belle-famille, de nos amis. Michel, âgé de dix-sept ans, et Claude, de seize ans, surmontaient leur chagrin pour tout diriger et tout décider. Nous entourions Olivier, âgé de neuf ans. Après un certain temps d'isolement, car j'étais terrassé, je reprenais ma tâche et retrouvais l'existence familière avec mes enfants. De ma vie intime, je ne parlerai pas davantage.

En vertu des règlements en vigueur, je dus accepter la direction d'un service d'adultes tuberculeux à l'hôpital Beaujon. Cet ancien hôpital devait disparaître ; aussi ne prenait-on pas soin de l'entretenir. Dans des bâtiments noirs de crasse, les salles communes au plancher vermoulu et aux murs malpropres étaient envahies par des rats. De nombreux phtisiques y recevaient les soins que l'on pouvait alors leur donner et dont l'action thérapeutique était médiocre, sinon nulle.

Je faisais chaque jour une visite minutieuse, tantôt dans une salle, tantôt dans une autre, m'efforçant de montrer à chacun que je m'intéressais à son sort.

Il fallait remplacer l'insuffisance de nos moyens par des gestes de charité. On ne peut employer d'autres termes pour définir notre attitude vis-à-vis de patients qui étaient les victimes, non seulement parfois d'une consomption lente, parfois d'une déchéance rapide, mais aussi d'une misère dont nous avons heureusement aujourd'hui — tout au moins pour les Français — supprimé l'affreuse dureté.

Mme Mainot, assistante sociale, aidée de collaboratrices bénévoles, nous apportait son aide et joignait à ses bonnes paroles l'utilité des services qu'elle rendait aux familles de nos patients ; mais la plus importante, sans doute, de nos actions était l'addition à leur régime de bons aliments préparés pour eux par des « bienfaitrices » dans une petite cuisine sordide. En effet, que pouvait-on leur donner ? Des paroles de sympathie, des médicaments calmants, apaisant toux, douleurs, fièvre. Le pneumothorax artificiel auquel, faute de mieux, on faisait grande confiance, était bien souvent inefficace. Enfin, pour tous ceux qui pouvaient en bénéficier, on donnait l'espoir qu'un long exil au cours d'un séjour en sanatorium pourrait triompher de la maladie. C'est ainsi que les plus vaillants finissaient par recouvrer une santé encore bien souvent précaire ; pour d'autres, c'était une rémission plus ou moins durable. La nécessité de la reprise du travail, le souci d'assurer le gagne-pain indispensable inquiétaient beaucoup d'entre eux. Des chagrins intimes s'ajoutaient à toutes les souffrances d'une longue maladie. Même pour ceux que seul tourmentait leur mal, l'existence était pénible. On se demande comment la littérature romantique a pu idéaliser cette horreur, la tuberculose !

Ces matinées d'hôpital — les seules vraiment tristes que j'ai vécues au cours de ma carrière — ne m'apportaient pas le soutien moral dont j'avais besoin.

Pour retrouver mon équilibre, il fallait faire un effort de redressement, effacer les cauchemars, travailler à mon vrai métier. J'y jarvins grâce à un sursaut d'énergie et à l'aide d'un ami généreux. Dans une cour lointaine de l'hôpital, une baraque de bois élevée pendant la guerre et où l'on avait étudié les gaz de combat était abandonnée. Elle était vide, livrée aux rats et à la pourriture. Le directeur de l'hôpital me permit, avec les fonds que j'avais reçus à cet effet, de la faire repeindre, de renouveler quelques planches, de poser un linoléum sur le sol, un poêle à charbon avec sa tuyauterie et, plus tard, des radiateurs rattachés à la chaufferie de l'hôpital, enfin d'y placer quelques meubles très simples. J'installai alors une consultation pour les enfants de la famille de mes tuberculeux auxquels devaient se joindre mes anciens petits patients de l'hôpital des Enfants Malades. Très rapidement et spontanément la « clientèle » de cette consultation s'accrut, si bien que trois fois par semaine, entouré de mes collaborateurs du service, j'examinais de nombreux enfants et donnais mes conseils à leur famille. Se joignaient aussi à nous des étudiants qui échappaient à je ne sais quel stage obligatoire, ennuyeux et peu utile, pour venir s'instruire en pédiatrie, et mes anciens disciples de l'hôpital des Enfants Malades venaient également nous retrouver. J'adresse, en écrivant cette histoire, un hommage à la mémoire du directeur de cet hôpital Beaujon, qui accepta et fit accepter par le docteur Louis Mourier, directeur de l'Assistance publique, l'équipement puis l'organisation sommaire d'une consultation d'enfants dans un hôpital d'adultes. Une telle entreprise serait impossible aujourd'hui. La lourdeur de la machine administrative, le poids écrasant des règlements, les avis obligatoires de nombreux conseils ayant généralement horreur de toute innovation, les contraintes des organisations syndicales de toutes sortes, défenseurs d'intérêts corporatifs, toujours alarmés, ont enchaîné les meilleurs des fonctionnaires qui ont ainsi perdu toute capacité de décision personnelle.

Cette consultation improvisée de l'hôpital Beaujon a laissé à mes élèves d'alors et à moi-même le souvenir d'une aventure pittoresque, de l'agrément du travail en commun et de services rendus par une petite équipe enthousiaste. C'est ainsi qu'au cours de trois années, peu à peu, je retrouvais, après un long délabrement, une nouvelle paix et le goût du travail.

*
* *

C'est au cours de l'année 1933 que je devais atteindre les sommets de notre hiérarchie professionnelle. Je fus la même année élu à l'Académie de médecine et nommé professeur à la Faculté de médecine, et enfin médecin-chef d'un service d'enfants. Bien qu'essayant d'éviter les souvenirs trop personnels, je ne peux résister au plaisir de conter mon élection académique qui fit exception à la règle. Une place était vacante dans la section d'hygiène. Mes maîtres me conseillèrent de me présenter, m'affirmant qu'ils espéraient me faire élire malgré ma jeunesse toute relative.

Le professeur Netter et le professeur Marfan désiraient me montrer toute leur sympathie, atténuer les regrets qu'avait pu me causer l'échec que j'avais subi lors d'une première candidature à la Faculté et ils m'encourageaient affectueusement. Grâce à leur autorité sur l'Académie, ils devaient réussir. Je ne sais comment je me dérobai à toutes les obligations du candidat, mais j'y parvins. Contrairement à la coutume — celle-ci veut que le candidat fréquente pendant quelque temps la salle des Pas-Perdus de l'hôtel de la rue Bonaparte où l'Académie se réunit chaque mardi —, je n'en franchis la porte qu'après mon élection, n'ayant fait aucune lecture préalable, ni aucune visite. Si j'ose avouer aujourd'hui l'incorrection de ma conduite, je puis ajouter cependant que je décidai de rendre, avant mon élection, une visite officielle au membre le plus ancien de l'Académie, le docteur Guéniot, très grand vieillard, car j'espérais obtenir de lui, et ce fut le cas, le récit de ses souvenirs d'enfant. Il ne manqua point en effet d'évoquer devant moi la révolution de 1848. Dans sa chambre d'enfant, il entendait les roulements de tambour et le bruit de la fusillade qui, me dit-il, l'amusaient fort. A l'honneur d'entrer dans cette Académie s'ajoutait pour moi le plaisir d'y retrouver ce témoin des temps anciens.

Lorsque je pénétrai pour la première fois dans la grande salle des séances, j'aperçus deux silhouettes sombres, celle d'un homme et d'une femme. C'étaient M. Roux et Mme Curie, tous deux vêtus de noir, qui conversaient. M. Roux me fit signe, je m'approchai, et il me présenta. C'est sans doute parce que j'étais introduit par lui que Marie Curie, me fixant de ses yeux noirs, me jeta un regard bienveillant. Elle me demanda : « Sur quel sujet travaillez-vous ? » Je lui répondis : « Le début de la tuberculose chez le nourrisson et l'enfant. » « Le sujet est mal connu et important », conclut M. Roux.

Après quarante années, je reste fier d'avoir été accueilli dans cette compagnie par deux savants de génie dont j'imagine encore parfois apercevoir les ombres à la place qu'ils occupaient dans notre salle des séances.

N'ayant pas encore le goût de prendre au sérieux le travail des académiciens, j'avais, dès mon arrivée, parié par amusement avec mon maître Antonin Gosset que, lorsque je monterais à la tribune pour la première fois, je réciterais les vers d'une poétesse. C'était à l'occasion d'une conversation que j'avais eue avec lui et où il était fort question d'Anna de Noailles. Bientôt, je fus appelé à prononcer l'éloge d'un membre correspondant dont j'ignorais totalement l'existence et la carrière. Je m'arrangeai donc pour citer deux vers, non pas d'Anna de Noailles, mais de Marceline Desbordes-Valmore. Le professeur Gosset me dit : « Vous avez gagné votre pari, mais les vers sont mauvais. »

C'est à la chaire de bactériologie clinique que je fus élu, après avoir été battu lorsque je m'étais présenté précédemment à la succession de Léon Bernard à la chaire d'hygiène. Cet échec m'a été fort utile. Je ne sais comment j'aurais pu remplir honnêtement la tâche de professeur d'hygiène en restant médecin d'enfants. Au contraire, la bactériologie clinique, où je pouvais continuer le travail commencé à Strasbourg, convenait parfaitement. M. Roux m'avait poussé à présenter ma candidature et assuré de son appui.

Ma leçon inaugurale fut assez solennelle. Tant d'amis et de collègues avaient voulu me montrer leur sympathie que l'amphithéâtre était plein. Les étudiants en foule essayaient bruyamment d'entrer pour trouver des places. Dans sa propre leçon inaugurale, un de mes élèves a dépeint la scène en termes pittoresques. S'adressant à moi, il dit : « C'était en 1933. Vous étiez ici même. L'amphithéâtre était plein à craquer. Il y avait des auditeurs partout : massés sur les bancs, assis dans les travées, debout dans le promenoir du fond, entassés même dans ces escaliers qui montent en spirale dans l'épaisseur des murs comme autrefois dans les théâtres de Rome. De temps en temps, ceux qui s'y pressaient sans vous voir et sans presque vous entendre voulaient enfin apercevoir votre visage et distinguer vos paroles. Alors, une vague invincible soulevait cette marée humaine et faisait déferler vers l'arène un flot d'étudiants qui venait se briser au pied de votre estrade. Je vous ai vu blêmir et rougir de colère, mais vous n'avez rien dit. Vous avez poursuivi, attendant votre heure. Et, lorsque vous avez jugé le moment venu, quand vous avez cru pouvoir vous abriter à l'ombre des grands noms dont vous évoquiez la mémoire, au moment que vous avez choisi, alors seulement vous avez éclaté. » J'ai en effet prononcé ces quelques mots : « Je parle de Laennec et de Bretonneau, taisez-vous. » Le narrateur continue : « Vous auriez pu déchaîner un chahut mémorable ; vous avez glacé votre auditoire et terminé votre leçon dans un silence de cathédrale. »

Le soir de ce succès, je me sentais accablé. A mon malheur personnel que j'essayais de supporter avec vaillance s'ajoutaient le souci de charges très lourdes, la pensée qu'il était impossible de les remplir toutes comme il convenait. En effet, à mon tour d'ancienneté, je fus désigné pour diriger un service d'enfants à l'hôpital Hérold, situé aux Buttes-Chaumont. Je devais donc assumer plusieurs tâches : à la fois les visites quotidiennes dans un hôpital situé au bout de Paris, avec tant de petits malades à soigner, l'enseignement plusieurs fois par semaine dans un amphithéâtre de l'ancienne Faculté situé rue de l'Ecole de Médecine, les travaux pratiques de bactériologie qu'il fallait réorganiser complètement, enfin les appels pour des consultations à Paris et hors de la capitale. Je me croyais assez solide pour exercer ces trois métiers : médecin d'hôpital, professeur de faculté et médecin consultant. Je commençais par diminuer, tant que je le pouvais, mes consultations privées. Je n'eus pas à réduire le temps des distractions ; sauf pour les lectures nocturnes, c'était fait depuis longtemps. Cependant, je me fiais trop à mon endurance. Après plusieurs mois, je souffris d'une infection sévère liée certainement au surmenage car, en plus de ces tâches, je m'acharnais à poursuivre des recherches personnelles. Je crus mourir, mais la vigueur de ma constitution triompha.

L'hôpital Hérold, fait de petits pavillons au milieu de jardins fleuris, évoquait un établissement de soins d'une petite ville de province. Malgré cette impression agréable, je me sentis vite très dépourvu des facilités nécessaires à un bon service de soins. Point de laboratoire. Une technicienne était installée dans un coin du bureau, avec son étuve et son microscope, la plupart des examens se faisant tant bien que mal dans l'officine du pharmacien. Le service radiologique était misérablement équipé. Il n'y avait point de chirurgien, ni d'ophtalmologiste, ni d'oto-rhino-laryngologiste. Il fallait, ou se résigner à pratiquer la médecine du passé, ou tout improviser. Je pus organiser une équipe de collaborateurs avec mes assistants et internes. Puis j'appelai auprès de moi Marcel Mignon, qui se voua alors tout entier à la radiologie de l'enfant, m'aida à obtenir un équipement convenable et nous pûmes ensemble approfondir les études radiologiques, surtout du poumon, du cœur et de l'estomac. Marcel Mignon devint, dans ce domaine alors mal défriché, un maître d'une compétence exceptionnelle. Mon ami Raoul Monod, chirurgien des hôpitaux, vint obligeamment examiner les cas pour lequel se posait un problème chirurgical et même opérer quand il le fallait. Lorsqu'il s'agissait de troubles de l'appareil urinaire, nous étions aidés par Gaston Lauret qui mit au point des instruments pour nourrissons et petits enfants, dont aucun modèle n'existait en France. Tous les examens de laboratoire furent faits en dehors de l'hôpital : ceux de la bactériologie grâce à Henri Bonnet, ceux de l'anatomie pathologique grâce à Eugène Normand, le préparateur de Maurice Letulle.

Deux disciplines étaient encore indispensables, l'une de toute évidence, l'autre moins clairement reconnue comme nécessaire. La première était la biochimie. Lorsque je m'interrogeais sur les troubles digestifs métaboliques si graves, si souvent mortels, du tout petit enfant, lorsqu'il me semblait bien que les explications des néphropathies, d'une belle ordonnance classique, ne pouvaient suffire et que les troubles endocriniens justifiaient de nouveaux approfondissements, j'ai trouvé en René Goiffon un secours incomparable qui m'a permis de satisfaire mon avidité de recherche et mon désir de découverte.

Dès cette époque, il m'apparaissait que l'hérédité et ses lois méritaient une application plus étroite à la pédiatrie et que la voie tracée devant nous par Appert était trop peu fréquentée. « Quel intérêt pouvez-vous porter à l'étude de ces arriérés, de ces petits êtres difformes, de ces enfants malvenus et tarés, de ces monstres affreux ? » me disait-on. Je n'écoutai point et obtins de M. Justin Jolly, du Collège de France, un assistant généticien et embryologue.

Tels furent le développement difficile des études biologiques et le modeste début de tous nos efforts pour l'intégration, dans le domaine de la pédiatrie, des problèmes de l'hérédité et de la vie de l'embryon et du fœtus.

A la Faculté de médecine, je donnais trois fois par semaine, pendant un semestre, un enseignement magistral que j'essayais de rendre vivant. J'arrivais à réunir ainsi un auditoire assez nombreux, ce qui n'était pas toujours le cas pour les cours de l'époque. Pour les travaux pratiques des étudiants, nous ne disposions que de salles malpropres. Les garçons de laboratoire, sans compétence, recrutés pour occuper des emplois réservés aux invalides de guerre, tiraient des bénéfices supplémentaires de toutes sortes de métiers parmi lesquels figurait le commerce des peaux de lapins et de différents produits, et enfin, certains jours, ils faisaient de grandes lessives, moins coûteuses pour les étudiants que les blanchisseries du quartier. Il nous fallait donc recruter un personnel mieux voué à sa tâche, faire nettoyer les locaux et installer le matériel convenable.

Le recteur, M. Charléty, prenant souci de cette situation, vint au secours de ma détresse et, fouillant le fond des tiroirs du rectorat, y trouva encore quelque argent qu'il put me donner. Mon collaborateur Henri Bonnet, bientôt professeur agrégé, aidé de quelques préparateurs désignés par M. Ramon, dirigea les travaux d'aménagement et prit en main l'enseignement pratique.

Une chance exceptionnelle s'offrit : le professeur Hans Zinsser vint m'apporter un secours presque miraculeux. Il était grand chef d'école, titulaire de la principale chaire de bactériologie des Etats-Unis. Il enseignait cette discipline à l'Université Harvard, de Boston. Amoureux de la France, il goûtait notre genre de vie, les promenades dans Paris, se plaisait aux conversations avec les gens de notre peuple. Il décida de passer à Paris son année sabbatique. Sur le conseil de Charles Nicolle, avec lequel il avait étudié le typhus, il demanda à être affecté à ma chaire et vint s'installer à mes côtés. Indulgent pour la France, sachant combien elle avait souffert pendant la guerre, il ne manifestait aucun dédain vis-à-vis de la pauvreté de nos équipements, des difficultés de notre tâche dues à notre fâcheuse organisation et, j'ajoute, des limites de ma science. Après les cours ou séances de travaux pratiques, s'asseyant familièrement sur les bords d'une table, il interpellait les étudiants et, dans un français pittoresque teinté d'accent américain, il les interrogeait sur leur travail et même sur les difficultés de leur existence personnelle et les guidait de ses conseils. Grâce à lui, je compris la nécessité du rapprochement entre maître et étudiants, qui n'était guère pratiqué dans nos facultés.

Avec la même aisance, il se lia avec mes enfants. Il vint partager nos vacances au milieu de la Touraine et des Tourangeaux qu'il a décrits dans ses Mémoires publiés sous le titre : *As I remember him,* où il relate nos promenades à cheval et une partie de pêche avec mon fils Michel et un vigneron de Vernou. Nos deux familles sont restées unies et, longtemps après la mort de mon ami, prématurément survenue à la suite d'une longue maladie héroïquement supportée, mes enfants et petits-enfants profitent encore de la sympathie de ses descendants.

Mon objectif essentiel restait la création d'une école pédiatrique moderne à Paris. Pour y parvenir, je désirais visiter les professeurs des pays voisins. Quelques missions en Hollande, en Allemagne, en Europe centrale, en Italie et en Grande-Bretagne devaient précéder un grand voyage aux Etats-Unis et en Amérique du Sud, accompli grâce à une mission qui m'avait été confiée par le docteur Rajchman. Je parlerai plus loin de l'expérience acquise au cours de ces voyages dans l'Ancien et le Nouveau Monde et des liens que j'ai pu établir dès cette époque avec les pédiatres de différents pays.

·17·

Du côté de l'Institut Pasteur

Depuis mon enfance jusqu'à ma vieillesse, l'Institut Pasteur a joué un rôle dans mon existence. Le retentissement des découvertes de Pasteur, l'admiration que l'on développait chez les jeunes Français pour ce génie — symbole de la science bienfaisante et héros national — font partie de mes premiers souvenirs.

Lorsque j'étais enfant, ma mère nous racontait qu'en 1885 elle s'était trouvée face à face, dans une rue de Paris, avec un groupe de paysans russes qui avaient été mordus par un loup enragé et qui étaient venus demander secours à Pasteur. Elle les dépeignait hommes d'une taille gigantesque, coiffés d'énormes toques de fourrure, barbus et hirsutes, vêtus d'une large blouse serrée à la ceinture et chaussés de grosses bottes. Etait-ce la vue de ces hommes qu'elle considérait comme des sauvages ou la crainte qu'ils ne fussent enragés et, comme on le croyait alors, prêts à mordre, qui lui fit grand peur ?

Mon oncle, le docteur Marc Trénel, avait été, lorsqu'il était étudiant en médecine, introduit dans son laboratoire par Charles Nicolle. Pour émerveiller ses neveux, qui étaient alors des bambins, il nous parlait de culture de « microbes sur bouillon ». Pendant des années, j'associais de façon mystérieuse l'idée de ce mot magique de la science au potage de chaque soir.

Dès que je le pus, au cours de mon internat, je demandai mon admission au cours de bactériologie que l'Institut Pasteur organisait depuis peu et qui n'a cessé d'être professé depuis. Presque tous les maîtres de cette époque avaient été formés par Pasteur ou l'avaient approché. Ils avaient contribué à fonder la science nouvelle. Dans leur enseignement ils rappelaient les batailles qu'il avait fallu livrer pour faire triompher la vérité.

M. Roux citait les célèbres expériences de Pouilly-le-Fort faites sur les moutons infectés par la bactéridie charbonneuse, les discussions devant les académies sur le rôle du streptocoque dans l'infection qui décimait les accouchées dans les maternités, sur la vaccination contre le virus de la rage, « être de raison » qu'on ne pouvait ni voir ni cultiver. Nous étions encore tout près de l'époque où il avait fallu convaincre les médecins et l'opinion de la véracité des découvertes sur l'infection, le rôle des infiniment petits et des notions nouvelles sur le monde qui nous entoure. M. Roux nous apprenait les gestes qu'il fallait accomplir comme les rites d'une religion. Il fallait savoir ensemencer, colorer, reconnaître les bactéries, garder pures les cultures en maniant avec de grandes précautions les pipettes, les tubes de verre, le coton stérile, la flamme des becs de gaz. C'était comme une initiation à des vérités nouvelles. La science avait un caractère sacré et apportait l'espérance : la connaissance de la cause des maladies infectieuses ne devait-elle pas transformer toute la médecine et même changer le sort de l'humanité ?

M. Roux parlait avec autorité et gravité. Ses cours étaient clairs. Il n'employait volontairement que les mots du langage courant, ne disant pas « toxine », mot alors savant, mais « poison », définissait, démontrait. Il effaçait son rôle personnel dans les découvertes sur la rage, les premiers vaccins, la diphtérie.

Elie Metchnikoff, que nous appelions le père Metch, russe, de forte carrure, au large visage entouré d'une crinière de grands cheveux et d'une barbe fournie, mêlait à l'évocation de ses découvertes géniales sur la phagocytose le récit de ses observations des êtres unicellulaires plongés dans les mers chaudes du détroit de Messine et aussi ses hypothèses sur les processus vitaux et le vieillissement. Il avait l'air d'un prophète. Il venait de réussir l'inoculation de la syphilis au singe Cynomolgus et nous montrait ses animaux, alors qu'on commençait à peine à faire des expériences sur les primates.

Les cours de Maurice Nicolle avaient quelque chose d'éblouissant, d'entraînant par la fougue, le bouillonnement des idées, le caractère absolu des conclusions.

Je pourrais évoquer d'autres images tout aussi nettes dans ma mémoire : celles de Mesnil, Louis Martin, Besredka, Levaditi, du physiologiste Delezenne qui parlait des ferments dont certains mystères venaient récemment d'être éclaircis, et d'autres encore, parmi lesquels se détache la personnalité de Jules Bordet, découvreur de génie et titulaire du prix Nobel, qui dirigea presque toute sa vie l'institut Pasteur du Brabant. Il estimait fort Gaston Ramon et se joignait parfois à nous lors de nos réunions de travail.

L'empreinte de cet enseignement est demeurée très forte. Si je ne fus jamais un des travailleurs de l'Institut Pasteur, ni plus tard un administrateur (je n'ai fait partie que de l'assemblée que j'ai souvent présidée), je suis resté tout proche de l'illustre maison. J'ai pu collaborer avec Albert Calmette et surtout avec Gaston Ramon et j'ai plus récemment cherché de mon mieux à trouver les solutions des crises graves dont l'Institut Pasteur a souffert et dont il semble que l'on puisse espérer maintenant la fin.

*
**

Maurice et Charles Nicolle furent de ceux dont l'enseignement me forma et l'amitié m'honora. Ils étaient les fils d'un médecin des hôpitaux de Rouen qui avait souhaité qu'ils fussent de grands naturalistes. Ils le furent en effet. Lorsque Charles évoquait ses souvenirs d'enfance et de jeunesse, on le voyait dominé, parfois tyranniquement (un jour, il voulut lui prendre son prénom) par l'étonnant, l'impétueux, le bousculant personnage qu'était — que fut toujours — son frère aîné Maurice. « Je l'admirais, dit Charles Nicolle. Il ne commandait pas. Il ne s'est jamais beaucoup soucié de qui le suivait. Je suivais. » « La carrière de génie fut dévolue à Maurice qui, en vérité, n'en était point dépourvu », mais ce fut Charles qui fut le plus célèbre. Les deux frères Nicolle, qui avaient été parmi les plus brillants internes des hôpitaux de leur génération, étaient devenus des pasteuriens. Ils auraient voulu orienter vers la recherche et vers l'Institut Pasteur leurs collègues et leurs cadets de l'internat. Ils n'y parvinrent point. Notre organisation était mauvaise et le recrutement de l'Institut Pasteur n'était pas bien assuré. Plus tard, j'ai fait de mon mieux pour pousser nos internes vers la recherche scientifique et la situation est meilleure à présent.

Après son internat, Charles reprend le chemin de sa ville natale. Il est nommé professeur de l'école de médecine de Rouen et médecin des hôpitaux. Il y reste jusqu'en 1902. C'est là que je le vis pour la première fois, collégien en vacances chez mon oncle, le docteur Marc Trénel, qui avait été son compagnon d'études et l'entourait d'une déférente amitié. Un vétérinaire avait apporté à Charles Nicolle le poumon d'un âne parsemé de masses tumorales. Je ne pouvais comprendre la discussion anatomique, mais je ne pouvais pas ne pas admirer l'élégance précise avec laquelle Charles Nicolle, muni d'un couteau d'autopsie, découpait cette chair un peu répugnante pour un profane. Je voulais poser des questions. D'un mot bref, mon oncle m'arrêta puis me dit en sortant : « A ton âge, on ne parle pas en présence d'un homme comme Charles Nicolle. » Comme nous étions loin alors de la « participation » et de la liberté des collégiens !

En 1902, Charles Nicolle est nommé directeur de l'institut Pasteur de Tunis. Il aurait voulu créer un centre de recherches à Rouen, mais les temps étaient bien loin d'être révolus, et puis Tunis, ville prestigieuse et lointaine, l'attirait. En lui revivaient l'élan des navigateurs normands qui les poussa vers les terres nouvelles, le désir de l'aventure, le goût du risque, et, aussi, l'espoir des découvertes. Dépendant seulement du gouvernement tunisien, alors celui de la Régence, l'Institut Pasteur de Tunis fut complètement créé par Charles Nicolle. Il réunit, dirige une pléiade de collaborateurs. Deux d'entre eux devinrent mes amis : J. Laigret et surtout Hélène Sparrow. Plusieurs fois il me reçut et chaque visite devait laisser une trace profonde dans ma mémoire. Il pensait et démontrait par son propre exemple que tout grand esprit est encyclopédique.

Son œuvre le prouve, qui est faite d'essais, de romans, d'écrits philosophiques et de grandes découvertes biologiques. Il montre quel est le mode de transmission du typhus, fléau historique, ce qui lui valut le prix Nobel. Il met en évidence la valeur préventive des sérums de convalescents qu'il me chargea d'appliquer à la prévention de la rougeole. Il décrit une maladie singulière chez un petit rongeur, le gondi. Cette maladie, la toxoplasmose, se trouve considérée actuellement comme l'une des plus fréquentes chez l'homme et responsable de malformations congénitales dont l'origine était restée jusqu'à présent ignorée.

Charles Nicolle était sourd, plus que son frère Maurice. Dès sa jeunesse, il avait cessé d'entendre clairement. Dans son admirable *Lettre aux sourds,* Charles Nicolle montre à « ses frères » comment on doit répondre au défi du sort. Très grand, un peu courbé, la tête penchée sur son épaule droite relevée, revêtu d'une jaquette à la mode ancienne et qui ne portait point de décoration, son appareil d'écoute appliqué par la main sur l'oreille gauche, l'expression de son visage était à la fois pensive et souriante. Il animait tout son entourage. Charles et Maurice Nicolle étaient des causeurs infatigables et délicieux. Comme l'a dit spirituellement un de leurs élèves : « La surdité de Charles Nicolle aurait pu rendre pénibles les conversations à table ou en promenade ; il supprimait toute difficulté en gardant la parole presque constamment. »

Pour répandre son message parmi les Français, Charles Nicolle vient, en 1932, occuper la chaire de médecine au Collège de France, où avaient enseigné Laennec et Claude Bernard. Dans ses cours, Charles Nicolle essaya de formuler une biologie de l'invention et une morale établie sur la compréhension de la nature et les règles de la biologie. Il nous demanda, à Louis Pasteur Vallery-Radot, René Leriche et moi-même, de le suppléer pendant les mois où il poursuivait son travail à Tunis et d'illustrer ses doctrines sur des exemples tirés des maladies infectieuses et de la chirurgie. Cet enseignement, donné à un petit nombre dans une chaire du Collège de France, reste pour moi un grand souvenir, d'autant plus que Joseph Bédier, dont l'admirable *Tristan et Yseult* était une des lectures favorites de notre génération et qui administrait alors le Collège de France, me demanda, pendant les longs séjours de Charles Nicolle à Tunis, de prolonger mon enseignement.

Lorsqu'il résidait à Paris, Charles Nicolle ne manquait pas de passer quelques soirées rue de l'Université, pendant lesquelles Gaston Ramon et moi-même l'écoutions. Je cherchais à comprendre comment l'imagination, partie de l'observation, s'élançait vers la découverte.

Gravement atteint par une maladie cardiaque à partir de 1934, Charles Nicolle continuait à travailler. Il me dit alors : « Je suis mort une première fois, maintenant je suis en survie. » Il voulait mourir à Tunis et, sentant sa fin prochaine alors qu'il était en vacances dans les Alpes, en plein mois d'août, par une chaleur accablante, il retourne en Afrique. Quand il accoste à Tunis, il sait que c'est pour la dernière fois. Ses forces déclinent. Il veut cependant qu'on le porte à son laboratoire. Il m'écrit : « J'attends, pour clore ma vie dans le sommeil, la venue de mon fils. C'est long d'attendre. » Le 24 février, il se fait conduire à Carthage et contemple l'horizon si beau. Le lendemain, il expirait.

Dans l'enceinte de l'Institut Pasteur, une dalle funèbre rappelle sa mémoire à la Tunisie, aujourd'hui indépendante, qui n'oublie pas son bienfaiteur et son ami.

*
* *

Le laboratoire de Maurice Nicolle à l'Institut Pasteur de Paris était caractérisé par son ordre impeccable. Il apparaissait comme vide : ni tubes de culture, ni préparations microscopiques ne se trouvaient sur les tables de lave toute blanches. Tout était rangé. L'homme qui vous recevait était d'une grande taille. Il avait de solides épaules, la tête carrée avec une forte mâchoire, des cheveux coupés ras, la face glabre. La parole était éclatante, les gestes vifs, le regard impérieux. Lorsqu'on lui rendait visite, on ne savait s'il allait commencer la conversation en citant la traduction de *Faust* par Gérard de Nerval ou s'il allait parler d'un problème de mathématiques, d'une question d'anthropologie ou d'une toxine escarrifiante, tant sa compétence était universelle. Puis il écoutait les questions posées avec une patience bienveillante. Il expliquait et approfondissait. L'originalité de sa pensée et de sa nature tout entière était connue de tous, la valeur de ses constatations personnelles considérée comme capitale pour la compréhension des microbes et de leur action sur l'organisme. Il était entouré d'élèves qu'il formait, qu'il façonnait et aussi qu'il plaisantait avec humour ; chacun d'eux avait son surnom pittoresque. Il ajoutait à ce surnom, en leur parlant, moqueries et calembours. Quand il s'amusait à donner ce spectacle, certains évoquaient un de ses ancêtres dont il parlait parfois, « notre illustre arrière-grand-oncle, Carlo Bertinazzi, dit Carlin », personnage de la comédie italienne, car les frères Nicolle — et ils le disaient l'un et l'autre — étaient de sang mélangé : italien, wallon, haut-normand et bas-normand, et proclamaient l'utilité des brassages de peuples pour la création d'esprits originaux.

Ses jugements sur les hommes étaient rigoureux, certaines critiques l'entraînaient très loin et, dans des excès de grandes colères, il prononçait contre tel bactériologue — de préférence parmi les plus connus — une diatribe fougueuse, aux éclats retentissants. Il les qualifiait de coquins, de voleurs ou de bandits ! Cet homme puissant, d'allure autoritaire et exigeant pour lui-même et pour les autres, était en réalité timide et prêt à rougir. Comme un Prométhée qui veut arracher leurs secrets aux dieux, il fut frappé par eux à la tête. Une nuit, pendant qu'il lisait un livre de mathématiques de mon oncle J. Hadamard, il sentit son côté gauche se paralyser et continua sa lecture jusqu'à ce que l'hémiplégie fût complète.

Puis ce furent de longues années d'inaction où il recevait les visites de ses élèves, de quelques amis, au premier rang desquels se place le professeur Arnold Netter. Il écoutait aussi de la musique jouée au piano par sa belle-sœur.

Beaucoup de pensées, lourdes de sens, qui inspirent l'immunologie moderne, dérivent des expériences et des hypothèses aujourd'hui oubliées de Maurice Nicolle.

***

Etudiant la tuberculose dans le premier âge de la vie, cherchant à comprendre les modes de transmission de la maladie, à préciser nos connaissances sur le début de l'infection et à protéger les enfants et les nourrissons, je devais demander conseil à Albert Calmette.

Affable, bienveillant, Albert Calmette m'accueillit avec une bonté souriante. Lorsqu'il s'installa à l'Institut Pasteur de Paris, je pris l'habitude de fréquenter son laboratoire et pus travailler avec ses disciples, notamment Jean Valtis, Abelardo Saenz, Alfred Boquet.

Albert Calmette, dont la gloire est liée à la lutte antituberculeuse et particulièrement à la découverte du vaccin aujourd'hui répandu sur toute la terre, avait isolé, avec la collaboration de Camille Guérin, une souche de bacille tuberculeux dont l'inoculation était inoffensive et vaccinante. C'est le vaccin qui porte le nom de B.C.G., ou bacille de Calmette et Guérin. En effet, ce vaccin est aujourd'hui préparé dans la plupart des pays du globe, et tous les vaccins sont faits de bacilles issus de la souche unique de Calmette et Guérin.

Albert Calmette est né le 12 juillet 1863 à Nice. « On raconte, disait-il, qu'au moment de ma naissance, les canons de la flotte française rassemblée dans la baie de Villefranche tonnaient en l'honneur de la prise de Puebla. » Second Empire, expédition désastreuse au Mexique, quelle évocation d'une époque bien lointaine ! Albert Calmette se destinait à la carrière d'officier de marine et, empêché d'entrer à l'Ecole navale par la maladie, il devint médecin de la Marine.

Calmette a parcouru une carrière mouvementée et le récit qu'il a écrit pour ses petits-enfants de voyages, d'aventures, d'explorations, d'expéditions coloniales, nous donne l'idée de l'homme et évoque un moment de notre histoire. Il accompagna d'abord la flotte de l'amiral Courbet, qui devait conquérir le Tonkin. Il raconte ses voyages sur des frégates aux noms guerriers et triomphants. Plus tard, c'est avec Savorgnan de Brazza qu'il s'enfonce dans la brousse africaine, au Gabon, au Congo ; soignant au passage les malades des villages, il étudie la maladie du sommeil et, s'il ne découvrit pas le trypanosome, c'est parce qu'il n'avait pas de bons microscopes à sa disposition. Il réside dans les îles Saint-Pierre et Miquelon où, seul, il assume toutes les charges médicales, donnant des soins aux vieillards comme aux enfants, opérant les blessés, pratiquant les accouchements, « rude école et combien profitable à ma jeune expérience », écrit-il.

Dès son retour à Paris il se rend à l'Institut Pasteur, où M. Roux l'engage parmi ses collaborateurs et se lie à lui pour sa vie entière. Le gouvernement demandant à l'Institut Pasteur de désigner un savant pour aller créer en Indochine un centre d'études et de lutte contre les maladies infectieuses, notamment la rage et la variole, Calmette accepte cette mission. Il s'embarque et dans son bagage de bactériologue emmène des animaux atteints de rage expérimentale pour préparer le vaccin. Le plus célèbre de ses travaux pendant cette période est celui qui aboutit à la création du sérum antivenimeux qu'on n'a cessé de perfectionner depuis. Après deux ans et demi, malade, il est rapatrié. L'Institut Pasteur de Saigon, puis les autres Instituts Pasteur d'Indochine, inspirés par Albert Calmette, ont continué de jouer un rôle capital pour la santé de cette région.

A peine arrivé à Paris, il accepte de partir pour Lille, où il montre comment l'on peut associer recherches scientifiques avec mesures préventives et hygiène sociale. Les années heureuses vécues à l'Institut Pasteur de Lille devaient précéder les épreuves de la guerre de 1914. L'Institut Pasteur fut l'objet de perquisitions, de persécutions. Lui-même fut soumis de la part des autorités allemandes à de pénibles outrages. Il faillit être fusillé. On l'avait dénoncé, prétendant qu'il hébergeait dans son laboratoire des pigeons voyageurs. Heureusement, le savant allemand Pfeiffer, qui était venu le saluer en passant à Lille, put retrouver dans ses cahiers les notes touchant les expériences faites sur ses pigeons. Il put le faire délivrer de la menace de mort qui pesait sur lui. Mme Calmette fut, sous prétexte de représailles, emmenée en otage par les autorités allemandes.

Après la guerre, il vient contribuer à diriger l'Institut Pasteur de Paris.

En avril 1930 survient le drame de Lübeck. On apprend tout à coup que des enfants d'une ville allemande, Lübeck, qui avaient ingéré du vaccin B.C.G., tombent malades. Puis on annonce que la plupart d'entre eux sont gravement atteints ; quelques-uns succombent. L'examen démontre qu'ils sont tous morts d'une tuberculose maligne due à la pénétration massive dans leurs corps, par la voie buccale, de germes hautement virulents. M. Calmette est absent. Ses élèves le rappellent en hâte. Il cherche dans ses cahiers, bien tenus, d'où provient le vaccin envoyé à Lübeck, craignant que par erreur des germes virulents n'aient été mis au milieu de l'inoffensif B.C.G. Après une enquête méticuleuse faite et refaite, il paraît évident que c'est bien du vaccin B.C.G. qui a été adressé à Lübeck et que le même lot a servi à vacciner d'autres enfants dans différents endroits du monde, sans le moindre incident.

L'hypothèse soulevée par certains est la suivante : le germe adressé à Lübeck a retrouvé tout d'un coup la virulence des souches primitives dont il dérive et est redevenu hautement pathogène. N'a-t-on pas observé des mutations subites de germes longtemps étudiés au laboratoire ? Calmette et tous ses élèves restent convaincus que pareil événement n'a pu se produire. Des milliers d'essais et d'expériences ont démontré que le B.C.G. était parfaitement fixe et qu'un retour à la virulence paraissait impossible. Le B.C.G. ne pouvait donc être rendu responsable — M. Calmette en était sûr — de la maladie et de la mort des malheureux enfants de Lübeck. Mais comment expliquer l'horrible malheur ? Comment percer le mystère ? Où et comment une erreur s'était-elle produite ? Durant les semaines atroces de l'enquête, les journaux allemands remplis d'attaques violentes et les lettres insultantes des parents désespérés affluaient sur le bureau de Calmette. Calmette déclarait que s'il était reconnu responsable de la mort de ces enfants, il se suiciderait et nous savions qu'il disait vrai.

L'explication fut trouvée grâce à la science, à la patience et à l'esprit d'impartialité de deux bactériologues allemands : Ludwig Lange et Bruno Lange. Ils démontrent que les enfants vaccinés à Lübeck ont reçu en même temps et dans la même ampoule deux souches de germes : le vaccin B.C.G., dont les qualités inoffensives n'ont point varié et une souche hautement virulente qui se caractérise par la couleur différente de ses cultures. Cette souche, qu'on appelle la souche de Kiel, dont les cultures ont une teinte verte alors que celles du B.C.G. sont jaunes, a été fournie au médecin vaccinateur de Lübeck, et celui-ci, au cours de l'enquête puis du procès, avoue qu'il a ajouté, pour renforcer son action, une petite quantité de bacille virulent au bacille inoffensif. Cette folle et criminelle expérience accomplie sans une étude préalable sur des enfants fait sévèrement condamner ce médecin pour homicide par imprudence.

Devant ces explications si claires, ces démonstrations évidentes maintes fois répétées, l'innocence d'Albert Calmette et l'innocuité du B.C.G. sont reconnues par le tribunal. Il faut dire cependant que malgré cette proclamation de la vérité, l'émotion a été si grande, le temps si long jusqu'à ce qu'on ait vu clair, les polémiques scientifiques si troublantes, qu'un soupçon vis-à-vis du vaccin B.C.G. resta dans certaines mémoires, ce qui nuisit pendant longtemps à sa bienfaisante diffusion.

Après cet épisode tragique, peu à peu M. Calmette retrouva sa sérénité et reprit son travail. Il venait parfois chez des amis en Touraine et me faisait alors l'amitié d'une visite aux Madères. Dans ses conversations familières, il associait aux projets de travail et de recherche les souvenirs du passé, appréciait les produits de notre potager et de notre vigne, et nous admirions ensemble les beautés du paysage.

***

Pendant de longues années, j'avais pris l'habitude de me rendre chaque mercredi matin à l'Institut Pasteur. Souvent j'avais la chance de passer un moment auprès d'Emile Roux, ou, pour l'appeler comme nous faisions tous et comme le monde entier le nommait, sans jamais lui décerner aucun titre, M. Roux. En arrivant, je le trouvais dans le bureau de l'économat de l'Institut Pasteur, assis sur une chaise. Il lisait son courrier entassé sur ses genoux puis, mettant de côté les lettres auxquelles il répondrait de son écriture fine et bien lisible, il se levait, ajustait son foulard de laine grise, remplaçait par un feutre noir la calotte d'intérieur qu'il portait encore comme quelques hommes de sa génération, fermait son manteau qu'il n'avait pas quitté et nous partions vers le jardin où nous nous promenions sous les marronniers. Je me sentais honoré par son accueil et je n'oubliais pas la grandeur de l'homme auprès duquel je marchais lentement.

Il avançait d'un pas ferme. Son image frappait : un long corps très maigre, depuis bien des années consumé par la maladie, le dos un peu voûté ; dans un visage ascétique, des yeux noirs dont le regard pénétrait jusqu'au fond de votre être. Sa voix, peu forte, ne prononçait que des phrases précises, traduisant une pensée nette, bien formulée. La rigueur de sa raison et la puissance de son imagination lui avaient permis de participer aux découvertes fondamentales de la science pasteurienne.

Etudiant en médecine à Clermont-Ferrand, ayant besoin de « gagner sa vie », il était devenu aide-préparateur d'Emile Duclaux, alors professeur à la Faculté des Sciences de cette ville. Duclaux collaborait avec Pasteur et l'une des premières techniques qu'il fit connaître à M. Roux fut celle de la culture des levures dans un milieu stérile. On peut dire que l'initiation à cette technique, qui était à la base de toute la bactériologie, fixa pour toujours le sort de M. Roux.

Il quitta Clermont-Ferrand pour devenir aide de clinique dans le service de Béhier, à l'Hôtel-Dieu de Paris. M. Roux nous racontait que son vieux maître, étonné que le jeune étudiant fût intéressé par les recherches de Pasteur dont il allait écouter les communications à l'Académie de Médecine, lui disait : « Vous croyez donc à toutes ces choses ? » A cette époque, Pasteur s'orientait vers l'étude des maladies infectieuses ; il avait besoin de collaborateurs qui eussent étudié la médecine. Emile Duclaux introduisit M. Roux auprès de Pasteur. M. Roux connut alors le pauvre laboratoire de l'Ecole normale supérieure de la rue d'Ulm, galetas muni d'une étuve, où l'on ne pouvait entrer qu'en se mettant à genoux. L'histoire de ces lieux modestes, où furent faites les découvertes fondamentales de Pasteur et aussi d'un autre laboratoire également misérable — celui de Claude Bernard — a malheureusement laissé dans la pensée des Français cette idée que pour faire des découvertes point n'était besoin d'installations de bonne qualité.

Pasteur alors réfléchissait longuement à la vaccination contre la variole, réalisée par Jenner, et cherchait à préparer avec les microbes qu'il avait isolés un vaccin capable de protéger les hommes et les animaux contre la maladie. Or voici qu'à l'automne 1879, Chamberland et M. Roux, qui entretenaient des cultures du germe du choléra des poules, partent en vacances. M. Roux prenait alors des vacances ! A leur retour, ils constatent que l'inoculation de leur culture ne tue pas l'animal mais lui donne une maladie bénigne dont il guérit. Spontanément le germe s'était atténué. Pasteur conseille d'inoculer une culture virulente aux animaux guéris. Ils résistent. La découverte des vaccins microbiens était réalisée. Le travail continue sur la voie nouvelle. On vaccine des moutons contre la bactéridie charbonneuse et l'on montre, à Pouilly-le-Fort, comment des animaux vaccinés ne sont pas contaminés dans les champs maudits. Puis vint la grande entreprise de vaccination contre la rage, maladie toujours mortelle chez l'homme. Lorsque, après de longues expériences sur l'animal, Pasteur est convaincu qu'il possède un vaccin efficace et sans danger, il faut l'appliquer à l'homme. On connaît l'histoire du jeune berger alsacien, Joseph Meister, les nuits d'angoisse de Pasteur et de M. Roux pendant qu'on essayait de le protéger contre la rage transmise par la morsure d'un chien. L'enfant est sauvé. Pasteur veut faire connaître par une note à l'Académie des sciences l'histoire du premier homme ayant survécu à l'infection rabique. M. Roux trouve qu'il faut attendre avant toute publication. Pasteur lui dit : « Vous êtes jeune, vous avez le temps, pas moi. » Mais M. Roux ne signa pas la note. Quelle marque de son caractère !

Plus tard, il devait illustrer son nom par la découverte de la toxine diphtérique et de l'application à l'homme des sérums antitoxiques. Quel retentissement eut dans le monde cette communication au congrès de Budapest, en 1894, où il annonça la guérison de trois cents enfants traités par lui-même à l'hôpital des Enfants Malades ! Bientôt la prévention du tétanos par un sérum analogue représente une nouvelle victoire.

C'est en 1888 qu'est fondé, par souscription internationale, l'Institut Pasteur voué à la recherche bactériologique et à la préparation des sérums et des vaccins. C'est M. Roux qui en établit tous les plans, en surveille la construction et l'aménagement. Il en devient le directeur, succédant à Emile Duclaux. Il gouverne tout ; tout passe par ses mains, lui seul connaît les détails du fonctionnement et vers lui seul vont toutes les demandes ; lui seul résout en maître absolu tous les problèmes, ceux de la vie de tous les jours et ceux de la science et de la recherche. Chef incontesté, il est respecté, suivi, obéi par chacun. Peut-être enferme-t-il trop l'Institut Pasteur sur lui-même, si bien que celui-ci devait rester trop éloigné des facultés de médecine et des hôpitaux ?

M. Roux fut un homme d'une qualité exceptionnelle. Son intelligence s'étendait à de vastes domaines. De chaque sujet il savait saisir l'essentiel et le rendre clair pour l'esprit même de celui qui l'interrogeait. M. Roux avait confiance dans la force de la raison. Il avait foi en la science et apprenait à la servir. Il aimait l'action et détestait la négligence. Il exprima son amour pour la France avec émotion et gravité lorsqu'il prononça à l'Académie de médecine l'éloge de Georges Clemenceau. Sans les mépriser, il ne se souciait ni des titres ni des honneurs, et n'estimait en chaque homme que sa valeur intellectuelle et morale.

Il s'était formé à l'école des auteurs classiques qu'il aimait. Quatre jours avant sa mort, par plaisir, il nous récita, à G. Ramon et à moi-même, toute une tirade du *Misanthrope*. Capable de goûter bien des aspects de l'activité et des formes de la beauté, il connaissait aussi les exigences de la discipline à lui-même imposée, la nécessité d'une vie sévère et d'une application limitée à un domaine défini.

Il fut le conseiller de ceux qui créèrent l'hygiène en France. Dans toutes les commissions, dans tous les conseils et comités dont il faisait partie, il dirigeait les débats avec une autorité tranquille. Une discussion présidée par lui était rendue brève et suggestive. Devant l'obstination dans l'erreur, il se laissait emporter par la colère ; alors la voix devenait tranchante, les ailes des narines palpitaient, la bouche prenait un pli sévère et les yeux jetaient des regards terribles.

Il administrait l'Institut Pasteur à la manière d'un père de famille vigilant. Il considérait comme siens tous les collaborateurs de l'Institut. Vis-à-vis d'eux et de leur famille, il montrait la plus grande bonté. Lorsqu'il sentait que l'un d'entre eux était dans le besoin, il glissait dans sa main une enveloppe contenant quelques billets de banque, car il faut bien dire que, sévère pour les autres comme pour lui-même, il trouvait tout naturel le régime trop modeste des traitements des chercheurs.

Il lisait lui-même les écrits des travailleurs de l'Institut Pasteur, les corrigeant jusqu'à la ponctuation, se montrant exigeant pour la pureté de la langue. Je garde précieusement la première note que j'ai signée avec G. Ramon sur l'anatoxine et qui porte les corrections méticuleuses de l'écriture de M. Roux.

Pendant les dures chaleurs de l'été 1933, alors que déjà la maladie fatale le serrait de sa griffe et que son corps brûlait de fièvre, il traversait tout Paris, en autobus, apportant dans un filet de cuisinière, à chaque repas de midi, des aliments pour un jeune savant isolé dans un hôpital lointain. C'est vers cette époque que sa fatigue augmenta au point qu'il disait : « Je touche le fond de la détresse humaine. » Il quittait de moins en moins la cellule monastique remplie de livres et de papiers où il vivait à l'Institut Pasteur et où, chaque jour, sœur Laure lui apportait le même repas qu'aux malades de l'hôpital. Ses élèves durent plier jusqu'à son dernier jour devant la force de son caractère indomptable, car il leur refusa de veiller la nuit à ses côtés.

*
* *

C'est grâce à M. Roux que je fis la connaissance de Gaston Ramon. Il nous présenta l'un à l'autre, indiquant à G. Ramon, qui venait de préparer l'anatoxine diphtérique, que je pourrais lui parler d'enfants atteints de diphtérie, car il n'en avait jamais vu !

Gaston Ramon, qui fut l'un de mes amis les plus proches, est né à Bellechaume, petit village situé à flanc de coteau, entouré d'une forêt, aux confins de la Bourgogne et de la Champagne. Il a gardé de cette terre et de ses habitants un souvenir qui ne l'a point quitté ; jusqu'à la fin de sa vie, ceux-ci lui ont manifesté leur sympathie et continué, même quand il fut célèbre, de l'appeler par son prénom. Leur mode d'existence n'avait guère changé depuis de longues années et même de longs siècles, depuis l'époque où, il y a quatre cents ans, des immigrants espagnols qui s'appelaient Ramon étaient venus se mélanger à la paysannerie bourguignonne. On se mariait entre soi ; les parents de Gaston Ramon étaient cousins. Tous étaient appliqués au travail de la terre. Parmi eux se développait cet esprit d'observation nécessaire à ceux qui la cultivent.

Tout jeune, il devait quitter Bellechaume car son père s'était installé comme boulanger à Sens et ce fut seulement les dimanches et les jours de fête qu'il venait retrouver sa grand-mère. Ses retours à Bellechaume ont illuminé son enfance et sa jeunesse.

Ses premières années furent austères. Frêle, tourmenté, surtout en hiver, par l'asthme qui ne devait jamais le quitter, revêtu de son capuchon et chaussé de sabots, il souffrait du froid et trouvait long le chemin de l'école.

C'est à l'école communale de Sens que l'instituteur, convaincu que la partie la plus noble de sa tâche est de diriger vers le travail intellectuel les plus doués des enfants qu'on lui a confiés, conseille l'entrée au lycée. Il suggère au père de Gaston Ramon de solliciter une bourse. Celui-ci, fier et désintéressé, refuse. Il travaillera davantage pour payer les études de son fils. Ramon toute sa vie montrera le désintéressement dont son père lui a donné l'exemple.

Après le baccalauréat, vers quelle carrière Ramon va-t-il se diriger ? Il préfère à coup sûr celle qui lui permettra d'aborder des études scientifiques. Ce sont les conditions matérielles seules qui le conduisirent à choisir l'Ecole Vétérinaire plutôt que l'Ecole de Pharmacie. Il est reçu à l'école d'Alfort. Plus tard, Ramon dira : « Je n'ai jamais suivi un cours d'enseignement spécial de la microbiologie ou de l'immunologie théorique ou technique..., ma formation est uniquement vétérinaire. C'est l'enseignement dispensé à Alfort qui a développé en moi le sens de l'observation et qui m'a donné le goût de l'expérimentation. »

Il est présenté à M. Roux par l'un de ses maîtres, Henri Vallée, qui a bien compris que seul le travail scientifique convient à son élève. M. Roux l'engage. Désormais, son sort est fixé. Il le désigne pour l'annexe de l'Institut Pasteur de Garches où il devra travailler au service des sérums, c'est-à-dire veiller sur les chevaux que l'on immunise, recueillir les sérums et en surveiller la bonne préparation. Gaston Ramon est installé pour toujours à cette annexe de l'Institut Pasteur de Garches où il poursuivra toute son existence.

De 1910 à 1920, il immunise des milliers et des milliers de chevaux, prépare des milliers de litres de sérums antidiphtérique et antitétanique. Il ne saurait se contenter de cette tâche routinière, il observe et retient les faits qu'il a vus. Leur souvenir servira à ses recherches futures.

Dans le même temps, il demande conseil à M. Roux et surtout il le fait parler, l'écoute, tâche de connaître et de comprendre comment il a fait ses découvertes, et peut-être déjà dans son esprit germe la pensée qu'il pourra continuer l'œuvre de son maître. M. Roux devient son guide, son protecteur ; il est désormais comme illuminé par sa flamme. Il fréquente le laboratoire de Maurice Nicolle et étudie avec lui les problèmes de l'immunité. Enfin, il lit les œuvres des grands vétérinaires qui eurent un nom dans l'histoire des sciences, de Chauveau à Nocard et, sans doute en les lisant, conscient de sa valeur que devait cacher sa pudeur, il rêve que son nom s'ajoutera aux leurs.

En 1915, M. Roux demande à Ramon d'ajouter un antiseptique aux sérums expédiés aux ambulances. Quelle substance choisir ? Après bien des essais, Ramon, se souvenant d'une leçon jadis entendue à l'Ecole d'Alfort, où il avait été dit qu'un dé à coudre de formol — on parlait ainsi à cette époque — suffisait pour empêcher un litre de lait de tourner, propose l'aldéhyde formique. Le succès est complet.

Au lendemain de la guerre, en 1920, Gaston Ramon entend l'appel de sa vocation vers la recherche. Henri Mondor avait fondé une collection de livres destinés à étudier la vocation des grands écrivains et des savants. Le bel ouvrage qu'il a consacré à Mallarmé allait servir d'exemple. Il m'avait demandé de montrer en deux volumes comment devait naître et se développer la vocation de Claude Bernard et celle de Gaston Ramon. La mort d'Henri Mondor a brisé nos projets.

Comment Gaston Ramon pourra-t-il entreprendre des travaux originaux ? Il demande à M. Roux et à Louis Martin la permission d'installer à côté de son logis de Garches, un laboratoire — on ose à peine employer ce mot lorsqu'on connaît le petit réduit mal éclairé où il peut commencer son travail. Il y place une étuve, y introduit quelques cobayes dont il supportait alors le contact et dont plus tard l'approche devait déterminer des crises d'asthme très pénibles, quelques seringues, des porte-tubes, des tubes à essai et enfin une vieille lampe de photographe avec laquelle il pourra observer la réaction qu'il veut étudier. Cette réaction de floculation où flottent dans le liquide du tube de fins flocons au contact de deux liquides, la toxine et l'antitoxine, est « une belle réaction » qui plaît à notre goût, car il existe, comme le dit Renan, un goût scientifique comme il existe un goût littéraire et un goût artistique. Les mathématiciens aiment les solutions élégantes et les biologistes les belles expériences. Cette réaction permet à Gaston Ramon de titrer la toxine diphtérique elle-même et les sérums antidiphtériques. En la réalisant, il s'aperçoit que la toxine additionnée de formol, telle qu'il l'avait préparée, a gardé tout son pouvoir. Il établit alors que l'addition de formol, en proportions et à une température définies, à la toxine diphtérique la rend parfaitement inoffensive pour le cobaye, animal si sensible ; ainsi la toxine est devenue un dérivé inoffensif, mais elle a acquis un pouvoir protecteur.

Il constate alors qu'il a transformé la toxine et créé un corps nouveau qui est doué de la capacité de vacciner sans produire aucun dommage.

En décembre 1923, M. Roux communique à l'Académie des Sciences la découverte de Gaston Ramon et lui donne son nom : l'anatoxine.

Comme toujours en pareil cas, après les expériences de laboratoire maintes et maintes fois recommencées, il fallait entreprendre les essais sur l'homme. C'est à lui-même naturellement que Gaston Ramon injecta d'abord l'anatoxine, puis, avançant avec la prudence nécessaire, il constata à la fois l'innocuité complète et l'efficacité du vaccin. On généralisa la méthode. Depuis cette époque, les anatoxines de G. Ramon ont protégé contre des maladies redoutables des millions et des millions d'hommes et continuent à éviter bien des souffrances et des morts. Comme toujours ce furent des polémiques, des querelles de priorité, des discussions sur la valeur et la durée de la protection. Chaque nouveau vaccin doit fournir mille preuves pour convaincre et triompher des campagnes hostiles toujours déchaînées. Jenner fut accusé de donner une âme bestiale aux hommes qu'il inoculait avec le virus des bovidés. De Calmette nous avons rappelé le martyre. Wright, après ses vaccinations contre la fièvre typhoïde, dut subir les attaques de la presse et du Parlement britanniques. Gaston Ramon ne devait pas être épargné. Pourquoi Léon Daudet s'en prit-il à ce savant à l'âme pure, à l'esprit scrupuleux ? Avec son talent souvent si cruel, il mena une campagne absurde et atroce. Gaston Ramon, sensible, en souffrit au plus haut point. Ni M. Roux, ni ses amis, ni ses élèves n'arrivaient à apaiser la douleur qu'il ressentait.

Peu à peu, le calme revint et G. Ramon put jouir de son légitime triomphe, reprendre, dans la paix retrouvée, la vie simple, familiale qu'il menait dans sa petite maison et son jardin de Garches dont il soignait les rosiers.

Son pavillon était situé dans le domaine de Villeneuve-l'Etang, où se trouve installée l'annexe de l'Institut Pasteur de Garches. C'est là que je devais souvent venir travailler avec lui. Parfois, dans les moments de repos, nous évoquions le souvenir du passé. C'est dans les allées de ce parc qu'après son mariage Napoléon III se promenait aux côtés de l'impératrice Engénie alors dans l'éclat de sa beauté. Dans les laboratoires où nous sommes logeaient les soldats de la garde, dont les chevaux piaffaient dans la cour... Derrière nous, dans une petite chambre voisine, Pasteur s'est retiré à la fin de sa vie. Sur le mur on voit des marques, comme en font les parents pour mesurer la taille de leurs enfants et de leurs petits-enfants et nous y lisons le prénom Louis de mon ami Pasteur Vallery-Radot.

Gaston Ramon est un travailleur solitaire. Il passe ses journées seul dans son laboratoire. Il désire n'employer que des techniques simples. Jamais d'appareils compliqués. Il n'élaborait point de doctrines ni de théories et cherchait des explications claires aux phénomènes complexes. On peut aujourd'hui se demander si des génies créateurs, sans les installations modernes d'appareils prodigieux, pourraient faire de nouvelles découvertes. On peut se rappeler à ce propos les expériences d'Alexander Fleming et les méthodes auxquelles eut recours John Enders pour découvrir le virus de la poliomyélite. Mais qu'on ne profite pas de cette pensée pour limiter l'équipement de nos laboratoires. Dans la plupart des domaines à présent il est impossible — rigoureusement impossible — de progresser sans les instruments les plus ingénieux, les plus délicats et aussi les plus coûteux.

La vie intime de Gaston Ramon, qui a épousé en 1917 une petite-nièce et filleule de M. Roux, se poursuit dans la modeste maison de l'Institut Pasteur de Garches, entouré des siens. Cette vie retirée permet seule à ce scrupuleux de supporter le poids de ses responsabilités, car il continue comme par le passé à tout organiser dans le détail, tout contrôler par lui-même, confiant en lui seul pour l'accomplissement de chaque vérification, de chaque contrôle, tremblant à l'idée que l'anatoxine pourrait n'être pas préparée suivant les règles qu'il a établies et qu'une erreur — aux conséquences fatales — pourrait être commise. Je ne pense pas que beaucoup d'inventeurs d'un vaccin ou d'un médicament aient ainsi veillé eux-mêmes, du matin au soir, pendant des années, sur la préparation industrielle d'un produit fabriqué en série.

Cette tâche l'absorbe au point qu'un ouvrage que nous avions complètement écrit ensemble sur la diphtérie, et auquel je tenais beaucoup, ne verra jamais le jour. Nous y avions mêlé ses vues de biologie et mes expériences cliniques et nous tentions d'approfondir les processus d'action du microbe sur l'homme. Le temps a toujours manqué pour la révision définitive de ce livre.

Les années passent. Gaston Ramon reçoit les hommages du monde entier, et les honneurs — qu'il sait apprécier — lui sont décernés. Mais une charge pesante lui est imposée : la direction de l'Institut Pasteur. Les difficultés qui l'ont fait hésiter à accepter une fonction aussi lourde lui apparaissent bientôt insurmontables. Lorsqu'un matin, de très bonne heure, Pasteur Vallery-Radot et moi-même allons à Garches lui parler avant qu'il n'ait pu signer une lettre de démission et pour lui demander de ne pas le faire, nous le sentons fatigué et découragé. Il doit renoncer. Il achève sa carrière dans le poste où son maître, le professeur Leclainche, l'a placé. Il se plonge dans son passé, revient sur ses travaux, en montre la valeur par ses communications successives. Sa santé s'altère. Il se retire dans son jardin secret où personne n'a jamais pénétré.

·18·

Entre les deux guerres. Nouvelle “montée des périls”

DANS LA FRANCE de « l'après-guerre », comme on disait alors, ou « entre les deux guerres », comme nous l'appelons aujourd'hui, notre génération vécut en réalité deux périodes. Pendant la première, celle qui dura jusque vers 1930, dominait, comme je l'ai raconté, une fierté, celle d'appartenir à un peuple vainqueur. L'accueil reçu au cours des missions de travail en Europe, en Amérique latine, aux Etats-Unis justifiait nos espoirs, ceux d'une reprise de la marche de la France vers la grandeur. Ainsi, en Amérique latine et en Suède, j'eus la sensation qu'on se tournait vers la France dont on supputait la reprise d'influence. A Zurich, après une leçon, les étudiants crièrent en chœur : « Es lebe Frankreich. » C'est la seule fois que j'eus l'occasion de faire acclamer notre pays en langue allemande.

Il nous semblait que le monde entier devait montrer sa reconnaissance aux vainqueurs de la Marne et de Verdun, au peuple qui avait résisté, souffert et, dans les dernières batailles, entraîné ses alliés vers la victoire finale. Nous espérions qu'une fois les régions dévastées reconstruites, la France vivrait une ère de prospérité et que, comme dans toutes les belles périodes de son histoire, elle verrait se développer sur son sol la science et ses applications et s'épanouir son génie créateur dans l'art et la littérature. Enfin sa mission civilisatrice devait se poursuivre. On en avait fini avec l'horreur des guerres. Il fallait, grâce à une primauté retrouvée, que la France dirigeât vers les plus grandes entreprises de la paix les peuples rassemblés autour d'elle. Les visites flatteuses à nos hôpitaux de nombreux médecins étrangers, et non des moindres, m'entretenaient dans cette pensée. La fondation Rockefeller s'était installée en France et, bien qu'il fût proclamé que cet établissement chez nous ne signifiait pas une préférence, nos liens avec cette grande institution et les relations avec l'homme remarquable qui la représentait, le docteur Alan Gregg, étaient faits pour nous encourager. La décision de ne plus considérer le français comme langue diplomatique de référence, au moment de la rédaction du traité de Versailles, nous avait bien montré la disparition de sa prédominance, mais nous avions le ferme espoir, en ce temps, que notre pensée et son expression bénéficieraient d'une nouvelle faveur grâce à nos gloires militaires et au triomphe des idées démocratiques et de la volonté de progrès social.

C'est dans cette atmosphère que se placent les années heureuses de ma vie personnelle dont j'ai parlé, et tout l'effort créateur accompli à l'hôpital des Enfants Malades. Et cependant... J'ai rappelé plus haut mes conversations avec Charles-Adolphe Pichon qui, montrant les difficultés économiques et sociales de notre pays, me faisait sentir la fragilité de mon optimisme. L'impossibilité d'exécuter les clauses financières du traité de Versailles faisait chaque jour davantage prévoir ses conséquences désastreuses. L'Allemagne subissait une crise, une dévaluation de sa monnaie qui la conduisait à la ruine et au désespoir. L'Europe ne retrouvait point son équilibre et l'Amérique s'en écartait. La France n'arrivait pas à se remettre de la terrible saignée qu'elle avait subie. Les apparences étaient trompeuses, mais en réalité l'anémie était profonde car, après une courte période d'une certaine fécondité, les naissances chaque année étaient devenues inférieures au nombre des morts, ce qui me montrait bien le manque d'élan vital de la nation. Au reste, dans aucun domaine on ne ressentait nettement les prémices de la reprise du développement.

A partir des années 30 tous les Français perçurent que la France était malade. Les problèmes politiques et économiques ne paraissent jamais résolus. La France vit sous un régime d'assemblée et le Parlement ne prend jamais aucune décision. Les majorités changent, les plans se succèdent ; aucun n'est exécuté. La classe ouvrière souffre de conditions de travail pénibles et d'un niveau de vie très bas. La bourgeoisie est divisée et troublée, les gouvernements sont sans durée et sans force.

Sur la scène politique se joue une véritable comédie dont on saisit la signification sinistre lorsqu'on s'aperçoit qu'au moment où s'ouvre chaque conférence internationale et où se produit un grand événement en Europe, la France est sans gouvernement. Les partis semblent ne plus se livrer qu'à des combinaisons et à des calculs. Les passions partisanes l'emportent et les hauts fonctionnaires qui ont gardé le sens de l'Etat se découragent. Des scandales financiers et politiques donnent une impression affreuse d'intrigues et de corruption. Les gouvernements remplacent l'action par des proclamations, des discours, des rodomontades qui sont bien loin d'atténuer le malaise. La presse à sensation poursuit des campagnes calomnieuses et empoisonne l'opinion. J'ai l'impression que la IIIe République, dont j'ai connu la grandeur, est en pleine décadence. Le régime ne montre que faiblesse et incapacité de gouverner. L'antiparlementarisme se développe et on ne se sent plus le courage de défendre des assemblées et des gouvernements qui n'inspirent point confiance. On crée des ligues ; des organisations subversives et secrètes se multiplient. Elles provoquent des attentats, des explosions. On rassemble des jeunes gens, on les arme. Des émeutes engendrent des batailles avec la police et même avec l'armée. Celle-ci tire le 6 février

1934 ; des morts et des blessés jonchent le sol de la place de la Concorde. Allons-nous vers la guerre civile ?

Je sentais autour de moi, dans le milieu des médecins parisiens en particulier, l'influence de certains courants, notamment ceux qui avaient leur source dans l'Action Française. Personnellement, comme je l'ai déjà dit, j'avais horreur de cette doctrine. Sa fidélité à une hiérarchie sociale et financière férocement défendue, l'absurdité des haines proclamées à la fois contre l'Allemagne, la Russie et les pays anglo-saxons, l'admiration pour les dictatures, notamment pour celle de Mussolini, la vanité de son espoir de ressusciter une société morte, toute cette philosophie politique me paraissait absurde et odieuse à la fois.

L'abjection des campagnes contre Poincaré et plus tard contre Bergson accentuait mon mépris. Revenant d'Italie, où j'avais vu les affiches et entendu les cris réclamant la Tunisie, Djibouti, Nice, la Corse et la Savoie, je me rendis compte une fois de plus que le nationalisme est antipatriote, idée très forte dont l'avenir devait montrer la véracité. C'est alors que, parlant à Paul Valéry du danger de l'Action Française pour la France, je l'entendis me répondre : « Vous ne pouvez pas vous imaginer la superbe bêtise de Charles Maurras. » Or, Mme de Chateaubriand, dont le style reflétait celui de son mari, avait désigné exactement par les mêmes termes le prince de Polignac, l'un des responsables des erreurs fatales de Charles X. Etait-ce une rencontre de pensée, une citation ou une réminiscence inconsciente ?

Dans la bourgeoisie française et le monde capitaliste, on entretenait à la fois la crainte du bolchevisme et un aveuglement indulgent vis-à-vis des fascistes, et même des hitlériens.

Dans la classe ouvrière l'orientation était toute différente. Les syndicats s'étaient développés, des réformes sociales avaient été obtenues, le poids du travail allégé, le travail de la femme et de l'enfant protégé, la situation de la classe prolétaire améliorée. Or voici que dans le même temps l'économie nationale est gravement troublée.

Après les autres pays, frappés en 1929, mais comme eux, la France souffre d'une régression dans sa production, du chômage, d'une hausse des prix que ne compensent pas les salaires. Réapparaissent la dureté de la vie et même la misère. Alors les vieux chefs syndicalistes n'ont plus la même autorité sur la population ouvrière et la politique pénètre dans les syndicats, qui se divisent et se combattent. En 1936 éclatent des grèves générales, avec occupation des usines où les ouvriers respectent les machines et même les entretiennent avec soin. Profitant de ces loisirs, ils chantent et dansent en fêtant leur succès. Allons-nous assister à de grands événements révolutionnaires ou à une dure répression ? C'est le gouvernement du Front Populaire qui est au pouvoir et qui conduit une action de négociations entre ouvriers et patrons, pour aboutir aux accords de Matignon obtenus par Léon Blum : conventions collectives, réduction du temps de travail et enfin ces congés payés si justement accordés.

*
* *

La joie populaire aurait dû m'enchanter. Hélas ! connaissant la réalité telle qu'elle était, l'inquiétude du sort de la patrie et de la vie même de ce peuple si insouciant me serrait le cœur et empêchait toute satisfaction. J'avais en effet, au cours d'un voyage à Rome, assisté au retour de Mussolini revenant de Berlin après y avoir scellé son alliance avec Hitler et j'avais senti, parmi tous nos amis participant au congrès qui nous réunissait, naître de sérieux soucis qui jusqu'alors ne semblaient point les avoir affectés. L'extraordinaire aventure que représentait l'ascension d'Hitler jusqu'au pouvoir, les cris, répercutés par la radio, de ce fou furieux n'arrivaient point à créer dans l'esprit de la plupart des Français des craintes assez fortes. Aucune réplique n'avait suivi l'invasion de la Rhénanie et certains chefs politiques — non des moindres et Léon Blum, lui-même, paraît-il — affirmaient que les succès d'Hitler seraient éphémères et qu'il n'arriverait pas à faire courir à son pays les risques d'une guerre européenne.

Mon oncle le docteur Marc Trénel voyait l'avenir sous le jour le plus sombre et ne cessait pas de parler de la prochaine guerre. En évoquant son souvenir, je songe à ce personnage très particulier. Psychiatre, il fut médecin des « asiles » puis chef de service à l'hôpital Sainte-Anne. De très gros yeux, un nez très fin et très pointu et la barbe de l'époque ; très maigre, d'une constitution fragile, il marchait à grandes enjambées. Il exerçait sur nous son autorité malgré une exceptionnelle modestie.

Sa vie était établie sur des principes. D'une santé très précaire il considérait qu'il ne devait point fonder de foyer et que, célibataire, son rôle était de se dévouer à ses frères et sœurs ayant de nombreux enfants et, toujours et partout, de remplacer les pères de famille et aussi les hommes plus jeunes que lui, ceux de l'avenir. D'une morale rigide basée sur l'obligation à tous ses devoirs, il mettait le même soin et le même scrupule à surveiller la santé de tous ses malades parmi lesquels des arriérés mentaux et des déments dont il avait la charge dans des hôpitaux psychiatriques qu'il dirigeait. Il était défendu, bien entendu, d'employer les mots « aliénés » et plus encore de faire allusion à la « folie ». On ne devait parler que de malades.

Très enthousiaste, l'esprit assez aventureux, il avait fait quelques grands voyages dont l'un l'avait mené jusqu'à Samarcande, ce qui, pour l'époque, représentait une exceptionnelle exploration. Il avait le goût des lettres et les lectures étaient la grande satisfaction de sa vie austère. Je ne l'ai vu sortir de sa réserve très pudique que pour me faire admirer régulièrement le charme des dessins de

Willette qui dans *le Courrier Français* continuait la tradition des dessinateurs galants du XVIIIe siècle.

Très bon clinicien, connaissant les lésions du cerveau, il a laissé dans l'esprit des psychiatres de son temps — ses collègues et ses élèves — une trace profonde. Il a créé un prix pour encourager les études anatomo-pathologiques des psychiatres mais avec sa modestie habituelle a refusé que, conformément à la coutume, on donnât son nom à ce prix.

Pendant la guerre je crois que peu d'hommes ont aussi souvent que lui obtenu, chaque fois qu'ils étaient affectés à l'arrière, de reprendre une place parmi les unités combattantes. Malgré son âge et son état de santé, c'est à cinq reprises qu'il redevint médecin de bataillon d'infanterie. Puis au bout d'un certain temps la maladie ou une blessure le faisait, muni d'une citation nouvelle, revenir à l'arrière.

Après l'armistice je le revis en Alsace où il était venu, comme médecin militaire, remplacer le psychiatre allemand à l'hôpital de Sarreguemines. Mais comme, la guerre finie en Europe, celle-ci continuait dans le Levant et que des hommes de son régiment y étaient engagés, il demanda à les rejoindre en Cilicie et alla avec eux combattre dans Adana assiégée, où il devait être blessé.

Son courage très calme le fit connaître plus tard par un exploit dont parlèrent alors les journaux. Un malade mental dangereux s'était échappé de l'hôpital Sainte-Anne et à coups de revolver avait blessé un médecin. Placé devant la porte de l'hôpital il tirait sur tous ceux qui l'approchaient. L'espace autour de lui restait vide et personne n'osait avancer. Marc Trénel, d'un pas très lent, se dirige vers son malade. Celui-ci se prépare à tirer. Alors, brusquement, il se jette sur lui et le ceinture. Ce petit homme déploie une force qu'on ne soupçonnait pas pour maintenir le forcené que l'on désarme. Lorsqu'on le félicita il répondit une fois encore : « Je suis célibataire, c'était à moi de prendre le risque. »

Je savais bien que tous les Allemands ne suivaient pas aveuglément le Führer et que certains étaient même courageusement décidés à lui résister. Une anecdote assez curieuse me le montra. Un biochimiste allemand israélite de grande qualité avait quitté l'Allemagne au moment de l'ascension des nazis vers le pouvoir. Il était venu travailler dans mon service. Il avait la confiance de l'ambassadeur du Reich à Paris, qui désirait absolument être soigné par lui. L'ambassadeur devait mourir d'une grippe maligne. Son épouse, très sérieusement atteinte, voulait absolument se lever pour assister aux obsèques. Mon collaborateur vint me trouver et me demanda de l'aider à empêcher cette imprudence. Je lui objectai toutes les raisons qui s'opposaient de ma part à cette démarche. Rien ne le convainquit. Il avait besoin, disait-il, de mon autorité.

A l'ambassade d'Allemagne, j'employai toute ma force pour convaincre l'ambassadrice. Pendant ma consultation, je suis appelé au téléphone. Je me rappelle encore l'impression singulière que j'eus d'être ainsi, à cette époque et dans cette circonstance, appelé au téléphone dans l'hôtel de l'ambassade d'Allemagne. J'entre dans une grande pièce meublée comme du temps d'Eugène de Beauharnais, mais encombrée d'appareils, de câbles et de fils téléphoniques. Je prends l'écouteur. De Berlin une voix m'arrive, mon interlocuteur s'exprime en français, presque sans accent et me dit : « Je viens insister, docteur, pour que vous empêchiez l'ambassadrice de risquer sa vie et évoquiez ses devoirs vis-à-vis de ses enfants ; je suis son parent », et il me cite un grand nom de l'Allemagne. J'ai su depuis que l'ambassadrice, très chrétienne et antinazie, ne voulait pas que son époux fût enseveli sous les plis du drapeau de la croix gammée. On craignait un éclat de sa part et c'était une raison supplémentaire pour obtenir qu'elle n'assistât point aux obsèques. D'ailleurs, le cercueil de l'ambasadeur fut recouvert par le drapeau national de l'Allemagne, aux trois couleurs.

L'ambassadrice, une fois guérie, devait demander à ses médecins des certificats pour que ses enfants fussent élevés en Suisse et n'eussent pas à fréquenter une école nationale-socialiste.

***

Mes deux voyages en Allemagne puis en Autriche, en 1936 et 1937, me mirent brutalement face à face avec l'imminence du péril.

La première fois j'étais invité à représenter la France dans une cérémonie donnée en l'honneur d'un grand savant allemand, Wilhelm Kolle, à Francfort-sur-le-Main. Voici quelques évocations : une grande salle dont le plafond assez bas est soutenu par des colonnes entourées de feuillage en guirlandes ; un éclairage discret qui laisse de grandes zones d'ombre. On célèbre le savant. Je suis chargé du discours au nom des délégués étrangers. Nous avions prié le professeur Madsen, de Copenhague, d'accepter cette tâche. Il était de nous tous le plus connu, le plus ancien. Il avait refusé. J'insistai. « Non, me dit-il, il faut un beau discours prononcé par vous dans la belle langue française. » Je lui réponds : « Je suis juif et vous savez ce qu'on pense ici. » Il m'arrête et, comme il savait très bien manier notre langue, me dit simplement : « Raison de plus. » Wilhelm Kolle me le demande aussi personnellement. J'accepte donc.

Me voici debout, derrière une petite tribune. Devant moi, le public est nombreux. Beaucoup d'uniformes impeccables d'officiers allemands et aussi des hommes, des nazis en chemise brune, avec cravate noire et baudrier. J'avais pris pour thème quelques-unes des pensées de Goethe, gloire de l'Allemagne et fils de Francfort. Il était facile de trouver dans les textes du grand génie romantique les phrases qui faisaient ressentir la cruauté ou l'absurdité du mouvement hitlérien. Après l'évocation des mots célèbres de Gœthe prononcés le soir de Valmy, je devais rappeler qu'avec la Révolution française était née une société nouvelle dont les armées combattaient pour la liberté de toutes les nations et l'égalité parmi les hommes. Lentement, je détachai les mots. Je me sentais attentivement écouté par les Allemands immobiles, comme frappés par mes paroles.

A la fin de mon discours, je prononçai l'éloge de Wilhelm Kolle auquel j'associai plusieurs savants allemands. A l'évocation de certains noms les délégués étrangers applaudissent et les Allemands poussent des « *hoch* » gutturaux et bruyants. Mais lorsque je parlai d'August von Wassermann, ce fut un lourd silence. Les savants allemands qui nous entouraient obéissaient à une consigne établie par la terreur. A ce moment précis je mesurai le degré de leur servitude. Dans l'avenir, je devais bien souvent entendre parler de ce discours par ceux qui étaient présents ou par d'autres auxquels on en avait fait le récit.

Le soir, une représentation en plein air devant la cathédrale de la *Jungfrau von Orleans*, de Schiller, fut un spectacle de grande beauté. On sentait l'émotion planer sur la foule. Elle augmenta lorsque le maire, en uniforme nazi, prononça un discours frénétique. Devant le porche de la cathédrale violemment éclairé par des projecteurs, la foule criait, chantait avec passion des refrains patriotiques. L'impression était à la fois grandiose et terrifiante. Le lendemain, promenade solitaire dans les rues ; j'entrai dans les boutiques des commerçants israélites pour leur parler. Ils étaient comme immobilisés par la crainte, paraissaient enfermés derrière leurs vitrines. Ils attendaient le pire. Leur passivité était pénible. Passent dans la rue des camions chargés d'hommes hurlant comme la foule de la veille. Je m'adresse à un schupo, l'interroge, en allemand bien entendu ; il me répond poliment et m'explique : « Ce sont des groupes de S.S. ; ils partent pour la guerre. » Comme dans le *Siegfried* de Giraudoux, je demande : « Quelle guerre ? » « La guerre qu'ils font aux commandos communistes », me répond-il. Le fracas des camions et des cris s'éloigne. J'ai su que dans les faubourgs on s'était battu cruellement.

Que pouvait-on montrer à des médecins et biologistes de différents pays venus fêter la carrière scientifique de l'un des leurs ? Ce fut un aérodrome militaire souterrain, où nous accueillaient à la porte des soldats bottés, casqués, au garde-à-vous. Un officier de la Reichswehr, imitant par son allure ceux de l'ancienne armée, nous explique comment le camp d'aviation est protégé contre les bombardements et nous montre, alignés sous la terre, les longues rangées d'avions de guerre rapides et à grand rayon d'action.

Autre voyage, à Berlin cette fois, où j'avais été invité par une société médicale. L'ambassadeur André François-Poncet donne un déjeuner à l'ambassade de France, Pariser Platz, en l'honneur de ces médecins qui accueillent un collègue français. Après le repas, il fait visiter les beaux salons du palais de l'Ambassade. L'ambassadeur entraîne ses hôtes un peu compassés et subjugués par la grande allure de son accueil et la pureté de l'allemand qu'il leur parle.

Voici, sur les magnifiques tapisseries du XVIIe siècle, aux personnages plus grands que nature, qu'apparaissent les scènes de l'Ancien Testament où figure l'histoire d'Esther. Autre image ridicule et pénible de servitude : la gêne trop visible qu'éprouvent devant ce spectacle ces médecins rassemblés qui ne sentent point l'amusement secret que tire l'ambassadeur de leur attitude.

En me promenant dans les rues de Berlin, en visitant les aménagements pour les Jeux Olympiques, en me mêlant à la foule du dimanche, j'étais frappé par l'allure morne, les visages moroses d'une population mal vêtue et vraiment dominée par ces hommes et ces femmes en uniforme qui, impérieusement, quêtaient pour le Secours national. J'étais le témoin de la pauvreté où avait été réduit le peuple allemand, de l'autorité exercée sur lui par ses dirigeants et de l'obéissance passive de tous.

La traversée de la Ruhr était aussi impressionnante que les vociférations d'Hitler partout entendues à la radio ou diffusées par les haut-parleurs. Les grands feux des cheminées témoignaient de l'activité industrielle et l'on vous répétait : les usines d'armement travaillent jour et nuit. Au cours d'un voyage en chemin de fer dans un train qui avançait lentement dans la nuit, des voyageurs me montrèrent sur certaines collines de grand feux allumés ; c'était le retour à des cultes de la Germanie des temps barbares. Dans certaines gares, spectacle saisissant : sur les quais sont placés en un alignement impeccable des ouvriers, torse nu, la bêche ou la pioche sur l'épaule, se tenant au garde-à-vous. Ce sont les soldats du travail national. Ils sont encadrés par des gradés portant l'uniforme des groupes d'assaut nazis qui hurlent des commandements. Ces hommes vigoureux tendent leurs muscles en des mouvements saccadés puis, tous ensemble, avec des voix souvent très belles, entonnent des chants patriotiques.

On nous dit que plus frappantes encore sont les réunions des jeunesses hitlériennes dont l'enthousiasme collectif réclame le réveil de l'Allemagne asservie et la revanche. Ils jurent que toute la jeunesse est prête à se sacrifier pour la victoire de la race.

Avant de quitter l'Allemagne, comme je prenais congé de M. François-Poncet, celui-ci me définit Hitler comme un homme intelligent, fourbe et cruel et ne me cacha pas la gravité de ses inquiétudes. Ma fille Claude, que Mme François-Poncet avait gracieusement retenue à l'Ambassade, devait me rapporter de son séjour plus long que le mien et des visites auxquelles elle avait assisté les impressions les plus fortes et les plus dramatiques.

*
* *

Quelques mois avant l'Anschluss, au cours d'un voyage, je passai par Vienne. Je voulais revoir Clemens von Pirquet. L'impression fut sinistre. Peu de temps auparavant, von Pirquet s'était suicidé avec son épouse. Son élève Nobel, avec lequel j'avais travaillé autrefois, me montra un tableau peint par von Pirquet à la veille de son suicide et qu'il lui avait adressé en souvenir : un arbre mort dont le tronc noir surgissait d'un sol désert. Ce symbole était d'autant plus tragique que l'atmosphère de l'hôpital était affreusement sombre. La crainte, ou plutôt la certitude, d'une invasion prochaine des troupes hitlériennes était, du moins par ce groupe de Viennois, ressentie avec honte et terreur, mais il était évident que le peuple autrichien et son gouvernement se soumettraient.

Après un long entretien avec Nobel, semblable à celui qu'on peut avoir avec un malade menacé d'une mort prochaine, j'allai saluer la Mère supérieure que j'avais connue lors de mon précédent séjour à Vienne. Partageant l'inquiétude générale, elle me dit : « Nous cacherons les assistants et internes juifs et nous prierons pour eux et pour les autres. »

De tous ces voyages je revenais épouvanté, sûr que les fanatiques entraîneraient les peuples germaniques, que la guerre, chaque jour plus ardemment préparée, allait fondre sur nous. J'éprouvais une profonde angoisse en sentant que les Français ne mesuraient pas l'immensité du danger. Les jeux ou les batailles de la politique intérieure les occupaient. Les difficultés économiques posaient des problèmes qu'on ne résolvait point. Sans doute, plus tard, la responsabilité du désastre fut-elle attribuée par les uns à l'incapacité des chefs militaires, par les autres aux fautes des gouvernements, à la carence du régime ou aux vices de la société française.

Il semblait que les Français ne voulussent pas croire à un conflit armé, qu'un instinct profond les poussait à refuser. Ils imaginaient, contre toute vraisemblance, que certains arrangements pourraient épargner leur pays et puis ils se sentaient protégés par les lignes de défense de leurs frontières. Leurs chefs, même ceux qui étaient considérés comme les plus avisés, ne pensaient pas qu'Hitler prendrait le pouvoir ni qu'il s'y maintiendrait. Ils ne le croyaient pas en état de risquer une guerre. « Ce matamore bluffe », disaient-ils. Lorsque les troupes allemandes avaient envahi la Rhénanie, les rodomontades d'un ministre alors influent, qui nous avait ridiculisés, m'avaient rempli de honte. Au moment de la guerre d'Espagne beaucoup d'entre nous avaient été très émus de l'abandon des républicains espagnols alors que Franco était soutenu par les armées d'Hitler et de Mussolini et nous craignions alors, ce que les événements ultérieurs n'ont pas confirmé, qu'il n'ouvrît un nouveau front, dangereux pour nous. Sans doute, le gouvernement français donnait-il d'une façon plus ou moins déguisée des armes aux combattants républicains mais il n'osait point entreprendre l'action vigoureuse qu'il eût fallu, craignant la violence de l'opposition, ne voulant irriter ni Hitler ni Mussolini, et marquant enfin sa dépendance vis-à-vis de la politique britannique.

En voyant les familles ouvrières partir joyeusement pour leurs premiers congés payés et les jeunes roulant sur leurs vélos pour gagner la campagne, je songeais à leur ignorance de ce que préparait l'Allemagne. Je ne pouvais partager l'insouciance de ce peuple, heureux du progrès social qu'il avait obtenu. Ses chefs disaient : « Hitler n'ira pas très loin » et prenaient la tête de manifestations dont la futilité me peinait. Que signifiait le rassemblement de ces foules qui ne savaient pas le danger qu'elles couraient, qui faisaient partie d'une nation à la fois mal armée et mal remise des sacrifices passés, et qui criaient en défilant le poing fermé : « Le fascisme ne passera pas » ?

En vérité, les chefs étaient aveugles et le peuple trompé. Mon frère Jacques, revenu lui aussi d'un voyage en Allemagne, avait été le témoin de la vigoureuse reprise industrielle tout orientée vers la guerre, d'une Allemagne suspendue à la parole et obéissant aux ordres d'un dictateur paranoïaque, alors qu'en France le travail industriel n'était pas activement poussé. Je me souviens des termes d'une de nos conversations. Je lui disais : « Je suis tourmenté. » Il me répondit : « Je suis épouvanté ; il faudrait, ne serait-ce que pour montrer que nous voulons résister, travailler nuit et jour, il faudrait bien payer les ouvriers, développer les usines et multiplier les chaînes de fabrication ; tout va si lentement. » Je lui parlais aussi des chefs militaires. En effet, pendant la Grande Guerre, après sa blessure, il avait été affecté au 2e bureau de l'Etat-Major et après la guerre, chargé de hautes fonctions dans les affaires d'électricité, il était resté en bonnes relations avec des officiers qui occupaient maintenant des postes importants. Il continuait à les voir. « Alors, lui disais-je, que pensent-ils ? » Il me répondait qu'on ne trouvait plus la vigueur morale, la fermeté et la volonté de résister et de vaincre chez les grands chefs, ni l'enthousiasme chez leurs cadets. Il s'irritait d'une certaine sottise d'officiers de marine qui croyaient au repérage des sous-marins par des méthodes charlatanesques.

L'avis de mon frère Jacques avait pour moi une grande importance.

Profitant des dons les plus riches, il était à la fois capable de comprendre les problèmes des sciences exactes et était très instruit en sciences naturelles. Il suivait les questions économiques et avait sur celles-ci des opinions de grande valeur. Il lisait les textes originaux en plusieurs langues qu'il possédait. Séduisant, souvent rieur, toujours soucieux de vous témoigner les attentions les plus délicates, il était très populaire, entouré du cercle très large et très nombreux d'amis qui jouaient un grand rôle dans son existence. Il était dans toute notre famille adoré et choyé par chacun, des plus anciens aux plus jeunes, il savait à la fois donner de bons conseils et vous gâter par de beaux cadeaux. Ses voyages en Extrême-Orient lui avaient donné le goût des arts de ces pays et il en était devenu connaisseur. Il éprouvait de vives satisfactions à cultiver lui-même dans son jardin de l'Ile-de-France des fleurs qu'il contemplait, faisait admirer et offrait avec plaisir.

Sa grande valeur lui avait permis d'occuper dans l'industrie électrique une place éminente parmi les premières. Ses collègues, ses anciens camarades de l'Ecole Polytechnique, comme Raoul Dautry et Pierre Massé, aimaient jouir de la chaleur de son amitié et de la vivacité de son intelligence.

A cette époque, nous disions ensemble, reprenant le thème de nos conversations nocturnes du temps que nous étions côte à côte dans notre cagna près de *la Main-de-Massiges*, sur le front de Champagne : « On ne peut imaginer que la France supporte un nouveau massacre de ses jeunes. » Il concluait, avec une clairvoyance effrayante : « Hitler nous méprise, il va réaliser tout le programme de *Mein Kampf*. »

·19·

La vie au grand quartier

Mon frère avait raison. Après toutes les négociations, tous les abandons, les occasions sans doute perdues, après les occupations successives de territoires par l'Allemagne et l'Italie, après les ruptures de traités anciens et les signatures de pactes nouveaux, tandis que continuaient les démonstrations de notre faiblesse, de nos divisions intérieures, de notre apathie devant les bouleversements de l'Europe, vint, succédant au « lâche soulagement » qui suivit la conférence de Munich, le moment de la négociation avec la Russie. Je me souviens que mon frère disait : « Le général Doumenc est un bon organisateur mais point un diplomate. Nous allons être trompés. » En fait, on s'en souvient, la Russie soviétique négociait son alliance avec Hitler.

On sut bientôt les termes de cette alliance contre nature : Staline fournissait des aliments et des matières premières à l'armée et au peuple allemands et partageait la Pologne avec le Reich suivant l'habitude des tsars. Les médecins communistes que je connaissais étaient gênés et leur élan patriotique arrêté contre leur gré, car ils n'étaient pas très sûrs qu'une dictature policière eût mené à l'affranchissement des classes prolétariennes. C'était la première fois que je mesurais leur asservissement intellectuel. Cette « trahison » de la Russie devait causer parmi le peuple français une profonde inquiétude. Le trouble grandit alors. Puis ce fut, sans qu'elle eût été publiquement votée par la Chambre, sans que le peuple la voulût réellement, la mobilisation.

Souvent a été faite la comparaison entre celle de 1914 et celle de 1939. Un mot de ma fille est évocateur. Elle m'écrivit alors : « On a affiché sur la porte de la ferme des Madères l'ordre de mobilisation; les paysans sont consternés. » La résignation me parut le sentiment dominant. On n'observait ni entrain, ni crainte non plus. On partait rejoindre son régiment comme pour un nouveau service militaire. En 1914, le président Raymond Poincaré avait dit : « La mobilisation n'est pas la guerre. » Alors, c'est en vain qu'il paraissait vouloir écarter le spectre. Mais cette fois la phrase mémorable paraissait juste : le peuple français prenant les armes n'avait pas l'impression qu'il partait pour la guerre. Il semblait vouloir, se plaçant sur la défensive derrière une ligne infranchissable, apaiser, par la démonstration de sa force qu'il croyait grande et de sa détermination qu'il voulait croire réelle, le personnage agité qui, après les victoires faciles qu'il avait obtenues, finirait bien par se calmer.

Comme j'occupais la chaire de bactériologie à la Faculté de Paris, lorsque mon prédécesseur, le professeur André Lemierre, atteignit l'âge de la retraite militaire, je fus automatiquement désigné à sa place comme médecin consultant au Grand Quartier Général. Résigné comme tout le monde, plus inquiet que beaucoup, j'avais retrouvé mon uniforme, fait ajouter des galons ; pas assez, paraît-il, car j'avais été promu, sans le savoir, à un grade que je ne soupçonnais pas. Je fus, avec ma cantine de l'autre guerre, conduit vers un lieu que l'on gardait secret, en fait une destination toute proche. C'est de ce poste que je devais voir peu à peu, pendant de longs mois, se désagréger chaque jour davantage le moral de l'armée française.

Pendant les premiers temps, je devais déployer une grande activité. Je prenais connaissance de l'organisation du Service de santé, je faisais mes premières visites aux différentes formations sanitaires, j'entrais en rapport avec les médecins consultants des différentes armées, j'écoutais et je transmettais les demandes les plus urgentes. J'essayais, collaborant avec les médecins de l'armée active détenteurs des plus grands postes, d'étudier avec eux tous les progrès qu'il fallait s'efforcer de réaliser pour soigner les malades et secourir les blessés, pour être prêts le jour où la guerre commencerait réellement, si ce jour devait venir.

*
* *

Après cette première période de travail assez intense, j'en vins à éprouver un malaise qui ne cessa de me tourmenter. La vie au Grand Quartier Général était plus que confortable. Nous habitions une gentilhommière agréable, le château de Brinche et l'on se souciait de la qualité de nos repas. L'atmosphère de notre petit groupe était sympathique. Il était composé d'un médecin général et de deux autres médecins de l'armée active. Au médecin consultant que j'étais était associé un adjoint, un chirurgien consultant. Ce furent successivement G. Lardennois et J. Okinczyc. Nous étions assistés par de nombreux secrétaires, chauffeurs, téléphonistes et ordonnances. Nous étions rattachés aux nôtres restés à Paris par le téléphone dont nous usions largement. Nous les retrouvions au cours des nombreuses visites que facilitait l'emploi libéral — vraiment trop libéral — des automobiles militaires, ce qui nous permettait, par un étrange relâchement dont nous profitions avec gêne, de ne pas abandonner complètement nos occupations civiles. J'assistais aux séances de l'Académie de médecine, qui continuait à siéger. Il m'arrivait même, pour un cas grave, de donner une consultation sollicitée avec insistance. De cette sorte de vie double encouragée par la bienveillance de nos chefs, nous n'étions point satisfaits... Mais ne valait-elle pas mieux que la vie complètement vide menée par tant d'autres officiers au Grand Quartier Général, finissant par n'avoir d'autre tâche que celle qu'ils se donnaient à eux-mêmes ? Cette douceur de la vie était celle dont jouissaient plus ou moins tous les officiers de l'Etat-Major, installés dans de belles résidences de l'Ile-de-France, autour de La Ferté-sous-Jouarre, au milieu d'une nature apaisante. Une partie du temps était occupée par les allées et venues d'une villa à l'autre ou d'un château à l'autre pour rejoindre les titulaires des divers services et les chefs des différents bureaux car, par crainte des indiscrétions, on évitait de communiquer par téléphone.

Lorsque le verglas recouvrit les routes, au cours du rigoureux hiver de 1940, tout le Grand Quartier se trouva pendant plusieurs jours comme endormi et réduit à une vie végétative. Cette existence était mal supportable car on entendait, à la radio, en langue allemande, les appels à son peuple d'Adolphe Hitler lancés avec une éloquence rageuse, d'une voix rauque et qui retentissaient comme un chant de guerre sauvage contre une nation tranquille menant une vie bien douillette. Les encouragements à la lâcheté du traître Ferdonnet étaient mal compensés par les affirmations de victoire assurée que prodiguait notre gouvernement. L'écho de ces voix était un rappel à la réalité et venait troubler la vie paisible de ces garnisons campagnardes.

Bientôt la bureaucratie la plus envahissante vint dominer nos occupations. Il fallait fournir des états, rédiger des rapports, accuser réception, lire des instructions, ranger des papiers. Cette fausse activité ne provoquait que l'ennui, quelquefois le sourire, quand elle évoquait les ronds-de-cuir de Courteline, jamais un vrai désir d'action. Bientôt l'on percevait, favorisées par le vide de cette existence, la naissance de coteries, l'apparition de querelles de bureau, de rivalités personnelles et, chez certains officiers, qui n'étaient pas toujours des officiers de carrière, le souci des décorations et des promotions ; ainsi l'atmosphère se corrompait.

On disait, on répétait que du général Gamelin ne parvenaient que des indications et des suggestions mais point d'ordres. On parlait de difficultés dans les partages d'autorité entre le général Gamelin et le général Georges et aussi des mésententes entre les deux états-majors. Un colonel, ami de mon frère, était l'un des collaborateurs du général Georges qui commandait les armées du Nord-Est ; il vantait les mérites de son chef mais le disait voué à l'impuissance. On était las des potins et des racontars.

Rien n'évoquait dans cette atmosphère la tension profonde que j'imaginais devoir être celle d'un quartier général d'armée à la veille des combats. On parlait trop de choses qui auraient dû rester secrètes. Il était question de préparer pour le printemps une offensive dans les Flandres et en Belgique, on faisait allusion à l'opération Dyle et aux armées qui seraient engagées.

Avec d'autres officiers qui partageaient les mêmes inquiétudes, par besoin de mouvement et de grand air, je faisais sur les routes d'Ile-de-France de longues promenades à pied. Nous échangions nos pensées d'espoir. Il nous paraissait impossible que les dirigeants de la France ne fussent pas en train de négocier secrètement avec l'ennemi, qu'ils ne cherchassent point à éviter que la guerre n'éclate puisqu'elle ne nous semblait pas préparée de toutes nos forces. Certains reprenaient la phrase de Giraudoux : « La guerre de Troie n'aura pas lieu. »

Mon fils Michel, sous-lieutenant de cavalerie, entraînait ses hommes dans la forêt de Rambouillet. Je savais qu'il donnait déjà l'impression d'un chef énergique et enthousiaste, mais ce service militaire prolongé lui pesait et il demanda à être affecté à une division blindée dans la zone des armées; il était las de cette équitation désuète et voulait participer, avec des armes modernes, aux premiers combats. J'allai appuyer cette demande auprès du général Halbwachs, chargé du personnel. A ma requête, il répondit : « Vous ne devez pas, ni comme officier ni comme père, intervenir à propos de l'affectation de votre fils, même pour l'envoyer au front » et il reprit une de nos conversations familières sur l'Alsace. Le général Halbwachs était l'un de ces officiers à l'âme vigoureuse et rigoureuse que seuls inspirent le sentiment de la justice, les règles du devoir et les obligations de l'honneur militaire.

Plusieurs officiers d'état-major m'étaient apparus comme des hommes très solides, très instruits, discrets, esclaves du devoir, prêts au sacrifice, y compris celui de ne pas aller immédiatement au combat. D'autres étaient plus légers et vaniteux. Les officiers de réserve étaient plus rares au Grand Quartier Général, presque tous de grande qualité et pleins du désir de servir. Il était évident qu'un commandement énergique aurait galvanisé tous ces officiers qui, à leur tour, auraient tendu les volontés de toutes les armes qui montaient une garde singulière de la Méditerranée jusqu'aux Flandres.

Je restais en liaison proche avec les miens, avec tous ceux qui, n'étant point mobilisés, continuaient, souvent sans conviction, leur tâche et menaient une vie peu différente de celle de la veille. Parmi eux couraient de grands bruits, des rumeurs tantôt apaisantes, tantôt effrayantes. On pensait surtout aux attaques par le gaz, la défense passive fournissant par ses termes mêmes le symbole des pensées et des activités. Comme dans l'armée, c'était la guerre précédente que l'on préparait et on la préparait mollement.

Parmi les personnalités que je voyais à Paris dominait celle de Paul Reynaud. Il m'interrogeait, mais mon témoignage ne faisait que confirmer ce qu'il savait bien. Je sentais qu'il souffrait du manque d'énergie et d'efficacité du gouvernement. Il me disait aussi : « Vous n'êtes pas bien employé, il faut vous placer ailleurs. »

Pour remplir ma tâche et en même temps pour échapper à une existence d'oisiveté que je n'ai jamais pu supporter, je multipliais mes demandes de missions aux armées, je ne disais pas au front, ce mot ayant, pour ceux qui avaient vécu la Grande Guerre, gardé son vrai sens. Je rendais visite aux états-majors, allais parler aux médecins ayant des postes d'autorité, j'essayais de contribuer aux bonnes liaisons entre eux et le commandement ainsi qu'avec les différents services. J'étais toujours cordialement reçu par les grands chefs et leur collaborateurs. Parmi les médecins, je retrouvais avec plaisir des collègues, des élèves, des amis. Ils m'interrogeaient sur l'avenir, croyant que, vivant au Grand Quartier, je pouvais les éclairer ; ils me demandaient de les aider pour l'organisation de leur travail futur et me prenaient pour confident de leur ennui mélancolique. Les déjeuners de popote parvenaient à créer une insouciance passagère de salle de garde.

Je cherchais à me faire une opinion sur les grands chefs que j'approchais pour la première fois de ma vie. Une pensée me hantait, bien vaine : comparer dans mon esprit ces chefs avec ceux sous lesquels — en ne les voyant que de loin — j'avais servi au cours de la Grande Guerre. Je ne pouvais m'imaginer qu'ils fussent de même qualité et je songeais : sans doute les meilleurs de nos officiers ont-ils été tués, alors peut-être de moins bons chefs sont-ils à notre tête ? Je me retenais de porter des jugements et cependant je ne résistais pas à l'idée qui s'imposait à moi : la médiocrité me semblait dominer. Certaines exceptions cependant ; ainsi, à l'armée des Vosges commandée par le général Bourret, je vis plusieurs fois le futur maréchal de Lattre de Tassigny dont l'ardeur animée par une vive intelligence me frappa. Il me parla de ses journées passées à observer les Allemands qui vaquaient tranquillement à leurs occupations de l'autre côté du Rhin, des ordres de ne point tirer pour éviter les représailles et des efforts de fraternisation poursuivis par l'ennemi.

Mes visites à la VIIe armée étaient plus réconfortantes que celles que je faisais à la plupart des autres. Le général Giraud me paraissait commander, diriger, organiser..., mais ailleurs ! Parlant avec un officier que j'interrogeais sur le commandant d'une armée dont la faiblesse de caractère se traduisait par un comportement évident aux yeux de tous, il me répondit : « On attend son premier échec s'il est engagé dans une bataille pour le limoger. » Une phrase de Paul Valéry, qui m'était restée en mémoire, revenait à ma pensée : « Lorsque je proposais tel ou tel dispositif, j'avais la sensation que, dans ce domaine tout au moins, la routine acceptée par une discipline facile était préférée. » Je craignais qu'il n'en fût ainsi dans tous les domaines.

J'étais désireux de me rendre compte des conditions de vie et de l'état moral des soldats qui montaient la garde. Je me rendais le plus souvent possible en première ligne. J'y passais de longs moments, profitant de mon autorité passagère pour inspecter, vérifier et surtout interroger et faire parler. Ces démarches devaient me permettre de renseigner comme il convenait le haut commandement sur l'état de santé physique et morale des troupiers. Plus le temps s'écoulait, plus la situation se dégradait. Les soldats vivaient peu avec leurs officiers, ne prenaient pas assez d'exercice, trouvaient interminable ce nouveau service militaire, étaient gagnés d'abord par l'ennui — ce spleen que l'homme supporte si mal — et aussi par les propagandes pacifistes. Beaucoup souffraient avec plus d'amertume que les soldats de la guerre de 1914-1918 de l'éloignement des leurs, de l'abandon du foyer ; d'autres s'en accommodaient grâce à des liaisons faciles ou à la vie de cabaret.

Je reçus une fois un blâme pour mes visites trop fréquentes aux premières lignes car mes fonctions, me disait-on, devaient me confiner à l'arrière. Avec l'aide d'officiers qui étaient chargés de contrôler le moral de la troupe et qui savaient que les hommes se confient volontiers à un médecin sachant les interroger, je pus continuer à remplir ce que je considérais comme un devoir.

Une obsession me consolait au cours de ces visites dans les cantonnements, les villages, les installations militaires, où les sentinelles montaient une garde languissante mais aussi inquiète, car, de temps en temps, des coups de canon ou de brèves fusillades rompaient le silence, et parfois la balle d'un tireur d'élite venait frapper à la tête un de nos observateurs imprudents ; en évoquant la Grande Guerre, je songeais : « Ce peuple et cette armée trop affaiblis se refusent à la guerre, car la conscience nationale, mue par un instinct de conservation, se rassure par cet espoir : pourvu que la vraie guerre n'ait pas lieu ! »

Et puis me revenait à la pensée cette certitude que m'avaient donnée mes voyages en Allemagne : les généraux d'Hitler vont jeter sur nous, dans un élan enthousiaste, une jeunesse courageuse et bien entraînée.

Au cours de l'automne, pendant notre simulacre d'action dans la forêt de la Warndt, qui nous apparut bientôt comme une sorte de honteuse comédie jouée pour faire semblant de venir au secours de la Pologne écrasée, j'avais vu des soldats blessés et mutilés par des pièges laissés par l'ennemi se repliant assez tranquillement et j'en avais gardé l'idée que les Allemands, plus inventifs dans les ruses de guerre que nous-mêmes — nous avions parfois eu le même sentiment lors de l'autre guerre —, nous préparaient des surprises d'une imagination diabolique. Les officiers me disaient : nous avons reçu des suggestions, mais pas d'ordres, sinon celui d'agir avec prudence et modération, bref, de ne pas risquer la guerre. Ils m'avaient paru souvent envahis par une sorte de scepticisme caché sous une apparence un peu ostentatoire de calme discipliné.

Dans l'hiver si glacial, le travail de terrassement, de creusement, d'aménagement des tranchées était pénible, parfois presque impossible ; aussi les hommes, déposant pelles et pioches, obtenaient-ils la permission d'aller se chauffer dans leur cantonnement, et l'on ne voyait point la ligne Maginot se prolonger vers le nord. A côté d'ébauches de tranchées s'entassaient des madriers, des planches et des pieux sur lesquels tombait la neige.

Ma mémoire étant toute remplie par les souvenirs de la dernière guerre, l'absence d'une solide organisation défensive me faisait peur. Je regardais la plaine infinie des Flandres que ne barrait aucune fortification. Va-t-on, pensai-je, renouveler l'offensive de Waterloo ou de Charleroi ? Saurons-nous résister sur la route traditionnelle de l'envahisseur ? Car on croyait fermement qu'en aucun autre point du front une armée ennemie ne pouvait s'avancer.

Au cours de ces inspections sur les routes verglacées, dans les bois de Lorraine ou dans les forêts des Ardennes où l'on entendait craquer des branches d'arbres cassées par le poids de la neige, tantôt j'étais envahi par l'angoisse, tant ma confiance en la valeur des chefs et des soldats s'était peu à peu affaiblie, tantôt je reprenais espoir lorsque je rencontrais certains officiers de tous grades qui me frappaient par leur austérité et par leur sens du devoir.

Mes visites à la Ligne Maginot étaient encourageantes. Les installations sanitaires modernes étaient aménagées d'une façon remarquable. Profitant de cette tâche professionnelle, je me plaisais au milieu des garnisons de cette ligne fortifiée. Etait-ce la qualité des chefs, l'intérêt pour tous du travail à accomplir pour bien connaître et faire jouer, le jour venu, les instruments modernes de renseignement et de défense, une vie plus militaire dans les abris souterrains, une sensation de puissance ? Là, le moral était bon.

J'avais parfois l'occasion de rencontrer le général Gamelin. Le visage était peu expressif, l'uniforme de très bonne coupe, les mains, placées dans les conversations familières derrière le ceinturon, étaient trop soignées. Souvent, d'un geste machinal, pendant qu'il parlait il regardait ses ongles polis. J'avais été frappé par son urbanité et gêné par un trop grand souci que paraissaient lui donner de légers malaises physiques. Deux entrevues au fort de Vincennes, où il était installé, m'ont laissé une pénible impression ; son apparence de sérénité, sa courtoisie, l'intérêt qu'il prenait aux exposés qu'on lui faisait, ses remarques intéressantes et fines encourageaient à lui parler librement. Il demandait qu'on le fît avec franchise. Je lui exposais mes craintes sur les habitudes de boire qui commençaient à devenir dangereuses pour la troupe et lui indiquais que, même dans les popotes d'officiers, au cours de trop longs repas on abusait de l'alcool. J'essayais de le persuader qu'il ne s'agissait point des dangers de l'ivresse mais de manières qui n'étaient pas bonnes pour le maintien de la vigueur physique et morale de l'armée. Il me demanda : « Quels remèdes proposez-vous ? » Avant que j'eusse pu répondre, il ajouta : « Des factionnaires devant les bistrots que je ferais fermer une partie de la journée ? » Je lui indiquai que je ne croyais pas à l'efficacité de ces mesures autoritaires. J'ajoutai que le problème pouvait être vu de plus haut : « Ne pourrait-on organiser des périodes de vie salubre dans des camps isolés, loin des plaisirs villageois, où, à tour de rôle, se rendraient les divisions, ce qui permettrait leur entraînement physique et moral ? » J'allais développer tout ce plan sur lequel j'avais fait un rapport dans une étude sur la santé de l'armée. En souriant et avec discrétion, le commandant en chef me fit sentir à juste titre que j'allais dépasser les limites de la réserve imposée par ma fonction de médecin.

Lors d'un autre entretien, la conversation vint sur le problème des pères de famille nombreuse qu'on avait proposé — paraît-il — de faire rentrer d'une manière ou d'une autre dans leurs foyers. Le général Gamelin, me parlant de cette requête qu'il devait sans doute avoir récemment reçue et qui devait être appuyée par l'action de quelques parlementaires, feignit devant moi une sorte de colère, me parla de ses étoiles, de son képi, de l'impossibilité d'assumer ses responsabilités si lourdes si l'on diminuait ses effectifs et, comme il l'avait fait lors de précédents entretiens, fit encore tout haut le compte de ses divisions, ajoutant les anglaises, les belges, les hollandaises. Il donnait la sensation de vouloir se rassurer lui-même.

Chaque fois que je quittais le fort de Vincennes, je me demandais, en songeant au grand fonctionnaire poli, consciencieux, timoré qui nous commandait — car c'est ainsi que je le voyais —, quelle impression m'auraient faite, si j'avais pu leur parler comme je venais de le faire, les grands généraux de l'autre guerre qui avaient résisté aux défaites et nous avaient conduits à la victoire.

·20·

La guerre et la débâcle

QUAND VINT LE PRINTEMPS, monta l'inquiétude. Nous savions par expérience que le printemps est le temps des offensives. Est-ce que l'armée allemande allait nous attaquer ou bien allions-nous prendre l'initiative ?

Le 10 mai 1940, on apprend que l'armée allemande a poussé son offensive sur la Hollande et pénétré dans ce pays. Comme il était prévu, la VIIe armée se porte au secours de l'armée hollandaise, dont déjà on annonce le repli. Je reçois l'ordre d'aller vérifier le fonctionnement du Service de Santé des armées françaises destinées à défendre la Hollande et la Belgique.

Sous le magnifique soleil de ce mois de mai radieux, l'allure martiale des troupes partant en bon ordre vers le combat, le défilé des chars dont on nous disait qu'ils étaient les meilleurs, les fantassins transportés par camions et acclamés tout le long des routes par les populations belges, la bonne marche des trains bondés de soldats et de matériel, donnaient une impression de force. Il n'y avait point d'avions dans le ciel, ni français ni ennemis. On n'entendait pas, même au loin, retentir le canon. Je vécus alors les seules heures d'espoir depuis la mobilisation jusqu'à la débâcle. Le moral de l'armée était bon, on avait confiance dans le général Giraud et l'on se répétait : bonne armée, bien équipée, bien commandée.

La marche en avant se poursuit. Déjà apparaissent les premiers groupes de familles belges qui, fuyant les champs de bataille, refluent vers le sud, cependant que dans les villages que nous traversons l'accueil est enthousiaste. On nous acclame. Au cours des pauses, ce sont les distributions de victuailles, de boissons et de belles gerbes de lilas pour fleurir les chars et les automobiles. On traverse des villes paisibles, comme Bruges. Aucun écho de guerre ne semble troubler les habitants de ces cités dont nous ne pouvons nous empêcher d'admirer en passant les belles demeures, les jardins fleuris ornés de magnifiques rhododendrons.

Faut-il être rassuré ou inquiet en apprenant les nouvelles des batailles qui se livrent plus loin et l'on n'ose pas songer que cette marche facile est peut-être voulue par l'ennemi ? Bien plus tard, nous devions apprendre combien notre manœuvre était exactement celle qu'Hitler avait souhaitée. Au reste, très rapidement la situation change. Nous apprenons que nos éléments avancés sont au combat et, dans le même temps, qu'ils sont durement frappés et ne peuvent plus progresser. J'essaie de rejoindre la zone des combats pour accomplir ma mission. Je pénètre sur le territoire hollandais jusqu'aux environs de Berg op Zoom. L'impression est différente. Les populations civiles paraissent effrayées. Les troupes de soldats hollandais que l'on rencontre paraissent désorientées. Les paysans écoutent à la radio un appel solennel de la reine de Hollande dont j'essaie en vain de me faire traduire le sens. J'ai l'impression que de graves défaites sont annoncées.

***

Je reçois alors l'ordre de faire retour au Grand Quartier Général en passant par la IXe armée. Brusquement, tout va changer. Dès la nuit du 12 au 13, puis durant les journées des 13 et 14 mai, je reçois des impressions horribles qui restent ineffaçables. Je vois de mes propres yeux la panique de l'armée française dans un désordre inimaginable car vraiment on ne pouvait prévoir, surtout survenant d'une façon si inattendue, cette peur, ce désarroi, cet abandon, cette fuite. Ce sont en effet des soldats fuyards que l'on rencontre ; ils jettent leurs armes. Camions, camionnettes et même chars roulent dans toutes les directions pour s'éloigner du champ de bataille. Tout est mêlé, civils et militaires, véhicules de toutes sortes, et voici que l'aviation ennemie apparaît, elle est seule dans le ciel. Ses bombes effraient et tuent. Alors, ce sont des cris déchirants. Des populations entières abandonnent leurs villes, leurs villages, emmenant ce qu'elles peuvent sauver. Certains paysans voudraient mettre leur bétail à l'abri des incendies qu'ont causés les explosions, loin des fermes qui s'écroulent sous le bombardement. Les routes sont encombrées par un troupeau humain de femmes et d'enfants éperdus, de soldats confondus avec la foule. Au milieu d'eux, un char d'assaut qui roule vers l'arrière essaie de se frayer un passage. Une vision me frappe : à côté du soldat qui conduit, les hommes lisent un journal. Aucune tentative pour remettre de l'ordre, reprendre en main les troupiers dispersés. Je cherche à trouver mon chemin à contre-courant et à passer non sans peine. Le chauffeur et moi-même sommes épuisés par le manque de sommeil et la faim car nous n'avons ni assez dormi ni assez mangé. Je tâche de rejoindre des troupes ayant gardé leur formation militaire. J'aperçois, marchant à peu près en bon ordre, une compagnie de fantassins. Je m'approche. A ce moment, plusieurs stukas nous survolent en rase-mottes avec leur sirène hurlant et leur mitrailleuse en action. Tous les hommes se jettent à terre puis, affolés, se dispersent. Aucun avion français n'apparaît. Je songe que j'avais entendu dire au général Vuillemin, peu de jours avant le début de l'offensive, que nous manquions d'avions de combat comme de D.C.A.

Les heures passent au milieu de ce désordre affreux. Je dois essayer de remplir ma mission, c'est-à-dire retrouver l'état-major de la IXe armée. Comment m'orienter ? Je me dirige tantôt vers le nord, tantôt vers l'est. Voici que j'aperçois une ambulance qui va vers le sud. Je l'arrête. J'interroge le conducteur : « Quels blessés conduisez-vous ? » Explication confuse. Je fais ouvrir la porte. Seul descend de la voiture un colonel. Il est de petite taille. Son casque est mal posé sur la tête, son uniforme couvert de poussière. On ne voit ni plaies ni pansements. Je lis sur son col le numéro du régiment. Je lui demande d'un ton vif : « Quelle blessure ? » Il me répond : « Je suis commotionné, un obus, la chute d'un mur. » « On ne voit rien », lui dis-je. Il me répond par un discours appuyé de gestes. Visiblement cet officier a perdu son sang-froid. Devant ce spectacle, ma colère monte. Faut-il ajouter que j'étais au bout de la fatigue et de l'énervement ? Me payant d'audace bien que d'un grade inférieur au sien — je porte le galon de lieutenant-colonel — je lui commande : « Mettez-vous au garde-à-vous pour me répondre. » Il obéit, et je continue : « Où est votre unité ? Où est la IXe armée ? » Alors, j'entends cette phrase dont le son retentit encore à mon oreille : « Il n'y a plus de IXe armée. » Je ne pouvais supposer qu'il disait la vérité et vivement, brutalement même, je lui réponds : « C'est faux, rejoignez votre régiment. » Et je fais changer la direction de l'ambulance et ordonne qu'elle reparte vers l'est.

Le soir tombe. Nous arrivons dans une ville bombardée, Valenciennes, je crois. Elle paraît déserte, tout au moins dans le quartier où nous parvenons car on ne peut guère avancer tant il tombe d'obus. Nous nous abritons dans une sorte de cave pour y passer la nuit. Habitué aux bombardements sur le front, je n'avais jamais assisté à celui d'une ville ,plus fracassant parce que les murs s'effondrent et que les maisons s'écroulent. Puis les incendies s'allument ; leurs lueurs, à travers le hublot de notre abri, viennent nous éclairer jusqu'au fond de notre cave. Les bruits d'éclatement d'obus, de craquements, d'éboulements sont assourdissants et la danse des flammes nous donne une vision sinistre et fantastique. Le matin je quitte les ruines fumantes et j'erre encore au milieu du même spectacle de malheur et de honte.

Il est difficile d'avancer ; nous changeons souvent de route. J'interroge tous ceux qui pourraient me renseigner. Point d'indications utiles. Convaincu après de longues heures que ma mission est sans objet, je décide de rejoindre le Grand Quartier. Sur le chemin que je prends, on ne voit plus de soldats. Seul le peuple en exode encombre les routes. Peu à peu je dépasse ce flot humain et retrouve une région où le silence et la quiétude remplacent les images de la débâcle. Par le temps beau et chaud les villages paraissent assoupis. Au Grand Quartier règne un calme effrayant. J'y arrive au milieu du jour, harassé et désespéré. Je retrouve à leur poste, dans les différents bureaux, les officiers qui n'ont que peu de nouvelles. Ils parlent de « brèche colmatée ». Je vais de bureau en bureau en parcourant les chemins dans l'indifférence intolérable du paysage inondé de lumière. On me demande : « Vous avez vu les troupes montant vers le front pour arrêter la percée dont on parle ? » Rien, rien. Et j'ai parcouru de bien grandes distances. Nulle part de troupes fraîches comme celles que l'on voyait, lors de la Grande Guerre, monter vers les lignes lorsque en quelque lieu les unités avaient cédé... Je n'ai vu qu'un pays vide de soldats et je demande à mon tour quelles sont les armées qui ont reçu l'ordre de rétablir la situation. C'est le silence. Quelqu'un dit : « Il n'y a point de masse de manœuvre. — Alors nous sommes perdus. »

*
* *

Au Grand Quartier Général, je retrouve l'ordre me détachant au ministère de la Santé. C'est M. Paul Reynaud qui, lorsqu'il avait pensé à me faire contribuer à la réorganisation du ministère de la Santé, avait décidé cette désignation. J'étais bien loin de songer à cette proposition faite pendant que « la guerre n'avait pas lieu » et voici que maintenant l'ordre arrivait. Le Grand Quartier Général allait descendre vers la Loire. Je n'éprouvais donc aucun malaise à abandonner mon service alors que ma nouvelle affectation me dirigeait vers Paris, où le danger approchait. J'arrivai rue de Tilsitt. Le ministère donnait l'impression de travail ralenti, d'une atmosphère de vacances dans une ignorance singulière de la réalité tragique. Je ne puis encore aujourd'hui regarder par les fenêtres de l'hôtel du ministère — l'un des hôtels des Maréchaux — vers la place de l'Etoile et l'Arc de Triomphe sans évoquer l'impression que me fit ce spectacle en ces jours néfastes. C'est le cœur serré que je contemplai alors ce haut lieu de gloire et que j'évoquai le passage, sous l'arche majestueuse, des vainqueurs de 1918. Je sens venir les jours sinistres. La capitale est vide. Ce n'est pas seulement dans les quartiers bourgeois que la population a fui. Seuls fidèles à leur devoir, les concierges de Paris gardent les immeubles dont les locataires sont ou mobilisés, ou restés sur les plages, ou dans les stations de leurs vacances, ou partis sur les routes vers le sud. On est sans nouvelles ou, plus exactement, la censure ne laisse filtrer que des informations succinctes et désastreuses. Alors courent les bruits les plus variés, généralement les plus affligeants, et ce que l'on raconte est encore au-dessous de la vérité. On parle de bataille dans les Flandres, sur la Somme, puis ensuite près de la côte de Calais et de Dunkerque. Le général Weygand a remplacé le général Gamelin. Bien souvent, dans les conversations du Grand Quartier Général, lorsque vacillait la confiance en Gamelin et en Georges, on parlait du maréchal Pétain et du général Weygand. Ceux qui paraissaient le plus au courant disaient que le maréchal Pétain avait beaucoup vieilli et qu'on ne pouvait imaginer qu'il prît un commandement. Par contre, ils mettaient leur espoir dans la vigueur du général Weygand. D'autres pensaient que si le général Gamelin avait obtenu le plus haut poste, c'est avant tout parce qu'il avait été le collaborateur du maréchal Joffre, de même que le général Weygand fut celui du maréchal Foch. Mais, devenu chef à son tour, aurait-il les qualités de celui dont il avait été le second ? Et voici que maintenant Weygand, dans les conditions les plus mauvaises, était à la tête de l'armée française et qu'on entendait parler d'un appel au maréchal Pétain. Beaucoup de bruits couraient sur les rapports entre la France et l'Angleterre, sur les comités de guerrc, sur la volonté de se battre des Français ou des Anglais. On apprenait l'embarquement des troupes en retraite à Dunkerque, la défense de la ville. On connut, le moment venu, la proclamation d'Hitler affirmant qu'il avait remporté la plus grande victoire de l'Histoire. La guerre allait-elle continuer, les troupes allemandes descendre vers Paris déclarée ville ouverte et où régnait toujours le calme, sans un avion dans le ciel, sans un bruit de bataille au loin ? Voici qu'on apprend que le Quartier Général de nos armées s'installe à Briare, que le front de la Somme est percé, que les troupes allemandes vont dcscendre vers l'Ile-de-France. Dans les ministères, on brûle les dossiers et l'on nous dit que les papiers secrets du ministère des Affaires étrangères font une sorte de feu de joie sinistre devant la façade de l'hôtel du Quai d'Orsay. Nous recevons l'ordre de descendre vers la Loire. Le 4 juin, avant mon départ, nous assistons, ma fille et moi, à une soirée donnée par la Comédie-Française en hommage à Charles Péguy. Daniel Halévy, sur la scène, où il m'apparaît le visage fatigué et pâle, revêtu comme à l'habitude de son costume de velours foncé, présente Péguy en quelques mots. Puis les comédiens récitent des poèmes. Le public est fervent, plein de la gravité que l'on a lorsqu'un grand deuil nous atteint et qu'on assiste à un service funèbre. Quelques vers de la *Jeanne d'Arc* de Péguy ont fait tout d'un coup surgir en moi-même le souvenir de la représentation de la *Jeanne d'Arc* de Schiller à laquelle, comme je l'ai raconté, j'ai assisté à Francfort après les rugissements du peuple allemand exalté. Nous ne pouvions nous douter que nous retournerions dans cette même salle le 27 octobre 1944 pour une soirée en l'honneur des poètes de la Résistance en présence du général de Gaulle que beaucoup de Parisiens voyaient pour la première fois et acclamaient.

Mon collaborateur Marcel Lelong, qui avait été affecté avec moi au ministère de la Santé, m'accompagne. Nous partons. Arrêt à Chartres, où les obus ont provoqué des incendies illuminant la cathédrale. Celle-ci apparaît dans une splendeur magnifique et tragique sous les éclairages flamboyants. A la préfecture, le personnel a disparu ; un huissier somnolent s'est coifé d'un casque et porte la boîte réglementaire contenant le masque à gaz. M. Violette, ancien gouverneur de l'Algérie et député de ce département, a fini par s'assoupir dans un fauteuil sans doute après de longues insomnies. Le préfet nous reçoit. C'est Jean Moulin qui, quelques jours plus tard, pour ne point signer sous la menace ennemie d'horribles accusations contre les troupes noires, devait se trancher la gorge puis survivre pour remplir plus tard jusqu'au sacrifice suprême son rôle de chef dans la Résistance. Nous lui demandons si nous pouvons être utiles. Il ne peut que nous offrir des tâches illusoires et nous conseille de continuer notre route.

A Châteaudun, dont les rues sont encombrées par la foule qui descend vers le sud ; quelques avions allemands nous survolent ; nous sommes sous le bombardement qui, sous nos yeux, détruit en partie la maison de retraite située au bord de la route. Nous aidons à transporter les blessés que l'on cherche à mettre à l'abri. Un peu plus loin, nous rencontrons, conduits par leurs infirmières, une troupe d'enfants. Coïncidence surprenante, ce sont ceux de notre Placement Familial de Salbris, en Sologne. Cette petite ville et ses environs ont subi un bombardement qui a fait de nombreuses victimes. Nos infirmières ont fui dans les bois avec les enfants, dont plusieurs sont morts dans leurs bras et maintenant leur groupe est dispersé sur les grands-routes. On manque de lait, de nourriture, de médicaments, de linge pour ces petits malades. Certains sont dans un état grave. Comment les soigner ? Comment aider ces infirmières à bout de forces ? Nous n'y parvenons qu'imparfaitement et nous leur procurons de l'essence pour poursuivre leur route vers un abri meilleur.

Nous arrivons enfin à destination au lieu prévu pour l'implantation du ministère de la Santé. Nous sommes installés dans un petit château tourangeau. Autour de nous, comme isolés du monde, les petites villes et les villages, lorsqu'ils ne sont pas près des grands-routes, sont plongés dans une sorte d'engourdissement.

Un autre de mes collaborateurs, le docteur Julien Marie, vient me rejoindre. Nous allons saluer M. Georges Pernot, ministre de la Santé et de la Famille, qui avait été désigné par Paul Reynaud pour exécuter la politique familiale nécessaire au relèvement démographique et le voici pris dans la tourmente d'un désastre national sans précédent dans notre histoire. On nous dirige sur Brive. La petite ville est envahie par des groupes de civils et de militaires cherchant nourriture et abri. Avec un officier d'artillerie que je rencontre, je ne puis m'empêcher d'essayer de rétablir un peu d'ordre parmi ces soldats égarés, sans armes, aux uniformes malpropres, qui se perdent dans la cohue.

Puis, c'est Bordeaux, la capitale des défaites françaises. La ville est encombrée à l'excès par une foule de fuyards de toutes conditions dont beaucoup de Parisiens, parmi les plus aisés. Tous cherchent un logis, souvent en vain tant la ville est surpeuplée. Les restaurants sont bien achalandés, les terrasses des cafés très animées. Personnages connus, journalistes, hommes politiques, acteurs, actrices, le Tout-Paris, tous s'agitent, soucieux de trouver une place à table dans les restaurants les plus réputés.

On a souvent décrit, mieux que je ne pourrais le faire, la tristesse de ce spectacle. Nous essayons, mes collaborateurs et moi-même, de nous isoler en aidant les quelques fonctionnaires du ministère rassemblés à s'installer dans l'institut des Sourds-Muets pour y placer quelques semblants de bureaux de travail. Mais un bombardement allemand de la ville fait des victimes, et nous devons contribuer à l'organisation des secours.

A notre bureau, du matin au soir défilent des médecins civils venus de tous les points de l'horizon ou des militaires qui ne se sont pas rendus. Ils demandent au ministère ce qu'ils peuvent et doivent faire. Malgré nos efforts et nos démarches, nous n'arrivons, les fonctionnaires du ministère et nous-mêmes, qu'à rendre bien peu de services. L'écho nous parvient des discussions gouvernementales, des remaniements ministériels, de tous les mouvements et aussi de tous les drames de la politique. Toutes les pensées ont le même objet : faut-il conclure l'armistice ? Un jour, Marcel Lelong et moi, nous apercevons Pierre Laval se dirigeant vers la résidence du maréchal Pétain. Nous avons la sensation qu'il cherche à ne pas être vu et nous en gardons, l'un et l'autre, une impression d'intrigue ou de complot. Peu à peu, grâce au hasard de rencontres, nous retrouvons des amis. Voici M. Charles Lemaresquier, le beau-père de mon fils Michel, puis Pasteur Vallery-Radot. Accablé, il me parle de troupes entières qui déposent les armes et se rendent, généraux en tête. On songe aux perspectives qui s'ouvrent devant nous. Continuer la guerre ? Comment ? Capitulation de l'armée ? Armistice ? Que de sombres propos !

Pasteur Vallery-Radot a entendu à la radio le 18 juin le général de Gaulle puis, ensuite, la voix chevrotante du maréchal Pétain demandant le cessez-le-feu. Il a eu, me dit-il, une impression si triste qu'il s'est mis à pleurer. Elisabeth de La Panouse de La Bourdonnaye, qui devait devenir ma femme et que j'appellerai désormais Dexia, du pseudonyme qu'elle prit dans la Résistance, vient à ce moment à Bordeaux. Elle a, avec sa sœur, abrité les tableaux du Louvre dans leur château de l'Orfrasière et subi le feu de la mitrailleuse d'un avion. Elle vient avec le désir d'aider à l'organisation des différents secours que le ministère de la Santé essaie de mettre en œuvre.

***

Je cherche à me rappeler ce que je pensais alors. La continuation du combat, c'est la jeunesse sacrifiée. Mais, contrairement à ce qu'affirment tant de personnages officiels, cesser le feu c'est abaisser définitivement la patrie et c'est, une fois de plus, renier notre parole. Nous avons abandonné la Tchécoslovaquie, nous ne nous sommes pas portés au secours de la Pologne. Pouvons-nous manquer au serment fait aux Anglais de ne point conclure de paix séparée ? Non.

Bientôt, nous voyons clair en nous-mêmes. Pour que continue de brûler la flamme de l'espoir national, il faut porter la guerre en Algérie. Cette pensée est celle de Dexia et de Pasteur Vallery-Radot comme de moi-même. Mais tout va s'effondrer. L'armistice est signé. Ce que dit le Maréchal Pétain est faux : nous ne concluons pas l'armistice « dans l'honneur », mais dans le déshonneur. Et puis, de nouvelles hontes s'ajoutent à celles que nous subissons. La France s'engage à livrer à l'ennemi des proscrits et des réfugiés qui étaient venus chercher un asile dans notre pays.

Malgré toutes les promesses nous sommes inquiets pour la flotte française, puissante et intacte. Comment Hitler ne chercherait-il pas à s'en emparer ? Survient alors le drame atroce de Mers el-Kébir. Nous résistons de notre mieux à ce choc douloureux qui nous ébranle et malgré tout reprenons le projet formé de gagner l'Angleterre. Marcel Thiébaut — critique littéraire, écrivain et rédacteur en chef de la *Revue de Paris,* habitant à Paris la même maison que moi et qui était devenu mon ami — croit avoir trouvé la possibilité d'un embarquement sur un petit vaisseau qui fait voile vers l'Espagne. Ce projet s'évanouit. Que faire ? Où aller ? C'est alors que je reçois la visite, dans mon petit bureau de Bordeaux, du docteur Thoyer-Rozat porteur d'un message de M. Chiappe, alors préfet de Police, dont j'avais soigné le petit-fils et qui m'en était reconnaissant. Le message était un conseil formel : « Ne revenez pas à Paris ; les Allemands s'y installent, ils vont mettre en œuvre une politique antijuive, vous serez en danger à Paris. A aucun prix ne revenez ! » Aussitôt ma décision était prise. Je retournerai à Paris et ne quitterai pas ma ville. Dexia approuve ma décision. Elle-même, comme Pasteur Vallery-Radot, décide qu'ils regagneront Paris aussitôt que possible.

En vertu des clauses de l'armistice, le ministère doit quitter Bordeaux pour Royat, les pouvoirs publics devant s'installer à Vichy. C'est alors le triste défilé des automobiles où s'entasse le personnel des ministères avec les dossiers emportés durant l'exode. Il nous semble que nous suivons, en ces jours lugubres, le convoi d'enterrement de notre propre pays. Nous nous arrêtons à Clermont-Ferrand, où la revue d'un petit détachement est passée autour de la statue de Vercingétorix. J'ai retrouvé Marcel Thiébaut. Tous deux nous apercevons le général Weygand donnant l'impression d'être fringant, revêtu qu'il est d'un uniforme impeccable. Marcel Thiébaut me murmure : « Général de 70, beau cavalier, prêt à se faire tuer pour l'honneur de l'armée, mais incapable de la préparer à la guerre et de la commander. Quelle phrase ridicule et trompeuse il a prononcée à la veille de la guerre, et maintenant il est heureux de garder quelques troupes pour se battre contre le peuple, s'il se réveille, comme l'ont fait ses aînés au moment de la Commune ! Partons, quittons ce spectacle d'impudeur ! »

A peine arrivé à Royat, le ministre Ybarnegaray me communique un télégramme. Je suis appelé au chevet de Paul Reynaud sérieusement blessé au cours d'un accident d'automobile et qui se trouve à l'hôpital de Montpellier. Je m'y rends aussitôt. La comtesse de Portes, qui conduisait la voiture, a été tuée. L'état de Paul Reynaud n'est pas grave, ses blessures sont superficielles, il surmonte son ébranlement nerveux. Nous pouvons parler longuement. Il me confie ses documents.

Dès mon retour à Royat, j'apprends que des bruits sinistres courent sur le sort de la division où servait mon fils Michel. On raconte qu'elle a été taillée en pièces au cours d'un des derniers combats et que les débris en sont épars dans plusieurs régions de France. Pour avoir quelques renseignements, j'obtiens la permission d'aller à Vichy. J'essaie en vain de joindre César Campinchi. Mme Jeanneney me reçoit. Je rencontre Stanislas de Castellane et le marquis de Chambrun. L'un et l'autre considèrent comme très sombre l'avenir du nouveau régime. Le marquis de

Chambrun fut des quelques sénateurs qui eurent le courage de refuser les pleins pouvoirs au maréchal Pétain.

Je pus obtenir alors le droit et la possibilité de parcourir la région à la recherche de cette division perdue. Je finis par apprendre que mon fils aîné est prisonnier. Au cours d'un combat, il s'est trouvé sous le feu de l'ennemi, dans une petite voiture automobile. Le chauffeur est gravement blessé, la voiture roule dans le fossé. A côté du corps du chauffeur mourant, mon fils a été ramassé par l'ennemi.

Rassuré, me voici de nouveau à Royat où je trouve, arrivée par je ne sais quel miraculeux concours, une lettre de Henri Mondor :

« Mon cher Robert. Reviens à Paris. L'occupation y est sans torture, sans quolibets. Chez soi, on peut se détourner de l'événement et travailler. A midi, je m'enferme et écris la vie de Mallarmé. Mais on a pleuré ! Paris est un village désert, muet, où l'on entend les coqs de Seine-et-Oise, les menuisiers lointains.

« Que de laideurs ! Que de panique avant, que de bassesse après ! Mon cher Robert, j'ai bien pensé à toi, à tes enfants. Reviens vite, tu seras moins mal. Je t'embrasse très affectueusement. H. Mondor. »

J'étais bien décidé à rentrer, j'ai dit pourquoi. Nous voici donc, avec quelques fonctionnaires du ministère, munis de l'*ausweis* du vainqueur. Nous sommes sur la route de Paris. Le trajet est long et je songe : « Que va devenir la France ? Est-ce la fin de la grande nation ? Le nouveau Sedan est plus grave que celui de septembre 1870. Que sera la prochaine année terrible ? Pourrons-nous jamais réparer nos hontes ? Pourra-t-il se relever, ce peuple consterné, divisé, abattu jusqu'à terre ? En franchissant, le cœur serré, les postes de la nouvelle frontière, après ces premiers contacts avec la feldgendarmerie, j'évoque mon entrée en Alsace lorsque j'étais enfant.

Paris est là maintenant, enfumé, tout rempli de l'odeur des réserves de mazout incendiées. La ville est devant nous, intacte, muette, occupée. En 1871, pensais-je, ils sont entrés et sortis. Maintenant, ils sont établis pour rester. Il faudra faire comme les ancêtres alsaciens, vivre sous le joug et travailler à leur départ.

J'apprends, je ne sais par quelle voie, que mon fils Michel est dans un camp de prisonniers à Autun. J'arrive à l'y joindre accompagné de Dexia, et, grâce à mon ami le docteur Latouche, chirurgien d'Autun, qui avait rendu quelques services à un officier allemand blessé, je puis approcher du camp. Des centaines de soldats et officiers sont étendus par terre. Autour d'eux, des fils de fer barbelés. Des sentinelles veillent du haut des miradors. Mon fils m'aperçoit. Je vois son visage ravagé. A travers la clôture de barbelés, nous parlons. Il me dit qu'il s'est évadé et a été repris. La scène se passe le 14 juillet 1940.

Après quelques semaines, ce groupe de prisonniers est transféré à Orléans et enfermé dans une caserne ; mais, chaque jour, des détachements de soldats français commandés par leur propre chef sortent en ville pour des travaux de déblaiements. L'occasion est propice. Ma fille, ma belle-fille, Dexia et moi-même préparons l'évasion : vêtements civils et bicyclette sont entreposés au bon endroit. L'évasion réussit. Le soir du 4 septembre, libre, ou tout au moins évadé, mon fils se réfugie dans ma maison tourangelle de Vernou.

Tous nos enfants sont vivants et nous retrouvent. Quelle existence nouvelle va commencer ?

·21·

Paris sous la honte

LES DÉBUTS DE LA VIE à Paris furent singuliers. J'y retrouvais ma maison, les objets familiers — tout était en place —, les silhouettes habituelles du quartier, la ville entière intacte après avoir craint sa destruction. Après un cauchemar, n'allais-je pas reprendre l'existence familiale et le travail professionnel ? Comment jouir de ce bien-être au milieu des pensées sombres qui nous accablaient ? La capitale semblait un Paris en fin de vacances qui va reprendre le rythme coutumier de son activité. La rentrée des Parisiens dans leur ville s'accompagnait d'une certaine reprise du travail qui donnait l'illusion d'un retour à la vie normale. Peu à peu, les rues retrouvaient leur animation.

A ce moment, les ressources restaient abondantes, les cafés et restaurants étaient ouverts et les Parisiens en profitaient. Le souvenir des restrictions, qui devaient plus tard rendre pénible leur vie, a fait oublier les premiers mois de facilité et de confort dont on ne pouvait jouir, car on était plongé dans une atmosphère morale insupportable : l'armée allemande s'installait dans notre ville, les drapeaux à croix gammée flottaient sur les monuments publics ; aux carrefours, de grandes inscriptions en langue allemande. Partout, l'on croisait des soldats et des officiers. On détournait le regard et à chaque pas une vague de honte nous atteignait. Un jour j'aperçus, descendant les Champs Elysées, un détachement de soldats allemands défilant musique en tête : l'air retentissait des refrains de marches militaires accompagnés du son des clairons, des tambours et des fifres et du bruit bien rythmé des lourdes bottes sur la chaussée scandant les pas des soldats. Tout autour, sur les trottoirs, des soldats à bicyclette étaient chargés d'écarter les passants bien rares, qui s'éloignaient..., pas tous, hélas ! Je me demande alors si ceux des miens, réfugiés à Toulouse et qui avaient décidé de ne jamais revenir à Paris tant que la ville serait occupée, n'avaient pas raison ; trop dur était l'effort pour supporter de pareilles visions.

Le travail à l'hôpital est très actif car les enfants malades sont nombreux. On dispose encore de toutes les ressources habituelles. Chaque matin c'est une joie de retrouver les infirmières, les collaborateurs, les élèves. Sans échanger beaucoup de paroles, on se sent en communauté de pensée avec la plupart. Le travail de toute l'équipe est réconfortant. L'Académie de Médecine reprend séance dès la rentrée, et la Faculté de Médecine s'ouvre pour recevoir les étudiants qui arrivent de toutes parts. Sur ces assemblées règne un morne malaise. Dans la salle du conseil de la Faculté je regarde les magnifiques tapisseries des Gobelins représentant les Quatre Eléments, données jadis, dit-on, par Louis XIV, et je songe aux gloires passées.

Les conversations sont pénibles car beaucoup sont résignés. Ils pensent que la France subit une épreuve passagère, qu'il faut attendre en exécutant loyalement l'armistice, que le maréchal Pétain agira pour le mieux dans l'intérêt national, que l'Allemagne, qui sera victorieuse, nous permettra de retrouver, si nous agissons convenablement, une existence nationale normale, bien que diminuée. Certains même ajoutent : « Voyez comme l'armée allemande se conduit correctement ! »

Parmi mes amis retrouvés, c'est surtout avec Pasteur Vallery-Radot que je me sens bien à l'unisson. Tout en décidant comme moi-même de rester à Paris, il se sent rattaché au général de Gaulle dont l'appel l'a ranimé. Nous avons l'un et l'autre confiance dans le patriotisme et l'opiniâtreté britanniques. Le drame de Mers el-Kébir, le 3 juillet 1940, ne nous fait point dévier. Parmi mes proches, mes frères, mes enfants, comme ceux de Dexia, ont la même attitude : c'est le refus de la défaite. Certains de nos collègues disaient qu'il ne fallait pas mécontenter Hitler pour ne pas risquer, lorsque prochainement une paix de compromis serait établie entre l'Allemagne et la Grande-Bretagne, qu'elle ne le fût à nos dépens. Les colères de Pasteur Vallery-Radot étaient alors magnifiques. Comme lui je subissais le nouveau régime et l'autorité du maréchal Pétain à la tête de l'Etat Français comme un mal passager mais inévitable. Mais, comment sortirait-on du gouffre ?

Devant l'incertitude de l'avenir il arrivait aux plus patriotes de sentir leur espoir vaciller. Beaucoup refusaient de regarder les perspectives des temps futurs. Henri Mondor s'isolait et cherchait à oublier en se vouant à sa tâche quotidienne. D'autres, avisés et sages, comme Georges Guillain et André Lemierre, disaient : « La paix n'est pas proche, la guerre va durer des années et on ne sait pas ce qui peut arriver. Il faut garder courage. » Gustave Roussy, dont la peine profonde était cachée par l'attitude de vaillance, entraînait chacun vers la reprise du travail, d'enseignement et même de recherches. Il était loin d'approuver le général de Gaulle et d'adhérer à son mouvement. Il affirmait que toutes les activités nationales devaient être rétablies, y compris celles du spectacle, pour que chaque Français fût occupé et rétribué, et que l'université dont il était le recteur devait donner l'exemple. Il fut bientôt destitué par le gouvernement de Vichy.

Certaines discussions s'orientaient vers la recherche des responsables du désastre : Les chefs militaires ? Les chefs civils ? La prétendue dégradation des mœurs de la France ? Je soutenais avec Pasteur Vallery-Radot que les querelles sur ce sujet étaient vaines et malsaines. Sans doute, il m'apparaissait que les gouvernements, qui choisissent les chefs militaires, portent toujours les plus lourdes responsabilités, et il était bien évident que la IIIe République, sur la fin de sa vie, n'avait plus été digne de son passé. Cependant nous défendions Paul Reynaud dont nous avions apprécié la clairvoyance, au reste bien inutile, et le courage. L'infamie des accusations contre Mandel, Jean Zay et d'autres hommes politiques nous révoltait. Quelques-uns d'entre nous, qui devaient plus tard se rassembler dans la Résistance, étaient déjà décidés à ne point céder. Comment ? nous demandait-on. A la manière des Alsaciens après 1871 : ne pas collaborer, ignorer le plus possible l'occupant, nous grouper et espérer. Dans mes notes de ce temps, je trouve cette phrase : « Vaincus, nous devons résister. » Le mot « résistance » est venu, dès les premiers jours de l'occupation, sous ma plume.

La population ouvrière, qui n'était pas sans souci pour sa vie matérielle, considérait en général que cette guerre n'était pas la sienne et se sentait soulagée par la fin des hostilités, ne prévoyant point la misère et les peines qui allaient l'accabler. Le parti communiste, puisque la Russie était devenu l'alliée de l'Allemagne, approuvait ceux qui, comme l'avaient proclamé les nazis français, avaient refusé de mourir pour Dantzig. Les privilégiés de la fortune avaient retrouvé certaines de leurs distractions dont ils jouissaient au jour le jour.

Je travaillais farouchement, du matin au soir, échangeant avec mes enfants, Dexia et quelques amis proches nos commentaires des nouvelles de chaque jour. On venait me voir, et, entre deux consultations, j'exposais non pas tant les motifs d'espoir en ce temps que la nécessité de nous aider mutuellement à garder le meilleur moral. Une fois cependant, à la veille de Noël 1940, j'acceptais l'invitation d'amis argentins restés fidèles au Paris qu'ils aimaient. Une société qui ne semblait point frappée par le malheur étaient réunie dans le cadre luxueux des années passées. L'ambassadeur d'Espagne Lequerica était présent comme aux plus beaux jours de la vie parisienne. On rencontrait des hommes connus qui souriaient et plaisantaient. Un écrivain me dit : « Je viens de finir un roman, j'espère qu'il vous plaira. » Sans doute était-elle factice toute cette gaieté, mais comme elle était peu supportable !

***

Dès la fin de l'année 1940 vint s'imposer à moi le problème juif ; c'était à mes yeux absurde, mais inexorable. En effet, dès l'entrée des troupes allemandes à Paris, avait surgi toute une presse antijuive du ton le plus violent et le plus grossier et l'on avait vu se développer un courant d'opinion conforme à la doctrine nazie : diriger la haine des peuples vers un ennemi commun, responsable des malheurs et des guerres, exploiteur à la fois redoutable et méprisable, appartenant à une race maudite qu'il fallait mettre hors d'état de nuire. Bien des Français à l'esprit solide refusaient de suivre ce mouvement, comprenant qu'on ne pouvait participer à une manœuvre qui, par une adresse diabolique, cachait l'impérialisme germanique et la domination du parti nazi sur l'Europe. Certains mêmes, qui n'avaient pas, jadis, été si opposés aux courants antisémites, refusaient de s'associer aux violences et aux cruautés du national-socialisme allemand. Beaucoup se laissaient entraîner, tout au moins en cette période du début de l'occupation, car plus tard l'opinion évoluera et se multiplieront les refus souvent les plus courageux, voire les plus héroïques. Cependant, dès le début de l'occupation je reçus plusieurs émouvants témoignages de sympathie. Je voudrais en citer un. Mme Jahan, fille du Général de Boisdeffre, avec qui j'avais beaucoup collaboré pour le soin de sa famille, lors d'une visite que je lui fis, réunit tous ses enfants autour de moi et leur dit qu'ils devaient venir me remercier et m'exprimer la fidélité de leur reconnaissance parce que les Allemands voulaient me persécuter. On imagine l'impression touchante que me fit cette scène familiale.

J'étais tout naturellement porté vers une conduite très simple. A mes yeux, aucune discrimination d'aucune sorte n'était acceptable dans la plus faible mesure que ce soit. Pour continuer ma tâche de travail et de résistance, de propagande orale et de soutien moral, pour éveiller les espérances, il fallait agir comme si cette loi n'existait pas. Dans ce domaine aussi il fallait résister. Cette orientation dans mon comportement ne préjugeait d'aucun courage, car on ne soupçonnait pas alors qu'aux humiliations devaient succéder les persécutions, sous les formes cyniques et tragiques, qui apparurent ensuite. Au reste, la vilenie d'un « statut des juifs » était doublée d'hypocrisie car on nous affirmait que l'on ne soumettrait pas au statut les juifs de vieille souche française, ceux qui avaient combattu pour la France, qui n'avaient pas participé à la vie politique, puisque la doctrine voulait que « la politique » fût coupable du malheur des Français.

Notre entourage était convaincu que le gouvernement de Vichy parviendrait à éviter dans la mesure du possible l'application du statut qui, pensait-on alors, lui avait été imposé. De cette époque datent les recherches des histoires familiales et les constitutions de dossiers rappelant que, sur l'arbre généalogique aux branches nombreuses et s'écartant largement du tronc, figuraient — juifs ou catholiques — des soldats du premier et du second Empire, des professeurs, des fonctionnaires depuis un siècle, des patriotes alsaciens, des décorés de la Légion d'honneur sous différents régimes et enfin la liste des combattants de la Grande Guerre avec ses blessés et ses citations à l'ordre du jour des corps combattants et ses morts, « comme dans toutes les familles françaises », ajoutait ma mère. Efforts bien illusoires car le gouvernement de Vichy était décidé à n'établir aucune distinction, mais il fallait, comme l'avait enseigné Hitler, procéder par étapes pour gagner l'assentiment général.

Quand l'attitude du gouvernement de l'Etat Français devint évidente, nous adressâmes une lettre solennelle au maréchal Pétain ; elle était signée par quelques personnalités juives qui avaient bien servi la nation. Parmi elles se trouvaient Me Pierre Masse, avocat connu et homme d'une grande dignité, qui écrivit plus tard une autre lettre cinglante au maréchal Pétain. Il devait mourir en déportation. L'ingénieur général de la Marine Dupont, le professeur à la Sorbonne Louis Halphen, le docteur Gaston Nora figuraient parmi les signataires. C'est aussi en ce temps que nous rendîmes, le docteur Gaston Nora et moi-même, visite à M. Xavier Vallat car nous espérions que son patriotisme arrêterait son antisémitisme jusqu'alors militant. Pendant la guerre de 1914, Xavier Vallat, très gravement blessé, avait été, au cours même du combat et sous le feu de l'ennemi, ramassé et ramené dans nos lignes par le docteur Nora, médecin de son régiment. Souvent il lui avait répété — ce qui était indéniable — qu'il lui avait sauvé la vie au péril de la sienne. Xavier Vallat habitait alors près de Saint-Germain-des-Prés. L'entretien fut aimable, marqué de la part de notre hôte par quelques traits de bonhomie au point qu'il nous offrit, avec la plus simple des courtoisies, un petit verre d'un excellent apéritif. Lorsque nous nous retrouvâmes, le docteur Nora et moi-même, sur le parvis de l'église de Saint-Germain-des-Prés, nous échangeâmes nos impressions. Deux phrases les résument : « Il se croit un patriote », me dit Nora. « Ni cœur, ni intelligence », fut ma réponse. Les événements devait confirmer ce diagnostic évident. Depuis, nous avons su que la politique antijuive du gouvernement de Vichy n'avait pas été imposée au maréchal Pétain par les autorités d'occupation. Elle était l'application des doctrines de l'Action Française et des plans que celle-ci avait préparés. Dans aucun autre domaine l'Action Française ne devait atteindre ses objectifs. Seule sa politique antijuive, qui se traduisit par une succession interminable d'ordonnances, de décrets, d'arrêtés, put produire ses funestes effets.

De toute manière, je résolus, avec plus de fermeté que jamais, de ne point tenir compte de ces lois d'exception et d'agir à tous égards vis-à-vis des autorités de la police française et allemande comme si je n'avais pas à m'en soucier. On verra que plus tard la situation s'aggrava. Dès ce moment, mises à part quelques très rares infamies et quelques bassesses de personnages médiocres, l'attitude de tous ceux qui m'entouraient, de près ou de loin, fut celle de la plus noble solidarité. Fit exception un de mes plus anciens et proches amis. Il me déclara que nos divergences de pensée politique étaient telles qu'il valait mieux cesser de nous voir. Cette rupture me fut bien pénible. Il disait : « Nous venons de subir une fameuse raclée. Nous l'avons bien méritée. » Je voudrais être certain que, comme d'autres, il n'en éprouvait pas une joie mauvaise. Toute sa conduite était dictée par la pensée qu'il obéissait au maréchal immolant sa personne pour le salut de la France. Cet homme d'une grande valeur, guidé depuis longtemps par l'Action Française, ne savait pas, comme certains autres, s'en détacher dans la mesure vigoureuse qu'il fallait. Le professeur Clovis Vincent, qui était aussi son ami, citait son cas comme exemple de l'influence que peut avoir sur un esprit de valeur une doctrine perverse.

Au moment de la rentrée universitaire, la chaire de clinique médicale des Enfants Malades fut déclarée vacante. Il avait été tacitement convenu depuis longtemps que je serais nommé à ce poste, le plus haut de ma carrière. Il fallait un vote du conseil de la Faculté. Celui-ci, à l'unanimité, me désigna. On ne compta même pas, comme il arrive souvent en pareil cas, un bulletin blanc ou une abstention. Pareil vote prenait, aux heures que nous vivions, une grande signification. « C'est le plus grand honneur de ma vie », dis-je à mes collègues à la fin de la séance. Ils me répondirent : « C'est l'honneur de la Faculté. »

·22·

La Résistance

C'est a la fin de l'été 40 que la Résistance, ou plutôt quelques Français épars mais tous également opposés aux conséquences de la défaite, se cherchèrent des moyens d'action. Après le premier attentat contre l'armée occupante, à l'automne, et les premières condamnations à mort par les conseils de guerre allemands, des affiches de *Bekanntmachung* apprirent au peuple de Paris les noms des Français exécutés. Ainsi, place Saint-Germain-des-Prés, une de ces affiches annonçant l'exécution du caporal Bonsergent est collée sur l'une des maisons qui font face à l'église. Dexia va acheter quelques fleurs et les dépose sous l'affiche, au pied du mur. Nous en attendons les effets, passant et repassant sur le trottoir comme pour rendre hommage au patriote fusillé. Bientôt, du commissariat tout proche, un agent vient enlever le bouquet, que Dexia aussitôt remplacera par un autre.

Louis Aragon, qui connut ce geste, écrivit dans un de ses poèmes, les plus beaux de l'époque de la Résistance :

> Car il fut un enfant comme nous tous hier
> Celui qui regarda dans l'aube ses bourreaux
> Et les femmes aussi ce nom balbutièrent
> Sans savoir que ce serait celui d'un héros.
>
> Ce nom banal, ce nom comme une terre en friche
> Est aujourd'hui sacré pour les gens de chez nous.
> Sur l'asphalte on a mis des fleurs sous les affiches
> Et les dames en noir y priaient à genoux.

Un jour, chez notre ami Le Savoureux, à la Vallée-aux-Loups dont nous aurons l'occasion de parler longuement plus loin et où quelques résistants se rencontraient dès l'automne de 1940, nous faisons la connaissance de Boris Vildé. Ce jeune savant, né en Russie, d'origine balte, dirigeait au musée de l'Homme le département des civilisations arctiques. Sa solide corpulence, son visage énergique, son regard vif donnaient dès l'abord une impression de force, d'intelligence et de maîtrise de soi. Discrètement il lance une phrase sur ceux qui ne se contentent pas de parler mais « font quelque chose ». Ces quelques mots tout d'un coup éveillent l'attention, l'acquiescement.

Vildé le sent. Il me suggère de rédiger un tract. En quelques lignes, pour rétablir la vérité trahie par les tromperies systématiques de la presse et de la radio, j'indique que des Français de plus en plus nombreux refusent d'accepter l'armistice, l'asservissement, la collaboration avec Hitler et considèrent que le gouvernement de Vichy n'est ni libre ni légitime puisqu'il a été formé grâce à la bienveillance d'un ennemi auquel il obéit. J'essaie de réveiller les espoirs, soulignant l'échec puis l'abandon de l'offensive nazie contre la Grande-Bretagne. Ces feuilles volantes, tapées à la machine, sont abandonnées négligemment sur les bancs des places publiques et les jardins. Cet effort, pour naïf qu'il soit, apparaît bientôt doué d'efficacité.

Dexia, un moment seule avec Vildé, lui offre de l'aider dans son action. Nous sentons qu'elle est beaucoup plus importante et plus dangereuse. Elle lui fait entendre que son logis peut servir de cache. C'était le début de sa compromission dans l'affaire du musée de l'Homme, la première grande affaire de la Résistance et qui devait provoquer une émotion profonde.

Un groupe de savants, pour la plupart attachés à ce musée et aidés par des écrivains, des avocats, des hommes et des femmes de toutes professions de Paris et du Nord, avait créé un réseau d'informations, de passage de la ligne, de relevés de plans, de rapports constants avec Londres, ainsi qu'un bulletin intitulé *Résistance* — le mot n'était pas encore bien répandu. Un traître, un Français fiché à la Gestapo, allait s'employer à les dénoncer, l'un après l'autre ; ils étaient près de 120.

En février 1941, Dexia est arrêtée et menée au Cherche-Midi. Sa fille Bertranne me téléphone en me demandant de passer rue de Varenne. J'accourus. Elle me dit : « Ce matin, de bonne heure, la police allemande est venue, elle a arrêté ma mère. Celle-ci, très calme, presque sans rien dire, a préparé son petit paquet de linge. Elle nous a dit de prêter sa bicyclette, bien précieux, à votre fille Claude, nous a fait quelques recommandations, m'a chargé de diriger la maison et est partie, escortée des policiers, dans une petite auto grise. »

Le cœur serré, l'esprit angoissé, chacun reprend sa tâche coutumière. Au retour de l'hôpital je reviens déjeuner avec les enfants de Dexia, au 55 rue de Varenne. Gardant son sang-froid et n'oubliant pas les bonnes manières, Bertranne a, comme chaque jour, placé quelques fleurs sur la table. Nous devions ensuite, jour après jour, apprendre que Dexia était incarcérée au Cherche-Midi puis connaître les chefs d'accusation : avoir donné l'hospitalité à un des auteurs du complot contre l'armée allemande. Nous apprenions aussi, non sans peine, les noms de certains autres inculpés et la nature du délit qui leur était reproché : ni tentative de rébellion, ni incitation au meurtre mais diffusion de pensées patriotiques, aide à la résistance morale. Nous espérions donc que les peines ne seraient pas trop sévères ; nous nous trompions car les autorités allemandes voulurent donner à ce procès une grande importance. Il s'agissait de terroriser les savants, professeurs, intellectuels français.

Assez vite, nous pouvons entrer en communication avec la prisonnière car on autorise l'échange du linge une fois par semaine. Nous glissons dans les doublures des messages qui restent sans réponse, en prenant grand soin que leur texte soit anodin pour le cas où les geôliers les intercepteraient. Nous avons su plus tard qu'ils étaient bien parvenus à leur destinataire.

Assez tôt nous avons su que le directeur du musée de l'Homme, le docteur Paul Rivet, avait pu échapper à la police ainsi que Jean Cassou et Claude Aveline. Boris Vildé et son ami Lévitski que nous avions rencontré avec lui étaient inculpés comme chefs du complot et incarcérés dans une autre prison. On peut imaginer ce que furent les difficultés pour obtenir ces renseignements ; il fallait agir avec prudence pour ne pas aider la police, et notamment éviter tout contact direct avec les familles et les amis des autres prisonniers. C'est grâce au docteur Le Savoureux que nous eûmes des nouvelles de Mme Vildé.

Voici qu'un jour nous apprenons que Dexia a été transférée à la Pitié, où se trouve un pavillon isolé entouré de fils de fer barbelés et réservé aux prisonniers malades. Nous nous demandons si elle est réellement souffrante : les lésions pulmonaires se seraient-elles réveillées ? Je pénètre aisément à l'hôpital, rôde autour des barricades pendant de longues heures ; on m'avait appris que l'on pouvait apercevoir les prisonniers à l'occasion de leur brève sortie quotidienne. J'avais préparer un mouchoir sali par une expectoration légèrement sanglante que j'avais enrichie de nombreux bacilles tuberculeux, espérant lui passer ce linge qui lui eût servi d'argument pour être libérée. Malheureusement, personne ne sortit du pavillon et Dexia fut ramenée au Cherche-Midi.

Nous cherchions de tous côtés aide et secours pour tenter d'abréger la détention car nous ne pensions pas que l'instruction préparait un jugement. Nous ne disposions pas encore, comme ce fut le cas plus tard, d'agents de renseignements capables de nous informer rapidement. Nous tâtonnions et avancions dans la nuit.

Je parvins à faire la connaissance de l'abbé Stock, aumônier allemand des prisons, qui accepta de venir déjeuner avec nous rue de Varenne, où il nous apporta quelques nouvelles. Peu après, je le conduisis chez l'abbé Mugnier qu'il désirait connaître. J'ai déjà raconté cette visite.

Oriane de La Panouse, la sœur de Dexia, essaya d'obtenir une audience du général allemand qui gouvernait Paris. Il refusa mais accepta qu'elle lui parlât par téléphone. Elle voulait seulement lui rappeler que leur arrière-grand-oncle, noble émigré au moment de la Révolution, avait épousé, à Francfort, une jeune fille de la famille, très connue, des Bethmann (le monde avait appris à connaître l'un des membres de cette famille, le chancelier Bethmann-Hollweg) et que les liens s'étaient maintenus pendant longtemps entre les membres des deux familles. Nous n'avions pas grand espoir en cette évocation et c'était surtout sur la prisonnière elle-même que nous comptions, sur son courage, son sang-froid et son intelligence pour obtenir sa délivrance.

Plus tard, nous avons connu l'histoire de cette détention de Dexia, l'arrivée au Cherche-Midi, ses premiers contacts avec les gardes-chiourme, la cellule malpropre envahie par les punaises — mais bientôt nettoyée à fond par la prisonnière elle-même —, la vie dans la prison qui s'organise. Très vite, elle décèle la fausse bonté et l'hypocrisie d'une « petite souris grise » (c'était le nom donné, à cause de leur costume, aux assistantes sociales allemandes des prisons : celle-ci s'appelait Mlle Blumelein) dont les cajoleries sont assez louches et qui, par ses conversations suspectes, cherche manifestement à provoquer des aveux ou des dénonciations. Certains gardiens sont brutaux, d'autres d'une bienveillance relative.

Les prisonniers et les prisonnières arrivent à communiquer en morse par des coups sur le mur, ou bien en parlant à travers les tuyaux de chasse d'eau, enfin en utilisant les vasistas. En montant sur leur grabat, ils parviennent, en se servant de leur cuillère de bois, à décrocher la vitre et à la faire basculer. Alors, ceux et celles du même couloir peuvent s'entrevoir et même partager entre eux certains objets précieux comme des mines de crayon. Ainsi Dexia peut-elle communiquer avec Agnès Humbert, l'une des inspiratrices des résistants du musée de l'Homme, à l'intrépidité lucide ; Sylvie Paul, jeune femme de grandes aventures, déjà habituée des prisons, que ses actes de résistance font enfermer au Cherche-Midi. Toutes les deux ne l'appellent que Dexia avant d'apprendre sa véritable identité. C'est sous ce nom qu'elles l'ont connue et admirée. Ainsi recevait le baptême de la prison le nom que je lui avais donné : Dexia, en grec « droite », symbole de l'une des qualités dominantes de son caractère.

Les prisonnières, après une période de réserve par crainte de l'espionnage, se font des confidences, se racontent leur vie, se passent des consignes. A certaines heures, les factionnaires s'éloignent. Comment vérifier qu'aucun ne reste pour espionner ? On y parvient et alors, ensemble, prisonniers et prisonnières chantonnent *La Marseillaise*. Un certain jour — la nouvelle de Londres a été apportée par l'une des dernières arrivantes —, le général de Gaulle demande aux Français un long temps de silence. Son ordre sera respecté ; pendant deux heures il n'y aura pas le moindre bruit dans la prison du Cherche-Midi.

Un nouveau prisonnier est incarcéré ; aussitôt son identité est connue, c'est le capitaine d'Estienne d'Orves. Il est placé dans une cellule voisine de celle d'Agnès Humbert. Il raconte ce qui se passe et ne parle que bien peu de lui. Il apporte des messages d'espoir et de courage. Ses paroles, son attitude impressionnent les autres détenus. « C'est un saint », devait dire de lui Sylvie Paul. Il n'en ressent pas moins parfois des sentiments de détresse. Dexia l'encourage en lui parlant de ses enfants. Une nuit, son geôlier le surprend comme il parlait à ses voisines. Les Allemands le brutalisent, le frappent, le jettent contre les murs de sa cellule, si fort que, des cellules même lointaines, on entend le choc de sa tête. Après leur départ, Dexia lui dit : « Ils vous ont frappé durement, Jean-Pierre » (c'était son nom de résistance). « Non, Dexia, répondit-il, ils sont seulement venus parler un peu avec moi. » Quelques jours plus tard, nouvelle scène de brutalité ; on le frappe à coups de poing et de tabouret, sans doute dans le vain espoir qu'il ne pourrait garder son attitude héroïque, puis d'Estienne d'Orves est emmené au poteau d'exécution. Lorsque s'éloigne le martyr, prisonniers et prisonnières, la gorge étreinte, font retentir la prison du chant de *La Marseillaise*.

Sylvie Paul, libérée, m'apporte un message de Dexia, le seul que nous ayons reçu. Après avoir hésité quelques jours dans la crainte d'être suivie, elle arrive un soir, me parle de son admiration pour sa compagne et me laisse espérer une libération prochaine. Nous sommes bouleversés. Les jours passent, nous ne savons plus rien, puis, en juillet 1941, Dexia est libérée. J'étais hospitalisé pour une intervention chirurgicale, quand je la vois apparaître. Elle est libre mais reste prisonnière sur parole et devra figurer parmi les accusés lors du grand procès qui se prépare. Celui-ci se fera longtemps attendre. Pour le rendre impressionnant et solennel, les Allemands font construire dans la cour de la prison, à Fresnes, une longue salle de planches ornée d'immenses drapeaux à croix gammée. De toute l'occupation, jamais un appareil si important n'aura été élevé pour juger des résistants. Ce n'est que le 6 janvier 1942 que se réunit le tribunal. Juges en grande tenue militaire, soldats au garde-à-vous. Les avocats ont été commis d'office pour prononcer des plaidoiries insignifiantes. Le procès dure six longues semaines. Tous les prisonniers sont minutieusement interrogés.

Les matins où elle est convoquée, j'accompagne Dexia à Fresnes. Départ dans la nuit, trajet à pied et en métro. Nous nous séparons devant la façade sinistre de la prison. C'est l'aube. Dexia a préparé ses réponses et les termes de sa défense ; souvent, s'oubliant elle-même, elle ne songe qu'au danger que courent les principaux inculpés. Ses craintes ne sont que trop justifiées. Avec une sévérité voulue, le tribunal prononce dix condamnations à mort : sept hommes et trois femmes. Les trois femmes, Yvonne Oddon, Mme Sylvette Leleu et Mme Alice Simonnet, ne sont pas exécutées mais déportées en Allemagne. Agnès Humbert est condamnée à cinq ans de réclusion et aussi déportée. Quant aux sept hommes, le 23 février 1942 une camionnette les emmenait de Fresnes au mont Valérien, accompagnés par le président du tribunal Roskoten et le procureur Gottlob. Les six hommes encourageaient le petit Sénéchal, qui n'avait que dix-huit ans, et l'entraînaient à chanter *La Marseillaise*. Pendant le procès, le président Roskoten avait tenté de le sauver et lui avait demandé : « Vous ne saviez pas ce que contenaient les paquets que vous portiez ? » Le petit Sénéchal avait répondu : « Je le savais. » Le président avait fait un geste de découragement.

Pendant le trajet, les condamnés parlent de la mort, du sommeil, de l'éternité, de l'amour. On arrive au mont Valérien. Au bas du chemin glacé se dressent quatre poteaux : on ne peut les fusiller ensemble. Vildé, Levitski et Walter demandent à être fusillés les derniers. Claude Aveline nous raconte que le procureur Gottlob dit au retour : « Ils sont tous morts en héros, même Léon-Maurice Nordmann », car Nordmann était juif. Suprême ignominie !

Dexia fut condamnée à six mois de prison qu'elle avait déjà accomplis pendant sa détention préventive.

Le lendemain de l'exécution elle va rendre visite à l'abbé Stock. Plusieurs personnes attendaient lorsque arrivent la femme de Vildé et sa belle-sœur. Dexia leur cède son tour et prie les visiteurs de faire comme elle, embrasse sur le front la femme de Vildé que l'abbé Stock peut recevoir aussitôt.

De ce procès historique je rappellerai encore trois épisodes. Comme le président Roskoten, un colonel de l'armée allemande, demandait à Dexia — s'attendant de la part d'une comtesse française à une tout autre réponse que celle qui lui fut faite — : « Saviez-vous que Léon-Maurice Nordmann abrité par vous était juif ? » il s'entendit répondre : « En France, nous ne faisons pas attention à cela ». On perçut nettement la surprise de Roskoten et du procureur Gottlob qui restaient interdits devant une réplique d'un courage si téméraire, d'un mépris si cinglant à l'égard des doctrines nazies, mais ils ne bronchèrent pas. Dès que le jugement fatal fut prononcé, Dexia rompit le silence pour demander la permission d'embrasser ses deux amis Vildé et Levitski. Le président y consentit ; pendant quelques secondes s'attendrirent les deux hommes qui voulaient rester impassibles.

A la fin du procès, comme elle revenait à pied de Fresnes, Dexia fut abordée par des officiers allemands qui, arrêtant leur voiture — la « correction » s'alliant si bien avec la discipline la plus inhumaine — lui offrirent de la reconduire à Paris en voiture. Ils furent très étonnés de l'entendre refuser pour reprendre vaillamment, malgré le temps froid, sa marche à pied vers la station de métro. Ils auraient été plus étonnés encore s'ils avaient su qu'elle allait retrouver dans son appartement de la rue de Varenne une douzaine d'enfants juifs qu'elle y tenait cachés.

*
* *

Les persécutions antijuives en effet représentaient une des activités dominantes des autorités d'occupation. Par étapes successives elles continuaient implacablement le plan de destruction totale qui représentait l'une des obsessions d'Adolphe Hitler.

De son côté, le gouvernement de Vichy ne poursuivait avec vigueur, parmi les objectifs de la prétendue révolution nationale, que la lutte antijuive et antimaçonnique. Seule cette partie de son programme était réellement appliquée. Il ne pouvait en être autrement sous un gouvernement soumis à un ennemi perfide et cruel. La police allemande et, sous son influence, certains éléments de la police française faisaient preuve d'un zèle de plus en plus impitoyable. Les familles de juifs venues d'Europe centrale pour échapper aux persécutions nazies furent naturellement les premières désignées comme victimes. Après la grande rafle du 14 mai 1941 et, plus brutale encore, celle du 16 juillet 1942, la population parisienne avait été émue. Au Vélodrome d'Hiver avaient été parqués, pêle-mêle, dans des conditions inhumaines, femmes, enfants et vieillards ; des parents avaient été séparés brutalement de leurs enfants. Ces sauvageries avaient provoqué des protestations révoltées d'évêques, de pasteurs, de grandes personnalités françaises. Je fus personnellement touché au plus profond de moi-même par une phrase que me murmura à l'oreille une fillette que je soignais. Elle était atteinte d'une méningite tuberculeuse et vouée à la mort. Pendant de longs jours, encore bien consciente, elle souffrait de la tête. Pour se soulager, cette enfant qui appartenait à un milieu très religieux, me dit : « J'offre ma souffrance et je dédie ma prière aux petits enfants juifs. » Au cours de l'année 1941, l'état d'esprit populaire avait changé. Sans doute, les résistants actifs étaient-ils peu nombreux, mais l'hostilité vis-à-vis de l'occupant était devenue générale et aussi la sympathie pour ceux qu'il poursuivait et persécutait pour des motifs raciaux ou politiques.

Il nous fallait chercher à soustraire à leurs persécuteurs tous ceux que nous pouvions faire échapper et, avant tout, les enfants. Les organisations israélites étaient parfois timorées, à la fois par la crainte pour leur propre personne et par l'inquiétude de conversions ultérieures vers lesquelles seraient attirés les enfants confiés à des institutions de religion chrétienne. Beaucoup furent accueillis dans des familles, au péril de ceux qui les cachaient. C'est alors que je fis la connaissance, en cherchant des lieux de refuge, du frère Philippe, de l'ordre du Carmel et du père Jacques, supérieur du collège d'Avron, près de Fontainebleau. Je devais rester lié par la reconnaissance et la sympathie avec le frère Philippe mais, comme on le verra plus loin, je devais arriver, après la Libération, en Autriche, le lendemain de la mort du père Jacques, déporté pour ses activités de résistance et sans doute aussi pour le soutien qu'il nous avait donné.

J'entrai en relations avec plusieurs pasteurs protestants qui ont montré le plus grand courage dans l'aide à la Résistance et le secours aux juifs persécutés. Le plus proche de moi était le pasteur Daniel Monod, frère aîné de mon ami Raoul Monod et oncle de Philippe Monod-Broca qui devait devenir mon gendre. Nous nous étions liés au cours de notre séjour au Grand Quartier Général où nous avions, pendant nos promenades, longuement conversé et échangé des pensées communes, puis, pour nous distraire, parlé des problèmes religieux et philosophiques dont nous aimions débattre dans l'esprit le plus libéral. Sa générosité et son courage devaient permettre à bien des persécutés d'échapper aux poursuites policières, notamment par de faux actes de baptême. Certains de ses sermons furent des actes de bravoure. Malgré les périls qu'il courut, la chance voulut qu'il pût échapper aux poursuites.

Je visitai le révérend père Riquet à l'Institut Catholique, où il recrutait des résistants. Je ne devais le revoir que rarement. Nos derniers entretiens eurent lieu lors d'une rencontre fortuite devant l'église Saint-Germain-des-Prés, peu de jours avant que la Gestapo l'emmène au camp de Mauthausen.

Je ne pus empêcher Dexia, qui était alors prévenue libre, de mener avec une grande efficacité des actions de sauvetage alors plus périlleuses pour elle-même que pour d'autres. Dans son appartement de la rue de Varenne se succédèrent des groupes de ces enfants arrachés aux rafles. Par prudence, il fallait les garder enfermés. Elle les lavait à grande eau savonneuse, les débarrassait de leurs parasites, passait leur longue chevelure à la tondeuse, leur faisait perdre l'habitude de rester la tête couverte d'une calotte crasseuse et remplaçait leurs pauvres habits. Ils apparaissaient alors transformés, vraiment méconnaissables, et retrouvaient, après quelques repas nourrissants, leur gaieté naturelle. Ils étaient tout prêts pour la dispersion dans les abris provinciaux. Nous avions organisé notamment un placement clandestin en Touraine, dans les environs de ma maison de Vernou. Une infirmière de l'hôpital Rothschild, volontaire, courageuse et adroite, les conduisait par le train, sous l'œil bienveillant des soldats allemands de service à la gare qui sans doute, en les voyant, pensaient avec nostalgie à leurs propres enfants qui souffraient de restrictions dans leur patrie. Aux cultivateurs tourangeaux, nous avions affirmés qu'ils recevaient les enfants réfugiés des pays flamands. Dans quelle mesure, et surtout pendant combien de temps, l'ont-ils cru ? De toute façon il n'y eut jamais de dénonciation. Tout récemment j'ai reçu la lettre de la fille d'un de ces enfants devenu père de famille et grand-père et qui, évoquant le temps où, gamin, il avait aidé à l'entretien du potager, me renouvelait, trente ans plus tard, l'expression de sa reconnaissance. Je me souviens que, pour lui en particulier, la fabrication de fausses cartes d'identité avait été difficile ; mais mon laboratoire de l'hôpital des Enfants Malades avait été, grâce à Dexia, à ma surveillante Mme Bertrand et aux laborantines, transformé en un atelier de faux : cartes d'identité, cartes d'alimentation, « points » de vêtements et de chaussures, ordres de mission, cachets, tampons. Plus tard on devait participer, par mille ruses que l'on imagine, à des exemptions pour maladie en faveur de ceux soumis à l'obligation du travail forcé en Allemagne. C'était une fabrique artisanale de qualité raffinée qui ne fut jamais dénoncée ni découverte.

Le 29 mai 1942 les autorités allemandes imposent le port de l'étoile jaune aux juifs habitant les régions occupées. Personnellement j'étais bien décidé à ne pas obéir à cette mesure nouvelle pas plus qu'aux précédentes. Pour éviter toute complication, Dexia retira une étoile jaune au commissariat de police. Elle avertit le commissaire de police que je ne la porterais point. Il enregistra cette déclaration, et je rangeai le petit morceau d'étoffe dans un tiroir où devait le rejoindre plus tard, parmi les objets du souvenir, mon brassard F.F.I. arboré pendant la libération de Paris. J'étais convaincu, comme plusieurs d'entre nous, que cette désobéissance n'augmenterait guère les risques car nous fûmes assez nombreux à prendre cette attitude. Sans nous être entendus, agirent de même les deux autres membres de ma famille astreints à cette obligation et alors présents à Paris : le professeur Jacques Haguenau, mon cousin, qui échappa de justesse un peu plus tard à la Gestapo, et un autre cousin, Paul Dennery, qui fut arrêté place de la Madeleine et dont on n'eut plus jamais de nouvelles.

Dans les rues on rencontrait parfois un homme porteur de l'étoile jaune sur sa poitrine à côté d'une croix de la Légion d'honneur, ou d'une médaille militaire, ou d'une croix de guerre bien mise en évidence. Certains passants les saluaient. Certaines femmes, contrairement aux ordres, cachaient l'étoile jaune derrière une fourrure ou un manchon. Comme il advint à plusieurs reprises, les Allemands, dépassant la mesure, avaient provoqué un effet contraire à ce qu'ils espéraient. Trois étudiants catholiques, et sans qu'aucun lien les rattachât au monde israélite, arborèrent par bravade l'étoile jaune. La police allemande les saisit et on ne les revit plus. Ces actes héroïques doivent effacer dans la mémoire des Français les lâchetés, les dénonciations, les complicités, les corruptions, les indifférences dont nous avons souffert si durement pendant l'occupation.

*
**

Au fil des jours, la vie à Paris devenait de plus en plus pénible ; les restrictions, les difficultés pour se procurer la nourriture, les queues interminables devant les boulangeries, les boucheries et les épiceries, le froid de l'hiver difficilement supporté par les gens âgés et mal nourris, enfin l'horreur des massacres d'otages et des arrestations, faisaient de la France occupée un pays de souffrance, puis de révolte sourde et d'hostilité envers l'occupant. Grâce à des relations campagnardes, au développement du marché noir, les moins déshérités et les plus adroits amélioraient leur sort. Peu à peu devaient manquer vêtements, tissus, chaussures, matériel de couture et surtout tous les moyens de chauffage. Même parmi nous qui étions les moins malheureux, il arrivait que l'on souffrît du froid et aussi de la faim. On faisait effort pour écouter les appels et encouragements des Français Libres, transmis par la B.B.C., entendus malgré le brouillage des ondes. On attendait des nouvelles, on recevait des libelles des groupes de la

Résistance qui se reformaient après chaque coup fatal porté par la police qui cherchait et parvenait à les décimer.

L'hôpital Rothschild devint, à partir de 1943, un asile pour les hommes et les femmes parqués dans le camp de concentration de Drancy. J'avais assumé une sorte de responsabilité générale pour l'administration de cet hôpital, car j'étais alors, à Paris, le seul membre du conseil de la fondation. Les docteurs Gaston Nora, Robert Hertz, Paul Walter et P. Isch-Wall étaient restés fidèles à leur poste. Avec leurs collaborateurs, ils remplissaient de leur mieux une tâche très dure. Je me rendais régulièrement rue de Picpus. L'hôpital était surveillé. Des fils de fer barbelés barraient les rues avoisinantes. Les gardiens de la paix parisiens se promenaient de long en large. Nous finissions par nous connaître et échangions quelques mots sur la dureté des temps et les obligations de leur métier. Parfois, des agents de police allemands faisaient irruption dans l'hôpital et venaient arracher des malades de leur lit, au cours de scènes affreuses de cruauté, pour les ramener au camp de Drancy. Nous pensions bien qu'ils allaient subir un sort très dur, mais nous ne connaissions pas les chambres à gaz et nous ne savions pas qu'ils se dirigeaient vers la mort. Malheureusement, l'asile qu'offrait l'hôpital n'était que transitoire. On ne pouvait, par crainte de représailles qui aboutiraient à la fermeture de l'hôpital, favoriser trop d'évasions. Nous craignîmes des prises d'otages lorsqu'une femme vaillante, quelques minutes après avoir accouché, roulant en corde les draps de son lit, était descendue dévêtue par la fenêtre et avait définitivement disparu.

Pendant ces mois, où chaque jour apporte une nouvelle inquiétude pour l'un des nôtres, camarade, ami, parent, avec les angoisses des arrestations et des disparitions qui occupaient notre pensée et favorisaient les insomnies, se développent les réseaux, les liaisons entre la zone occupée et la zone non occupée — nous ne l'avons jamais appelée, et pour cause, « zone libre ». Depuis des mois, les résistants se cherchent dans la nuit noire, celle de Paris sans lumière, où l'on marchait à tâtons. Ce furent les premières rencontres avec Blocq-Mascart, qu'on appelait Maxime, qui militait dans l'Organisation Civile et Militaire (O.C.M.) et que nous rencontrions dans une brasserie du boulevard de Strasbourg, où nous nous rendions à l'aveuglette, mal éclairés par une lampe de poche, dans un Paris complètement obscur.

Ma famille était dispersée. Mon fils Michel, qui avait d'abord suivi le Conseil d'Etat en Auvergne, parvint à être détaché au Maroc auprès d'Emmanuel Monick, qui devait jouer un rôle dans sa formation en matière économique et financière. Celui-ci, grâce à ses jugements perspicaces sur les événements, à ses grandes vues politiques, à sa connaissance des hommes et à ses capacités d'organisation, avait prévu que le débarquement allié attendu pour nous délivrer se ferait en Afrique du Nord et que de celle-ci partiraient, s'élanceraient les armées de la délivrance. Il fallait donc préparer longtemps à l'avance l'implantation des Anglais et des Américains sur le sol marocain.

Plus tard, mon fils Michel devait revenir en France pour militer de diverses façons dans la Résistance, avant de devenir un adjoint du délégué du général de Gaulle en France occupée.

Ma fille Claude, revenue de Bordeaux, avait repris son service d'externe à l'hôpital et poursuivait ses études de médecine. Elle parvenait cependant, entourant les siens d'une affection diligente et délicate, à diriger d'une façon efficace notre maisonnée malgré les difficultés croissantes dont elle arrivait à triompher, non sans peine. Elle devait, sous l'occupation même, épouser le 1er avril 1942 son compagnon d'études, Philippe Monod-Broca, homme d'une haute conscience du devoir, doué d'exceptionnelles qualités, fils d'un de mes plus chers amis, Raoul Monod, et petit-fils d'Auguste et Thérèse Broca dont j'ai évoqué plus haut le souvenir. Le jeune couple s'installa rue Montpensier.

Mon fils Olivier était auprès de nous, continuant à travailler à l'Ecole des Beaux-Arts. J'étais enchanté de le conserver auprès de moi, mais il me donnait souvent les plus grandes inquiétudes car sa fantaisie d'artiste s'accommodait mal de l'obéissance aux règlements policiers. C'est ainsi qu'une fois, traversant, je ne sais pour quel motif, la zone de démarcation en Saône-et-Loire, il avait été arrêté et emprisonné et avait obtenu, par chance et grâce à son adresse, sa libération. Il courait de grands risques d'être arrêté par les Allemands car, oubliant l'heure du couvre-feu, il lui arrivait de n'être point rentré à minuit. Je l'attendais, non sans souci, lorsque tout d'un coup il apparaissait, après s'être glissé dans les rues obscures, le long des murs, juste quelques minutes en retard. Il devait échapper de justesse à la déportation. Au moment où le service obligatoire de la jeunesse était établi et où la police poursuivait les adolescents, les appréhendait à tout hasard au sortir du métro ou dans la rue, il fut arrêté. Il n'était naturellement pas pourvu de papiers réguliers. Il roulait à bicyclette, circonstance aggravante car, bien entendu, sa bicyclette n'était pas enregistrée. Ce fut son amie d'enfance, Denise Coulon, la fille de J. P. Coulon, qui vint m'avertir de cette arrestation. Denise, jeune fille charmante, était courageuse comme tous les siens. Elle disait : « Bien souvent, les Coulon meurent au feu. » Deux de ses oncles, frères de mon ami, étaient tombés pendant la Grande Guerre ; un autre, brûlé dans la lutte contre un incendie de forêt ; son jeune frère lycéen devait être fusillé par les Allemands avec un groupe de collégiens qui s'était organisé pour la Résistance et avait été trahi par l'un des leurs et vendu à l'ennemi. Plus tard, Denise et Olivier devaient se marier.

En m'annonçant la nouvelle, Denise m'apprend que ce sont heureusement des policiers français qui ont arrêté Olivier. Elle sait qu'ils l'ont conduit au commissariat de police de la caserne Lobau. J'y accours. « Le commissaire est bon enfant ! » Après une conversation interminable, il lui apparaît évident que sa mère « a été admirablement soignée à l'Hôtel-Dieu » par un médecin qui ne peut être que moi. Dans quelle mesure le commissaire croit-il à cette fiction ? En tout cas, tout se passe comme si l'histoire lui semblait véridique. La dette de reconnaissance est telle qu'au lieu de livrer Olivier, comme il le devait, à la police allemande, il le libère. Sa vie était sauvée.

Mon frère Jacques, ingénieur à la Compagnie Générale d'Electricité, est arrêté le 12 décembre 1941. Rapidement je vais chez lui, rue de Valois, retrouver quelques papiers cachés. J'apprends qu'il est enfermé dans le camp de rassemblement de Royallieu, près de Compiègne, avant d'être emmené en Allemagne. Les efforts faits pour le délivrer devaient réussir grâce au vicomte Motono, conseiller à l'Ambassade du Japon à Paris. En effet, mon frère était, depuis plusieurs années, lié intimement aux Motono. Cette grande famille japonaise, dont un des ancêtres était l'amiral Togo, vainqueur de Tsoushima, comptait des alliances françaises et était l'amie de notre pays. Mon frère avait été reçu à son foyer pendant un séjour de travail au Japon. Le vicomte Motono obtient du ministre des Affaires étrangères du Japon, allié, comme on sait, de l'Allemagne, qu'il demande aux autorités d'occupation la délivrance de mon frère ; celle-ci est accordée. Après quelques péripéties et émotions, il traverse les Pyrénées et rejoint les Français Libres à Londres. Plus tard, après la Libération, Jacques Debré rendra à M. Motono, prisonnier des Alliés, le même service.

Ma sœur et mon beau-frère étaient restés installés à Toulouse, où l'exode les avait conduits. Mon beau-frère, considéré, ainsi que je l'ai raconté, comme déserteur par les autorités allemandes, aurait été immédiatement arrêté s'il était revenu en zone occupée. J'eus l'occasion de leur rendre visite et de retrouver ma mère, qui était auprès d'eux ainsi que mon frère cadet Germain et sa femme.

Mon frère Germain, architecte de grand talent et d'un goût artistique délicat, a construit quelques œuvres importantes, en particulier l'institut de Biologie, qui est resté un modèle. Il était doué d'un caractère modeste et d'une âme tendre. Il avait souffert de la mort de sa femme au moment où naissait son second enfant — plus souvent qu'à présent, les jeunes femmes mouraient en couches. Il avait eu la chance de se remarier avec celle qui devint ma belle-sœur Geneviève et tous les deux luttaient de leur mieux contre les difficultés de la vie et les inquiétudes sur le sort du pays, des leurs et d'eux-mêmes. Le 15 mai 1948, mon frère cadet devait mourir prématurément, laissant autour de nous un grand vide.

Au moment de l'occupation de la zone sud par l'armée allemande, ils devaient les uns et les autres, après bien des péripéties, trouver des asiles clandestins.

Des enfants de Dexia, l'aîné, Geoffroy, voulant s'engager parmi les combattants de la France Libre, était parvenu à rejoindre à Londres son grand-père, le générale de La Panouse, ancien attaché militaire à l'Ambassade de

France à Londres. Celui-ci l'adressa à son cousin de Hauteclocque, connu aujourd'hui sous le nom de maréchal Leclerc. Il participa à l'épopée de la 2e D.B. en Afrique puis en Europe. Son frère Guy voulut le rejoindre. Malheureusement, il fut arrêté en voulant franchir les Pyrénées et emprisonné dans un fort d'où nous ne pûmes parvenir à le délivrer. Il fut déporté dans le camp de Mauthausen, et, jusqu'à la Libération, sa mère et les siens, bien que l'on n'eût aucune nouvelle, gardaient l'espoir de son retour, car on ignorait les affreuses conditions de vie et le traitement cruel infligé aux déportés. Les trois filles de Dexia travaillaient « pour la Résistance ». L'aînée, Bertranne, avec une tranquille audace, abritait dans son appartement des aviateurs anglais tombés en survolant la France et qu'une merveilleuse filière conduisait jusqu'à son logis. Parfois, plusieurs s'entassaient dans son petit appartement. Quand paraissait trop longue la claustration continue dans une chambre, elle leur faisait visiter Paris, promenade rigoureusement silencieuse puisqu'ils ne parlaient ni français ni allemand et que, dans la rue, leur parler anglais... Le jour venu, un avertissement secret leur indiquait le moyen de regagner leur pays pour reprendre le combat. Bertranne devait, après la guerre, être solennellement invitée à l'Ambassade de Grande-Bretagne pour recevoir du gouvernement britannique la distinction rare qu'avait méritée son intrépidité, et dont elle ne parla jamais. Nicole sa cadette avait participé le 11 novembre 1940 à la manifestation des étudiants sur la place de l'Etoile et avait choisi ses vêtements pour faire apparaître dans son costume les trois couleurs. Malgré sa grande taille et ce costume, elle avait échappé à la fusillade. Plus tard, elle devait partir pour la région lyonnaise, y rejoindre son fiancé le lieutenant Jean-Pierre de Lassus, officier de carrière, l'épouser et prendre part avec lui à la constitution des maquis qui allaient se battre contre les troupes allemandes dans l'Ain et dans la Drôme, lors des combats de la fin de la guerre. A ce moment, il arrivait à Nicole de monter la garde, son nouveau-né sur le bras gauche avec une mitraillette dans la main droite. Oriane, qui passait ses journées à porter des messages et à organiser des boîtes aux lettres clandestines, parcourait les rues de la capitale à bicyclette et cherchait, sur des indices incertains et avec la peur d'erreur fatale, des destinataires inconnus.

*
* *

Plusieurs de mes élèves et amis, tout en collaborant à notre travail médical qui était assez lourd et à la préparation du service de santé en vue des combats futurs, avaient d'autres activités de résistance que je ne connaissais pas. Un jour, l'un d'entre eux, Jean Bernard, le futur grand professeur, fut arrêté. Par chance, il fut libéré peu après. Ai-je contribué à sa libération ? Je ne sais. Du moins l'ai-je tenté, avec l'aide d'un curieux personnage : une baronne balte installée à Paris depuis plusieurs années. Qu'y faisait-elle ? Sans doute un métier d'espionnage, probablement celui d'agent double. Cette femme, qui avait été amputée à la cuisse après avoir été blessée lors d'un bombardement dans son pays natal, parcourait infatigablement la capitale avec sa jambe de bois. Elle nous fournit certains renseignements et nous rendit de vrais services. Elle nous était utile grâce à ses relations avec les autorités allemandes et tenait par ailleurs à m'aider, car elle était morphinomane et je pouvais lui procurer la drogue dont elle avait besoin et que, pour la bonne cause, me donnait la pharmacie de l'hôpital. Un jour où elle tardait à me faire parvenir le renseignement attendu, j'allai jusque chez elle. Dans une chambre malpropre et sur un lit d'une affreuse saleté, je trouvai, étendues côte à côte, dormant l'une et l'autre du sommeil de l'opium, la mère et la fille. Elle ne manquait pas d'audace et me décida à me rendre, accompagné par elle, auprès des autorités policières allemandes. Elle me conduisit avenue Foch pour, profitant de la crainte d'épidémie, affirmer avec moi aux policiers allemands que l'activité de Jean Bernard était indispensable à la santé publique. Lorsque nous parvînmes avenue Foch, à l'heure du déjeuner, le quartier général de la Gestapo était vide. Curieuse sensation pour moi de pénétrer dans les bureaux de cet antre redoutable sans y trouver personne et de parcourir les étages en criant : « *Niemand* ? » (Personne ?) L'entretien n'eut lieu que plus tard. J'ignore si mes arguments furent convaincants. Plus tard cette collaboratrice singulière devait obtenir le maintien de ma ligne téléphonique sous le prétexte « humanitaire » de soins aux enfants parisiens.

Jean Paulhan, que nous savions relié à un réseau de résistants et qui recevait ses visiteurs dans son bureau de la N.R.F., venait nous voir souvent. Ses propos pleins d'humour nous réconfortaient. Nous disions de lui : « Beaucoup cachent leur courage, leurs espoirs ou leur tristesse par le silence ; Paulhan, c'est par le paradoxe et une subtile ironie. » Un jour, avec le plus grand calme, il m'annonça qu'en raison de certaines difficultés nullement inattendues il venait de jeter sa machine à écrire dans la Seine en traversant le pont Solférino. C'est lui qui me parla des Editions de Minuit. Il me mit au courant de ce projet audacieux, d'une extrême difficulté et qui faisait courir à ses auteurs les plus grands périls. « Tout est prêt, me disait-il, nous avons le premier texte, d'autres sont promis. L'impression secrète, le brochage, la distribution, tout est presque au point. » Cette entreprise me parut exiger tant de perfection dans l'exécution, au milieu de tant de dangers, que je me sentais à la fois plein d'enthousiasme et d'inquiétude. Jean Paulhan me dit que l'argent manquait. Heureusement, j'avais mis en réserve quelques billets que m'avaient valu les honoraires de consultations données pour des enfants sérieusement malades. J'avais mis de côté cette somme pour les jours prochains où l'achat de la nourritude ou des moyens de chauffage deviendrait encore plus difficile. Provisoirement on pouvait, avec quelques efforts, s'en tirer. Je ne pouvais donc faire un meilleur usage de ces billets.

Bientôt, il m'apporta le manuscrit du *Silence de la mer*. Tous mes espoirs étaient dépassés ; c'était un chef-d'œuvre. Il s'amusa à me faire deviner le nom de l'auteur, me lançant avec malice sur de fausses pistes, celles de Georges Duhamel, Maurice Bedel, Roger Martin du Gard. Je n'arrivais pas à me prononcer. Il sentait bien que je ne supposais pas qu'il pût s'agir du coup de maître d'un écrivain inconnu. Dexia reproduisit le texte à la machine à écrire, brocha quelques fascicules de mauvais papier en cousant avec des bouts de fil les petites feuilles rassemblées pour les distribuer secrètement à quelques amis et leur faire partager notre admiration réconfortante. Tous éprouvèrent les mêmes sentiments que nous. Je garde l'un de ces exemplaires dont les pages sont roussies ou même brûlées, car, un jour où une descente de police nous apparut immédiatement menaçante, ma fille l'avait rapidement enfoui dans le poêle qui servait à notre cuisine et à notre chauffage et qui contenait encore quelques cendres rouges.

Ce n'est que bien plus tard que je connus l'homme qui se cachait sous le pseudonyme de Vercors. La parution de chacun des volumes des Editions de Minuit fut pour nous tous un événement important et encourageant. La qualité des textes et la perfection des petits volumes faisaient contraste avec la misère matérielle et morale du temps. Nous cherchions, quelquefois arrivions à savoir le nom des auteurs. Je sus assez longtemps après sa publication qu'*A travers le désastre* était un message admirable de Jacques Maritain.

Quand et comment nous fut révélée l'identité d'Elsa Triolet et de Jean Cassou composant dans sa prison les vers qu'il devait écrire ? *L'honneur des poètes* était un recueil de poèmes que nous lisions, récitions. Louis Aragon et quelques-uns des auteurs furent reconnus.

Pour la distribution, difficile et dangereuse, nous avions établi des listes. Je cherchais les noms des lecteurs. C'était comme autrefois pour les abonnés des *Cahiers de la Quinzaine*, mais le choix était plus délicat, la distribution plus périlleuse ! En effet, il est arrivé que nos distributeurs aient été, comme dit Vercors, « piqués par la police », d'où le plus grand risque pour ceux qui, alors inconnus de nous, écrivaient, éditaient, imprimaient, brochaient. Nous ne connaissions d'eux, et encore vaguement, que quelques noms de guerre. Il arrive encore aujourd'hui qu'un ami retrouvant une brochure ancienne vienne à m'en parler, ignorant par quelle voie nous la lui avions fait parvenir.

Malgré les interdictions et les difficultés, je parvenais à me rendre en Touraine pour m'occuper de la maison et de la ferme, renseignant et encourageant mes voisins paysans et vignerons, et aussi pour surveiller notre placement d'enfants. Une fois, au moment de partir, comme Dexia m'accompagnait, nous eûmes une grande émotion. Le haut-parleur, à la gare d'Austerlitz, appela : « Le professeur Debré est prié de se rendre au portillon. » C'était une arrestation probable ? Que faire ? La fuite était impossible, je ne pouvais qu'obéir. Dès que je me fis connaître à l'employé, celui-ci m'indiqua qu'un message urgent m'appelait auprès d'un enfant qui venait d'être atteint de poliomyélite. On conçoit quel fut notre soulagement. Mais, songeant à l'angoisse et au danger que m'avait fait courir la proclamation de mon nom à tous les échos de la gare, j'évoque la famille illustre de celle qui m'avait appelé et qui, disait-on, se croyait tout permis. Racine avait dépeint, dans *Esther,* le caractère d'une de ses ancêtres, Mme de Montespan et je murmure à Dexia : « Orgueilleuse Vasthi. » « C'est une grand-mère très inquiète », me répondit-elle.

Lorsque j'appris que ma maison de Vernou venait d'être occupée par un groupe d'artillerie allemande, je m'y rendis aussitôt. Monté sur un grand mât, le drapeau à la croix gammée flottait devant l'entrée. Je renonce à décrire l'impression que je ressentis. Le logis était bouleversé, la bibliothèque transformée en mess des officiers. Partout des fils téléphoniques, des antennes de radio, du matériel de guerre. Je me présentai au commandant. C'était un Autrichien, sans doute officier de réserve, plein d'urbanité et visiblement peu enthousiaste de la guerre. Je lui demandai si je devais déménager mes livres pour les mettre à l'abri. Le jardinier avait déjà enfoui les quelques objets auxquels il savait que nous tenions. Le commandant autrichien me garantit que ma bibliothèque resterait intacte : il tint parole.

Une autre fois, mon fils Michel allant en Touraine pour son travail de résistance, je l'accompagnai. Brusquement, nous apercevons dans le ciel un avion allié. Il fonce sur la locomotive. L'aviateur mitraille le convoi pour l'arrêter et troubler la circulation ferroviaire, et en même temps pour abîmer un matériel difficile à réparer. Une balle transperce la locomotive ; malheureusement, une autre tue le mécanicien. Le train s'arrête. Obéissant à leurs consignes, les officiers allemands qui voyageaient avec nous se jettent dans le fossé. Les Français consternés entourent le cadavre du mécanicien, que l'on porte dans une petite gare voisine. Pendant des heures on attend, veillant le mort.

***

Pendant toute la période de l'occupation, ma principale activité de résistance s'est orientée vers notre milieu médical. Pasteur Vallery-Radot et moi, nous groupons les premiers médecins résistants. Au début de la Résistance, leur action avait été singulière, isolée et avait eu un caractère dramatique, j'oserais presque dire mélodramatique. A Robert Merle d'Aubigné, il arriva de soigner dans des caches des blessés atteints d'une balle en fuyant la police ou bien des aviateurs, souvent agents secrets, qui devaient être déposés en France, victimes d'accidents, gravement blessés ou brûlés. On imagine les complications de ce travail secret. Puis-je ajouter, pour faire connaître toutes mes pensées, que nous nous demandions : « S'ils meurent, que faire des cadavres ? » Il fallait organiser notre action. Le Comité médical de la Résistance est créé avec Robert Merle d'Aubigné, Paul Funck-Brentano, Thérèse Bertrand-Fontaine et Justin Besançon. Pasteur Vallery-Radot le préside. Paul Milliez en est le secrétaire général. Paul Milliez protège de son mieux son maître Pasteur Vallery-Radot, très imprudent. Ce fut Paul Milliez qui, un jour nous distribua un comprimé de cyanure de potassium, ajoutant en souriant : « A n'employer qu'en cas d'extrême urgence. »

Nous cherchions à désigner un délégué dans chaque département. Nous constituâmes ainsi un véritable réseau médical de la Résistance. Pour former ce premier groupe, nous étions cent vingt. Nous correspondions en nous donnant des surnoms ; Pasteur Vallery-Radot était « Renoir », moi-même je m'appelais « Flaubert ». Peu à peu, autour de chacun des responsables départementaux se créèrent de nouveaux réseaux d'action et d'information. Grâce à la venue de Maurice Mayer, nous pûmes unir nos efforts à ceux qui s'étaient développés dans la zone non occupée. Par différentes filières nous réussîmes à procurer aux Alliés des renseignements militaires. Nous aidions les divers réseaux à trouver des correspondants pour la diffusion des journaux clandestins et des tracts. Nous facilitions l'établissement de certains postes de radio.

Les médecins résistants perçurent vite l'efficacité de leur action. Grâce à leurs nombreuses relations et à leur influence, ils profitaient de leurs consultations pour expliquer ce qu'ils pensaient et donner du courage à ceux qui désespéraient. Par bien des subterfuges, ils aidèrent ceux qui voulaient désobéir aux ordres de l'occupation et aux conseils de Vichy. Jamais, je pense, on n'a créé autant de fausses maladies, jamais non plus on n'a signé autant de faux certificats pour éviter telle ou telle difficulté avec la police, pour permettre de franchir la ligne de démarcation ou mieux encore de passer de l'autre côté de nos frontières et rejoindre les Forces Françaises Libres, ou bien pour éviter le travail obligatoire en Allemagne. Nous étions aidés non seulement par la complicité de nos confrères : radiologues, chefs de laboratoire, mais aussi par celle de certains fonctionnaires, y compris ceux de la police. Mon laboratoire des Enfants Malades était loin d'être le seul à se distinguer comme officine de pièces fausses.

Dans les hôpitaux, que n'a-t-on pu faire pour cacher, pour « camoufler », comme on disait, ceux que la police poursuivait ! Bien des victimes de persécutions raciales, des militants communistes, des résistants menacés de poursuites par les différentes polices ont été soignés pour des maladies supposées, dans les hôpitaux, où quelques admissions nocturnes et quelques évasions réussies de justesse furent assez dramatiques. Quelquefois c'étaient les policiers qui avaient le dernier mot malgré l'habileté et le courage qu'a montrés le personnel de nos hôpitaux, car, suivant l'expression de Claude Aveline, pendant longtemps nous n'avons été que des « autodidactes du complot ».

Nous avons éprouvé certaines difficultés avec les timorés ou ceux qui, obéissant aux ordres de Vichy, combattaient les « gaullistes », ou enfin avec les médecins « collaborateurs ». Nous ne mettions pas au courant les « attentistes », qui formaient la majorité. Parmi les collaborateurs se trouvaient des dénonciateurs qui renseignaient la police par des lettres anonymes ; nous avons connu, grâce à nos complices de la police, certains « donneurs » qui visaient notamment Pasteur Vallery-Radot et moi-même ; je me souviens en particulier d'un médecin d'origine polonaise qui habitait près du pont de l'Alma et qui, par une lettre adressée à la police, demandait mon arrestation. Des policiers amis m'ont montré la lettre. Nous savons que ces délateurs ont aussi dénoncé certains malheureux réfugiés dans nos hôpitaux.

Le Comité médical de la Résistance fit un effort pour pénétrer dans les organismes professionnels et y développer la résistance. L'ordre des médecins était présidé par le professeur Portes. Celui-ci, courageusement, rappelait à chaque médecin son devoir, notamment l'obéissance absolue au secret professionnel que la police allemande nous ordonnait de violer. Nous avions su employer des organismes de défense passive pour transmettre des messages et plus tard abriter du matériel.

La Croix-Rouge était officiellement liée au gouvernement de Vichy et nous réussîmes, en nous abritant derrière le prestige qu'avaient certaines dames toutes dévouées au maréchal Pétain, à obtenir la collaboration secrète de services dirigés par des médecins bien orientés.

Nous avons enfin exploité la crainte des épidémies car le service de santé de l'armée d'occupation avait à cet égard de grands soucis. Officiers et soldats redoutaient la contagion tuberculeuse. Nous profitions de leur peur pour mettre à l'abri certains prétendus malades. Le souvenir de la Grande Guerre déterminant dans l'armée allemande la terreur de la fièvre typhoïde, une épidémie de cette maladie — fut-elle provoquée ? — parmi les officiers prenant leurs repas dans un restaurant du quartier de l'Ecole militaire avait renforcé cette inquiétude. Par l'intermédiaire de nos services de santé officiels, nous avons pu, dans certains cas, faire déplacer des unités et troubler des mouvements de corps de troupe en rendant certaines régions suspectes grâce à des épidémies imaginaires.

Le Comité médical de la Résistance avait dû se soucier des problèmes de santé publique. Non seulement pour participer au secours des blessés lors des bombardements alliés et pour contribuer à l'organisation du service de santé des maquis, mais aussi pour remplacer les autorités officielles défaillantes, le Comité national de la Résistance (C.N.R.) nous demandait de prendre, peu à peu, une part de la responsabilité de la santé publique en France avec l'aide de fonctionnaires résistants. Plusieurs d'entre nous essayèrent de répandre dans le public des indications et des conseils, notamment en examinant ces problèmes à l'Académie de médecine qui avait continué à siéger dans l'obscurité et le froid. Nous avions constitué des stocks de désinfectants pour éviter les épidémies dues à la contamination de l'eau. Pour l'accomplissement de ces tâches, beaucoup de bonnes volontés, peu de possibilités, guère d'efficacité et des résultats plus que modestes.

Un événement de grande importance fut la visite du colonel Rémy. C'est au courant de l'automne de 1942 qu'au début de la nuit il vint chez moi. Pasteur Vallery-Radot, Robert Merle d'Aubigné, Clovis Vincent et Paul Milliez étaient là pour le recevoir. Grâce à lui, nous devions connaître directement les instructions de la France libre et transmettre un message pour le général de Gaulle. L'objectif poursuivi était de préparer le service de santé de l'armée secrète sous l'autorité des représentants du général de Gaulle et en collaboration avec les réseaux de la France entière. Nous discutâmes longuement les arrangements, tantôt prenant des notes, tantôt marchant de long en large. A la fin de l'entretien, le professeur Clovis Vincent s'exclama : « Tous ces préparatifs sont bien utiles mais, mon colonel, quand fera-t-on pan, pan, pan ? », en faisant le geste de tirer.

Quelques jours, ou plutôt quelques nuits plus tard, nous entendîmes, attendue avec impatience, sur les ondes de la B.B.C. heureusement mal brouillées par les Allemands, la petite phrase convenue. Le colonel Rémy, dont le tranquille courage nous avait fortement impressionnés, était donc de retour à Londres. Dès lors les liaisons avec les collaborateurs du général de Gaulle et la France libre étaient assurées.

Certains des nôtres appartenaient au parti communiste. Hector Descomps et Serge Leibovici étaient très actifs. Nous nous rencontrions souvent. Un soir, chez les Descomps, fut conduit Villon qui, après son arrestation, venait de s'évader. En sautant par la fenêtre, il s'était blessé. Nous aidâmes Leibovici à réduire une luxation de l'épaule.

Les communistes qui, au début, nous avaient péniblement déçus par leur abstention, étaient devenus depuis la guerre hitlérienne contre la Russie des résistants de grand courage. Ils étaient durement persécutés par la police allemande et celle de Vichy, souvent pris en otage et fusillés. Leur héroïsme les plaçait aux premiers rangs des martyrs. Parlant des arrestations et des déportations, des condamnations, un catholique disait : « Après les juifs viennent les communistes, nous sommes bons candidats à la troisième place. » La plupart d'entre nous pensaient que les communistes fidèles à la mémoire de leurs camarades morts en chantant *La Marseillaise,* devaient pour toujours s'unir aux patriotes ! Loin de recevoir des consignes de l'étranger, ils participeraient — pensions-nous — sans arrière-pensée aux efforts pour le relèvement national.

C'est sous leur inspiration qu'avait été fondé le Front national qui cherchaitt à grouper des représentants des différentes familles spirituelles de la France. Certains d'entre nous pensaient que ce rassemblement permettrait de garder à nos côtés, pour les grandes tâches futures, les communistes qui partageraient sans réserve notre patriotisme intransigeant.

Mû par cet espoir qu'avaient aussi sans doute des hommes comme Mgr Chevreau, François Mauriac, le Père Philippe, j'adhérais au Front national et m'efforçais de rapprocher le Front national des médecins du Comité médical de la Résistance. Comme parmi les autres groupements, il fallait essayer d'éviter les discordes.

Aux heures les plus sombres et pour dominer l'émotion que nous causait si souvent l'annonce d'une arrestation, d'une disparition, le démantèlement d'un réseau, nous avions réuni les médecins du Front national pour songer ensemble à l'avenir. Mais il ne fallait point rêver, au contraire, établir des projets précis pour toute l'organisation de la médecine en France, la modernisation des hôpitaux et des études médicales, la promotion de la recherche biologique, la lutte contre les fléaux sociaux.

Ecartant toute chimère mais confiants dans la valeur d'un grand plan de réforme, nous avons rédigé, imprimé et diffusé une brochure éditée par le Front national des médecins. Notre texte fut adressé au gouvernement provisoire d'Alger.

***

Le moment vint où l'administration de l'Assistance publique reçut l'ordre d'écarter de ses services hospitaliers tous ceux qui étaient soumis au statut des juifs tel que le gouvernement de Vichy l'avait élaboré. M. Serge Gas, alors directeur de l'Assistance publique et l'un de mes amis, vint me voir et m'annonça la nouvelle attendue. Ma tâche de professeur étant attachée au service de la clinique de l'hôpital des Enfants Malades, il fallait renoncer à la fois aux activités hospitalières et universitaires. Sur le tableau placé rue de Sèvres, à l'entrée de l'hôpital, mon nom fut effacé et aucun autre n'y fut inscrit. Mon collaborateur et ami, le professeur Marcel Lelong, fut chargé de me remplacer. Les liens restèrent naturellement fort intimes avec mon service hospitalier.

Ainsi dégagé de ces obligations, je pus donner tout mon temps à la résistance et entreprendre différents voyages dans toute la France. Il était bon d'aider au rassemblement des médecins résistants, de leur apporter aide et encouragement et de préparer le service de santé de l'armée secrète en même temps que l'aide aux maquisards dont l'activité se développait.

Frédéric Joliot-Curie m'aidait à préparer mes missions. Je le vis souvent. J'aimais à le faire parler des grands problèmes : l'avenir de la recherche scientifique, les espoirs que pouvaient donner les applications de l'énergie atomique, les devoirs du savant vis-à-vis de la nation, de la société, des gouvernements. Doit-il tout dire ? Chercher à appliquer tout ce qu'il sait ? Puis nous revenions aux réalités du moment : vérifier que nous n'étions pas suivis lorsque nous marchions dans les rues de Paris ou surveillés lorsque nous prenions un repas dans un restaurant. Plusieurs fois j'allai à Sceaux, où il habitait. Les rencontres avec Frédéric Joliot-Curie furent l'un des rares bienfaits de ces temps maudits.

Mes voyages étaient soigneusement préparés mais comportaient toujours beaucoup d'imprévus, notamment les changements d'itinéraires des trains à cause des bombardements et plus tard des déraillements. Les complications matérielles des voyages étaient nombreuses, les rencontres difficiles, les rendez-vous hasardeux. L'aventure n'allait point sans risques. Le passage de la ligne de démarcation puis les contrôles policiers étaient dangereux. Malgré mon émotion, je feignais l'indifférence pendant l'examen de mes papiers et ordres de mission si bien imités que jamais un doute ne parut s'élever dans l'esprit des policiers. Au cours d'un de ces voyages, je rendis visite à Paul Langevin. Il était en résidence forcée dans l'Aube et habitait le logis abandonné par un marchand de chevaux. Il s'amusait à répondre ponctuellement aux lettres des acheteurs adressées à M. Samuel Lévy. Au cours des heures passées avec Paul Langevin débuta l'amitié qu'il m'a depuis témoignée. Nous devions nous retrouver au Comité de la Libération. Plus tard, nous l'avons célébré dans le grand amphithéâtre de la Sorbonne : me donnant alors l'accolade, il évoqua ces premières rencontres.

A Toulouse, je fus accueilli entre autres par le professeur Camille Soula et son neveu Louis Bugnard. Nous visitâmes avec eux plusieurs médecins résistants de la ville et de la campagne. Je ne pus aller présenter mes devoirs à Mgr Saliège, qui avait fait preuve de tant de bravoure. Il était trop souffrant pour me recevoir, mais je pus rencontrer Mgr Bruno de Solages, dont l'autorité morale et l'activité étaient très grandes. Mon fils Michel devait le voir plus tard et le prélat lui remit un message à mon adresse. Je visitai Montauban. Un de mes amis, M. Bourdeau, habitait sa ville natale. Il était depuis longtemps en relations avec mon fils Michel, avec lequel il s'était entendu pour fabriquer des fausses cartes dans sa mairie et pour organiser des abris sûrs dans les maisons religieuses. Il me présenta à son frère Mgr Bourdeau, coadjuteur de l'évêque de Montauban. Je devais, peu de temps après cette première visite, faire bénéficier ma mère du secours qu'il nous donna avec intrépidité. Celle-ci, en effet, devant quitter Toulouse où sa situation était devenue périlleuse, avait été accueillie affectueusement par la famille de ma belle-fille, les Lemaresquier, installés dans leur maison de Bertranet, près de Tonneins, où elle passa, me dit-elle, un temps infiniment doux grâce à ma belle-fille et aux siens. Plus tard elle fut, grâce à Mgr Bourdeau, abritée, protégée dans un couvent voisin de Montauban, où je devais plusieurs fois venir lui rendre visite. Mgr Théas, un des grands évêques résistants, me reçut, mais il fut convenu, pour des raisons de prudence, que cette réception aurait lieu dans la rue. Nous marchâmes donc lentement, côte à côte, à travers la ville jusqu'au porche de la cathédrale.

A Lyon, but d'un autre voyage, j'arrivai en venant de Villeurbanne. J'avais été accueilli à la gare de cette ville par des résistants inconnus qui m'attendaient. J'ai gardé le souvenir de la chambre ornée de très beaux et nombreux tableaux modernes où je passai la nuit. J'ignore toujours le nom de mes hôtes. Je rencontrai plusieurs collègues, dont le professeur Florence, qui devait mourir en déportation. Dans une petite maison de banlieue, je retrouvai Louis Aragon et Elsa Triolet, rencontre qui fut, malgré la dureté des temps et les inquiétudes, délicate et charmante. Je passai une soirée avec Louis Aragon et Louis Martin-Chauffier dans un petit café proche du théâtre, lieu de rendez-vous des dames galantes de l'endroit, et allai voir, dans les environs de Lyon, Jean Thomas.

Enfin, j'avais rendez-vous avec un religieux inconnu, je crois un père jésuite. J'étais très inquiet en parcourant les quais de la Saône où je devais le retrouver car j'avais peur de paraître suspect en allant et venant. J'ai toujours craint d'avoir manqué le rendez-vous, et j'ai appris plus tard qu'il avait disparu à jamais. Traversant la place Bellecour avant de reprendre le train du retour, je vis de grandes flaques de sang sur le trottoir. Pourquoi s'était produite en ce lieu une fusillade qui devait faire plusieurs victimes ? Je ne pus le savoir.

Une autre fois, pour me rendre à Marseille, le voyage fut très long et pénible. J'arrivai en pleine nuit dans la cité sans lumière. Il était difficile de trouver son chemin. Longtemps, je marchai. Je rencontrai enfin quelques agents faisant le guet. Allaient-ils m'arrêter ? Ils me guidèrent. Je ne sais vraiment comment je parvins enfin tout en haut de la rue Sylvabelle, devant le domicile du professeur de Vernejoul. J'appelai. Il devait être environ deux heures du matin. On ne pouvait pas imaginer que mon appel fût autre chose qu'un avertissement avant l'arrivée de la police. Le professeur avait préparé son cheminement vers la maison voisine et s'y dirigea en hâte. Au bout d'un long moment une fenêtre s'éclaire ; Mme de Vernejoul apparaît sur son balcon et me répond. Puis, rassurée, elle me reçoit, et M. de Vernejoul vient m'accueillir. Je lui montre les papiers qui le concernent. Il me dit : « Vous portiez assez de documents pour nous faire fusiller tous. » Cette fois encore, étais-je vraiment courageux ou plutôt inconscient ? L'amitié définitive qui devait nous lier débuta après cette chaude alarme.

Le voyage de Bordeaux fut pénible car je restai plusieurs jours sans pouvoir trouver aucun de ceux que je cherchais.

A Montpellier, je fus reçu par mon ami Robert Broca, qui partagea avec moi ses maigres ressources et ses modestes repas. Il me conduisit dans le jardin du Peyrou, où j'avais des renseignements à fournir à un résistant. Celui-ci m'attendait à côté de la statue de Louis XIV. Symbole de cette vie singulière, je ne sais pas encore à présent le nom de celui que j'ai rencontré.

·23·

La vie clandestine

Ce qui devait arriver advint.

Jamais jusqu'alors je ne m'étais senti recherché par la police. Pasteur Vallery-Radot avait reçu une fois la visite d'un policier allemand « pour information ». Cette visite n'avait pas eu de suite. Parmi ceux d'entre nous qui s'étaient voués à la Résistance, peu nombreux étaient ceux qui avaient profité de la même chance que moi-même. Le professeur Edmond Lévy-Solal, qui était de ceux-là, pensait que sur l'ordre de M. Chiappe des policiers bienveillants avaient enlevé nos noms du fichier qu'ils devaient préparer pour les autorités allemandes.

Le 21 septembre 1943, Frédéric Joliot-Curie, Pasteur Vallery-Radot et moi-même sommes surveillés le même jour par la police allemande. Nous avons d'abord cru que nous avions été dénoncés par un faux « officier hollandais » qui nous avait demandé de l'aider à passer en Espagne et que j'avais imprudemment reçu chez moi. Tous nos procédés de reconnaissance étaient alors éventés et connus des agents allemands. Les billets de métro coupés en deux, les mots de passe, les dessins sur les papiers, les noms secrets, tout était devenu suspect, et au solliciteur nous commencions toujours par répondre que nous ne comprenions pas, et qu'il y avait erreur. C'est ce que j'avais dit à ce soi-disant officier hollandais, mais il m'avait convaincu. Je crois bien qu'il m'a dénoncé, mais ce ne fut pas sa dénonciation qui fut retenue. En réalité, nous avions été, Frédéric Joliot-Curie, Pasteur Vallery-Radot et moi-même, nommés dans le texte d'un télégramme destiné au gouvernement d'Alger et qui avait été saisi au cours d'une perquisition par la Gestapo.

Nous échappâmes tous les trois. Frédéric Joliot-Curie était introuvable. Pasteur Vallery-Radot était bien abrité et au secret chez des amis ; sa secrétaire fut arrêtée. Elle ne fut pas torturée ni brutalisée, mais obligée de se mettre toute nue devant les policiers, ce qui émut beaucoup la veille demoiselle.

Ce 21 septembre 1943, j'étais dans ma maison de Touraine, qui n'était plus occupée. J'avais fait ce voyage à la fois pour diriger certains arrangements à la ferme, pour revoir notre placement d'enfants juifs et pour examiner les possibilités de parachutage d'armes dans les champs situés derrière la maison. Un appel téléphonique. Dexia me dit : « Ils sont venus. » Que fallait-il faire ? Rester en Touraine ? Fuir et chercher quelque abri ? Dexia pense qu'il vaut mieux que je rentre et ajoute qu'on prendra toute précaution utile. Je reviens donc rue de l'Université fort troublé. Dès le lendemain, je dois donner une consultation. Pendant que j'examine dans mon bureau la fillette de Mme de La Chevrollière et que l'enfant commence à se déshabiller, ma servante Léontine entre brusquement et me dit : « Les voilà ! » Dexia et Léontine faisaient bonne garde. Elles parlementent à la porte d'entrée de l'appartement et arrivent ainsi à retenir les policiers avant de les faire entrer. Pendant ce temps j'exécute le programme prévu. Traversant la cuisine et sortant par une voie détournée, je débouche dans la cour de l'immeuble au moment où les policiers entrent dans mon bureau. Je marche lentement, pour me donner une attitude, mets la main dans ma poche, y trouve un paquet de cigarettes et une boîte d'allumettes que l'on m'a donnés, cadeaux très précieux alors. J'ai quelque mal à allumer une cigarette. Est-ce que je tremble ? Je sens mon cœur battre très fort et très vite. Je prétends n'être point peureux, et cependant en cet instant j'eus certainement peur. En franchissant le portail, j'aperçois, à gauche dans la rue de l'Université, la petite voiture grise et son conducteur en uniforme qui stationne. Je me dirige vers la droite, du côté de la rue Jacob, pour m'abriter dans une cache qui d'avance a été soigneusement préparée. Pendant ce temps, les policiers interrogent Mme la baronne de La Chevrollière qui déclare, gardant un parfait sang-froid : « Le docteur a été appelé d'urgence et va certainement revenir examiner mon enfant. » Mon absence se prolongeant, Mme de La Chevrollière, toujours très tranquillement, déclare qu'elle préfère se retirer et, le plus sérieusement du monde, avec ma servante Léontine prend un nouveau rendez-vous. Devant cette scène qui leur paraît si naturelle, les policiers se retirent à leur tour, affirmant qu'ils reviendront. En effet, ils reviennent le lendemain, puis plusieurs fois : treize en tout. Au cours d'une de ces visites, ils entrent en fureur, arrachent les rideaux, les fils du téléphone et brisent quelques objets. Un jour, pendant qu'ils étaient dans l'appartement, mon fils Olivier, que je n'avais pas pu prévenir, arrive. Par chance, d'un mot la concierge peut l'avertir. C'est ainsi qu'est évitée une nouvelle fois son arrestation. De guerre lasse, les policiers remettent à ma secrétaire, Mlle Paré, l'ordre à comparaître rue des Saussaies et l'arrêtent. Elle est incarcérée à Fresnes. Elle ne fut pas non plus torturée ni brutalisée, mais mourait de faim. Avant l'interrogatoire, Claude Bourdet, à côté de qui elle attendait dans un vestibule, put lui donner quelques morceaux de sucre. Elle ne pouvait donner aucune indication sur ce qui m'était advenu et disait qu'elle imaginait que j'avais été arrêté ou que j'étais parti en zone libre. Elle subit quinze jours d'emprisonnement, est plusieurs fois interrogée, puis, épuisée, est libérée. A peine rejetée hors de la prison, des gardiens la rappellent ; est-ce pour l'emprisonner de nouveau ? Non, c'est pour lui remettre un gros sac qui contient toutes mes fiches de malades que la police avait saisies, et, qu'avec sa « correction » elle rendait de cette manière sans avoir compris, bien entendu, certaines indications secrètes que j'avais notées et, sans doute, sans avoir vu que sur quelques papiers figuraient des adresses, dont celle-ci : « commandant Charles de Gaulle, chef du bataillon de chasseurs à pieds de Mayence », établie il y a bien longtemps. C'est à pas lents, chaussée de savates et retenant difficilement ses vêtements dont on avait coupé lacets et boutons, qu'elle se mit alors en marche ; trajet pénible, car il fallait aussi porter sur ses épaules le lourd sac contenant toutes les fiches dont aucune ne manquait. Enfin, elle parvint à Paris.

*
* *

Me voici entrant dans la vie clandestine. Nouveau changement total d'identité avec, à l'appui, bon nombre de faux papiers, carte d'identité, cartes d'alimentation, carte professionnelle, etc., que me procure Jacques Debû-Bridel avec lequel je collaborais au Front national. Changement aussi de visage — je supprime barbe et moustache — et même de tenue. Pendant les premiers jours, claustration complète, puis sorties quand le soir tombe jusqu'à l'heure du couvre-feu. Peu à peu, reprise des courses dans Paris. On se retrouve. Pasteur Vallery-Radot apparaît coiffé d'un béret basque ; il laisse pousser sa moustache et porte un costume un peu usé, orné du ruban des vieux serviteurs. Nous rions de nos déguisements. Quel amusement d'avoir pu tromper la police allemande, mais surtout quelle joie de nous retrouver !

Il faut ensemble reprendre le travail. Comme Pasteur Vallery-Radot l'a raconté « nous devenons inséparables ». C'est le plus souvent à bicyclette que nous circulons côte à côte. Lorsque nos pneus n'en peuvent plus, nous marchons. Nous parcourons Paris pendant des heures et même la banlieue. Les rendez-vous secrets se multiplient. Je retrouve Frédéric Joliot-Curie et nous reprenons nos conversations dans la rue ou au restaurant. Il m'annonce que dans son laboratoire du Collège de France on prépare des sortes de grenades qu'on appela plus tard « coktails Molotov », efficaces contre les chars.

Avec mon fils Michel je participe à une réunion de fonctionnaires de différents ministères, en activité ou révoqués et vivant souvent en clandestinité. Un jour, je déjeune chez mes enfants Philippe et Claude Monod-Broca. Toutes les précautions sont prises pour que nous puissions nous échapper dans le cas d'une descente de police, car sont réunis mon fils Michel, non seulement prisonnier évadé mais recherché par la Gestapo, Olivier, déserteur du Service du travail obligatoire, et moi-même, poursuivi aussi par la Gestapo. Faut-il ajouter que ce déjeuner fut très gai ? Parfois, je suis reçu chez le professeur Robert Merle d'Aubigné, qui abrite mon fils Olivier. Celui-ci est installé dans une chambre du sixième d'où il aménage des possibilités d'évasion par le toit. Suivant les bonnes règles de la vie clandestine, je change souvent de résidence : chambres d'hôtel, chambres de bonne. Dexia me prépare des asiles successifs. Une fois, je partage, dans un appartement voisin de l'église Saint-Germain-des-Près, une chambre avec Robert Merle d'Aubigné. Dexia organise des déjeuners pour faciliter des rencontres. C'est ainsi que je fais la connaissance de Georges Bidault, président du Conseil national de la Résistance. Comment ne pas être séduit par son courage souriant et la vivacité de son intelligence ? Il parle du sort futur de la France. Je suis frappé de l'importance qu'il donne à la reconstitution et à l'action des partis politiques. C'est en souvenir de ces heures dangereuses passées en commun en des lieux divers qu'il me montra plus tard toute sa sympathie et, comme ministre des Affaires étrangères, m'aida à la création du Fonds des Nations Unies pour l'Enfance et du Centre International de l'Enfance.

Il faut éviter certaines rencontres lorsqu'elles ne sont pas indispensables, car elles pourraient être trop dangereuses. Cependant, le professeur Portes m'accueille volontiers avec une parfaite sérénité. Les soirées passées à son foyer avec son épouse et Dexia sont douces et réconfortantes. Nous les terminons par une longue marche, éclairés dans la nuit noire par une lampe de poche, lorsqu'il nous reconduit jusqu'au métro. Henri Mondor nous reçoit avec toute son affectueuse gentillesse.

Heureusement, nous voici enfin reçus dans un havre de grâce. A Paris, les risques d'arrestation pour Dexia et moi-même devenaient trop grands. Nos amis les docteurs Henri et Lydie Le Savoureux nous cachent, non sans s'exposer eux-mêmes, au milieu de leurs malades nerveux dans leur propriété de la Vallée-aux-Loups. Sont abrités en même temps que nous plusieurs personnalités menacées par les polices française ou allemande. Nous ne nous connaissons que par nos surnoms. Débute alors une existence toute calme, faite de promenades dans le parc splendide dont j'ai déjà parlé, de lectures grâce à une bibliothèque remplie de livres intéressants et d'écoute des nouvelles de la B.B.C. Nous vivons dans l'agrément d'un accueil chaleureux et d'échange de pensées, de souvenirs et d'espoir.

Nous continuons à nous rendre à Paris pour poursuivre le travail. Soudainement une alerte. Dexia, au cours d'une visite à Paris, est arrêtée et conduite dans les locaux de la Sûreté par la police allemande. Elle est interrogée immédiatement. Elle garde son sang-froid au point, malgré sa peur, d'aider la dactylo à bien placer son papier dans la machine à écrire avant que ne commence sa déposition. Les policiers la laissent debout. Elle exige une chaise. Elle est interrogée sur mon sort. Comme l'avait fait ma secrétaire, elle déclare que j'ai disparu, que je suis sans doute arrêté ou bien en zone libre, puis raconte aux policiers, qui ne connaissent pas son passé, son arrestation lors du procès du musée de l'Homme, ses mois de prison, sa condamnation. Ils sont stupéfaits qu'au lieu de cacher ce « délit » elle leur en donne connaissance, puis elle ajoute qu'après une telle leçon il était inimaginable qu'elle risquât de nouveau une arrestation en désobéissant de quelque manière que ce soit aux autorités occupantes. Ce raisonnement paraît irréfutable aux Allemands. Les hommes de la police, peu perspicaces, la relâchent le soir même.

Après cette journée d'alarme, nous restons soucieux. Nous sommes recherchés l'un et l'autre. La police allemande ne nous oublie pas.

Parmi les clandestins abrités à la Vallée-aux-Loups se trouve le futur maire d'Orléans, Roger Secrétain, qui est en train d'écrire son livre sur Charles Péguy. Un jour, sachant que j'étais docteur, mais ignorant mon identité, il me demande : « Vous êtes docteur, vous connaissez peut-être le professeur Robert Debré. » « C'est à lui que vous parlez », répondis-je. Il se nomme à son tour et nous commençons des conversations sur Péguy qui se sont prolongées pendant plus de trente ans.

Ainsi se poursuivaient des journées que, malgré tant d'inquiétudes, je puis qualifier d'heureuses. Les nouvelles de la guerre prennent une meilleure tournure. Les impressions que je ressentais dans les rues de Paris, au cours des heures que j'y passais assez souvent, me paraissaient encourageantes. Il me semblait que la population avait comme le pressentiment d'une fin de ses souffrances. Les cruautés que l'on apprenait : arrestations, fusillades, massacres d'otages, les bombardements alliés sur la capitale avec leurs nombreuses victimes, provoquaient des émotions affreuses. Mais tout de même on commençait à imaginer des jours meilleurs. Je me souviens d'avoir évoqué ces pensées avec Mgr Chevreau, à qui j'étais allé rendre visite dans son presbytère de Saint-François-Xavier. Aussi je travaillai avec plus d'ardeur que jamais au projet de réforme des hôpitaux, de la faculté, de la santé publique, de la politique démographique, et mes cadets avec qui je venais discuter de ces questions me procuraient une documentation bien fournie. Jean Dausset plein de passion et d'idées, André Roussel et leurs amis montraient le même courage, mais ils étaient plus souriants que l'année précédente.

Tout à coup, dans sa folie, une des malades de la Vallée-aux-Loups affirme reconnaître, parmi les personnages qu'elle rencontre, le président Léon Blum et ses ministres. Ainsi se répand le bruit que des hommes politiques pourchassés sont abrités par le docteur et Mme Le Savoureux. Pour tous, notamment pour nos hôtes, la situation devient dangereuse. Reconnaissants envers nos amis, tristes et inquiets de les quitter, il faut partir. La vie reprend donc à Paris, clandestine et errante, mais, me semble-t-il — c'est peut-être à tort —, avec moins d'insécurité. Es-ce parce que ni Pasteur Vallery-Radot ni aucun de nos amis du Comité médical de la Résistance n'a été arrêté ? Sans doute nous risquons à chaque moment de l'être et de subir le sort des amis emprisonnés ou disparus. Voici que je suis appelé dans les Alpes. Jean-Pierre de Lassus, le gendre de Dexia, est grièvement blessé. Avec quelques autres officiers de carrière, il avait armé et militairement organisé une troupe de patriotes et, avant même la libération du pays, il avait fait défiler ses soldats, le 11 novembre 1943, à Oyonnax, dans l'Ain. Voici maintenant qu'il commande les unités françaises engagées dans les Alpes contre les chasseurs de montagne autrichiens. Les combats sont très durs. Jean-Pierre est très sérieusement atteint, son corps est criblé d'éclats d'obus. Son existence est en péril. Je me rends à son chevet. J'ai peur que les éclats n'aient pénétré dans la boîte crânienne. Heureusement, il n'en est rien. Il est très bien opéré dans les installations improvisées du service de santé militaire, et j'ai la chance d'avoir pu lui apporter un petit flacon de pénicilline dont quelques doses viennent de nous parvenir ; ainsi sont évitées les complications infectieuses qui lui auraient été fatales en pareil cas.

·24·

Jours de bataille, de gloire et de deuil

JUIN 1944. Voici enfin le débarquement allié, la bataille de Normandie, et, après de rudes batailles, l'arrivée en France du général de Gaulle : l'aube se lève. Je reçois la mission de diriger le service de santé des Forces françaises de la région parisienne. Tout doit être prêt pour le jour où la population de la capitale se révoltera et où les groupes des F.F.I. (Forces françaises de l'intérieur) attaqueront la garnison allemande de Paris.

J'établis d'abord nos liaisons avec le colonel Rol, qui commande ces forces. Au cours d'une réunion, tenue avenue Denfert-Rochereau, près du Lion de Belfort, où il donne les indications générales et où ses collaborateurs indiquent les mouvements prévus, j'apprends quels dangers menacent la capitale. On prévoit que les armées allemandes refoulées en Normandie vont traverser la Seine en profitant des ponts de Paris où ils seront soutenus par les forces de la garnison. Les F.F.I. reçoivent l'ordre de livrer une bataille de rues pour empêcher la progression de l'ennemi, d'attaquer ses points fortifiés, de dépister les zones minées par les Allemands. On craint que Hitler ne veuille détruire les monuments de Paris et ensevelir sa population sous les décombres. Je dois vérifier les dispositions prises pour recevoir les blessés dans les hôpitaux dont le personnel a préparé sa collaboration au combat. Notre tâche consiste aussi à placer dans des caves, des arrière-boutiques, des cafés, des garages, des postes de secours, à les munir de matériel, à leur affecter des médecins et des infirmières. Il faut aussi constituer des stocks d'objets, de pansements, de seringues, de médicaments, de matériaux nécessaires pour les appareils plâtrés, de brancards et enfin tenir prêtes des voitures d'ambulance. Les liaisons seront confiées à des étudiants en médecine, qui effectueront les trajets à bicyclette. Ce travail d'organisation occupe tous mes instants. Des chambres mises à notre disposition dans l'appartement de Dexia, 55, rue de Varenne, nous servent de quartier général. Heureusement le téléphone continue à fonctionner.

A partir du 15 août, l'on sent que la population parisienne tout entière frémit d'impatience. On apprend certains coups de main des F.F.I., qui essaient de délivrer les prisonniers. Puis c'est la grève de la police conduite par le groupe de résistants qui s'intitule « Honneur de la Police ». Les ordres d'appel aux armes sont lancés par le Comité parisien de la libération.

Le 19 août, sur tous les bâtiments publics, le drapeau français apparaît et les F.F.I. entourent leur bras gauche du brassard tricolore, prennent leur fusil et se groupent. Les soldats allemands, qui ont entrepris le déménagement des bureaux et des ministères, sont attaqués. Les armées allemandes vaincues en Normandie n'apparaissent pas. Seuls quelques rares convois traversent les rues de la capitale. Aucune destruction de ponts ou de monuments.

Le lendemain 20 août, je reçois un appel du doyen de la Faculté de Médecine, Alphonse Baudouin, qui veut faire flotter sur le toit de notre vieille école le drapeau français. Nous sommes trois, Pasteur Vallery-Radot, le doyen et moi-même, aidés du concierge, pour hisser les couleurs.

J'installe mon poste de commandement dans une station du sous-sol réservée aux égoutiers, située à l'angle des rues Claude Bernard et Gay-Lussac, et j'organise dans ce petit réduit, avec l'aide du docteur André Thomas, aujourd'hui mon confrère de l'Académie des Sciences et qui a été nommé mon adjoint, des liaisons avec les postes de secours et les hôpitaux.

Je vais inspecter les postes de secours installés sur les quais de la Seine. Un groupe de F.F.I. s'installe sur la place Saint-Michel pour garder le pont. Les soldats allemands arrivent en camionnette et tirent. Les F.F.I. ripostent. Il y a des blessés et des morts. Je me suis installé dans un café de la place, téléphonant rue de Varenne pour demander des infirmières et des ambulances. A leur arrivée, nous transportons nos blessés auxquels j'ai appliqué un pansement provisoire. Dans bien des albums reproduisant la libération de Paris, on voit l'image de nos infirmiers et infirmières transportant nos blessés sur un brancard et agitant d'un geste assez naïf un petit drapeau blanc. A un moment donné, franchissant la place, arrive une camionnette de l'armée allemande. Un homme — c'est un policier français en civil — se jette bravement sur le marche-pied. Coups de feu ; la voiture s'arrête ; deux hommes roulent sur le sol : le chauffeur allemand et le policier français. Ils sont à terre, grièvement atteints l'un et l'autre. Je me porte à leur secours. La foule me crie : « Laissez le sale Boche, occupez-vous du Français. » Bientôt, les deux succombent. La foule injurie le cadavre de l'Allemand. Je fais transporter les deux corps.

Mais voici qu'on m'appelle. Un mouvement de troupes se produit de l'autre côté de la Seine. Un char Tigre allemand est devant la porte de la Préfecture de Police et braque son canon. Des fantassins allemands se faufilent le long du quai pour le rejoindre et, visiblement, pour pénétrer dans la préfecture lorsque la porte sera enfoncée. Vite, il faut tirer. Les F.F.I. me crient : « Vous les voyez, vous les voyez. Ils sont au Soleil. » « Au Soleil ? Comment ? » Ils répètent : « Ils se cachent au Soleil. » Je finis par comprendre : les Allemands sont rassemblés à l'intérieur du café *Le Soleil d'or*. Notre feu est assez nourri pour que l'ennemi abandonne sa tentative. Il reviendra plus tard en force avec des chars pour essayer, du reste sans succès, de donner l'assaut à la préfecture de Police, un de nos réduits.

Dans tout Paris, ce sont des bagarres sanglantes, des soldats allemands tués par embuscades au coin des rues et par représailles des feux de salve sur les attroupements. On nous annonce des blessés et des morts dans tous les quartiers. Un externe est tué en se penchant sur un blessé. Je parcours les rues de la capitale à bicyclette. Je me rends à l'Hôtel de Ville occupé par les Forces françaises de l'Intérieur. Pour y parvenir, on ne peut traverser la place à bicyclette, car les éclats de verre de toutes les vitres brisées tapissent réellement le sol. Il y a des blessés français, allemands dans l'Hôtel de Ville et dans les caves des officiers allemands prisonniers. Je visite le poste de secours avec mon neveu à la mode de Bretagne, Jacques Kosciusko-Moriset, que j'ai retrouvé là parmi les chefs F.F.I.

Le 21 août, Pasteur Vallery-Radot me fait demander de me rendre chez le docteur Veau, rue Laborde, pour envisager une situation nouvelle. On annonce qu'une trêve vient d'être conclue entre le représentant du général de Gaulle, Alexandre Parodi, que l'on appelle Cérat, au nom des F.F.I., avec les autorités militaires allemandes. Les avis sont partagés sur l'opportunité de cette trêve. Les membres du Comité Parisien de la Libération n'en sont pas partisans. Ils pensent que le peuple soulevé doit continuer sa bataille de libération. La responsabilité d'une telle décision paraît lourde, car on raconte — c'est le père Chaillet qui nous l'apprend — qu'un corps d'armée allemand venant de Normandie s'apprête à pénétrer dans la ville et qu'il doit être rejoint par un corps de SS rassemblé au sud de Paris. Que pourraient faire les F.F.I. contre ces régiments de soldats bien armés ? Et puis tout est prêt pour les explosions destructrices ; on sait aujourd'hui que des mines avaient été préparées pour faire sauter la tour Eiffel et des points stratégiques. Mais, informations prises, rien ne confirmait l'arrivée des troupes de Normandie que nous redoutions. Rien ne permettait de croire à la concentration de groupes de S.S. autour de la capitale. Sauf en quelques points de résistance, les soldats allemands paraissaient montrer moins de mordant qu'on ne craignait. Nous avions fait des prisonniers venus vers nous bras en l'air. Malgré sa faiblesse devant l'ennemi, le peuple voulait se battre. Son âme était vaillante comme aux grands jours de son histoire. Devait-on briser son élan patriotique ? Avec Paul Milliez, Serge Leibovici, d'autres encore, je n'étais point partisan d'accepter l'armistice. En fait, partout les combats continuaient malgré les adjurations de cesser le feu que proclamaient les haut-parleurs. Parodi est arrêté puis relâché et finalement il n'y a point de trêve.

Malgré leur pauvre armement, les groupes de F.F.I. livrent bataille partout. En effet, il y a quelques mois, Pierre Lefaucheux, qui avait de grands pouvoirs, nous avait dit que certains redoutaient une distribution d'armes à la population mal encadrée et pouvant être orientée vers des fins politiques.

Dès le 22 août, Paris se hérisse de barricades : femmes, enfants, soulèvent les pavés. On abat des arbres, on place des postes de garde qui veillent nuit et jour, on multiplie les combats de rues, on assaille les convois allemands, on tire sur les détachements qui patrouillent, on attaque les points d'appui de la garnison. A ces combats de rues, la population entière participe. Les hommes sans armes, les femmes et les enfants viennent voir ce qui se passe. On les sent comme excités par la bataille, s'associant par leur présence, leurs cris et leur émotion au drame de chaque bagarre sanglante.

Tout à coup, une salve allemande cause un fuite épouvantée. Sur le sol gisent des morts et des blessés, et on me signale des pertes autour de la barricade élevée boulevard Saint-Michel, au coin du square de Cluny. Quand j'arrive, les blessés ont été transportés à l'hôpital.

Le 23, place de la République, mon fils Olivier est blessé lors de l'attaque de la caserne du Prince-Eugène. Il reçoit le fragment d'une balle qui a explosé. Il est transporté à l'hôpital Saint-Antoine. J'ai une grande inquiétude pour sa colonne vertébrale et même sa moelle épinière, heureusement intactes. L'épanchement de sang dans la plèvre va exiger de longs mois de soins et d'hospitalisation.

Le 24 août, la bataille est très rude, car les Allemands ont reçu l'ordre de défendre les ponts. Ils se battent avec fermeté. Nous comptons beaucoup de victimes. Nos postes de secours ne peuvent suffire. Toute la population nous aide et participe au transport des blessés dans les hôpitaux où ils sont attendus. Certains incendies éclatent. Les Allemands mettent le feu au Grand Palais d'où s'échappent des fumées noires. L'on nous annonce que les troupes du général Leclerc approchent. Robert Monod établit la liaison. En effet, le 24, l'avant-garde de la 2ᵉ D.B. apparaît place de l'Hôtel de Ville. On a bien souvent décrit la joie délirante de la population parisienne. Les chefs des F.F.I. sentaient le besoin de l'arrivée de ces forces bien armées pour réduire les points forts de la garnison, notamment ceux du palais du Luxembourg. Le soir, l'émotion est profonde. Toutes les cloches des églises de Paris sonnent à toute volée.

On excusera le narrateur s'il ne reprend pas la description si souvent et si bien faite de la descente des Champs-Elysées par le général de Gaulle et du Te Deum à Notre-Dame et si, assistant à ces événements historiques, il n'exprime pas ici les sentiments qu'il a ressentis. Le 25, nous apprenons que les chars de la division Leclerc sont stationnés dans le jardin des Tuileries. J'accompagne Dexia. Joie et fierté de retrouver son fils. Instants de bonheur. Il est devant elle, grand et mince dans son uniforme de campagne, coiffé du béret. Il lui présente le char qu'il commande puis ses hommes. Echange de récits : il évoque la traversée de l'Afrique, le débarquement, la bataille de Normandie. Nouvelles de tous. Geoffroy partage l'inquiétude sur son frère cadet. « Quel dommage, dit-il, qu'il n'ait pas pu me rejoindre ! » Nous parcourons le jardin des Tuileries. Les chars bien alignés occupent les terrasses. Les troupiers au teint bronzé vaquent gaiement à leurs occupations. Le voici donc reconquis et occupé par des soldats français le grand jardin parisien ! C'est enfin la délivrance. Jamais le parc des Tuileries ne nous a paru si beau ! Jamais, ni avant ni après, même lors des défilés de victoire, Paris ne nous a paru plus pur dans sa gloire !

Aussitôt après cette visite, nous apprenons que le général allemand commandant la garnison de Paris, von Choltitz, s'est rendu au colonel Roll commandant les F.F.I. et au général Leclerc dont le quartier général est installé gare Montparnasse.

Tels sont en quelques mots les souvenirs de ces cinq jours de bataille qui émergent de ma mémoire.

*
* *

On peut apporter ce témoignage que les hommes des Forces françaises de l'intérieur étaient prêts à se battre et la population parisienne à se soulever contre l'envahisseur quels que fussent les périls. Sur la libération de Paris, journaux, livres, émissions de télévision et films de cinéma ont répandu récits et images. Bien des épisodes nous paraissent déformés, les appréciations ne coïncident pas avec les nôtres. Je me sens parfois gêné par les arrangements que nous présentent certains journalistes, cinéastes et historiens improvisés.

Nous avions envisagé de terribles combats, des destructions massives, des massacres. Si importants que furent certains engagements, jamais on ne vit rien de comparable aux faits d'armes des grandes guerres. Officiers et soldats allemands étaient las de la guerre, et le général von Choltitz refusait d'obéir aux ordres d'Hitler. Les combattants parisiens ont vaincu une armée qui se sentait défaite et dont certains groupes seulement luttèrent jusqu'au bout. Mais si la libération de Paris, telle qu'elle s'est produite, n'a été possible qu'en raison des défaillances de l'armée d'occupation, aux décisions humanitaires de son commandant et finalement à l'arrivée des troupes régulières, il faut cependant affirmer que la population de Paris était prête à se soulever en masse et à se libérer elle-même au prix de son sang.

Le 28 août, le général de Gaulle, installé à l'hôtel de Brienne, résidence des ministres de la Guerre, reçoit les officiers qui ont dirigé les F.F.I. pendant l'insurrection parisienne. Cette comparution devant l'homme qui, durant nos années d'asservissement, avait incarné — comme un héros légendaire — la France libre et qui devenait d'un coup à la fois le chef de nos armées et le chef de l'Etat, avait le caractère d'un événement solennel. Nous sommes appelés tour à tour et nous nous présentons timidement. Le général nous demande nos noms et qualifications, jette sur chacun un regard froid, n'ajoute pas un mot, nous sert la main et nous congédie. En sortant, nos camarades paraissent stupéfaits et déçus. Ils s'attendaient à des phrases chaleureuses, des remerciements et des éloges. Je me souviens que regardant alors mes vieux vêtements assez usés et mon brassard de bouts d'étoffe cousus tant bien que mal par ma servante Léontine, je sentis qu'avec nos pitoyables uniformes nous avions bien l'air d'insurgés amateurs.

Un peu plus tard, le Comité Parisien de la Libération et le nouveau préfet devaient recevoir le général Koenig, commandant en chef des Forces françaises, à l'Hôtel de ville. Un moment, les représentants des F.F.I. vinrent demander des armes, celles qu'ils venaient de prendre à l'ennemi ne pouvaient suffire, car ils voulaient être incorporés dans les armées régulières pour contribuer à la libération totale du territoire national et poursuivre l'ennemi au-delà de nos frontières.

Quelques jours plus tard, Churchill venait rendre visite à la capitale française. A l'Hôtel de Ville sont réunis les membres du Comité Parisien de la Libération. A notre tête notre président Tollet, ouvrier parisien, petit de taille, à l'âme ferme. L'Hôtel de Ville est dévasté, il n'y a plus aucun meuble. Tous les carreaux sont brisés, les planchers sont maculés. On aménage tant bien que mal une pièce pour la réception et l'on attend dans l'émotion. Churchill arrive. Il avance de son pas lourd, entouré de quelques personnes. Son large visage aux traits profonds donne une impression de gravité ; il nous regarde tous. Silence poignant. Pour toute garde d'honneur, nous n'avions pu requérir qu'un seul trompette de la garde qui, après quelques instants, fait retentir, dans le silence impressionnant du grand édifice vide, la sonnerie de cuivre. Vibrent les notes du *God save the King* puis de *La Marseillaise.* L'émotion monte. Notre président Tollet s'avance ; il paraît tout grêle devant la masse du ministre britannique. De son parler simple et avec une voix nette, il prononce quelques mots et remet à Churchill un coffret. Celui-ci l'ouvre ; il contient le drapeau à croix gammée qui flottait sur l'Hôtel de Ville. Churchill, bouleversé, déploie le drapeau puis, de son langage explosif, en son français haché, aux résonances anglaises, répond. Tous ont la gorge serrée, Churchill et certains pleurent. Puis, nouveau silence. Que va-t-il se passer maintenant ? Personne ne bouge, on ne sait que faire. Le trompette bien inspiré nous soulage en reprenant les deux chants nationaux.

Vingt-cinq ans plus tard, à la fin d'un déjeuner donné au Centre international de l'Enfance en l'honneur de la fille de Churchill devenue ambassadrice de Grande-Bretagne en France et lui portant un toast, j'évoque ce souvenir. Elle se prend à pleurer et me dit avec humour : « Vous le voyez, j'ai le don des larmes, c'est le héritage de mon père. »

* * *

Voici que la vie est brusquement transformée. Le visage de notre ville a retrouvé tout d'un coup ses traits familiers. Le soulagement collectif nous rapproche les uns des autres dans une sorte d'élan qui rappelle aux aînés les lendemains de l'armistice de la Grande Guerre. Mais le sentiment éprouvé est profondément différent. De nombreux pays nous parviennent des messages de félicitations qui nous rendent fiers. Le sort de Paris importait, semble-t-il, au monde entier, qui attendait le jour où la Ville aurait recouvré sa liberté et son honneur. Mais rien n'est achevé. Certains des nôtres, sans doute parmi ceux qui ont le plus souffert, veulent que la « justice populaire » châtie ceux qui ont trahis, espionné, se sont faits les collaborateurs des policiers allemands, ont dénoncé les patriotes. Des violences s'exercent souvent d'une façon brutale et aveugle. Nous en ressentons, Pasteur Vallery-Radot et moi-même, un profond malaise. Plus tard nous refuserons de faire partie d'aucun comité d'épuration.

On se bat encore sur le territoire national ; des forteresses allemandes résistent avec un grand courage. C'est de vive force qu'il faut réduire les « poches » de Cherbourg, de Royan.

L'armée française a pénétré à Mulhouse puis à Strasbourg après avoir traversé les Vosges. Voici que de nouveau, le 15 novembre 1944, une armée allemande, celle du général von Rundstedt, reprend l'offensive dans les Ardennes. Les armées alliées reculent. On a prétendu que l'inquiétude avait alors régné à Paris. Je n'en ai pas eu le sentiment. Nous savions bien que l'ennemi n'était pas encore vaincu, mais nous ne pensions pas qu'il fût possible aux Allemands d'envahir de nouveau la France. Au cours du repli, le général Eisenhower veut abandonner Strasbourg. Le général de Gaulle obtient que les troupes françaises soient engagées pour couvrir l'Alsace et éviter les terribles représailles qu'aurait à subir la population qui avait accueilli par de grandes démonstrations les soldats libérateurs.

A peine avions-nous quelques échos de la sanglante bataille de Colmar gagnée par la 2e D.B. qu'arrive la nouvelle d'une blessure de Geoffroy. Dexia part pour Strasbourg. Je l'accompagne, Voyage dur. Pendant les heures d'inquiétude pour le blessé, le silence des longs moments d'attente est rompu par l'éclatement des derniers obus que les Allemands lancent sur la ville de Strasbourg. Nous parvenons au quartier général de la division. Geoffroy est mort. Sa mère chancèle. Plus tard, on apprend que Geoffroy, dont le char était sous le feu de l'ennemi, avait ordonné à ses hommes de s'abriter sous le char même, alors que lui-même, pour donner l'exemple, ne s'était abrité qu'à demi ; un éclat d'obus l'avait blessé à la gorge, et il devait mourir après quelques heures de souffrance. Nos courses dans l'Alsace enneigée, sous la conduite de Jean-Pierre de Lassus, nous ont marqués d'un souvenir fixé dans ses moindres détails en nos mémoires mais nous n'avons plus jamais osé en parler.

A l'hôtel Lutétia, en avril 1945, a été organisé un centre d'accueil où, peu à peu, arrivent les survivants des camps que l'on rapatrie. Beaucoup portent encore leur costume de toile rayée. Leur état est pitoyable, et cependant ils ont été réconfortés et nourris avant l'arrivée. En quelques mots, ils racontent ce que furent la vie et la mort dans les camps. Petit à petit le voile se déchire, et nous allons apprendre l'immensité des souffrances subies et l'atroce cruauté à laquelle a pu atteindre l'horreur nazie.

Les heures passent. Guy, que l'on attend, n'arrive pas. On interroge ; les renseignements sont contradictoires... Alternatives d'espérance et de sombre inquiétude. Il ne reviendra pas. Dexia, dure avec elle-même, comme on doit l'être, disait-elle, n'a point montré sa peine, mais ne s'est jamais remise de la mort de ses deux fils.

·25·

En Allemagne et en Angleterre. Le Comité parisien de libération à l'Hôtel de Ville

CE N'EST QU'AU COURS du printemps de 1945 que nous nous représentons ce que furent les camps, la cruauté, les souffrances et les misères, les humiliations abjectes auxquelles avaient été soumis les millions de déportés, les morts dans les chambres à gaz et les inimaginables horreurs. Beaucoup de mes proches, parents, alliés, avaient subi ce martyre, soit dans les camps de déportation réservés aux juifs, soit dans ceux où avaient vécu et étaient morts les résistants, les amis des réseaux que le plus souvent par des dénonciations la police avait découverts. Nous n'avions pas jusqu'alors pu croire à l'extermination de familles entières ni aux tortures avant l'anéantissement. Le moment vint où l'on n'en pouvait plus de regrets et de chagrins.

Certains déportés sont dans un état trop grave, par faiblesse ou maladie, pour qu'on puisse les transporter. Ils sont restés dans les camps. Des dispositifs de secours s'organisent pour leur apporter substances alimentaires et médicaments. Participant à ces initiatives, Marie-Hélène Lefaucheux, qui avait travaillé avec les groupements de femmes résistantes et venait, par un coup d'éclat, de sauver son mari emmené parmi les derniers prisonniers de la Gestapo vers des camps allemands, organise des missions de secours. Un avion britannique prêté par la R.A.F. doit emmener avec elle les représentants de la France et de la Grande-Bretagne. L'armée anglaise délègue un officier ; la France, le général Brisac, commandant l'Ecole Polytechnique. Je suis désigné comme médecin. Rapidement, toutes les facilités sont obtenues. Cependant, malgré notre insistance, notamment au cours d'une visite à l'ambassade, nous ne pûmes obtenir de Molotov, représentant alors l'U.R.S.S. à Paris, la permission de pénétrer dans la zone occupée par l'armée soviétique.

Ce fut dans les camps de Buchenwald, de Bergen-Belsen et enfin de Mauthausen que nous pûmes accomplir notre tâche. On n'avait jamais représenté jusqu'alors l'image de ces lieux tragiques, des longs bâtiments avec les grabats, des postes de surveillance des miradors, des hautes clôtures aux fils de fer électriques, des chambres à gaz, des crématoires avec leur cheminée. Ces camps étaient devenus des déserts lugubres. Presque tous les survivants avaient pu être emmenés et les gardiens avaient fui. Sur les grabats souillés gisaient plusieurs agonisants que nos soins ne pouvaient ranimer. Dans les camps erraient quelques affamés, spectres tragiques ; il ne fallait calmer leur faim qu'avec précaution. Certains nous accompagnaient quand ils avaient la force de marcher à nos côtés. Ils décrivaient les horreurs, les cruautés, le mépris puis surtout leur faim obsédante.

A Buchenwald, nous fûmes reçus, si je puis dire, par une fanfare composée des mignons qui faisaient les délices des gardiens ; ces garçonnets en uniforme se mettent en rang et veulent nous honorer en jouant un morceau de leur répertoire. Nous entrons dans les logis des gardiens ; d'un luxe vulgaire, ils sont intacts, car la fuite a été précipitée. On nous montre un grand abat-jour fait, nous dit-on, de peau d'homme. Dans l'infirmerie où mon ami Charles Richet, pendant tant de mois, a porté secours à ses compagnons de misère, je retrouve des monceaux de documents bien rangés que j'emporte.

C'est surtout à Bergen-Belsen que nous entendîmes les récits de souffrances infernales. On sait à présent ce que fut ce camp de femmes déportées. De celles que nous retrouvons, restées là comme abandonnées, la plupart sont à bout de forces et gisent anéanties. A côté d'elles, un petit enfant, âgé de quelques jours — que l'aumônier a sauvé — et qui est plein de vie.

A Mauthausen où j'avais, avant tout, voulu me rendre pour retrouver la trace de Guy, je ne puis obtenir aucune indication sur son sort, tout souvenir, tout document ayant disparu. Le camp, avec ses constructions massives, fait l'effet d'un mausolée moderne élevé pour de jeunes martyrs. Je retrouve dans le voisinage, à Ebensee, au milieu de quelques survivants, un collègue ami, Gilbert Dreyfus, connu dans la Résistance et inscrit dans le camp sous le nom de G. Debrise, qui a surmonté l'épreuve et aidé ses camarades à la surmonter avec lui. Je parcours les villages situés autour de ce camp. Ils donnent une impression de calme, de paix, d'une sorte de bonheur bucolique. J'interroge les paysans autrichiens. Savaient-ils ce qui se passait, le soupçonnaient-ils seulement ? Ils le nient. J'insiste et leur demande ce qu'ils pensaient lorsque passaient les troupes des prisonniers allant travailler dans les mines de sel et qu'ils voyaient leur triste sort, leur mine et les violences des gardiens. Ils répondent toujours qu'ils ne savaient pas. Que pensaient-ils des fours crématoires ? Ils répondent obstinément qu'ils ne savaient rien.

Pendant cette mission, j'étais en proie à une sorte de surexcitation de l'esprit ; je ne pouvais dormir et j'étais devenu brusque et violent. Je me sentais poussé par une haine si forte qu'un jour, pour me faire réfléchir, notre compagnon, l'officier britannique, me dit : « Savez-vous ce que furent les camps de réfugiés politiques, de proscrits, des espagnols sous le gouvernement de Vichy ? Savez-vous ce que furent nos camps anglais en Afrique du Sud pendant la guerre des Boers ? »

Sur le retour, nous nous arrêtons à Weimar. La ville était détruite, ou plus exactement ravagée. Mari-Hélène Le Faucheux et moi, nous allâmes sur la petite place où était resté intact un buste que nous croyions être celui de Gœthe * ; le socle était entouré de déjections et d'immondices ; le tas montait jusqu'à la tête du poète dont le bronze était souillé. « Symbole », dit Marie-Hélène Le Faucheux devant ce spectacle.

Lorsque je revins à Paris, tout d'un coup mon excitation tomba, et je vécus quelques jours singuliers : j'avais perdu le sommeil et l'appétit alors que ma nature bien équilibrée m'a toujours permis de traverser sans malaise physique les épreuves morales ainsi que les fatigues physiques les plus lourdes. Les aliments me faisaient horreur. Une sorte de dégoût m'avait envahi, un dégoût de l'Allemagne bien différent de la révolte contre l'oppression. C'était, plus encore, un dégoût pour les hommes. Je n'ai jamais pu raconter tout ce que j'avais vu, il fallait écarter du champ de la conscience les souvenirs dont je suis encore aujourd'hui incapable de faire le récit complet.

***

Vie familiale et vie professionnelle reprennent leur rythme et leur élan. Dexia, sachant ce que l'on doit faire lorsqu'on survit à une lourde peine, avait repris avec application et sérénité sa tâche de mère de famille et son travail à l'hôpital.

C'est dans cette singulière atmosphère, où se mêlaient le soulagement de la libération et les tristesses des morts et des disparitions, que nous reprenons, que les Français reprennent leur travail. Mais tout manque. La France entière est dans la détresse. Il faut reconstruire, refaire. Sous l'oppression nous avions écouté le général de Gaulle disant qu'il faudrait faire du neuf. Mais lequel ? Et comment ? Qui nous guidera pour les tâches futures ? C'est à ce moment que nous ressentons de la façon la plus intense le besoin d'un chef d'Etat et d'une équipe. Nous pensons avec Paul Valéry : « Demain vient. Enfin nous avons un homme après tant de néant ! »

Après la Libération, mes collègues anglais m'invitèrent à les visiter. J'étais heureux de les revoir et, pour que la France retrouve leur estime, de leur raconter l'histoire de la Résistance. Je voulais aussi leur faire part de la confiance absolue que nous avions toujours accordée à leur pays. Je pus partir, survoler la ville et le port du Havre détruit et désert, puis voir Londres avec ses maisons et ses monuments écroulés, où de hautes palissades cachaient les ruines. Aux médecins qui m'accueillaient en leur société, je parlais des enfants français, de leurs privations, de leur santé déficiente. Les applaudissements, plus exactement les frottements de leurs pieds sur le plancher, étaient un témoignage de leur approbation. Mais c'étaient surtout les images de la France sous l'occupation et de la vie

* En fait il s'agissait du duc Charles-Auguste, protecteur des Dioscures : Gœthe et Schiller.

clandestine qui les intéressaient. Ce que furent leur accueil, leurs paroles, dans le langage mesuré et plein de cette réserve qu'exige la tradition d'une bonne tenue, on peut aisément le penser.

*
* *

Au travail hospitalier, médical et universitaire de chaque jour devait être ajoutée alors une activité publique, unique en mon existence. Le Comité Parisien de la Libération était chargé d'administrer la ville avant que ne soient revenus les prisonniers et que l'on pût élire le conseil municipal. Nous nous réunissions dans l'Hôtel de Ville encore dévasté. Parmi les résistants qui étaient rassemblés, beaucoup avaient dirigé des mouvements et réseaux secrets, d'autres représentaient les partis politiques qui s'étaient plus ou moins engagés dans la Résistance. Quelques personnalités leur avaient été adjointes : Me Charpentier, bâtonnier de l'ordre des avocats, le professeur Paul Langevin et l'abbé Lancrenon, curé de Saint-Germain-des-Prés. Ce dernier, avec lequel je m'étais lié sous l'occupation et qui nous avait rendu, non sans risques, de grands services, souvent appelé par ses devoirs sacerdotaux, me demandait de voter à sa place.

Il n'était pas aisé d'améliorer la situation désastreuse de la capitale et d'atténuer l'indigence dans laquelle vivaient ses habitants. Les problèmes du ravitaillement de la ville, de l'organisation des services publics n'étaient pas simples à résoudre. Tollet, qui nous présidait, était entouré de sympathie et pour le travail en commun les bonnes volontés se réunissaient. Beaucoup d'entre nous rêvaient d'une union persistante de la Résistance. Le général de Gaulle, restaurant l'autorité de l'Etat, voulait que la République continuât tout en améliorant ses institutions. Nous pensions que pendant cette période, où il guidait les Français pour relever leur patrie qui était tombée si bas, cette union devait se maintenir.

Cependant, déjà certaines divergences apparaissaient ; d'abord, des querelles personnelles comme il est inévitable, puis des tendances différentes à propos de certains problèmes. Ainsi, partout on procédait à des épurations. J'étais gêné par la violence des représentants communistes. Ils exigeaient des condamnations sévères, des exécutions capitales. Heureusement je n'étais pas engagé dans cette tâche pénible, par une certaine lâcheté ou bien par la crainte qu'en demandant des condamnations j'aurais pu donner l'impression d'être animé par un esprit de vengeance. Juger les hommes, juger en justicier n'est pas une attitude que je puisse soutenir jamais, Or, il m'apparaissait que seuls les criminels notoires de la trahison et de la délation devaient être jugés. Je n'étais point partisan de juridictions improvisées ni de décisions inspirées par les passions déchaînées quand « les dieux ont soif ».

Une autre difficulté était celle que posait le maintien des milices patriotiques. Les hommes appartenant aux Forces Françaises de l'Intérieur avaient été pour la plupart intégrés dans les armées régulières, mais, les communistes ne voulaient pas démobiliser les milices patriotiques composées de F.T.P. (Francs-tireurs et partisans), ce qui avait pour objet de maintenir une armée populaire capable d'exercer une pression sur l'autorité gouvernementale. Le général de Gaulle constituant ce gouvernement y avait introduit des membres du parti communiste ; ce fut alors brusquement que, sur l'ordre donné par Maurice Thorez, les milices patriotiques furent dissoutes. A l'époque, j'avais été frappé par l'obéissance disciplinée de ce parti et sa capacité de changer de doctrine sur la décision d'un chef dont on sentait bien qu'il n'agissait qu'avec l'accord du gouvernement russe.

Tout en gardant un bon souvenir des heures passées à l'Hôtel de Ville, où pendant de longs mois nous avons aidé de notre mieux au relèvement de la capitale abaissée et malheureuse, je fus bien soulagé lorsque, au printemps de 1945, le Comité parisien de la libération termina sa tâche administrative.

·26·

L'année 1948. Michel et Olivier

1948. Cette date vient d'elle-même sous ma plume, au début de ce nouveau chapitre. Elle marque une étape, celle où mes deux fils ont affirmé publiquement leur personnalité : Olivier comme peintre, Michel pour la première fois chargé d'un mandat électif en devenant sénateur du département d'Indre-et-Loire.

Olivier tenait du message héréditaire des Debat-Ponsan le sens artistique. J'ai parlé de son grand-père, le peintre, de son oncle Jacques Debat-Ponsan, au goût artistique très raffiné, prix de Rome d'architecture et l'un des architectes novateurs de sa génération, qu'Olivier rappelle par certains traits de son tempérament, sans oublier la lignée des musiciens toulousains. Ses tendances innées s'étaient traduites, alors qu'il était enfant et adolescent, par la qualité de ses peintures et de ses modelages car il commença très jeune à en exécuter dans ses moments de loisir sans que personne le conseillât et sans qu'il eût reçu aucune leçon. Dans leur fraîcheur et leur naïveté, ses premières œuvres montrent une originalité qui nous avaient frappés et me frappent encore à présent.

En père trop bourgeois et soucieux de sécurité, je l'avais orienté vers les études d'architecture. Il a toujours gardé pour cet art, et plus tard pour l'aménagement des cités, un intérêt très vif et l'on peut regretter qu'il n'ait pu appliquer ses idées originales sur la construction et l'urbanisme.

Je me souviens d'une conversation avec Paul Valéry sur le choix de sa carrière. Nous parlions souvent de nos enfants et de leur destinée. Quand je lui dis qu'Olivier allait devenir architecte, il poussa une exclamation — on sait qu'il trouvait admirable le travail de l'architecte —, et il me félicita d'avoir un fils voué à ce métier. A l'Ecole des Beaux-Arts, Olivier continuait de peindre. Au grand scandale de ses camarades, il concourut, quoique élève de la section d'architecture, pour le prix de Rome de peinture, non sans un début de succès. Dans quelle direction allait-il s'orienter ? Je l'ignorais, et peut-être lui aussi, tandis que dans le fond de son inconscient s'élaborait la décision. Le jour de son mariage, en 1944, à la question posée par le maire sur sa profession, il répondit : « Peintre. » Le sort en était jeté.

Ses premiers tableaux étaient figuratifs. Je les aimais beaucoup et plusieurs amateurs les appréciaient. Peu à peu, il s'éloigna de la forme traditionnelle et, par une série d'étapes fort intéressantes à suivre, évolua vers la peinture abstraite. Dès 1943, il expose dans une galerie une peinture non figurative. Il est alors complètement dégagé de l'influence exercée par Picasso sur tous les artistes de son temps, et sa peinture est bien différente de celle de Kandinsky et de Mondrian. La recherche d'Olivier avait alors un caractère personnel et restait en quelque sorte secrète.

Je suivais mal ce mouvement, m'inquiétais, me demandais où conduirait cette évolution et, dans mon incapacité de jugement, restais fort troublé. Cependant, je sentais bien Olivier possédé tout entier par son art et j'étais rassuré par cette perception d'une puissance étrange qui émanait de sa sensibilité et se traduisait par une force créatrice originale. Mais quel mystère recélait cet art nouveau, car il s'agissait en vérité d'une grande révolution dans la peinture ? La distance que prenait l'art abstrait par rapport à l'art classique est aussi grande que celle qui sépare la poésie de Mallarmé de celle de Victor Hugo.

C'est en 1948 que je commençais à me sentir à la fois capable d'apprécier cette peinture, de jouir de sa beauté, de mesurer le goût que j'avais plus ou moins prononcé pour telle ou telle toile. En même temps vinrent jusqu'à moi les témoignages de personnalités diverses que passionnait cette peinture nouvelle. Le 28 février 1948, je recevais la lettre suivante d'un homme réputé par la valeur de son goût et de ses jugements :

« Votre fils, Olivier Debré, m'avait invité à visiter aujourd'hui son atelier et son travail depuis trois ans. Je ne sais vraiment comment exprimer toute ma joie et toute mon admiration devant l'œuvre d'Olivier Debré. Depuis la venue de Picasso, il y a quarante ans..., je ne peux vraiment comparer aucun peintre à votre fils, et seul le nom de Picasso me vient à l'esprit, mais sans imitation aucune. J'ai tenu, monsieur le Professeur, à vous écrire immédiatement pour vous annoncer personnellement l'heureuse nouvelle : un grand peintre, un très grand peintre est là, vivant, parmi nous..., et ce grand, ce très grand peintre s'appelle Olivier Debré.

« Veuillez excuser mon émotion et ma précipitation à vous écrire, mais il m'était impossible de conserver plus longtemps mon admiration, et je voulais que ce soit vous-même qui ayiez la primeur de cette révélation. »

signé : G. Aubry.

Cette missive était caractéristique. L'art d'Olivier devait provoquer non pas une admiration froide mais un véritable élan affectif chez ceux qui appréciaient sa peinture. Cet accord mystérieux entre la sensibilité du peintre et l'émotion ressentie par certains évoquait pour moi l'époque où mon ami Roudinesco parlait avec fanatisme de Dufy encore inconnu.

La réputation d'Olivier devait grandir, le nombre de ses admirateurs à travers le monde croître d'année en année. En même temps changeaient sa manière, ses inspirations, le choix de ses couleurs. On s'intéresse aux étapes qu'il parcourt dans la voie qu'il a choisie et dont il explique le cheminement, car il aime à analyser en termes subtils l'art dont il est possédé. Il s'efforce de faire comprendre de quelle nature est l'émotion ressentie par le peintre devant la beauté qui l'entoure et quelle action va être provoquée par l'ébranlement de sa sensibilité. Ses œuvres deviennent de plus en plus amples. Ses grands tableaux traduisent avec un lyrisme impressionnant ce qu'il éprouve devant les grands espaces de la mer, de la terre et du ciel en même temps que s'affirme la vigueur de l'expression. La Méditerranée et les îles de la Grèce, les champs de neige de la Norvège, les rives de l'océan Atlantique, la terre tourangelle au cours des saisons et surtout la Loire et sa vallée l'inspirent tour à tour.

Peu à peu, mon goût s'est développé et aussi raffiné, non sans effort. Paul Valéry trouvait tout naturel que le poète impose un effort au lecteur ; n'en est-il pas de même pour la peinture abstraite ? Les exigences d'Olivier vis-à-vis de lui-même, pour la moindre touche ou la moindre teinte, me rappelaient celles dont Paul Valéry disait qu'elles étaient nécessaires à tout créateur d'une œuvre d'art. Je souffre encore cependant d'être limité dans ma capacité d'appréciation et voudrais pénétrer plus avant. Vis-à-vis de ceux et de celles que je vois goûter avec un extrême agrément sa peinture, j'éprouve un sentiment particulier, et je me suis bien réjoui, quand le docteur Pierre Renard, un de mes élèves collectionneur de peintures modernes, alla jusqu'à dire, en prononçant un jour un petit discours de remerciements : « Pour évoquer le nom de Debré, ce n'est pas le nom du ministre, ni celui du professeur que l'avenir retiendra, mais celui du peintre Olivier Debré. »

*
* *

Mon fils aîné, Michel, dès son adolescence, frappait par son goût de l'histoire, son amour de la lecture, l'intérêt qu'il prenait aux grands problèmes de son temps. A la fin de ses études au lycée Louis-le-Grand, quand une orientation professionnelle devait être décidée, sa culture, sa capacité de travail et sa maturité me permettaient de voir en lui un futur grand commis de l'Etat. Quand je parlais de lui avec mon frère Jacques, celui-ci disait en souriant, au moment de son baccalauréat : « Michel sera président du Conseil d'Etat. » Les études littéraires auraient pu le tenter, mais il semblait plus fait pour une fonction publique, où la réflexion, le travail des dossiers, les grandes vues lui permettraient de donner sa mesure. J'étais certain de son succès. En effet, au concours d'admission au Conseil d'Etat, il était reçu premier ; élève officier à l'école de cavalerie de Saumur, il était classé le premier. Je n'étais pas le seul à porter un pronostic aussi sûr. Quand mon ami américain Hans Zinsser parlait avec moi, en Touraine, de mes enfants qu'il aimait bien et dont il disait : « *I am very fond of them* », il chantonnait, à propos de Michel, une berceuse des nourrices noires de la Louisiane : « *Good be, good be, little Charlie, one day you may be President or General in the army.* » Plus précise était encore la prophétie de Léonie, notre cuisinière, épouse de mon chauffeur et ami Poncet lorsque, revenant de servir le goûter à quelques jeunes étudiants dont Jean-Marcel Jeanneney, Ségalat, travaillant dans le jardin de la rue de l'Université, elle me disait : « Ils sont studieux, ils iront loin, ils seront tous ministres et Michel leur président. »

Auditeur au Conseil d'Etat, il voit au-delà de la tâche quotidienne et se passionne pour le bien public. Attaché au cabinet de Paul Reynaud, il acquiert des capacités nouvelles utiles pour la gestion des finances, la connaissance de l'économie et les rapports avec les hommes de l'administration et de la politique. Il souffre des erreurs qu'il voit commettre et du désordre qu'introduit dans l'Etat l'altération progressive du régime politique. Voyant les choses de près, il commence dès lors, redoutant le cours fâcheux des événements, à ressentir des inquiétudes sur le sort du pays. Après la défaite, son séjour au Maroc auprès d'Emmanuel Monick est pour lui très fructueux. Il entre dans la vie clandestine, devient membre du comité d'études de la Résistance fondé par François de Menthon, du comité directeur du mouvement « Ceux de la Résistance » dont le chef était son ami Lecomte-Boinet, puis adjoint au délégué du général de Gaulle en France occupée.

Pendant la dernière partie de l'occupation — je l'ai rappelé plus haut — il prépare la mise en place de l'administration française et contribue à la désignation des grands fonctionnaires. Les préfets de la clandestinité, qu'il avait contribué à choisir, se saisirent de leur poste à la Libération pour établir dès le départ de l'ennemi une administration française. Lui-même prend possession de la préfecture d'Angers comme commissaire de la République pour l'Anjou, la Touraine, le Maine et la Loire-Inférieure. Cette prise de possession des différentes préfectures se fait au moment de la Libération et les commissaires de la République portent encore leur nom de résistance. Michel s'appelle toujours Jacquier, si bien que mon frère Jacques, qui avait débarqué avec les Alliés en Normandie et avait, après la bataille, été chargé de restaurer le réseau électrique, traversant Angers, ne se doute pas que le commissaire de la République est son neveu, ce qu'à son arrivée à Paris devait lui apprendre Debû-Bridel.

Quand, plus tard, il est appelé auprès du chef du gouvernement provisoire à promouvoir des réformes administratives, à créer l'Ecole Nationale d'Administration ; ceux qui ont lu ses livres, ceux qui connaissent l'homme sentent qu'un penseur politique de grande qualité a pris place parmi ceux qui vont nous diriger.

En effet, deux livres importants avaient paru en 1944 et en 1945 sous le pseudonyme de Jacquier-Bruère. Ils étaient dus à la collaboration qu'avait apportée mon fils Michel à Emmanuel Monick, dont la maîtrise exceptionnelle en économie et en finances avait beaucoup contribué à sa formation et à l'orientation de ses idées. Les titres de ces deux volumes étaient : *Demain, la paix* et *Refaire la France*. Ensuite, après quelques articles vigoureux, avait paru un livre qui m'avait beaucoup frappé. Je l'avais longuement lu et médité en 1947 au cours d'un voyage en avion, alors bien long, entre l'Amérique et la France. Ce livre, intitulé *Mort de l'Etat républicain*, avait non seulement provoqué en moi un vif intérêt intellectuel, mais avait ranimé des sentiments très anciens et profonds. Prédisant la mort de l'Etat républicain, il avait poussé un grand cri à la fois d'inquiétude et de bataille. Au début, c'est l'alarme : « Un crime se commet sous nos yeux, l'Etat, notre Etat français, notre Etat républicain se meurt et il se meurt assassiné. » En lisant les derniers chapitres, je participais secrètement à sa rêverie aux bords de la Loire. Il évoque le passé de la France en un style lyrique ; je retrouve sous ma plume le même mot que lorsque je décrivais la peinture de son frère inspiré par le même paysage.

Sachant que son père comprendrait sa pensée, il m'avait adresssé ces mots : « Ou l'on écrit, et il faut faire de la politique ; ou bien on reste dans l'administration, et il faut se taire... Ma situation est ambiguë, je le crains beaucoup. » Il hésitait à ce moment sur la voie qu'il devait suivre. Dès cet instant, j'étais sûr que sa vie prendrait une orientation nouvelle. Je le regrettais. Je redoutais les blessures que dans la vie publique provoquent forcément les attaques et les malveillances. Je craignais l'incertitude de cette carrière, les déboires, les alternatives inévitables de succès et d'échecs, les injustices de l'opinion publique — comme je l'ai rappelé, j'avais tant entendu parler de Jules Ferry dans mon enfance ! —, le côtoiement, plus proche dans ce métier que dans d'autres, de personnages superficiels, roués, jaloux, agités ou dévorés d'ambitions personnelles. J'avais peur que sa sensibilité ne fût trop vive, sa réserve trop rigoureuse, ses colères difficiles à réprimer, les préoccupations que causeraient les grandes affaires trop lourdes à porter pour un homme aussi scrupuleux et si aisément anxieux. Mais je sentais que les temps étaient révolus, qu'il ne pourrait garder le silence ni rester dans l'inaction, qu'il était porté, poussé par ses convictions vers le combat comme par le besoin d'agir. Je savais déjà de science sûre que si la politique devait l'absorber, désormais elle le prendrait tout entier, il n'aurait alors d'autres soucis que celui du bien public et que l'on pourrait lui appliquer la phrase de Malesherbes sur Turgot : « Il n'a pas le souci de l'Etat, il en a la rage. »

Je ne fus pas surpris mais très impressionné lorsque, en 1948, il sollicita le suffrage des maires et des délégués sénatoriaux du département d'Indre-et-

Loire. Avant les élections, il parcourait le pays que nous connaissions bien, allant dans chaque village pour réunir dans la mairie des électeurs auxquels pour la première fois il exposait son programme. Je fus très heureux lorsque, dans la grande salle du palais de justice de Tours, ayant assisté au dépouillement du scrutin, j'entendis la proclamation de son élection. Certains de ses partisans, en me félicitant, me rappelèrent les soins qu'il y a bien longtemps je leur avais donnés lorsqu'ils étaient enfants, alors que les médecins tourangeaux m'avaient conduit à leur chevet. J'eus la joie d'être ainsi associé au succès de mon fils. Son attachement à la Touraine, maintenant assuré par des liens politiques et les voix du suffrage, était publiquement affirmé.

* * *

Les mœurs politiques néfastes de la fin de la IIIe République menaçaient de persister au cours de la IVe. Les temps étaient durs, l'opinion nationale troublée ; le pays pantelant avait besoin d'un pouvoir énergique pour se relever au milieu du grand désordre du monde. Rien de surprenant si, une fois sénateur. Michel Debré devait faire retentir, dans l'atmosphère du palais du Luxembourg peu habitué aux éclats de voix, des cris violents de protestation. Il vitupérait la faiblesse des gouvernements, l'absence de grandes vues politiques, les jeux des combinaisons et des intrigues, les changements incessants de ministères et ce que l'on appelait « le jeu des partis ». Il écrivait des pamphlets de colère. Il jouait, en prédisant les malheurs, le rôle de Cassandre, prophète de catastrophes.

Il se plaça aux côtés du général de Gaulle lors de la tentative de rassemblement du peuple français. Pendant cette période, de 1948 à 1958, je l'entends parler au public, en Touraine, dans des meetings parisiens, au Sénat où il siège pendant dix années. Ses exposés sont didactiques : un plan précis, l'annonce des chapitres successifs, un ton et des gestes de professeur qui démontre, mais ses discours n'ont point la froideur d'une leçon. Ce sont des convictions chaleureuses qui sont exprimées et des erreurs et des fautes fustigées. Point de sourires, point d'ironie et, je le regrette parfois, point d'humour. On sent tout le sérieux d'un esprit réfléchi et toutes les vibrations d'une âme inquiète.

·27·

La clinique de l'hôpital des Enfants Malades

Dès l'année 1935, il était non seulement prévisible mais communément accepté que je succéderais au moment de sa retraite, en 1940, au professeur Pierre Nobécourt, titulaire de la chaire de clinique à l'hôpital des Enfants Malades.

Au cours du XIXe siècle, des maîtres illustres avaient, jour après jour, passant de lit en lit pour observer et soigner leurs petits malades, établi les bases de la clinique pédiatrique. La France et l'Allemagne dominaient en ce domaine. De différentes parties du monde, des médecins étaient venus s'instruire en ce lieu réputé et tiraient gloire d'avoir été étudiants à l'hôpital des Enfants Malades de Paris.

Peu à peu, les bâtiments anciens s'étaient dégradés et les différents aménagements étaient devenus plus que désuets, déplorables, si bien qu'au cours des années 1930 on avait dû étayer les murs branlants par des charpentes de bois ; les planchers d'un bois usé étaient bien difficilement tenus en état de propreté. Les laboratoires étaient installés d'une façon précaire dans des locaux insuffisants. Il n'y avait aucun dispositif de protection contre les épidémies hospitalières de maladies infectieuses. Les modestes appareils frigorifiques où l'on conservait les biberons étaient relégués dans des galetas dont les infirmières se servaient pour changer de vêtements et de chaussures. Les logements qu'on avait conservés pour les infirmières étaient vraiment indignes. Le surpeuplement des salles était extrême, surtout pendant les périodes d'hiver.

Je me souviens qu'accompagnant pour leur visite aux Enfants Malades deux Américains que j'avais connus dans leur pays, je me sentis véritablement gêné de les guider au milieu de la misère de certains locaux. Puis-je ajouter cette anecdote ? Ma gêne devint extrême et la rougeur me monta au front lorsque l'un d'entre eux me demanda de se retirer un instant dans les toilettes..

Ainsi s'imposa à mon esprit la nécessité de rénover au plus tôt les bâtiments et les ajustements de ce service. Comment faire pour créer une clinique universitaire digne de notre pays ? A cette époque, l'administration de l'Assistance publique ne construisait point d'hôpitaux. On se contentait de nettoyage et de peinture pour entretenir des vieux bâtiments que le XVIIe et le XVIIIe siècle nous avaient légués et qui à cette époque de notre histoire représentaient des modèles. Le professeur Fernand Widal avait obtenu la création d'un service neuf à l'hôpital Cochin. De 1918 à 1956, un seul grand hôpital avait été construit par la Ville de Paris sous l'inspiration du docteur Louis Mourier, le nouvel hôpital Beaujon, à Clichy.

Pourrait-on obtenir une construction beaucoup moins grandiose à l'hôpital des Enfants-Malades ? Longtemps j'y pensais et songeais : comme la durée exigée par la préparation des plans et l'exécution des constructions était, et est restée malheureusement, d'une extrême longueur, si j'attends d'être nommé, je ne peux, au mieux, qu'espérer léguer un service convenable à mon successeur. Pouvais-je entreprendre la tâche dès maintenant ? Après tout, quelle que fût la désignation du professeur, ce progrès s'imposait. Mon prédécesseur, le professeur Nobécourt, voulut bien s'associer à mes projets ou plutôt mes espoirs.

Je ne savais comment me diriger, à qui m'adresser, quelles démarches accomplir. L'idée me vint d'aller consulter M. Jules Jeanneney, dont le fils était le compagnon du mien, l'un et l'autre s'étant depuis leur enfance liés d'amitié. M. Jules Jeanneney était président du Sénat. Il me reçut dans son beau bureau du Petit Luxembourg et m'écouta avec la plus bienveillante attention. Son conseil fut très net : « Prenez la lourde tâche sur vos épaules ; la réalisation de vos projets sera difficile et vous coûtera beaucoup d'efforts. Considérez qu'il s'agit d'une entreprise personnelle, mais vos démarches sont justifiées par l'intérêt national dont vous m'avez montré l'importance. Commencez donc par écrire une note précise, où vous montrerez les effets heureux, pour les enfants hospitalisés, d'une amélioration des locaux de l'hôpital ; illustrez votre texte par des photographies typiques. Vous pourrez alors présenter un album aisé à regarder et facile à lire. Muni de ces documents, commencez vos visites, intéressez à ce problème les membres du conseil de surveillance de l'Assistance publique et, au premier chef, le directeur de cette administration. Visitez les conseillers municipaux, sollicitez les fonctionnaires des ministères. Il vous faudra aller de bureau en bureau, expliquer et convaincre. » Pour conclure, le président Jules Jeanneney ajouta : « Prodiguez votre éloquence. »

*
* *

De grandes photographies faites et reproduites, le texte rédigé, l'album broché, j'entrepris ma croisade qui fut longue et, je dois le dire, assez pénible. C'était tantôt la surprise, tantôt la méfiance, ou bien une indifférence polie, ou enfin des promesses incertaines. Je gardai tout de même l'espoir d'obtenir les crédits nécessaires, car le docteur Louis Mourier accepta de faire étudier un projet par ses services. Mais quel projet ? Aucune indication n'existait dans aucun dossier, ni à l'administration de l'Assistance publique ni au ministère. Nulle part n'était envisagée la construction d'un hôpital, et particulièrement d'un hôpital d'enfants. Je proposai alors un voyage d'étude en Europe occidentale qui se terminerait par une réunion à Strasbourg, une « table ronde », comme l'on dit aujourd'hui, où seraient discutés, dans la clinique relativement moderne que nous avait léguée l'université allemande, les principes nouveaux qui pourraient inspirer les constructeurs. Le docteur Mourier accepta d'offrir ce voyage à l'un de ses architectes, M. Théodon, et à l'un de ses fonctionnaires. Je lui signalai qu'il serait fort intéressant que des médecins d'enfants pussent les accompagner. M. Mourier était bien de cet avis, mais, me dit-il, « je n'ai pas de crédits ». Ce furent donc des fonds personnels qui permirent au professeur Marcel Lelong, au professeur Julien Marie et à moi-même d'accompagner, et, j'ose le dire, de diriger cette mission d'étude. Je sollicitai aussi la présence parmi nous d'une surveillante d'un hôpital d'enfants. Cette suggestion parut inopportune. Il semble que le souci de la hiérarchie devait écarter l'idée de ce voyage en commun d'autant plus que, mi-sérieux, mi-souriant, M. Mourier déclara qu'il ne pouvait prendre la responsabilité d'inviter à un voyage une dame avec quatre messieurs !

Au cours de ce voyage très fructueux, il me fut confirmé qu'il faudrait bien plus de dix ans pour que la construction fût achevée si elle était décidée après notre retour. Je dis donc à mes cadets : « C'est pour vous que nous travaillons. » D'autre part, je devais apprendre qu'il n'y avait aucun espoir pour que fussent dotés d'un matériel moderne les laboratoires prévus.

Il ne faut pas se décourager. Quelques mois après ce voyage d'étude, la décision est prise ; on démolit quelques vieux bâtiments, on creuse pour les fondations, mais voici que la guerre est déclarée. Après la Libération, quand et comment allait-on reprendre le travail ? Dans un fossé profond, l'eau stagne ; sur le sol, quelques tas de pierres et de madriers. J'appelle au secours M. Dautry, ministre de la Reconstruction, camarade de mon frère Jacques à l'Ecole Polytechnique et devenu son ami. Il me promet de chercher à obtenir les poutres métalliques indispensables, si bien que tout de même le travail reprend, d'abord doucement et difficilement, puis très activement. Architectes, ingénieurs, entrepreneurs prenaient à cœur le travail et acceptaient nos ajustements successifs. Pendant des années, nous travaillons avec eux, perfectionnant les plans et étudiant au fur et à mesure les éléments de la construction. Dexia saisit mieux que personne toutes les données du problème et nous guide de ses conseils, au cours des réunions presque quotidiennes avec M. Théodon et ses collaborateurs.

Les services d'hospitalisation devaient être aménagés d'une manière assez nouvelle. La contagion hospitalière était la première de nos inquiétudes. Il fallait isoler nos petits malades et cependant ne pas permettre le développement des tristesses de l'hospitalisation, d'où le dispositif en chambrettes aux parois de verre. Précédemment le professeur Grancher, élève et ami de Pasteur, pour limiter la contagion, avait séparé les lits par des cloisons de bois, si bien que les salles étaient faites d'une série de boxes. Nous voulions faire mieux. Lorsque le bâtiment fut achevé, je reçus la visite d'un pédiatre russe chargé par le gouvernement soviétique des constructions hospitalières ; il me demanda si nous avions réalisé des boxes dans notre nouveau service. Je lui répondis qu'à mon avis les boxes appartenaient au passé et qu'à l'heure actuelle nous ne les conservions que pour les chevaux. J'ajoutai, avec un malin plaisir : « Pour les enfants du peuple de Paris nous exigeons des chambres isolées. »

Les dispositifs pris pour permettre aux parents de voir leurs enfants et d'assister aux soins qu'on leur donne, sans risque de contamination, furent bien compris ; un couloir extérieur était réservé aux visiteurs. Les familles devaient nous témoigner plus tard leur contentement malgré le regret de ne pouvoir, sauf permission spéciale, approcher leur enfant et l'embrasser. Les cuisines de régime, les biberonneries, les salles d'examens, les bureaux des assistants, les salles de jeux faisaient partie d'un programme étudié et réalisé. Des dispositifs furent établis dans certaines chambres pour permettre aux mères de ne pas quitter leur enfant ni le jour ni la nuit.

Une de nos décisions les plus importantes concernait les laboratoires. Je décidai de leur donner une place éminente. Déjà, à cette époque, nous protestions contre cette expression, qui n'est que trop significative, d' « examens complémentaires de laboratoire », comme s'ils étaient un supplément facultatif à l'étude clinique de l'enfant alors qu'ils constituent dans la médecine moderne un examen fondamental, ce qui n'autorise point à négliger le contact direct du petit patient et l'examen raffiné du clinicien. Tout le rez-de-chaussée a donc été réservé aux laboratoires des différentes disciplines indispensables, mis ainsi à la place d'honneur.

Je voulais absolument réserver d'importants locaux destinés à des recherches moins directement appliquées aux problèmes de chaque malade. Tous les espaces disponibles étaient occupés ; on installa donc ces laboratoires dans un vaste sous-sol bien éclairé. Pour les aménager, je n'avais point de crédits. La fondation Rockefeller dont j'avais été boursier, le Fonds des Nations unies pour l'Enfance que j'avais contribué à créer, l'Institut national d'hygiène que dirigeait le professeur Louis Bugnard, me firent des dons aussi généreux qu'indispensables. Ce sous-sol, équipé pour la recherche, représentait alors une formation si originale que vingt-cinq ans plus tard, lors de nouveaux travaux, la Faculté de médecine et l'Assistance publique s'en disputaient la propriété, car aucune de ces administrations n'avait prévu de pareils établissements.

Nous créâmes également une animalerie. Nous évoquions, en plaisantant, le célèbre cabaret du *Bœuf sur le toit,* en disant que nous terminions notre clinique en logeant « le cobaye sur le toit » !

Il fallut aussi trouver la place suffisante pour des bureaux, un secrétariat, des archives, des salles d'attente, dispositifs qui n'existaient alors dans aucun service d'enfants.

J'attachais beaucoup d'importance à la création d'une bibliothèque. Nos hôpitaux n'en comptaient point, en dehors des bibliothèques des internes en voie d'abandon, alors qu'il est indispensable de trouver sur place les moyens d'information dont on a souvent un besoin urgent. J'organisai donc une bibliothèque et obtins quelques fonds pour l'entretenir. L'existence de celle-ci était si peu habituelle dans un hôpital qu'en 1957, lorsque je pris ma retraite, mon successeur dispersa livres et collections de revues. Aujourd'hui les temps sont bien changés et on ne conçoit plus un centre hospitalier et universitaire sans cet instrument indispensable de travail.

L'édifice achevé, manquait la place suffisante pour le service social et, plus encore, pour la policlinique que j'avais rêvé d'adjoindre à l'ensemble du service. Ce dispositif de consultation permet les convocations sur rendez-vous, évite les attentes et les hospitalisations, et doit être complété par une « hospitalisation de jour » grâce à laquelle les enfants peuvent être soignés pendant la journée et regagner le soir le domicile de leurs parents.

Ce sont aujourd'hui mes successeurs, et au premier chef le professeur Pierre Royer, qui ont pu réaliser mon rêve.

Il est apparu au cours des années que les dispositifs prévus étaient favorables. Le fonctionnement de la clinique ne nous a pas déçus. Cet hôpital, dès sa construction, a été imité en France et dans divers pays. Les bâtiments avaient belle allure, leur majesté n'était pas écrasante. L'administration de l'Assistance publique, dirigée par le docteur Xavier Leclainche, nous avait dotés d'un personnel d'élite. La maison était accueillante pour les enfants et leurs parents, les étudiants et les médecins, les cliniciens et les chercheurs. Elle représentait pour nous tous un milieu de travail sympathique ; quoique l'œuvre fût inachevée, cette grande maison était pour nous un objet de fierté. En 1952 je pus demander au président de la République Vincent Auriol de venir l'inaugurer solennellement.

*
* *

La clinique était devenue alors un centre très vivant, où une équipe importante travaillait avec ardeur aux soins des enfants, à l'enseignement des étudiants et aussi à des recherches originales. Les présentations d'observations de malades de chaque jour étaient suivies par un public attentif, organisées suivant les dispositifs que j'avais inaugurés lors de mon séjour antérieur à l'hôpital des Enfants-Malades et qui se sont généralisés depuis. Les cadets exposaient leurs observations, non sans émotion, car ils savaient mes exigences : rigueur dans l'information des faits, effort pour pénétrer plus avant dans la compréhension des processus pathologiques exposés dans une langue claire et en « bon français ». Dans les diverses discussions sur la thérapeutique j'insistais sur le refus des médicaments inutiles, la crainte des gestes, des actions dangereuses et la préoccupation primordiale de ne pas nuire alors qu'au contraire s'imposait une action rapide et énergique dans les cas d'urgence. Je m'efforçais, au cours de ces entretiens, d'encourager chacun et de faire participer mes différents collaborateurs à l'élaboration d'une opinion commune sur le diagnostic et le traitement.

Les leçons magistrales traitaient des sujets importants et l'on y assistait. Chaque semestre conduisait vers nous un groupe nouveau d'étudiants. De notre mieux, il nous fallait leur donner un enseignement théorique et les aider à comprendre l'enfant malade et à savoir reconnaître et guérir sa maladie. Tâche difficile pour laquelle le temps manquait mais qui, grâce à tous les assistants du service, était finalement réalisée assez bien. C'est cette expérience qui, pour une part, devait inspirer les projets de réforme dont nous parlerons plus loin.

Enfin, nous avions institué des réunions hebdomadaires où se retrouvaient les anciens et les jeunes, avec quelques invités, pour étudier ensemble les difficultés de diagnostic et les décisions de traitements dans les cas délicats, et pour commenter les observations les plus instructives. C'était, chaque mardi, « le salut », comme nous l'appelions. Il tire son nom de l'heure qui nous réunissait, et nous lui donnions volontiers une signification symbolique, parlant en riant de « faire son salut », « dire son salut », « aller au salut », « entendre le salut ». C'était une réunion de travail et d'amitié qui pendant des années fut renouvelée chaque semaine. D'aucuns, en France et dans des pays proches et lointains, en souvenir du « salut des Enfants Malades », donnèrent ce nom aux réunions de leurs collaborateurs. Ces réunions « d'états-majors », on les désigne aujourd'hui du nom anglais de « staff », car depuis ce temps l'habitude s'en est généralisée et la langue anglaise ne s'est que trop imposée. Je continue à préférer notre dénomination française et garde un souvenir précieux de ces groupes appliqués et réfléchis, heureux de ces heures d'enseignement mutuel. Lorsque, à la fin du jour, le salut s'achevait, ne pouvait-on dire en souriant que c'est à notre intention que Charles Péguy avait écrit, en s'adressant aux femmes qui rangent tout :

Eternelle économe, éternelle ouvrière,
Vous rangez le salut quand il est écoulé
O femme médicale et femme infirmière.

Ces réunions étaient complétées par la grande réunion annuelle des Journées pédiatriques. Durant deux jours entiers, le samedi et le dimanche des Rameaux, étaient rassemblés, pour siéger sans désemparer dans un grand amphithéâtre, nos amis, collègues et élèves, non seulement des métropoles de province, mais des pays voisins. Chacun des collaborateurs de la clinique des Enfants-Malades venait apporter le fruit de son travail sur le sujet qu'il avait choisi. Le succès des Journées pédiatriques était fait non seulement de leur intérêt instructif, mais aussi de l'agrément, au cours des repas collectifs, que chacun prenait à échanger des souvenirs et des idées. Ces réunions existent toujours sous une forme rajeunie, car mes cadets, ouvrant largement les portes, en ont amplifié le succès.

Suivant la tradition — que notre groupe s'efforçait de développer —, ce vieil hôpital historique attirait les malades non seulement de la région parisienne, mais aussi des différentes parties de la France et des pays étrangers. Les pédiatres connus ou inconnus passaient ou restaient, les étudiants étrangers nous visitaient ou s'installaient parmi nous. Au cours des années, la clinique devait avoir l'honneur de recevoir à plusieurs reprises la visite de grands maîtres comme Alexander Fleming, S. Waksman, et des pédiatres de grande renommée : Guido Fanconi de Zurich, A. Wallgren de Stockholm, Giovani de Toni de Gênes, Alan Moncrieff de Londres, Reginald Lightwood de Liverpool, Charles Janeway de Boston, Georges Guest de Cincinnati, V. Goldbloom de Montréal, G. Frontani de Rome, P. Fornara de Ravenne, et de tant d'autres auxquels j'allais rendre visite dans leur propre hôpital comme je le raconterai plus loin. Ainsi se renforçaient nos liens de travail et s'élargissaient nos horizons.

*
* *

Plus loin, je parlerai des efforts auxquels j'ai contribué pour aider à la bonne orientation de la pédiatrie française dans la voie du progrès. Ce que je voudrais rappeler, ici, c'est l'intérêt du rassemblement de tous les collaborateurs de l'école des Enfants Malades. A cette époque, la création et l'épanouissement d'une école représentaient la forme du labeur en équipe, avec tout ce qu'impliquent l'enseignement mutuel et aussi le développement de sympathies, de soutien, d'union dans la formation commune, et l'établissement d'une pensée collective. Ceux d'une même école se sentaient comme les compatriotes d'un même pays intellectuel et le restaient pour leur vie entière. L'influence de celui qu'on appelait « le patron » s'exerçait tout autant sur la façon d'apprendre, d'exercer son métier de médecin, de considérer les problèmes et de franchir les étapes officielles de la carrière. Les chefs d'école étaient soucieux du bon choix de leurs collaborateurs.

Peu à peu, la sélection s'opérait. C'était parmi les meilleurs des stagiaires qu'étaient choisis les externes, parmi les meilleurs de ceux-ci qu'étaient acceptés les internes. Ensuite, la porte était plus étroite, et il fallait mettre chacun à son rang. Les concours n'étaient qu'un choix déguisé, mais la valeur du choix était faite du jugement de maîtres attentifs à ne faire porter leurs couleurs qu'à des favoris de grande qualité et bien entraînés. La rivalité des écoles s'exerçait, mais finalement les parieurs ne se trompaient guère sur le nom de ceux qui arrivaient les premiers au poteau. Tous les changements de règlements qui se succédaient d'année en année ne modifiaient rien à ces mœurs plus fortes que les lois. Sans doute choquaient quelques injustices, mais elles étaient très rares, et on ne vit guère échouer d'hommes de qualité, car il y avait alors assez de places vacantes, le nombre des concurrents dignes du succès étant beaucoup moins élevé qu'aujourd'hui. Ce mode de recrutement relevait de l'Ancien Régime. Il avait assuré pendant longtemps la valeur d'un « corps d'élite ».

Chaque grande école avait sa physionomie. J'ai essayé de donner à la mienne celle d'un groupe lié par l'amitié. Comme je l'ai rappelé, j'étais considéré comme sévère. J'ai toujours été exigeant, demandant l'exactitude, l'effort, la priorité donnée à la vie de travail, imposant le caractère sacré des heures vouées à l'hôpital, et j'ai toujours détesté le travail superficiel, les rédactions dans une langue peu châtiée, les publications hâtives, les bibliographies imparfaites. Certains des maîtres d'aujourd'hui se souviennent que, dans leur jeunesse, je leur ai fait recommencer quatre ou cinq fois certaines pages, parfois pour finir par les rédiger moi-même. J'ai essayé d'éviter dans ce groupe d'hommes bien vite nombreux, de grande qualité mais aux caractères différents, toute manifestation de jalousie, exigeant d'eux une collaboration sans arrière-pensée. Des amitiés précieuses et définitives se développèrent parmi beaucoup d'entre eux. On savait que j'essayais de faire régner un esprit de justice, mais chacun était bien sûr de pouvoir compter sur mon aide en toutes circonstances.

La porte de ma maison de la rue de l'Université leur était toujours ouverte, et tous l'ont franchie bien souvent. Ma joie était grande de partager avec eux, en Touraine, les moments de loisir ; à la vérité, ce n'était guère des loisirs, car nous continuions, dans le cadre campagnard, le travail parisien. Nos conversations, au cours de promenades dans les vignes ou de repos sur la terrasse, ont créé entre nous des liens très forts et très doux. Les miens les considéraient comme faisant partie de notre groupe familial et eux-mêmes s'attachaient à mes enfants. A travers les années, les succès, les joies et les peines communes, cette grande famille a pu rester unie, chacun prenant son vol quand venait le jour de quitter le nid. Avec tous ceux qui quittèrent Paris pour devenir pédiatres dans les provinces ou à l'étranger, les liens ne se sont pas relâchés. Nous n'avons cessé de nous revoir, et ils demeurent fidèles aux maîtres d'aujourd'hui qui les ont instruits jadis à l'hôpital des Enfants Malades. Les médecins tourangeaux me sont restés naturellement très proches, et les amitiés profondes avec les maîtres de l'école de Tours sont une source toujours vive de joie commune. Aujourd'hui, je me sens entouré par l'affection précieuse de mes cadets.

Rapidement, nous sommes tous devenus conscients du phénomène progressif et inéluctable de la spécialisation. La médecine des enfants, prise dans son sens global, constitue une médecine générale d'une extrême étendue. En raison du développement rapide des connaissances et de la pénétration de la biologie dans la médecine, il devenait difficile, puis impossible, de posséder tout le savoir nécessaire. Il fallait donc diriger chacun des futurs maîtres vers l'une des disciplines qui s'emparaient de domaines particuliers de la pédiatrie. La neurologie, la psychiatrie, la cardiologie, la pneumologie, la néphrologie, la cancérologie, l'endocrinologie, les troubles du métabolisme, l'étude des maladies congénitales et héréditaires, la pathologie néo-natale, celle du nourrisson — pour ne citer que les principaux exemples —, devenaient l'objet d'une étude particulière. Par la convergence de sciences différentes, chaque spécialité constitue une encyclopédie capable d'absorber toute l'intelligence d'un travailleur sans rétrécir son horizon. Avec chacun de mes chefs de clinique, il fallut de longues réflexions, de sérieuses conversations pour permettre de dégager les tendances et les orientations particulières. Le plus souvent, les études faites dans d'autres écoles que celle de la pédiatrie ont imposé certains choix. Chacun se voua à une discipline définie et bientôt devint le maître en son domaine. Ils contribuèrent ainsi, avec les collègues venus d'autres points de l'horizon, à donner un développement à la pédiatrie en France qui fait actuellement bonne figure dans le monde.

Mon rêve avait été d'obéir à l'enseignement de Péguy et de créer une « cité harmonieuse et une amitié ». Je crois avoir réussi.

J'ai toujours souhaité que, de génération en génération, les fils spirituels dépassent leur père. Ce vœu aussi est exaucé.

·28·

Quarante ans de soins, d'enseignement et de recherche

MON TÉMOIGNAGE n'est pas juste en ses proportions, car c'est seulement dans un bref chapitre que je puis rappeler ce qui, dans ma vie professionnelle, fut l'essentiel pendant quarante ans.

Presque chaque jour un ou plusieurs enfants étaient dans un état grave, atteints d'une maladie qui posait un diagnostic difficile, soit parmi les petits patients de l'hôpital, soit parmi ceux qui étaient soignés à domicile. Ce souci occupait une grande part de ma pensée et parfois même troublait mon sommeil. Au début de ma carrière, le recours éventuel à l'expérience de mes maîtres était rassurant. Après quelques années, la responsabilité devait reposer sur mes seules épaules. Je la sentais très lourde car des praticiens de Paris et de diverses régions de la France me donnaient davantage leur confiance.

Je me suis astreint à une tâche quotidienne d'enseignement clinique pendant deux heures et demie de matinée. J'ai veillé à respecter exactement cet horaire. Une fois par semaine, chaque vendredi, j'exposais en une heure de cours un problème actuel. Mes leçons avaient la physionomie de l'ancien temps, je m'adressais directement à l'auditoire, cherchant par la parole à expliquer et à convaincre, usant, s'il en était besoin, du tableau noir et de la craie, alors qu'à présent, par une nécessité évidente, tout est traduit en projections, images, photos, courbes, schémas.

L'enseignement oral doit être accompagné de textes écrits. Avec l'aide active de Marcel Lelong et de nombreux collaborateurs, j'ai dirigé la rédaction d'un *Traité de pédiatrie*. Marcel Lelong fut, durant toute son existence, un ami très proche dont l'affection n'a cessé de m'accompagner fidèlement. J'ai suivi pas à pas sa belle carrière et c'est avec joie et fierté que je l'ai vu créer une grande école.

Le travail continu de cet ouvrage, car régulièrement il était mis à jour, ne fut possible que grâce à l'aide diligente de Jean Rivron qui, pendant des années, a assuré le secrétariat de la rédaction en même temps qu'il modernisait à l'hôpital du Mans le service des enfants. Le « Debré-Lelong » est devenu le traité classique en langue française, traduit en italien et en espagnol. Il a poursuivi une longue carrière. Actuellement, sa publication continue sous la direction de Pierre Royer, qui, aidé par son équipe, lui donne une physionomie nouvelle.

Je voulais que notre riche expérience quotidienne servît de point de départ à des investigations poursuivies en commun et permît de mettre en lumière les faits nouveaux, de mieux comprendre les processus morbides, de mieux appliquer les traitements et enfin de faire connaître les résultats de notre travail.

L'administration du service hospitalier et de la chaire de Faculté était pour les « patrons » de ma génération moins absorbante qu'elle n'est devenue pour ceux de la génération suivante. Cependant, il fallait veiller à la bonne marche du service et en particulier maintenir une collaboration active avec les surveillantes et les infirmières de grande capacité qui nous permettaient de garder la haute qualité des soins donnés à nos enfants. Il fallait aussi s'assurer du bon fonctionnement et du meilleur rendement possible du travail d'enseignement donné en particulier par les chefs de clinique. Comme on le sait, toute la tâche se poursuit en commun. L'équipe est indispensable et donne à notre vie professionnelle sa physionomie particulière et son plus grand agrément.

Les problèmes posés chaque jour par des cas nouveaux ne doivent pas distraire de l'étude systématique poursuivie sur les sujets choisis. J'ai appliqué de mon mieux cette discipline indispensable. « Il ne faut pas abandonner le sujet », nous disait M. Roux.

***

Avant la Première Guerre mondiale, à la crèche de l'hôpital Laennec étaient accueillies les femmes tuberculeuses sortant de maternité et auxquelles on demandait d'allaiter leur enfant pour le mettre dans les meilleures conditions de santé et de résistance. L'intention était bonne, les conséquences désastreuses. En effet, ces nourrissons en contact intime et permanent avec une mère tuberculeuse étaient rapidement contaminés, l'infection était grave et presque toujours mortelle. On supportait cette affreuse situation car en ce temps les idées n'étaient pas très claires sur les origines de la tuberculose de ces nourrissons. On croyait alors à l'hérédité tuberculeuse. L'observation populaire avait montré, tout au cours de l'histoire de l'humanité, que la maladie était familiale, que les enfants tuberculeux à un moment donné de leur existence étaient souvent atteints de la même maladie que leurs parents : d'où cette conclusion qu'il s'agissait d'une tare familiale et héréditaire.

Dans cette hérédité on distinguait deux formes : l'hérédité « de graine », comme on disait, c'est-à-dire celle qui était caractérisée par la présence, dans le corps même de l'enfant qui venait de naître, du bacille tuberculeux transmis par sa mère au cours de la période gravidique, et l'hérédité « de prédisposition », qui était caractérisée par ce fait que les enfants de tuberculeux, quand ils étaient placés dans de mauvaises conditions d'existence, étaient victimes de l'évolution d'une maladie tuberculeuse transmise sans doute par contagion, mais qui ne se développait qu'en vertu d'une prédisposition familiale.

Avec Marcel Lelong nous avons attaqué ce problème de toutes nos forces, multiplié études, enquêtes, recherches épidémiologiques, cliniques, anatomiques, ce qui nous permit de démontrer que l'hérédité tuberculeuse n'existe point.

Très exceptionnelle est la tuberculose congénitale liée à l'infection intra-utérine. Quant à la prédisposition, on ne trouvait aucun argument pour en accepter le dogme. Il est certain qu'à présent, en raffinant davantage sur les études épidémiologiques, on peut mettre en évidence certaines prédispositions, mais, dans le sens où nous l'entendions, nos affirmations avaient quelque valeur.

Les nourrissons qui succombaient les uns après les autres à la crèche de l'hôpital Laennec étaient donc victimes de l'infection que, dans cette crèche même, leur mère leur transmettait, et ce fait était d'autant plus évident que lorsqu'était admise, par suite d'une erreur de diagnostic, une femme atteinte d'une maladie autre que la tuberculose, comme un abcès du poumon par exemple, son enfant était contaminé par la vie en commun avec les mères tuberculeuses. Il fallait donc tout modifier. Le professeur Léon Bernard fut pour cette entreprise un chef convaincu, ardent, efficace. Il fallut surveiller les femmes enceintes tuberculeuses dans les maternités et, dès le moment même de sa venue au monde, séparer l'enfant de sa mère contagieuse. Sans doute certaines précautions, le port d'un masque de toile par la mère, par exemple, pouvaient-elles permettre d'éviter la contagion pour l'enfant, mais la surveillance devait être minutieuse et le péril était très grand.

En effet, l'étude des conditions de la contagion fut notre second sujet d'investigation. Sur la contagion tuberculeuse qui était bien connue depuis les découvertes de Pasteur, de Villemin, de Koch, puis des maîtres des écoles notamment allemande et française, et les applications pratiques de Grancher, régnaient encore des idées assez confuses. On croyait volontiers que, pour provoquer une maladie tuberculeuse, il fallait un contact continu avec un sujet tousseur et contagieux, que c'était la vie en commun prolongée qui provoquait chez l'enfant exposé la maladie tuberculeuse. L'on parlait aussi d'ubiquité du bacille tuberculeux ; on pensait qu'il flottait en quelque sorte partout dans l'air ; dans la rue, les crachats des tuberculeux contagieux, en se désséchant, devenaient une poussière bacillifère ; dans toutes les collectivités, des tuberculeux qui s'ignoraient répandaient dans l'air des bacilles contagieux, si bien que la maladie était inévitable. Heureusement, la plupart des hommes résistaient à son agression et n'étaient atteints que de tuberculose latente, mais, dans certaines circonstances, celle-ci devenait patente et évoluait comme une maladie grave, souvent mortelle.

Nous avons pu voir que chez les nourrissons, observés avec le soin que l'on imagine, il suffisait d'un contact très léger, passager, furtif, pour qu'à l'occasion d'une petite toux de la mère le bacille passe de la lésion pulmonaire de celle-ci aux voies aériennes de son petit enfant.

La gravité de la tuberculose dans le jeune âge était reconnue et l'on enseignait qu'avant un an l'enfant contaminé était voué à la mort. Nos études devaient nous montrer la fréquence relative des tuberculoses supportées par le petit enfant et même, à notre grand étonnement, la possibilité de guérison spontanée. Il nous apparut dans le même temps que les contaminations légères pouvaient être fatales, mais que les contaminations massives et de fortes doses de bacilles étaient beaucoup plus redoutables.

C'est sur ces bases, objet d'études avec Marcel Lelong, Henri Bonnet, Jean Paraf, Lucien Costil, à la fois chez l'homme et chez l'animal d'expérience, que nous devions établir les principes de la prophylaxie de la tuberculose du petit enfant issu de femme tuberculeuse. A la crèche de l'hôpital Laennec, complètement modifiée dans son architecture et son fonctionnement, devait être joint un Placement familial des tout-petits fondé par le professeur Léon Bernard et ses collaboratrices, où se poursuivaient l'isolement de l'enfant et la surveillance de sa santé, puis, quand la découverte de Calmette et Guérin fut applicable, la vaccination contre la tuberculose.

Chaque fois qu'apparaît une tuberculose chez un enfant, on doit découvrir le contaminateur et en fait on le trouve dans l'entourage familial et domestique.

Continuant nos études sur la tuberculose du jeune âge, nous avons bien précisé son mode de début dont les signes cliniques étaient alors peu connus. Guidé par Ribadeau-Dumas et travaillant avec Rolland, nous avons approfondi la connaissance des lésions initiales (chancre initial de Parrot-Küss) et montré leur évolution si particulière. Nous avons plus tard étudié certaines complications de leur diffusion pulmonaire avec R. Grumbach, mais c'est surtout l'école de Jacques Gerbeaux qui a repris à fond les recherches sur la tuberculose de l'enfant, montrant toutes les complications résultant des lésions initiales et les méthodes actuelles de protection contre ces incidents et étendant le champ de leur étude. Le professeur Jacques Gerbeaux et ses élèves continuent d'approfondir nos connaissances sur tous les problèmes que pose la pneumologie de l'enfant. Nous avons étudié l'évolution de la maladie tuberculeuse au cours de l'existence, ce qui nous a permis de mettre en évidence l'immunité très particulière que nous appelons « l'immunité de surinfection ». Sur ce sujet des expériences ont été poursuivies chez l'animal avec Henri Bonnet. Depuis cette époque, l'immunologie s'est développée et des notions nouvelles ont enrichi un domaine où nous ne pouvions encore que pénétrer discrètement.

Lorsque fut découvert le vaccin contre la tuberculose, nous avons contribué à montrer à la fois sa valeur et son mode d'emploi, mais le plus important de notre effort a consisté à mettre en évidence jusqu'à quel point les différents vaccins préparés dans les divers instituts et laboratoires du monde différaient considérablement dans leur valeur. Toutes les souches employées sont les filles de la souche de Calmette et Guérin, car on n'a jamais retrouvé une souche comparable à celle que ces auteurs ont préparée, mais les variations de technique pour la préparation des vaccins demeurent considérables. Des comparaisons, des contrôles étaient indispensables, et nous avons orienté des recherches en ce sens au laboratoire du Centre international de l'enfance dont le professeur René Dubos était le conseiller. Ces études, poursuivies pendant plusieurs années par F. M. Lévy et ses collaborateurs, parmi lesquels Charles Leblois, aujourd'hui disparu, ont été d'une très grande utilité. Le travail de la station pilote du Centre international de l'enfance a été organisé il y a vingt ans par Robert Broca et Mme Huet-Lefillatre et est actuellement placé sous l'autorité du professeur R. Mande. Il a pris un développement considérable grâce aux travaux poursuivis pour l'application des diverses vaccinations en Europe et en Afrique par le docteur Fillastre et ses collaborateurs. En liaison avec l'Institut Pasteur et l'Organisation mondiale de la Santé, des précisions nouvelles et importantes sont fournies pour l'usage des vaccins dans les pays africains.

Dès que les collaborateurs de Waksman eurent montré l'action curative de la streptomycine sur la tuberculose, découverte fondamentale de cet auteur, nous nous sommes attachés à son emploi.

Les premières tentatives de traitement de la méningite tuberculeuse avaient échoué et l'opinion commençait à se répandre que ce médicament aux effets merveilleux ne pouvait pas vaincre la plus redoutable des complications de la tuberculose. En vérité, en l'employant d'une certaine manière, on peut se servir de son action salvatrice, comme nous avons eu l'occasion de le démontrer au cours des études approfondies qu'ont poursuivies sur la méningite tuberculeuse H.E. Brissaud et ses collaborateurs, et en particulier H. Noufflard.

La découverte de médicaments chimiques actifs contre la tuberculose réalisa un progrès considérable. Notre tâche a consisté à proposer, avec H.E. Brissaud, sous le nom de chimioprophylaxie, le traitement systématique de toute tuberculose primaire, même si elle ne se traduit pas par des signes évidents. Des enquêtes très étendues poursuivies dans plusieurs pays du monde, notamment par Alice Lotte en France, ont montré que ce mode de traitement protégeait l'enfant contaminé contre la méningite tuberculeuse.

Comme on peut le voir, tout au long de notre existence, depuis notre internat jusqu'à la fin de notre carrière, nous n'avons pas abandonné le problème de la tuberculose.

⁂

L'un de mes premiers objets d'étude fut la méningite cérébro-spinale épidémique, entreprise à l'occasion de l'épidémie décelée à Paris et dans la banlieue parisienne en 1911 par le professeur A. Netter. Je puis dire qu'à propos de cette maladie, qui n'était alors qu'imparfaitement connue, je me suis en quelque sorte exercé à raffiner les descriptions cliniques, à mettre en évidence les signes initiaux, à montrer comment on pouvait dépister précocement la maladie, en particulier chez le nourrisson où son début ne se traduit que par des signes très frustes. A cette époque, l'on cherchait avant tout à orienter le diagnostic par l'examen clinique et par une observation subtile des petits malades. Je me passionnais pour l'étude minutieuse de mes jeunes patients, m'exerçant moi-même et initiant tous mes collaborateurs à la finesse des diagnostics précoces. Ainsi, il fallait distinguer, par exemple, la méningite cérébro-spinale des formes méningées de la paralysie infantile, alors souvent confondues.

Je fus frappé, au cours de cette étude, par une constatation alors assez originale : la méningite cérébro-spinale se transmet d'homme à homme et par les voies respiratoires. Le germe végète dans l'arrière-nez et, au moment de la respiration, diffuse autour de l'homme qui en est porteur. En effet, la plupart des sujets sont des porteurs sains, c'est-à-dire que le germe végète sur la muqueuse de la gorge sans provoquer le moindre trouble, et, pour des raisons encore aujourd'hui totalement inconnues, il lui arrive de migrer à partir de ce foyer vers les méninges et de provoquer une maladie grave. Ce qui avait frappé A. Netter, c'était l'éclosion simultanée d'épidémies de méningite cérébro-spinale en des lieux du globe éloignés les uns des autres. J'ai essayé de préciser l'endroit exact où s'implantait le méningocoque chez les porteurs de germes, l'importance de la diffusion selon les âges, les milieux, les conditions sociales et climatiques, pour conclure du point de vue pratique à l'inefficacité totale de l'isolement des porteurs de germes pour la prévention de la maladie et l'arrêt des épidémies.

La rougeole, à l'époque où je commençais à exercer la médecine, était un des sujets de nos préoccupations. Cette maladie a fait en Europe, de 1900 à 1910, environ un million de victimes. Elle faisait, à la même époque, mourir en France plus de trente mille enfants en huit ans. Seules les épidémies de rougeole dans les populations noires de l'Afrique nous donnent aujourd'hui une idée de ce qu'était la rougeole quand elle sévissait dans certains milieux en France au début du XIXe siècle. Lutter alors contre la rougeole, c'était lutter contre la maladie contagieuse et épidémique la plus redoutable pour les enfants français car, si elle était bénigne en règle générale dans les milieux aisés et dans les campagnes, on observait une surmortalité dans les quartiers ouvriers des grandes villes. On incriminait l'action de l'hôpital, si bien que l'on conseillait de ne pas adresser à l'hôpital les enfants rougeoleux.

Nous avons pu, avec Pierre Jouannon, mettre en évidence le fait que certainement, à l'hôpital, les contagions microbiennes venant s'ajouter à l'infection par le virus de la rougeole aggravaient un certain nombre de cas, mais que ce n'était point la cause essentielle de la gravité de la maladie parmi les enfants de la classe ouvrière, loin de là.

Cette surmortalité, nous avons montré qu'elle était due aux infections secondaires par les microbes répandus dans les taudis. Les mauvaises conditions de logement, le surpeuplement des îlots insalubres constituaient la cause essentielle des infections secondaires qui aggravaient la rougeole ou provoquaient des complications, notamment pulmonaires, souvent mortelles.

Il faut ajouter à cet élément important le fait que dans les milieux ouvriers, précisément en raison des conditions générales de l'habitat, les nourrissons étaient plus fréquemment atteints que dans les milieux aisés et qu'ils supportaient plus mal la rougeole, surtout si leur état de nutrition n'était pas parfait. Nous avons donc plaidé en faveur de la lutte contre le taudis et les quartiers insalubres, en montrant les conséquences désastreuses de cette situation responsable de la mort d'enfants atteints d'une maladie commune qui, même en ce temps lointain, aurait dû être bénigne. J'ai été alors convié à exposer ces faits dans une série de conférences organisées pour orienter les pouvoirs publics vers une politique d'urbanisme très insuffisamment développée. Le livre sur la rougeole que j'écrivis avec Pierre Jouannon fut, sans que j'en fusse averti, traduit en russe et, pour des raisons faciles à comprendre, répandu parmi les étudiants en médecine de l'Union soviétique.

J'ai rappelé que Charles Nicolle, avec E. Conseil, a démontré que l'injection de sérum de convalescent protège pendant trois semaines environ contre la contagion. Nous avons pu étudier en détail les effets biologiques et protecteurs de ce sérum avec H. Bonnet et R. Broca et créé à l'hôpital des Enfants Malades un centre de prophylaxie contre la rougeole qui s'est développé depuis dans différentes directions et rend à l'heure actuelle des services précieux grâce à l'impulsion de Mme le docteur Françoise Herzog.

Mais nous savions bien que la vraie méthode de lutte contre la rougeole était la vaccination. Celle-ci n'a été découverte qu'en 1958, lorsque, dans le laboratoire de J. Enders, put être préparée une souche atténuée. Nos tentatives de pionniers faites avec Karola Papp, dont je parlerai en évoquant le caractère pittoresque du petit laboratoire que nous avions organisé, furent bien modestes. Malgré tout, elles ont un certain intérêt et ont servi de leur mieux au travail des chercheurs.

Convaincus que le virus alors inconnu était véhiculé par les globules blancs, nous avons, en 1928, injecté à des sujets protégés par le sérum de convalescent des émulsions de globules blancs prélevés sur des rougeoleux en pleine virulence. Nous avons constaté chez l'homme, comme nous l'avions du reste vu chez le singe, qu'au bout de quelques jours se produisaient une légère élévation de la température et une modification caractéristique de la formule sanguine. C'était la traduction évidente de la rougeolisation inapparente que nous avions déterminée. Nous avons cru, sans pouvoir le démontrer, que les sujets ainsi traités qui avaient eu une infection minime étaient protégés. Les études continuées dans son pays par Karola Papp ont confirmé nos affirmations. Si nous citons cette expérience qui a donné à toute notre petite équipe, Karola Papp, M. Cros-Decam et ses collaborateurs, beaucoup de mal mais aussi beaucoup de satisfaction, c'est pour montrer la modestie des essais auxquels nous étions réduits en ce temps.

La diphtérie est actuellement en voie de disparition dans notre pays, et la plupart des études que nous avons poursuivies au laboratoire sur le bacille diphtérique, sa toxicité, sa virulence, son mode d'action chez l'homme, la reproduction expérimentale chez l'animal de son action sur le système nerveux, nos études sur les antitoxines diphtériques faites avec Gaston Ramon et plusieurs de nos collaborateurs ont permis bien des progrès. En particulier, nous avons, sur des bases biologiques, fondé le bon emploi de l'antitoxine diphtérique et dans une large mesure permis de mieux traiter les formes malignes de la diphtérie. Nos conclusions restent valables et nous ne pouvons que nous réjouir à la pensée qu'elles ont peu d'occasions, dans notre pays tout au moins, d'être appliquées.

Ce long travail, qui nous a permis de faire pénétrer dans le laboratoire de Ramon plusieurs de nos assistants, a été pour chacun d'eux très fructueux et a contribué à leur bonne formation pour la recherche scientifique. Tout récemment, le professeur Jean Bernard rappelait qu'il y avait commencé son apprentissage en immunologie.

Pour les applications du vaccin, des progrès appréciables ont été et sont encore chaque jour réalisés. Ils se fondent en général sur les principes de Ramon et concernent la fabrication du vaccin, son titrage, les associations vaccinales, les répétitions des doses, les injections de rappel, les résultats à longue échéance, l'âge des enfants à vacciner. L'usage d'une vaccination ne doit en effet jamais être figé, il faut favoriser les recherches incessantes pour améliorer les modes d'emploi, qui ne doivent point être considérés comme devant obéir à des notions définitivement acquises. Le rhumatisme articulaire aigu de l'enfant était hier en France une calamité. Après une crise articulaire douloureuse, beaucoup de ces petits malades gardaient une lésion cardiaque, et le rhumatisme articulaire aigu de l'enfance était responsable d'un nombre important de maladies du cœur souvent fatales chez l'adolescent et l'adulte. La situation a complètement changé à présent. L'origine streptococcique du rhumatisme une fois reconnue, l'action préventive à l'occasion des angines à streptocoque a transformé la situation.

Pierre Mozziconacci et son équipe ont étudié d'une façon très attentive la diffusion du streptocoque chez les sujets sains, son action sur l'organisme de l'enfant. Ils ont notamment mis en lumière la nécessité de plusieurs atteintes d'angine streptococcique avant que n'apparaisse une crise de rhumatisme et le rôle que joue dans la fréquence des récidives le nombre considérable de types du streptocoque, chaque atteinte n'immunisant que contre un de ces types. Enfin, ils ont établi les bonnes règles pour la prophylaxie de ce fléau.

Ce travail, accompli d'abord dans mon service de l'hôpital des Enfants Malades, a été poursuivi au Centre international de l'Enfance, puis à la clinique de l'hôpital des Enfants Malades, où professe aujourd'hui le professeur P. Mozziconacci.

Sans doute, la disparition presque complète du rhumatisme articulaire aigu dans les pays favorisés n'est pas exclusivement due à cette prophylaxie largement répandue, mais également à l'amélioration du niveau de vie et des conditions de logement. L'effort poursuivi et auquel notre groupe a contribué, pour éteindre ce fléau nous a permis d'avoir la satisfaction de voir disparaître à peu près complètement de nos salles de malades les rechutes de rhumatisme autrefois si fréquentes et si redoutables. L'éducation des familles, l'information des médecins, la création de colonies de vacances spécialisées et de préventoriums ont complété aussi dans ce domaine notre travail clinique et biologique.

Comme pour le rhumatisme articulaire aigu, l'origine de la scarlatine était mystérieuse il y a cinquante ans et l'on croyait au rôle d'un virus. L'origine streptococcique est aujourd'hui reconnue. Convaincus de bonne heure de la vérité de cette pathogénie, nous avons, avec Maurice Lamy, poursuivi sur ce sujet des études biologiques et prophylactiques. La scarlatine est elle aussi devenue très rare parmi les enfants français et ses complications évitables.

Pour la poliomyélite, terrible fléau de l'enfance vaincu depuis peu dans les pays heureux, notre premier effort a été, comme pour les maladies infectieuses dont nous venons de parler, de préciser les conditions du diagnostic clinique et biologique, et nous avons pu, avec Stéphane Thieffry apporter des précisions nouvelles permettant un dépistage et une identification utiles auxquels donnait toute leur valeur la précision des études virologiques.

Les travaux consacrés aux formes respiratoires et à leur thérapeutique devaient conduire ultérieurement Stéphane Thieffry à développer ses recherches personnelles sur la réanimation, sujet devenu l'un des plus importants de nos thérapeutiques d'urgence. Un service modèle de réanimation est établi à présent dans la clinique de l'hôpital Saint-Vincent-de-Paul, d'où S. Thieffry, entouré de son école, dirige la neurologie infantile. Nos études épidémiologiques sur la poliomyélite, avec Victoria Drouhet, Josette Celers, comme les précédentes auxquelles nous avons fait allusion, posent plus de questions qu'elles n'en résolvent, mais constituent des étapes pour les découvertes prochaines concernant l'éclosion des épidémies, leur diffusion et leur arrêt.

L'étude des différents modes de vaccination si efficaces, auxquels nous avons pu nous intéresser comme membre du conseil d'administration de la *National Foundation,* nous a conduit à des expériences personnelles sur le singe avec

V. Drouhet pouvant éclairer certains éléments du problème, et surtout nous avons créé, d'abord à l'hôpital des Enfants Malades, puis au Centre international de l'enfance, des laboratoires de virologie moderne dont nos hôpitaux étaient jusqu'alors dépourvus.

C'est dans ces laboratoires qu'ont débuté les recherches d'André et Joëlle Boué. L'un de leurs premiers travaux était fondé sur cette hypothèse que d'autres virus que le virus de la rubéole pourraient être responsables de maladies congénitales. Cette hypothèse, que j'avais formulée, ne n'est pas avérée fructueuse, mais A. et J. Boué ont été amenés alors par leurs constatations à approfondir les différents troubles qui peuvent altérer l'évolution de l'œuf humain peu de temps après la fécondation. Leurs constatations originales prennent actuellement un développement très important. En effet, l'étude du début de la vie de l'être en voie de formation ouvre des horizons nouveaux qui mèneront sans doute à la prévention des maladies congénitales. C'est non seulement grâce à la qualité de leur travail, mais aussi à la collaboration réussie par A. et J. Boué entre accoucheurs, pédiatres et biologistes spécialisés que l'école française peut occuper une très bonne place dans ce domaine nouveau de recherches.

Au cours de l'année 1930, j'avais été frappé par l'existence d'un ganglion suppuré au niveau du coude, apparu chez un petit garçon. L'aspect de la lésion était tout à fait celui d'une adénite tuberculeuse, et j'avais porté ce diagnostic. Mais les épreuves de laboratoire en montrèrent l'erreur, et aussi son évolution, car l'adénite guérit très rapidement.

Voyant notre embarras pour expliquer l'origine de cette suppuration ganglionnaire, la mère avait insisté sur le fait que son petit garçon jouait constamment avec son chat et portait, surtout sur la main du côté malade, des traces de coups de griffes.

Depuis cette époque, j'avais observé une dizaine de cas analogues, où, à l'origine d'une suppuration ganglionnaire froide, curable et stérile, j'avais remarqué des traces de coups de griffes de chat et noté que l'animal inoculateur était parfaitement sain.

Par ailleurs, j'avais été troublé par la constatation d'adénite tout à fait comparable chez des sujets qui n'avaient pas eu de contact avec des chats, et notamment chez une infirmière qui avait horreur de cet animal et attribuait cette adénite à une piqûre d'insecte.

Les différentes investigations poursuivies dans de nombreuses directions ne m'avaient nullement éclairé sur l'origine de cette maladie assez caractéristique dont tous les cas se rassemblaient fort.

En 1947, à Cincinnati, j'entretiens mes collègues américains de ce sujet. J'apprends que des faits analogues ont été observés par deux d'entre eux et surtout que le professeur de bactériologie de l'université de cette ville, Lee Foshay, avait fait avec le pus du ganglion de cette maladie une préparation qui, injectée dans la peau des malades, provoquait une réaction caractéristique et par conséquent permettait d'affirmer le diagnostic. Un pas considérable était franchi.

Lee Foshay, bactériologue, n'avait pas à sa disposition d'étude clinique ; il ne voulait publier ses constatations qu'après avoir découvert l'agent pathogène et il n'y parvenait point. Il me conseilla, en attendant, d'approfondir l'étude épidémiologique et de faire connaître mes observations cliniques. C'est ainsi qu'en 1950, avec M. Lamy, M.-L. Jammet, L. Costil et P. Mozziconacci, nous faisons connaître cette maladie que nous qualifions de « maladie des griffes de chat ». De son côté et indépendamment de nous, Lee Foshay l'avait appelée « *cat fever* ». Bientôt, des observations analogues devaient apparaître dans presque tous les pays du monde, sous le nom de « *cat scratch disease* » ou « *cat fever* » dans les pays anglo-saxons et de « *maladie des griffes de chat* » dans les pays de langue française.

Dans le même temps, nos collègues J. Reilly et P. Mollaret avaient observé des faits analogues et les avaient décrits sous le nom de lymphoréticulose bénigne d'inoculation.

Le contact avec un chat toujours sain s'observe dans 83 % des cas. Dans les autres cas, ou bien toute cause provocatrice est inconnue, ou bien on observe une petite blessure due à une écharde de bois ou à un fragment de métal.

L'agent de la maladie n'est toujours pas connu, malgré les recherches obstinées de plusieurs auteurs, dont ceux de notre équipe ; son gîte habituel ne l'est pas davantage, mais la connaisance de ces faits n'est pas sans intérêt, car autrefois des erreurs de diagnostic souvent graves étaient faites à propos de ces adénites. Nous avons publié avec J.-C. Job une étude complète sur cette maladie. Pour montrer l'intérêt de la collaboration internationale dans certaines recherches, Ashley Weech a consacré un numéro spécial de l'*American Journal of Diseases of Children* pour illustrer l'histoire que nous venons de conter.

Beaucoup de pages seraient nécessaires pour décrire les recherches que nous ont inspirés les problèmes posés par les différentes maladies infectieuses de l'enfance. Sans pénétrer trop avant dans nos études et sans faire d'exposés scientifiques dont la lecture nécessite trop de connaissances préalables, nous avons seulement voulu donner une idée de la physionomie de nos recherches et surtout montré les conséquences qu'elles ont pu avoir ainsi que les orientations d'études qu'elles ont pu inspirer.

*
**

S'il est possible d'exposer avec une certaine clarté les études sur les maladies infectieuses, il est vraiment difficile de rendre aisément compréhensibles les recherches beaucoup plus compliquées sur les troubles métaboliques et les désordres fonctionnels des différents organes. Dès que le souci des maladies infectieuses commença à s'écarter et à devenir moins accaparant, toute notre équipe s'est élancée vers ce domaine encore peu exploré et qui apparaît aujourd'hui d'une richesse insoupçonnée. Les problèmes de physiologie pathologique sont devenus des problèmes physico-chimiques, la pathologie d'aujourd'hui est devenue cellulaire, mieux encore, moléculaire. Notre tâche de clinicien consiste donc à percevoir les caractères particuliers de certains troubles, à en montrer les manifestations, à permettre de les reconnaître pour en définir, avec l'aide du biologiste, le processus intime et, avec le chimiste, en expliquer la nature. C'est ce travail, d'une réelle difficulté surtout au début, qui actuellement représente l'essentiel de l'activité fructueuse de nos cadets voués à ce domaine.

Pour ce qui concerne les maladies rénales, on peut avancer que n'existait point, il y a cinquante ans, de néphrologie de l'enfant. On appliquait à l'enfant les connaissances acquises grâce à l'étude de la pathologie rénale chez l'adulte. Mais on devait peu à peu s'apercevoir que chez l'adulte les néphropathies sont souvent l'aboutissement de lésions variées qui se sont développées à une période antérieure de la vie. Pour connaître la pathologie du rein, il était indispensable d'étudier les débuts des troubles rénaux, de posséder des techniques perfectionnées permettant d'apprécier le fonctionnement rénal et de pratiquer des biopsies qui décèlent les lésions initiales alors que les autopsies ne montrent que les altérations terminales, si semblables les unes aux autres à la fin de l'évolution des maladies chroniques du rein.

C'est donc mû par l'espoir de voir clair dans la clinique et la physiologie pathologique des néphropathies que j'ai contribué à l'étude des néphrites aiguës de l'Enfant et de leurs variétés, des infections des voies urinaires si souvent liées à des malformations et des troubles métaboliques associés au mauvais fonctionnement du rein. Ces études permettent de distinguer les maladies atteignant les différentes parties du rein, les glomérules et leurs membranes, les différents segments des tubules, et parviennent à mettre en évidence la multiplicité et la subtilité des fonctions de chacun de ces éléments. Aussi avons-nous senti tout l'intérêt d'une constatation faite, avec Julien Marie, d'un rachitisme incurable associé à l'élimination par le rein de glucose d'une part, de phosphates et de certains acides en quantités anormales, d'autre part. La constatation de ces troubles faite avec René Goiffon, en 1934, nous permettait d'affirmer qu'il s'agit d'une tubulopathie très particulière, puisque c'est l'altération d'une zone localisée du tubule qui provoque l'élimination par le rein de glucose, de sels phosphatiques et d'acides aminés. Ce syndrome, que l'on a qualifié de syndrome de Toni-Debré-Fanconi, du nom des trois auteurs dont les efforts conjoints ont permis de mettre en évidence les caractères principaux, devait être un des premiers exemples d'une de ces lésions fines et spéciales marquant le début d'une néphropathie évolutive dont on ne connaissait autrefois que la période terminale et mortelle.

L'étude étiologique de ces syndromes devait être également très fructueuse pour déceler les facteurs congénitaux, que les dissections microscopiques devaient mettre en évidence, et les troubles fonctionnels liés souvent à des altérations générales du métabolisme, bref contribuer à la connaissance de phénomènes complexes dont plusieurs à l'heure actuelle sont bien élucidés et d'où découlent même, dans certaines conditions, des actions thérapeutiques.

***

On pourrait exprimer des pensées analogues si l'on évoquait d'autres syndromes neuro-hormonaux que nous avons mis en lumière. Ayant observé, avec G. Sémelaigne, un nourrisson dont, pendant un an, la survie ne fut assurée exclusivement que par des injections pluriquotidiennes d'eau salée, nous découvrons à son autopsie une hypertrophie monstrueuse des glandes surrénales. Ainsi se trouvait découvert un syndrome d'origine congénitale lié à des troubles multiples des hormones qui touchent à la fois la croissance, l'état sexuel et l'élimination du sel (syndrome de Debré-Fibiger). Dans d'autres cas, le nanisme est chez certains enfants associé à une diminution considérable de l'absorption d'eau et de l'élimination de celle-ci, ce qui permet de rattacher leur petite taille à une lésion hypophysaire (syndrome de Debré-J. Marie). Certains développements exagérés du muscle donnant un aspect de « petit lutteur » peuvent être rattachés à une insuffisance thyroïdienne peu apparente (syndrome de Debré-Sémelaigne).

Ces quelques exemples ne peuvent donner qu'une idée superficielle de la complexité des problèmes envisagés et des connaissances que peut apporter l'approfondissement des recherches dans ces domaines.

La fréquence extrême des erreurs innées du métabolisme et la possibilité de les corriger dans certains cas suscitent actuellement un intérêt puissant. Dans le même temps, ces études enrichissent chaque jour et d'une façon prodigieuse nos connaissances sur l'intimité des processus des échanges dans notre corps et plus particulièrement chez le sujet en développement. Notre tâche a donc consisté à jouer dans ce domaine avec les pédiatres de notre temps un rôle de pionnier, et si l'on a donné à certains des syndromes que nous avons évoqués notre nom associé à celui d'autres auteurs, cette désignation ne peut être que toute provisoire, car perpétuellement de nouvelles découvertes enrichissent nos observations.

Actuellement, la chaire de clinique de l'hôpital des Enfants-Malades, dirigée avec un grand éclat par le professeur Pierre Royer, soutient dignement le renom de la pédiatrie française, précisément par l'originalité et la valeur de ses études sur la néphrologie de l'enfant, et plus encore par celle des troubles du métabolisme au cours du développement de l'enfant. Dans ce domaine les recherches de Pierre Royer et de son école ont pris une place éminente.

Nous nous sommes toujours préoccupés de la fréquence extrême des malformations congénitales, depuis les plus bénignes et les plus inoffensives jusqu'aux plus graves. Nous avons maintes fois insisté sur leur caractère évolutif, la possibilité de leur apparition tardive, leur participation au développement général, d'où leur éventuelle régression ou progression. Nous avons, par maints exemples, démontré la fréquente multiplicité des malformations congénitales chez le même sujet et appris que la vue de l'une d'entre elles mène à chercher les autres, qui sont moins apparentes. Toutes ces notions sont aujourd'hui devenues très banales, et le travail mondial en ce domaine est d'une valeur inestimable.

Nous avons choisi dans différents domaines des maladies héréditaires et nous avons précisé leurs caractères génétiques et évolutifs, et éventuellement la thérapeutique qui peut être dirigée contre elles. Nous avons insisté pour que fût fondée une chaire de génétique médicale infantile à la faculté de Paris. Celle-ci a été d'abord confiée au professeur Maurice Lamy qui, par ses recherches sur les jumeaux et les maladies osseuses familiales, a fait rayonner son enseignement. Elle est actuellement dirigée par son disciple, le professeur Jean Frézal, qui applique avec succès à la génétique les techniques les plus fines et les plus récentes de la biologie.

Les myopathies de l'enfant, considérées jadis comme une de ces maladies chroniques et mystérieuses du système nerveux qui se traduisent par une impotence motrice progressive, nous paraissaient devoir entrer dans le domaine des maladies métaboliques et leur étude être confiée au biochimiste. C'est surtout pour poursuivre cette étude que nous avions, ainsi que nous l'avons rappelé, fait aménager des laboratoires à la clinique médicale des Enfants Malades. Nous avons été heureux que Georges Schapira, Jean-Claude Dreyfus et leur école se consacrent à ce sujet et soient restés attachés au problème que posent la transmission héréditaire, la pathologie des enzymes et les anomalies que découvre la biologie moléculaire. Ces recherches, commencées à l'hôpital des Enfants-Malades et continuées dans la chaire qu'occupe actuellement le professeur Schapira, ont non seulement ouvert des perspectives nouvelles, mais même permis d'entrevoir dans certaines conditions la possibilité de conseils eugéniques.

Un des problèmes les plus intéressants et les plus actuels est posé par les erreurs du métabolisme qui causent des altérations cérébrales au début de la vie, alors qu'un régime alimentaire convenable peut dans un certain nombre de cas les éviter. A ces recherches intéressantes s'appliquent actuellement le professeur H.-E. Brissaud et ses élèves.

Un des domaines les plus fructueux fut celui des cardiopathies congénitales. Notre regretté collaborateur, le professeur Pierre Soulié, avait commencé avec nous-même cette étude dans notre service. Notre élève trop tôt disparu Jean Nouaille et son équipe, notamment Marthe Gautier, Lucet et Yvonne Dagonet, ont pu donner leur mesure lorsque fut créé le service de cardiopathie de l'enfant et du nourrisson à l'hôpital de Bicêtre.

Quels progrès imprévisibles ont pu être accomplis depuis l'époque où nous avons conduit quelques « enfants bleus » auprès de chirurgiens américains jusqu'à l'heure présente où sont réalisées, avec la collaboration de Jean Mathey, les opérations les plus audacieuses et les plus efficaces !

La pédiatrie est devenue la science du développement de l'enfant. Elle a recours à un grand nombre de disciplines variées allant de l'histochimie à la médecine psychosomatique.

Durant ces dernières années, un effort particulier a été fait pour améliorer nos connaissances en médecine périnatale. On parvient actuellement à mieux connaître la cause des troubles aux conséquences si graves qui se produisent avant la naissance, pendant celle-ci et aussitôt après la venue au monde. En organisant son service de réanimation, Stéphane Thieffry s'est particulièrement occupé de ces problèmes. Ceux-ci sont étudiés, depuis plusieurs années, avec la collaboration des obstétriciens dans le service spécialisé de la Maternité de Port-Royal que dirige A. Minkowski.

Les troubles du développement du système nerveux chez le petit homme ont l'importance qu'on imagine. Nous y avons fait allusion ailleurs. Les recherches histochimiques d'Edith Farkas sur la maturation du système nerveux contribuent à nos connaissances.

Au cours de sa croissance, l'enfant souffre des erreurs commises à son égard par son entourage, et les études des différentes étapes du développement du nourrisson donnent lieu à l'heure présente à de nombreux travaux où cette influence du milieu est bien mise en évidence. Nous nous en sommes préoccupés il y a longtemps lorsque, avec A. Doumic, P. Mozziconacci et notre regretté collaborateur J.-J. Alloiteau, nous avons cherché à établir les conditions favorables à la faim ou plus exactement à l'appétit du petit enfant et aussi à son sommeil. Nous avons cherché à définir les erreurs qui viennent troubler ces processus physiologiques. Ces recherches m'ont conduit à publier, avec Alice Doumic, un petit volume sur *Le Sommeil de l'enfant*.

Plusieurs de mes élèves ont été orientés vers des travaux de biologie clinique ; ils ont acquis une juste notoriété et, grâce à eux, sont poursuivis et partout connus les travaux de l'école française.

Le professeur de physique médicale, Thérèse Planiol, à Tours, le professeur M. Tubiana à l'Institut Gustave Roussy, les docteurs Sonia Balsan et Renée Habib à l'hôpital des Enfants-Malades, F. Girard à l'hôpital Trousseau, J. C. Job, P. Canlorbe, J. Aicardi et Mme Lerique-Koechlin, à l'hôpital Saint-Vincent-de-Paul, H. Lestradet à l'hôpital Herold, J. Sclafer, spécialiste en allergologie, ne sont pas les seuls que je devrais citer. Nous avons continué les études de radiologie de l'enfant grâce aux observations de J. Lefebvre aujourd'hui professeur de radiologie à l'hôpital des Enfants Malades et de Cl. Fauré. C'est avec J. Lepintre que nous avons pu contribuer aux premiers progrès de la neurochirurgie de l'enfant. Enfin, je voudrais rappeler l'intérêt du travail poursuivi en commun avec J. Auvert auquel me rattachent des liens familiaux ; avec lui nous avons pu commencer des études sur les sténoses de la veine porte et les malformations des voies urinaires que ses opérations chirurgicales parvenaient à corriger.

L'image sommaire que nous venons d'esquisser de l'ensemble de nos travaux donne bien l'impression que cet effort collectif préparait la véritable explosion actuelle d'investigations originales poursuivies par ceux dont on vient de lire les noms. Chacun d'entre eux approfondit les études particulières dans le domaine d'une certains spécialité. Il en fut ainsi également pour bien d'autres collaborateurs dont je n'ai pu citer tous les noms.

Léon Michaud, élève de G. Heuyer et de nous-même, a dirigé la grande clinique de psychiatrie des enfants à La Salpêtrière. Odile Schweisguth a créé l'un des premiers services mondiaux de cancérologie infantile. Jean-Pierre Soulier dirige le Centre national de transfusion sanguine, où jadis le regretté Sylvain Buhot a joué un rôle important pour l'effort de guérison des enfants souffrant d'une incompatibilité sanguine fœto-maternelle. Daniel Schwartz, spécialiste en statistique biologique, nommé professeur à la Faculté de Médecine quoiqu'il ne fût pas docteur — événement tout à fait nouveau — a créé, à l'institut Gustave-Roissy de Villejuif, un centre de statistiques biologiques et médicales et une chaire d'enseignement de la statistique médicale. Cette discipline avait grand besoin d'être développée dans notre pays.

Certains de mes collaborateurs, fidèles à la pédiatrie qui mérite de garder sa place, sont devenus professeurs et chefs de service. Le professeur Julien Marie a créé une grande école ; il a occupé pendant de longues années la chaire de clinique médicale des enfants et s'est affirmé comme l'un des maîtres de la pédiatrie. A. Herrault, ami personnel auquel sont affectueusement attachés tous les miens et chef de service à l'hôpital Hérold, ainsi que P. Grenet ; le professeur R. Mallet, et le professeur P. Seringe, à l'hôpital des Enfants Malades ; les professeurs J. Salet et H. Mathieu, à l'hôpital Bretonneau ; Cl. Attal à l'hôpital Trousseau ; G. Sémelaigne, à l'hôpital Saint-Joseph ; le docteur G. Sée, à l'hôpital de Saint-Denis ; le docteur H. Boissière, à l'hôpital du Perpétuel Secours ; G. Vermeil, à l'hôpital d'Orsay. On ne saurait trop souligner l'intérêt que doit garder malgré les indispensables efforts de spécialisation, le maintien des centres de soins et d'enseignement de la pédiatrie générale.

Un de mes principaux efforts a été orienté vers l'établissement de collaborations étroites avec les services de pédiatrie qui naissaient, se développaient, se modernisaient dans les métropoles de nos provinces. Je ne puis citer tous ceux avec lesquels se sont créés des liens solides qui les rattachent aujourd'hui à tous les maîtres de l'école parisienne. En prononçant certains noms, j'évoque seulement quelques exemples : les professeurs G. Desbuquois et B. Grenier à Tours ; les professeurs R. Dailly et Cl. de Menibus à Rouen ; le professeur A. Breton, à Lille, tissèrent les premiers maillons de ce réseau dont peu à peu se rapprochèrent maîtres et assistants de toutes les anciennes et nouvelle facultés, si bien que nous avons pu participer tous ensemble à la promotion de l'école pédiatrique française.

Je ne saurais oublier non plus ceux de mes élèves qui ont contribué à introduire la pédiatrie moderne sur la terre d'Afrique ou aux Antilles, en Indochine, en Amérique du Sud et au Japon.

Enfin, certains de mes collaborateurs, abandonnant — peut-être pas complètement — la pédiatrie, sont devenus des médecins d'adultes, comme J. Sebaoun. Quelques-uns d'entre eux ont acquis une grand maîtrise, comme P. Soulié qui fut l'un de nos plus grands cardiologues contemporains et J. Bernard qui, entouré d'une équipe de travailleurs originaux où se distinguent J. Dausset que j'ai plusieurs fois évoqué et aussi M. Seligmann, est l'un des maîtres prestigieux de l'hématologie mondiale et de la médecine française.

Cet aperçu trop rapide, où ne peuvent être qu'énumérés les sujets d'investigations, témoigne de la persistance de notre curiosité, qui n'est jamais satisfaite et qui reste en moi-même si vive. Me reviennent alors en mémoire mes souvenirs de jeunesse, à l'époque où j'ai rêvé de poursuivre des recherches personnelles et de consacrer une partie de mon temps à l'effort désintéressé pour approfondir nos connaissances. C'est qu'en effet j'étais rempli de respect et d'admiration pour les grands savants que des relations familiales me permettaient de côtoyer. Parmi eux se trouvaient Paul Painlevé, l'ami de mon oncle Jacques Hadamard et que la politique devait ravir à la recherche mathématique ; Victor Auger, professeur de chimie à la Sorbonne, et surtout Jean Perrin, pour n'évoquer que trois personnalités dont l'image est restée en moi si vivante. Jean Perrin, savant de génie, était particulièrement attirant par son charme, son enthousiasme et sa générosité. Il me fit l'honneur, lorsqu'il faisait ses premières démarches pour la création de cette institution capitale qu'est le Centre National de la Recherche Scientifique, de me permettre d'assister à nos premières réunions.

Pendant des années, j'ai participé au travail du Centre National de la Recherche Scientifique. J'ai consacré beaucoup de temps et d'efforts au développement des études biologiques dirigées et subventionnées par ce centre et aussi à l'administration générale de cette institution, à laquelle je reste si profondément attaché. L'Institut National d'Hygiène, établi au lendemain de la Deuxième Guerre mondiale et dirigé par Louis Bugnard, avait parmi ses tâches celle de l'organisation et du développement de la recherche médicale. Devenu il y a dix ans l'Institut national de la Santé et de la Recherche Médicale, dirigé par le professeur Aujaleu puis par le professeur Burg, il a donné un nouvel élan à la recherche médicale en France. Le travail accompli par ces deux institutions mérite une pensée reconnaissante. Il n'en reste pas moins que l'on doit préparer les grands programmes du futur, car si la France a dans certains domaines justement reconquis la place qu'elle doit occuper, un effort soutenu doit être accompli pour garder ce rang et, tout autant, pour améliorer notre situation dans beaucoup de champs de recherches où notre action n'est pas assez développée.

·29·

Sur les routes de la vaste terre

Après la Grande Guerre, j'ai profité d'invitations et de missions diverses pour entrer en rapport avec plusieurs grands centres universitaires d'Europe et d'Amérique. Mais ce fut surtout après la Deuxième Guerre mondiale que je multipliai les grands voyages pour visiter les hôpitaux, les facultés et les médecins dans de nombreux pays. Méthodes de travail, institutions, modes de vie des collègues et des étudiants étrangers m'ont beaucoup frappé et instruit. De cette expérience assez large, mon pays pouvait, je pense, bénéficier, en même temps que s'établissait un réseau d'amitiés avec plusieurs personnalités attachantes qui ont pris l'habitude de fréquenter nos services hospitaliers, de professer devant nos étudiants, de discuter des problèmes biologiques et pédiatriques avec mes collaborateurs, enfin de passer avec ma famille quelques journées de vacances en Touraine. Certaines de ces amitiés familiales persistent et se perpétuent parmi mes enfants et maintenant mes petits-enfants.

Partout je me suis appliqué à démontrer que les pédiatres français s'efforçaient de ne point rester inférieurs à leurs aînés. Je prenais part de mon mieux aux discussions cliniques poursuivies devant les étudiants des universités étrangères. Ces relations internationales, ces échanges sont devenus habituels ; ils étaient alors assez nouveaux. Ainsi, j'ai fait connaissance, il y a bien des années, avec les assistants des grandes cliniques qui devaient plus tard devenir des maîtres et accueillir mes élèves.

J'ai déjà parlé de O. Medin, de Hans Zinsser, de Clemens von Pirquet. Sur le souvenir de ce dernier, je voudrais revenir. Lorsque j'étais étudiant, il me reçut à Vienne dans la clinique universitaire qu'il avait édifiée suivant des principes que nous devions tous adopter : aménagements pour éviter les contagions hospitalières, dispositifs très larges pour l'enseignement, les services d'admission, de consultations, d'examens spéciaux, les biberonneries et cuisines diététiques, les salles de classe et de jeux. Enfin, il avait fait installer une terrasse pour les enfants soumis à une cure d'air. Celle-ci était très rigoureuse durant les rudes hivers de l'Europe continentale.

Il faisait visiter son hôpital avec beaucoup de satisfaction. Il m'a traité amicalement. Je fus heureux de sentir que mes recherches sur la tuberculose lui paraissaient intéressantes. Il me considérait comme l'un des siens et m'appelait en plaisantant « Unser von Bré ». Il avait les allures d'un gentilhomme : long et mince, des traits fins, un regard bleu très intense, des gestes naturels et de bonnes façons pour examiner les enfants, accueillir les parents, recevoir les visiteurs.

Lorsque nous étions réunis chez lui, ou plus tard chez moi rue de l'Université, il évoquait volontiers son passé, l'origine picarde de sa famille plus tard installée en Belgique puis en Autriche. Il passait avec aisance de l'allemand au français ou à l'anglais, évoquait les années où il étudiait la philosophie lorsqu'il était étudiant en théologie à l'université de Louvain. Il avait gardé les manières de l'ancien temps : avant le dîner, pour passer à table, il offrait son bras aux dames, d'un geste arrondi, comme on faisait à Vienne, à la cour de François-Joseph. Il était parfois difficile de vaincre sa réserve et sa courtoisie. Me trouvant un jour à Londres avec lui, à la table de Neville Chamberlain qui était alors ministre de la Santé et le *coming man,* j'insistai pour qu'il prît la première place mais ne pus obtenir qu'il répondît au toast du ministre et je dus le faire.

Sa carrière fut très belle. Il avait montré très tôt la précocité de son intelligence. Sa thèse, passée à l'âge de vingt-neuf ans, posait certains des premiers principes de l'immunité dans les maladies infectieuses. Sa découverte de l'allergie, conception au retentissement immense, l'a conduit à pratiquer les réactions tuberculiniques sur la peau dont l'usage a transformé nos idées sur la tuberculose. Dans le monde entier, sur des millions et des millions d'enfants et d'adultes, on répète le geste qu'il nous a appris. Ses disciples ont fondé des écoles de pédiatrie dans toutes les capitales de l'Europe centrale et de bien d'autres pays. Certains sont devenus mes amis : Bela Schick, créateur d'une réaction bien connue, que je devais revoir si souvent plus tard à New York, où j'allais fidèlement presque chaque année le mettre au courant de mon travail et recevoir ses encouragements et qui, avec Karelitz, vint un jour nous apprendre dans mon propre service les méthodes de perfusion devenues d'un usage indispensable et quotidien ; Frédéric Nobel — on se souvient de ma rencontre avec lui à la veille de l'entrée des troupes hitlériennes en Autriche ; Mayerhofer, que je devais revoir à Zagreb, où il me demanda d'enseigner, me confia ses élèves et dont la fille est devenue l'amie de la mienne ; von Gröer, dont je parlerai plus loin ; Richard Wagner enfin, avec qui, après tant d'événements et de drames, j'évoque, à Boston, le temps où nous nous joignions aux étudiants qui chantaient et buvaient du vin blanc, dans les cabarets du Sömering, colline de la campagne viennoise.

C'est aux médecins français, les premiers, qu'un jour von Pirquet montra la réaction cutanée à la tuberculine ; c'est devant les médecins anglais qu'il a étudié les règles de la préservation de l'enfant contre la tuberculose. Il fut le premier professeur de pédiatrie de la John Hopkins University de Baltimore. Il a eu une influence considérable sur la promotion de cette discipline dans le nouveau monde. Cet homme, universel comme l'étaient les philosophes français du XVIIIe siècle, avait été l'un des grands personnages de l'Empire austro-hongrois. Après la Première Guerre mondiale, il était devenu le citoyen d'une petite Autriche. On le pressentit pour une candidature à la présidence de la République. Ses élèves disaient en riant : « Le patron va devenir le Kaiser autrichien ! » Il se voua alors aux œuvres humanitaires. Il présida l'Union internationale de secours aux enfants et, à la Société des Nations, le Comité d'Hygiène de l'Enfance.

Ce que fut sa fin, je l'ai raconté lorsque j'ai évoqué mon voyage à Vienne, à la veille de l'entrée dans la capitale autrichienne d'Hitler et de son armée.

L'enseignement de von Pirquet a profondément marqué tous ceux qui l'ont reçu. Bien souvent, je songe à l'un de ses conseils. Il me disait, il nous disait : « Vous êtes des médecins d'enfants, restez fidèles à l'étude de l'enfant. Il faut faire des essais sur l'homme, à condition qu'ils soient inoffensifs, beaucoup plus que des expériences sur le cobaye ou le lapin. » Pour célébrer sa mémoire, ceux de ses élèves qui survivent et dont la plupart sont établis à présent en Amérique se sont réunis à Boston et m'ont demandé de présider une cérémonie d'hommage. Dans ce haut lieu du nouveau monde, j'ai évoqué, en parlant français, toute une période glorieuse de la vieille Europe.

***

Lors de mes voyages de jeunesse en Allemagne, j'appris beaucoup des grands professeurs de pédiatrie de ce temps. Plus tard, je devais accueillir le chirurgien Sauerbruch, à l'intelligence novatrice. Il avait été l'un des créateurs de la chirurgie thoracique et je cherchais alors à faire opérer les enfants atteints de dilatation des bronches infectée. Il venait volontiers en France. Je me souviens d'une promenade avec lui, un soir de printemps, à la nuit tombante, tout le long du Cours-la-Reine, sous les feuillages des marronniers fleuris. Il exprimait son goût pour le charme de Paris et me disait combien les Français étaient heureux de vivre dans cette ville. « *Gott in Frankreich* », « Dieu est-il Français ? » pensait-il après Sieburg. Quelques années plus tard, sous le régime hitlérien, il devait lutter avec courage pour protéger ses assistants juifs puis, vaincu, mener une existence pénible. Sa fin fut précédée d'une période tragique.

Après la Libération, je fus invité à recevoir à Würzburg, lorsqu'il revint dans son université, le professeur Freudenberg que les nazis avaient écarté parce que sa femme était juive et que Bâle avait accueilli. Ce fut une cérémonie impressionnante. La salle était décorée de drapeaux, parmi lesquels une grande place était réservée aux couleurs françaises. Les professeurs présents devaient prononcer des allocutions et aussi faire un exposé scientifique. Je parvins à parler en allemand.

L'atmosphère était recueillie et les manifestations de sympathie émouvantes et graves.

En Hongrie, je fus reçu, dans les temps très lointains, par le professeur von Bokaÿ, l'un des pédiatres les plus connus de son temps. Il avait reconnu l'identité du zona et de la varicelle, qui était bien loin d'être évidente. Ce fut à Budapest une réception fastueuse. J'avais la sensation d'être accueilli par un grand seigneur magyar de l'époque féodale. Plus tard, je suis allé à Pecs visiter Szent Györgyi ; il poursuivait sur la vitamine C les études qui devaient lui valoir le prix Nobel. Il me montra, en parlant des sources végétales de cette vitamine, les longues charrettes des paysans chargées de piment rouge. A Szeged, je fis la connaissance de Karola Papp. Celle-ci devait travailler plus tard à l'hôpital des Enfants Malades et devenir une collaboratrice remarquable. Je la reçus avant l'achèvement de la nouvelle clinique ; les conditions de travail étaient alors bien précaires. Elle s'installa dans une cuisine désaffectée dont elle repeignait les murs et où elle vécut tout le jour, nettoyant, faisant le ménage, préparant je ne sais comment ses repas et malgré tout donnant à ce galetas l'apparence d'un laboratoire bien tenu. Dans un autre réduit, nous pûmes, à l'insu de l'administration, héberger quelques singes dont l'un devait un jour s'échapper et faire la joie des enfants hospitalisés tandis qu'il gambadait au sommet des arbres du jardin de l'hôpital. Nous voulions préparer un vaccin contre la rougeole. La poursuite de ces recherches représentait dans ces conditions un perpétuel tour de force. Avec énergie et un soin méticuleux, Karola Papp se mit à l'ouvrage. Nous avions des raisons de penser que le virus était véhiculé par les globules blancs. Ceux-ci, pris dans certaines conditions et administrés sous la protection de sérums de convalescents, provoquaient certains effets peu apparents mais intéressants chez le singe, d'abord, puis chez l'enfant et qui purent servir pour des travaux ultérieurs plus probants. Karola Papp poursuivit ses recherches sur la propagation de la rougeole dans son propre pays. Si elle avait, en France et en Hongrie, pu travailler dans des conditions meilleures, elle aurait certainement fait davantage progresser nos connaissances. Elle manifesta toujours aux miens, notamment à ma fille, l'amitié la plus chaleureuse jusqu'au jour où j'eus le chagrin d'apprendre qu'elle avait succombé, sans doute des suites de la blessure qu'elle avait reçue au cours de la révolte du peuple hongrois contre l'oppression russe.

Lorsque, jeune homme, je m'étais initié au monde britannique, j'avais été impressionné par la grande personnalité de Sir Thomas Barlow, qui avait éclairé le problème du scorbut infantile et dont j'écoutais avec respect les leçons cliniques toutes simples, puis j'avais été reçu à l'hôpital des Maladies Infectieuses par J. A. Rolleston, ami du professeur Netter, un des plus grands connaisseurs en histoire de la médecine française. Mais ce furent mes visites au laboratoire de Sir Almroth Wright, au St. Mary's Hospital de Londres, qui me firent la plus grande impression. Wright aimait les Français. Il était l'ami de Metchnikoff et aussi de mon maître Arnold Netter, qui m'avait introduit auprès de lui.

Wright était un homme puissant, de grande et forte taille, qui dominait le laboratoire de bactériologie le plus célèbre de Grande-Bretagne. Il parlait beaucoup, réunissait ses élèves en longues conférences. Le maître occupait un large fauteuil ; les assistants, assis sur un divan, des tabourets ou même par terre, écoutaient. On discutait aussi longuement sur les hypothèses et les travaux de chacun. Je m'efforçais de comprendre et de m'instruire. Wright, olympien, imposait ses idées, critiquait sévèrement et souvent plaisantait. Comme je lui disait une fois que j'étais un clinicien, il rétorqua : « Etes-vous comme tous les cliniciens et trouvez-vous tout clair et tout simple ? » Il me donna ses livres que je lisais le soir, comprenant souvent mal.

Il croyait à la valeur d'épreuves biologiques qu'il avait inventées, mais il était l'objet de critiques violentes et pas seulement des suffragettes auxquelles il s'opposait. Un jour, il me raconta quels ennuis lui avait donnés la vaccination contre la fièvre typhoïde qu'il avait, l'un des premiers, sinon le premier, réalisée chez l'homme : des soldats anglais partant pour l'Orient et vaccinés à Malte étaient tombés gravement malades ; le Parlement britannique avait retenti des protestations violentes d'un député et l'Angleterre, qui avait vu naître Jenner et peu favorable on le sait à l'emploi des vaccinations, s'était indignée.

Plus tard, je devais revoir Wright à Paris, notamment lorsqu'il vint présider la cérémonie d'adieu organisée en l'honneur du professeur Netter ; suivant son habitude, il cita dans son discours *Le Paradis perdu* de Milton.

Parmi les collaborateurs du laboratoire du St. Mary's Hospital se trouvait un petit homme qui passait inaperçu. On l'appelait « l'Ecossais taciturne » ou « Little Flem ». Son attitude m'avait frappé un jour que j'étais assis à côté de Wright. Celui-ci, tout en parlant penché sur son microscope, mettait la préparation au point avec sa main droite, laissant la main gauche pendante. Little Flem, silencieux comme toujours, s'approche doucement de Wright et, sans un geste pour le prévenir, le pique au bout du doigt. Wright continue sa conversation. On avait l'habitude de prendre le sang du patron comme sang témoin. Cette courte scène a représenté pour moi une des images du flegme britannique.

Une anecdote que j'ai oublié de raconter à André Maurois lorsqu'il préparait sa biographie de Fleming dépeint son peu de goût pour la parole. Une fois, suivant l'habitude, tout le laboratoire était réuni autour de Wright et l'on discutait. Chacun avait une proposition de recherche et émettait des hypothèses. La conversation était rapide, brillante. A un moment donné, Wright se retourna vers Fleming et lui demanda : « Et vous, Flem, que pensez-vous ? » Fleming répondit d'une seule syllabe : « Try », conseillant à ses camarades d'expérimenter plutôt que de continuer à parler. Dans l'après-midi, la discussion reprit. A cinq heures, Wright se tourne de nouveau vers Fleming : « Et vous, Flem ? » « Tea. » C'était l'heure du thé. Il n'avait prononcé que deux syllabes dans toute la journée...

Je devais le retrouver plus tard, quand il vint à Paris couvert de gloire. Son esprit d'observation, d'un coup de génie, avait fait de lui le médecin le plus célèbre du monde et le plus digne de l'être. On avait organisé alors deux centres d'étude de la pénicilline, car on ne recevait que de petites quantités du précieux médicament. Pour les adultes, le centre choisi fut le service du professeur André Lemierre, à l'hôpital Claude Bernard, et, pour les enfants, la clinique de l'hôpital des Enfants-Malades.

Nous avons étudié avec lui très minutieusement plusieurs observations choisies. Voici les deux textes de son journal où ne sont relatés que des faits sans appréciation, sauf lorsque d'un mot il dépeint un personnage :

« 7 septembre 1945, 9 heures : hôpital des Enfants-Malades, professeur Debré. Il parle ; je réponds. Vois nombreux cas traités par pénicilline. Méningites : bien. Pneumonies : un sur quatre meurt. Ostéomyélite : Bien. Si abcès s'ouvre et évacué, alors ils cousent en laissant aiguille par laquelle pénicilline est donnée. 11 heures : Claude-Bernard, docteur Laporte. Abcès du poumon traité par injections locales. Peu d'endocardites. 5 h 30 : réception Hôtel de Ville. Discours. Président Académie des Sciences dit que vais être membre.

« Samedi 8 septembre : départ. Debré m'offre un appareil d'inhalation et un livre sur la peinture. Décollé à 2 heures. Home. »

Lorsqu'André Maurois, qui reproduit ce texte dans son beau livre, me demanda ce que j'avais remarqué au cours de cette visite, voici ce que je répondis :

« Ce qui frappait en Fleming, c'était une extrême prudence d'esprit. On ne pouvait dire exactement qu'il fût modeste. Il était conscient de sa valeur et jouissait de sa gloire, mais il craignait par-dessus tout d'aller trop loin dans ses conclusions. Il n'informait que de ce qu'il avait vu lui-même.

« Quand nous lui montrâmes les résultats obtenus en France grâce à la pénicilline, il s'attacha aux échecs plus qu'aux miracles. " Mais reparlez-moi, disait-il, de cette ostéomyélite que vous n'avez pu guérir. " Il voulait rester sur terre. »

Je le revis souvent. Nous faisions partie d'une même commission de l'U.N.E.S.C.O. Il venait avec plaisir à Paris à l'occasion des réunions de cette commission, et nous passions un long moment ensemble chez moi. Je lui demandais conseil pour le travail de mes élèves. Nous parlions de l'organisation de la médecine, du Service de santé national en Grande-Bretagne où son fils s'engageait, de l'enseignement. Il me querellait, car je n'étais pas partisan de mettre au programme l'histoire de la médecine alors qu'il considérait pareille étude comme indispensable pour la formation de l'esprit.

Nous parlions de peinture, de l'Ecosse, de l'Angleterre, de la France. Il avait gardé la simplicité de sa jeunesse, la gentillesse de son accueil pour les plus modestes, l'horreur des phrases vaines, cette façon britannique d'avoir l'air de ne pas traiter sérieusement les choses sérieuses et puis le respect des faits, des faits seuls. Il aimait que je lui répète la phrase de Napoléon Ier : « Les faits ont la tête dure. » Il s'entendait bien avec nous tous, mais jugeait chacun sans indulgence, comme le montrent ses notes personnelles. Il prenait rarement la parole, songeant : « Ils accordent beaucoup trop d'importance à ce que je dis, aussi je dois être prudent. »

Il avait épousé, en secondes noces, une doctoresse hellénique que j'avais connue lorsqu'elle était étudiante à Paris, où elle avait surtout travaillé dans le service d'André Lemierre. Lady Fleming réunissait volontiers ses anciens maîtres. Et voici que quinze ans après la mort de Sir Alexander, son épouse, digne d'honorer sa mémoire, est persécutée par les autorités de la Grèce et a été emprisonnée pour avoir soutenu la cause de la liberté.

Alan Moncrieff descendait, disait-il, d'un écrivain à la vie aventureuse ayant vécu à Paris au moment de la Révolution française et qui avait écrit un petit livre sur les chats, dont Sir Alan fit cadeau à ma fille. Il était de ces Anglais qui entretiennent avec la France et les Français de bons rapports de voisinage. Jeune, il était venu visiter nos hôpitaux. Je l'avais connu alors, et, chose assez rare en ce temps, nous avions pris l'habitude de nous appeler par nos prénoms, si bien que lorsque plus tard il reçut « l'honneur » qu'il méritait, je pus lui écrire : « En France, ce ne sera plus seulement son vieil ami, mais chacun qui l'appellera Alan. »

J'avais grand plaisir à le visiter à l'hôpital d'Enfants de Great Ormond Street, « frère », disait-il, de notre hôpital des Enfants Malades où il venait me voir aussi bien volontiers, chacun s'intéressant aux travaux de l'autre. Je fus heureux qu'une circonstance favorable m'ait permis d'établir une collaboration plus étroite. J'avais été l'invité d'honneur de la section de pédiatrie de la Royal Society of Medicine à son meeting annuel de Windermere.

Pendant quelques jours de travail, et peut-être plus encore de détente, les hommes étant seuls invités, on lisait quelques communications, échangeait des idées autour d'un verre de bière tandis que beaucoup jouaient au golf ou jouissaient de la beauté de la région des lacs. L'hôte d'honneur était l'objet, au cours du toast du président, de compliments pleins d'humour. Celui-ci, professeur à Glasgow, portait le costume écossais. Il me déclara que je devais, comme Français très raffiné et très civilisé, excuser la sauvagerie des Ecossais qui montrent leurs genoux tout nus.

Avec grand plaisir, je retrouvais plusieurs de mes amis britanniques ; David Bodian, homme charmant, d'une amitié fidèle et délicate et remarquable anatomopathologiste qui, dans son domaine, a fait d'importantes découvertes et instruisit plusieurs des élèves des écoles françaises, notamment celle de Marcel Lelong,

Reginald Lightwood, aux idées originales et pleines d'intérêt ; il devait plus tard me recevoir avec son épouse dans leur ferme de Reading, où celle-ci dirige les travaux de la campagne. Un de mes petits-fils fut même accueilli un été par eux pour travailler à la moisson.

Un des élèves d'Alan Moncrieff, Frank Falkner, vint, comme je bavardais avec Alan Moncrieff en buvant une chope, nous proposer d'étudier en commun les normes de la croissance et du développement des enfants européens. Jusqu'à présent, nous nous servions des chiffres américains peu valables en dehors de ce pays. Depuis longtemps, nous sentions que la pédiatrie devait chaque jour davantage s'appuyer sur une meilleure connaissance de la physiologie normale du petit homme en état de croissance. Des données essentielles manquaient dans ce domaine. L'initiative de Frank Falkner nous frappa dès l'abord par son importance ; elle nous montra que l'étude projetée pouvait permettre d'établir d'importantes corrélations entre le développement de l'enfant et son environnement, ce mot étant pris dans son sens le plus large. Frank Falkner est devenu aujourd'hui un chercheur réputé et l'un des plus distingués professeurs de pédiatrie des Etats-Unis. Son projet fut de bon cœur accepté. Il a pris une extension considérable. Nous avons pu, grâce au Centre international de l'enfance et avec la collaboration efficace du docteur Nathalie Masse, créer dans sept villes d'Europe, d'Afrique et d'Amérique, des centres qui ont mis au point des méthodes d'étude ayant donné lieu à de nombreuses publications appréciées. Au cours des réunions de groupes fidèlement suivies ont été mises en évidence des constatations imprévues, apportées des précisions qui nous semblent à présent indispensables. Les enfants étudiés alors dans ces sept villes atteignent à présent l'âge adulte et l'on peut apprendre beaucoup de ces recherches qui se poursuivent.

Plus tard, Alan Moncrieff devait collaborer à l'administration du Centre international de l'Enfance, où nous avons eu pendant bien des années la joie de le revoir et l'avantage d'écouter ses conseils. Pendant qu'il bourrait sa pipe et l'allumait, il avait le temps de préparer sa phrase qui, d'une manière savoureuse, exprimait une opinion originale. Aujourd'hui, nous ressentons tristement sa perte.

Il manquait à E. Görter, professeur de pédiatrie dans l'ancienne et célèbre université de Leyde en Hollande, un grand col plat, un pourpoint de velours noir et un vaste feutre pour figurer tout naturellement parmi les personnages de *La leçon d'anatomie* de Rembrandt. Sa figure mince, surplombée d'un vaste front illuminé par deux yeux clairs et terminée par une grande barbe de couleur blonde et de forme rectangulaire, exigeait en quelque sorte ce costume. Dans son temps, les professeurs hollandais étaient plus proches de la France et moins orientés vers le monde anglo-saxon. Ses collègues, mes amis les professeurs d'Amsterdam, d'Utrecht et de Groningue, parlaient comme lui couramment le français et venaient souvent nous rendre visite.

Dans son hôpital, dans le pavillon entouré de verdure qu'il habitait, nous avons passé des heures agréables et fructueuses ainsi que dans mon service de la rue de Sèvres et ma maison parisienne. Au cours de longues randonnées en automobile, il m'a fait parcourir son pays, ses villes, ses canaux, la campagne qui a inspiré de si grands peintres, fait visiter les fermes et apercevoir « les intérieurs ». Il se plaisait en Touraine ; ses enfants et les miens se sont liés d'amitié.

Il poursuivait à la fois des recherches de biologie et de pédiatrie. Lors de nos rencontres, je lui parlais de mes études sur les maladies du rein et il fut l'un des premiers qui s'intéressa à la mise en évidence du trouble du tubule rénal. Nous avons longtemps discuté sur la signification et l'origine des néphroses.

Pendant de longues années, il fut atteint d'un rhumatisme chronique ankylosant. Il conservait toute son activité intellectuelle, sa bonne humeur, son goût pour l'étude. Il circulait, immobile dans sa petite voiture et vaillamment continuait encore à venir parmi nous pour nous mettre au courant de ses recherches et s'intéresser aux nôtres. Après avoir absorbé des doses considérables d'aspirine pour calmer ses douleurs, il partageait nos repas amicaux. Je regrette de n'avoir pas été présent à ses côtés au moment de la fin de sa vie. Pendant de longues journées d'agonie, il s'était mis à parler français en répétant : « Debré va venir travailler, il faut tout préparer pour l'accueillir. »

Avec Bruxelles tout d'abord, ensuite avec Louvain et enfin Liège et Gand, notamment avec le professeur Dubois et son école de l'Université libre de Bruxelles et le professeur Denys de Louvain, les liens avec mes amis de Belgique ont été pendant toute notre carrière très intimes, la collaboration proche, l'échange d'idées profitable à tous. Le professeur Dubois, poursuivant le projet de ses rêves, la création d'un grand hôpital d'enfants pour toute l'agglomération de Bruxelles, m'appela à son aide pour plaider à ses côtés cette belle cause auprès du roi et de la famille royale. Il semble qu'enfin le projet soit en voie de réalisation.

De tous les pédiatres de réputation universelle, l'un des plus prestigieux est Guido Fanconi. Pendant des années, il a dirigé l'hôpital d'enfants à Zurich et occupé la chaire de cette ville. Ses qualités de clinicien et sa compétence en physiologie, biologie et chimie lui ont permis de montrer des faits nouveaux, et son nom désigne à juste titre plusieurs maladies dont la connaissance lui est due. Sans oublier ses liens avec la pédiatrie germanique qui l'a formé, il s'est rapproché de la pédiatrie française et a pris le goût de notre langue, de notre forme d'esprit. Il est devenu mon ami. Nous avons professé chacun dans la chaire de l'autre, nous avons voyagé ensemble, nous nous sommes rencontrés sous toutes les latitudes, nous avons vécu sous les mêmes toits, j'ai joui de l'hospitalité de sa villa zurichoise et de séjours en montagne, nous nous sommes passionnés pour les mêmes causes.

Il m'a aidé pour l'organisation du Centre international de l'enfance. Nous avons été l'un et l'autre fiers et heureux de parcourir nos longues carrières côte à côte. A présent, nous avons la grande satisfaction d'assister au développement de la science pédiatrique dont nous avons connu les débuts.

La tradition suivant laquelle bien des Genevois venaient travailler à Paris a poussé plusieurs d'entre eux à devenir mes élèves et mes collaborateurs.

Peu après la Première Guerre mondiale, un avion devait transporter, sous la conduite du professeur André Lemierre, un groupe de médecins français chargés d'établir des liens scientifiques avec la Suède. Avec le professeur Arvid Wallgren nous devions, dès ce moment, créer une collaboration qui n'a point cessé. Celui-ci se fit connaître par l'application du vaccin Calmette en Suède, où il obtint, grâce à l'exactitude de sa technique et à la vigueur de son action, l'emploi généralisé de ce vaccin dans son pays, alors que nous rencontrions en France les plus grandes difficultés pour l'appliquer. C'est en grande partie grâce à lui que le fléau tuberculeux a été vaincu en Suède plus tôt qu'en France. Grâce à lui, j'ai connu plusieurs des maîtres de l'académie Karolinska, j'ai été reçu par eux. Nous avons travaillé ensemble au Centre international de l'Enfance et échangé des internes. Il venait volontiers à Paris ; je lui ai rendu plusieurs fois visite à Stockholm et, sous son inspiration, ai été reçu par les diverses universités suédoises, notamment à Uppsala où Tiselius, le prix Nobel de chimie, et Bo Vahlquist, mon collègue pédiatre, m'ont accueilli. Son amitié m'a été chère jusqu'à présent. Il vient de succomber.

Il faisait grand froid lorsque je fus accueilli pour la première fois officiellement à Varsovie, après la Première Guerre mondiale. Sur les quais en bois vermoulu de la gare m'attendait une délégation de professeurs et de médecins engoncés dans de grosses pelisses, la tête couverte par des bonnets de fourrure. Ils poussèrent de grands cris lorsqu'ils me virent arriver. Cet accueil symbolisait la joie des retrouvailles dans une Pologne ravagée et misérable qui recouvrait la vie et la liberté.

A la clinique pédiatrique, les étudiants massés dans l'amphithéâtre acclamèrent la France et entonnèrent, en même temps que les professeurs rassemblés, leur chanson de bienvenue où ils souhaitent à l'autre de vivre cent ans. Nous devions dès ce moment organiser avec Michalovicz, professeur de pédiatrie et ceux qui étaient alors ses assistants : Martha Erlich, Brokman, Mme Hirszfeld, une collaboration définitive. Plusieurs fois, je suis revenu dans ce pays, j'avais connu Varsovie renaissante après la Première Guerre mondiale et, tout près de la place vide où les autorités russes avaient détruit une église catholique, les vieilles maisons de l'ancien quartier au style baroque du XVIIIe siècle et les places avec leur fontaine. Puis j'ai revu Varsovie ravagée par les bombardements massifs de la Deuxième Guerre mondiale où Hitler avait voulu assouvir son désir de détruire la ville et d'anéantir le peuple polonais. Plus tard, j'ai retrouvé les maisons reconstruites avec leur architecture du passé, la ville agrandie, son urbanisme moderne et son industrie croissante. J'ai traversé les campagnes polonaises, croisant les paysans qui parcouraient les routes avec de longs chariots traînés par leurs gros chevaux, et qui le dimanche, quel que soit le régime, remplissent les églises ou, quand elles sont trop petites pour la foule, prient et s'agenouillent sur la place devant le seuil.

Un hiver, j'ai habité à l'Institut d'hygiène, Chocimska 24, et vu de près le travail qui s'y accomplissait comme nous conférions sur les méthodes de lutte contre la tuberculose. Ludwik Hirszfeld m'a promené dans les environs de Varsovie, à Praga, sur les bords de la Vistule, me parlant de ses travaux originaux sur les groupes sanguins et les problèmes d'immunité. Il évoquait ses maîtres allemands. Patriote polonais dont l'éducation scientifique était germanique, il souffrait de la déception que lui causa l'attitude de beaucoup d'entre eux et pour exprimer en quelque sorte sa nostalgie de l'Allemagne qu'il avait aimée, il récitait en allemand des vers de poètes romantiques tandis que nous marchions le long du fleuve. Son épouse, Hanna Hirszfeld, devait devenir l'un des principaux professeurs de pédiatrie de Pologne en occupant la chaire de Wroclaw, capitale de la Silésie reconquise.

Une autre fois von Groër m'accueillit. Si brillant et sachant tant de choses, ami de la musique et des arts, ayant vécu tour à tour sous les autorités russes et autrichiennes, il regagna sa patrie libérée. Il me reçut avec ma fille à Lvov. Au moment où les patriotes polonais devaient suffire à tout, il dirigea l'Opéra de cette ville. Plus tard, je devais le retrouver comme directeur de l'Institut de la mère et de l'enfant à Varsovie.

Dans un moment de détente, je fus conduit jusqu'à Zelazowa Wola, village natal de Chopin. Je me souviens de mon entrée dans le jardin, à côté de mon ami Ludwig Rajchman ; nous avancions à pas lents, nous tenant par le bras, écoutant les airs de musique, car, en ce jour anniversaire, suivant la coutume un concert des œuvres de Chopin était donné dans sa maison natale et, par les fenêtres ouvertes, les mélodies flottaient dans l'air du parc verdoyant. A ce moment, je songeais au petit piano du château de Nohant.

Plusieurs maîtres polonais sont venus travailler à nos côtés. Nos collègues polonais, appliqués de toute leur force au progrès de la science et de la technique dans leur pays, sont, comme nous-mêmes, fidèles à l'amitié franco-polonaise. On connaît la rudesse de leur tâche dans un pays qui a tant de fois souffert de l'occupation étrangère, de la tyrannie, des guerres et des massacres et qui, enserré par deux voisins redoutables, ne doit cesser de lutter pour sauvegarder son indépendance.

Tout récemment, l'ambassadeur de Pologne à Paris m'a remis, au nom du gouvernement de son pays, une haute distinction en souvenir du temps lointain de la lutte contre le typhus ; bannissant tout protocole, dans un mouvement d'hommage familier et amical, il entonna, avec tout le personnel de l'ambassade qu'il entraînait, le chant des étudiants qui, il y a cinquante ans, avait prédit ma longévité.

Il me faudrait de longues pages pour rappeler mes voyages en Italie, en Espagne, au Portugal, en Grèce, en Turquie, en Yougoslavie, en Iran, en Bulgarie et enfin en Roumanie, restée si attachée à notre culture. Se mêlent dans ma mémoire les souvenirs des beautés de ces pays, des amitiés soigneusement entretenues, des discussions sur le travail, de l'accueil chaleureux des anciens élèves et souvent des élans de la foule des étudiants vers notre pays.

***

Nulle région de la terre n'a montré plus de bouleversements pendant la vie de ma génération que le continent africain. Dans mon enfance, on parlait des explorateurs : Livingstone recherché par Stanley, Savorgnan de Brazza remontant le fleuve Congo. Ces récits nous enchantaient. Les aventures de ces voyages courageux nous rappelaient certains romans de Jules Verne qui se passaient en Angola et où il était question de la chasse aux esclaves. J'ai parlé des expéditions coloniales et des conquêtes d'alors.

Au cours de mes premiers voyages, j'étais reçu par les gouverneurs et les administrateurs, ainsi que par les chefs militaires. J'ai trouvé parmi eux des hommes de grande valeur qui sentaient le poids de leures responsabilités. J'ai été accueilli par le Bey et j'ai habité dans le palais de la Résidence de Tunis, dans celui du gouverneur de l'Afrique occidentale et de l'Afrique équatoriale. J'ai été reçu au Maroc par le maréchal Juin, alors Résident. J'ai pu apprécier la vie à la fois rude et à certains égards exaltante des administrateurs civils, chefs absolus, juges sans appel. Nous avons visité Yves Guéna, administrateur civil au Maroc, et Oriane dans un village isolé des montagne de l'Atlas où la vie familiale n'était pas toujours si aisée.

Puis vint la fin de cette période, où le hasard fit que je fus invité à un dîner d'adieux de gouverneurs et d'administrateurs au Congo, qui s'étaient réunis pour la dernière fois. Ils parlaient de l'élan avec lequel ils avaient embrassé une carrière qu'ils aimaient et évoquaient l'administration coloniale qu'ils appelaient « cette chère disparue ».

Vers le même temps, nous avons rendu visite à certains gouverneurs de colonies anglaises qui ne voulaient pas prendre un ton de tristesse en nous indiquant qu'ils étaient les derniers.

A Lagos, en Nigeria, le gouverneur dans sa résidence avait bien l'air d'un *gentleman farmer* de la vieille Angleterre. Il mettait même sa coquetterie dans certains détails négligés de sa tenue. Il donnait la sensation que la colonie qu'il quittait resterait solidement attachée au Commonwealth.

A l'île Maurice, ce fut dans le réduit, résidence des gouverneurs hollandais, français et anglais, qu'eut lieu un dîner d'apparat entièrement britannique. Le porto au début du repas, la forme et le métal des candélabres, le service et la conversation, tout était anglais, dans ce pays de culture et de langue françaises.

Dans les pays libérés, les nouvelles autorités qui forgeaient des nations nous reçurent toujours avec une chaleur amicale. Ainsi avons-nous parcouru les vastes territoires s'étendant depuis la Mauritanie, aux populations nomades, jusqu'au Congo.

J'ai toujours aimé les paysages africains, la savane, la brousse, les forêts, les déserts, les villages et leurs huttes, la foule grouillante et jacassante des foires, l'animation des marchés, les rencontres pittoresques sur les routes, les silhouettes aperçues et les animaux sauvages que chacun connaît à présent. En fréquentant les consultations, les dispensaires, les hôpitaux d'enfants, en travaillant aux progrès de la protection maternelle et infantile, j'essayais d'entrer en contact le plus proche avec les populations mêmes et m'attachais à elles. M'associant au travail que poursuit le Centre international de l'enfance en Afrique, j'ai pu regarder de plus près comment la villageoise élève son nourrisson et admirer ce maternage qui s'oppose à l'abandon et au désastre du sevrage. J'ai pu parler à des anciens, chefs de villages, à de jeunes animateurs, assister à des fêtes qui évoquent les temps de la préhistoire, comme les représentations dramatiques des personnages déguisés et peints, les concours de pirogues aux rameurs nus plongeant dans la vague. Quel contraste avec les enfants des écoles qui vous récitent des fables de La Fontaine !

A Dakar et à Abidjan, je me sens fort à mon aise, retrouvant des amis, des images familières et continuant en quelque sorte la tâche entreprise lors de mes visites antérieures. Le président Léopold Senghor avait fait partie, lorsqu'il était député au Palais Bourbon et ministre français, du jury d'un prix « Enfance du Monde » que Dexia avait fondé. Nos relations étaient donc amicales et anciennes, et j'aimais, lorsque, comme président de la République du Sénégal, il me recevait, lui parler de son université de Dakar, de l'enseignement, de la santé publique et particulièrement de l'enfance sénégalaise.

J'ai connu le président Houphouët-Boigny dans des circonstances analogues et, lorsqu'il fut ministre français de la Santé, j'ai eu l'honneur, comme président de l'Académie de médecine, de l'accueillir au cours d'une séance solennelle. Depuis, plusieurs fois il m'a reçu en ami, sachant qu'il pouvait compter sur ma collaboration pour aider aux progrès de la médecine et de l'hygiène dans son pays dont il dirige puissamment le rapide développement. Il se souvient volontiers que lorsqu'il prit en main les destinées de son peuple où il fallait réaliser l'unité de la patrie, je lui apportai une édition du texte célèbre de Renan : « Qu'est-ce qu'une nation ? » C'est en Afrique surtout que le Centre International de l'enfance a, pendant des années, travaillé avec ardeur et succès. J'en parlerai plus loin.

⁂

J'ai peu voyagé en Extrême-Orient. Un séjour bref en Inde laisse à chaque visiteur occidental l'impression d'un monde immense, différent de tous les autres. Après avoir eu l'honneur d'une réception d'une courtoisie raffinée que me réservait le pandit Nehru, j'essayais de me renseigner, tout en regardant avec un intérêt passionné le peuple indien dans ses villes et ses campagnes, sur les problèmes de l'enfance, sur ceux de la santé publique. Malgré les efforts sérieux et valables dont les effets n'apparaissent pas encore, la grande misère, l'archaïsme des mœurs frappent surtout le visiteur superficiel. Après la libération de l'Inde, les liens intellectuels sont restés si fort avec la Grande-Bretagne qu'il y a peu de place pour notre collaboration. Le Centre International de l'enfance s'efforce actuellement de la développer.

Au Japon, je retrouvai des amis personnels et des élèves qui avaient soigneusement préparé mon voyage. Je pus donc, non seulement me plonger dans cette foule grouillante des grandes villes japonaises, admirer les monuments du passé, mais être introduit avec une certaine intimité dans quelques familles. Des repas traditionnels nous furent offerts. Nous avons assisté à une cérémonie de mariage. Nous fûmes les hôtes d'honneur du banquet donné par le ministre Sato pour célébrer le Fonds des Nations unies pour l'enfance, où furent déployés le faste des réceptions d'apparat et les rites de la politesse japonaise. L'occasion me fut fournie d'entendre parler des grands problèmes posés à ce pays renaissant, s'élançant vers une des premières places avec une énergie singulière. J'ai pu assister à certaines cérémonies rituelles et m'asseoir sur les bancs du fameux Jardin de pierres, à côté de jeunes gens immobiles, silencieux, recueillis.

J'ai donné des leçons dans différentes universités et professé un cours à l'Institut franco-japonais. La génération des médecins japonais instruits à l'école allemande et parlant allemand est remplacée par une génération nouvelle qui n'a appris que l'anglais. Mais, d'une part, cette connaissance était souvent imparfaite et, d'autre part, je ne voulais pas abandonner notre langue. Je m'exprimais donc en français, ayant toutefois pris soin de multiplier les projections toutes éclairées par un texte détaillé en japonais. Par ailleurs, mes collaborateurs japonais traduisaient mes paroles quand il en était besoin. Ainsi, comme j'en ai eu la preuve plus tard, ai-je pu être convenablement compris.

En Indochine, c'était encore la guerre. A Saïgon, en 1962, le président Diem était au pouvoir. Il me reçut et me parla longuement de sa mission, de ses projets, de sa lutte contre le Viêt-Cong, de l'établissement de villages fortifiés. Tous parlaient des horreurs de la guerre civile et cependant l'aspect de la ville restait animé et même joyeux. Les jeunes gens parcouraient les rues à bicyclette, et chacun vaquait à ses affaires. Le dimanche, les plus heureux s'adonnaient au ski nautique sur le fleuve. A Cholon, la ville chinoise de la banlieue saïgonnaise, mon élève le Dr Wang, fidèle à l'enseignement parisien, régnait en maître sur sa foule où la plupart des enfants avaient reçu ses soins. On recommandait aux promeneurs de ne pas trop s'éloigner de la ville, car les environs n'étaient pas sûrs. Dans les hôpitaux, la réception était chaleureuse et partout se pressaient autour de nous professeurs et étudiants fidèles, amicaux, heureux de nous entourer. Quelle joie de prononcer une leçon devant eux, quelles conversations sympathiques avec le doyen et les professeurs !

Le Cambodge, lors de mon voyage, était calme et comme éloigné des soucis. Ce temps heureux ne dura pas, comme on sait. Avec le prince Sihanouk, qui m'accueillit en son palais, de même que les autorités de ce pays, l'amitié paraissait toute naturelle et notre collaboration était une nécessité évidente. A l'Institut Pasteur de Pnom-Penh se poursuivait un travail intéressant, et à l'Ecole royale de médecine les élèves étaient disciplinés et studieux.

L'extraordinaire Angkor, magnifiquement restauré et entretenu par l'équipe d'architectes et d'archéologues français, laisse de grands souvenirs qui n'effacent pas ceux des maladies et des misères frappant le peuple et notamment les enfants, ni celui du vaillant labeur des hommes et des femmes et enfin de l'amitié.

Cette visite d'Angkor fut une des plus impressionnantes que nous fîmes au cours de tous nos voyages.

Au Laos, deux camps s'opposaient à coups de fusils et de canons et cependant la vie de Vientiane et des campagnes ne paraissait pas profondément troublée. La pauvreté, voire la misère, était frappante, mais aussi une sorte de bonne humeur indolente et d'extrême gentillesse, un accueil gracieux, tout autant des princes que de la population paysanne.

Dans toute l'Indochine, les Français étaient considérés et reçus comme des amis. Il semble qu'on ne retenait du passé que leurs bienfaits. Ministres, médecins, fonctionnaires parlaient notre langue avec la plus grande aisance et, imprégnés de notre culture, se sentaient très proches de nous ; nous éprouvions à notre tour les sentiments d'une véritable communauté d'esprit.

Depuis cette visite, ces pays furent ravagés et la paix n'est pas encore complète, mais de ce voyage ancien, de la bonne qualité des médecins et biologistes vietnamiens qui travaillent en France, du désir qu'ont nos confrères de l'ancienne Indochine de s'appuyer sur nous et du témoignage de ceux qui ont continué à y enseigner en français comme le professeur André Lemaire, résulte le devoir, pour le proche avenir, d'un rapprochement culturel et scientifique avec les deux Vietnam comme avec le Cambodge et le Laos.

*
**

J'ai bien souvent traversé l'Atlantique, jadis en bateau, puis en avion, d'abord au cours de voyages longs, entrecoupés d'escales, d'arrêts prévus ou imprévus en Irlande ou aux Açores, à Terre-Neuve, en Islande ou au Labrador, avec des retards souvent de vingt-quatre ou quarante-huit heures, puis ensuite par des trajets fort rapides. A plusieurs reprises, avec intérêt et émotion, j'ai visité les Antilles françaises et aussi le Canada et l'Amérique du Sud.

Au Canada, le professeur André Frappier, disciple de Calmette, nous recevait à Montréal. Dans son institut comme à Paris, nous avons collaboré. Il était comme moi-même soucieux de donner une valeur rigoureuse à la production industrielle du vaccin B.C.G., d'approfondir son mode d'action, de définir l'importance et les limites de son efficacité. Il vient de mettre en évidence récemment l'action protectrice du vaccin de Calmette contre la leucémie de l'enfant. Calmette proclamait que son vaccin avait non seulement une action de prémunition contre la tuberculose, mais aussi des effets heureux d'un caractère plus général. Quelle joie n'aurait-il pas éprouvée en apprenant d'André Frappier que les enfants vaccinés avec le B.C.G. étaient moins atteints que les autres par la terrible leucémie aiguë !

Comme on le sait, au cours de ces dernières années se sont développés avec les Canadiens français des échanges d'étudiants, de professeurs et des liens de travail. J'ai eu l'occasion de recevoir plusieurs d'entre eux à l'hôpital des Enfants Malades puis, plus tard, au Centre international de l'enfance et enfin à l'Ecole de santé publique de Rennes. Comme je fus heureux lorsqu'un soir, où je les avais invités à Montréal, mes élèves canadiens devaient se réunir, beaucoup ayant parcouru en traîneau des centaines de kilomètres sur la neige pour se trouver parmi nous.

Après une de mes conférences devant les pédiatres du Québec se réunirent à dîner Canadiens français et anglais, ce qui n'était pas si fréquent à cette époque. Au moment de porter le toast, pour bien souligner la présence de son hôte français, le président canadien britannique, au lieu de murmurer les mots traditionnels : « The Queen », prononça en notre langue : « La Reine. »

Ce fut un grand jour lorsque, en janvier 1967, à Sherbrooke, où les Canadiens français avaient peu à peu pris la place dominante, sur la suggestion du doyen La Salle, le recteur nous invita, mon fils Michel et moi-même, et qu'au cours d'une grande cérémonie il nous décerna les deux premiers diplômes de docteur *honoris causa* de cette université nouvelle. Lorsque nous fûmes l'un et l'autre revêtus de la robe noire et du « cap », en notre nom commun, mon fils se chargea des remerciements et prononça un grand discours de politique générale.

Un grand dîner avec les maires des grandes villes du Canada français devait clore cette journée exceptionnelle.

***

Au cours de mes premiers voyages en Amérique latine, après la Première Guerre mondiale, régnait dans ces pays une bourgeoisie aisée, orientée vers la culture française, parlant parfaitement notre langue, lisant nos livres et venant le plus souvent qu'il était possible revoir Paris. Partout l'influence française se faisait sentir. A Mexico, les descendants de Français, les Barcelonnette en particulier, jouaient un grand rôle. Au Brésil, la philosophie positiviste d'Auguste Comte avait laissé une trace profonde. Presque partout, les fillettes apprenaient le français dans les écoles religieuses où elles étaient élevées, et les garçons fréquentaient les écoles et les lycées français. Au moment de la victoire de 1918, après la longue séparation et les années d'inquiétude, nous étions attendus.

Au Brésil, j'assistai jadis à la naissance de l'école pédiatrique fondée par le professeur Torres Barbosa.

Depuis ces dernières années, la physionomie de cet immense pays a changé ; il a pris un développement prodigieux, ses villes tentaculaires sont devenues gigantesques. J'ai assisté à la transformation de São Paulo, ressemblant maintenant aux cités de l'Amérique du Nord par sa taille, son activité et, dans une certaine mesure, l'esprit qui y règne. J'ai vu naître Brasilia, entreprise audacieuse et étrange qui intrigue, intéresse et, semble-t-il, finalement réussit. On tente d'y instaurer des nouveautés dans l'enseignement de la médecine et des institutions hospitalières. L'influence américaine et la langue anglaise sont venues se substituer à l'influence européenne et à la langue française. De différentes manières, nous essayons de lutter pour reprendre notre place dans ce vaste pays aux contrastes les plus frappants puisqu'il abrite à la fois les derniers peuples sauvages et nus dans les forêts de l'Amazonie et les savants ainsi que les lettrés les plus raffinés.

Malgré les grandes différences économiques et sociales qui séparent les classes dans ce pays et, dans les campagnes lointaines, la persistance d'une domination très rude des possédants, on ne peut qu'être séduit par la bonne grâce et la gaieté d'un peuple qui ne connaît pas les différences raciales et dont l'avenir montrera sans doute un développement rapide et de grande portée.

J'ai visité certaines régions de la République Argentine, enseigné dans ses facultés, établi des liens avec ses maîtres en pédiatrie, été reçu dans certaines estancias si pittoresques au milieu de la pampa, plaine infinie que traversent des troupeaux de bovidés, de chevaux et d'autruches.

C'était en Uruguay, alors prospère, que je fus reçu par le professeur Morquio. Fils de ces Italiens lombards ou toscans qui ont tant défriché de terres en Amérique du Sud, construit de maisons et tracé de routes, il avait gardé sous des traits assez rudes une vigueur et une verdeur paysannes. C'était un pédiatre de qualité. Il avait non seulement décrit une maladie malformative qui porte son nom, mais aussi formé une excellente école uruguayenne. En souvenir et en reconnaissance, Montevideo lui a dressé une statue sur une de ses places. Il me reçut comme un messager de la médecine française et par la suite les liens noués lors de cette première visite permirent le développement de notre travail en commun.

Beaucoup plus tard, je devais être reçu par Mme le professeur Saldun de Rodriguez qui, entourée de tous nos amis de la Société urugayenne de pédiatrie. consacra toute une séance à l'étude des problèmes auxquels je m'étais intéressé.

J'ai connu le Pérou d'hier, reçu en 1930 par le président Leguia, qui m'invita à la grande fête du 14 juillet où l'on entonna les deux hymnes nationaux. Puis je lui ai rendu visite dans sa villa gardée par des soldats qui avaient un costume voisin du nôtre, dolman bleu et pantalon rouge et où en attendant l'heure du rendez-vous, je voyais dans le jardin, volant autour de grandes fleurs aux couleurs vives, de petits oiseaux-mouches. Il devait, peu de jours après, être destitué et prendre le chemin de l'exil. Un grand professeur de droit, Prado, lui succéda ; lui aussi fut exilé et je le retrouvai à Paris.

Accueilli jadis par le professeur Paz Soldan à Lima, je fis alors le voyage de Arequipa pour visiter Escomel, élève du professeur Letulle, que j'avais connu durant mon internat. Ce qu'étaient les voyages dans ce pays à cette époque, tout le monde l'a oublié : les petits chemins de fer qui gravissaient les pentes des Andes et faisaient fuir les troupeaux de vigognes, les voitures à cheval sur les routes traversant les villages indiens où étaient accroupis, vêtus de noir, les marchands au visage triste, les arrêts dans de grandes baraques qui servaient de comptoirs où l'on venait acheter une fourrure apportée par les chasseurs de la montagne et où l'horrible odeur des peaux qui séchaient incommodait autant que le mal des montagnes.

Lourde était la misère des banlieues et des campagnes, mais je ne me doutais pas alors de la gravité des troubles déterminés par une alimentation insuffisante ou déséquilibrée chez les enfants. Avec Monge, je vis dans la montagne les autochtones victimes de la maladie qu'il a décrite et qui est due à la vie en altitude. Ce que fut ce premier contact avec la population indienne reste inoubliable. Plus encore qu'aujourd'hui, elle formait un peuple isolé n'ayant guère changé sa vie depuis de longs siècles. La dureté de son existence, le caractère rudimentaire de ses villages me laissaient une impression mélancolique ineffaçable. Lima avait gardé son caractère archaïque, évocateur de l'époque des vice-rois gouvernant pour le roi d'Espagne et de la Perichole dont on montrait l'hôtel. Je me souviens de l'entrée dans la cathédrale même, d'un vieux paysan indien avec son lama chargé de bois sec ; l'homme, en geste d'adoration, s'étendit de tout son long sur la pierre du sol ; le lama restait à côté de lui, devant l'autel. L'évêque, qui avait tenu à me faire visiter sa cathédrale, s'excusait auprès de moi de la mauvaise odeur que dégageaient ses fidèles, qui, dit-il, ne se lavaient point.

La visite des monuments incas était alors difficile et le trajet long et compliqué. On était récompensé de ses efforts par des spectacles grandioses, image d'une civilisation disparue et dont alors on ne parlait guère.

A l'hôpital, je retrouvai quelques sœurs de charité françaises qui n'avaient point vu de compatriote depuis fort longtemps. Depuis, bien des changements sont survenus en ce pays dont certains ont réalisé des progrès, mais où certains problèmes restent difficiles à surmonter pour améliorer la santé du peuple péruvien.

Au Chili, j'ai été reçu jadis par Calvo Mac Kenna, qui représentait ce pays à l'Organisation d'hygiène de la Société des Nations. C'est avec lui que je visitai Santiago, admirai la beauté du paysage lorsque le soleil couchant éclaire la cité et la montagne.

J'ai aussi vu dans ce pays, au cours de mes voyages, changer les régimes et les présidents. J'étais même présent lorsqu'Ibañez prit le pouvoir, ses cavaliers parcourant la ville au trot en refoulant devant eux tous les manifestants ; c'était la manière alors de faire une révolution. Aujourd'hui, on s'empare à coups de mitraillettes de la station de radio.

Beaucoup plus tard, nous devions être reçus par Ibañez, depuis longtemps président de la République, en un grand déjeuner à l'occasion d'une remise de décoration. Le président ne parlant ni français ni anglais, et faute d'interprète, le repas parut long tant étaient durables les silences. Les pédiatres de ce pays ont apporté une contribution importante aux études sur les maladies de l'enfant et poursuivent jusqu'aux troubles si graves de l'heure présente, la collaboration établie avec le Centre international de l'enfance.

En Colombie, à Bogota, je parvins à établir les mêmes liens de collaboration après une visite amicale et fructueuse.

Je fus passionné par ma visite au Mexique. Des recherches archéologiques, historiques et préhistoriques, le caractère saisissant des paysages, l'animation des passions sociales et politiques, l'évolution rapide de cette république m'avaient frappé lors de mes premières visites.

Actuellement, dans tous les pays de l'Amérique latine, le Centre international de l'enfance a organisé, en collaboration avec l'Institut Panaméricain de l'enfance, un travail régulier pour développer la formation du personnel et l'éducation populaire dans ces immenses étendues du Nouveau Monde.

*
**

Je voudrais évoquer maintenant mes voyages et mes séjours aux Etats-Unis d'Amérique.

Au cours du XXe siècle, la vieille Europe perdait en partie sa vitalité ; chaque année baissait la fécondité de ses peuples. Riche encore en intelligences, en capacité d'inventer et de produire, en création d'idées nouvelles, elle aurait sans doute pu continuer à diriger les peuples dans la voie du progrès si, deux fois en vingt ans, elle n'avait pas sauvagement massacré sa jeunesse.

De l'autre côté de l'Atlantique, les Etats-Unis s'équipaient, vouaient les plus doués de leurs enfants au développement des techniques et à la recherche scientifique, appelaient à eux les meilleurs des esprits. La grande industrie, les banques, les entreprises florissantes consacraient le surplus de leur richesse aux investigations dans tous les domaines. Il semblait que fussent déchaînées toutes les puissances de l'énergie matérielle et intellectuelle.

Au lendemain de la Deuxième Guerre mondiale, une écrasante suprématie était établie. Après avoir été isolés du monde et voués à la misère, les Français devaient se tourner vers la nation américaine. Nos maîtres et nous-mêmes avions l'habitude de fréquenter les pays de la Méditerranée et de l'Orient ainsi que les pays de la langue latine où une longue tradition nous assurait des succès faciles. Il ne fallait surtout pas nous borner à retrouver au milieu des effusions les traces de notre ancien prestige. Le devoir était ailleurs. Il fallait maintenant s'attaquer au plus dur, nous rendre dans les pays où nous étions méconnus, où notre langue était ignorée, notre passé oublié, nos capacités peu estimées. Pour retrouver une place honorable dans le monde scientifique après l'abaissement et le désastre, il fallait travailler avec acharnement pour nous mettre, malgré le dénuement, au courant des acquisitions récentes, des nouveaux mouvements de pensée, et pour appliquer les dernières découvertes. Ensuite, nous pourrions faire connaître les résultats d'un effort difficile et enfin mériter l'estime de ceux dont le jugement dominait le monde. Il était à la fois dur et urgent de monter une pente très raide, mais il était clair que nous devions rassembler nos forces, faire appel à notre énergie et partir à l'assaut.

J'avais l'esprit rempli de ces idées lorsqu'en 1947 je fis mon premier grand voyage aux Etats-Unis. Avant la guerre, j'avais à peine pu profiter d'un séjour trop rapide. Cette année-là se tint à New York le premier Congrès international de pédiatrie après la Seconde Guerre mondiale. L'Association internationale de pédiatrie, fondée à Paris plus de trente ans auparavant, avait organisé plusieurs congrès importants et fort intéressants. On peut craindre à présent que ces grands congrès internationaux ne perdent beaucoup de leur intérêt scientifique en raison de leur gigantisme, mais nous n'en étions pas là en 1947. Tous les professeurs de pédiatrie du monde et beaucoup de leurs assistants étaient rassemblés. On imagine combien les rencontres furent émouvantes. L'accueil américain — c'était la grande période de la générosité américaine — fut somptueux et touchant. A l'issue du banquet final, qui eut lieu dans une immense salle du Waldorf Astoria, je fus chargé de prononcer l'allocution de remerciement au nom des hôtes étrangers. J'étais heureux de faire retentir le langage français devant cette assistance internationale qui avait presque exclusivement parlé anglais. Je composai un discours fait de phrases courtes et de mots simples. Je parlai sans notes, lentement, détachant les syllabes et, m'a-t-on dit, d'une voix chantante, si bien qu'une partie de l'auditoire comprenait — ou peut-être croyait comprendre — ce que je disais et tout au moins était entraînée par la mélodie de la langue française. Pour une grande partie de ceux qui m'écoutaient, qui savaient le français ou l'avaient su mais ne l'avaient pas entendu depuis des années, la sonorité de celle-ci faisait vibrer en eux des souvenirs qui les touchaient. Je parlai du sort des enfants de l'Europe au cours de la guerre, des souffrances et des efforts faits pour les secourir. J'exposai les faits sans aucune emphase et montrai la volonté de renaissance parmi ceux qui avaient la charge de la génération nouvelle. Certains me parlent encore de ce discours qui leur apparut comme le message collectif de tous leurs amis d'Europe émergeant à peine du malheur.

Grâce à la fondation Rockefeller, je pus parcourir les universités américaines et instituer des relations définitives avec les pédiatres de ce continent. Un faisceau de collaborations précieuses pour toute la pédiatrie française put s'établir avec plusieurs centres intellectuels des Etats-Unis. Par la suite, je devais fréquenter les Etats-Unis presque chaque année, pendant plus de vingt ans, profitant du conseil d'administration du F.I.S.E./U.N.I.C.E.F. dont je parlerai plus loin. Je retrouvais ainsi mes amis américains. Ils nous recevaient à leur foyer et, peu à peu, entre nos familles s'établissaient des liens d'amitié qui ont contribué à former un des agréments de notre vie. Quand ils venaient en France, notre maison tourangelle les accueillait et les ravissait.

J'ai pu, ainsi, approfondir ma connaissance des hôpitaux américains, des laboratoires, des universités, apprécier les qualités des institutions et des hommes et aussi connaître leurs défauts, tirer profit, pour promouvoir nos progrès, de toutes sortes d'informations pertinentes. Cette connaissance un peu moins superficielle que celle de beaucoup de voyageurs me permettait des jugements plus nuancés que ceux portés habituellement sur les Américains par ceux qui ignorent les profondes dissemblances entre les Etats ou qui n'ont pas aperçu l'envers du décor.

A l'institut Rockefeller, où par la suite je devais être reçu presque chaque année, je fis la connaissance de René Dubos. Ce Français d'origine, agronome par sa formation, avait parcouru aux Etats-Unis une carrière brillante grâce à l'originalité de son esprit, à la puissance de son imagination scientifique et à la clarté latine de sa pensée et de son style.

A Boston, je jouissais de l'atmosphère de l'Université Harvard, l'une des premières du monde américain. J'en ai retrouvé souvent avec plaisir le parc peuplé de pigeons et d'écureuils gris qui viennent avec familiarité demander leur nourriture. J'évoquais, en montant le grand escalier de la bibliothèque, le souvenir du général Marshall qui avait prononcé sur ces degrés mêmes le grand discours où il offrait son fameux plan d'aide à l'Europe. Je fréquentais aussi l'Ecole de santé publique, y exposais les problèmes de lutte antituberculeuse. Son directeur, Harold Stewart, me recevait à son foyer de Brooklyne.

Il arriva qu'un jour, en 1956, par hasard, je me trouvai invité par l'Université Harvard en même temps que mon fils Michel. Le matin, je faisais, devant les étudiants en médecine, une leçon sur la tuberculose primaire de l'enfant ; lui devait, le soir, diriger un séminaire sur des problèmes politiques. Notre parler anglais était imparfait, et chacun, tout en écoutant l'autre et tout en remarquant les erreurs de diction, était fier de cette coïncidence exceptionnelle, car je ne crois pas qu'il advint souvent que deux invités français, père et fils, aient eu l'occasion de prendre la parole dans cette université durant la même journée.

Dans cette ville je me sentais entouré par une chaleureuse sympathie. Le professeur David Rutstein est devenu un ami tout proche, souvent accueilli avec joie à notre foyer. Des liens amicaux nous unissent avec Charles Janeway et les siens, comme avec Clemens Smith, Sydney Farber et bien d'autres encore.

La pédiatrie à l'Université Harvard était en grande partie dominée par James Gamble. Malgré sa retraite, il continuait à travailler. Il me reçut dans sa ferme, où il montrait volontiers son étable modèle. Au cours des promenades, il rappelait la Grande Guerre où il avait servi comme médecin militaire avec les troupes américaines, dirigeant pendant quelque temps un hôpital de grands blessés au Plessis-Piquet. Il y était aidé par des religieuses. « C'était, me dit-il, une joie que de travailler avec elles. Mais nous avions de petites disputes ; dès que j'ouvrais une fenêtre, l'une d'entre elles criait : " Courant d'air " et se précipitait pour la fermer ! » Faut-il dire qu'à ce moment on n'avait point de traitement des gangrènes des blessés ; les Anglais et les Américains étaient partisans du *fresh air* dont les religieuses avaient peur.

L'enseignement de Gamble fut pour moi d'une grande importance. Il démontrait que le choléra infantile, si répandu et si redoutable à cette époque, était dangereux moins par le processus infectieux que par le trouble dramatique apporté au métabolisme de l'eau et des sels qu'il faut rapidement doser et auquel il faut appliquer un traitement d'urgence sauveteur. Cette leçon avait une grande portée non seulement par ses conclusions de pratique thérapeutique, mais aussi parce qu'elle nous montrait la nécessité de ne pas nous orienter trop exclusivement, comme on le faisait en France, vers l'action pathogène des microbes, mais d'approfondir davantage la physiologie du métabolisme et l'étude de ses dérèglements.

Plus tard, au cours de mes visites bostoniennes, nous devions être reçus par John Enders et son épouse. En me promenant au milieu des roses de son jardin, j'aimais deviser avec ce savant modeste et de si grande allure auquel nous devons la découverte du virus de la poliomyélite qui permit la lutte victorieuse contre un des plus grands fléaux de l'enfance. J'ai eu l'honneur de le recevoir sous la coupole au nom de l'Académie des sciences.

A Cincinnati, George Guest et son épouse, que nous appelions familièrement M. L., nous recevaient. Ils sont devenus des amis très proches de ma femme, de moi-même et de tous les nôtres. Ils aimaient la France et sa culture. M. L. traduisait en américain les poèmes de Jacques Prévert. Ils goûtaient nos paysages, appréciaient la cuisine et les vins de France. Dans leur cave aménagée en tonnelle se trouvaient trois petits barils tricolores sur lesquels était peinte la devise « Liberté, Egalité, Fraternité ». Chez les Guest, nous célébrions, réunis dans le jardin, « le *Bastille day* ». Le chant de *La Marseillaise* émis par un disque retentissait dans l'air, et la table était ornée d'un grand bouquet aux trois couleurs. Georges Guest a instruit et guidé beaucoup de mes élèves et m'a introduit auprès de ses collègues de Cincinnati, en particulier Lee Foshay ; sans la réaction originale trouvée par lui, je n'aurais pu étudier la maladie des griffes de chat que j'avais mise en évidence. Il m'a fait connaître également A. Weech, J. Warkany, A. Sabin, qui a préparé le vaccin vivant buccal contre la poliomyélite et nous a aidés à former notre équipe de virologues.

J'ai passé des moments heureux à New Brunswick chez Selman Waksman, découvreur du premier médicament antituberculeux. Dans sa villa toute simple, il me montrait ses images de caricaturistes français. Il possédait de beaux albums de Daumier, de Gavarni, de Forain, de Caran d'Ache dont la collection le réjouissait fort. Lorsqu'il ne nous invitait pas à la cafétéria de l'université, nous prenions chez lui le repas simple que préparait et servait son épouse. Il racontait volontiers les voyages triomphaux qu'il avait accomplis à travers le monde après qu'il eut obtenu le prix Nobel. Il évoquait notamment ce prince impérial du Japon, versé en littérature et en langue hébraïque, qui lui rappelait l'enseignement qu'il avait reçu étant enfant dans l'école juive de sa Russie natale. Il jouissait d'une manière toute simple et toute naturelle de la réputation que lui valaient les immenses bienfaits résultant de sa découverte.

Souvent, au cours de mes voyages plus récents en Amérique, est revenu dans ma mémoire le souvenir de mon premier contact rapide avec ce pays peu après la Première Guerre mondiale. J'avais été guidé par Haven Emerson, professeur d'hygiène à l'université Harvard et neveu du grand poète. Cet homme charmant, que j'avais connu en Touraine pendant la Grande Guerre et qui avait été reçu par nous dans la maison de Nazelles, me présenta en quelque sorte son pays. Puritain noble et naïf à la fois, il voulait me montrer l'effort fait par les Américains généreux pour que leur pays n'apparaisse pas comme entièrement voué à l'argent. Il me faisait voir les établissements de bienfaisance, les bibliothèques, les musées, les universités, les abris pour émigrants et même les bancs pour le repos des gens âgés dans des parcs aménagés avec une candeur bienveillante, se félicitant de la générosité des riches Américains. Le problème de la négritude le souciait fort, mais il ne soupçonnait pas l'ampleur et la gravité qu'il devait prendre plus tard. A ce moment, on n'était point hanté en Amérique par les scandales de la corruption, de la drogue, de l'insécurité dans les villes, par le développement du banditisme et de la délinquance, par la pollution industrielle, qui devaient prendre tant d'importance de nos jours. L'image d'une sorte de paternalisme religieux et satisfait de soi-même devait cacher aux yeux du visiteur les immenses tares de la pauvreté et de la dureté impitoyable de la lutte pour la vie. On sentait alors beaucoup plus qu'aujourd'hui l'idéalisme des pèlerins du *Mayflower*, des quakers et puritains et des « insurgents », et les intentions généreuses de George Washington, Benjamin Franklin et Abraham Lincoln. Haven Emerson représente pour moi l'héritier de cette Amérique qui avait aimé la France et que la France avait aimée.

Tous mes séjours en Amérique furent dominés par l'affection d'Edouard et d'André Cournand. Fils d'un médecin parisien, ils étaient issus d'une vieille famille française où l'on gardait le souvenir d'un ancêtre célèbre, l'architecte Mansard.

André Cournand avait été mon interne lorsque j'étais jeune patron. J'avais senti qu'il était fait pour la recherche scientifique. Je le lui ai dit un jour que je l'avais emmené pour participer à une réunion scientifique en Angleterre. Nous revenions ensemble par le bateau et par le train et je lui parlai de son avenir et de ses qualités. Ce furent des circonstances personnelles qui lui firent quitter la France et répondre à l'appel de son frère Edouard, qui était établi à New York. Au reste, comment aurait-il pu trouver alors en France les moyens de poursuivre le travail biologique qui l'intéressait ? André Cournand se mit à travailler dans cette ville, s'instruisit en physiologie auprès de Dickinson Richards et bientôt montra qu'il était un maître. Par les expériences sur le cathétérisme du cœur chez le singe puis chez l'homme, le dosage du gaz du sang et les changements pathologiques dans le système circulatoire, Dickinson Richards et André Cournand ont réalisé une véritable révolution dans notre science de la cardiologie et permis la naissance de la chirurgie cardiaque dont on connaît l'essor. Ce furent ces travaux, auxquels est associé le précurseur allemand Werner Forssmann, qui valurent à André Cournand et à Dickinson Richards l'attribution du prix Nobel. L'originalité et l'importance de cette découverte justifient la grande célébrité qui entoure les noms de Dickinson Richards et d'André Cournand.

André Cournand, bien qu'il eût, comme américain, parcouru sa carrière universitaire et remporté ses succès, était resté français comme tous les combattants de la guerre 1914-1918. Il s'associa à mes efforts pour développer dans notre pays la médecine et la biologie nouvelles. Il fit beaucoup pour l'accueil de nos cadets aux Etats-Unis et la réussite fructueuse de leur travail. Lorsque fut organisée, sous l'autorité de Michel Debré, la Délégation à la Recherche auprès du Premier ministre, André Cournand fut un conseiller efficace.

A New York, Edouard Cournand, généreux et chaleureux, nous accueillait à bras ouverts et André, avec les siens, nous entourait et facilitait mes entreprises. André Cournand fut, avec Charles Nicolle, l'un des deux anciens internes des hôpitaux de Paris titulaires du prix Nobel. On s'explique ce petit nombre si l'on songe que le prix Nobel n'est pas destiné aux médecins cliniciens. Je suis fier de le compter parmi mes anciens élèves. L'affectueux attachement qui unit nos deux familles s'est fortifié au cours de nos existences poursuivies côte à côte.

De mes amis américains, j'ai toujours apprécié la cordialité si simple. La rigueur de leur travail, la sévérité avec laquelle ils déploient leur esprit critique dans les discussions, la franchise avec laquelle ils expriment leur opinion, la sûreté de leurs connaissances fondamentales et, chez les plus grands, la modestie, ont provoqué en moi un sentiment de grande estime. Je connais aussi les défauts de leur nation et je dois dire que je suis reconnaissant à ceux d'entre eux qui excusent ceux de la nôtre. Les mots de Jean Giraudoux, « *Amica America* », ont en moi une résonance personnelle.

***

Il va de soi que ces voyages proches ou lointains eurent des caractères bien différents au cours de ma longue carrière. Modeste chercheur de connaissances dans mon jeune temps, je devais par la suite le plus souvent professer en prenant grand soin de mettre en lumière les notions nouvelles dues aux travaux des médecins et biologistes français, en dégageant bien les faits connus et en délimitant les zones obscures pour ne pas donner une sensation de fausse clarté.

Toutes les fois qu'il était possible d'être entendu, mon enseignement était fait en langue française, mais j'étais souvent obligé, profitant de l'indulgence de mon auditoire, de m'exprimer dans un anglais très pauvre. J'essayais de me servir seulement de quelques images et de quelques tableaux bien choisis pour enseigner par la parole suivant l'habitude ancienne.

Plus tard, je devais me préoccuper des problèmes d'enseignement, d'organisation des études, prendre part à des réunions universitaires et m'associer à des groupements voués à la pédagogie médicale. Comme je m'attaquais aux principes et aux doctrines régnantes et comme je lançais souvent de grandes idées de réforme, certains Américains, avec humour, disaient pour me plaisanter que j'étais un homme d'Etat.

J'ai eu la satisfaction de participer à l'élaboration de programmes d'enseignement, à la diffusion de certains principes et à l'adoption de mes idées dans des universités étrangères.

Mes voyages à l'étranger étaient toujours brefs, le travail à Paris interdisait de longues absences. Aussi devais-je les préparer soigneusement, établir un programme sévère, ne pas perdre la moindre parcelle de temps. Je faisais un effort pour connaître, j'ose presque dire pour deviner, les qualités des maîtres qui me recevaient, pour entrer en relation avec leurs assistants et pour réaliser ce double courant d'informations qui est souvent si difficile à établir.

Les conversations avec les médecins, on le sait, permettent assez rapidement d'acquérir quelques connaissances sur la population de leur pays. Ils savent organiser des contacts directs avec le peuple qui leur donne sa confiance. Ainsi le voyageur, après un séjour rapide et superficiel, finit-il par avoir l'illusion qu'il connaît un peu la population qu'il a entrevue.

Partout les représentants de la France, ambassadeurs et leurs collaborateurs, nous ont accueillis, et je songe aujourd'hui avec reconnaissance à la bonne grâce de leur réception, à l'aide fournie pour mon travail, aux occasions qu'ils m'ont données de connaître les plus grandes autorités et les personnalités les plus intéressantes. Je voudrais les citer tous pour montrer que je n'oublie pas la dette que j'ai contractée envers chacun d'eux.

Mes fréquents voyages en Amérique du Nord ont été transformés grâce à M. Morot-Sire, représentant des universités françaises aux Etats-Unis. En citant son nom, c'est non seulement à lui et aux siens que j'adresse mes remerciements, mais à tous ceux qui, comme lui, m'ont reçu et soutenu.

Au cours de repas officiels après lesquels s'échangaient des toasts et des discours, étaient célébrées la collaboration et l'amitié françaises. Dans les réunions partageait leur joie. Certaines visites m'ont laissé un souvenir particulier dont je n'ai point parlé jusqu'à présent : L'accueil gracieux du général Vanier, alors Gouverneur du Canada, et de sa famille, les efforts faits par le Président de la République du Mexique et son épouse pour nous faire connaître leur pays, la longue conversation avec l'empereur de l'Iran, la réception traditionnelle du roi du Maroc dans le palais de Rabat, les discussions politiques et sociales animées avec le président Bourguiba et l'entretien avec le président Boumediene qui, pendant un séminaire sur la tuberculose tenu à Alger, m'avait fait chercher pour m'entretenir avec une aimable courtoisie.

Honoré lorsqu'on me conférait un diplôme de docteur *honoris causa,* je participais à des cérémonies le plus souvent solennelles dans des salles grandioses au milieu de souvenirs historiques. C'étaient des défilés de professeurs aux robes diversement colorées, de beaux cortèges, accompagnés d'airs de musique, de chœurs, de sonneries de trompette. Revêtu de costumes variés : toge, robe, béret, cape ou même, en Grèce, de chasuble byzantine, j'entendais, ému et immobile, un discours fait d'éloges indulgents et prononcés dans différentes langues, souvent en français, parfois en grec ou en latin et, après avoir reçu l'épitoge, l'accolade et l'insigne de la dignité nouvelle, je devais répondre par un beau discours ou un serment traditionnel d'allégeance aux lois anciennes de l'université.

Mais, avant tout, ces voyages de travail étaient faits pour préparer l'avenir, favoriser les séjours de la jeune génération de médecins et biologistes français qu'il fallait lancer sur les routes du vaste monde. Dès 1947, Henri Laugier, esprit original et réalisateur, profitant de ses fonctions au ministère des Affaires étrangères, créait des bourses annuelles pour permettre aux jeunes Français une année d'études dans une université étrangère, notamment américaine, aux frais de l'Etat. Depuis cette date, chaque année des dizaines d'internes, de chefs de laboratoire, de chefs de clinique, des chercheurs ont profité de cette institution à laquelle j'ai consacré tous mes efforts.

Quand je songe à tant de nations visitées, de continents parcourus, de relations établies, d'efforts faits à la fois pour répandre notre pensée et pour aider au bien-être des enfants, je suis heureux d'avoir pris ma part à l'établissement de ce grand réseau mondial qui relie tous les pédiatres et tous ceux qui se vouent à l'enfance sur la terre entière.

·30·

Les enfants des pays déshérités

Dès le moment où les Nations unies naissaient et avant même que l'on créât des institutions spécialisées destinées à unir les efforts de tous les pays pour la protection de la santé, pour l'éducation et pour le développement de l'agriculture, la grande misère dont souffraient les enfants victimes de la guerre imposait des mesures d'urgence. L'Assemblée générale des Nations Unies décida le 11 décembre 1946, par un vote unanime, la création d'un fonds de secours d'urgence à l'enfance ; pour la première fois, les représentants de la plupart des peuples du monde, investis de fonctions officielles, diplomatiques et politiques, songeaient à se porter au secours des enfants.

Le créateur de ce mouvement mondial fut Ludwig Rajchman et celui qui le mit en œuvre fut Maurice Pate. Ludwig Rajchman, médecin polonais, voué d'abord à la bactériologie et à l'hygiène, avait successivement travaillé en Grande-Bretagne puis dirigé l'Institut d'Hygiène de son propre pays. Il avait été le fondateur et l'animateur de l'Organisation d'Hygiène de la Société des Nations que j'ai évoquée dans un chapitre précédent de ce livre. Le travail de cette organisation couvrait le monde entier, ses collaborateurs venaient de tous les pays. Ludwig Rajchman fut l'âme de cette première œuvre de médecine préventive consacrée à l'humanité entière. C'est pendant qu'il occupait ce poste à Genève que Ludwig Rajchman s'intéressa à la Chine. Cet immense pays au passé magnifique, héritier d'une des plus belles civilisations du monde, souffrait alors de crises dramatiques : lutte contre les puissances étrangères, réveil du sentiment patriotique, graves querelles au sein des mouvements nationaux, désordres, émeutes, guerres civiles.

Ludwig Rajchman vit très clair et pensa que l'évolution de la Chine aurait une influence sur le monde entier. Il suggéra aux dirigeants de la Société des Nations d'établir avec la Chine des relations plus étroites et il fut chargé d'une mission dans ce pays. Au bout de plusieurs séjours prolongés en Chine, il acquit l'estime des autorités de cette nation au point d'être nommé conseiller du gouvernement chinois et orienta l'effort de celui-ci vers une série de réalisations sanitaires et techniques. Il n'a jamais cessé depuis lors de se préoccuper des problèmes de la République chinoise et d'en suivre avec sympathie le développement, après avoir prévu que la révolution chinoise serait un des plus grands événements de notre époque. Comme Robert Louzon, il avait été un des rares hommes de votre génération aux vues prophétiques sur la Chine dont l'histoire devait montrer la véracité.

C'est pendant son séjour à Genève, au cours des années 20, que je l'avais connu et que j'avais été reçu à son foyer. J'avais dès l'abord apprécié à la fois la clarté de son intelligence, la puissance de son imagination et son autorité. Réfugié aux Etats-Unis en 1940, entraîné par ses tendances généreuses, il organisa d'abord les dispositifs de secours aux exilés et aux réfugiés, puis demanda qu'on s'orientât vers les pays ravagés où la situation des enfants était si grave, et, en 1946, il parvint à instituer, avec l'aide du président Hoover et de Maurice Pate, le Fonds des Nations Unies pour les secours d'urgence à l'enfance.

La première réunion du conseil d'administration eut lieu à Lake Success, près de New York, le 11 décembre 1946, dans une usine d'armements désaffectée. Ludwig Rajchman, en demandant au gouvernement français d'envoyer un délégué, suggéra mon nom. M. Georges Bidault, alors ministre des Affaires étrangères, me fit confiance et, ne me donnant aucune instruction précise, me pria d'agir suivant mon inspiration conformément aux principes de solidarité qui imposaient aux pays les moins meurtris le devoir d'aider les plus misérables. Il recommanda que, tout en tenant compte des possibilités de notre pays, je fisse bien sentir que nous ferions un grand effort. Les Etats-Unis devaient prendre et garder la plus grande partie de la charge de cette institution. La France fut, après les Etats-Unis, la première donatrice et accorda la subvention la plus généreuse après celle du gouvernement américain. Peu à peu, d'autres nations ont augmenté leurs dons, mais notre pays que je représente auprès du Fonds international de secours à l'enfance (F.I.S.E./U.N.I.C.E.F.) depuis vingt-cinq ans reste l'un des principaux animateurs de cette institution.

Le conseil d'administration se réunit presque toujours à New York dans le grand bâtiment rectangulaire des Nations unies, où pendant longtemps le F.I.S.E. fut logé dans l'un des étages supérieurs. Exceptionnellement, il s'est réuni dans d'autres capitales, d'abord à Paris, puis à Genève, ailleurs encore. Durant ces vingt-cinq dernières années, j'ai assisté à presque toutes ses sessions. Ce voyage annuel me permettait de me retrouver régulièrement dans le milieu des Nations Unies et de reprendre avec le directeur Maurice Pate et ses collaborateurs, les conversations habituelles de travail. J'étais chaque fois aidé par un représentant de l'ambassade de France auprès des Nations Unies qui assistait avec moi aux séances du conseil, prenait part aux différentes discussions et à l'étude des divers dossiers. Le premier fut Gérard Amanrich, qui pendant plusieurs années, se distingua par l'efficacité de son action. La collaboration avec ses successeurs, Marcel Bouquin, Jean-Dominique Paolini, a été aussi fort précieuse. Nous avons ensemble établi des liens avec les délégués des différents pays du monde, fait triompher les idées que nous croyions bonnes pour les progrès du F.I.S.E. et, contribuant de toutes nos forces à son succès, assuré la délégation française de l'autorité dont elle continue de jouir à présent. La tâche était délicate, les décisions importantes car les finances du F.I.S.E. finirent par représenter celles d'un petit Etat, les choix entre les différentes politiques difficiles à fixer ; les relations avec les gouvernements et les grandes institutions internationales n'étaient pas toujours aisées à établir. Bref, il fallait se livrer à tout un travail de diplomatie et d'organisation qui me plaisait fort.

Tout en appliquant loyalement les règles qui dominent une institution internationale, je soutenais vigoureusement les thèses françaises. Je combattais de mon mieux pour les doctrines et les programmes que mon expérience personnelle, enrichie au cours des années, me permettait de défendre dans l'intérêt de cette institution mondiale dont l'importance s'étendait chaque jour.

A ses débuts, le F.I.S.E. devait distribuer des tonnes d'aliments et de grandes quantités de vitamines et de médicaments, de vêtements, de layettes, de chaussures pour les enfants des pays d'Europe, puis d'Afrique et d'Asie. Leur dénuement était alors extrême. Nous étions rassemblés avenue Kléber, à l'ancien hôtel Majestic dont les vitres montraient encore la trace des balles des combats de la Libération, lors d'une réunion du conseil d'administration à Paris, lorsque notre collègue roumain nous disait que les nouveau-nés de son pays, pendant l'hiver rigoureux que nous subissions, n'étaient plus, faute de linge, qu'enveloppés dans du papier journal. Partout, les enfants mal nourris étaient victimes de maladies contagieuses.

Pour lutter contre les effets affreux de cette misère, Maurice Pate, qui avait dirigé les secours aux enfants du nord de la France et de la Belgique au lendemain de la Première Guerre mondiale, savait nous guider et nous pûmes prendre les mesures les plus efficaces qu'il était possible.

Les temps d'extrême urgence passés, il fallait établir un programme pour continuer notre travail en faveur des enfants. Je pus aisément démontrer que, tout en poursuivant la distribution de nos secours, nous devions nous représenter que la tuberculose menaçait de décimer la jeune génération. Il fallait alors faire accepter la vaccination par le B.C.G., qui était encore discutée dans de nombreux pays. Je m'y employais de mon mieux, aidé par l'exemple des Croix-Rouges scandinaves qui avaient, avec confiance et efficacité, entrepris la croisade en faveur de ce vaccin dont le succès s'était affirmé dans leurs propres pays. J'eus la chance d'être écouté. Une grande organisation de lutte contre la tuberculose par la vaccination des enfants fut instituée. Beaucoup de difficultés se présentaient à nous pour le transport des vaccins, leur conservation et l'exécution des vaccinations. Je présidais chaque mois un groupe de travail qui coordonnait les efforts des collaborateurs du F.I.S.E. et ceux des Croix-Rouges scandinaves.

Presque partout, dans les pays d'Europe centrale et orientale, nous pûmes réussir, tout au moins approcher de la réussite, si bien que nous décidâmes d'étendre notre action à l'Afrique du Nord. Là, de nouvelles difficultés se présentèrent pour le transport des vaccins. Il fut nécessaire d'établir une chaîne du froid pour éviter que la chaleur ne diminue la qualité du vaccin.

Malaisées étaient les campagnes de vaccination dans ces pays où, plus encore qu'en Europe, manquaient le personnel et le matériel nécessaires. Plusieurs collaborateurs désignés par le F.I.S.E., en particulier le professeur Henri Bonnet, se firent remarquer par des prodiges d'ingéniosité. Je me souviens d'un voyage en Tunisie, où j'assistai aux vaccinations collectives des enfants de chaque village rassemblés autour de nos équipes établies en plein air sur la grand-place. Le tableau était pittoresque et le succès général, aussi bien en Tunisie qu'en Algérie et au Maroc. Un incident cependant : à Agadir, un nourrisson meurt le lendemain de la vaccination. La population, excitée par quelques fanatiques qui lui racontent que le vaccin est fabriqué avec des produits qui contiennent de la viande de porc, menace de s'insurger. Je vais en avion à Agadir ; j'apprends que l'enfant était mort d'un choléra infantile qui était sans aucun rapport avec une vaccination. Après quelques efforts, l'émotion s'apaisa.

La vaccination antituberculeuse, prônée par le F.I.S.E., devait s'étendre peu à peu dans de vastes régions de la terre et assurer la première étape dans la lutte entreprise ensuite contre l'infection tuberculeuse de l'enfant par l'Organisation Mondiale de la Santé et le F.I.S.E.

A la suite du succès rencontré par la campagne contre la tuberculose, d'autres campagnes massives devaient être engagées sous l'influence du Comité des directives sanitaires. Ce comité mixte de l'O.M.S. et du F.I.S.E. siégeait à Genève sous ma présidence. Ainsi fut lancé un grand programme de prophylaxie contre les maladies infectieuses de l'enfant : le trachome qui rend aveugle ; la lèpre, malédiction historique ; le pian, sorte de syphilis, répandu dans de nombreuses contrées ; d'autres encore. Enfin, le paludisme, principal fléau dans l'immensité de certains territoires, devait être combattu par une campagne d'éradication inspirée par l'O.M.S. La participation du F.I.S.E. à cette campagne fit l'objet de longues études et d'importantes discussions. Certains membres du conseil du F.I.S.E., dont j'étais, étaient moins affirmatifs que nos collègues américains sur les chances d'une éradication totale de ce fléau historique qui étend ses ravages sur des millions d'êtres humains. Il fallait cependant reprendre avec de puissants moyens une lutte énergique que rendaient possible les acquisitions nouvelles de la science. Dans beaucoup de régions, le succès ne fut pas complet. Cependant, les résultats de notre action sont d'une indéniable valeur.

Dès décembre 1950, l'Assemblée générale des Nations Unies avait décidé de donner au F.I.S.E. une mission à la fois plus particulière et plus large. Le F.I.S.E. devait, en collaboration avec les différents Etats, réaliser des programmes de longue haleine destinés à améliorer la santé et le sort des enfants dans les pays déshérités. C'était pour le F.I.S.E. une entreprise grandiose et difficile qu'il devait accomplir avec l'aide de l'O.M.S., puis aussi de l'U.N.E.S.C.O.

Naguère, on était assez mal renseigné sur la situation des enfants dans la plupart des pays d'Afrique, d'Asie et d'Amérique du Sud. On savait bien, dès les premières explorations et les premières entreprises coloniales, que l'hygiène y était mauvaise, que les épidémies les plus graves sévissaient et que la famine ravageait la population pendant les années de sécheresse, mais on gardait l'impression que les enfants nourris au sein, vivant en plein air et profitant des ressources d'une végétation généreuse, se développaient dans d'assez bonnes conditions. La réalité était toute différente et ce fut une véritable et dramatique révélation qu'apportèrent médecins, biologistes et sociologues, lorsqu'ils montrèrent que des millions d'enfants, dans les pays tropicaux et subtropicaux, souffraient chroniquement d'une alimentation insuffisante et défectueuse.

Josué de Castro, éminent ethnologue brésilien, jeta le premier grand cri d'alarme en publiant son ouvrage *La Géographie de la faim.* L'on devait montrer que non seulement beaucoup d'enfants ne reçoivent pas une quantité suffisante d'aliments dès le moment du sevrage, mais que leur régime est déséquilibré. L'étude de ce déséquilibre, du manque d'albumine et plus spécialement d'albumine animale dans la ration expliquait les graves désordres nutritionnels avec leurs conséquences multiples, leur évolution souvent mortelle, la fréquence des rechutes après la guérison d'une première atteinte, la gravité des séquelles. L'on vit aussi combien une maladie infectieuse, en elle-même bénigne, provoquait d'hécatombes lorsqu'elle frappait des enfants mal nourris.

L'immense diffusion de ce fléau nutritionnel apparaissant aux yeux de tous, l'émotion devint générale. Cette prise de conscience m'apparaît l'un des événements de l'époque contemporaine. Difficile est le combat qu'il faut entreprendre, car il implique des réformes dans la structure économique et l'agriculture, la nécessité d'une éducation populaire et d'une recherche des aliments de remplacement ou de complément. Les plans de développement dans les programmes nationaux doivent donc comprendre un équipement social et plus particulièrement orienté vers le mieux-être de l'enfant. Le F.I.S.E. est ainsi amené à se faire l'avocat et le défenseur de la jeunesse auprès des gouvernements et des autorités internationales. Il doit montrer comment l'alimentation des petits de l'homme est un élément essentiel de la protection maternelle et infantile, un des soucis des centres de santé urbains et ruraux, car si dans une population l'enfant est mal nourri, devenu adulte il ne sera pas apte au travail et à l'initiative.

Ce fut l'application de cette politique qui caractérisa, et continue de caractériser aujourd'hui, la doctrine du F.I.S.E. Partout, dans les pays déshérités du monde, il a cherché à connaître les besoins de l'enfant, à étudier les ressources locales, les traditions et les mœurs. Il a ajouté à cet effort celui que comporte l'amélioration de la vie scolaire.

La lutte contre l'ignorance est aussi une lutte en faveur de la santé, mais il est bien difficile d'établir un bon programme de scolarisation pour l'enfance du Tiers Monde. La fréquentation de l'école n'est pas aisée à organiser et à poursuivre régulièrement. La nature même de l'enseignement est malaisée à définir car il faut bien prendre garde de ne pas détacher l'enfant de son métier d'agriculteur puisque presque toute la population de ces pays est rurale et que l'exode vers les villes ne leur est pas toujours favorable. Les langues locales sont très nombreuses et risquent de perpétuer les divisions tribales. Quels enfants faut-il lancer dans le grand courant de la civilisation par la connaissance des langues de l'Occident ?

Autant de problèmes graves qui rendent délicates les décisions du F.I.S.E. pour aider les gouvernements et l'U.N.E.S.C.O. dans leurs efforts de formation de la jeunesse. Les tout petits enfants, avant l'école surtout, les adolescents à la sortie de celle-ci sont particulièrement vulnérables. Comment aider à leur instruction, à leur formation, à leur entrée dans la vie professionnelle et sociale ?

Certaines délégations européennes et américaines, particulièrement soucieuses de ce problème, ont poussé le F.I.S.E. à collaborer aux tentatives de limitation des naissances, objectif souhaitable dans beaucoup de régions. Bien que l'on sache parfaitement qu'une pareille politique, si elle devait réussir, n'apporterait nullement la solution des graves difficultés que rencontrent les pays déshérités, il n'en faut pas moins se soucier de cette tâche en gardant la préoccupation de ne point heurter les traditions religieuses et sociales, d'agir avec délicatesse et surtout d'attendre l'appel des pays eux-mêmes pour entreprendre toute action dans ce domaine. L'élévation du niveau de vie, les progrès de l'éducation, la libération de la femme sont liés à toute politique de limitation des naissances. Il nous est donc apparu que la politique du F.I.S.E. en ce domaine devait être très prudente, exclusivement associée aux mesures de protection maternelle et infantile.

Un des éléments fondamentaux de notre doctrine, sur lequel nous n'avons cessé d'insister et dont nous avons proclamé à chaque réunion du conseil d'administration le caractère prioritaire, est celui de la formation du personnel voué à la maternité et à l'enfance. Ce n'est pas vers les médecins, dont le nombre sera pendant des décennies très limité et dont il ne faut à aucun prix diminuer la qualité, que doivent se tourner les efforts de notre institution. La santé publique en ces pays est fondée sur la médecine préventive. Ce sont des centres de santé qu'il faut établir, surtout dans les régions rurales et dans les faubourgs des grandes cités, beaucoup plus que des hôpitaux d'un coût très élevé et dont le bon fonctionnement est difficile à réaliser.

La médecine préventive doit dominer, et non point la médecine curative, en ces vastes régions où l'assainissement du sol et de l'eau, la lutte contre les parasites et les agents infectieux, l'amélioration de l'hygiène générale et de l'alimentation constituent des nécessités impératives. Or, cette tâche doit et peut être parfaitement remplie par un personnel aux connaissances scientifiques modestes mais bien formé qui dirige la population en vivant au milieu d'elle, parlant sa langue et connaissant ses traditions. Infirmières, sages-femmes, matrones, animateurs de quartiers et de villages, instituteurs, doivent collaborer au travail d'agents de santé bien éduqués, dirigés, comme nous l'avons proposé, par le plus capable d'entre eux, véritable prévôt de santé publique.

C'est ce personnel de base qu'il faut promouvoir. Telle est la tâche essentielle et urgente sur laquelle nous reviendrons à propos de la mission du Centre international de l'enfance.

Si l'on jette un regard en arrière, l'on est envahi par un sentiment assez complexe. De toute évidence, l'action entreprise par le F.I.S.E. est si vaste et si lourde que son action ne peut apporter qu'une contribution modeste à la solution des terribles problèmes que pose la vie de la génération montante dans les pays déshérités. Avons-nous eu et avons-nous quelque efficacité ? Jetons-nous simplement quelques gouttes d'eau dans une mer infinie ? Je crois, sans optimisme, que nous avons aidé à un progrès qui s'amorce. Un effort d'un quart de siècle, pendant lequel la bonne volonté et même l'enthousiasme ont soutenu une poignée de travailleurs au milieu de la sympathie active de tous les pays du monde, commence à donner ses premiers résultats. On les perçoit aussi bien sur le continent africain qu'en Inde, au Moyen Orient et en Amérique latine. Sur un chemin difficile, parsemé d'obstacles, la marche vers le progrès est vraiment amorcée.

Je ne puis quitter l'exposé sommaire de la vie du F.I.S.E., auquel j'ai consacré une partie de mes efforts, sans évoquer encore celui qui, si longtemps, le dirigea. C'est Ludwig Rajchman, qui entraîna les bonnes volontés par sa vitalité étonnante et sa connaissance des problèmes de santé publique. Il me semble que je n'ai jamais connu d'homme aux convictions politiques et sociales si raides, faire preuve envers chacun d'autant de compréhension. Nous avons collaboré étroitement pendant vingt-cinq ans. Nos discussions animées ne troublaient pas une amitié fidèle ni l'efficacité de notre travail en commun.

Lorsqu'il quitta les Etats-Unis, Ludwig Rajchman vint s'établir à Chenu, village de la Sarthe, proche de l'Indre-et-Loire. Ce voisinage permit de développer nos relations familiales établies depuis longtemps. C'est là qu'il mourut en 1965. Il fut enseveli au cimetière du village qui l'avait accueilli. J'eus le devoir, entouré des cultivateurs et des artisans de Chenu, à côté du cercueil de mon ami mort, de dire adieu à ce Polonais patriote, Français d'adoption, ami des hommes et généreux citoyen du monde.

Ce fut sous l'inspiration de Ludwig Rajchman que Maurice Pate fit, comme directeur du F.I.S.E., ses premières armes. C'est lui, symbole qu'il faut évoquer, qui fut le signataire du premier chèque reçu par cette institution. C'est grâce à l'ascendant qu'il avait pris auprès des dirigeants des Nations Unies que le F.I.S.E. est devenu une institution permanente de celles-ci. Cet homme d'affaires américain, empreint de bonté, animé d'une inlassable bonne volonté, indulgent pour tous, payant de sa personne, se fit le missionnaire du F.I.S.E. Il allait dans les pays heureux demandant aux hommes et aux femmes de l'aider dans sa tâche. Il parcourait les pays déshérités, cherchant à connaître les besoins des enfants vers lesquels le portait une nature pleine de tendresse.

De grande taille, la tête couronnée de beaux cheveux blancs, souriant et discret, parlant lentement, évitant les grands discours, soucieux de ne rien dire que de juste, Maurice Pate, fidèle citoyen américain, aimait les patries des autres. Parlant bien notre langue, il était en relation d'amitié avec les nations de culture française, comme aussi avec les peuples slaves et ceux de tous les continents. Ce fut après sa mort que le prix Nobel de la paix fut décerné au F.I.S.E. et j'eus l'honneur d'accompagner son directeur exécutif, M. Henry Labouisse, et la présidente du conseil d'administration, Mme Zena Harmann, à Oslo pour recevoir, au cours de la séance solennelle instituée par la tradition, le prix Nobel que Maurice Pate n'avait pas voulu pour lui-même. L'image que l'on gardait de lui était celle d'un père bienfaiteur, simple et accueillant. J'étais lié avec lui d'amitié. Au cours de ses voyages, lorsqu'il traversait Paris il ne manquait point une visite rue de l'Université, où nous étions heureux de le recevoir. Il me soutint vigoureusement dans mon effort pour la création du Centre international de l'enfance auquel il s'intéressait et je crois qu'alors, dans un moment de détresse financière de cet organisme, lorsqu'il m'apporta un don anonyme, c'était une manière de cacher un geste d'amitié personnelle et de générosité.

C'est certainement grâce à son autorité et à l'efficacité de son action que le F.I.S.E., apportant des secours à cent seize nations, a réalisé une des plus belles entreprises de solidarité humaine.

A présent, de nouvelles équipes dirigent le F.I.S.E. Le professeur Raymond Mande grâce à l'autorité que lui donne sa compétence et jouissant de la sympathie des membres du conseil et des fonctionnaires de cette institution, me remplaça au conseil d'administration. Deux des principaux collaborateurs de Maurice Pate, Dick Heyward, grâce à sa longue expérience et à sa grande compétence, et aussi Charles Egger, travaillent avec le nouveau directeur général, Henry Labouisse. Celui-ci, qui a abandonné ses fonctions de diplomate américain, fait bénéficier le F.I.S.E. de son énergie, de ses grandes capacités d'administrateur et de meneur d'hommes. Comme le faisait Maurice Pate, il accourt dans tous les pays lointains où se produit une catastrophe : guerre étrangère ou civile, inondations, tremblements de terre, désastres provoqués par la sécheresse, pour secourir les enfants, et dirige lui-même les actions les plus immédiates. La distribution des secours d'urgence ne ralentit pas l'effort à long terme du F.I.S.E. qui, sous sa direction, poursuit sa mission vaillamment.

En exprimant des pensées de satisfaction, on est envahi par le remord. Elle n'est pas apaisée la faim du monde où tant de détresses pourraient être soulagées. On ne peut s'empêcher d'évoquer les possibilités de la science, les capacités des techniques et des inventions. La promotion de ces découvertes et de leurs applications ne devrait-elle pas être orientée vers l'amélioration de la culture du sol, la lutte contre son aridité, l'apport de l'eau bienfaisante, l'établissement des populations dans les zones fertiles ? En me parlant jadis, Frédéric Joliot-Curie songeait que l'énergie atomique pourrait être employée de différentes manières pour la fertilisation des déserts. L'homme n'est-il pas assez puissant à présent pour changer sa situation sur la terre ? Mais il faudrait que soient orientés dans cette direction le travail intellectuel et les ressources économiques des pays forts et riches. L'emploi de ressources immenses pour la conquête de la stratosphère et l'envoi d'hommes sur le sol de la Lune ont comporté un effort scientifique et technique qui fait l'admiration du monde. Certes, des progrès et des connaissances nouvelles en résulteront mais, hélas, les grandes nations n'oublient pas le souci de leur puissance militaire — les satellites ne sont-ils pas les meilleurs espions ? L'effort destiné à rendre la Terre moins ingrate pour ses habitants serait moins populaire parmi les foules, mais il nous apparaît que l'humanité serait plus sage si, au lieu de s'appliquer à la conquête et aux voyages planétaires, elle vouait toutes ses énergies à une nouvelle conquête, vraiment pacifique celle-ci, de la Terre.

***

Dès la fondation du Fonds des Nations Unies pour l'enfance, j'eus l'idée de créer en France un centre international dont la mission serait associée à celle du Fonds créé et établi en Amérique. Mon intention répondait à deux objectifs : développer, plus que ne le prévoyait le F.I.S.E., la formation et l'information du personnel voué à l'enfance. J'avais soutenu devant le conseil d'administration du F.I.S.E. l'importance de ce problème mais à ce moment d'autres tâches très urgentes retenaient toute son attention. D'autre part, je souhaitais pour mon pays une participation active à l'accomplissement de la tâche du F.I.S.E. qui lui permettrait d'assurer une place à la langue française, à sa pensée, à sa manière d'envisager les problèmes de coopération. Pareille institution devait permettre dans ce domaine une reprise du prestige de la France et participer au renouveau de son influence intellectuelle dans le monde. Il fallait donc imaginer une institution qui fût à la fois dépendante du F.I.S.E. et du gouvernement français. M. Georges Bidault, avec qui, au cours de plusieurs rencontres, j'évoquais les souvenirs de notre vie clandestine, me donna son appui, car il appréciait la valeur nationale et humanitaire de cette initiative.

La création du Centre international de l'enfance fut extrêmement difficile, voire pénible. Dans les milieux des Nations Unies, on se méfiait de toute « déviation » nationale, et à cet égard la France était particulièrement suspecte. Différentes institutions internationales commençaient à naître, l'Organisation mondiale de la santé redoutait une atteinte à une sorte de privilège, les organisateurs du Fonds des Nations unies pour l'enfance avaient peur d'une dispersion des efforts et des ressources. Il fallut donc entreprendre des négociations à Paris et à New York. Elles furent longues et dures. La bataille diplomatique se prolongea pendant trois années. Après tout... elle n'est pas encore close, même à présent ! Que de réunions de comités, de commissions, de groupes de travail, que de projets, de résolutions, de votes, et puis aussi de rendez-vous personnels !

Devant le comité du programme du F.I.S.E., le conseil d'administration du F.I.S.E., le Conseil économique et social des Nations Unies, le conseil d'administration de l'O.M.S., de l'U.N.E.S.C.O., le Secrétariat général des Nations unies, l'Assemblée générale des Nations unies, notamment lors de celle réunie à Paris en 1948, je dus défendre notre projet.

On hésitait à refuser l'offre généreuse du gouvernement français qui prenait l'engagement, après une installation gratuite, de verser chaque année la moitié du budget de l'institution projetée. Mais comment réserver les droits de chaque organisation ? Comment limiter dans le temps un contrat dont on redoutait les conséquences tout en voulant profiter de ses avantages ? Comment maintenir une autorité internationale sur ces Français épris de leur liberté, toujours désireux de garder leur indépendance ?

A la vérité, peu à peu nous gagnions du terrain. Les représentants de certains pays d'Europe, Italie, Belgique, Suisse, devenaient nos alliés. Après plusieurs rencontres diplomatiques, nous obtenions des délégués de la Grande-Bretagne ainsi que des différents pays de l'Amérique latine une neutralité bienveillante. Les pays situés de l'autre côté du « Rideau de fer » se ralliaient à nos projets. Mais avant chaque réunion et au moment de chaque vote j'étais bien soucieux, craignant de ne point obtenir de majorité, car dans les discussions préalables j'avais senti, à travers des phrases de très grande courtoisie, des réserves à cause de l'originalité du projet et, je le répète, un peu de méfiance vis-à-vis d'une initiative française.

De la part du gouvernement français, nous avons toujours reçu l'aide la plus vigoureuse. C'était la première fois que j'entrais au ministère des Finances, lorsque je vins rendre visite à M. le ministre Petsche auprès duquel m'introduisit Didier Gregh, directeur du budget. Celui-ci soutenait ma cause. Il fallait l'accord de son ministre, qui me le donna en ajoutant qu'il était heureux d'apporter son appui à un médecin que, peu d'années auparavant, il avait vu se pencher sur le lit d'un des enfants de sa famille qui était gravement malade. M. Robert Schuman avait succédé à M. Georges Bidault. Aidé par la sympathie que voulait bien me témoigner le directeur de son cabinet, M. Jacques de Bourbon-Busset, je fus fort bien accueilli par le ministre. Il me déclara même que s'il ne pouvait inscrire la somme qui m'était nécessaire dans un chapitre de son budget, il la prélèverait sur des fonds secrets. L'idée de « toucher aux fonds secrets » pour la bonne cause m'amusait, mais nous ne fûmes pas réduits à cette extrémité.

Enfin, en 1950, ce fut la réussite. Le gouvernement français résolut de donner une certaine solennité à la création du Centre international de l'enfance. Une séance inaugurale fut tenue au Salon de l'Horloge dans l'hôtel du ministère des Affaires étrangères, au Quai d'Orsay. Devant les représentants des institutions qui pouvaient collaborer avec le Centre, le ministre de la Santé et de la Population, M. Schneiter, qui nous avait donné maints témoignages de sa bienveillance, puis le représentant de l'Organisation mondiale de la santé, le docteur W. Bonne, le directeur général de l'U.N.E.S.C.O., M. Torrès-Bodet, devaient exprimer le désir de tous de travailler avec l'institution nouvelle. Maurice Pate proclamait avec force ses convictions favorables à l'essor d'une œuvre commune au F.I.S.E. et au gouvernement français. Au nom du conseil d'administration qui venait d'être créé, Arvid Wallgren, le grand pédiatre suédois, remercia notre pays en rappelant ses traditions. Enfin, au nom du conseil municipal de Paris, Mme Georges-Picot annonçait que, pour loger le Centre, la capitale française offrait le château de Longchamp. Cette offre était magnifique. Au bois de Boulogne, sur le terrain rendu célèbre autrefois par l'abbaye de Longchamp, le riche propriétaire du *Louvre*, M. Chauchard, avait élevé un château. Celui-ci démoli, le grand industriel Coty avait fait bâtir une nouvelle résidence ; depuis sa mort, la construction était inachevée. Les candidatures n'étaient point rares pour prendre sa succession et certaines étaient puissantes. Nous fûmes choisis : décision aussi honorable pour la Ville de Paris que flatteuse pour notre institution.

Mais qu'était en réalité ce Centre international de l'enfance ? Une fondation française établie selon les lois françaises, obéissant à un règlement approuvé par le Conseil d'Etat et créée par décision prise en Conseil des ministres, le 10 novembre 1949, mais dont le caractère international était affirmé par la composition de son conseil d'administration, sa collaboration avec le F.I.S.E. et le droit d'employer un personnel appartenant à toutes les nationalités. La politique du Centre international de l'enfance, décidée par le conseil d'administration, devait être inspirée par un comité consultatif technique où siégeaient des représentants des grandes institutions internationales.

Malgré des déclarations généreuses, il fallut encore lutter pendant des années pour que le Centre fût mis à sa juste place. Nous avons oublié aujourd'hui toutes les réticences et réserves qui pendant longtemps gênèrent notre action. Ainsi, lorsque le Centre international de l'enfance décida de s'implanter en Amérique du Sud, je reçus, dans le bureau de la délégation française aux Nations unies, la visite d'un des représentants de la délégation des Etats-Unis. Il m'exprima le regret de cette initiative qui ne paraissait pas opportune au département d'Etat. Sur-le-champ et sans attendre aucune instruction, je lui répondis que l'accord du gouvernement de la République sud-américaine étant obtenu, le Centre ne pourrait sans doute pas modifier sa décision, à moins que le gouvernement français ne changeât son programme. L'affaire en resta là.

A présent, c'est dans une atmosphère de cordialité chaleureuse que sont partout accueillis ceux qui travaillent au Centre International de l'Enfance. Sa collaboration est recherchée par les gouvernements des différents pays, les institutions nationales et internationales. Il reçoit pour les différents travaux qu'il entreprend des subventions, mais ce qui fait surtout la fierté de son personnel, c'est l'estime universelle qui l'entoure.

Nous avons pris soin de composer le conseil d'administration de personnalités éminentes de pays très différents. Toutes ont apporté à l'œuvre une contribution importante et souvent très originale.

Des premiers conseils d'administration ont fait partie : Lord Boyd Orr, économiste britannique qui a obtenu le prix Nobel de la paix ; la marquise de Reading, qui s'est fait remarquer en Grande-Bretagne à la tête d'œuvres pour l'enfance et dont le mari a été longtemps secrétaire d'Etat permanent au *Foreign Office* ; M. le ministre Wauters, ministres des Affaires sociales du Royaume de Belgique ; l'ambassadeur Walker, qui a représenté l'Australie au Fonds des Nations unies pour l'enfance et fut ambassadeur de son pays à Paris ; le professeur Georges Guest, le professeur Alan Moncrieff, le professeur Arvid Wallgren, pédiatres réputés ; M. Amadou Babacar Sar, ministre du Sénégal, et Ludwig Rajchman. Le conseil actuel comprend M. Paulo Berredo de Carneiro, représentant de la république du Brésil à l'U.N.E.S.C.O. et qui, depuis la création du Centre, lui apporte une collaboration très active et très précieuse ; M. le sénateur de la République italienne Ludovico Montini qui, lui aussi depuis les débuts, nous a soutenus et conseillés ; le professeur Guido Fanconi de Zurich, très intéressé par notre travail et très fidèle ami ; le professeur Alfred Rusescu, de Bucarest ; le professeur Milivoje Sarvan, de Belgrade ; le professeur Charles Janeway, de Boston ; le professeur Bo Vahlquist, d'Uppsala, tous chefs d'écoles de pédiatrie.

Plus récemment sont entrés au conseil M. le ministre Hippolyte Ayé, ministre de la Santé de la république de Côte-d'Ivoire ; Son Excellence Mohammed El Fasi, ancien recteur de l'université de Rabat et ministre marocain, le professeur M. D. Wall, doyen de l'Institut d'éducation de Londres et le professeur Ihsan Dogramaci, ancien recteur de l'université d'Ankara et doyen de la Faculté de médecine de cette ville. La France est représentée par M. l'ambassadeur Guillaume Georges-Picot, qui est notre vice-président, le professeur Eugène Aujaleu et le professeur Raymond Mande.

Le comité consultatif technique est maintenant très sérieusement organisé et joue un rôle important. Il comprend les représentants de l'Organisation mondiale de la santé, du Bureau international du travail, de l'Organisation pour l'alimentation et l'agriculture, de l'U.N.E.S.C.O. et du Fonds des Nations unies pour l'enfance. Dans ces postes se sont succédé des conseillers actifs et diligents.

A partir de notre installation au château de Longchamp, le Centre put réunir en des cours, colloques et séminaires, tout le long de l'année, des médecins spécialisés en pédiatrie, des fonctionnaires sanitaires, des éducateurs, des directeurs d'écoles de puériculture. A cet enseignement général de pédiatrie sociale devait être adjointe une série de cours plus directement orientés vers telle discipline ou telle catégorie d'auditeurs : travailleurs sociaux, juges d'enfants, infirmières visiteuses, assistantes sociales, médecins de santé publique, architectes orientés vers la construction de bâtiments destinés aux enfants. Réunir les expériences des différents pays, aider chaque participant à profiter de l'expérience d'autrui ne purent être réalisés que par l'établissement d'un centre de documentation, d'une bibliothèque spécialisée, d'un service d'information, de reproduction d'articles et de textes variés. Pareille organisation internationale, active et vivante, manquait en Europe, et peut-être aussi dans le Nouveau Monde.

Enfin, le Centre international de l'enfance devait être un organisme de recherche, placé lui aussi à la disposition des organisations des Nations unies et des organisations nationales. Pour l'étude du développement normal de l'enfant, les documents comparatifs manquaient. Les problèmes d'alimentation, de nutrition et de malnutrition étaient loin, et sont encore aujourd'hui bien loin d'être résolus. L'application variée, suivant les pays, des vaccinations, avait besoin d'être approfondie, d'où la création d'une station pilote étudiant les vaccins, leur valeur, leur emploi, d'abord en France puis dans les différents pays d'Afrique.

Le travail fut entrepris avec ardeur et poursuivi selon un rythme de croissance très rapide pendant les vingt-quatre dernières années. En effet, certaines tâches prennent une importance particulière : la promotion de la santé des enfants dans les pays déshérités, de ceux de l'Afrique, puis de l'Amérique latine, du Moyen-Orient et enfin même du Sud-Est asiatique. Pour ces pays, c'est la formation du personnel fondamental — nous l'avons déjà dit — qui importe au premier chef. Les républiques déjà anciennes de l'Amérique latine et celles plus récentes de l'Afrique ont un grand besoin qu'on collabore avec leurs gouvernements pour la bonne formation de ces hommes et de ces femmes qui ont la responsabilité de la santé des femmes, des enfants et, finalement, de la médecine préventive dans les campagnes et dans les quartiers populeux des villes.

Ainsi sont institués, dans les pays mêmes, des cours, des réunions d'information destinés à ce personnel. Les gouvernements des différentes pays nous sollicitent chaque année d'une façon plus pressante, et les directions régionales de l'O.M.S. usent de notre collaboration pour les tâches d'enseignement. Suivant le degré d'instruction des participants, suivant les pays, le programme et les méthodes pédagogiques doivent varier. Mais à tout moment se maintient cette préoccupation : considérer l'enfant comme un tout, associer dans sa connaissance son développement organique et ses relations sociales, et, dans tous ces domaines, le travail des chercheurs approfondit les acquisitions anciennes.

Sauf certains cours américains et africains qui sont nationaux ou régionaux, ces enseignements doivent garder un caractère international permettant toujours de faire travailler côte à côte des hommes et des femmes venus de pays divers. Dans les cours professés à Paris, on réunit chaque fois des participants venus de pays d'Europe, d'Afrique, d'Asie et d'Amérique. On pouvait craindre des froissements, des incompréhensions entre leurs participants et bien des difficultés pour donner un enseignement commun ; il n'en est rien. Plus qu'on ne pouvait l'espérer, une véritable collaboration puis une camaraderie s'étblit toujours entre ces participants et participantes d'ethnies, de religions, d'opinions politiques, de situations économiques variées.

La vie collective est organisée avec le plus grand soin. Habitant le même hôtel, prenant leurs repas en commun à la cafétéria du Centre, participant à des groupes de travail, des colloques et aussi à des voyages d'étude dans des pays très différents, de la Finlande à la Hongrie, de la Belgique à la Pologne, chacun et chacune se sent enrichi par les expériences d'autrui. Bientôt une âme collective se crée qui donne à chaque cours sa physionomie propre.

De temps à autre, au cours de séminaires de courte durée tenus sous la présidence de grands savants, sont étudiés les problèmes les plus récemment abordés par les biologistes, les médecins d'enfants et les pédagogues.

Convaincu que toute entreprise de ce genre doit comprendre des laboratoires voués à la recherche originale, il fut décidé, malgré quelques réticences, qu'on équiperait un laboratoire chargé des études de certains problèmes biologiques intéressant l'enfance. C'est ainsi que le laboratoire du Centre, sous la haute autorité de René Dubos, de l'institut Rockefeller, notre conseiller scientifique, put éclairer de données nouvelles la connaissance du B.C.G. celle de l'immunité chez l'enfant qui permit d'établir un calendrier des vaccinations.

A présent, le personnel du Centre parcourt le monde d'un bout à l'autre de l'année. Sous toutes les latitudes, de la Haute-Volta à l'Afghanistan, du Zaïre à la Tunisie, de la Colombie au Liban, du Chili à l'Egypte, du Portugal aux Indes, du Pérou au Japon, l'équipe du Centre apporte non seulement le fruit d'une riche expérience, mais encore une véritable stimulation pour le développement des institutions vouées à l'enfance. Le Centre crée des installations fixes où seront poursuivies d'une façon permanente l'instruction pratique du personnel national et régional et l'éducation populaire. C'est ainsi qu'a été établi le centre de Khombole, au Sénégal, à 75 kilomètres de Dakar.

Sur les conseils du professeur Jean Sénécal, professeur à l'université de Dakar, avec le docteur Maurice Gaud, j'avais visité plusieurs villages et bourgades du Sénégal. Nous décidâmes tous les trois de choisir le gros bourg de Khombole situé en pleine brousse et où se posent tous les problèmes de la vie rurale, mais qui est assez près de Dakar pour que les étudiants en médecine, les infirmières, les sages-femmes qui y sont instruits puissent facilement profiter de ce centre en y accomplissant des stages réguliers. Le Centre international de l'enfance y a construit un bâtiment destiné à ces stagiaires et organisé un service de santé rurale, avec l'aide de collaborateurs sénégalais entraînés par nos médecins et nos infirmières. La population apprécie les secours qui lui sont apportés et est très fière de posséder ce centre modèle.

Quand j'ai eu le grand plaisir de l'inaugurer, ce fut une belle fête villageoise. Les habitants de tous âges étaient rassemblés autour de nous, joyeux, babillards, riant et chantant, jusqu'au moment où le silence se fit et où le maire — nous étions encore à l'époque coloniale —, portant sur son costume local la ceinture tricolore, nous exprima dans un beau discours toute la reconnaissance de son village et de son canton.

Après avoir, pendant des années, non seulement été fort utile aux habitants de la région, mais servi de lieu d'instruction et permis la diffusion, au Sénégal et dans bien d'autres pays, des bonnes méthodes employées à Khombole, ce centre est devenu la propriété de la République du Sénégal qui l'administre.

Il ne fallait pas se contenter d'un centre rural mais établir, pour compléter l'instruction du personnel, un centre urbain. Sur l'initiative du professeur Satgé, qui avait succédé au professeur Sénécal, et du docteur Vincent Dan, qui succéda lui-même au professeur Satgé à l'université de Dakar, fut créé le centre de Pikine. A Pikine, situé dans la banlieue populaire de la capitale, autre inauguration solennelle : une grande estrade, une foule compacte et toujours les cris, l'acclamation, les applaudissements, les danses, les musiques entraînantes et les rires ; des discours sont prononcés devant les représentants des autorités massés sur l'estrade officielle.

On peut attendre beaucoup du développement de ce centre qui doit servir de modèle à des créations analogues de protection maternelle et infantile dans les villes africaines.

Selon le désir du Centre de porter son effort vers les régions les plus déshéritées et les pays les plus pauvres, vient d'être créé avec l'aide du ministère français de la Coopération, un centre de protection maternelle et infantile dans la campagne nigérienne si dépourvue, et l'on souhaite pour demain une création analogue en Afghanistan.

Depuis la séance inaugurale de 1950, jamais, ni la presse, ni la radio, ni la télévision ne parlèrent de ce travail au public français. On pourrait dire, sans paradoxe, que dans la plupart des pays déshérités du globe le Centre est connu et apprécié, mais que grâce à sa discrétion voulue il reste presque ignoré en France.

Les Parisiens qui se promènent au bois de Boulogne et les amateurs de courses de chevaux qui fréquentent l'hippodrome de Longchamp ne soupçonnent sans doute pas le travail qui s'accomplit dans la maison blanche située en face du moulin de Longchamp. Si le Centre international de l'Enfance a pu réussir dans son entreprise assez téméraire, il le doit à la qualité de sa petite équipe. Ils sont peu nombreux, en effet, les hommes et les femmes qui forment le personnel de cette institution, mais leur enthousiasme, l'expérience unique qu'ils ont pu acquérir, leur qualités d'intelligence et de caractère, les relations mondiales qu'ils ont établies, justifient la réputation qu'ils ont acquise.

Celle-ci n'a fait que grandir depuis l'époque où, avant l'installation au château de Longchamp, le professeur Henri Bonnet, notre premier directeur des études, organisait en des lieux improvisés des cours internationaux de pédiatrie sociale dont le premier fut inauguré le 5 avril 1948 à la Cité universitaire par M. Georges Bidault et Mme Poinsot-Chapuis. Sous la direction de son successeur, M. Wauters, puis sous celle du docteur Maurice Gaud, qui fut un créateur et un bâtisseur, et enfin sous celle du docteur Etienne Berthet qui n'a cessé, entouré de la sympathie générale, de remplir admirablement son rôle, le Centre a pu réaliser l'épanouissement de l'œuvre commune. Les collaborateurs du Centre ont professé 287 cours de perfectionnement, séminaires et colloques qui ont réuni 14 643 participants originaires de 110 pays. On y a donné 56 enseignements en Afrique et dans l'océan Indien, 16 en Amérique latine et dans les Caraïbes, 24 au Proche, Moyen et Extrême-Orient, et 191 au Centre international de l'enfance et dans divers pays d'Europe.

Comment apprécier l'efficacité de l'action du Centre ? On peut être sûr qu'il a facilité la tâche de chaque participant. Nombre d'entre eux ont été l'objet de promotions, et ils nous affirment qu'elles sont dues, au moins en partie, aux enseignements du centre qu'ils ont reçus. Dans les pays les plus divers, les postes de direction dans la santé publique, de l'éducation nationale, l'établissement des plans sont confiés à d'anciens élèves. Le Centre a la fierté de compter parmi ses anciens participants des ministres de la Santé et des secrétaires d'Etat.

Dans bien des villes du monde se retrouvent nos amis. A chaque rencontre des mots de reconnaissance sont prononcés et des souvenirs chaleureux évoqués.

Mais quel rôle le Centre a-t-il pu jouer dans les progrès accomplis en faveur de l'enfance ? Il est bien difficile d'apprécier les effets proches et lointains, directs et indirects d'un enseignement, et impossible de mesurer la diffusion des idées et des difficultés d'application que l'on rencontre en chaque contrée. De ces réflexions, une conclusion certaine peut être tirée : si valable que soit le travail déjà fait, immense demeure celui qui reste à accomplir.

·31·

La réforme hospitalière et universitaire

DÈS MA JEUNESSE, j'ai été choqué — je l'ai raconté déjà — non seulement par la tristesse des vieux hôpitaux dont les siècles de souffrance avaient comme imprégné les murs, mais encore par tout ce que j'entendais dire sur les grands concours, le favoritisme, le mandarinat. Plus tard, les réussites de ma carrière ne m'ont pas empêché de percevoir les appels d'une conscience inquiète. Je me rendais bien compte que, occupé une grande partie du jour par mon métier de consultant et plus tard par mon enseignement à la faculté, je n'arrivais point à accomplir, comme j'aurais voulu le faire, mon travail de médecin d'hôpital. N'aurait-il pas fallu être plus libre pour revenir en fin d'après-midi revoir les cas graves et aider l'interne à prendre des décisions, entrer en contact plus proche avec les parents des enfants qui m'étaient confiés, expliquer davantage aux infirmières les détails des prescriptions et d'autre part m'entretenir individuellement avec les étudiants ? Le temps dévolu à la poursuite des recherches personnelles était trop bref. L'horaire quotidien au programme le plus dense n'y suffisait pas. Je considérais comme sacrée ma présence à l'hôpital chaque matin et m'obligeais, quels que fussent les événements, et parfois même un accès de fièvre, d'aller ponctuellement à l'heure dans mon service. Je prolongeais la matinée, m'étant interdit pour toujours de regarder ma montre pendant mes visites hospitalières, et mes anciens internes ont gardé le souvenir pénible de la faim qui les tenaillait lorsqu'ils attendaient impatiemment que je me décide à partir. Ils essayaient de me faire descendre plus vite que je ne le voulais les marches du perron, m'affirmant qu'ils avaient tout bien compris. Ils masquaient leur hâte de regagner la salle de garde pour le déjeuner prêt depuis longtemps.

J'étais frappé de voir combien d'une façon générale la vie privilégiée que nous menions, mes collègues et moi-même, était considéré comme le mode idéal d'existence. Enfants gâtés de notre société, nous oubliions l'insuffisance des soins donnés aux malades de la classe ouvrière et le manque de ressources de la médecine rurale. Notre tâche de professeur nous semblait accomplie lorsque nous avions, devant les étudiants rassemblés, procédé à des examens cliniques rigoureux et bien commentés, et, une fois par semaine, prononcé une leçon magistrale.

Cet enseignement valable et même souvent excellent n'était pas bien adapté à la formation des stagiaires qui devaient, praticiens de demain, devenir responsables de la santé de la population. Faut-il ajouter que dans plusieurs services ces tâches n'étaient pas accomplies d'une façon tout à fait régulière et que l'arrivée des stagiaires était considérée comme gênante et encombrante dans beaucoup de bons services, notamment de chirurgie ? Malgré tout, le contentement était assez général. Les étudiants d'alors, peu nombreux, arrivaient, grâce à l'agilité des Français, à s'instruire et finalement à connaître leur métier, peut-être il est vrai après un certain temps d'exercice, et les maîtres se trouvaient assez fiers d'eux-mêmes et satisfaits du système dont ils bénéficiaient. Dès cette époque, j'avais senti que le libre choix du médecin par le malade que l'on considérait à juste titre comme sacré, les bons soins à domicile, les facilités de toutes sortes pour prévenir et guérir les maladies, n'étaient pas accordés à toute la population française.

Ne faut-il pas dire aussi que les bénéfices financiers dus aux honoraires de la « clientèle » étaient souvent importants ? Personnellement, je rêvais d'un régime où je n'aurais pas à demander d'honoraires, à en fixer le montant, à me soucier des questions d'argent. Sans qu'ils aient à faire un effort particulier, le paiement des honoraires permettait aux médecins et chirurgiens très appréciés de mener une existence confortable et même large. Nous étions les heureux de la terre. Notre vie était remplie de jouissances professionnelles et intellectuelles : un travail qui nous plaisait, une continuelle stimulation de l'esprit, des témoignages flatteurs de reconnaissance, un accueil chaleureux dans les divers milieux de notre société, la rencontre de personnalités les plus intéressantes. La réussite permettait l'achat d'une propriété ou l'acquisition de beaux livres et d'objets d'art.

Pendant mes voyages à l'étranger, le caractère injustifié de notre quiétude m'était apparu sous un autre aspect. La médecine française qui, presque seule avec quelques Anglais de génie, puis ensuite avec la médecine allemande, avait dominé, perdait son prestige. Nos maîtres du XIXe siècle, après leurs grands aînés, nous avaient légué un héritage dont nous n'étions plus tout à fait dignes. Malgré des discours trop éloquents qui affirmaient, non sans vanité, la satisfaction que nous éprouvions de nous-mêmes, notre réputation baissait. Faisait encore quelque illusion çà et là l'estime où nous étions tenus dans les pays où dominaient la pensée et la langue française, en Orient et en Amérique latine.

Enfin, je voyais s'accentuer l'orientation indispensable et impérieuse des sciences médicales vers la physiologie, la biochimie et la biophysique dans les pays germaniques et anglo-saxons, et la marche fulgurante vers les sommets de la médecine américaine. Le triomphe éclatant des grandes universités et instituts des Etats-

Unis était dû non seulement à leurs ressources, mais à leur organisation et à l'application de principes dont la valeur était évidente.

Avant la Seconde Guerre mondiale, j'avais cherché à obtenir, pour mon propre service, l'aide de chimistes, d'embryologues, de généticiens — souvent venus de l'étranger —, mais cet effort modeste et limité n'était que rarement envisagé et ne se traduisait çà et là que par quelques velléités, des ébauches, des essais et non par un mouvement général ; bref, l'orientation scientifique des recherches cliniques et de biologie humaine n'était pas suffisamment favorisée en France, la plupart des grands travaux originaux étaient poursuivis ailleurs, la carrière des chercheurs n'était pas établie, l'Institut Pasteur ne recrutait plus assez de jeunes hommes de qualité ; où André Cournand aurait-il pu trouver une place en France ? Son installation et son succès aux Etats-Unis m'avaient frappé comme un avertissement grave.

Je sentais bien que tout se tenait : les nécessités de la recherche et de l'enseignement, l'aménagement des carrières hospitalières et universitaires, la modernisation des hôpitaux, le statut des facultés de médecine et le mode d'existence que nous menions tous. J'élaborais en quelque sorte pour moi-même les projets de mesures qui devaient modifier la vie des maîtres et des étudiants. Serait-il possible un jour de tout changer ?

Vint la guerre, puis l'occupation. Dans la clandestinité et la Résistance devaient se développer les idées d'une rénovation nationale. Comme je l'ai raconté, un groupe de médecins volontaires se réunit, non pas pour éviter l'obsession du malheur en se complaisant dans des rêveries consolantes, mais pour préparer l'action future, certains du relèvement de la France asservie par l'ennemi et abaissée par le gouvernement de Vichy que la « méditation morose » de notre défaite tournait vers le passé. Après de nombreuses rencontres, je pus rédiger une très longue note qui résumait notre pensée. Nous voulions proclamer et réaliser notre idéal : établir l'égalité entre tous les Français devant la maladie et la souffrance. Cette mystique généreuse planait en quelque sorte au-dessus de la mêlée où nous devions combattre. L'atmosphère de la Résistance était favorable à l'élan de nos enthousiasmes. Puis-je ajouter qu'en formulant ces idées devant nos amis il me semblait que je marchais dans la voie où m'avaient engagé jadis ceux dont j'ai parlé en racontant mes souvenirs de jeunesse. Beaucoup des idées contenues dans la brochure que nous avons alors rédigée reçurent leur application plus tard : la création du ministère de la Population, celle de l'Institut national d'études démographiques, de l'Institut national d'hygiène, la lutte contre les fléaux sociaux, dépopulation, alcoolisme, enfin, la réforme hospitalière et universitaire.

Après la Libération, sous l'autorité du gouvernement provisoire, parmi tant de réformes capitales, le suffrage des femmes par exemple, s'établit un régime de Sécurité sociale et d'allocation familiales qui contribua à rendre applicable la plupart de mes projets.

Après le départ du général de Gaulle, malgré les incertitudes de la politique, la faiblesse des gouvernements éphémères, la guerre d'Indochine, celle d'Algérie, voici que sont prises deux initiatives importantes. Le président Pierre Mendès-France crée le Haut Comité d'études et d'informations sur l'alcoolisme, qu'il me demande de présider — nous en parlerons plus loin —, mais, surtout, le ministre de l'Education nationale, M. Billières, prend une décision d'une portée capitale en créant le Comité interministériel pour la réforme des études médicales dont il me charge d'assurer la présidence. Avant d'accepter, je pose fermement mes conditions. Je tenais à éviter à tout prix de perdre notre temps comme il arrive au cours de délibérations de tant de commissions. Et j'obtiens la mise en place des dispositifs qui seuls permettent d'aboutir à un résultat efficace. Le Comité sera composé de personnalités choisies pour leur compétence et leur désir de réforme et non de représentants de corporations, syndicats, groupements ou administrations diverses. Il devra être doté d'un budget modeste, mais suffisant. Il sera pourvu d'un secrétariat permanent dont le chef sera une personnalité appartenant à l'un des grands corps de l'Etat. Il aura la jouissance d'un local particulier. Les hauts fonctionnaires représentant la Santé publique, l'Education nationale, le budget, l'Intérieur, la Sécurité sociale, l'Assistance publique de Paris seront invités à participer personnellement à toutes les séances du Comité. Celui-ci serait habilité à consulter les représentants de toutes les opinions et éventuellement des experts étrangers. Son travail serait entièrement libre et le gouvernement, sans prendre aucun engagement, indiquerait sa volonté d'appliquer les réformes proposées et acceptées par les représentants de ces différentes grandes administrations.

Ce dispositif évoquait les commissions royales anglaises dont on sait la qualité et l'influence. Celles-ci représentent dans un pays démocratique une institution utile pour la préparation des réformes sociales et administratives. La Grande-Bretagne a compris que cette manière était la meilleure pour associer directement à la gestion des affaires des hommes de valeur choisis dans différents milieux et auxquels on fournit les moyens d'appliquer leurs idées. Gouvernement et Parlement gardent tout leur pouvoir mais sont mieux éclairés sur les grands problèmes que par les campagnes de presse et les élaborations sommaires de groupes de travail éphémères et superficiels. L'autorité d'une commission royale n'offense point les ministres ni le Parlement, qui n'éprouvent pas certaines vanités jalouses que nous ne connaissons que trop.

Le ministre Billières me fit une totale confiance. Il m'affirma notamment que, restant continuellement attentif aux travaux de ce comité, il en soutiendrait les conclusions et ferait aboutir dans toute la mesure de ses moyens les réformes proposées, même si elles exigeaient des transformations importantes.

Les réunions du Comité se succédèrent pendant des années. Les séances plénières au siège du Comité, boulevard Saint-Germain, étaient complétées par des réunions de groupes de travail, de fréquentes « tables rondes » chaque semaine et même plus souvent où les échanges de vues se poursuivaient tard dans la soirée.

Les discussions étaient vives, parfois violentes ; nous avions volontairement associé à nos réunions des adversaires de nos idées qui étaient en réalité des adversaires de toute réforme car leur doctrine était restée fidèle aux institutions et aux mœurs que nous voulions détruire. Mais un mouvement très fort poussait les membres les plus influents du Comité vers les idées nouvelles et la volonté d'un changement fondamental dominait. Mon arbitrage était accepté lorsque les opinions apparaissaient divergentes.

M. Gaston Berger, une des hautes personnalités de notre époque, alors directeur général de l'Enseignement supérieur, ne manquait jamais d'être présent à nos séances, et je le voyais souvent en dehors de celles-ci. Universitaire de la plus rare distinction, philosophe aux idées originales, grand créateur dans le domaine de la pensée et de l'action, M. Gaston Berger, par sa chaleureuse activité, devait jouer un rôle capital dans l'élaboration de nos projets. Lorsqu'il abandonna ses fonctions administratives et qu'il vint me voir, il me déclara qu'un de ses grands souvenirs resterait lié à notre collaboration au Comité consultatif des universités, au Conseil Supérieur de l'Education Nationale et, avant tout, au Comité interministériel. Il ajouta, avec une amicale indulgence, qu'il était par-dessus tout fier d'avoir été mon collaborateur. C'est moi, en réalité, qui ai éprouvé et éprouve toujours cette fierté.

Le professeur Eugène Aujaleu, un des spécialistes les plus renommés dans le domaine de la santé publique, était alors directeur général de la Santé Publique et dominait le ministère comme autrefois Philippe Berthelot, secrétaire général du ministère des Affaires Etrangères, avait dominé ce département. Haut fonctionnaire, il servit loyalement ses supérieurs ; chargé d'élaborer des réformes puis de les appliquer, il exigeait des autres comme de lui-même une stricte discipline. Il n'hésitait jamais devant les rigueurs de son devoir. Sa fermeté courageuse devait lui valoir d'injustes hostilités aux motifs assez bas. Il défendait avec vigueur ses opinions très fermes. Nous savions bien, lorsque nous étions en désaccord, que chacun d'entre nous n'envisageait que des intérêts supérieurs

Au premier rang des collaborations précieuses, il faut placer celle de M. Martinet, directeur du Budget, qui approuva les principes de la réforme et la soutint de toute sa force, et celle du directeur de l'Assistance Publique, le docteur Xavier Leclainche, qui approuvait nos idées. M. l'inspecteur général Rolland assistait M. Gaston Berger, et Mlle Demolon le professeur Aujaleu. Leur participation à la tâche commune fut importante.

Des hautes administrations des Finances, de l'Assistance Publique, de la Sécurité Sociale nous venaient des objections, certes, mais plus encore des secours. Des collègues jeunes et moins jeunes nous aidaient autant par leurs critiques que par leurs idées personnelles. Je ne puis citer tous les membres du Comité interministériel, mais je voudrais rappeler le puissant appui que nous apporta le professeur de Vernejoul, président de l'Ordre des médecins, aussi impressionnant par la hauteur de ses vues que par son dévouement au bien public, le professeur Fauvert, de Paris, et le professeur Fontaine, de Strasbourg, ainsi que nos cadets, notamment A. Rosselle et surtout Jean Dausset.

Nous avons bénéficié de la collaboration irremplaçable du secrétaire général Raymond Poignant, maître des requêtes au Conseil d'Etat, spécialisé dans les questions d'enseignement. Il maniait avec la même compétence et la même dextérité intellectuelle les problèmes d'administration, de finances, de législation et de doctrine. Avant lui, Jean-Jacques Ribas, du Conseil d'Etat, après lui Alexandre Epifanoff, assisté de Gérard Cocrelle de la Cour des comptes, doués de tempéraments et de qualités très différents mais également de remarquables capacités, devaient remplir les fonctions de secrétaire général de notre Comité.

Le travail du Comité fut âpre, dur à certains moments mais poursuivi, par ceux que passionnait cette entreprise, avec un acharnement dont l'enthousiasme ne diminuait pas le souci des réalités et des possibilités.

Ainsi fut rédigé et rendu public, en juillet 1957, un avant-projet de loi relatif à la réforme des hôpitaux des villes universitaires et de l'enseignement médical et au développement de la recherche médicale, puis, en mai 1958, à la veille de l'investiture du général de Gaulle et au milieu des désordres politiques les plus graves, un projet de loi relatif à la réforme de l'enseignement médical des centres hospitaliers et universitaires et au développement de la recherche médicale.

Ces textes contiennent la plus grande partie — non la totalité — des idées que nous avions soutenues au cours de cette longue période d'études, de discussions et de bataille. En voici les éléments principaux. Une idée dominait : moderniser les hôpitaux français, ou plutôt construire des hôpitaux neufs où pourraient être satisfaites les exigences de la médecine et de la société modernes, agencer le confort des patients, améliorer l'accueil du blessé ou du malade et de sa famille, imaginer des dispositifs capables de rendre la maladie moins pénible et le séjour à l'hôpital moins sévère. En effet, un principe social nous paraissait s'imposer : les malades de toutes les classes de la nation devaient être, dans le cas de diagnostic difficile, de maladie ou de blessure grave, de soins urgents, dirigés vers l'hôpital. Il fallait donc d'abord modifier le sentiment général d'une population habituée à considérer l'hôpital comme un refuge de la misère où l'on ne doit se rendre que si l'on ne peut l'éviter, montrer ensuite que celui-ci est devenu le seul lieu où puissent se trouver les secours les meilleurs dans un cadre à tous égards favorable à la guérison. Nous espérions que l'opinion éclairée et bien orientée exigerait de l'Etat et des collectivités publiques les dépenses très lourdes nécessaires pour réaliser notre idéal de progrès et d'égalité.

Le nombre, la complexité des examens utiles pour établir un traitement demandent un appareillage chaque jour plus raffiné et que viennent modifier d'incessantes inventions et découvertes. Aussi est-il juste qu'on exige leur plein emploi. La venue à l'hôpital des malades habituellement privilégiés ne pouvait, à notre avis, qu'aboutir à une égalisation par le haut, objectif essentiel des réformateurs. Une remise en état des hôpitaux français était donc demandée avec vigueur puisqu'elle représentait l'étape prioritaire et préliminaire.

Notre doctrine faisait de l'hôpital le centre où doivent converger les efforts pour les soins, l'enseignement et la recherche. Pour les chefs de la médecine française, l'hôpital a toujours représenté le haut lieu de leur travail, et les heures passées à l'hôpital, les heures culminantes de leur journée.

Mais, en vertu des traditions de notre organisation, nos grands hôpitaux ne contenaient pour ainsi dire pas de dispositifs propres à l'enseignement ni à la recherche. Quelques amphithéâtres et quelques laboratoires ne formaient que l'ébauche plus que modeste d'un équipement tout à fait insuffisant. Si l'on voulait, ce qui est non seulement souhaitable mais vraiment nécessaire, réaliser à l'hôpital l'unité de lieu pour le personnel soignant, enseignant, pour les étudiants comme pour les chercheurs, il fallait en modifier complètement la structure.

L'hôpital moderne est donc conçu comme un centre de diagnostic et de traitement où l'équipement instrumental n'est rentable que s'il est appliqué aux malades de toute la population et que s'il fonctionne pour toute une région et la journée tout entière. Enfin, l'architecture de l'hôpital doit subir une transformation considérable pour être adaptée aux exigences très souvent modifiées et chaque jour croissantes des soins difficiles, urgents, et de la surveillance minutieuse des grands malades.

C'est sur le terrain de l'hôpital que doivent vivre professeurs, assistants et étudiants. Donc, l'équipement hospitalier doit comporter des salles de cours, des salles de réunions pour le travail et le repos, une bibliothèque, des pièces destinées à l'enseignement et tous les agencements que celui-ci comporte, et enfin, des installations pour la détente et les repas de tous. C'était une véritable mutation que proposait le Comité. Ainsi, certains centres devaient servir de modèles et permettre d'apprécier les essais des aménagements nouveaux. Les hôpitaux anciens devaient recevoir des crédits destinés à des dispositifs de modernisation et d'adaptation à l'enseignement et à la recherche. C'étaient, dans notre langage, les crédits de « saupoudrage » qui devaient s'ajouter aux crédits de création des centres hospitaliers et universitaires.

Une autre nécessité s'imposait : il paraissait essentiel de ne point laisser les professeurs et les chercheurs voués aux différentes disciplines de la biologie installés loin des malades pour le bien desquels ils travaillent. Il fallait donc construire, sur le terrain de l'hôpital, des laboratoires organisés à la fois par l'administration de l'Education nationale, celle des hôpitaux et celle de la recherche scientifique. Ainsi se trouveraient réunis, proches les uns des autres, vivant d'une vie commune, sollicités par les problèmes que pose la maladie, tous ceux qui doivent associer dans leur existence les soins, l'enseignement et la recherche et qui pourraient aisément former des équipes consacrées à ces tâches. Sur la valeur de pareilles organisations matérielles et leur utilité pour le progrès, nous ne cessions d'insister. La désignation de « centre hospitalier et universitaire » fut alors proposée et, suivant la coutume moderne, dans le langage courant on emploie le sigle C.H.U. Cette notion et ce terme sont aujourd'hui adoptés non seulement en France, mais dans plusieurs pays qui ont imité le dispositif français actuel. Ainsi, par exemple, sur les murs de la nouvelle université canadienne française de Sherbrooke, on lit en très grands caractères : « Centre Hospitalier et Universitaire. »

Le Comité interministériel était conscient qu'il devait prendre une mesure révolutionnaire pour modifier le régime de vie du personnel des hôpitaux et des facultés. Il était indispensable que l'existence même de tous s'écoulât complètement sur les lieux de travail, qu'on en finît avec la dispersion, le temps perdu, la fatigue des trajets, l'insuffisance de séjours à l'hôpital des enseignants comme des étudiants, bref, qu'on exigeât de tous le temps plein, élément primordial du progrès. Les membres du Comité savaient que, quelque soixante-dix ans plus tôt, Simon Flexner, de la fondation Rockefeller, chargé d'un plan de réforme pour les universités américaines, avait mis dix ans pour obtenir l'établissement du temps plein qui devait permettre à celles-ci d'établir leur suprématie. On pensait bien qu'en France il y faudrait une quinzaine d'années.

Le Comité n'ignorait pas l'intérêt intellectuel de l'exercice de la médecine en ville, mais comment parvenir à assurer une présence suffisante à l'hôpital dans l'intérêt des malades comme dans celui des maîtres et des étudiants ? Et comment empêcher que les plus fines intelligences de notre avant-garde médicale ne fussent pas perdues pour l'investigation originale ? Le choix était grave, mais il fallait choisir. Des mesures transitoires permirent, dans les meilleures conditions, d'assurer le passage du mode de vie traditionnel à l'existence nouvelle en respectant la liberté de chacun.

Nous comptions bien obtenir, grâce à cette réforme, la concentration des pensées et des préoccupations de chacun, la réunion de tous les malades dont on prend le souci, de tous les collègues avec lesquels on travaille, des ressources de toutes les disciplines dont on a besoin, le brassage des générations, l'interpénétration des spécialités, la collaboration de la biologie et de la médecine clinique, l'intimité de la vie commune de toutes les catégories du personnel soignant, la participation de tous à la gestion du centre. Ainsi se trouveraient associés les meilleurs soins pour les malades et l'agrément d'une vie pour tous mieux équilibrée.

Un autre principe fondamental de la réforme est celui de la double appartenance. Jusqu'à l'application de la réforme, la plupart des membres du corps hospitalier ne faisait pas partie de la faculté et tous les professeurs de sciences fondamentales ainsi que leurs collaborateurs n'appartenaient pas au corps des hôpitaux. La fusion a été un de nos objectifs essentiels.

Trop souvent, les hasards d'un concours ont privé certains membres du corps hospitalier — et des plus méritants — d'une carrière universitaire. Quelques-uns, dit-on, n'ont pas le goût d'enseigner. Qu'entend-on par là ? Les leçons magistrales, avec leurs développements oratoires, ont leur rôle à jouer et nous croyons à leur valeur, mais on peut enseigner autrement la médecine. Les conversations familières, voire le silence sont éloquents lorsque l'étudiant regarde son maître examiner, soigner, opérer. Tout médecin du corps hospitalier est un maître dont la fréquentation est utile, même s'il parle peu, pourvu qu'il soit aidé par un bon état-major d'assistants qui explique au plus jeune ce qu'il n'a pas saisi. Regarder J. Babinski examiner un malade sans dire un mot était sans doute la plus grande leçon de médecine clinique que l'on pût recevoir. Georges Guillain fut un grand enseignant silencieux.

Ainsi, la réforme visait à supprimer la dualité des concours et à assurer pour tous la même carrière. Je n'insiste pas sur les sentiments de jalousie et les rivalités inévitables, pour ridicules qu'ils soient, entre deux corps séparés parcourant des carrières différentes et ne recevant pas les mêmes honneurs. Il fallait en finir avec la persistance d'une hiérarchie souvent injuste. Cette double appartenance devait être établie à tous les degrés : l'interne des hôpitaux devait être moniteur à la faculté, le chef de clinique assistant hospitalier, les médecins et spécialistes des hôpitaux professeurs agrégés, puis professeurs titulaires. De cette façon se trouve abolie une rivalité fâcheuse entre deux corps et réalisée entre tous une égalité de carrière. Enfin, pareille orientation permettait d'augmenter d'une façon importante le nombre des enseignants. La double appartenance devait comporter un double traitement répondant à la double tâche assumée par tous. Cette mesure permettait de compenser en quelque sorte les avantages perdus par l'abandon des carrières privées.

L'obtention de ce dispositif fut difficile. Il était délicat en effet d'établir, pour les membres de l'Enseignement supérieur appartenant à la Faculté de médecine, un régime différent de celui de leurs collègues des autres facultés. Mais à la vérité nous exigions des médecins une tâche de soins et, d'une façon générale, une activité professionnelle considérable qui s'ajoutait aux obligations de l'enseignement.

Je dus, pour faire accepter notre projet, obtenir l'accord du ministre des Finances, M. Antoine Pinay. Il voulut bien, le moment venu, me recevoir longuement, écouter les arguments et avec bienveillance adopter nos conclusions. Il acceptait que le corps hospitalier et universitaire reçût un traitement de l'Education nationale et une indemnité versée par l'hôpital. Sans cette décision fondamentale, notre entreprise n'aurait pas pu aboutir.

Parmi les idées sur lesquelles je devais insister figurait la nouvelle orientation donnée aux professeurs de sciences fondamentales : physique, chimie, biologie, bactériologie, physiologie, etc. Leur participation au travail hospitalier apparaissait du plus grand intérêt. Jusqu'alors, la plupart des professeurs de ces sciences ne prenaient point part aux recherches poursuivies à l'hôpital, loin duquel ils vivaient. Le principe nouveau consistait à leur confier la direction des laboratoires hospitaliers en créant une fonction nouvelle, celle de biologiste des hôpitaux. Rapprochée de l'homme malade et de ses problèmes, en contact permanent avec les difficultés de la clinique et de la thérapeutique, l'attention de ces maîtres et de leurs collaborateurs sera attirée vers la pathologie humaine. Leur esprit sera sollicité par l'application à l'homme de leur discipline scientifique. Une communauté de travail sera entretenue par la vie menée côte à côte avec les cliniciens, ce qui est un facteur important pour les progrès de la médecine biologique.

Exerçant dans les centres hospitaliers et universitaires une fonction hospitalière, les professeurs de sciences fondamentales et leurs collaborateurs jouissent de la double appartenance. Leurs traitements sont donc les mêmes que ceux des cliniciens. Cette égalisation des niveaux de vie des fondamentalistes et des cliniciens, juste et bénéfique à tous égards, ne peut être que favorable au recrutement du personnel voué aux études scientifiques de base et encourager l'orientation des jeunes vers les carrières de laboratoire, ce dont la France a le plus grand besoin.

Ces idées générales n'étaient point familières au public français. On conçoit quels efforts furent nécessaires pour faire triompher une doctrine contre laquelle s'élevèrent avec la plus grande vigueur la force des habitudes, les traditions et la puissance d'intérêts privés. La résistance fut des plus vives, les protestations bruyantes ; réunions publiques, libelles, articles de journaux, ordres du jour d'organisations professionnelles, grande agitation dans les académies témoignent d'une émotion partout ressentie. On nous reprochait de détruire la médecine libérale, de transformer les meilleurs des médecins en fonctionnaires asservis, de vouloir faire périr « l'élite », de briser les plus belles traditions, de nous nourrir de chimères et aussi, j'ajoute, de pousser vers la misère des groupes d'hommes jusqu'alors assez opulents. Les « intérêts » étaient en jeu, et l'on sait qu'ils savent se défendre. Ils savent aussi s'abriter derrière le respect des grands principes. Je connaissais bien et par expérience personnelle l'importance des abandons qu'exigeait la réforme ; je n'en éprouvais que plus durement l'injustice des attaques et des insultes personnelles qu'acceptèrent de publier certains grands journaux médicaux, ce qui montre à quel point était violente la mêlée. Je gardais de mon mieux mon sang-froid. J'avais, conformément aux conseils de mon fils, totalement négligé de lire les diatribes et d'écouter les clameurs. Je priais mes collaborateurs de fréquenter les foules hostiles et les maîtres qui nous critiquaient, d'assister aux réunions tumultueuses et de lire soigneusement tous les articles qui nous concernaient pour examiner les éléments constructifs que pouvait apporter cette accumulation de reproches. Je dois dire que la récolte fut assez mince. Certains collègues se montrèrent assez étonnés de la courtoisie que je gardais à leur égard. Ils ne se doutaient pas que j'ignorais leurs injures.

Pour convaincre nos collègues appartenant aux différentes facultés des provinces, j'entrepris plusieurs voyages et demandai à mes amis d'organiser des réunions d'information. Certaines furent encourageantes par les témoignages de sympathie pour nos idées. Dans d'autres, l'opposition vigoureuse, notamment des chirurgiens dont la situation était prospère et qui craignaient d'être forcés de modifier leur genre de vie, se traduisait par de grandes objections de principe soutenues avec violence. Dans une des grandes facultés provinciales, le doyen ne m'accorda pas l'usage d'un amphithéâtre de sa faculté. La réunion fut tenue dans l'arrière-boutique d'un café et celle-là fut très chaleureuse. Nous évoquâmes en riant la clandestinité de la Résistance, espérant bien triompher cette fois encore. D'une façon générale, la jeune génération était favorable lorsque les aînés étaient réticents et même hostiles.

Il n'est pas douteux que jamais la réforme n'aurait pu être appliquée devant la coalition bruyante et agissante des passions et des intérêts si des circonstances exceptionnelles ne s'étaient montrées favorables. Le général de Gaulle m'avait bien dit un jour : « Vous voulez forcer tous les médecins à rester toute la journée auprès de leurs malades de l'hôpital, vous n'y parviendrez jamais », et, après un silence : « Ils tiennent trop à leur clientèle privée. » Mais le scepticisme désabusé de sa conversation contrasta une fois de plus avec la netteté de sa clairvoyance et l'énergie de sa décision, et ce fut par sa volonté et sous son autorité que le gouvernement, dirigé par mon fils, fit siens les projets élaborés par le Comité interministériel. Les pleins pouvoirs permettaient au gouvernement de procéder par ordonnances, sans discussion parlementaire. La réforme a pu profiter de ce dispositif. Son application fut confiée à M. le ministre Bernard Chenot, qui mit toute sa volonté, sa compétence et son autorité à réaliser la réforme à laquelle il croyait. La décision solennelle et retentissante du gouvernement fut formulée en une série d'actes officiels dont l'ordonnance du 30 décembre 1958 fut le premier.

Les dispositifs libéraux des mesures de transition devaient apaiser presque complètement les polémiques et l'agitation. La sagesse des réformes devait convaincre une partie de plus en plus importante des générations nouvelles, et leurs avantages entraîner un nombre croissant de leurs aînés. Malgré les ordres des syndicats, beaucoup adoptèrent le régime nouveau vis-à-vis duquel l'ensemble des chirurgiens et des accoucheurs étaient néanmoins hostile.

Depuis cette date, le Comité interministériel, conformément à son statut, a veillé à l'exécution de la loi, contribué à la préparation de 30 décrets et de 60 arrêtés, conseillé ceux qui avaient la responsabilité des créations, transformations et aménagements nécessités par l'établissement des régimes nouveaux.

En effet continua parmi nous la collaboration personnelle des hauts fonctionnaires de l'Education Nationale, de la Santé Publique, de l'Intérieur et du Budget.

Seules ces rencontres régulières ont permis, au début de l'application de la réforme, que celle-ci ne s'enlise pas et que le travail soit poursuivi sans les pertes de temps et les atermoiements si fréquents lorsqu'il s'agit de coordonner la marche de plusieurs administrations. Au reste, des liens étaient établis avec le Commissariat au Plan, notamment avec M. Pierre Massé qui s'intéressait à nos efforts, et un groupe fut constitué dans ce commissariat même qui, sous la présidence du sénateur Le Gorgeu, actif partisan de la réforme, avec l'aide de M. R. Poignant, réunissait des représentants de la commission de la Santé Publique et de celle de l'Education Nationale.

Le Comité interministériel, après qu'eurent été acceptés et transformés en textes officiels les grands principes qu'il avait proclamés, devait étudier des problèmes importants dont la solution ne pouvait être apportée que par le fonctionnement des centres hospitaliers et universitaires. Certains de ces problèmes furent résolus, d'autres sont restés en suspens.

Les projets soumis à l'étude du Comité interministériel concernaient la fonction hopitalière pour tous les étudiants en médecine, la division de la Faculté de Paris, d'un volume monstrueux, les études et diplômes de biologie humaine, réalisation originale si importante pour la formation des chercheurs, les progrès pédagogiques dans l'enseignement des étudiants en médecine, enfin, l'amélioration des modes de recrutement au cours du curriculum hospitalier et universitaire.

Une obligation fut reconnue, celle de donner à tous les étudiants une fonction hospitalière avec une participation progressive aux responsabilités jusqu'alors réservée aux externes et internes, les stagiaires restant en quelque sorte à distance de l'homme malade, sauf au moment du stage interné dont j'avais obtenu l'organisation à la fin des études. Faire une part personnelle aux étudiants dans les examens et l'application des thérapeutiques n'était pas alors chimérique, car leur nombre était beaucoup moindre qu'il ne l'est aujourd'hui.

L'idée de l'externat pour tous devait, comme celle de l'hôpital pour tous, du temps plein obligatoire, de la double appartenance, provoquer des tempêtes ; certains crurent bon de défendre leur privilège. A présent que le flot populaire veut briser les hiérarchies, ceux qui, dans les réunions publiques tumultueuses, nous attaquaient si vivement ont bien oublié leur attitude et maintenant se montrent dociles aux exigences de la foule.

Dans l'esprit du Comité interministériel, par la création d' « externes en premier » nommés parmi ceux ayant obtenu les meilleures notes aux examens, une certaine hiérarchie persistait qui devait développer l'émulation, permettre de préciser pour chacun les tâches et préparer progressivement l'étudiant à la prise de conscience de ses responsabilités.

Ce fut le mouvement contestataire de 1968 qui obtint la réalisation de l' « externat pour tous », dans l'improvisation et le désordre. Les méthodes d'enseignement devaient être rénovées. On s'était insuffisamment préoccupé en France des problèmes pédagogiques de l'enseignement supérieur. Rien n'était modifié depuis l'époque de la mise en place des grandes institutions universitaires qui dataient du début de la IIIe République, alors que la médecine, la société, la psychologie des maîtres et celle des étudiants avaient bien changé. Le Comité interministériel entreprit un travail dont, une fois encore, l'orientation devait surprendre. Il fallait, à cet égard, secouer une certaine insouciance du corps enseignant et plus encore celle des étudiants dont il fut à l'époque très difficile de susciter l'intérêt. Une formule lapidaire peut résumer la doctrine peu à peu élaborée par le Comité interministériel : « enseignement complet, dirigé, intégré, sur mesure, continu, sur le terrain ». Expliquons-nous.

Enseignement complet. Pour réaliser cet objectif, plusieurs initiatives étaient envisagées. Au début de leur entrée à l'université, les étudiants en médecine souhaitent aller à l'hôpital. Jadis, cette attirance sentimentale était assouvie puisque dès leurs premières années, et quelquefois même pendant l'année préparatoire du P.C.N., les étudiants étaient acceptés comme bénévoles — le terme d'argot de « roupiou » était employé — dans des services accueillants et ces quelques heures de la matinée passées dans les salles de malades impressionnaient et satisfaisaient cette jeunesse. Il n'est plus question, pour beaucoup de motifs, de favoriser aujourd'hui cette bienveillance archaïque, mais de permettre l'accès très tôt, dès la première année des études, aux services hospitaliers en organisant un stage de soins infirmiers. Sous la direction des surveillantes de l'hôpital, tous ces jeunes gens et jeunes filles apprendraient les bonnes manières pour approcher le malade, manipuler son corps en évitant de le faire souffrir, arranger son lit, bien placer son oreiller. Mon maître Landouzy disait : « N'est un bon médecin que celui qui sait mettre convenablement un oreiller dans le dos d'un malade essoufflé », et il avait raison.

Par ailleurs, le développement de nos techniques exige l'adresse manuelle pour les multiples gestes délicats que réclament les injections, les dosages, les explorations instrumentales, les ponctions, etc. Par ce stage hospitalier initial, l'étudiant débutant apprendrait comment gagner à la fois la confiance et la sympathie des patients. Par ailleurs, les laborantines devraient leur indiquer comment recueillir les produits d'examens. Un stage à la pharmacie permettrait à l'étudiant de voir de près, si l'on peut dire, le médicament qu'il prescrira plus tard. Ainsi serait également satisfait ce désir, pour les étudiants qui veulent se vouer à la médecine, d'approcher de bonne heure le malade et de connaître la vie hospitalière. N'en est-il pas de même pour le futur marin qui souhaite être plongé très tôt dans la vie maritime ?

Peut-on espérer que ces idées, qui n'ont reçu jusqu'à présent aucune application, trouveront un jour leur réalisation ?

L'enseignement dirigé signifie qu'à côté des cours magistraux, qui ne sauraient être supprimés, s'impose un enseignement par petits groupes sous l'autorité d'un assistant, véritable tuteur de ses cadets. Ce dispositif réalise l'extension des conférences d'internat et d'externat qui ont fait leurs preuves. Il permet un dialogue entre l'étudiant et son jeune maître et est aussi profitable aux uns qu'aux autres, facilitant un véritable contrôle des connaissances souhaité par l'étudiant lui-même. Des salles et un matériel d'enseignement doivent être aménagés pour cet élément essentiel des études médicales. A cet égard, un progrès réel a été aujourd'hui accompli.

L'enseignement intégré consiste à organiser, à propos de cas bien choisis, une réunion à laquelle participent les maîtres des différentes disciplines : clinique, biologique, psychologique et sociale. Ainsi les différents aspects du problème se trouveraient exposés et discutés devant l'étudiant, aussi bien la psychologie du patient que les difficultés économiques ou morales que soulève la maladie. La présence et la participation de l'assistance sociale comme celle d'enseignants de disciplines diverses, depuis l'anatomo-pathologie jusqu'à la sociologie, fourniraient à propos d'un cas concret l'acquisition de connaissances nécessaires alors que l'enseignement théorique de la sécurité sociale, par exemple, n'a pour l'étudiant aucun attrait. La difficulté a toujours été jusqu'à présent de réunir régulièrement tant de personnalités diverses.

Enseignement sur mesure signifie qu'à côté des enseignements obligatoires pour tous les étudiants, ceux-ci peuvent, selon le métier qu'ils choisiront : médecine de famille, enseignement, spécialités diverses, recherche biologique, etc., approfondir les enseignements qui leur sont indispensables. Un dispositif plus simple, rendu nécessaire par le nombre actuel des étudiants acceptés dans les facultés, a remplacé celui que le Comité interministériel aurait voulu promouvoir.

Enseignement continu signifie qu'au sortir de l'école le médecin doit continuer à fréquenter les centres hospitaliers et universitaires. Le Comité interministériel a soigneusement étudié ce problème, qui a reçu en bien des lieux des solutions diverses. Néanmoins, l'armature solide et les aménagements qui ont été proposés mériteraient d'attirer aujourd'hui l'attention. De nombreux et excellents efforts bénévoles fort précieux et fort utiles pallient aujourd'hui la carence de l'enseignement continu dont la nécessité s'impose en raison de la vitesse et de l'importance des acquisitions nouvelles que chaque jour apporte.

Enfin a été envisagé « l'enseignement sur le terrain » dont nous parlerons plus loin à propos de la médecine préventive.

Le régime des examens a été étudié d'une façon particulièrement attentive.

Grâce à l'établissement de notre bureau d'études au ministère de l'Education Nationale ont été mis au point, dans un désir d'objectivité et de rigueur, les premiers examens par questions multiples ainsi que différents dispositifs dont l'application n'a pu encore être qu'ébauchée.

Depuis l'époque où le Comité Interministériel a établi ces principes de réforme pédagogique, l'organisation de l'enseignement médical s'est modifiée dans le C.H.U. Pour continuer dans la voie du progrès où l'on s'est engagé, il serait bien utile de redonner son activité au centre pédagogique qu'avait créé M. Gaston Berger et, sous son impulsion, de poursuivre la marche délibérément entreprise vers l'adaptation de l'enseignement aux nouvelles facilités et exigences de notre temps.

Des innovations indispensables étaient, aux yeux du Comité, représentées par le développement de la biologie humaine dans les centres hospitaliers et universitaires. Malgré l'opposition violente de quelques-uns de ses membres, et non des moindres, qui voulaient conserver dans les facultés de médecine l'indépendance farouche des chaires de sciences fondamentales et notamment de physiologie, furent préparés tous les éléments d'un cycle d'études approfondi. Celui-ci devait compléter, pour ceux qui en auraient le goût et la capacité, les enseignements supérieurs dispensés dans les Facultés des Sciences, l'Ecole des Hautes Etudes, le Collège de France, l'Institut Pasteur.

Les stages dans les laboratoires, l'initiation à l'investigation personnelle après l'étude soignée des techniques préparent à la maîtrise de biologie humaine. Ces titres doivent être exigés pour exercer certaines fonctions hospitalières et universitaires comme celle de biologiste des hôpitaux. Ainsi doivent être favorisés dans les facultés de médecine l'enseignement des sciences fondamentales concernant la biologie humaine, les recherches originales, l'habitude des méthodes et de la rigueur scientifique. Les efforts les plus grands ont été exigés pour en maintenir la haute qualité et le rigoureux contrôle. Notre volonté était de promouvoir dans toutes les métropoles de France un élan vers la biologie intégrée à la médecine. Ce programme ambitieux est, dans plusieurs villes françaises et pour de nombreuses disciplines, réalisé.

Le Comité Interministériel devait affronter le problème, particulièrement difficile à résoudre, de la carrière des maîtres et du recrutement hospitalier et universitaire. Sur ce point capital, son œuvre est restée inachevée. Une transformation complète de l'internat des centres hospitaliers et universitaires était envisagée qui comporterait, à la fin des études, un concours spécialisé permettant de préparer dans les meilleures conditions des médecins instruits dans les différentes disciplines et qui, de ce fait, obtiendraient le certificat d'études spécialisées qui leur serait réservé après qu'ils auraient, dans plusieurs villes de France, pu s'instruire dans les services de leur spécialité. Ainsi aurait été formée en France une véritable élite de spécialistes capables de rivaliser avec les meilleurs autres pays.

Pour l'accession aux grades supérieurs, les principes qui inspiraient le Comité interministériel : favoriser les travaux originaux, chercher à en assurer avec une intégrité implacable la juste appréciation, établir des dispositifs inhibant le favoritisme et les coteries locales, n'ont pu trouver d'application...

L'importance de la médecine préventive n'a pas échappé au Comité interministériel, en particulier la double nécessité d'intéresser les étudiants en médecine aux problèmes de santé publique et la création d'un corps de médecins de santé publique en France dont la carrière fût ajustée à celle du corps hospitalier et universitaire. Dans un chapitre ultérieur, nous envisagerons l'ensemble de ce problème que le Comité interministériel n'a qu'abordé.

Ainsi peuvent être résumés à la fois les idées qu'a formulées le Comité interministériel, les batailles qu'il a livrées et les projets qu'il a ébauchés.

***

A l'avenir il appartiendra de mesurer la grandeur de l'œuvre du Comité interministériel. Il est indéniable que par les réformes révolutionnaires qu'il a obtenues il a permis un renouvellement de la médecine française. Pour la création de centres hospitaliers et universitaires, dans toute la France des bâtiments nouveaux ont été édifiés ou sont en voie de construction. Dans les grandes villes, à la place ou autour des vieux hôpitaux, ce ne sont que chantiers et travaux de bâtiments. Des vastes locaux universitaires, des laboratoires destinés à la recherche médicale viennent occuper le terrain proche des salles de consultation et d'hospitalisation. Les bâtiments nouveaux ne ressemblent en aucune manière aux anciens hôpitaux, et le nombre des équipements de services modernes favorisant les applications les plus récentes de la médecine et de la chirurgie augmente chaque jour. Il s'agit à la vérité d'un changement total, et de proportions et de nature. Le style de vie du personnel hospitalier et universitaire s'est brusquement modifié.

Fait entièrement nouveau, se développait l'Institut national de la santé et de la recherche médicale qui comptait, en 1965, 520 chercheurs et 696 techniciens et personnels administratifs travaillant dans 56 unités et groupes de recherches alors qu'en 1971, 875 chercheurs et 1 512 techniciens faisaient partie de 103 unités ou groupes de recherches installés pour la plupart sur les terrains des C.H.U., où s'élèvent des constructions nouvelles entièrement réservées à la recherche scientifique. En 1972, l'effectif des personnels atteignait 935 chercheurs et 1 641 techniciens. A ces chiffres s'ajoutent de nombreux chercheurs et techniciens dépendant du C.N.R.S. et d'autres institutions.

Pour le personnel enseignant, en 1962 on relevait 2 067 professeurs ou agrégés dont 192 travaillant à temps plein ; fin 1972, leur nombre est de 2 906 dont 2 198 travaillant à temps plein, soit 72,4 %.

Pour donner un exemple des dépenses d'équipement affectées aux C.H.U., nous pouvons indiquer qu'entre 1960 et 1970 leur chiffre a atteint 3 691 millions de francs, mais on peut affirmer que ce n'est pas en vain qu'une pareille somme a été dépensée par la nation.

La réforme hospitalière et universitaire est un succès. Elle change sous nos yeux la mentalité du public, qui, craignant hier l'hôpital, y est aujourd'hui de plus en plus attiré. La qualité exceptionnelle des applications thérapeutiques les plus délicates est publiquement reconnue ainsi que la valeur des diagnostics posés chaque jour avec plus de raffinement dans les cas les plus difficiles.

Ce qui domine sans doute, c'est le changement de mentalité qui se traduit par le désir unanimement affirmé de la jeune génération de maintenir le mode de vie institué par le plein temps et la double appartenance. C'est aussi la satisfaction éprouvée par les jeunes maîtres qui ont accepté la vie moderne de nos hôpitaux. Ils ne cessent de manifester la satisfaction professionnelle qu'ils doivent à la réforme. Ne disent-ils pas qu'ils sont heureux ?

La qualité des soins, la valeur des résultats, les progrès réalisés dans beaucoup de domaines témoignent en faveur de l'organisation nouvelle. Le prestige du corps médical français, dont les maîtres ont accepté une vie austère, a grandi. Dans de nombreuses disciplines, la médecine française s'est placée parmi celles qui sont au premier rang. Elle jouit à présent, auprès de juges étrangers toujours sévères, d'une estime qui fut difficilement reconquise.

Il faut dire cependant que l'on voit surgir quelques velléités de retour en arrière. Oubliant les défauts du passé, certains voudraient en retrouver la vie trop facile, notamment celle que menaient les chirurgiens. Par ailleurs, les ajustements nécessaires n'ont pas été accomplis par les administrations compétentes. Au bout de dix ans et après la loi de 1968 ces ajustements étaient indispensables. Ils le sont toujours. La grande faute fut l'arrêt de l'activité du Comité Interministériel. Les administrations ont désiré pouvoir travailler isolément, certains ministres ont craint une diminution de leur autorité. Malgré l'insistance de quelques-uns d'entre eux, la mise en place d'un Comité interministériel rajeuni a été refusée. L'élan réformateur a été brisé. Il en résulte de graves difficultés, des troubles, des mécontentements, des grèves souvent légitimes sinon par leur expression tout au moins dans leurs motifs.

En rejetant l'indispensable action d'un Comité Interministériel doué, comme le précédent, de prestige et d'autorité, les gouvernements ont fait une faute difficilement réparable.

·32·

Michel Debré à Matignon

J'AI ASSISTÉ à la mort de deux Républiques : la IIIe a succombé en 1940. Elle était, disait-on, belle sous l'Empire. Nous l'avons trouvée belle dans sa jeunesse, nous l'avons aimée et nous avons cru en elle. Après la Grande Guerre, qu'elle avait gagnée, elle était tombée malade comme la France elle-même et ne put résister à une défaite qu'elle avait été incapable d'éviter. La IVe, née dans l'espoir d'une renaissance, nous avait rapidement déçus. Elle résistait mal aux orages qui l'assaillaient, et, après chaque tempête, sa faiblesse apparaissait plus grande.

Lorsqu'après avoir rétabli la République, le général de Gaulle avait abandonné le pouvoir, le 20 janvier 1946, j'avais été découragé. Je me rappelle les conversations d'alors avec mon fils Michel. Pourquoi, disais-je, le seul homme qui puisse nous relever nous abandonne-t-il ? Qu'allons-nous devenir ? J'allai même jusqu'à l'accuser, ajoutant : « Un chirurgien ne doit pas, au cours d'une intervention, laisser le bistouri, les pinces à son assistant et quitter la salle d'opération », et mon fils me répondit : « Le général de Gaulle ne peut rien dans ce régime fait pour les désordres et les abandons. » Pierre Mendès France nous avait, pendant un certain temps, permis de reprendre confiance. Peut-être la voie qu'il avait choisie n'était-elle pas la meilleure, mais on sentait en lui la volonté et le courage sans lesquels, chez un homme politique, l'intelligence ne sert de rien. Quelques intrigues de couloirs, quelques combinaisons de partis inévitables en ce temps devaient l'abattre alors qu'il prenait son élan.

Les échecs, les humiliations entretenaient les passions des partis. J'évoquais les factions de la Rome antique, son Sénat impuissant, ses tribuns corrompus, ses légions menaçantes pour la liberté. Il faut un effort de mémoire pour retrouver en soi l'image du spectacle que donnait la IVe République pendant les soubresauts de son agonie : votes parlementaires pour de timides et futiles essais de réforme, agitation dans la rue, policiers en grève devant le Palais-Bourbon, gouvernements qu'on ne peut former et qui meurent sans avoir existé, refus des investitures au cours de tristes comédies, proclamation de l'état d'urgence sur tout le territoire national, échanges de lettres pathétiques entre les hommes politiques, création de comités de salut public sur le territoire, dans toutes les administrations disparition de l'autorité et de l'ordre. La nation dont la respiration est encore haletante attend le grand vent qui chassera les nuages assombrissant le ciel. Une défaite humiliante avait terminé la triste guerre d'Indochine. La piteuse expédition de Suez, moralement et matériellement désastreuse, paraissait avoir été préparée bien légèrement. En Afrique, les combats se faisaient plus cruels et à la révolte des fellaghas venait s'opposer celle des Français d'Algérie. Devant la double insurrection, l'armée est troublée, les généraux envoient des messages publics indiquant qu'en cas d'abandon de l'Algérie on ne saurait préjuger les réactions du désespoir. Le chef d'état-major général de l'armée démissionne. La France est comme un patient atteint d'un mal très grave que secouent de grands accès de fièvre.

Pendant cette période, les hommes clairvoyants, actifs et énergiques qui sont restés groupés autour du général de Gaulle multiplient les démarches pour qu'il reprenne le pouvoir. Mon fils est parmi eux. Pendant ces jours troublés, je ne le vois point. Le 29 mai 1958, le président René Coty, malgré la force des résistances politiques, parlementaires, partisanes, personnelles, fait appel au « plus illustre des Français ». Le général, après avoir achevé « le processus régulier nécessaire à l'établissement d'un gouvernement républicain », selon sa propre expression, reçoit l'investiture de l'Assemblée le 1er juin 1958 puis, le 2, les pleins pouvoirs. La fièvre tombe mais les plaies restent ouvertes, saignantes, douloureuses.

Mon fils est désigné par le général de Gaulle comme garde des Sceaux, ministre de la Justice. Cette nomination n'est point surprenante. Elle se présente comme la conséquence naturelle d'une collaboration poursuivie depuis quinze ans. Impressionné par la lourdeur de la tâche qu'il devait assumer, par les difficultés à vaincre, par l'incertitude du succès, par l'inquiétude au milieu de laquelle on continuait de vivre, je ne puis éprouver une véritable joie lorsqu'il reçoit cet honneur et que je vais bientôt le visiter, place Vendôme, dans l'hôtel où pendant des décennies avait habité le chancelier d'Aguesseau.

Il lui faut donner toute son aide au général de Gaulle pour la restauration de l'Etat. Telle est la pensée essentielle, le centre vers lequel toutes les réflexions, études, discussions, projets doivent converger. Mon fils avait longuement médité sur l'établissement des règles nécessaires à la solidité de la République nouvelle. Il avait joué un grand rôle dans l'élaboration des textes qui définissent les principes d'un Etat républicain où le gouvernement de la nation soit possible et la liberté protégée. Dès cette période, l'intimité des échanges d'idées politiques avec le général de Gaulle est très grande. La Constitution qui est adoptée par un référendum est bien celle d'un Etat républicain. Les hommes fidèles à cet idéal, comme M. Jules Jeanneney, ne s'y trompent point.

Ce régime, modifié plus tard par l'élection populaire du président de la République, allait dans les années qui suivirent, malgré l'acidité et le fiel des médisants, les critiques, les pamphlets, les libelles, les caricatures et les sottises, montrer son efficacité en permettant au Gouvernement de gouverner, au Parlement de contrôler et aux Français de vivre dans l'indépendance et la liberté. Plus tard, la preuve devait être fournie que le régime resterait valable pour la France après le départ du général de Gaulle.

Ce n'est pas seulement à la création de la Vᵉ République que travaillait le ministre de la Justice, mais à des réformes de l'administration judiciaire. Ainsi commençait-il sa carrière de ministre réformateur.

En janvier 1959, mon fils Michel allait devenir Premier ministre. De tous les événements qui marquèrent son ascension vers le pouvoir politique, cette désignation, la plus importante, me causa une émotion solennelle. Un jour du mois de septembre 1958, c'est sur la terrasse de ma maison tourangelle, au moment de prendre congé, qu'il me fit d'un mot pressentir la nouvelle. Il me parut, sinon hésitant, tout au moins troublé. Il semblait mesurer ses forces pour en connaître la résistance à l'épreuve. Je l'encourageai. Sa participation au gouvernement et son travail au ministère de la Justice avaient réussi. N'était-il pas bien qu'il veillât à l'exécution de la Constitution, fondement de la république nouvelle, car l'on sait qu'une constitution ne vaut que par la manière dont elle est appliquée ? J'ajoutai en souriant : « Je savais depuis longtemps que tu serais ministre et j'étais sûr qu'une fois ministre, tu serais bientôt Premier ministre. » Nous nous embrassâmes, puis il partit.

Quelles furent mes pensées en un moment si grave survenu dans la seconde partie d'une existence déjà longue ? Je m'en souviens très bien. Plus que l'immense fierté éprouvée par un père lorsqu'il voit son fils devenir un grand personnage, ce qui émouvait mon âme, c'était l'entrée dans l'histoire de France du nom que j'avais transmis. Pour un amoureux de l'histoire, on peut imaginer ce que représente cette consécration. J'emploie ce mot dans son exacte signification. Je me rappelle encore tous les retours de souvenirs vers celle dont l'absence me pesait plus que jamais au jour de la gloire de son fils. Sur l'amertume de ce malheur je ne puis insister. J'évoquais aussi les lignées familiales ; celle des Debat-Ponsan, celles des Debré, des Trénel. Il me semblait que par leurs vertus privées et civiques beaucoup d'entre eux méritaient — au-delà de la mort — cet honneur pour leur descendant. Continuant ma méditation en marchant sous les grands arbres, je philosophais : quelle action ont les individus sur le cours de l'histoire ? Puis, abandonnant mes réflexions sur le problème du déterminisme et la liberté, je me réjouissais à l'idée que les capacités exceptionnelles de mon fils allaient trouver leur plein emploi, faciliter la tâche du général de Gaulle, et qu'il allait imprimer sa marque personnelle à l'évolution même du pays.

Toutes ses qualités, je les connaissais. A leur tour, les Français et les étrangers allaient les connaître et ses adversaires les reconnaître. Mais le vrai problème à mes yeux était celui qui domine toute l'éthique de ceux qui gouvernent. Habitué depuis ma jeunesse à cette idée du conflit entre « le mystique » et « le politique », comme disait Péguy, je songeais que dans l'opposition il avait fustigé au nom de la mystique nationale les citoyens français et surtout « les princes » qui les gouvernaient, comme les prophètes de la Bible qui voulaient réveiller la conscience des chefs et du peuple hébreux. Maintenant il fallait passer à l'action politique, mesurer le possible, résister aux pressions, aux passions, aux intérêts surtout et dans le même temps, garder le pouvoir, éviter faiblesses et compromissions tout en acceptant les servitudes auxquelles est soumis le chef d'un gouvernement, ne pas trahir son idéal, même lorsque la réalité impose certains abandons. De lui, je redoutais plus la raideur que la souplesse. Le génie politique, le prestige mondial du général de Gaulle rendraient plus légère la tâche de son principal collaborateur ; néanmoins il était aisé de prévoir que le gouvernement rencontrerait, précisément dans le choix de la route du devoir, les plus dures difficultés.

Le style avec lequel Michel Debré exerçait ses fonctions apparut bien vite aux yeux de tous. Dominaient un loyalisme intransigeant vis-à-vis du général de Gaulle, inspiré par sa raison comme par ses sentiments, et la fidélité à des principes politiques inébranlables. Il était mû par un besoin de connaître et de comprendre tout ce qui concerne les affaires publiques. Comme il s'intéressait aux problèmes les plus divers, je lui disais : « Tu fais comme Colbert, qui accaparait ministères et secrétariats d'Etat. » Il lui fallait regarder partout et montrer qu'on ne saurait tolérer négligence, lenteur, routine. Il avait au plus haut point le goût des réformes. Demandant peu de conseils, il voulait tout voir et tout faire par lui-même. Exigeant pour soi-même et les autres, il aurait volontiers considéré l'optimisme comme un prétexte à l'inaction. Stoïcien, il n'aimait point les épicuriens qui, la conscience tranquille, jouissent des agréments de l'existence. Je savais qu'absorbé par son travail et sa pensée il paraîtrait distant, alors que sa nature était en réalité prompte à la gentillesse et à la cordialité. Il devait, au cours des années d'exercice du pouvoir, rester tel qu'il apparut dès le début.

Que pouvais-je faire pour l'aider ? Le renseigner sur les problèmes que je connaissais et qui lui étaient d'ailleurs familiers : situation démographique, santé publique, recherche scientifique et, dans une certaine mesure, éducation nationale. Je pouvais, avant tout, lui donner l'impression que se tenait, proche de lui, un aîné qui le comprenait, le devinait même, éprouvant les mêmes sensations profondes et intimes. Examinant les affaires avec un certain recul, je pouvais dans les moments difficiles, discuter avec lui sur la décision qu'il fallait prendre, surtout lorsque la voie du devoir n'était pas aisée à trouver. Tâche malaisée, car, si passionné que je fusse et aie toujours été par les problèmes politiques, j'étais de toute évidence sans compétence, et je savais bien que l'étendue de son intelligence dépassait la mienne.

Avec un homme occupé, préoccupé, tendu, un homme de lecture et de dossiers, des lettres étaient préférables à des conversations. Je pris l'habitude de lui confier par écrit mes pensées classées, numérotées et commentées dans de longues missives. Lorsque nous nous voyions — entretiens assez fréquents mais brefs — nous ne faisions pas souvent allusion à cette correspondance qui établissait un contact en quelque sorte plus intime sur un autre registre. Mais je sentais que telle ou telle suggestion avait été retenue. Il ne me répondait que rarement par écrit ; c'était alors pour se laisser aller à un épanchement de sentiments personnels. L'écriture de ses lettres assez longues était si semblable à la mienne que j'en étais chaque fois impressionné.

Pour ne pas perdre un moment et pour se trouver constamment en son milieu de travail, mon fils s'était installé avec toute sa famille à l'hôtel Matignon. Cet arrangement était favorable au rythme de vie qu'était le sien. Il pouvait ainsi facilement se trouver dans son bureau dès les premières heures du matin, avant l'arrivée de ses collaborateurs, et y rester encore assez tard le soir, après leur départ. Il était inévitable que toute sa vie privée et familiale fût dominée par les exigences de son labeur. Il m'apparaissait que pour l'éducation de ses quatre fils les facilités et les commodités de la vie en un palais national ne seraient pas exemptes d'inconvénients ; ne jouiraient-ils pas de trop d'aisance ? Pendant les repas familiaux où nous étions conviés mon fils arrivait tard et écartait difficilement ses soucis. Il ne se permettait aucune distraction et point de vacances. Heureusement, les samedis soir et les dimanches, par les beaux jours, le séjour au pavillon de la Lanterne, près de Versailles, affecté au Premier ministre, apportait un changement de cadre favorable. Ma belle-fille, avec beaucoup de goût et de discernement, avait transformé ce logis abandonné en un lieu de réunion familiale et de détente. Mais le travail n'en était pas pour autant arrêté. C'était à grand-peine que l'on obtenait qu'il prît un peu d'exercice : une promenade à cheval dans les bois avec l'un de ses fils.

Au fur et à mesure que les jours passaient, je prenais souci de la bonne conservation de ses forces et craignais pour sa résistance physique. Il dormait trop peu, et c'est surtout après les insomnies qu'il ne pouvait réprimer ses colères. Je connaissais cette tendance que je lui avais transmise. N'est-ce pas un caractère héréditaire ? Je savais bien que l'excès de fatigue et le manque de sommeil, plus que les émotions, sont suceptibles de les provoquer. Mais ses colères n'étaient-elles pas toujours dirigées contre les négligences ou les erreurs ? Malgré le caractère tragique qu'allait prendre le drame algérien, sa bonne constitution lui permit de résister, de conserver sa pensée lucide et sa forte énergie.

Même si la guerre d'Algérie n'avait point imposé cette réserve, je ne crois pas que mon fils et ma belle-fille auraient donné beaucoup de réceptions dans le bel hôtel Matignon et dans le jardin, où les promenades de détente étaient courtes. C'est surtout pour rencontrer des personnalités vues au cours de mes voyages que nous fûmes invités aux repas officiels. Aux heures de travail, l'hôtel Matignon était comme une ruche bourdonnante. Souvent, pour ne pas déranger mon fils, j'allais voir ses collaborateurs, devenus des amis, qui, sous la direction de Pierre Racine, le servaient avec ferveur et montraient tous le goût d'agir, de réformer. C'est à eux seuls que je transmettais les requêtes qui m'étaient adressées, leur laissant le soin de juger la suite qu'il fallait donner. Ils me mettaient au courant des soucis et des difficultés.

En dehors des jours ouvrables, l'hôtel Matignon, sa cour et ses bureaux étaient déserts. C'est à l'un de ces moments qu'André Maurois, envoyé vers lui par notre ami Marcel Thiébault, rendit visite à mon fils, discuta avec lui sur la comparaison des régimes politiques de la France et de la Grande-Bretagne. Il me parle, dit André Maurois, « de l'intelligence des syndicalistes, de la promotion sociale, des jeunes agriculteurs ». J'ai l'impression, conclut André Maurois, « d'un homme de bonne volonté, austère et droit ». L'article, dans la *Revue de Paris,* se termine par ces mots : « La cour. Les gardes chargés de médailles. Peu de mouvement. L'hôtel Matignon est une retraite presque aussi tranquille que le numéro 10 Downing Street où vit le Premier britannique. »

Sans qu'il fût besoin d'en donner la consigne, chacun écartait toute publicité. Mon fils était réservé vis-à-vis des journalistes. Souvent, je l'ai regretté ; je lui conseillais de s'expliquer davantage, de parler pour justifier son action, de montrer à l'égard de la presse plus de bienveillance. Je lui suggérais de faire tout son possible pour améliorer ses présentations devant la télévision, mais un tel effort l'ennuyait. Il lui semblait que ses actes suffisaient. Par contre, il aimait faire devant le Parlement des exposés détaillés toujours soigneusement préparés. Le grand public ne s'y intéressait guère. Mon fils semblait accepter de bon gré la méconnaissance par l'opinion générale et même, pourrait-on dire, l'impopularité. Il en souffrait mais ne voulait pas prendre le temps d'y porter remède.

C'étaient les grands sujets qui l'accaparaient ; aux côtés du général de Gaulle, refaire la France et permettre à son peuple d'affronter avec une puissance morale et matérielle renouvelée le monde de demain. Pendant les années de son mandat sénatorial, il s'était préparé à la réforme des institutions politiques et des administrations. Il avait beaucoup travaillé, souvent seul car il aimait travailler seul, et avait élaboré dans tous leurs détails les mécanismes du régime dont il rêvait. Maintenant, il se sentait apte à intervenir pour indiquer la bonne direction.

Pour stimuler et, à vrai dire, diriger les ministres de son gouvernement, il les réunissait fréquemment dans des comités d'où sortaient les orientations nécessaires pour la solution des principaux problèmes, notamment sociaux et économiques. Il leur adressait de fréquentes missives — pensées qui lui étaient venues pendant les insomnies — écrites à la main, dès son réveil et aussitôt expédiées. On a dit — est-ce vrai ? — qu'il abusait de ces correspondances impérieuses. Au général de Gaulle, il écrivait souvent pour mettre au net son opinion, exprimer ses soucis et ses craintes et aussi, plus qu'on ne l'a dit, faire des objections, proposer des solutions différentes de celles qu'avait envisagées le Président de la République.

Ne prenait-il pas pour lui une des plus lourdes parts ? Souvent, c'est lui qu'on attaquait lorsqu'on n'osait point critiquer le général de Gaulle. Il ne craignait pas d'élargir le champ de ses responsabilités. Il rattacha au service du Premier ministre des activités importantes et nouvelles comme la recherche scientifique et technique, la décentralisation industrielle, qui devait devenir l'aménagement du territoire, et l'étude des grands problèmes de la Défense nationale. Pour la recherche scientifique et technique, le grand retard que nous déplorions depuis longtemps n'était pas rattrapé. Il fallait donner un nouvel élan et faire un effort considérable. Il créa de nouvelles structures, s'associa les collaborateurs les plus dynamiques, augmenta le budget d'une façon considérable et prit part lui-même aux réunions et aux décisions les plus importantes. Le relèvement de la recherche scientifique et technique dont nous cueillons à présent les fruits date de ce moment.

Soucieux du bon équilibre de la nation, il poussait au développement des métropoles des provinces et à la limitation des excès de la centralisation parisienne ; on le sait, cette tâche n'est pas aisée. Depuis trop longtemps et sous les différents régimes, tout a été dirigé vers Paris. Heureusement que se poursuit à présent l'indispensable développement des grandes villes françaises et des provinces. Il fallait organiser aussi la capitale devenue monstrueuse. Je me rappelle combien l'on protesta lorsque furent établis les projets du district de Paris aujourd'hui réalisés. Furent aussi entrepris les aménagements pour la conservation des sites naturel et des souvenirs historiques. A ce propos, comme à d'autres, on a oublié les initiateurs du projet et les tempêtes qu'ils ont provoquées.

De cette époque datent aussi les réformes de la Sécurité Sociale et des Allocations Familiales, les premières tentatives de participation ouvrière. Faut-il rappeler à ce propos les fréquentes, longues, importantes et difficiles discussions avec les syndicats ouvriers régulièrement invités à l'hôtel Matignon ? Un des grands objectifs était l'établissement et surtout l'exécution du plan de développement dont l'application exacte apparaissait comme primordiale. Comme l'on croyait aux plans à cette époque !

De Michel Debré, on a dit — comme on l'a dit aussi, du reste, du général de Gaulle — que, soucieux de la France, il oubliait les difficultés ou les misères des Français. Emmanuel Monick, son maître et son ami, répond : « Je ne connais personne qui soit plus sensible à la misère des hommes. Il sait que les inégalités sont inévitables, et d'ailleurs causes de progrès. Du moins veut-il qu'elles soient compensées par le maximum d'égalité au départ. La promotion sociale — slogan chez la plupart des politiciens — est chez lui l'expression de sa conviction la plus intime, voire de son angoisse quotidienne. »

·33·

Numidia Dolorosa

Ma génération avait été enchantée d'assister aux conquêtes coloniales. Toute une littérature, toute une imagerie nous avaient orientés vers l'admiration pour nos guerres de conquêtes africaines et asiatiques.

Sans doute tous les établissements coloniaux, qui remontaient fort loin dans l'histoire de la France et de l'Europe occidentale, étaient avant tout créés pour la recherche de matières précieuses : les fourrures du Canada, les bois, les métaux rares, les épices, et aussi le thé, le café, le cacao et la vanille, et pour les exploitations agricoles productrices de sucre, puis de riz, de caoutchouc. On ne peut oublier, en parlant des entreprises coloniales anciennes, les horreurs du trafic des esclaves. A l'installation de comptoirs succédait l'acquisition ou la conquête de territoires. Le commerce et le profit n'étaient donc point étrangers à ces entreprises que tentaient les esprits aventureux.

A la vérité, ces opérations étaient loin d'être toujours bénéfiques mais étaient souvent fort coûteuses. Les peuples colonisateurs les soutenaient cependant car elles manifestaient leur puissance, augmentaient leur prestige et leur gloire. Pour les Français de notre temps, c'est surtout sous ce dernier aspect qu'était présentée la politique de Jules Ferry et de ses successeurs. Elle paraissait conforme à la mission civilisatrice de la France et représentait aussi une sorte de revanche militaire que lui procuraient les victoires de son armée et l'agrandissement de son domaine.

Les campagnes coloniales étaient surtout périlleuses par la lutte contre la dureté du climat, la fatigue, la fréquence et la gravité des maladies qui, plus que les balles ou les flèches adverses, semaient la mort parmi nos soldats. Nous étions bien convaincus de notre bon droit. La France ne devait-elle pas apporter à des peuples malheureux une aide pour diminuer leurs souffrances ? Les populations autochtones, qui n'avaient point participé à la marche de l'humanité et dont le mode de vie n'avait pas changé depuis dix siècles, étaient éprouvées par les famines, les pestilences, les guerres tribales, la cruauté des tyrans, les mœurs barbares et avant tout l'esclavage. Les conquêtes étaient des délivrances.

La guerre coloniale nous paraissait l'acte de violence nécessaire et légitime accompli par une nation civilisée pour lui permettre d'aider des peuples que leurs régimes et leurs traditions empêchaient de se développer. Vis-à-vis des « indigènes », comme on disait, l'homme blanc ressentait une telle supériorité qu'un paternalisme ferme paraissait s'imposer.

Nous étions remplis d'orgueil national en apprenant que le drapeau français flottait sur d'immenses régions et l'on sait quelle impression faisaient les cartes du monde avec leurs grandes taches colorées montrant l'étendue des empires. Dans notre enfance, on rêvait d'être explorateur, plus tard de participer à la tâche noble qu'accomplissaient les conquérants libérateurs au péril de leur vie. Les médecins, en se sacrifiant pour lutter contre les maladies tropicales si redoutables, ne servaient-ils pas l'idéal enseigné par nos maîtres ? En fondant des écoles où l'on apprenait le français, pouvait-on mieux faire pour permettre à des populations analphabètes de trouver un accès vers d'autres civilisations ? Enfin, ces populations, depuis si longtemps séparées des grands courants civilisateurs, allaient bénéficier d'une administration moderne, de la mise en valeur du sol qui devait diminuer la pauvreté du pays et surtout d'une justice égale pour tous.

Nous admirions l'armée coloniale poursuivant les « pillards » et détrônant des rois barbares, les administrateurs et les gouverneurs coloniaux remplaçant une autorité corrompue. Il nous semblait juste que la force rayonnante de la France, sa puissance vis-à-vis de ses rivaux, s'appuient désormais sur des millions d'hommes accueillis à nos côtés et rassemblés sous notre drapeau.

L'œuvre accomplie en Indochine, en Tunisie, au Maroc provoquait l'orgueil et l'on rêvait de la poursuivre en Afrique et à Madagascar. Sur les terres conquises se lançaient les savants désireux d'étudier les pays colonisés, leur sol, leurs habitants, leurs mœurs et leur langue, en imitant l'exemple célèbre de l'expédition d'Egypte où l'Institut de France avait dépêché ses représentants dont les études avaient marqué un renouveau dans les sciences historiques, linguistiques et aussi permis l'entrée de l'Egypte dans le monde moderne.

Il nous paraissait que l'on pouvait tirer vanité d'une œuvre nationale où les efforts désintéressés nous semblaient l'emporter sur le profit. C'est une grande jouissance que celle d'exercer le pouvoir de chefs bienveillants et équitables.

Pour donner une idée de l'état des esprits de ma génération, une anecdote est caractéristique. Enfant, j'étais allé, conduit par mes parents, visiter un campement d'autochtones du centre de l'Afrique au Jardin d'Acclimatation où, habituellement, nous allions regarder les animaux exotiques : perroquets, phoques, singes ou l'éléphant. Hommes, femmes et enfants, presque nus, vivaient sous la tente, montraient leurs arcs et leurs flèches et nous rendaient les témoins de leur activité coutumière. Ces hommes nous paraissaient non seulement étrangers, mais d'une autre espèce que nous-mêmes. Je posais une question : « Est-ce que ces sauvages sont des esclaves ? » C'est qu'en effet l'on nous avait caché l'horreur de l'esclavage longtemps pratiqué par les « peuples civilisés » pour n'insister que sur les générosités abolissant la traite des Noirs. *La Case de l'oncle Tom* nous avait attendris ; certains romans de Jules Vernes, les récits de Stanley à la recherche de Livingstone devaient nous montrer combien nos conquêtes actuelles pouvaient être aussi libératrices.

On juge à présent le « colonialisme » avec sévérité. Les peuples libérés rappellent les duretés de leur soumission, les peuples colonisateurs ne l'évoquent qu'avec un sentiment de honte. En réalité, il fut à beaucoup d'égards bienfaisant non seulement par ses actions sanitaires, sociales, économiques, mais encore parce qu'il a permis, par une réaction conforme à la dialectique, l'indépendance aujourd'hui obtenue. On peut dire en effet, en songeant à certaines théories de Karl Marx, que la conquête coloniale représente la thèse, la libération l'antithèse. Espérons que la phase actuelle, avec le développement de la coopération, représentera la synthèse. Il faut donc mesurer le chemin parcouru dans les faits, les idées, les actions. Avec des moyens modestes, les Français ont transformé des pays entiers, créé de grandes villes, répandu leur doctrine, fondement des libertés, fourni l'équipement indispensable au progrès économique et l'accés à des formes de cultures universelles.

L'amitié que nous témoignent à présent les populations des pays autrefois colonisés est une de nos fiertés. Un jour viendra où justice sera rendue aux Occidentaux du XIXe et du XXe siècle, qui ont infléchi dans l'Ancien Monde le cours de l'histoire.

Dès la fin du XIXe siècle, des plaintes se sont élevées contre certains comportements vis-à-vis des peuples colonisés. Je me rappelle l'émoi provoqué par des articles de journaux et des livres, notamment sur le Congo. Ceux qui étaient groupés autour de Péguy avaient été impressionnés par l'enquête que le gouvernement demanda à Savorgnan de Brazza, considéré à juste titre comme un explorateur aux vues généreuses. Dans sa mission africaine, il fut accompagné par Félicien Challaye. L'écho sonore des attaques contre les grandes compagnies d'exploitation et certains de leurs agents devenus des dominateurs cruels, dont le récit avait paru dans les *Cahiers de la Quinzaine,* avait produit un grand effet parmi nous.

Vint la guerre de 1914, où je ne puis manquer d'évoquer les moments passés côte à côte, dans la zone des combats de Verdun, avec les régiments d'Afrique du Nord, témoin du courage, de la discipline et de l'endurance des troupes africaines, de leur attitude stoïque dans les moments durs et de leur bonne humeur lorsque, après la relève, nous nous retrouvions à l'arrière. Je crois que, pour usés qu'en soient les termes, je me sens uni à ces soldats par une fraternité sanglante qui reste inoubliable.

Au cours du XXe siècle, on vit sous l'influence de ceux dont la France avait formé l'intelligence et inspiré la pensée politique, se forger dans l'âme de tous les peuples colonisés un patriotisme fondé sur la révolte contre une autorité étrangère. Nous étions alors partagés entre deux sentiments, celui de maintenir notre puissance pour que la France continuât ce que nous considérions comme son œuvre civilisatrice et la sympathie pour les idées de libération. Pour certains, les rébellions paraissaient justifiées, pour d'autres, prématurées, et pour tous les répressions difficiles à tolérer. Les peuples colonisés étaient-ils mûrs pour se gouverner eux-mêmes ? Une transition sous la forme de l'autonomie nous semblait souhaitable, mais les passions, les oppositions violentes des hommes et des foules bousculent les événements.

C'est pendant cette période que nous avons souffert cruellement du manque d'un gouvernement stable ayant des vues lointaines et des capacités de réalisation, d'où des alternatives entre des gestes de bonne volonté, souvent peu efficaces, et des actes de violence meurtrière. Nous aurions souhaité qu'on négociât avec Hô Chi Minh, que son séjour en France avait rapproché de nous. Ne pouvait-on éviter l'affreux bombardement d'Hanoï et même la guerre d'Indochine ? La bravoure de nos soldats risque de ne pas effacer aux yeux de l'histoire les cruautés et les scandales puis l'humiliation de la défaite.

Lors d'un de mes voyages en Indochine, en 1962, l'ambassadeur, M. Lalouette, me présenta au président Diem ; long, très long entretien. En un pur français, le président exposait ses plans de résistance au Viet-Cong par l'établissement des villages fortifiés. Tout ce récit m'attristait alors que me réconfortaient la fidélité et l'amitié de nos collègues, élèves et collaborateurs des Facultés de Médecine de Saigon, de Hué, de l'école de Pnom-Penh et de Vientiane.

***

En Algérie, la situation était très grave et très douloureuse. Ce pays, progressivement conquis depuis la Restauration, avait, au cours des régimes successifs, joué un rôle important dans notre vie. Nous l'avions doté d'une administration semblable à la nôtre. Mais là se trouvaient, vivant côte à côte, deux populations de religions, de coutumes, de modes de vie et d'esprits différents qui ne s'étaient jamais confondues. On sait quelle barrière élève l'Islam entre ses fidèles et les infidèles.

L'histoire de ce territoire depuis notre occupation était entrecoupée par des phases de révolte, où notre armée était engagée, et des phases de paix, où les représentants de l'administration et de l'Etat français faisaient pour le mieux et dans l'ensemble réussissaient. Les sentiments des deux communautés étaient complexes. Pour les Français d'Algérie, la terre algérienne était celle de leur patrie : leurs parents ou grands-parents s'y étaient établis, avaient défriché la terre, créé des richesses, développé la civilisation, commencé de lancer le peuple algérien sur la voie du progrès. Leurs parents étaient morts dans ce pays, étaient enterrés dans son sol. Leurs rapports avec les autochtones musulmans étaient cordiaux, parfois amicaux. Beaucoup sans doute — surtout parmi les médecins, les instituteurs, les professeurs, les fonctionnaires, les petits commerçants se sentaient proches d'eux. Ils ne comprenaient donc pas que leur vraie sympathie ne fût pas reconnue par tous et leur dévouement à l'Algérie accepté avec reconnaissance.

Beaucoup de musulmans se sentaient heureux sous le régime français, acceptaient la France comme une patrie, aimaient sa langue et sa culture, ou plus simplement vivaient sans malaise sous sa domination. D'autres, à la vérité de plus en plus nombreux, n'admettaient point que le paternalisme pût remplacer l'égalité totale. Certains des colons français traitaient la population algérienne avec mépris. Les collectivités humaines supportent l'hostilité, la guerre, le massacre même, mais point le mépris et cette attitude fait leur honneur.

Il était difficile de savoir quels étaient les désirs de la majorité de la population musulmane. Depuis des années, les fellaghas menaient une guerre civile ou plutôt une guérilla très dure et l'armée française se défendait par une répression sévère. Que pensait, au milieu des fusillades, crimes barbares, tortures, appels à la révolte ou demandes de secours pour des coreligionnaires poursuivis, menaces, promesses, la grande masse des musulmans algériens ? Certains Français, nous l'avons dit, avaient organisé complots et rébellions. Le désordre et la violence étaient partout. Que pouvait faire le gouvernement du général de Gaulle dans cette confusion dramatique ? Les partisans de l'Algérie française savaient bien que si leurs espoirs pouvaient être réalisés, seul un gouvernement placé sous l'autorité du général de Gaulle pouvait y parvenir.

Mais l'Algérie pouvait-elle rester française et que pouvait signifier à ce moment « Algérie française » ? Rien n'est plus difficile, en effet, si l'on essaie de rappeler ces faits, d'exprimer exactement les pensées que l'on avait ou celles que pouvaient avoir les dirigeants à tel ou tel moment, car, au cours des mois, la situation changeait. Ce qui nous paraissait certain, c'est qu'à l'avènement de la Ve République presque tous les Français croyaient, comme nous, à l'Algérie française, ne pouvaient imaginer une séparation totale entre les départements de l'Algérie et la métropole. Ils pensaient que des arrangements seraient trouvés et appliqués par un gouvernement à la fois énergique et libéral. Même ceux qui parmi les Français soutenaient les fellaghas ne les voyaient pas alors à la tête d'une république indépendante, séparée de la France.

Les sentiments du général de Gaulle et de ses collaborateurs, notamment de mon fils, sont bien exprimés par le discours du 4 juin 1958 qu'il a prononcé à Alger et dont on rappelle si souvent la phrase brève et en apparence obscure du début : « Je vous ai compris. » Combien de Français s'imaginent qu'il a prononcé cette phrase seule alors qu'en réalité elle était le début d'un discours à Alger où chaque mot est pesé et pèse lourd et qui traduit le programme de la nouvelle république ? Le général de Gaulle affirme alors que tous les habitants d'Algérie sont des « Français à part entière », qu'il faut ouvrir des voies fermées devant beaucoup, donner à tous dignité et moyens d'existence, et enfin, dans un collège unique, faire voter les dix millions de Français d'Algérie qui auront alors à décider de leur destin, et il appelle au scrutin les fellaghas dont il déclare que nous admirons le courage.

Telles étaient bien les pensées animées des plus grandes espérances que nous formions en parlant de l'Algérie française. Que peut-on reprocher à une pareille attitude sinon la force et la faiblesse de ses illusions ?

Sans doute, une pensée nous hantait : n'est-il pas trop tard ? Et, malgré la futilité d'une telle réflexion, nous nous répétions : « Ah ! Si l'on avait pensé, si l'on avait parlé, si l'on avait agi plus tôt !.. » Et puis, comment appliquer la doctrine de la liberté et de l'égalité pour tous en Algérie ? Mon fils me disait : « Que feraient trente députés musulmans au Palais-Bourbon ? » et cherchait à imaginer des solutions constitutionnelles et administratives. Mais ces hypothèses étaient vaines : il était trop tard. La guerre continuait et, comme toute guerre civile, plus atroce encore qu'une guerre étrangère. On n'humanise pas la guerre.

Inquiet comme il l'est toujours, souvent même à cette époque torturé par le souci de prendre les meilleures décisions que puisse dicter l'intérêt national, touché par les sentiments de solidarité humaine et en même temps maintenu dans la rigueur par son devoir de chef du gouvernement français, Michel Debré était sûr qu'il fallait maintenir une Algérie française en lui donnant une structure nouvelle. Il continuait la guerre et s'efforçait de garder à son plus haut niveau le moral de l'armée tout en essayant de négocier. Les combattants du F.L.N. ne songent pas à déposer les armes. Beaucoup parmi les colons montrent la plus grande mauvaise volonté pour l'établissement du collège unique. La masse musulmane mystérieuse va-t-elle accepter ? Pour l'attirer vers la solution qu'on souhaite, le maintien de la souveraineté française, tout est tenté : accès des musulmans à la fonction publique, postes d'autorité qui leur sont confiés, collège électoral unique et, par-dessus tout, le plan de Constantine qui, grâce à l'importante contribution financière de la France, doit permettre l'industrialisation de l'Algérie, c'est-à-dire des emplois pour son abondante jeunesse.

Après quelques mois, l'échec de la politique envisagée devient évident. Même en continuant les combats, même en offrant les plus grands avantages, on se rend compte qu'on ne parviendra pas à maintenir la souveraineté française sur la terre algérienne. Il faut prendre des résolutions inexorables. Aux côtés du chef de l'Etat, mon fils participe à l'acceptation de ce changement total de politique. On connaît la phrase du général de Gaulle : « Ma décision, me dit-on, arrache le cœur de Michel Debré. Croit-on qu'elle m'amuse ? »

A tous deux elle paraît inévitable et, en septembre 1959, retentit la phrase célèbre du général de Gaulle sur l'Algérie algérienne. C'est alors la définition de la personnalité algérienne qu'il faut établir avec cet objectif : une Algérie algérienne liée à la France. L'institution de la communauté ne peut-elle offrir une voie favorable où indépendance et association se trouvent jointes ? On cherche, on négocie. Je sais que mon fils aurait voulu pousser à fond les entretiens avec Ferhat Abbas à Melun. Au contraire, le général a tendance à vouloir régler le problème directement avec l'armée du F.L.N. ; il veut établir avec lui une « paix des braves ».

L'on n'arrive pas à faire prendre corps à une personnalité algérienne faite de l'union des deux communautés. Parmi mes souvenir de ce temps, j'en évoquerai trois. Invités à Alger en avril 1958 par Jean-Pierre de Lassus, alors colonel chargé d'un commandement, nous visitons avec lui la kasbah d'Alger. Celle-ci est entourée de fils de fer barbelés. Parmi les ruelles étroites, les escaliers et les petites maisons construites sur les pentes ou creusées dans le roc, enchevêtrées et entassées, nous sommes accompagnés par un soldat français armé d'une mitraillette. Jean-Pierre de Lassus me dit : « On conspire, on cache les armes pour les rebelles dans chacun de ces logis. » Il devait aussi me dire son estime pour les hommes qu'il combattait et qui lui inspiraient les mêmes sentiments de respect qu'hier ses adversaires d'Indochine, patriotes les uns et les autres.

J'ai eu un jour une conversation avec un maître de l'université d'Alger au cours d'un repas bien triste. A ma question : « Que faire ? » cette réponse, qui me fit horreur : « Tuer les rebelles, notamment les jeunes fellaghas, tant qu'on peut. » Enfin, je rencontrai à Paris l'un des collaborateurs du général de Gaulle ; il me dit : « Vous qui êtes soucieux des problèmes de population, comment imaginez-vous la vie d'une poignée de Français au milieu d'un peuple musulman quinze fois plus nombreux ? Je ne vois pas comment on peut établir une communauté, une seule Algérie. « Alors, lui disais-je, les Français devront partir ? » Il fit un geste évasif.

En 1962, le voile des illusions est déchiré. Pas d'union possible entre les deux communautés. La continuation de la guerre épuise la France et surtout la ternit moralement. Le putsch des généraux atteint son prestige, les sauvageries de l'O.A.S. font horreur, et puis il faut regarder vers d'autres horizons. L'affaire algérienne pèse si lourd que la France ne peut reprendre sa liberté d'action pour retrouver sa place dans le monde. L'organisation de notre défense nationale ne peut être réalisée avec une armée toute entière en Algérie. Le plan de modernisation de l'industrie et de l'agriculture — M. Pierre Massé vient de l'indiquer avec force — ne peut être réalisé que si la guerre d'Algérie est terminée. Et puis le général de Gaulle désire agir assez rapidement, car il craint un attentat sur sa personne et il sait bien que, lui disparu, la France risque d'être entraînée vers une guerre civile. En outre, les décisions seraient prises par les Américains, qui ne se soucieraient des intérêts ni des Français ni des Algériens.

Pendant cette période de préparation et de négociations, certains accusèrent mon fils de retenir l'élan du général de Gaulle, qui avait hâte d'en finir. François Mauriac devait, dans une phrase dure, formuler cette accusation. J'écris aussitôt au général de Gaulle en lui disant qu'on ne peut laisser sans réponse l'affirmation d'un homme entouré d'un tel prestige. Dès le lendemain, je devais recevoir un appel téléphonique de M. Wladimir d'Ormesson, que je connaissais depuis bien longtemps, et qui me demande de le retrouver autour d'une tasse de thé, chez sa belle-sœur avec laquelle j'étais lié d'amitié depuis bien des années, la comtesse François de Castries. En termes amicaux, ce diplomate de grande allure devait, de la part du général, m'apporter tous les apaisements. Au reste, François Mauriac devait effacer cet incident et reprendre avec mon fils les meilleurs rapports.

Les négociations s'engagent à Lugrin. On imagine aisément leurs difficultés, les péripéties, les efforts pour dissiper les malentendus et pour préparer un avenir où l'indépendance algérienne n'empêcherait point des rapports particuliers avec la France. Le sort dramatique des Français d'Algérie accentue les tourments déchirants des représentants du gouvernement français. Jamais à aucun moment la collaboration entre le général de Gaulle et son Premier ministre n'a été plus étroite. Ils passent des heures ensemble, cherchant les moins mauvaises solutions, écoutant au téléphone les rapports de Louis Joxe, chef de la délégation française. Je sais qu'à ce moment mon fils essayait d'obtenir que les populations sahariennes votent indépendamment des populations algériennes, espérant établir avec elles la persistance d'une collaboration, à la fois justifiée par son utilité économique — le pétrole du Sahara découvert et exploité par les Français — et par le désir des peuples des oasis et des nomades du Sud de garder vis-à-vis du gouvernement d'Alger une certaine indépendance. Sur ce point, les négociateurs algériens n'acceptent aucune concession. Le général de Gaulle, toujours hanté par la crainte d'un malheur qui lui arriverait et la nécessité d'une prompte décision, accepte de céder. Les accords sont conclus.

La rébellion, les révoltes, les attentats provoqués par cet arrachement douloureux ont ensanglanté cette période. Tous les Français ont souffert durant cette ère de violence et aussi pendant que s'exerçait la répression. Les menaces de mort proférées contre mon fils et certains préparatifs connus par la police exigèrent une surveillance aussi bien en Touraine qu'à Paris qui dut être prolongée fort longtemps. Je fus moi-même l'objet d'une protection justifiée par certains indices qu'avait recueillis la Sûreté générale. Des procès ultérieurs révélèrent une partie des projets meurtriers que certains alors avaient imaginés et tenté d'entreprendre.

La fin de la guerre d'Algérie devait entraîner un changement dans le gouvernement et dans la politique. Michel Debré pensait qu'il fallait envisager un nouveau départ pour la Ve République. La composition de l'Assemblée Nationale devant être modifiée par le départ des députés représentant l'Algérie, il lui apparaissait donc nécessaire d'avoir recours à la dissolution puis naturellement à de nouvelles élections. Le mandat du Premier ministre aurait coïncidé exactement avec la durée d'une législature.

La position du général était différente. L'approbation de sa politique par un référendum lui paraissait suffisante. Par ailleurs, il voulait dans tous les domaines marquer d'une façon plus directe l'action gouvernementale de ses vues personnelles.

Michel Debré vit alors clairement qu'un retour devant les électeurs n'était pas accepté, mais qu'un changement à la tête du gouvernement était souhaité. Ce souhait allait dans le sens de ses propres sentiments. Il offrit donc sa démission au président de la République. La première réaction du général de Gaulle fut affective et sentimentale. Il demanda à Michel Debré ce qu'il ressentait en parlant de son départ. Il voulut s'assurer qu' « il ne lui en voudrait pas » — c'est le terme même qu'il a employé. Il se préoccupa de son avenir. Il fut décidé que la démission serait rendue publique quelques semaines plus tard après le référendum sur l'Algérie, et le silence conservé jusqu'alors.

Le moment venu, le 16 avril 1962, étaient publiées au *Journal officiel* les lettres échangées : la lettre de démission du Premier ministre et la réponse fort élogieuse du général de Gaulle.

Une page de l'histoire de France est tournée.

·34·

La santé publique

DANS LE CHAPITRE consacré à la réforme hospitalière et universitaire, nous avons envisagé la médecine curative. Dans les pages qui vont suivre, c'est sur la médecine préventive que nous voulons attirer l'attention. Elle constitue, en France, l'élément le plus négligé de la santé publique.

Les Français ne se soucient guère de santé publique. Pour eux, la santé est une affaire personnelle. On l'a bien souvent répété, les Français ne se soumettent pas facilement aux disciplines collectives. Leur individualisme les pousse vers un certain égoïsme, leur sens civique n'est pas aussi développé que parmi d'autres nations. Ils cherchent volontiers à échapper aux règlements officiels, ne considèrent pas comme honteux de tromper l'Etat. La désobéissance aux lois, si elle reste impunie, est assez bien vue, et chacun pense que les obligations sont faites pour les autres.

Est-ce un effet de leur constitution naturelle ou du milieu ambiant ? De toute manière, l'école, qui a un rôle formateur si important, pourrait aujourd'hui plus que jamais, laissant une meilleure empreinte, modifier ce comportement si elle était bien consciente de sa mission nationale. Alors, les Français étant mieux éduqués, l'opinion soutiendrait davantage les efforts faits pour le bien public.

Ne peut-on rappeler que l'application des vaccins est discutée par bien des médecins et bien des familles, et que, comme le disait en souriant notre collègue A. Wallgren, de Stockholm : « Pour bien rendre en suédois le sens qu'ont en franles mots " vaccination obligatoire ", il faut employer le mot " facultatif ". »

Rappelons l'état d'esprit d'hier. Naguère seule était honorée la médecine curative. On allait consulter le médecin et, dans un cabinet bien clos, à l'abri d'un secret professionnel rigoureux, on « avouait » ses troubles et ses malaises car presque toutes les maladies étaient honteuses ; la tuberculose était cachée comme le cancer et les troubles mentaux. Ces maladies redoutées ne traduisaient-elles pas une tare familiale qu'il ne fallait pas divulguer ?

C'est sur ces mœurs que sont fondés la médecine libérale, le libre choix, la liberté de prescription. Ce régime, qui régnait de façon absolue, a eu sa grandeur. Il convient à notre avis d'en conserver ce qu'il a de bon en l'adaptant aux nécessités de notre temps. Il date d'une époque où la seule action médicale était l'examen clinique suivi d'une prescription de médicaments assez simples. Ceux qui ne pouvaient verser les honoraires au médecin avaient pour recours l'hôpital. La technique médicale a changé et la société aussi. Le secret professionnel doit être scrupuleusement respecté mais il ne faut pas en faire une idole dont l'adoration favorise certains intérêts corporatifs. Une meilleure compréhension de la nature des maladies, la diffusion des connaissances, l'abolition de certaines formes de la pudeur, le goût de la franchise permettent, dans certaines circonstances bien définies et strictement limitées, de rendre ce secret moins absolu.

Le libre choix n'a jamais profité qu'à certains privilégiés qui pouvaient verser des honoraires et qui vivaient dans les villes où de nombreux médecins étaient installés. A présent, l'égalité de tous devant la maladie s'impose. La Sécurité Sociale, une des meilleures réformes de notre pays, doit permettre d'atteindre ce but dont elle approche déjà. Combattue avec aveuglement par une grande partie d'un corps médical mal renseigné et mal conseillé, cette réforme assure aujourd'hui l'existence matérielle de la plupart des médecins tout en respectant leur indépendance. Récemment, au cours des cérémonies du 150e anniversaire de l'Académie de Médecine, un grand médecin américain proclamait la nécessité d'introduire notre réforme aux Etats-Unis. Malgré ses imperfections et la tolérance fâcheuse pour certains abus, ce système semble en effet l'un des meilleurs qui soit. De personnelle, la médecine devient sociale par la force des choses. Faut-il rappeler ce mouvement général de notre société ? Souvent, les examens des malades et l'exécution des thérapeutiques sont trop compliqués, trop coûteux, trop savants. Il faut que la collectivité joue un rôle essentiel pour fournir l'équipement nécessaire à un diagnostic juste, une thérapeutique bien appliquée et pour répondre aux nécessités de plus en plus dramatiques des soins d'urgence. Il est donc souhaitable et possible de garder dans notre pays un juste équilibre entre la médecine sociale et la médecine libérale.

Si actuellement l'opinion publique est favorable aux remboursements régulièrement versés pour maladies, congés de santé, cures thermales et climatiques, elle ne montre qu'un zèle modéré pour l'effort collectif.

Plus indifférente encore est l'opinion vis-à-vis de la médecine préventive. Est-ce par mépris du danger, par manque de prévoyance ? Est-ce par une sorte de forfanterie, de scepticisme, de tendance au dénigrement ? Je ne sais. On a grand mal à organiser la médecine préventive dans les centres hospitaliers et universitaires, à intéresser à cette œuvre essentielle les organismes de Sécurité Sociale, à orienter dans cette direction les médecins praticiens, à attirer vers cette discipline les étudiants et enfin à créer un corps de spécialistes indispensables. Dans son domaine si étendu, l'application de la médecine préventive éviterait bien des malheurs et aussi beaucoup de lourdes dépenses.

Actuellement, malgré les progrès réalisés en faveur de la santé des Français, malgré la prolongation des espérances de vie, on ne peut se montrer entièrement satisfait en raison de certaines insuffisances. Diminution de la morbidité et de la mortalité périnatales ainsi que des maladies infectieuses beaucoup plus lente que dans les pays voisins, surmortalité masculine de l'adulte en témoignent, tout autant que le niveau trop élevé de la « mortalité différentielle ». On entend par ce terme les différences de mortalité selon les catégories sociales. Sans doute, l'amélioration des conditions de vie et de travail doit-elle être poursuivie pour diminuer cet écart, mais, tout autant, l'établissement d'une médecine préventive suffisamment active que nous ne possédons pas, car dans des pays où les conditions de l'existence sont les mêmes que les nôtres et souvent moins bonnes, c'est l'application de la médecine préventive qui a réduit les écarts dans la mortalité différentielle.

Autre exemple. Il n'est certes pas facile de diminuer la fréquence des accidents d'automobile, mais il a fallu attendre la restriction sur l'essence pour voir diminuer les hécatombes des jours de fêtes et les massacres du dimanche ; l'on pourrait faire davantage si l'opinion se révoltait et n'oubliait pas si vite « les morts, les pauvres morts ».

La lutte contre les accidents liés au machinisme devrait être entreprise avec plus de vigueur. Enfin les bilans de santé, la prévention des maladies aiguës et chroniques, de l'artériosclérose comme du cancer, exigent l'établissement sur le territoire national de tout un réseau de médecine préventive beaucoup plus important que celui qui n'est jusqu'à présent qu'ébauché.

Le ministère de la Santé Publique n'a jamais eu l'autorité ni le prestige suffisants pour envisager les réformes qu'au cours de ces dernières années nous avons proposées.

⁂

Vient à mon esprit l'évocation de l'époque où la direction de la Santé Publique dépendait du ministère de l'Intérieur. Nommé, peu après mon internat, auditeur au Conseil supérieur d'hygiène, je me rendais lors des réunions, place Beauvau, fier de participer encore jeune à des délibérations officielles. Nous lisions, sous la présidence de M. Roux, des rapports sur l'épuration des eaux usées, les adductions d'eau potable, la désinfection après les maladies contagieuses, la place des cimetières, le plan des égouts, l'organisation de la vaccination contre la variole. Nous n'abordions certains grands problèmes que fort discrètement. Ainsi, je ne me souviens pas que l'on ait jamais parlé de lutte antituberculeuse, sauf à propos du blanchissage du linge, ni qu'on ait envisagé de combattre les diarrhées mortelles du nourrisson, sauf par quelques recommandations officielles sur l'ébullition du lait. L'hygiène publique, toute entière dérivée des enseignements de Pasteur, ne s'étendait que sur un champ limité. On sentait bien qu'on ne possédait ni les connaissances, ni les moyens techniques, ni l'appareil administratif capable d'instituer de véritables services de santé publique.

Un exemple des mesures prises à l'aveugle m'avait frappé. Alors chargé d'un rapport sur la désinfection après la scarlatine, j'avais rappelé la tradition : isolement du malade durant quarante jours ou plus exactement jusqu'à la fin de la desquamation cutanée, et M. Roux m'avait alors interrogé : « Croyez-vous que la scarlatine soit contagieuse par les locaux d'habitation, les vêtements ou la literie ? Pensez-vous que les squames cutanés soient chargés de l'agent pathogène responsable de la maladie ? Pourquoi ces quarante jours ? Est-ce la vieille tradition de la quarantaine pour les navires et les voyageurs aux frontières ? » Personne n'avait répondu et l'on avait décidé sans savoir.

Au lendemain de la Première Guerre mondiale fut entreprise une des premières grandes actions de santé publique en France. Les ravages de la tuberculose parmi les soldats et la population civile devaient conduire à organiser la lutte contre la plus terrible maladie contagieuse de l'époque. Des organismes privés animés par des médecins et des hommes politiques entreprirent le combat ; une action de médecine sociale voyait alors le jour. Mais l'écart restait tragique entre l'extension du mal et la faiblesse de nos moyens.

Contre la contagion partout répandue, comment organiser la protection ? N'était-il pas évident que tous, sans exception, étaient contaminés ? Chez les adolescents et les adultes, l'infection était le plus souvent bien supportée ; il n'en était pas de même pour les plus jeunes. Il fallait dépister les malades, d'où la création de dispensaires, à la fois pour les mettre dans de bonnes conditions de résistance et éviter la contagion des enfants de leur entourage.

A cet égard, ce qui nous parut nécessaire était l'isolement du nourrisson menacé avant sa contamination, après avoir écarté toute idée d'hérédité, et, pour poursuivre cette protection, le professeur Léon Bernard, aidé par des personnalités généreuses, devait créer, avec notre collaboration, un Placement familial des tout-petits, en Sologne, qui complétait l'œuvre entreprise, peu d'années auparavant, dans le même esprit, par le professeur Grancher.

Maintenant que le péril tuberculeux s'écarte, la valeur de ses structures et la qualité de son personnel permettent à cette œuvre, à laquelle nous avons consacré beaucoup d'efforts et où nous avons hébergé des centaines et des centaines d'enfants, de rendre des services dans une direction nouvelle.

A l'isolement protecteur devait bientôt être associée la vaccination de Calmette et Guérin à l'étude de laquelle nous nous sommes attachés. C'est ainsi que devaient commencer, pour continuer durant toute ma vie, les études sur la tuberculose de l'enfant et sa prévention.

Une autre étape devait être franchie après la Deuxième Guerre mondiale. Nommé conseiller technique auprès du ministre de la Santé, j'ai pu, en collaboration avec le professeur Aujaleu, prendre part à l'organisation des services de protection maternelle et infantile. Pendant des années, ceux-ci devaient jouer un rôle important dans l'amélioration de la santé des nourrissons et la baisse de mortalité des premiers mois de la vie. A l'heure actuelle, ce service subit une crise et devait être complètement réorganisé.

Aujourd'hui on peut avancer vers un nouveau progrès et c'est aux accidents qui se produisent au moment de la naissance, responsables de morts précoces ou de graves désordres cérébraux, que s'appliquent les efforts de nos cadets, associant ici encore le travail scientifique au travail social.

Pour surveiller le développement de l'enfant, il faut l'examiner régulièrement. D'autre part, le petit écolier qui a quitté sa famille et est entré dans un nouveau milieu social, participe à un travail collectif. Une médecine scolaire, sorte de médecine du travail appliquée à l'école, est donc indispensable.

C'est au ministère de l'Education nationale que fut créée la médecine scolaire et universitaire, en grande partie grâce au docteur Daniel Douady qui en fut le véritable fondateur et animateur. La tâche n'était pas aisée, mais l'organisation progressait chaque année lorsque, par une décision inopportune, ce service fut rattaché au ministère de la Santé dont l'administration, déjà faible, devait mal supporter ce poids supplémentaire.

La médecine scolaire devrait rendre les plus grands services non seulement par son action préventive destinée à favoriser la bonne santé de l'écolier, mais encore en aidant les maîtres, les parents et l'enfant lui-même pour éviter les insuffisances scolaires, les redoublements de classe, les retards et faciliter le choix de celui-ci vers tel mode d'étude, vers telle discipline, vers telle carrière. Nous avons essayé, avec la collaboration du docteur Douady, de montrer l'application de la médecine scolaire à la prévention de ce que nous avons appelé « le malmenage scolaire de l'enfant ». La médecine scolaire, actuellement défaillante en France, devrait être rajeunie dans son organisation, restaurée et véritablement recréée.

Tout au long de notre exercice professionnel, nous avons essayé de promouvoir, par l'enseignement et l'exemple, l'orientation sociale de la pédiatrie. L'enseignement de la pédiatrie sociale tend maintenant à devenir un des éléments importants dans les programmes appliqués aux nouvelles générations.

C'est en mai 1930 que le ministère de la Santé publique fut fondé. Il est resté dans une sorte de situation mineure, tantôt solitaire, tantôt rattaché à un autre ministère, tantôt fondu dans un vaste ensemble, tantôt lié à la Sécurité Sociale, tantôt séparé d'elle, ou bien lié au ministère de la Population. Si bien que trop souvent les ministres ont dû se préoccuper d'autres problèmes que de celui de la santé publique ; cette fonction n'était pour eux qu'un poste de passage et ils attendaient, pour donner tout leur effort, d'être mis à la tête d'un ministère considéré comme plus important. Ce flottement traduit bien à la fois une ceraine indifférence, une absence de doctrine ferme, un manque de fondation solide. Certaines coupes sombres dans le haut personnel, décidées par un ministre qui prétendait tout diriger, portèrent un coup très grave à ce ministère fragile qui devint plus débile encore qu'auparavant.

En fait, un ministère ne peut fonctionner que s'il possède un corps de fonctionnaires de qualité. Faut-il évoquer les ingénieurs des Mines ou les ingénieurs agronomes ou les inspecteurs des Finances ? C'est grâce à eux que fonctionnent les ministères des Travaux Publics, de l'Agriculture et des Finances. Mais pour eux le gouvernement a pris soin d'assurer non seulement l'organisation de belles carrières, mais aussi des rénumérations suffisantes. Rien de semblable au ministère de la Santé, qui a bénéficié temporairement de la collaboration de médecins de l'armée, puis des troupes coloniales et enfin des différentes administrations d'outremer et qui, actuellement, tend à être composé de fonctionnaires d'origines assez diverses mais point de médecins de santé publique. La valeur de quelques personnalités remarquables ne peut masquer la gravité de cette crise.

Lorsque, sous l'occupation, nous établissions le programme du futur ministère de la Santé publique et de la Population, nous envisagions l'organisation d'une nouvelle carrière pour les médecins de santé publique et la création d'une école spéciale pour les former. La naissance d'une Ecole de Santé Publique, établie à Rennes, constitue la seule étape, actuellement franchie, de cette réforme fondamentale.

En parcourant le monde, j'avais été frappé par l'importance des écoles de santé publique de différents pays, celles de l'université John Hopkins à Baltimore, de l'université Laval à Montréal, celle de l'université Harvard, enfin celle de Zagreb créée par la fondation Rockefeller. Lorsque l'O.M.S. recrutait des médecins de santé publique, elle exigeait d'eux une instruction et un diplôme qu'elle considérait comme valables. L'Ecole de Santé française, qui n'était en vérité qu'un établissement provisoire, ne pouvait donner un enseignement ni décerner un diplôme qui fussent estimés pleinement acceptables. Aussi les candidats de langue française étaient-ils contraints de s'inscrire soit à Montréal, soit dans les écoles de langue anglaise. Il était urgent à tous égards de fonder une bonne école de santé publique en France. En 1960, au cours d'un voyage en Bretagne, Michel Debré décida d'installer cet établissement à Rennes. On sait combien il est difficile d'arracher à Paris ses grandes écoles. Fixer l'Ecole Nationale de la Santé Publique dans la capitale de la Bretagne était un acte audacieux lié à la politique de développement des grandes métropoles régionales que poursuivait le Premier ministre. L'opposition de certains fonctionnaires, la force des habitudes devaient entraver l'exécution de cette décision. Elle fut cependant maintenue. L'essor de cette école nouvelle est aujourd'hui une de nos fiertés. Elle fut magistralement organisée par J. Sénécal, son premier directeur. La valeur reconnue de son enseignement et de ses diplômes justifie son prestige international. De très nombreux auditeurs viennent du monde entier pour y recevoir son enseignement, parmi lesquels, par un heureux retournement de la situation, figurent de futurs médecins de la santé publique du Canada. Cette école instruit non seulement des médecins, mais les divers membres du personnel de santé publique : directeurs et économes d'hôpitaux, ingénieurs sanitaires, etc. Son éclat a contribué au prestige de l'université bretonne et la mesure de décentralisation prise pour sa naissance s'avère bénéfique.

Fait grave, l'Ecole de Santé avait pour mission initiale de préparer le corps de médecins de la santé publique dont on pouvait espérer la création. Actuellement, le recrutement de ce corps est totalement tari car jamais n'a été établi un statut convenable pour le corps des médecins de santé publique. A plusieurs reprises, j'ai eu l'occasion d'exposer ce que pourrait être ce statut devant les ministres successifs de la Santé, qui tous ont approuvé les idées exprimées mais dont aucun n'a tiré le moindre parti. Pour rendre la carrière de médecin de santé publique intéressante, il faut que celui-ci soit à la fois le conseiller des autorités gouvernementales et administratives et l'organisateur de la médecine préventive dans les centres hospitaliers et universitaires ; ceux-ci, en effet, doivent désormais devenir tout autant des centres de médecine préventive que curative.

Les médecins de santé publique doivent remplir les même tâches et jouir des mêmes satisfactions intellectuelles que les maîtres cliniciens et biologistes des C.H.U. En un mot, ils devront être assimilés aux médecins du corps hospitalier et universitaire par une double appartenance. C'est, nous semble-t-il, seulement de cette façon que ce nouveau métier, devenu attrayant et entouré de prestige, pourra tenter certains des meilleurs parmi la jeune génération.

La création d'un corps de médecins de santé publique est un des éléments d'une véritable révolution qui doit être entreprise pour compléter d'une façon harmonieuse ce que l'on pourrait appeler un programme national de santé. Les réformes doivent établir des modifications tranchant absolument avec la situation actuelle. On peut comparer la réforme projetée à celle qui a été accomplie par la création des centres hospitaliers et universitaires. De même que celle-ci a introduit la médecine biologique dans les lieux mêmes où régnait seule la médecine clinique, il faut actuellement orienter l'hôpital vers la médecine sociale en ouvrant ses portes sur la cité et en faisant participer tout son personnel à la médecine préventive destinée non seulement à la ville, mais à toute la région.

Nous voulons espérer que nos élèves et nos successeurs, continuant l'œuvre inachevée, convaincront les gouvernements de faire du centre hospitalier et universitaire l'instrument principal de la médecine préventive et de la santé publique dans la collectivité.

·35·

Un fléau social

En 1954, M. Pierre Mendès-France, président du Conseil, créa un Haut Comité d'Information et de Lutte contre l'alcoolisme, qu'il rattacha à la Présidence du Conseil. De la part d'un député d'une circonscription normande, pareille initiative prise dans l'intérêt national était un acte de courage. Il me demanda si j'accepterais de présider ce Haut Comité. Comme ce problème était bien éloigné de la médecine des enfants, je refusais. Me rappelant que nous avions proposé un programme constructif de lutte contre l'alcoolisme, successivement dans la note du Comité médical de la Résistance puis dans le livre que j'avais écrit avec Alfred Sauvy en 1946, *Des Français pour la France,* Pierre Mendès-France insista pour que j'entreprisse cette tâche difficile, me faisant pressentir que je recevrais des coups au cours de la bataille.

J'acceptais donc cette mission à titre provisoire et pour un court moment... Après avoir présidé toutes les séances mensuelles depuis vingt ans, je dirige encore ce Comité et j'ai pris un grand intérêt aux problèmes complexes et délicats à résoudre que pose la lutte contre l'alcoolisme en France. En abordant cette tâche j'en apercevais les obstacles presque insurmontables et j'avais la volonté de voir clair, négligeant tout préjugé, de savoir établir les limites du bon usage et celles de l'abus, et de déterminer les conditions dans lesquelles l'on passe de la modération à l'excès et à l'habitude.

Le mal qu'il faut combattre est de tous les temps et de tous les pays. Les fils de Noé n'ont-ils pas recouvert d'un manteau le corps de leur père que l'ivresse avait endormi ? L'homme est ainsi fait que, sous tous les climats, son système nerveux demande un poison qui lui procurera, sinon un paradis artificiel sur la terre, tout au moins une certaine jouissance : excitation ou détente, gaieté ou rêve, sensation de vigueur, de détachement et d'oubli. Le café, le thé, le tabac, l'opium, le haschisch, la feuille de coca, les boissons fermentées sont répandues parmi tous les peuples et l'on devient facilement leur esclave. Le musulman, qui a renoncé aux boissons fermentées, fume du tabac ou du haschisch, boit du thé ou bien du café. L'indien misérable des Andes ne parcourt ses montagnes qu'en mâchant des feuilles de coca. Quoi de surprenant si les Français boivent si volontiers les bons vins et liqueurs de leur pays !

Comment la France ne consommerait-elle pas des quantités considérables de vin et d'alcool ? Sa terre est favorable à la culture de la vigne. Son Midi a abandonné la polyculture pour la culture exclusive de la vigne : les progrès dans la lutte contre les parasites, les améliorations des cépages ont favorisé la production viticole ; la science de la vinification a permis aussi d'augmenter et de régulariser le rendement ; les vignobles d'Afrique du Nord ont pendant longtemps ajouté leurs abondantes vendanges à celles de la métropole. Et puis, les arbres à fruits de Normandie, de Lorraine, d'Alsace, fournissent des eaux de vie excellentes. L'industrie des liqueurs a réalisé elle aussi des progrès. Si bien que le vin, les eaux de vie, les liqueurs constituent un des éléments importants de la richesse nationale et que quatre millions et demi de Français vivent de la fabrication et de la vente de ces boissons.

Si la consommation modérée de vin et d'alcool est à la fois agréable, saine et ne présente pas de dangers, son abus, lui, est nocif. C'est la consommation excessive que l'on doit s'efforcer de faire disparaître.

Toutes ces notions me paraissaient rendre délicates l'information et l'éducation populaire, dur le devoir des gouvernements.

Au moment où le Haut Comité se mettait au travail, l'opinion générale n'était pas favorable à une lutte anti-alcoolique. Le public et les dirigeants n'étaient pas réellement convaincus de l'importance et de la gravité du péril alcoolique pour la France. On disait volontiers que les méfaits de l'alcoolisme étaient exagérés par des médecins et des moralistes, et les rieurs étaient du côté du brave ivrogne attendrissant et amusant. On concédait qu'il existait un certain nombre d'alcooliques que leur funeste passion rendait malades ou transformait en délinquants, voire en criminels, mais on considérait ces malheureux comme des tarés dont le nombre n'était pas très élevé. Et si la masse des Français buvait, et buvait sec du bon vin du pays, on refusait d'admettre que cette habitude pût avoir de graves inconvénients. Au contraire, cette boisson nationale ne conférait-elle pas une certaine alacrité à l'esprit, une tendance à la joie et à la bonne humeur ? Les savants n'avaient-ils pas dit que l'alcool était un aliment ? L'ouvrier des villes et des champs n'en tirait-il pas une partie de sa force ? Le Français n'était-il pas en équilibre de santé physique et morale s'il était bien nourri de bon pain et de bon vin ? Faudrait-il oublier que le génie national tirait quelques-uns de ses traits des merveilleux crus de notre terroir ?

Nous devions donc expliquer que ces affirmations ne renfermaient pas toute la vérité et qu'en fait, la consommation bienfaisante d'excellents produits de notre sol est devenue, dans certaines circonstances, par son extraordinaire abus, surtout au cours de ces dernières années, un redoutable fléau.

C'est le vin qui est offert pour apaiser la soif de l'ouvrier d'usine qui peine dans une atmosphère chaude et poussiéreuse, celle de l'ouvrier des champs qui fait la moisson en plein soleil et perd une quantité considérable de liquide, celle de l'ouvrier qui accomplit, même en plein hiver et en plein air, un travail de force. En outre, l'ouvrier qui, levé de bonne heure, quitte par les matinées glacées de l'hiver son logis pour aller à son travail, cherche à se réchauffer en même temps qu'il a besoin d'un excitant pour se réveiller avant de se mettre au travail ; l'alcool, en produisant la dilatation des vaisseaux de la peau, donne par temps froid une agréable sensation de chaleur.

D'autre part, le travailleur a non seulement besoin d'une alimentation riche en calories mais il tend à rechercher aussi une excitation pour son système nerveux. A l'homme fatigué par de longues heures de travail la boisson alcoolique apporte un excitant à son esprit et lui donne la sensation que sa fatigue diminue.

Le Français est sociable : manger et boire ensemble est une forme essentielle de sa vie en société. En ville comme à la campagne on cherche un compagnon pour trinquer et bavarder en buvant. Ce plaisir, ce besoin collectif, il faut aussi le satisfaire ; le débit de boisson joue un rôle social.

L'homme, enfin, lutte contre l'ennui ; le travail monotone à la chaîne ou bien les longues heures de navigation engendrent l'ennui. Les soucis qu'apporte à chaque homme son existence personnelle, n'a-t-on pas besoin pendant un certain temps de les chasser du champ de la conscience, de les oublier ?

Un élément capital favorise enfin cette diffusion de l'habitude de trop boire : c'est la force de l'exemple. L'imitation, l'entraînement ont une importance essentielle dans ces phénomènes sociaux qui sont à proprement parler contagieux.

C'est depuis un quart de siècle que la France est passée d'une consommation peut-être un peu forte de vin et d'alcool, à un étrange excès des boissons spiritueuses. Le mal nous apparaissait indéniable.

Contre notre action s'élevaient à la fois de puissants intérêts, agricoles et commerciaux, politiques et électoraux. Au moment même où le Haut Comité était constitué, certains orateurs au Parlement, lors d'un débat sur ce problème s'efforçaient d'établir qu'il n'y avait aucun rapport entre l'alcoolisme et les apéritifs ou liqueurs, aucun rapport entre l'alcoolisme et le nombre de débits de boissons, aucun rapport entre l'alcoolisme et la consommation de vin et surtout aucun rapport entre l'alcoolisme et les bouilleurs de cru, si bien qu'on en arrivait à se demander s'il existait un rapport entre l'alcool et l'alcoolisme.

En mesurant l'étendue du problème physiologique, psychologique et social, je me rendais compte des obscurités qu'il fallait essayer de dissiper, car nous devions fonder toute notre action sur des données physiologiques aussi valables que possible et des études sociales objectives, et pour cela promouvoir des travaux dégagés de toute idée préconçue où l'examen des questions serait poursuivi avec la même sérénité, le même scrupule que toute autre étude biologique ou sociologique vraiment scientifique.

Bien persuadé que seule cette discipline donnerait à sa parole toute sa valeur, le Haut Comité suscita et aida, dans des laboratoires et des centres d'étude soigneusement choisis, la poursuite de recherches qui sont, comme on le pense, bien loin d'être achevées à l'heure actuelle ; bien qu'à peine ébauchées, cependant elles nous apportent et continueront à nous apporter des données fort utiles pour la réalisation d'une bonne hygiène sociale. Je voudrais évoquer quelques exemples parmi tant d'autres. Les études chimiques, bio-chimiques et nutritionnelles permettront d'explorer la valeur nutritive, la limite de la toxicité, les effets variés suivant l'âge, le sexe, le poids, les conditions d'absorption des boissons alcoolisées, les effets de l'alcoolisation aiguë et de l'alcoolisation chronique, les conséquences éventuelles sur la descendance, l'action de faibles doses d'alcool sur le système nerveux et les organes des sens. Voulant prôner l'usage des jus de fruit nous avons, pour persister dans notre travail objectif, bien vérifié les qualités de cette boisson afin de ne point en conseiller l'usage seulement par principe.

En pathologie, nous avons étudié les rapports entre l'alcool et le cancer et vu le rôle cancérigène indéniable, notamment pour la langue et l'œsophage, de l'ingestion exagérée d'alcool. Nous avons poursuivi dans les hôpitaux des études permettant de mesurer les effets de l'alcool sur les malades qui y étaient soignés dans des circonstances très diverses et aussi sur les manières d'éviter le delirium tremens, de le traiter, d'éviter les cirrhoses et de les combattre. Nous avons considéré comme une de nos obligations celle de porter un secours médical aux victimes de l'alcool.

Une des recherches physiologiques les plus importantes était liée à l'établissement des doses maximales, celles que l'on ne peut dépasser sans verser dans l'abus. L'étude de ce problème essentiel devait nous révéler des faits physiologiques ignorés concernant les modes d'absorption de l'alcool aux repas ou en dehors des repas, les différences suivant le sexe et la nature du liquide absorbé et nous permettre d'établir notre travail éducatif sur des assises très solides. Le Haut Comité a pu ainsi donner une impulsion aux recherches de base concernant le problème alcoolique.

Un peu plus tard il nous parut essentiel de regarder de plus près le problème sous son aspect psycho-social et d'étudier la fréquence de l'alcoolisme suivant les milieux, les métiers, les régions, d'examiner de très près les débuts de l'intoxication alcoolique quand le sujet, depuis un certain temps, a dépassé les doses permises, d'où l'intérêt du dépistage des troubles à leur période initiale pour faciliter une bonne action préventive de la part du médecin du travail et du médecin de famille. Toute une série d'investigations devait nous renseigner sur le penchant à boire, l'accoutumance à l'excès, la manière dont l'homme devient dépendant de la boisson, et nous informer sur les milieux les plus touchés et sur les meilleures méthodes pour aborder la prévention ou la guérison.

Mais il fallait aussi aller plus loin et, connaissant la situation agricole et économique de la France, approfondir les études concernant les moyens de réduire l'éxcès de production. Il fallait encore améliorer la qualité, empêcher la production de mauvais vins, éviter ce scandale — en cas de belle récolte — de beau jus de raisin transformé en alcool industriel au frais du contribuable. Parmi les fraudes fiscales les plus répandues était celle qui dérivait du privilège du bouilleur de cru.

Des études économiques et financières permirent de constater le coût de l'alcoolisme et son poids si lourd sur l'économie nationale, malgré les recettes que procure par ailleurs la production de boissons alcoolisées. Nous avons donc essayé d'établir un bilan de l'alcoolisme en France.

Les études dans tous ces domaines ont fait l'objet de rapports au Premier ministre et aussi de publications qui font grand honneur au Comité. Actuellement notre orientation principale est différente. Plus que l'alcoolisme chronique, nous avons étudié les effets de l'ingestion d'alcool sur l'homme qui conduit une automobile ou manœuvre une machine.

La forte alcoolisation d'une nation n'est plus compatible avec les nécessités de la vie moderne. Ce que certains psychiatres appellent le « seuil de tolérance à l'alcool » s'abaisse considérablement dans une société industrielle et mécanisée : celle-ci ne saurait admettre du conducteur d'automobile ou d'avion le laisser-aller du postillon du XIXe siècle. La sobriété n'est plus seulement une vertu mais une nécessité sociale.

Il ne suffit pas d'étudier, il faut aussi passer à l'action. Notre information devait être orientée dans deux directions. La première était celle de l'usage de la publicité. Employant les mêmes armes que les alcoolisateurs, nous voulions profiter de l'influence qu'a sur l'opinion la diffusion des slogans, des images saisissantes, des formules maintes fois répétées, pour agir sur la population. L'habitude était prise depuis des décennies de voir les supports traditionnels ou modernes de la publicité inciter continuellement les Français à consommer des boissons alcoolisées. L'affiche, la radio, le film, les maillots de nos coureurs cyclistes, les fanions des pistes de slalom vantaient les vertus, toujours supérieures à celle des autres, de telle marque d'apéritifs et de digestifs. On peut dire que sur les routes de France dominaient les réclames pour les marques de boissons alcoolisées. On fut surpris de voir, au grand jour, s'étaler des conseils de modération ; beaucoup s'étonnèrent, certains s'indignèrent, d'autres se demandèrent quels intérêts privés se cachaient derrière une propagande aussi inhabituelle. Mais notre formule « Santé-Sobriété » se lisait en tous lieux et finalement paraissait sympathique au public.

Exposition, messages radiophoniques et télévisés ont été employés pour le bon usage. Tous les moyens de publicité ont été mis à notre disposition ; nous avons même pu conquérir quelques pages de journaux. Peu à peu la vérité était connue, la ménagère, qui pensait comme nous, se sentait enfin soutenue. Des débitants de boissons venaient vers nous et nous étions heureux de collaborer avec eux. Nos efforts pour essayer de persuader les agriculteurs et les commerçants que nous pouvions nous unir à eux étaient appréciés. Pour la viticulture nous prônions une politique de qualité favorable à la santé publique et l'économie nationale. Aux commerçants, nous tâchions de démontrer qu'ils avaient aussi intérêt à faire consommer des eaux minérales ou des jus de fruits.

Plus importante que toute autre action nous apparaissait l'éducation de la jeunesse. Notre effort à cet égard a été vraiment considérable. Les maîtres nous ont beaucoup aidés. Nous avons reçu, des directeurs d'écoles, des instituteurs, mieux que des encouragements. Nous avons multiplié des dispositifs pour instruire les enfants et les adolescents afin d'éviter ce début si dangereux des mauvaises habitudes.

Assez rapidement nous avons eu la sensation que, du reste pour bien des motifs économiques et sociaux, la génération montante serait à cet égard, comme à tant d'autres, différente des générations précédentes.

Lorsque s'établit le régime de la Ve République, on fut à l'abri des faiblesses démagogiques des anciens partis. Le gouvernement pouvait appliquer par décrets-lois des décisions de salut public et l'opinion prenait conscience des conditions du relèvement national. C'est ainsi que Michel Debré, après un effort tenace pour convaincre les parlementaires des deux Chambres, supprima le privilège des bouilleurs de crus dont on pensait qu'il était indestructible. La paysannerie, qui avait reçu autrefois ce bienfait de Napoléon Ier en échange de ses fils qu'elle donnait à l'Empereur, tenait à ce privilège. Les agents du fisc et les ministres successifs se déclaraient impuissants, et voici qu'aujourd'hui on assiste à la diminution du nombre des bouilleurs de cru, à la disparition progressive des distillations clandestines, et les campagnes s'accommodent fort bien de cette mesure salutaire qu'hier encore on ne pouvait espérer. Chaque année au Parlement une tentative s'ébauche parmi certains élus de tous les partis pour revenir à la belle époque des privilèges et des fraudes. Jusqu'à présent ce fut sans succès.

Depuis 1962 une législation variée, favorable à notre action, a été suggérée par le Haut Comité, très souvent adoptée par le gouvernement et bien appliquée par les administrations. Un exemple récent est fourni par la recherche d'alcool dans le sang des conducteurs automobiles. Peu à peu des mesures d'application permettront des progrès dans ce domaine et l'on assistera à la diminution des accidents, surtout des plus graves.

Alors que la production des vins de haute qualité augmente et que leur vente se développe à l'étranger, la production des vins de consommation courante réservée aux Français diminue malgré l'augmentation considérable de la population, notamment de la population active. La cirrhose du foie d'origine alcoolique, qui est en France beaucoup plus répandue que dans tous les autres pays du monde, commence enfin à se montrer moins fréquente ; les entrées pour psychose alcoolique dans les hôpitaux psychiatriques baissent pour la première fois au cours des dernières années de même que les morts par intoxication alcoolique.

Les raisons de cette amélioration de l'hygiène publique sont multiples et complexes. Fonctionnaires de différentes administrations, magistrats, représentants syndicaux, dirigeants agricoles, chefs de la police et des services de sécurité, enseignants, sociologues, psychiatres, médecins et biologistes se sont associés, au cours de ces vingt ans, à l'effort du Haut Comité d'Information et d'Etude sur l'Alcoolisme et ont fourni un travail dont on ne soupçonne guère la puissance et la qualité.

Il reste sans doute fort à faire. Les dispositifs destinés à favoriser la désintoxication et à surveiller les buveurs guéris sont tout à fait insuffisants, les accidents de la route ou du travail dus à l'absorption d'alcool encore beaucoup trop fréquents, le nombre des grands buveurs en France reste beaucoup trop élevé, la reconversion des vignobles qui ne fournissent pas un vin de qualité demeure insuffisante, la consommation de boissons telles que les jus de fruits toujours très coûteux est trop limitée. Enfin, la politique sociale concernant les conditions du travail, surtout industriel, les loisirs, l'aménagement de la vie des travailleurs de force, des marins, est loin d'être suffisante ; la connaissance même des règles d'hygiène alimentaire n'est pas assez répandue ; la politique en faveur de la jeunesse urbaine pas assez développée. Il reste donc encore une grande tâche à accomplir.

De toute évidence, la jeune génération consomme beaucoup moins d'alcool que les générations précédentes et il suffirait d'un effort supplémentaire pour l'habituer à étancher sa soif avec des boissons totalement ou presque totalement dépourvues d'alcool.

Les raisons des changements survenus dans les mœurs sont multiples. L'action éducative du Haut Comité et les différentes mesures législatives qui ont été prises n'ont joué sans doute qu'un rôle limité. Il n'en est pas moins vrai qu'il est profondément injuste de répéter, comme on le fait souvent, qu'aucun effort n'a été fait en France pour lutter contre le péril alcoolique. Les gouvernements de la Ve République ont agi et leur action a été efficace. Volontairement le Haut Comité a travaillé dans le silence. Sa discrétion explique que l'on oublie la valeur et le sérieux de son travail et que l'on méconnaisse la part qu'il a prise dans les progrès que nous venons d'évoquer.

·36·

Le peuple français

En remontant dans mes souvenirs je m'aperçois que les problèmes de population n'ont cessé de m'intéresser et de me soucier. Enfant, j'entendais comparer les effectifs des armées françaises et allemandes. Mes parents ne souhaitaient pas la guerre, ils la craignaient, mais au fond ils la sentaient probable et ils disaient : « Il n'y aura qu'un petit soldat français contre deux grands allemands, maintenant — ajoutait mon père — que la Prusse entraîne toute l'Allemagne », car il avait gardé un regret de la rupture de nos liens avec les Allemands du Sud et de l'Ouest. Plus tard je lisais les articles du professeur Charles Richet dans la *Revue des Deux Mondes* ; il comparait la dépopulation française à l'accroissement des peuples voisins.

Au cours de la Grande Guerre la pensée du massacre de la jeunesse ne me quittait point. Aux sentiments d'horreur les soirs de bataille, au chagrin d'apprendre la mort des proches, parents, amis, camarades, se joignait la crainte douloureuse de voir faucher la vie de tant de jeunes Français. Et cependant nous mesurions mal alors la gravité de nos pertes. C'est seulement après la fin de la guerre que l'on connut les chiffres accablants.

C'est au cours des années 1930 que se développa, chez un petit nombre d'hommes clairvoyants, le souci de la dépopulation française. M. F. Boverat s'efforça d'émouvoir l'opinion publique sans y réussir. Adolphe Landry, ancien élève de l'Ecole Normale, sociologue et homme politique qui fut longtemps député de son pays natal la Corse et plusieurs fois ministre, fut l'un des fondateurs de la science démographique. Etudiant l'histoire pour y déceler l'importance des problèmes de population, il mesura clairement l'étendue des périls que courait la France. Il définit ce qu'il appelait la révolution démographique contemporaine caractérisée par l'allongement de la durée de la vie et la diminution des naissances.

Comme je l'ai raconté, j'ai eu la chance de connaître Adolphe Landry. Après la lecture de ses textes et les conversations que j'eus avec lui, mes idées sur les problèmes démographiques devinrent claires et je mesurai les profonds retentissements du malthusianisme français sur la vigueur de notre nation. A. Landry montrait que la France souffrait de dépopulation et que dépopulation voulait dire décadence et malheur pour tous.

Quels que soient l'héroïsme de sa jeunesse et la qualité de ses citoyens, un pays qui se dépeuple ne peut pas maintenir sa force, sa puissance dans le monde, ni même son indépendance. Il me paraissait évident que les idées neuves, les énergies et l'esprit d'entreprise ne pouvaient se développer ou se maintenir sans une génération montante suffisamment nombreuse. Une nation, pour garder sa personnalité, préserver son indépendance, posséder l'esprit de création, développer sa prospérité, améliorer son niveau de vie, en un mot, conserver sa vitalité, doit voir naître chaque année un nombre suffisant d'enfants. Point d'espoir pour un peuple qui n'est pas animé par une jeunesse nombreuse, saine et vigoureuse. Le vieillissement d'une nation ne peut signifier que son abandon à la routine ; alors certaines attitudes de vanité nationale m'apparaissaient comme futiles et ridicules. On ne pouvait que sourire amèrement en lisant l'affirmation de ces journalistes disant « nous allons former une nation de cadres ».

Je viens de retrouver l'exemplaire du livre sur *la Révolution Démographique* d'Adolphe Landry que celui-ci m'avait adressé en 1934. Il est annoté par mon fils Michel. Ces remarques écrites par un jeune homme de 22 ans qui venait d'être reçu auditeur au Conseil d'Etat me rappellent nos conversations politiques d'alors.

J'ai raconté ce que provoquait en moi, en 1936, la vue d'une Allemagne riche de générations nouvelles, nombreuses et vigoureuses, à laquelle s'opposait celle d'une France devenue un pays sans jeunesse. On n'écoutait point Adolphe Landry et l'on ne prenait pas au sérieux les appels de F. Boverat. Ignorance et scepticisme régnaient dans l'opinion et parmi les membres du Parlement et du Gouvernement. Bien rares parmi les hommes politiques étaient ceux qui se souciaient de ce problème. Le public, au reste nullement informé, restait parfaitement indifférent.

Ce n'est qu'à la veille de la débâcle que la voix de ceux qui pensaient juste fut entendue. Une première démarche fut faite, auprès du président du Conseil Edouard Daladier, par Adolphe Landry. Il était accompagné non seulement de F. Boverat mais aussi de Jacques Doublet qui, conscient de la gravité du problème, devait dès lors s'attacher de toutes ses forces à en montrer l'importance.

Peu de temps après eut lieu un entretien important avec le nouveau président du Conseil, M. Paul Reynaud qui prêta une oreille attentive à la demande que lui adressait Adolphe Landry accompagné cette fois, non seulement de F. Boverat et Jacques Doublet, mais d'Alfred Sauvy et de moi-même.

C'est en ce temps que commença mon amitié pour Alfred Sauvy. Cet ancien élève de l'Ecole polytechnique s'était voué à l'étude des problèmes économiques et s'était aperçu que les décisions les plus graves étaient prises sans une information objective et approfondie dans ce domaine. Il s'était efforcé de voir clair et avait appliqué son intelligence subtile à comprendre et expliquer les phénomènes dont, avec un esprit scientifique rigoureux, il montrait la succession. Aux problèmes de population dont l'importance lui apparut alors, il appliqua les mêmes qualités.

Son esprit original, son goût pour l'humour qu'il cultivait auprès de son ami Tristan Bernard, la richesse de ses connaissances et l'étendue de sa culture, son obéissance aux disciplines scientifiques devaient bientôt faire de lui le maître de la science démographique dans le monde.

Après la Deuxième Guerre mondiale, l'Institut national d'Etudes démographiques, fondé sous son inspiration, devait grouper autour de lui une équipe de haute qualité, si bien que la science démographique française précéda celle de tous les autres pays et reste encore aujourd'hui la première du monde.

Ce fut et ce reste une de mes fiertés que d'avoir contribué à la création de l'Institut national d'Etudes démographiques et participé à son développement dans le domaine de la science et de l'action.

Mais au cours de cette rapide esquisse chronologique, nous n'en sommes pas encore parvenus à ce temps. Les démarches faites auprès du président Paul Reynaud l'émeuvent. De ses réflexions naîtront la création du ministère de la Population et la décision d'entreprendre une politique familiale. Mais voici la guerre et le désastre, et M. Georges Pernot, ministre de la Population, ne peut apporter aucun secours aux familles françaises fuyant sur les routes de l'exode.

Déjà sous l'occupation, le Comité Médical de la Résistance, sous mon inspiration, envisage le problème démographique qui est l'objet d'une des plus importantes études transmises au gouvernement provisoire d'Alger. Dès la Libération, le ministère de la Santé devient, suivant notre vœu, ministère de la Santé publique et de la Population. L'Institut d'Etudes démographiques est créé. Dans le même temps un effort est fait pour éclairer notre opinion et convaincre nos dirigeants. Le code de la Famille est établi et le Gouvernement s'engage dans une politique familiale unique au monde.

Le Haut Comité de la Population et de la Famille créé immédiatement avant la Seconde Guerre mondiale, a joué après la fin de celle-ci un rôle important en renseignant les pouvoirs publics et en aidant à la préparation des mesures successivement décidées.

Dès la Libération, le général de Gaulle, pour montrer l'intérêt qu'il portait au problème de la population française, réunit à l'Hôtel de Brienne le Haut Comité de la Population et de la Famille. Il assistera à toute la séance après m'avoir fait l'honneur de me demander de la présider en sa présence.

Avec Alfred Sauvy, je publie un volume dont le titre exprime bien la pensée fondamentale : *Des Français pour la France* et dont l'épigraphe est la phrase de Thucydide : « Ce qui fait une nation ce sont des hommes et non des murailles ou des vaisseaux vides ». Dans cet ouvrage et dans de nombreux articles Alfred

Sauvy et ses collaborateurs, par lesquels je me rangeais, mettent en lumière les faits essentiels. Nous avons voulu montrer que l'histoire de la France est dominée par son peuplement. Lorsqu'elle était prolifique elle était non seulement l'une des premières ou la première des nations d'Europe, mais aussi une de celles où, malgré les périodes de misères, se préparaient les plus grands progrès politiques, économiques et sociaux. Au contraire, à partir du moment où sa fécondité a diminué, on la vit déchoir.

Sans doute on peut considérer que le manque de vitalité, de désir de création et de reproduction est la cause de la dénatalité. Il semble qu'il n'en soit rien car c'est la baisse de la natalité qui précède — souvent d'assez loin, ces phénomènes sociaux étant lents et insidieux — l'abaissement de la nation.

Je voudrais me permettre, pour montrer le cheminement de notre pensée, d'évoquer rapidement ce que furent l'histoire de la population française et les conclusions que nous en avons tirées.

Jusqu'à la fin du XVIIIe siècle, la population française présente une très forte natalité. Le couple obéit alors aux lois naturelles. Comme dans les espèces animales et végétales, la vie est distribuée avec une singulière profusion. Aucun calcul, aucune méthode ne viennent en limiter l'excès, mais il faut compter avec la mort qui ravage des contrées entières. Le nombre des enfants dans chaque famille atteint souvent huit à dix. Seules la mort précoce d'un des parents, la stérilité par infection puerpérale ou pour toute autre cause morbide, arrêtent cette riche fécondité des familles, mais les maladies mortelles déciment régulièrement les familles frappant surtout les enfants dans le bas âge, si bien que le chiffre moyen s'établit autour de cinq enfants par foyer.

Cependant, depuis longtemps déjà se développait dans certains milieux une tendance à la régulation des naissances. On n'a pas oublié la lettre de Mme de Sévigné au comte de Grignan : « Ecoutez-moi, mon gendre, si après ce garcon-ci vous ne donnez quelque repos à votre femme, je croirai que vous ne l'aimez point. »

Mais c'est au cours du XVIIIe siècle que la France, la première de toute les nations modernes, commença de limiter le nombre de ses naissances. Elle était en quelque sorte à l'avant-garde. Les autres pays du monde occidental l'ont suivie. Chateaubriand, et avant lui Rousseau et Voltaire, parlaient avec regret de la baisse de la natalité et disaient que « même dans les campagnes on arrive à tromper la nature ».

Au cours du XIXe siècle, la natalité subit une décroissance continue. Nous possédons des chiffres précis à partir du premier recensement qui date de 1801. En 1819 sont enregistrées 917 000 naissances. Ensuite la courbe montre un fléchissement rapide et qui ne cesse point. Avec 994 000 naissances, chiffre le plus haut jamais atteint en France, l'année 1814 fait toutefois exception. L'explication est simple : en 1813 l'Empereur a décidé une nouvelle conscription dont il a exempté les hommes mariés.

En 1832, la natalité a baissé suffisamment pour qu'une pointe de mortalité, due à l'épidémie de choléra, fasse tomber l'excédent annuel des naissances sur les morts à 3 000 seulement. Une stabilisation se produit à partir de 1853 et se prolonge jusqu'en 1876.

Après la guerre de 1870-1871 le pays se relève mais sa natalité reste basse, pas encore assez cependant pour que se fasse sentir une diminution de vigueur et de volonté. Toutefois on peut prévoir les dangers futurs.

Nous voici maintenant à la veille de la Grande Guerre. Pour ne pas troubler le moral de la nation on ne parle plus de la comparaison de notre population avec celle de l'ennemi, 39 millions de Français contre 60 millions d'Allemands, ni de la proportion des jeunes, beaucoup plus élevée en Allemagne qu'en France. Lorsque au cours de la guerre on fait appel aux jeunes classes, pour dix Français, il y a vingt-deux Allemands. On comprend que d'instinct la France compte sur ses troupes coloniales et sur ses alliés. On sait bien qu'on ne pourra résister qu'avec la Russie et aussi avec la Grande-Bretagne. L'alliance russe puis l'Entente cordiale n'avaient été au fond qu'une sorte de recours indispensable pour pallier notre dépopulation. Devenue celle d'une nation faible parce que peu peuplée, notre vie était soumise à la volonté de nos alliés malgré tout notre courage et notre volonté de vaincre. Elle sentait bien que « vaincue elle était annulée, totalement supprimée et qu'un peuple disparaissait de la surface de la terre » (Charles Péguy).

Si la politique extérieure de la IIIe République a été dominée par l'établissement d'un empire colonial où nous pouvions puiser des soldats, par la nécessité de la Triple Entente et les efforts pour neutraliser l'Italie, c'est surtout parce que les différences numériques entre notre population et celle de l'Allemagne provoquaient un danger mortel. Pendant la guerre, surtout par suite de certaines infériorités de notre armement et plus encore des erreurs stratégiques et tactiques ainsi que d'une doctrine militaire trop prodigue de la vie des soldats, nos pertes l'emportèrent sur les pertes allemandes. Il faut ajouter avec Sauvy : « Si les parents de fils unique furent les plus à plaindre, les parents de familles nombreuses furent le plus à remercier et, du reste, ne le furent pas. La moitié des effectifs engagés en 1914-1918 appartenait à des familles de quatre enfants ou plus, lesquelles ne représentaient même pas le quart des familles françaises ; ce sont elles qui ont sauvé le pays. »

Le relèvement de la natalité après la guerre ne dura pas et, loin de s'améliorer, la situation démographique s'aggrava. Je fus frappé de voir à quel point le pays restait inconscient de la nécessité de réparer les affreuses pertes qui l'avaient épuisé. Seuls les démographes, peu écoutés, jetèrent un cri d'alarme et montrèrent, suivant l'expression d'Alfred Sauvy, que la France vieillissait. « Un pays vieux, dit-il, n'est pas un pays dont l'histoire est ancienne mais un pays où la proportion des vieillards est trop élevée par rapport à celle des jeunes. »

C'était le cas de la France après la guerre 1914-1918. Malgré l'apport de nombreux jeunes étrangers — car elle était devenue un pays d'immigration — le nombre des jeunes était trop faible par rapport à celui des vieillards. En 1938 le nombre des naissances était tombé en France à 612 000 et le nombre des morts s'élevait à 647 000. Comment concevoir dans ces conditions que pût réussir une politique populaire car le pays manquait de force vitale et sa production ne pouvait à la longue assurer les ressources nécessaires. Et puis le danger était pressant : l'Allemagne, encore prolifique, préparait sa revanche.

Au cours des heures les plus sombres de l'occupation j'eus l'étonnement de constater un certain relèvement de la natalité qui s'annonça à partir de 1942. Si faible que fût ce mouvement pendant la fin de la Deuxième Guerre mondiale, j'en fus frappé. Chez tous les peuples victimes de cette guerre le taux de la natalité monte dès la paix retrouvée. Quelle allait être l'évolution démographique de la France ? Nous nous le demandions avec une inquiète curiosité. Or, voici qu'après quelques années de paix, le taux de sa fécondité ne s'abaissait point comme chez les peuples voisins mais se maintenait de 1944 à 1964. Ce phénomène n'a jamais été observé dans l'histoire des populations du monde. Une nouvelle fois la France fait exception. De même qu'elle avait dans le temps passé diminué sa fécondité alors que celle-ci restait naturelle chez ses voisins, cette fois en France, et en France seulement, cette fécondité s'est maintenue à un taux relativement élevé pendant plus de vingt ans. Une telle évolution n'avait jamais été envisagée par personne. Ce redressement d'une situation qui paraissait sans recours dépasse tous les espoirs et représente sans doute l'élément le plus remarquable et le facteur le plus profond du relèvement national.

Je me souviens d'avoir eu l'occasion d'en parler au général de Gaulle. Celui-ci s'entretenait parfois des problèmes de population avec ses visiteurs et s'étonnait, ou du manque d'intérêt ou du scepticisme qu'ils manifestaient vis-à-vis de tout effort nataliste. Avec son Premier ministre, Michel Debré, il favorisa par une série de mesures importantes la politique familiale. On pouvait donc dire, tout au moins jusqu'en 1964, que l'avenir de la France se présentait sous des auspices favorables : une fécondité accrue tout en restant dans des proportions raisonnables.

Or, brusquement, à partir de cette date, la fécondité baisse. Dans les différents pays d'Europe on assiste à un phénomène identique. Dans certains pays comme l'Allemagne de l'Ouest, la Suisse, le Danemark, c'est un véritable effondrement de la natalité et de la fécondité. Si la population de la France augmente au cours de ces dernières années puisqu'elle atteint 52 millions d'habitants, nous le devons avant tout à la présence de nombreux étrangers dont le chiffre dépasse trois millions, et ceux-ci jouent un rôle essentiel dans la natalité de notre pays car le nombre d'enfants nés de parents étrangers en France représente 10 % de la natalité française.

Soucieux de cette évolution, le Haut Comité demande au chef de l'Etat de bien vouloir le recevoir. Fait exceptionnel, le général de Gaulle réunit autour de lui à l'Elysée, en 1967, le Haut Comité de la Famille et de la Population pour l'établissement du programme de la politique démographique. Pour préparer ces séances de travail le général de Gaulle m'avait mandé à l'Elysée. Il discuta à plusieurs reprises, au cours des séances, avec chacune des personnalités présentes et demanda que fût établi le texte des propositions envisagées qui devaient tendre à maintenir un taux de fécondité suffisant dans notre pays. Nous les indiquerons plus loin.

Profitant de mon expérience de pédiatre, j'ai essayé d'apporter dans l'élaboration des doctrines soutenues par le Haut Comité certaines notions psychologiques et sociales qui concernent et le couple et ses enfants. Actuellement le problème doit être abordé dans un esprit différent de celui qui nous animait avant les deux guerres mondiales. En exprimant d'une façon succincte une des idées qui dominent l'orientation nouvelle, ne peut-on pas dire que le mouvement démographique doit être lié au bonheur des Français ?

On sait combien l'étude du comportement de l'enfant dès l'âge le plus tendre a été poursuivie avec minutie et perspicacité au cours de ces dernières années. J'ai essayé moi-même et conseillé à mes élèves de prendre part à ces études. Avant d'en dire un mot, puis-je — comme je l'ai fait avec eux — évoquer certaines images du passé ?

On se souvient que l'Emile, de Rousseau, est un orphelin ; Sophie, qu'il doit rencontrer, est-elle une fille unique ? Jamais il n'est question de ses frères ou sœurs. Etait-ce l'idéal à cette époque ? Nous ne le pensons pas. Le XVIIIe siècle, si soucieux de représenter les images de la volupté et du bonheur, ne nous a pas laissé seulement des peintures et des gravures légères mais aussi celle de la « famille heureuse », expression plus directe, plus simple, plus sentimentale et mieux formulée que « l'optimum familial » du langage démographique d'aujourd'hui. Regardons les aimables peintures et gravures de cette « famille heureuse » et demandons-nous quel âge l'artiste donne au père, à la mère, combien d'enfants lisent ou jouent autour de leurs parents, quelles sont les différences d'âge entre les enfants et quelle est, dans ce tableau idéal, la répartition de la fratrie entre les garçons et les « garçonnettes », comme on disait jadis ; enfin, comment les frères et sœurs se comportent les uns vis-à-vis des autres. C'est sur certains éléments de ce tableau qu'on nous permettra d'attirer l'attention aujourd'hui.

J'ai toujours essayé de montrer l'importance extrême d'une enfance passée en commun entre frères et sœurs, de la nécessité même, dirions-nous, de la fratrie pour réaliser chez chacun et chacune un bon équilibre et un développement physiologique. Je me suis demandé si nous pouvions essayer de préciser quel est — pour les groupes familiaux de notre civilisation — le chiffre d'enfants le plus favorable en envisageant, non pas — pour le moment tout au moins — l'intérêt national mais celui d'une vie harmonieuse pour chaque enfant ?

L'absence d'une fratrie réalise véritablement un état anormal. Que l'enfant unique soit un être particulier, la chose ne fait aucun doute ; non seulement il sent, à chaque instant de son existence, converger vers lui tout ce que comporte de gestes, d'attentions, de préoccupations et de soins l'instinct du père et de la mère. Cet instinct est renforcé par la certitude, plus ou moins consciente, que l'avenir est limité à cet être seul.

L'enfant unique ne peut pas ne pas se croire le centre du monde. Il est voué à être traité en nourrisson, puis en enfant trop longtemps : pourvu qu'il ne mûrisse pas ! Pourvu que se prolonge en lui la fugitive jeunesse de ses parents ! Il est destiné à devenir exigeant, comme tout être « gâté », risque de subir les déceptions et les souffrances qu'éprouve celui qui fut mal armé pour la vie et montre souvent un égoïsme bien explicable.

Luttant pour faciliter son ascension sociale, réussissant grâce à la concentration de leurs efforts, les parents le feront placer dans une situation où il peut lui être difficile d'être égal à sa tâche. Il lui arrivera souvent vers l'adolescence de critiquer l'extrême indulgence, l'excès de bonté de ses parents et, oublieux des douceurs extrêmes d'une enfance dorlotée, de regretter de n'avoir pas subi une bonne discipline éducative.

Qu'un tel tableau soit, comme on dit, poussé au noir, nous l'admettons certes, mais bien de ses traits ne sont pas si appuyés qu'on pourrait le croire. J'ai souvent fait remarquer que n'est généralement pas mise suffisamment en lumière l'absence « des autres », le manque des frères et sœurs qui ne sont pas nés, et cette carence psychique n'est pas la moindre des raisons qui altèrent trop souvent le développement du fils ou de la fille unique.

La situation change dès que la famille compte deux enfants ; encore convient-il qu'en pareil cas il ne se produise pas un phénomène de préférence pour l'un des deux car alors, dans ce tout petit monde, la situation sera pénible : le préféré aura les gâteries de l'enfant unique et l'autre les jalousies et les souffrances du mal aimé.

Dans des conditions normales, deux enfants, soit de même sexe, soit de sexe différent, n'ayant entre eux qu'une faible différence d'âge, jouiront déjà des avantages de cette vie enfantine en commun dans le nid familial que nous considérons comme indispensable. D'après notre expérience, la différence est considérable — en règle générale bien entendu — entre l'enfant unique et la paire d'enfants. Mais, toujours d'après notre expérience, ce chiffre ne suffit point. L'épanouissement est moins complet, l'atmosphère de gaieté, l'organisation spontanée des jeux moins aisées qu'avec un plus grand nombre d'enfants. S'il y a des heurts de caractère, ils sont plus violents que dans une collectivité plus étendue.

A l'opposé, que se passe-t-il dans les familles « très nombreuses » ? Admettons que nous classions parmi les familles très nombreuses celles qui comprennent sept enfants et davantage. Il ne nous paraît pas douteux que, dans ces conditions, la situation des enfants, les rapports entre eux et avec les parents soient tout à fait particuliers. La situation est différente suivant le milieu économique et les ressources financières. Dans les milieux peu aisés, malgré les allocations familiales et les avantages de tous ordres, les problèmes du vêtement, de la nourriture, du logement surtout, même à la campagne, deviennent difficiles à résoudre, surtout si l'argent touché par le père n'est pas convenablement employé. Il arrive aussi que les enfants ne reçoivent pas tous les soins qui leur sont nécessaires et que la mère accablée souffre des négligences qu'elle ne peut éviter. Si fort que soit l'instinct maternel, si étendu et profond que soit l'amour des parents, leur application est dispersée et finit par n'être pas suffisante pour chacun.

Malgré ces remarques, il n'en reste pas moins vrai que, quel que soit le milieu social, dans beaucoup de familles nombreuses et même très nombreuses, les enfants sont très heureux. Cette jeune troupe où les grandes différences d'âge réalisent une harmonie particulière répand autour d'elle la bonne humeur et la gaieté. Lorsque la situation économique est favorable, l'abondance d'une fratrie est pour tous une source de bonheur très joyeux et lorsqu'on interroge ces enfants, ils expriment volontiers le désir d'avoir eux-mêmes « beaucoup d'enfants ».

Il nous semble que, sur l'image de la famille heureuse, on doit compter de trois à six enfants. L'enfant faisant partie du groupe ainsi défini nous paraît le plus heureux. Pareille fratrie, en effet, constitue bien un petit monde séparé des adultes ayant une certaine autonomie et des qualités que rien ne peut remplacer. La vie intime et totale en commun, du matin au soir et du soir au matin, n'a point son équivalent. Le développement des sentiments fraternels qui sont d'une valeur toute particulière, y est assuré. Le rôle de l'aîné, du puîné, du benjamin s'établit tout naturellement ou peut être indiqué adroitement et sans contrainte, ce qui crée une sorte de différenciation fonctionnelle et sentimentale précieuse et irremplaçable. La compréhension mutuelle n'a pas l'excessive identité des jumeaux mais va fort loin et échappe aux parents et aux « autres ». Cette petite collectivité nous paraît la meilleure pour l'harmonie du comportement et pour la préparation à la vie adulte.

Encore faudrait-il envisager les écarts d'âge et préférer un groupement rapproché, à la condition, toutefois, que l'écart soit suffisant pour éviter la fatigue maternelle. Que le hasard permette la naissance de garçons et de filles et le meilleur ensemble que l'on puisse souhaiter sera réalisé.

L'âge des parents est loin d'être indifférent au bonheur de la fratrie. L'élan de parents jeunes songeant à leur propre bonheur fait place, lorsque ceux-ci prennent de l'âge, au souci exagéré pour la santé de l'enfant, à l'excès des précautions, à l'effort pour retarder la maturation de l'enfant et pour limiter sa liberté. Celui-ci ne vit plus dans l'excellente atmosphère où soufflent les vents des désirs et des espoirs ; le rythme de la vie familiale est changé, il s'est ralenti et a pris une sorte de stabilité peu convenable à ce jeune être avide de mouvement. Heureux les membres d'une fratrie dont le père et la mère sont encore pleins de jeunesse.

La psychologie des parents âgés est toute différente de celle de jeunes parents. Lorsqu'il existe un grand écart entre l'aîné et le benjamin, ce dernier n'est pas traité comme les autres. Cela est dû non seulement à sa situation de dernier venu mais aussi au fait que, avec l'âge, l'état d'esprit du père et de la mère a changé.

Ces souhaits d'une vie harmonieuse pour les enfants coïncident avec ceux que l'on peut faire pour leurs parents. J'ai l'habitude d'enseigner que pour la femme la satisfaction de l'instinct maternel est indispensable. La vie de l'adulte n'est équilibrée que si l'instinct de reproduction est satisfait et s'il peut jouir de la vie avec sa progéniture. Notre bonne santé n'est assurée que par le fonctionnement intégral de notre système neuro-hormonal ; or celui-ci provoque notre élan vers d'autres êtres. A cet élan se rattachent l'instinct sexuel, l'instinct de reproduction et l'instinct social.

L'instinct sexuel associé par la nature à la fécondation rapproche en quelque sorte l'humanité de la plupart des espèces vivant à la surface de la terre. Dans l'espèce humaine, par l'évolution des civilisations et la conquête des libertés, de plus en plus instinct sexuel et fécondation s'éloignent l'un de l'autre mais l'instinct de reproduction n'en reste pas moins très vif et se traduit, lorsqu'il est satisfait, par cette jouissance à nulle autre pareille que donne à la mère l'enfant qu'elle nourrit et élève et au père cette fière tendresse pour sa progéniture.

Le couple sans enfant n'est pas conforme aux lois naturelles. Un jour ou l'autre il éprouvera un sentiment de vide, d'inutilité, d'existence incomplète, comme inachevée. Il cherchera quelque substitut, parent, protégé... voire animal fidèle, pour remplacer les enfants qui ne sont pas nés et assouvir un instinct qui n'a pas trouvé sa satisfaction.

On voit qu'à notre avis, la famille modérément nombreuse est celle qui a toutes les chances de réaliser les conditions les meilleures à la fois pour la vie familiale et l'existence ultérieure. La recherche du bonheur, les satisfactions individuelles coïncident avec les nécessités nationales. Les problèmes démographiques doivent être étudiés séparément pour chaque nation car ils diffèrent totalement non seulement suivant les continents mais suivant les pays. Avec Alfred Sauvy nous avons demandé qu'on prenne garde de ne pas appliquer à la France ce qui est vrai pour l'Inde.

On parle beaucoup à l'heure présente des questions démographiques, mais on envisage presque exclusivement les peuples pauvres vivant sur une terre ingrate, victimes de conditions d'hygiène déplorables et souffrant d'une natalité exubérante.

On comprend que dans ces circonstances il soit indispensable d'entreprendre des efforts en faveur d'une limitation des naissances.

On entend dire en France : « N'avons-nous pas trop d'enfants ? » « Notre pays ne risque-t-il pas d'être trop peuplé ? » Et l'on ajoute : « Qu'allons-nous faire pour instruire ces enfants, pour permettre le développement de ces adolescents dont le flot est si pressé, pour donner du travail à ces jeunes hommes et jeunes femmes ? La vague démographique va nous submerger ! Arrêtons cette marée montante ! » Et l'on voudrait revenir à la pratique malthusienne d'hier : « Peu d'enfants, murmure-t-on, pour que tous soient heureux, que la nation ne soit pas écrasée sous le poids des dépenses excessives d'un pays en voie de croissance. » Si l'opinion est prisonnière de ces préjugés et de telles erreurs, c'est avant tout parce qu'elle est mal informée.

La méconnaissance des plus évidentes réalités règne dans notre pays. Ne dit-on pas couramment que la France est un pays surpeuplé alors que la densité de sa population est beaucoup plus faible que celle de tous les pays voisins, même celle de la Suisse, pays de lacs, de montagnes et de glaciers ? On répète que notre jeunesse est trop abondante alors que les générations montantes remplacent à peine les générations qui disparaissent. Règne la crainte du chômage alors qu'en réalité l'abondance des populations crée des emplois. Alfred Sauvy l'a maintes fois démontré et l'on sait que la prospérité des peuples est bien liée à l'expansion démographique pourvu que celle-ci soit modérée.

Or, en réalité, il faut qu'un pays comme le nôtre soit bien peuplé pour que sa production, sa richesse, son bien-être s'améliorent. Pour que chaque homme, dans notre pays, ait un bon élan, une vitalité, le goût de la vie, le plaisir d'exister et d'agir, il faut que chaque famille ait un minimum d'enfants.

Ecraser une jeunesse peu nombreuse, une population active trop limitée sous le poids des charges sociales et des dépenses indispensables pour l'ensemble de la nation, et notamment pour les vieillards, est une faute grave.

Lorsqu'on interroge les Français sur ce problème, on constate que la majorité considère que l'optimum est réalisé par une famille comprenant trois enfants. A notre avis, le chiffre idéal doit osciller entre trois et cinq enfants, mais nous n'en sommes pas là, et, actuellement — est-ce parce que les couples n'arrivent pas à réaliser leur désir ? — la moyenne du nombre de leurs enfants n'atteint pas le chiffre de trois.

Dans les pays heureux se poursuit avec succès une politique qui tient compte du souci de l'espèce humaine d'imposer ses propres décisions à la nature. L'homme, aujourd'hui, désire décider de sa procréation par sa volonté consciente. Cette évolution des mœurs, liée à la progessive libération de la femme, est favorisée par les découvertes scientifiques récentes qui permettent la contraception.

En 1966 avec la collaboration de M. Georges Mauco, secrétaire général du Haut Comité de la Population et de la Famille, j'ai travaillé au rapport préparé pour le gouvernement par ce Haut Comité sur le problème de la régulation des naissances. Le principe fondamental de notre doctrine est celui de la liberté, qui doit permettre à l'homme d'acquérir la maîtrise de sa propre fécondité. Ainsi le couple est libre de n'avoir que les enfants qu'il désire. L'homme et la femme se sentent aujourd'hui responsables de la dimension de leur famille. Ils apprécient à la fois le présent et l'avenir de leur descendance.

Mais la reconnaissance de cette liberté implique d'autre part qu'un couple puisse avoir tous les enfants qu'il désire, dans les meilleures conditions et avec les meilleures assurances pour sa promotion sociale. Comme toute liberté, celle-ci exige des devoirs ; devoirs personnels pour le couple qui en bénéficie et devoirs collectifs pour la société qui doit en accepter les charges.

La loi Neuwirth votée en 1970 est conforme à cette doctrine et en permet l'application. Elle a donc constitué un important progrès.

Il reste encore beaucoup à faire pour la connaissance des procédés qui permettent de choisir le moment et le nombre des naissances. Pour le bon usage de la liberté de procréation, il convient de faire connaître aux Françaises et aux Français tous les éléments de ce problème qui touche aux profondeurs de leur vie intime. En les informant, on devra mettre en lumière la gravité des décisions d'où dépendent leur propre bonheur, celui de leurs enfants et l'avenir de leur pays.

Lorsque le Haut Comité de la Population et de la Famille a suggéré au gouvernement de favoriser la procréation consciente, il a dans le même temps recommandé de modifier la loi dans un sens plus large et d'autoriser l'avortement quand la « santé » de la mère était en danger et non plus seulement sa vie, comme l'exige la loi actuelle. En son nom j'ai présenté cette suggestion au gouvernement mais il apparut qu'il n'était pas temps encore de s'engager dans cette voie. Aujourd'hui cette doctrine du Haut Comité doit être envisagée d'une façon plus libérale.

De très nombreux pays d'Europe, d'Amérique et d'Asie viennent de modifier leur législation concernant l'avortement. La difficulté de trouver une solution convenable est telle que plusieurs gouvernements ont, à quelques années de distance, brusquement changé de politique, passant de la liberté absolue à l'interdiction totale ou inversement. Mais, une fois la législation nouvelle proclamée, des protestations s'élèvent, des mécontentements se manifestent, si bien qu'on peut penser qu'il n'est pas de bonne loi pour résoudre ce problème et que l'on doit se contenter de la moins mauvaise.

Certains, pour des principes religieux et moraux s'opposent à tout avortement, quelles que soient les circonstances, d'autres au contraire affirment que la femme est libre d'accepter ou de refuser une grossesse et que la société doit lui offrir les moyens d'interrompre celle-ci lorsqu'elle le désire. D'autres enfin, cherchant une position de compromis, avancent que cette liberté doit être accordée dans des circonstances définies. Mais la difficulté reste très grande pour distinguer les cas licites des autres.

Pensant que l'Académie de Médecine ne pouvait rester indifférente à un pareil débat et que son avis serait précieux pour les décisions du Gouvernement et les votes du Parlement, j'ai demandé qu'un groupe d'étude soit constitué. Il en a été ainsi décidé. Pendant plusieurs mois l'étude a été sérieusement poursuivie, des informations venant de nombreux pays ont été recueillies, et surtout les témoignages des plus sages et des plus éminents de nos collègues de grands pays d'Europe et d'Amérique ont été entendus. Ce travail a été résumé dans un excellent rapport dû au professeur Robert Merger que l'Académie a décidé, après sa lecture en comité secret, de transmettre aux autorités du Gouvernement. Après avoir présidé cette commission, j'ai pris personnellement une position très nette. J'ai d'abord rappelé que, comme tout être vivant, l'homme dérive d'une cellule initiale, celle-ci résultant de la fusion des éléments paternel et maternel au moment de la fécondation. C'est la fécondation qui est la vraie naissance. La cellule initiale contient tous les messages qui ordonnent la forme de l'être humain, son poids, sa taille, son teint, la couleur de ses yeux, de ses cheveux, les traits de son visage et de son caractère, le degré de son intelligence, ses tendances passionnelles et probablement la durée de son existence si vraiment la longévité est un caractère héréditaire.

Ainsi l'être unique, à nul autre semblable, tel qu'il n'y en eut jamais et qu'il n'y en aura jamais de pareil, est préformé dès le tout début de l'existence, c'est-à-dire quand l'union du père et de la mère a créé un enfant. Il faut être bien conscient que, dès ce moment, le supprimer est commettre une sorte d'infanticide. La formation du petit homme pendant sa vie clandestine dans le corps de sa mère représente un prodigieux enchevêtrement d'événements innombrables, une suite de processus physiologiques complexes, de maturations successives, qui sont loin d'être achevés à la naissance, si bien qu'on ne peut fixer une date avant laquelle sa mort n'est pas un meurtre véritable. Nous ne sommes plus à l'époque où il était admis que l'âme pénétrait dans le corps de l'embryon à quarante jours pour le garçon, à quatre-vingts jours pour la fille. Dès la troisième semaine, le cœur de l'embryon se met à battre et si on peut le faire entendre à la mère qui commence à peine à savoir qu'une vie nouvelle se développe en elle, on provoque son émotion.

Chez certains peuples qui évoluent lentement, perpétuant les mœurs de sociétés primitives et sauvages, l'avortement volontaire n'est point rare alors que la voie de la civilisation conduit bien vers la protection de la vie dès la formation de l'être humain. L'avortement provoqué représente un retour à la barbarie.

Cet être qui vit dans le corps de la mère n'est pas le corps de la mère. Dès sa création jusqu'au neuvième mois il est inclus dans l'organisme maternel, elle le nourrit de sa propre substance. Le développement de l'être nouveau modifie les formes de son corps et le fonctionnement de ses organes, lui impose des transformations qui, pour être transitoires, peuvent être mal tolérées. Et puis, après les douleurs de la naissance, l'enfant continuera à dépendre de sa mère. L'élevage de son nourrisson impose à celle-ci des tâches très lourdes que l'instinct maternel lui permet de supporter.

Pendant la grossesse, si l'alimentation est insuffisante, l'embryon ou le fœtus se nourrit aux dépens de la mère. Dans certaines circonstances un véritable conflit peut s'élever entre l'enfant et la mère qui le porte.

Des désordres de la santé physique et de l'esprit, certains comportements sociaux, certaines rigueurs économiques peuvent rendre la grossesse intolérable, si bien que l'interruption de celle-ci est alors considérée comme un droit.

Aujourd'hui, parlant de la libération de la femme, on nous rappelle qu'elle est maîtresse de son corps, ce qui est vrai de son propre corps mais non de l'être différent d'elle-même dont elle tolère la présence en elle pendant un temps limité. On oublie aussi que l'avortement retentit sur la mère elle-même et n'est pas sans provoquer de fréquents méfaits physiques et psychiques.

On ne viole pas impunément la grande loi morale, religieuse et sociale qui interdit de tuer. Les hommes l'oublient pendant les guerres ou les révolutions. En dehors de ces périodes sa transgression n'est acceptable que dans le cas de légitime défense collective ou individuelle.

Nous avons donc proposé d'établir une loi permettant l'avortement dans tous les cas de légitime défense, ou mieux encore de détresse. La difficulté reste sans doute très grande de distinguer l'état de détresse, mais en étudiant chaque cas individuellement on peut y parvenir. Par contre, nous n'avons pas considéré comme acceptable le meurtre de l'enfant en voie de formation pour des raisons de simple convenance.

Au début de chaque grossesse il est fréquent que la femme ressente une inquiétude, voire une angoisse. Elle éprouve des sentiments ambivalents, redoute le développement dans son corps d'un être qui va vivre à ses dépens, puis transformer son existence mais, dans le même temps c'est la joie d'être mère car l'instinct maternel est précoce et puissant. L'humanité aurait-elle survécu sans la force de cet instinct ? Sont anormales les femmes qui ne l'éprouvent pas. Il varie dans sa force, dans sa date d'apparition, dans ses oscillations mêmes. L'enfant peut n'être pas désiré mais on ne doit pas abuser de cette notion. Il ne faut pas oublier qu'un enfant, non désiré à un moment déterminé, peut l'être un peu plus tard. Notre expérience est riche en exemples de grandes variations et surtout en spectacles d'enfants non désirés qui furent choyés autant, sinon plus, que les autres.

Lorsque la situation sociale est bonne, l'équilibre du couple harmonieux, la phase d'inquiétude ne dure point. Mais dans le cas contraire, le malaise profond ressenti par la femme au début de la grossesse accentue l'inquiétude de l'avenir, si bien qu'une seule solution semble s'imposer à elle : l'avortement. Notre devoir est donc d'apporter un solide soutien à celles qui sont dans cette détresse, d'empêcher une décision précipitée, de favoriser le retour au calme physique et moral, d'apaiser certaines craintes, d'organiser l'aide et de fournir tous les moyens pour que se poursuive l'évolution physiologique d'une grossesse commencée. Aussi avons-nous demandé instamment que l'on envisage dans toute son ampleur, et aussi sa délicatesse, un service de protection de la maternité dès son début.

Quelles que soient la diffusion de la régulation des naissances dans notre pays et les solutions apportées au problème de l'avortement, l'intérêt national, l'intérêt personnel des Français et l'équité imposent l'application des mesures familiales et natalistes que le Haut Comité de la Population et de la Famille a proposées au général de Gaulle lors des réunions dont j'ai parlé plus haut et au cours desquelles il a approuvé ce programme.

Mais tout d'abord on peut se demander si vraiment pareille action peut avoir quelque efficacité ? N'en est-on pas réduit à adopter une attitude de résignation devant les courants démographiques si puissants qui tendent à la réduction des naissances ? Cette évolution, commune à tous les peuples de notre civilisation, n'est-elle pas inexorable ? Doit-on se consoler en pensant que les pays voisins sont aussi touchés que nous-mêmes par cette limitation du désir de donner la vie ? N'est-il pas chimérique d'entreprendre la lutte et ne faut-il pas accepter le « crépuscule de l'Occident » ?

Remarquons tout d'abord que, quelle que soit la valeur des recherches démographiques, elles ne permettent pas d'établir la cause des phénomènes pas plus qu'elles n'autorisent à prévoir telle ou telle perspective d'avenir. D'autre part il est bien difficile, lorsque certaines mesures sont prises, d'en démontrer l'efficacité. Lorsqu'on s'est efforcé de lutter en France contre la dépopulation et le vieillissement de la nation, on a pris une série de décisions sans vraiment savoir quelles pouvaient en être les répercussions. Le relèvement démographique de 1944 à 1964 est-il dû à notre politique familiale ou aux effets mystérieux d'une conscience collective ? Aucune affirmation dans ce domaine n'est rigoureuse. On est cependant en droit de penser que les efforts remarquables faits par la nation ont eu de grands effets bénéfiques. Toute une série d'enquêtes, d'investigations et d'études diverses concordent pour fortifier une opinion favorable à l'efficacité de notre politique familiale.

Si l'on doit au plus tôt entreprendre en France une action vigoureuse, c'est parce que, par rapport à ses voisins, sa situation est beaucoup plus grave, sa dénatalité beaucoup plus ancienne, la densité sur son territoire national beaucoup plus faible, sa population active insuffisante, le nombre de ses personnes âgées plus élevé.

Des enquêtes faites, notamment par l'Institut National d'Etudes Démographiques, il résulte que les mesures efficaces sont, par ordre d'importance, celles qui concernent le logement, le travail féminin, la promotion sociale des enfants et enfin les allocations familiales et les équipements sociaux : crèches, garderies, etc.

Pour ceux qui ont le souci du problème de la population française, il va de soi que la natalité est loin d'être le seul élément important du problème. Une politique valable d'immigration et de naturalisation n'est pas moins urgente. Enfin l'opinion publique doit être éclairée. Des centres d'information sur les problèmes démographiques doivent être organisés, non pas seulement parce qu'on doit la vérité à un peuple libre, mais parce que, plus qu'on ne l'imagine, il la désire et la comprend.

·37·

La crise de la jeunesse. L'étude Bios

LA CRISE DE MAI 1968 éclata d'une façon soudaine et, me semble-t-il, inattendue. Sans doute, des troubles assez sérieux avaient-ils été signalés dans quelques universités ; dans les jours qui précédèrent le brusque déchaînement de l'agitation on pouvait éprouver certaines craintes et, si l'on avait l'esprit inquiet, en redouter la violence et la diffusion. Les hommes soucieux présageaient que les révoltes d'étudiants, si manifestes dans un grand nombre d'universités du monde, se produiraient aussi en France. D'autres avaient le même état d'esprit que celui qui régnait en 1929 lorsque la crise financière, d'abord américaine puis généralisée, menaçait notre pays et où l'on imaginait à tort que la France serait épargnée.

On a tant écrit sur ces étudiants en fureur que nous voudrions seulement relater ici quelques impressions.

Agitation des étudiants ? Non, c'est une émeute. La foule prend possession de la rue, saccage, se bat avec la police. Mais, après tout, le Quartier Latin a été souvent le siège de pareils désordres et l'on ne doit pas en ressentir une trop grande émotion. Cependant la violence et le désordre s'aggravent. On salit, on barbouille, on casse, on abîme, on détruit, on envahit les bâtiments publics, on les occupe, on les dégrade. On brûle des automobiles, on abat des arbres, et ces jeunes, pour imiter le peuple de Paris au cours des révolutions ou des combats de la Résistance, arrachent les pavés et élèvent des barricades. En vérité, ce sont des barricadettes qui n'ont rien de commun avec les barricades sanglantes de la Révolution de 1848 ou celles des combats plus atroces encore lors de la Commune de 1871. Fort heureusement il n'y a point de coups de feu mais simplement des coups de pied et des coups de poing et les picotements, larmes et éternuements que provoquent les grenades lacrymogènes lancées par les policiers. Les combats avec les gardes mobiles ne font que des blessés légers. Il n'y eut point de victimes, sauf un étudiant qui reçut un coup de poignard, on ne sait de quel fou. Pendant quelques jours le quartier des écoles est en pleine révolte et chaque incident prend une nouvelle ampleur par la diffusion des nouvelles car les journalistes de la radio prennent grand soin de rendre sensationnelles les informations transmises à tout instant au milieu du fracas assourdissant des foules excitées.

Ce grand désordre est contagieux et se propage à toutes les universités de France qui se mettent en grève et s'agitent, si bien que le pays tout entier est désorienté par ces clameurs qui retentissent partout et cette rébellion généralisée dont on ne saisit qu'imparfaitement les causes. C'était, disait-on, une généreuse opposition de la jeune génération des facultés à ses aînés opposés aux réformes indispensables pour que l'Université que l'on appelait « napoléonienne » fût adaptée au monde contemporain.

En effet, dans l'enseignement supérieur — sauf, on nous permettra de le dire, dans les Facultés de Médecine — on n'avait pas réalisé de progrès substantiels depuis longtemps. L'Université n'était plus celle de Napoléon mais était restée telle qu'au temps de la grandeur de la IIIe République les fondateurs de notre enseignement l'avaient établie. Cette université républicaine avait gardé les structures que Jules Ferry, ses successeurs et de grands administrateurs comme Louis Liard et Octave Gréard, avaient aménagées selon l'esprit laïque et libéral de leur temps. Depuis cette époque les mœurs avaient changé, le monde évoluait.

Par ailleurs se mêlaient au mouvement et voulaient en tirer profit, pour leur cause, les animateurs politiques heureux de voir le gouvernement, et certains ajoutaient, la société tout entière, accablés de coups. La Ve République et ses institutions, la société capitaliste et ses mœurs ne pourraient-elles pas s'effondrer, tout au moins être gravement blessées, surtout si les cris et les saccages réveillaient dans le peuple des instincts révolutionnaires ? Tout autant parmi certains membres du corps enseignant que parmi les étudiants se trouvaient des hommes désireux d'attiser le feu et de propager l'incendie.

Il fallait, malgré tout, essayer de comprendre les causes de cette colère et considérer avec indulgence les excès inévitables des foules déchaînées. Deux de mes petits-fils, Patrice et Bernard Debré, étudiants en médecine, suggèrent à leurs camarades et obtiennent d'eux qu'au cours de ces meetings tenus du matin au soir, dans les amphithéâtres des Facultés de Médecine, je sois appelé à parler. J'avais mis comme condition le silence absolu, sans approbations ni manifestations d'aucune sorte pendant mon exposé. Les jeunes dirigeants acceptent.

Après avoir traversé une foule animée, à la fois joyeuse et bienveillante, j'entre dans le grand amphithéâtre de la Salpêtrière. Silence... et j'expose, en parlant de toutes mes forces devant plusieurs centaines de jeunes gens attentifs, certaines de mes idées : nécessité de réformes pédagogiques, améliorations des structures d'enseignement technique, participation des étudiants autant à l'élaboration des réformes qu'à la vie sociale. Mais, très carrément, j'insiste sur la valeur de l'expérience des aînés, la nécessité de la discipline et surtout la préservation rigoureuse de l'esprit libéral, honneur de l'Université, qui doit être tenu jalousement à l'abri des passions et des partis politiques. Seule cette partie de mon exposé provoque des manifestations hostiles que le président, avec beaucoup d'autorité, arrête net.

A la fin de la réunion, plusieurs étudiants et étudiantes viennent me parler, surtout pour me demander comment faire pour obtenir les changements qu'ils désirent, comment doivent être étudiés les problèmes, comment établir les propositions réalisables ; nous en parlons longuement. J'entends l'un d'entre eux dire à une jeune fille, dans le brouhaha du départ — il m'avait perdu de vue : « Le vieux Debré a encore quelque chose à nous apprendre. »

*
**

Brusquement la situation s'aggrave. Profitant du désarroi c'est, dans la France entière, la grève de tous les corps de métier. Le pays est paralysé. Etait-ce la réalisation du programme de certains groupes socialistes dont un ouvrier, député du 9e arrondissement, Allemane, bien connu dans ma jeunesse, était le plus militant ? « L'arme la plus puissante de la classe ouvrière est la grève générale. » Aristide Briand, au début de sa carrière politique, avait mis son éloquence au service de cette doctrine. Sans doute, les fondateurs du syndicalisme ouvrier en France pensaient-ils aussi qu'en arrêtant délibérément toute la vie économique du pays le prolétariat pourrait entrer dans la voie révolutionnaire qui le mènerait à la prise du pouvoir.

Bien différentes des manifestations désordonnées des étudiants furent celles des ouvriers, imposantes et disciplinées. La rue est occupée mais les usines sont respectées. Les grands cortèges populaires sont impressionnants autant par le nombre que par l'obéissance aux consignes ; image d'une force tranquille. Certains étudiants auraient bien voulu fraterniser avec les ouvriers ; ceux-ci refusent d'être confondus avec une jeunesse bourgeoise tumultueuse, leur interdisent l'entrée des ateliers et les tiennent à distance. Les hommes politiques de l'opposition pensent qu'ils pourraient, en s'associant à l'agitation populaire, se mettre à sa tête et renverser le régime. Quel va être le proche avenir ? Les peureux ont peur, surtout lorsqu'ils apprennent que, sans avertir, le général de Gaulle a quitté l'Elysée. Mais celui-ci reprend son poste et parle à la nation. Sa voix est d'autant plus écoutée qu'il apparaît nettement que la classe ouvrière n'a pas comme objectif un changement social, ni même politique. Le renversement de la République n'est point envisagé. L'on sait que les pays de l'Est sont favorables à la présence du général de Gaulle à la tête de l'Etat. Et puis l'élan révolutionnaire n'est plus ce qu'il fut dans le passé. Ce que veulent les ouvriers d'aujourd'hui c'est l'accentuation de l'effort réformiste dont l'avance paraît trop lente. Loin de déchaîner la révolution, les représentants des syndicats ne demandent qu'à négocier sur les conditions de travail et sur les salaires.

Le Premier ministre, Georges Pompidou, impressionne par la vigueur avec laquelle il entraîne les chefs responsables du mouvement ouvrier vers cette négociation. Autour d'une table on discute et l'accord est conclu. A ce propos, Emmanuel Monick rappelle que Michel Debré « ... était d'avis de procéder par étapes pour satisfaire les demandes ouvrières et c'est la rapidité avec laquelle on franchirait ces étapes qui pouvait être discutée. M. Pompidou décida de négocier seul et franchit plus rapidement que ne le projetait Michel Debré les étapes de cette marche en avant. Mais elles étaient prévues et préparées. »

Michel Debré était à ce moment ministre de l'Economie et des Finances. Il essayait de réaliser de son mieux cet équilibre toujours difficile à obtenir entre les nécessités de l'expansion industrielle et l'amélioration du sort de la classe ouvrière. Ses sentiments n'étaient pas douteux.

Pendant ces jours difficiles le ministère des Finances était désert : point de personnel, point de sonneries de téléphone. Tout était silence et vide. Dans le cabinet du ministre, ses collaborateurs qui tiennent à la main les tracts distribués sur les trottoirs devant l'entrée du ministère l'entourent. Chacun apporte son témoignage sur ce qu'il a vu et entendu. On parle avec sobriété. Le ministre est grave, maître de lui et sûr de sa conduite. Quoi qu'il lui en coûte, il doit laisser le Premier ministre agir en chef.

Le 30 mai, à l'appel des organisations gaullistes, une manifestation d'une ampleur et d'une force impressionnantes, de la Concorde à l'Etoile, montre la volonté de ceux qui soutiennent le régime. La place de la Concorde est noire de monde : groupes animés, cortèges qui s'organisent, banderoles déployées, des chants et des cris. J'aperçois quelques visages de personnalités connues et fais quelques pas avec François Mauriac. La montée des Champs-Elysées se fait pas à pas et coude à coude. A l'Etoile la foule est dense, vibrante et excitée. Heureuse de son nombre elle crie : « de Gaulle n'est pas seul ! »

***

En grande hâte et au milieu des soubresauts encore assez vifs de la révolte universitaire, fut préparée une loi réformatrice, plus tard votée presque à l'unanimité. L'on sait que, lorsque la question est délicate, un vote unanime signifie que chacun interprète les textes à sa manière. Ainsi, les différents partis qui n'avaient sur l'enseignement supérieur que des vues assez incertaines, se sentirent-ils soulagés en acceptant une loi présentée avec une grande habileté et qui n'était considérée que comme une orientation.

Parmi les quelques députés qui ne votèrent pas la loi se trouvait M. Christian Fouchet, ancien ministre de l'Education Nationale qui, pendant le temps où l'on proclamait le résultat du scrutin, m'écrivait pour m'exprimer son regret. Il savait que je désapprouvais cette loi.

Celle-ci, sous le vocable d'autonomie, ne pouvait que favoriser le corporatisme. En faisant gouverner les facultés par une assemblée, elle conduisait à l'immobilisme. Pour obtenir des réformes on ne peut compter sur un « corps », même si l'on mélange dans ce « corps » jeunes et vieux. Le dispositif interdisciplinaire ne représentait qu'un faux-semblant, la vérité étant que dans chaque discipline un régime particulier était établi. C'est la diversité entre les différentes facultés qu'il fallait promouvoir à la place de l'identité régulière, idéal de l'université impériale. Les ressources financières et les créations de postes restant entre les mains du gouvernement, on risquait de voir, plus que par le passé, tout régenter par les fonctionnaires du ministère et peut-être subir des influences politiques, ce qui n'était pas le cas jusqu'alors.

La loi prétendait introduire plus de liberté dans l'Université. Mais cette liberté ne consiste pas à « politiser » l'Université. C'est un crime que d'abandonner la neutralité politique de l'Université car cette neutralité est la sauvegarde de toute liberté spirituelle.

L'effort pour rapprocher l'éducation nationale de la santé publique, de l'agriculture, de l'économie, de l'industrie et du commerce aurait seul réalisé un travail interdisciplinaire. Rien n'a été tenté dans cette direction. L'éducation nationale est restée dans son isolement.

L'adaptation de l'Université à la société, c'est aujourd'hui, avant tout, l'établissement de liens entre la science et les techniques, l'étude et les activités professionnelles. Presque rien n'est prévu à cet égard. Il n'y a point de vraie promotion des facultés techniques. La démocratisation exige l'accès de fils d'ouvriers et de paysans à l'enseignement supérieur, actuellement en petit nombre (6 à 10 %). Pour parvenir à un résultat valable, les mesures envisagées sont insuffisantes.

Enfin, il apparaît que cette loi ne traduit aucun souci de l'existence quotidienne, de la vie, en un mot, de l'étudiant, qui aurait dû constituer, à notre avis, son objet essentiel. J'en parlerai plus loin.

Sans doute cette loi comporte-t-elle quelques mesures heureuses. La monstrueuse université de Paris est enfin divisée. Mais cette division improvisée et établie d'une façon désordonnée évoque, suivant l'expression de Raymond Aron, ou Labiche, ou Kafka. La Faculté de Médecine de Paris aussitôt débaptisée fut donc morcelée comme il convenait. Faute de tenir compte des études entreprises par le Comité Interministériel et pour ne point rendre à celui-ci son autorité, on n'associa pas à cette réforme celle de l'Assistance Publique. Certaines unités ont ainsi un caractère irréel n'existant que sur le papier.

L'externat pour tous avait été une formule dont le Comité Interministériel avait précisé les modalités ; elle fut, tant bien que mal, appliquée au temps présent. Autre progrès, mais que l'afflux massif des étudiants rend difficilement réalisable.

Le travail d'enseignement devint plus attentif et notamment, grâce à la création de nouveaux emplois, la tâche des maîtres fut mieux remplie. En vertu de l'élan donné, on favorisa le recrutement de maîtres jeunes et l'ancienneté cessa d'être un titre comme jadis. Par contre, la création des Unités d'Enseignement et de Recherche autonomes présente les inconvénients les plus graves qui menacent le développement même de notre médecine. C'est l'isolement de chaque Unité qui aboutit à un recrutement purement régional, presque local. A Paris même le recrutement tend à devenir singulièrement étroit. Rien n'est plus fâcheux que la création de ces petites féodalités, qui peuvent devenir hostiles les unes aux autres. La plupart des régions provinciales risquent de végéter dans leur isolement et l'excès d'un personnel de qualité, dans la région parisienne, de provoquer des déceptions légitimes faute de places en quantité suffisante.

Contrairement aux volontés du Comité Interministériel, nous retrouvons, aggravés, les défauts de jadis alors que le « brassage » entre les différentes parties de la France est indispensable au progrès. Si l'on ne porte pas remède rapidement à cette situation, l'avenir de la médecine française sera gravement compromis.

La participation des étudiants qui aurait pu, envisagée d'une certaine manière, être fructueuse, se trouve avoir plus d'inconvénients que d'avantages. La plupart des étudiants se désintéressent de réunions interminables et de bavardages inefficaces.

Le statut de l'internat, celui des assistants, le recrutement des maîtres de conférence nécessiteraient une nouvelle action réformatrice car la loi d'orientation n'a à cet égard rien défini, et par la suite l'on n'a vécu que dans une situation provisoire qui ne satisfait personne.

Ainsi assistons-nous à une dégradation pénible contre laquelle rien n'est entrepris puisque l'on se contente de donner des satisfactions verbales à de jeunes hommes, justement mécontents mais qui, pour leurs revendications, oubliant qu'il n'y a point de rapport entre leur grève et celle des ouvriers, vont jusqu'à des grèves de soins contraires à leur honneur.

Sans doute les difficultés sont-elles extrêmes et aucune bonne organisation hospitalière et universitaire ne peut-elle réussir en raison de faiblesses qui ont permis une inondation désastreuse de nos établissements d'enseignement médical sous un flot démesuré d'étudiants et que l'on n'a pas eu le courage d'endiguer. Il conviendrait néanmoins dès à présent de s'efforcer de rétablir une situation qui risque de mener au désastre. Les projets sont prêts. Ils devraient être intégrés à la politique sanitaire dont nous avons parlé et dont la nécessité s'impose mais à laquelle, semble-t-il, personne ne songe.

Une pareille tempête, témoignant d'un si grand tourment parmi nos étudiants, devait me porter à réfléchir. Mon propre souci pour notre jeunesse, mes fonctions de président de l'Union Internationale d'Hygiène et de Médecine Scolaires et Universitaires m'imposaient un effort pour voir clair. Ayant toujours affirmé qu'il fallait de toutes ses forces essayer de comprendre la jeunesse, je me devais d'appliquer ce principe que je proclamais.

On pouvait rapprocher ces événements de toute une série d'autres troubles sociaux, parler de crise sociale, de crise révolutionnaire, de crise de civilisation, de crise morale. Toutes ces explications sont certainement vraies dans une certaine mesure et nous avons bien présente à l'esprit l'idée qu'un mouvement de ce genre a, en vérité, plus d'une cause. Mais de cet ébranlement aux causes multiples nous pouvons tâcher d'éclairer certains aspects et, par notre étude, conduire à des réflexions, peut-être à des suggestions, pour préparer l'avenir car le malaise qu'éprouvent ces jeunes gens est profond, général et probablement durable.

Nous avons l'habitude, si en examinant enfants et jeunes gens nous les trouvons en proie à quelques troubles, de chercher d'abord quel désordre organique peut en être la cause. Quelles que soient nos doctrines philosophiques, nous sommes orientés vers l'étude de l'organisme qui comprend à la fois *soma* et *psyché* intimement liés. Nous sommes imprégnés de la pensée de Claude Bernard : « Les mouvements de l'âme sont liés aux phénomènes physico-chimiques du cerveau et ne peuvent s'en écarter. »

L'homme réagit d'une façon particulière à certaines périodes de son développement. Celle qui nous intéresse à présent s'étend de la quinzième année environ jusqu'à l'âge adulte dont on considère qu'il commence au moment où l'individu cesse de grandir en taille. Par ailleurs, nous venons de voir qu'ont même été entraînés dans le mouvement de grands enfants à leur période pubérale, si l'on songe à l'agitation qu'ont manifestée certains collégiens, voire des collégiennes. C'est la vie des lycéens et des étudiants de quinze à trente ans qu'il nous faut étudier.

Un premier fait bien connu, mais qui doit être souligné dès l'abord, est le caractère mondial de la révolte parmi la jeunesse universitaire. Il ne serait pas raisonnable de porter un jugement sur l'origine des événements en ne tenant compte que de la situation dans un pays particulier et en n'évoquant que des motifs locaux, qu'ils soient économiques, politiques ou intellectuels. La faute serait la même que celle d'un médecin qui, lorsqu'une maladie surgit dans son pays, resterait aveugle sur sa diffusion dans le même temps sur toute la terre.

Je m'interrogeai donc en termes d'épidémiologie sur le caractère universel des désordres universitaires. S'agissait-il d'une contagion qui se répandait à partir d'un premier foyer, ou bien de circonstances et de changements apparus simultanément dans plusieurs populations du monde ? Au reste, même dans le cas de contagion, celle-ci ne peut s'exercer d'une façon étendue que si le terrain est parfois propice. Il va de soi que les moyens actuels de communication permettent la propagation des idées, des exemples, des entraînements parmi les groupes humains d'une façon rapide et universelle, ce qui détermine l'identité des comportements. De toute manière le caractère général du phénomène, survenant dans des conditions sociales, morales, politiques et culturelles si diverses, exclut l'idée d'une sorte de mot d'odre répandu et propagé. Il n'est presque aucun pays, en effet, qui ait été épargné. Si dans quelques universités l'explosion violente ne s'est pas produite, nous avons de fortes raisons de penser que la dureté de l'oppression politique et policière qui domine certaines nations a empêché toute manifestation publique d'un malaise également ressenti.

Pourquoi des troubles ont-ils donc éclaté à New York et Madrid, à Tokyo et Paris, à Boston et Dakar, à Brasilia et Istanbul ? En songeant à cet événement, une première notion s'impose à mon esprit : cette jeunesse n'est-elle pas particulièrement différente de celle des générations antérieures ? Il existe un processus biologique qui affecte actuellement toute la jeunesse et très spécialement dans les pays et les milieux où celle-ci est placée dans des conditions de vie favorables.

C'est un phénomène bien connu que l'espèce humaine se modifie peu à peu et qu'un des éléments les plus visibles de ce changement est sa croissance en taille ; la race des hommes change, elle grandit. C'est une tendance séculaire et l'on nous dit qu'un soldat d'aujourd'hui aurait souvent bien du mal à revêtir une armure médiévale faite pour des hommes plus petits que lui. Le gouvernement norvégien possède le relevé de la taille des recrues depuis deux cents années. Or, fait remarquable, alors que pendant les soixante-dix premières années aucune variation notable n'est intervenue, depuis 1830 le mouvement est ascendant et le changement actuel est très rapide. Pareille tendance se manifeste apparemment partout dans le monde, au Japon et en Argentine, en Estonie et aux Etats-Unis. On sait qu'en France la moyenne de la taille des polytechniciens s'élève depuis l'An V. Or, tout permet de penser qu'il y a des phases dans ce phénomène remarquable et qu'au cours des dernières années celui-ci s'est accentué et accéléré. Non seulement les enfants et adolescents grandissent maintenant davantage, mais ils grandissent aussi plus vite et leur croissance s'arrête plus tôt. Au début du XIXe siècle, la taille définitive était atteinte en moyenne autour de 24 à 25 ans pour les garçons et de 20 à 22 ans pour les filles. Depuis lors, cet âge a baissé jusqu'à 19 ans ou même 18 ans.

La croissance en taille n'est pas un phénomène isolé. C'est le développement tout entier de l'être humain qui est en jeu. La croissance est un phénomène d'ordre général et métabolique, lié au développement de tout l'organisme. C'est l'ensemble des modifications de tous nos tissus, de nos enzymes, de nos hormones, du nombre et du volume de nos cellules, qui se traduit d'une façon visible par la croissance. Or, ce grand changement est à présent plus précoce et plus rapide que naguère. Une des preuves de l'importance de ce nouveau rythme est l'apparition plus précoce de la puberté. Il y a un siècle, dans la partie privilégiée de la population des grandes villes industrielles en Grande-Bretagne, les filles étaient en moyenne pubères à quatorze ans et demi ; actuellement les jeunes Anglaises sont pubères un an et demi plus tôt que leurs arrière-grand-mères de l'époque victorienne.

Si la population ouvrière a participé à cette modification, c'est au fur et à mesure que ses conditions de vie s'amélioraient. Aux Etats-Unis les statistiques montrent que depuis l'année 1900, l'âge de la « formation » — comme ce mot du langage familier est significatif ! — ne cesse de baisser. Dans presque tous les pays où existent des données chiffrées, les filles, d'une façon générale, atteignent à présent leur maturité sexuelle dix mois plus tôt que leurs mères. On a toutes les raisons d'affirmer que ce fait est commun aux deux sexes. La vitesse de cette évolution est propre à notre époque.

Les causes de ce changement sont multiples. De petites mutations génétiques peuvent modifier les caractères de l'espèce humaine, mais il est probable que les bonnes conditions de l'existence, la diminution des agressions infectieuses, un régime alimentaire satisfaisant donnent la capacité à ceux qui en bénéficient d'atteindre le niveau auquel leur acquis héréditaire leur permet maintenant d'accéder. Les mauvaises conditions, au contraire, freinent cette capacité et arrêtent la croissance au-dessous du niveau inscrit dans leur potentiel héréditaire.

Pareil bouleversement dans le développement de l'homme ne peut pas ne pas avoir des conséquences importantes, voire dramatiques. Ainsi les enfants mûrissent plus tôt alors que dans le même temps leur vie scolaire se prolonge et que le moment de leur indépendance économique et sociale est retardé, notamment à cause de la durée de leurs études. D'où une contradiction entre une adolescence plus tôt commencée, plus vite achevée d'une part, et d'autre part le retard de l'« âge viril », dans le sens social de ce terme antique.

Les modifications psycho-somatiques de la période pubérale et post-pubérale provoquent un ébranlement général. La manière de sentir, les mécanismes intellectuels, les motifs d'action et tout le comportement sont changés. Chacun connaît les multiples effets de cette crise. On ne peut négliger le fait que maintenant elle arrive plus tôt dans la vie et présente un cours plus rapide. On conçoit que soient donc plus fortes parmi cette jeunesse l'opposition, les impulsions, notamment sexuelles, la révolte contre la génération précédente et la société établie. Cette jeunesse supporte mal la stabilité des adultes. L'aspiration à la liberté, qui est du reste ambivalente car elle s'accompagne d'un besoin de *guidance,* va se manifester aussi plus tôt, et, en raison de ce profond changement de tout l'individu, plus brutalement que par le passé.

On doit aussi réfléchir aux malheurs causés par la dernière guerre mondiale.

Ceux-ci ont atteint la terre entière et même les pays neutres en ont souffert. Presque partout, les enfants, les mères qui les portaient ou devaient peu de temps après les concevoir, ont été placés dans de mauvaises conditions de vie. Or, l'organisme humain, surtout lorsqu'il est jeune, n'oublie rien. Les effets des offenses somatiques ou psychiques peuvent se manifester plus ou moins tôt. Etant donné les corrélations évidentes entre le développement du système nerveux, l'action des glandes, et les comportements de l'adolescence, il n'est pas surprenant que la jeunesse actuelle soit à la fois différente de celle de la génération précédente et plus profondément troublée.

A ces éléments physiologiques d'autres viennent ajouter leur action. La jeunesse universitaire est placée dans des conditions nouvelles qui ont favorisé l'explosion dans les facultés. Sans doute les universités furent en tous temps turbulentes et le Quartier latin a été, dans le passé, fort agité à de certains moments. Mais à présent le monde des étudiants est devenu très particulier. Nous formions dans ma jeunesse de petits groupes d'étudiants dans chaque discipline. Aujourd'hui des milliers s'inscrivent dans les établissements de l'enseignement supérieur. Or il est bien reconnu que les éléments d'ordre émotif changent du tout au tout quand l'homme se trouve au sein d'une foule. Les foules sont violentes et se jettent contre l'obstacle pour s'y briser ou le briser.

Les hommes, surtout les hommes jeunes, subissent dans la foule un appel vers l'agression. Plus facilement en colère, ils abîment, détruisent, salissent, cassent. Les adolescents en groupes se jettent volontiers dans le combat. Y aurait-il tant de guerres sans cet élan ? Les régimes totalitaires d'avant la Deuxième Guerre mondiale savaient bien ce qu'ils faisaient en réunissant les jeunesses fascistes et surtout les jeunesses hitlériennes ; il était aisé de les entraîner vers la brutalité, voire vers la cruauté. Chez nous, dans aucune partie du corps social n'existent de pareils rassemblements de jeunes, sauf dans l'armée où règne sur les jeunes hommes la rigueur de la discipline. Et enfin, erreur capitale à nos yeux, les gouvernements ont créé de vastes campus universitaires, ce qui établit parmi les étudiants une vie collective permanente et les sépare de la cité. On a aidé ainsi la diffusion de sentiments, d'émotions et d'actions ; on a construit des sortes de champs clos où l'ébullition était favorisée et comme entretenue. Faut-il ajouter que ces campus sont peuplés de jeunes filles et de garçons ? Ce mélange n'est-il pas, comme on peut l'imaginer, un facteur supplémentaire de troubles ?

Ce n'est pas tout ; chez les jeunes travailleurs intellectuels se développe une rupture d'équilibre liée au caractère trop exclusif du travail de l'esprit. Le sport n'intéresse, même dans les pays où il est développé, qu'une partie d'entre eux. Nous entendons le sport réellement pratiqué et non pas contemplé sur l'écran de la télévision. Les lycéens et étudiants de ma génération, non seulement allaient souvent à pied au lycée et à la faculté, mais ne manquaient pas le dimanche de parcourir les campagnes et les bois à pied ou, ce qui était aussi un très bon exercice, à bicyclette. Depuis la généralisation de l'automobile et de la motocyclette et l'emploi devenu inévitable des transports en commun, le bon usage de la marche a presque disparu.

La surcharge de certains programmes, difficile à éviter avec le progrès des connaissances, la rudesse de la concurrence aboutissent à un excès de ce « travail de la tête ». Comme nous l'avons indiqué, on s'en souvient peut-être car nous en avons parlé dans notre chapitre sur la santé publique à propos d'une étude faite avec le docteur Daniel Douady sur le malmenage scolaire, le malmenage universitaire est en partie lié à l'absence d'alternance entre les différentes activités de l'adolescent. Les dirigeants de notre éducation nationale ne devraient-ils pas se suvenir de la belle époque de la culture hellénique où se trouvaient mêlés les leçons, les entretiens philosophiques, les promenades dans les jardins, les danses, les chants et les exercices du gymnase ? L'hygiène de vie, l'arrangement de la journée chez l'étudiant actuel — et même chez les jeunes maîtres — ne sont pas bons, même pour ceux qui pratiquent pendant les vacances les exercices sportifs les plus divers et les plus bénéfiques. Négliger l'exercice physique et même, ce qui n'est pas moins grave et moins condamnable, le travail manuel, est fâcheux à tous égards. Ce n'est pas sans de grands dégâts que chez tant d'entre eux l'*homo sapiens* a étouffé l'*homo faber*. C'est en effet l'un des déséquilibres du monde moderne que la division qui s'est faite entre le travailleur intellectuel et le travailleur manuel.

La main de l'homme est un organe d'une importance particulière. L'homme a été *homo faber* avant que d'être *homo sapiens*. Dans les zones de notre cortex cérébral où se projettent les localisations des diverses parties motrices de notre corps, la projection de la main occupe à elle seule autant de place que celle de tout le reste de la musculature du corps. Nos intellectuels, jeunes ou moins jeunes, négligent trop l'exercice et l'adresse manuelle, d'où une cause de déséquilibre.

Le biologiste se doit d'examiner l'homme tout entier, donc de suivre la marche des pensées et l'influence sur celles-ci du milieu ambiant. Parmi les influences les plus importantes se trouvent celles qui se rattachent à la notion de libération. Or précisément cette idée de libération tient une grande place dans le monde où la génération actuelle se développe ; la libération de la femme, celle des classes sociales, celle des peuples se réalisent sous les yeux de la jeunesse et l'orientent vers sa propre libération par l'abolition des interdits religieux, moraux, sociaux, sexuels. La contestation avec les parents s'étend aux maîtres qui sont en même temps des juges. Ainsi c'est en s'opposant aux obligations dictées par la génération des adultes que les forces nouvelles évoquées plus haut prennent leur élan.

L'article de revue où j'ai exposé ces idées, la traduction de celui-ci en différentes langues, notamment en japonais, les discussions auxquelles il a donné lieu ont soulevé l'intérêt de l'Union Internationale d'Hygiène et de Médecine Scolaires et Universitaires. Fidèle à sa vocation de recherche pour le mieux-être de l'écolier et de l'étudiant, l'Union se devait d'examiner de près les causes du malaise ressenti par la jeunesse universitaire, de proposer des mesures favorables au progrès et enfin de promouvoir une étude sur la vie même des étudiants.

La valeur d'une pareille entreprise est apparue nettement aux yeux des dirigeants de l'Organisation Mondiale de la Santé et de l'U.N.E.S.C.O. et ceux-ci décidèrent d'accorder la collaboration intellectuelle et matérielle de leur organisation aux travaux entrepris. Bientôt après, la Fondation Gulbenkian apportait aussi son aide à notre œuvre. Ainsi naquit une grande enquête internationale connue sous son pseudonyme de « Bios » (« Vie ») car elle a pour objet l'étude critique de la vie de l'étudiant d'aujourd'hui dans les différentes parties du monde.

Le docteur Daniel Douady, entouré de ses collaborateurs, a consacré sa pensée et son temps à la mise en place de cette enquête. Dès à présent se trouvent achevées quatre études pilotes poursuivies en des lieux choisis pour la diversité de leurs situations politique, sociale et économique, à Lyon, Prague, Buenos Aires et Buffalo (Etat de New York). A ces quatre études pilotes des études parallèles sont venus se joindre, en particulier au Japon. Il est prévu qu'une trentaine d'universités choisies dans divers pays du monde vont entreprendre la même étude sur la vie des étudiants.

Nous croyons ainsi nous placer dans le juste courant des préoccupations contemporaines. La vie professionnelle pour ce qui concerne les étudiants, les problèmes pédagogiques, le curriculum universitaire, les examens, l'obtention des diplômes ont attiré toute l'attention, mais comptent davantage à notre avis l'existence quotidienne, les modes d'activité, de repos, l'orientation générale des pensées et des actions, ce que l'on appelle « la vie privée ».

Dans toutes les classes sociales ce problème devient capital. Donner au paysan une vie intéressante, l'associer à l'animation des villes s'imposent maintenant que son existence est moins fatigante et qu'il peut profiter des moments d'inaction forcée. On a vu récemment avec quelle force les jeunes ouvriers se révoltaient contre l'ennui produit par un travail automatique. Il est illogique en effet d'allonger la durée de leurs études pour ensuite arrêter net l'activité intellectuelle. Un problème analogue se pose pour l'étudiant.

De même que les adolescents collégiens doivent mener une vie d'adolescents et non plus d'écoliers, de même les étudiants devenus adultes ont le désir et le besoin, d'une part de participer à la vie nationale, d'autre part de former des couples et de fonder une famille au moment où il leur plaît. Ils ne sauraient donc se contenter de quelque emploi provisoire destiné le plus souvent à leur procurer quelque argent. Il faut, croyons-nous, qu'ils « participent » à la production nationale. Leur métier d'étudiant ne doit plus être exclusif mais accompagné d'une existence complémentaire de travail productif et rémunérateur.

On conçoit que pareille révolution modifie totalement le régime même des universités et nécessite une adaptation toute nouvelle. Par son double métier d'étudiant et de producteur, notre jeunesse se trouvera donc mieux insérée dans la vie collective. Comme tous les adultes, l'étudiant devra « gagner sa vie », s'intéresser aux problèmes de la cité et aux problèmes nationaux. Il ne sera plus en quelque sorte parqué dans un territoire à lui réservé et interdit aux autres. Du même coup l'Université pourra être protégée contre une redoutable intrusion de la politique, puisque c'est en dehors de l'Université qu'étudiants et professeurs pourront faire valoir leurs opinions et, s'ils le souhaitent, s'engager avec passion.

Par son extension et son approfondissement, l'étude « Bios » bien lancée à présent, va-t-elle, par la mise en évidence de constatations importantes faites dans le monde entier, permettre d'élaborer quelques conclusions générales où s'inséreront peut-être quelques-unes des idées que nous avons exprimées sur les structures universitaires de l'avenir ?

L'étude « Bios » va se poursuivre et nous espérons que lorsqu'elle s'achèvera, elle aura enfanté — si l'on peut s'exprimer ainsi — des solutions nouvelles destinées à faciliter la vie quotidienne des étudiants dans chaque université et capables de répondre aux problèmes dont on aura certainement senti à la fois l'unité et la diversité dans les différents centres intellectuels du monde.

·38·

La France parmi les nations

Il y a cent ans la France était battue sur les champs de bataille d'Alsace et en Lorraine. Enfant, j'ai parcouru ces champs de bataille, tenu par la main de mon père. Je revois sa silhouette vêtue de noir lorsque je marchais à côté de lui sur les routes chaudes et poudreuses. Il me racontait les combats. Il me parlait des hommes de troupe, de leurs chefs, de Napoléon III et de sa cour. Il disait la bravoure des uns et la légèreté des autres... Et voici que maintenant mon fils Michel, au nom du gouvernement de la République, accomplit le pèlerinage de Wissembourg, de Freschwiller, de Woerth et Reichshoffen. Dans son discours de Wissembourg, après avoir évoqué la mémoire de son grand-père, il porte un jugement sévère sur les fautes des généraux et le manque de sérieux dans la pensée du gouvernement impérial. Il ajoute : « ... comme on me l'a dit autrefois, ce n'est pas Emile Ollivier qui doit être accusé de " légèreté " — pour reprendre le mot qui, mal compris, lui fut injustement reproché — mais tous les dirigeants du régime d'alors. »

Dans ma jeunesse où seule comptait l'Europe, il n'était question que d'équilibre européen. Les gouvernements orientaient toute leur action diplomatique vers le maintien d'une paix fragile. Se nouaient entre les grandes nations des alliances dont le poids devait contrebalancer celui d'alliances adverses. La France avait alors sur le continent une force, aussi bien économique que militaire, une puissance en un mot, inférieure à celle de l'Allemagne. Outre-mer, son empire, si important qu'il fût, se plaçait bien loin derrière celui de la Grande-Bretagne et ne pouvait lui être comparé. Néanmoins elle occupait bien sa place, une place à part et importante parmi les grandes nations ; elle avait une démarche fière et libre et bien des peuples tournaient vers elle leur regard, désirant sa protection ou son aide, ou avides de bénéficier de sa culture largement répandue. Sa capitale jouissait d'un prestige universel, sa langue d'une grande faveur. Tout ce qui se passait chez elle intéressait le monde entier. Elle n'était pas sans en tirer quelque vanité ! Ses idées entraînaient des mouvements d'opinions jusqu'aux confins de la terre. Elle avait une grande responsabilité dans les orientations de la conduite des peuples. Elle avait gardé son esprit d'entreprise dont témoignaient la conquête et l'organisation de ses colonies, ainsi que l'éclat de ses inventions : navigation sous-marine, automobile, aéronautique, télégraphie sans fil, cinéma. Et si des signes d'affaiblissement apparaissaient, que rendait visibles la frivolité de la belle époque, restait un fond solide. Le vieux peuple guerrier se tenait prêt pour sa défense.

Après la Première Guerre mondiale, l'effondrement de l'empire allemand et le retrait des Etats-Unis, elle partageait avec la Grande-Bretagne la direction de la Société des Nations.

La situation présente est toute autre. La France doit accepter un rôle plus modeste. Il en est de même pour la Grande-Bretagne. Il est frappant de voir celle-ci, qui au XIXe siècle incarnait le pouvoir des Blancs sur le monde par ses dominions, ses colonies et ses possessions au-delà des mers, être obligée aujourd'hui d'accepter la diminution de son immense prestige et presque de son indépendance. Certes, c'est sa langue et une culture issue de la sienne que répand sa fille du Nouveau Monde, mais dans ma grande estime pour l'Angleterre, la domination qu'exerce sur elle l'Amérique a provoqué parfois en moi un sentiment de gêne ; ainsi lorsque je voyais lors d'une délibération aux Nations Unies certains représentants du Royaume-Uni faire preuve d'une obéissance trop manifeste à la délégation américaine.

On peut dire que la situation de la France dans le monde n'apparaît plus très clairement aux yeux des Français eux-mêmes. Ils ressentent, consciemment ou non, un trouble dû aux changements dans l'échelle des valeurs. Chacun en éprouve un malaise car la conscience nationale ne s'adapte que lentement à une situation nouvelle. Les peuples comme les hommes s'habituent difficilement à une diminution de leur influence. La nation dans son âme collective n'est pas encore faite à la transformation du monde nouveau ; elle n'a point oublié la grandeur d'un passé récent. Il nous apparaît que les excès du mécontentement et du dénigrement, si remarquables à présent, sont dus pour une part à la difficulté de s'adapter à une époque où les proportions de chaque pays sont si différentes de celles d'hier. Tout Français s'interroge en un langage intime plus ou moins clair sur le rôle que peut jouer désormais le peuple auquel il appartient.

Pour éclairer comme il convient les remarques que je voudrais faire sur la langue et la pensée françaises dans le monde, et plus particulièrement dans le domaine scentifique, et pour justifier mon souci, je voudrais indiquer en quelques mots comment m'apparaît la situation actuelle de l'Europe. Comment ne pas craindre qu'un groupement européen où les patries ne préserveraient pas vigoureusement leur personnalité ne se place inéluctablement sous l'autorité américaine ? En revanche, si l'empire soviétique l'emportait, l'obédience communiste mènerait à la servitude vis-à-vis de la République des Soviets dont la puissance démographique et militaire est formidable.

Les vastes desseins d'un chef doué du plus grand génie politique de notre temps ont permis que notre pays réalise un redressement inespéré et que nous bénéficiions encore d'un gouvernement stable, d'un pouvoir démocratiquement établi et contrôlé, d'une force atomique avec ses effets de dissuasion ainsi que d'une armée et d'une marine modernes ; enfin, d'une marche incessante vers le développement industriel et le progrès social.

Mais ces succès me semblent fragiles et dangereusement menacés par la situation présente. Que s'accentue la baisse de notre fécondité, et l'on assistera à une perte de vitalité nationale. Une crise économique ou des troubles sociaux peuvent arrêter la marche vers la prospérité et le progrès. Que peut, sur notre globe où la vie de tous les peuples a changé et change incessamment, un pays de 52 millions d'habitants ? Une telle nation ne peut tenir un rang élevé que si elle va de l'avant, c'est-à-dire si sa pensée originale est connue et appréciée, si elle contribue aux perpétuelles inventions de la technique et enfin si les pouvoirs publics s'attachent à la réalisation de vastes desseins.

Les Français se passionnaient jadis pour la gloire. Qu'il l'exprime ou non, notre peuple a besoin d'un idéal. Il sent que la France se doit de durer dans sa personnalité en appliquant au temps présent ses traditions de pensée universelle, ses capacités d'originalité, de découvertes, d'inventions, ses idées politiques et sociales.

Un pays comme le nôtre n'a une sensation d'équilibre que s'il est capable de rayonnement. Certains pays se sont résignés à une vie en quelque sorte enclose, leurs préoccupations se limitant aux progrès matériels. Cette existence nationale engendre bien souvent l'ennui et même la lassitude de vivre car c'est dans ces pays aisés que les suicides des jeunes sont les plus fréquents.

Le tempérament de notre peuple et ses capacités exigent pour sa bonne santé morale qu'il persiste dans son effort de rayonnement et de prestige. Dans ma jeunesse on nous disait : « La France doit montrer le chemin de la liberté pour les hommes, de la justice sociale, sans lesquelles il n'est point de progrès. » Bien que notre pays soit devenu une puissance moyenne et ne soit plus une grande puissance, il peut et doit faire en sorte que se perpétuent cet héritage spirituel et cette mission à laquelle ses aînés se sentaient voués. Pour l'accomplissement de celle-ci il est nécessaire que sa pensée soit connue et sa langue comprise. Or, sa langue cesse peu à peu d'être employée dans un des domaines dont l'importance est si grande aujourd'hui, celui de la science et de la technique. Nous risquons d'être forcés d'exprimer notre pensée scientifique dans une langue étrangère, ce qui entraînerait une diminution capitale de la personnalité de sa vie intellectuelle.

Dans les grands congrès internationaux réunissant des milliers de participants, le français est de moins en moins employé, même lorsque les traductions simultanées sont à la disposition de chacun des orateurs. Dans un récent congrès international où était installée la traduction simultanée, un professeur français, délégué de notre gouvernement, a parlé en anglais (et j'ajoute en mauvais anglais). Un des assistants est sorti pour protester... C'était un Algérien.

Nous sommes accoutumés depuis longtemps à l'emploi de l'anglais par les savants des pays scandinaves et, depuis peu, de la Hollande. Ils sont actuellement imités par les Russes, les Allemands et les Autrichiens. Les Suisses, les Belges et les Italiens sont tentés de suivre leur exemple. Les organisateurs de colloques, séminaires, symposiums de toutes les disciplines où se trouvent rassemblés les spécialistes du plus grand savoir n'hésitent plus aujourd'hui à déclarer que l'anglais sera la seule langue acceptée. C'est ainsi, affirment-ils, que les discussions auront un caractère plus direct et seront plus valables.

Plus redoutable encore est le problème posé par les publications scientifiques. Le légitime désir d'être lu par les chercheurs du monde anglophone où se trouvent les plus importants instituts et centres de recherche du monde est tel que, peu à peu disparaissent les publications dans les langues nationales de l'Europe. Les Allemands, qui ont en quelque sorte abdiqué, publient volontiers leurs travaux exclusivement en anglais. Les pays d'Europe centrale mettent le monde scientifique au courant de leurs recherches par des publications en langue anglaise. L'Union soviétique fait de même. Certains pays de langue latine, comme l'Italie, cèdent à la force de la pression. Ainsi, le *Journal de Chirurgie* italien paraîtra désormais seulement en anglais, si bien qu'un chirurgien de Milan, pour connaître les travaux de son collègue de Rome, en lira l'exposé en langue anglaise.

Il m'est arrivé récemment d'être contraint de lire en anglais, et j'ajoute encore en mauvais anglais, le travail fait à Paris par un de mes élèves parisiens, dans une revue imprimée en France et éditée par un éditeur parisien.

Beaucoup de publications biologiques et médicales ont adopté le multilinguisme, c'est-à-dire la publication des articles dans les principales langues nationales, ou bien le bilinguisme, c'est-à-dire la publication soit en français, soit en anglais. Lorsque pareille décision est prise, inévitablement au bout d'un temps très bref, la majorité puis la presque unanimité des articles sont publiés en anglais... quelle que soit la nationalité de l'auteur.

Une raison légitime est invoquée pour justifier ce mouvement d'une force qui, à beaucoup, semble irrésistible, c'est celle dont parlent constamment les jeunes chercheurs de notre pays. « Si nos travaux sont publiés en français, disent-ils, personne aux Etats-Unis d'Amérique ni dans les autres pays de haute culture n'en prendra connaissance. Pour ne pas être distancés, pour que notre pensée soit connue, pour que nos recherches soient appréciées, pour que notre priorité dans la découverte ne soit pas contestée, il faut publier en anglais. » Et l'on en vient ainsi à accepter que pour exprimer la pensée française c'est la langue anglaise qu'on doit employer. C'est aujourd'hui une sorte d'exclusive jetée sur la langue française qui se propage, et dans notre monde mobile où les changements sont rapides et l'histoire accélérée, notre défaite se précipite.

Vis-à-vis de cette catastrophe dont la marche rappelle celle d'une véritable avalanche, assez diverses sont les attitudes des savants français. La plupart se résignent, considérant que nous sommes victimes d'un phénomène mondial, que toute bataille est perdue d'avance et que, plutôt que de livrer des combats de retardement, mieux vaut accepter l'inévitable. Certains vont même plus loin, disant, comme l'affirmait tout récemment avec une grande satisfaction un journaliste britannique, qu'une langue scientifique internationale est d'un usage précieux, favorable à la bonne compréhension entre savants, génératrice d'une économie d'efforts, d'argent, de temps.

L'acceptation d'un tel repli national a provoqué des réactions de révolte. Manifestant leur mécontentement, certains ont déclaré qu'ils considéraient comme traîtres ceux qui abandonnaient notre langue nationale. Beaucoup, faute de moyens appropriés, se contentent de grands discours mais ne proposent pas de vrai remède. Encore heureux lorsqu'ils ne croient pas préférable, se détournant du véritable lieu de combat, de se soucier de la pureté de la langue française. Sans doute leurs intentions sont-elles excellentes et l'on doit veiller à la bonne qualité du langage français, mais en les écoutant on évoque la futilité des querelles byzantines poursuivies lorsque les Turcs franchissaient les murailles de Constantinople.

A notre avis il faut se battre. Si l'on ne parvient pas à briser le flot de cette grande marée, les conséquences risquent d'être encore plus funestes qu'on ne l'imagine à présent. L'effacement du français comme langue de communication internationale entre savants, chercheurs, professeurs et étudiants, porte une atteinte grave à la valeur même de notre pensée, au rayonnement de notre civilisation, diminue plus qu'on ne l'imagine la place de notre pays dans le monde, l'arrête dans l'accomplissement de sa mission universelle. Nous risquons de perdre les positions encore fortes que nous occupons. Nous risquons de voir les pays francophones, notamment en Afrique, accepter la pénétration dangereuse de la langue anglaise. Si celle-ci réussit, il n'est pas exagéré de dire que sera consommée une grande défaite.

Pour éviter ce désastre, un puissant effort de redressement est nécessaire et urgent. Est-il possible ? Nous le croyons, si on le veut et si on y met le prix. En effet, notre langue continue d'exercer un indéniable attrait sur beaucoup d'esprits parmi les plus cultivés dans le monde scientifique qui considèrent avec nous que son maintien dans ce domaine mérite qu'on s'y attache. Dans certaines disciplines, les mathématiques par exemple, la langue française continue de régner.

Pour triompher, une condition préalable est évidente : la production en France d'un nombre suffisant de travaux de haute valeur, témoignant à la fois de l'originalité des esprits et de l'exactitude impeccable des méthodes et des techniques. Mais le moindre fléchissement risque de compromettre des résultats encore fragiles. Le public n'est pas encore assez sensible aux obligations comme aux intérêts nationaux liés à la politique de la science. Les crédits actuels sont encore trop modestes dans l'université, comme dans l'industrie les efforts trop peu développés et les administrations trop peu conscientes de certains de leurs devoirs.

Même en songeant à leur « niveau de vie », les Français ne se rendent pas assez compte que celui-ci dépend de la technique, et la technique de la recherche. A tous égards il faut développer un mouvement dans l'opinion nationale. Si la qualité et la quantité de notre production scientifique s'élèvent, les savants des pays qui établissent la cote des valeurs s'intéresseront davantage à nos travaux, viendront volontiers fréquenter nos centres de recherche et d'étude, feront l'effort d'apprendre notre langue car ils savent bien que, si une note brève relatant d'une façon succincte quelques faits précis peut parfaitement être écrite en anglais par un auteur français, dès que l'on en vient à certains développements, rien ne vaut l'emploi de leur parler natal. Cette remarque est particulièrement vraie pour la langue française d'une rigueur d'expression si exigeante et d'une clarté et d'une finesse si particulières.

Actuellement l'hégémonie de la langue anglaise est telle qu'il faut accepter certaines dures mais inexorables nécessités. Il nous est donc imposé de faire connaître dans cette langue les plus originaux et les plus intéressants des travaux produits en France. Mais il convient, dans le même temps, de faciliter, voire d'exiger la publication du travail complet en français. Pour gagner cette guerre on aura présente à l'esprit cette notion qu'une politique d'illustration de la langue française doit être une politique à long terme. Une attitude défensive serait vouée à l'échec. Il faut passer à l'offensive.

Une des actions déjà entreprise et qu'il faut développer consiste à accroître les contacts avec les professeurs et les étudiants d'Amérique car c'est essentiellement aux Etats-Unis que s'établit la cote des valeurs. Dès à présent, nous commençons à être en état de recevoir dignement nos collègues américains et leurs élèves. Nous devons profiter de la séduction qu'exerce notre pays et les attirer chez nous en grand nombre.

Beaucoup de maîtres des grandes universités américaines pensent que leurs cadets et leurs élèves ont besoin d'un certain « retour aux sources européennes » et particulièrement aux sources françaises. Cette occasion, ne doit-on pas la saisir ? Quels que soient les efforts et les dépenses, des moyens puissants doivent être mis à la disposition de notre gouvernement pour le développement de l'enseignement de notre langue chez les lycéens et les étudiants français et étrangers. La Direction des Relations Culturelles a déjà obtenu des résultats importants dans le maintien de certaines de nos positions traditionnelles et la conquête de positions nouvelles. Mais quelle vigueur et quelle vigilance ne faut-il pas déployer !

***

S'il faut appeler les Français à la défense de leur patrimoine, c'est qu'en effet, dans ce monde qui a subi les plus grands bouleversements pendant ce dernier siècle, contrairement à ce que l'on pouvait croire, partout la force de l'esprit de patrie s'est non seulement maintenue mais développée. Au cours de ma longue vie d'homme, j'ai assisté aux déplacements des trônes et des frontières, aux révolutions sociales et économiques qui ont modifié l'existence de tous les peuples. De grandes nations ont perdu leur pouvoir, certaines sont devenues dominantes, d'autres enfin ont vu le jour. J'ai été le témoin de la disparition d'empires, de royaumes, de duchés, de la déchéance des rois et de la naissance dans tous les continents de nouvelles républiques.

La Norvège s'est séparée de la Suède, l'Irlande de la Grande-Bretagne. L'unité nationale est menacée en Belgique, le Pakistan est sorti de l'Union Indienne, le Québec cherche à établir son autonomie. En Afrique, les trop grands domaines coloniaux sont remplacés par de nombreux états où se développe un esprit national. L'empire bismarckien s'est effondré et le mur de Berlin est le symbole de cette dislocation persistante des Allemagnes. On imaginait que si le socialisme triomphait le prolétariat prendrait le pouvoir dans un pays industriel. Or ce fut la Russie paysanne et arriérée qui, loin de développer « l'Internationale des travailleurs », est devenue un état impérialiste. Par le caractère absolu de l'autorité, l'importance de la police, l'absence de liberté, la domination de la bureaucratie, l'établissement de sa puissance militaire et enfin l'asservissement de peuples voisins, elle continue la tradition des tsars autocrates. Enfin le Japon secoue le joug américain pour redevenir une très grande nation.

On n'envisageait dans ma jeunesse que des bouleversements dans les Balkans ; on redoutait leur retentissement sur l'Europe entière : ce fut la Grande Guerre de 1914 puis la disparition de l'empire d'Autriche-Hongrie dont on répétait qu'elle surviendrait après la mort de François-Joseph. Et je songe à Stéphane Zweig me disant : « Après avoir été le sujet d'un grand empire, il est difficile de s'adapter à la position de citoyen d'une infime république. »

Le Nouveau Monde nous apparaissait si lointain, vivant sur lui-même, n'ayant point de rôle dans nos affaires. On connaissait bien le développement industriel des Etats-Unis vers lesquels voguaient chaque jour des paquebots chargés d'émigrants européens. Il paraissait naturel et heureux que tant de pauvres familles attirées par les visions d'une vie meilleure s'entassent dans les transatlantiques où on les parquait dans une partie bien séparée du navire. Certains d'entre eux fuyaient les persécutions, notamment antijuives, de Russie, d'autres l'oppression politique ou policière dans les empires centraux. Beaucoup d'Italiens, d'Irlandais, de Balkaniques ou même de Nordiques quittaient des campagnes peu prospères. Nous savions bien que tous ces Européens allaient devenir de « bons Américains » et faire un grand pays, mais personne ne prévoyait l'exactitude des affirmations géniales de Tocqueville sur l'hégémonie mondiale des Etats-Unis et de la Russie. Et voilà que maintenant s'est établie cette double suprématie tandis que la Chine renaissante et révolutionnaire prend une place grandissante.

Cet immense pays qui, jadis a tant apporté au monde de sciences et d'arts et acquis un tel degré de civilisation raffinée, se réveille à présent d'un long temps de sommeil et d'esclavage. Ses bouleversements ont une importance impossible à mesurer mais on peut penser qu'ils vont retentir sur la terre entière.

De jeunes nations sont nées en Afrique où les frontières, dues au hasard des conquêtes ou aux commodités des administrations coloniales, sont devenues celles des républiques. Les anciennes ethnies cherchent à présent, au milieu de difficultés et souvent de désordres, à s'unir en une seule patrie.

Quels que soient le régime politique et la situation économique, qu'il s'agisse de peuples heureux ou malheureux, riches ou déshérités, d'hommes à la peau blanche ou colorée, tous se rattachent à leur patrie. On dirait que la politique des nationalités développée par la France en Europe, après sa grande révolution, a fait la conquête du monde.

Beaucoup de Français entraînés par leurs rêves ou inconsciemment inspirés par les intérêts de puissances étrangères, oublient trop souvent cette évolution. Or, il est grave de ne pas se mettre en face de la réalité.

Seule une nation indépendante peut défendre la liberté de chacun de ses citoyens.

Mais nos institutions, nos régimes sont fragiles. Le malheur peut d'un coup tout briser. Que demain les partis reprennent leurs jeux politiques et l'autorité de l'Etat s'effondre. Que les intérêts privés soutenus par les groupes de pression supplantent l'intérêt général, que des puissances étrangères exercent leur contrainte et le pays revivra des heures sombres. Faute de sagesse, ceux qui mènent des forces ouvrières peuvent ruiner notre prospérité sans être capables d'édifier une société nouvelle.

C'est le sort de la France de mener une vie dangereuse. Puissent les dirigeants de notre pays sentir le poids de leur responsabilité car il leur appartient, à eux tout d'abord, d'assurer l'avenir de la nation. Les promesses, les affirmations, les proclamations ne suffisent pas. C'est dans tous les domaines, la démographie, la recherche d'une égalité toujours plus réelle entre les citoyens, l'effort de travail demandé à tous, la répartition plus juste du revenu national, les institutions, la défense de la pensée et de la langue françaises, le développement du sens civique, la modernisation économique, que chaque génération donnera à la France sa chance d'occuper la place qu'elle méritera parmi les nations.

·39·

Belles moissons

Le monde tel qu'il va... Depuis ma jeunesse tout a changé, la société, la science médicale... C'est en Touraine que j'écris ces lignes, où mes souvenirs me permettent de comparer le labeur trop rude du temps passé à celui du temps présent où chaque jour apporte une facilité nouvelle.

Comme toujours on se plaint ; le temps n'est jamais celui qu'on souhaite. On répète : « Plus de main-d'œuvre » ; je réponds : « Mais c'est tant mieux ! » « Plus d'ouvriers agricoles » et je réponds : « Quelle vie pénible ils avaient ! » J'ai le souvenir des domestiques de ferme qui couchaient à l'étable. Je ne parle pas des filles de ferme, bonnes à tout faire.

Les machines diminuent la peine des hommes. Je n'ai pas connu le rouet des grand-mères filant la laine mais la charrue aux deux poignées. Le cultivateur et le vigneron marchaient à pas lents dirigeant la charrue pour le labour bien droit, s'adressant au cheval dressé, compagnon à qui l'on parle. Pour le sulfatage, le viticulteur allait à pied entre les raies de vigne, portant son appareil sur le dos et projetant avec soin, mais d'une façon moins efficace qu'à présent, l'insecticide qui faisait de grandes taches bleues sur les feuilles de la vigne. La fermière dont la tâche était accablante trayait à la main ses vaches à l'étable, concassait les grains, roulait sa lourde brouette chargée de fumier et puis, les jours de lessive, allait à la rivière ; vigoureusement elle donnait de grands coups de battoir tout en bavardant avec les voisines.

N'est-il pas préférable de labourer avec un tracteur et de posséder tout l'équipement moderne : remonte-grain, sulfateuse, motoculteur, trayeuse électrique et d'autres appareils encore ? Lorsque je vois les vignerons monter en automobile pour aller surveiller leur vigne, j'évoque le temps où nous gravissions à pied, côte à côte, le petit chemin rocailleux.

Chaque ménage a son automobile, sa machine à laver, sa cuisinière électrique et aussi sa télévision magique qui apporte dans la « salle » les images de la terre entière, montre les hommes de tous les pays, raconte l'histoire du passé et donne, à l'instant même de l'événement, des nouvelles de toutes les régions du monde. Avec l'aisance, c'est un flot de connaissances qui pénètre au foyer.

Il n'est plus isolé sur sa glèbe le cultivateur qui sait tout ce qui se passe et participe à la vie de son temps. Il possède plus d'argent qu'autrefois et s'habitue à le dépenser. La promotion sociale est devenue plus commune. Fils et filles vont vers la ville, s'instruisent et changent de métier. Le fils de notre serrurier est maître de recherche au Centre National de la Recherche Agronomique, celui de notre journalier est contremaître dans une usine de pneumatiques, celui de notre jardinier employé dans une banque. Cependant, certains restent fidèles à la terre. J'ai moi-même voulu orienter le fils d'un fermier, victime d'un accident et marchant difficilement, vers une vie de bureau ; il a refusé pour rester vigneron. Ceux-là gardent le goût de la tâche paysanne et sont bien résolus à ne pas quitter la vigne paternelle ni le village natal où les abrite une maison neuve avec tout son confort. Comme ils sont soigneusement habillés tous les petits garçons et toutes les petites filles qui, en grand nombre, sortent d'une école nouvelle bellement construite et bien éclairée grâce à ses grands vitrages !

N'éprouve-t-on pas quelque nostalgie du passé ? Oui, sans doute. Chaque progrès s'accompagne de certains abandons, de l'effacement de gestes traditionnels auxquels on était habitué et que l'on admirait, de la disparition d'instruments, d'objets auxquels on était attaché. Mais les regrets, ce sont ceux qui regardent qui les éprouvent et non point ceux qui travaillent.

On voit aussi avec peine disparaître certains aspects du village : les vieilles demeures dont les pierres ont subi la patine des siècles et entre lesquelles passaient charrettes et tombereaux lentement traînés par les chevaux, ou bien encore, sur le coteau, autour de chaque clos de vigne — on disait « cloux » du temps de Rabelais — une haie bien taillée marquant les limites ; il fallait des mois à un journalier pour la tailler. Aujourd'hui, plus de journaliers ; alors plus de haie et seul un petit passage marque les frontières du clos sans clôture.

On ne voit plus sur les routes la vieille paysanne tenant par une corde sa vache ou sa chèvre broutant l'herbe des bas-côtés. A la ferme, le taureau qu'on achetait à grands frais, auquel on mettait un anneau dans la narine et qui faisait bien peur à la maîtresse et aux servantes, a disparu. Quand la vache réclame le mâle, la fermière téléphone et l'inséminateur accourt sur sa motocyclette. Sur la route goudronnée ce n'est plus la marche lente des charrettes lourdement chargées de fourrage, de paille ou de betteraves, tirées par les chevaux dont on entendait le pas, mais des automobiles trop bruyantes et trop rapides.

J'ai connu la vogue des bals pour la jeunesse. Nous sommes au pays où Paul-Louis Courier écrivait sa fameuse lettre sur les « villageois que l'on empêche de danser ». De son temps, c'était au son des violons et sur la place du village ; à mon époque, dans de grandes salles où le phonographe était une nouveauté. Ces bals deviennent plus rares, comme les attablements dans les cafés, le dimanche.

On part en moto, souvent à deux, se griser de vitesse. Peut-être est-ce grâce aux grandes courses sur les routes et aux nouveaux voisinages que, contrairement aux vieilles habitudes, se marient maintenant filles et garçons de villages éloignés ?

Peu à peu, plus lentement qu'en ville, les mœurs se modifient. La liberté cherche à rompre certaines disciplines, la familiarité tend à remplacer le respect, le goût de changement l'obéissance aux traditions.

Les méthodes de culture ne sont pas semblables à celles du passé : nouveaux engrais, insecticides, graines choisies. Un beau champ de blé de ma jeunesse montrait des touffes de bleuets et des taches rouges de coquelicots. Je les voyais chaque été en Alsace et en Touraine, puis leurs couleurs sont devenues pour moi celles des champs de bataille de la Marne. Aujourd'hui on ne voit plus de mauvaises herbes. Seul pousse un blé plus dense, aux épis plus lourds, aux tiges plus courtes. Certains méprisent et laissent, jonchant le sol, la paille autrefois si précieuse. On raffine sur la qualité du bétail et l'on applique de son mieux les lois de la génétique. On soigne ses bêtes avec l'attention la plus grande et au moindre souci on appelle le vétérinaire qui apporte une profusion de médicaments.

Tout ce bien-être rural s'est établi en quelques années. L'un de mes amis de Vernou disait : « Tout cela va trop vite ! » Le progrès engendre parfois un certain ennui. Il est seul pendant des heures entières sur son tracteur, le laboureur ; il n'a plus devant lui un cheval ni à côté de lui les compagnons.

Notre image est celle d'une province heureuse qui jouit d'un climat doux et, depuis des siècles, d'une vie très civilisée. D'autres régions de France sont moins fortunées. Cependant, celui qui parcourt la France est frappé par le nombre de demeures paysannes repeintes, bien tenues et pimpantes, sûr indice du développement de la prospérité campagnarde.

⁂

Pour l'ouvrier des villes, le mode d'existence a complètement changé. Ceux qui, comme moi, n'ont pas la mémoire courte et sont des hommes du vieux temps où la classe ouvrière souffrait de la dureté du travail et du surmenage, de l'incertitude du lendemain et du manque de considération, peuvent mesurer le véritable bouleversement dont ils ont été les témoins. Ils peuvent affirmer qu'un beau chemin a été parcouru.

Jadis il semblait que seule une révolution pourrait établir plus de justice sociale. Voici qu'un progrès alors inespéré se trouve réalisé devant nos yeux : limitation de la durée du travail, congés payés, sécurité sociale, allocations familiales, prolongation de l'enseignement du premier degré, gratuité de l'enseignement secondaire, amélioration de l'hygiène des usines, reconnaissance des droits syndicaux, disparition progressive des taudis, élévation des salaires et établissement d'un salaire minimal garanti, retraites ouvrières. Lorsque demain les mines de charbon auront été fermées, ceux qui liront *Germinal* n'imagineront pas que nous avons connu le temps où tout ce que décrit Zola était vrai. Le spectacle de la rue ne trompe guère et je suis frappé de l'aisance qui apparaît dans les quartiers populaires.

Satisfaits, nous ne le sommes pas, et certainement nous ne le serons jamais. A vrai dire, dans l'industrie certains travaux restent fatiguants, d'une monotonie intolérable et accomplis au milieu d'un bruit pénible. Il faudra un nouvel effort pour transformer le travail à la chaîne et, finalement, le faire disparaître. Après l'obtention de salaires convenables, de loisirs suffisants, d'une participation à la gestion des entreprises, c'est l'intérêt du travail lui-même qu'il faudra développer. Obtenir que la machine devienne l'esclave et non l'homme. Idéal ? Certes, mais qui n'est point chimère. Le progrès est indéfini. Tous doivent le comprendre et ne point accepter d'arrêt dans sa poursuite.

Contrairement à ce que l'on prévoyait, le développement de l'industrie capitaliste a été accompagné d'une amélioration régulière de la condition ouvrière. Quand jadis les ouvriers se mettaient en grève, c'était la misère, la faim au foyer. C'était aussi la violence et la répression. Je n'ai pas connu la fusillade de Fourmies où les soldats en capote bleue et pantalon rouge avaient tiré sur des ouvriers français, mais j'en ai tant entendu parler que j'y ai songé récemment quand le gouvernement communiste polonais a fait tirer à Gdansk sur les ouvriers qui réclamaient une augmentation de salaire. J'ai le souvenir de l' « affaire Durand », ce docker du Havre employé à la Compagnie Générale Transatlantique, faussement accusé d'assassinat et condamné certainement parce qu'il était un militant syndicaliste ; et voici que maintenant on a donné son nom à un boulevard de sa ville natale.

Aujourd'hui, les grèves sont fréquentes. Elles font partie, non sans mauvaise humeur des usagers et avec des inconvénients pour l'économie, du rythme normal d'une démocratie. Troublant les transports, la distribution du courrier, de l'électricité et du gaz, elles sont gênantes, voire pénibles pour chacun. Il faut reconnaître qu'elles forcent souvent l'Etat et le patronat à réaliser des progrès dans la technique et la production en diminuant le travail humain, mais leur abus risque de nous faire courir de grands dangers, en provoquant des réactions fâcheuses.

Le développement de l'industrie impose l'urbanisation. Nos cités françaises, depuis longtemps endormies, se réveillent. Elles deviennent à la fois plus grandes et plus vivantes. Partout des chantiers, et aussi partout des « gratte-ciel ». Des ensembles urbains peuplés par ceux et celles qui viennent des campagnes et qui vont changer de vie sont créés.

C'est dans les villes que naissent les idées, que s'élaborent les progrès et que se développe la civilisation, mais il est de mode aujourd'hui de maudire le monde moderne et ses villes tentaculaires, comme les appelait Verhaeren. On critique beaucoup à présent ces accumulations d'Habitations à Loyer Modéré dont on dit, en termes précieux et quelque peu ridicules, qu'elles n'ont point d'âme. En vérité, elles n'ont pas encore d'âge. Ne faut-il pas attendre que viennent les ans, les souvenirs du passé, que les boutiques s'animent, que les centres de loisirs s'établissent, que la vie collective se développe et que, bien frêles encore, grandissent les arbres tout autour ? Ceux et celles qui sortent des taudis n'en maudissent point l'agencement, la propreté, le confort.

On parle à présent de la pollution — on en parle même beaucoup. Certes, la pollution chimique des centres industriels est fâcheuse, et dans les grandes villes d'Amérique elle est très sérieusement nocive. Elle est beaucoup moins importante chez nous et plus facile à faire disparaître. Ceux qui la dénoncent à grands cris ont oublié la pollution microbienne d'hier, les eaux de boisson et de rivière qui transmettaient la fièvre typhoïde, le lait malpropre responsable du choléra infantile et les aliments mal conservés avant l'ère du froid, la poussière du sol souillé par les crachats des tuberculeux, les linges responsables de la tuberculose des blanchisseurs.

Ou oublie aussi l'importance et la gravité qu'avaient hier les maladies professionnelles, honte de notre civilisation : l'intoxication saturnine des plombiers, l'intoxication par le blanc de céruse pour les peintres, l'anthracose et la silicose des mineurs.

Que de progrès accomplis, mais qui ne sont point achevés ! Les bidonvilles déshonorent les banlieues des villes industrielles. Ils abritent un sous-prolétariat — un *lumpen-proletariat*, comme disait Karl Marx — composé avant tout de travailleurs étrangers, notamment nord-africains. Ces hommes du Maghreb viennent accomplir chez nous les tâches pénibles, dangereuses ou salissantes que les Français refusent, et le plus souvent, avec un véritable héroïsme, envoient à leur famille et même à leur douar natal presque tout l'argent qu'ils gagnent et ne gardent plus, sur leur salaire, que les sommes nécessaires pour leur propre logement.

En songeant aux changements auxquels j'ai assisté, il me semble que ne serait pas si malaisée la disparition de ces tares. Quand j'évoque le Paris de ma jeunesse, déjà bien différent de celui d'Eugène Sue et de Victor Hugo, qui était tel que l'a dépeint Emile Zola, je pense à l'agrément des longues promenades, au charme des vieux quartiers, à la beauté des berges de la Seine, aux flâneries le long des quais et dans les jardins, et je regrette que l'on n'ait point construit une ville nouvelle à côté de l'ancienne qui aurait pu garder le visage que nous aimions.

Mais on ne doit pas oublier le nettoyage si imparfait des rues par l'arroseur au long tuyau en zigzag que les premiers films français des frères Lumière ont immortalisé et qui laissait en bien des endroits la chaussée souillée. Le tout-à-l'égout n'était point généralisé. Les ruisseaux étaient sales, et, par les soirs d'été, le vent apportait sur Paris des odeurs infectes venant des champs d'épandage d'Aubervilliers. Faut-il rappeler que l'une des premières commissions que présida Pasteur était celle des odeurs de Paris ? Les succès contre la pollution d'hier doivent encourager les efforts contre la pollution moins grave d'aujourd'hui.

Songeant aux progrès accomplis par l'amélioration et aussi l'égalisation progressive du niveau de vie, il m'apparaît possible de réaliser les progrès nécessaires.

Le problème du chômage n'est pas résolu. L'on nous affirme que dans un régime capitaliste il est inévitable et en quelque sorte entretenu pour dominer la main-d'œuvre. Est-ce exact ? Nous avons vu tant d'avantages obtenus au cours des récentes années que la garantie du plein emploi paraît possible. Le socialisme réformiste, qui depuis plus de soixante-dix ans domine la politique de la IIIe, IVe et surtout de la Ve République, nous paraît justifié par la valeur des résultats obtenus et la légitime espérance d'un progrès continu.

Que ne doit-on pas faire pour faciliter aux citadins les vacances rurales dans la nature et le plein air ? Pour les travailleurs de la campagne, ne faut-il pas organiser des loisirs urbains qui leur permettent de connaître les monuments du passé et de profiter des richesses artistiques de la nation ? Enfin, pour tous les habitants des villes comme des campagnes, il faut développer la culture populaire. Jaurès ne disait-il pas que les peuples ont besoin de roses comme de pain ? Il pensait à la fois aux spectacles de la beauté et aux plaisirs de la vie intellectuelle.

Aujourd'hui c'est la radio-télévision qui est devenue l'instrument le plus puissant pour développer la culture. Quel pouvoir n'a-t-elle pas ? Aussi sa responsabilité est-elle très lourde. Son influence peut être pernicieuse si elle se laisse aller comme malheureusement nous le constatons trop souvent à la vulgarité, à la trivialité, si elle admet trop volontiers les images de la violence, de l'érotisme. Elle doit prendre garde de ne pas répandre le goût de la médiocrité et veiller à chasser la sottise. C'est par elle que la culture du peuple ouvrier et paysan peut et doit être élargie et approfondie. Les heures de culture française qu'elle offre au public sont d'une grande qualité, mais sont trop souvent réservées à ceux qui ont pu bénéficier de l'enseignement secondaire ou supérieur. Ce qu'il convient de mieux organiser ce sont des émissions destinées à la population tout entière en choisissant bien les jours et les heures où paysans et ouvriers peuvent les regarder.

Ce n'est pas une pensée de masse que nous devons ainsi promouvoir. Quand on parle de masse ne suppose-t-on pas qu'on est au-dessus d'elle, comme lorsqu'on invoque la base ne se croit-on pas au sommet ? C'est bien à la pensée personnelle de chacun pour tenir en constant éveil les intelligences, condition de la liberté individuelle, que nous devons nous adresser.

Combien d'hommes restent indifférents au monde qui les entoure, ne s'apercevant même pas de ce qui se passe autour d'eux, n'ayant point l'esprit tourné vers cette observation élémentaire ! C'est qu'ils n'ont pas été préparés à cette indispensable démarche qui va de la curiosité à l'observation, de l'observation à la réflexion, à l'enregistrement dans la mémoire de ce qui en priorité doit être retenu, puis au raisonnement. Plus que jamais ces bonnes manières de penser sont indispensables car il s'agit de prémunir tout homme contre les dangers que représentent des opinions imposées. C'est ainsi qu'il sera à l'abri de la pression qu'exercent sur lui les slogans de la publicité et les mots d'ordre des propagandes. Pour atteindre son but, la culture populaire doit susciter la curiosité, faire sentir notre ignorance du monde qui nous entoure et de la vie de tous les jours, susciter l'intérêt pour les sujets les plus familiers.

Comme membre du Comité du Programme de la Radiodiffusion et participant à plusieurs groupes de travail qui donnent leurs conseils à l'Office de la Radiodiffusion et de la Télévision Française, j'affirme volontiers que l'idéal de cet institut est de représenter la grande encyclopédie vivante du XXe siècle.

Lorsqu'au XVIIIe siècle, Diderot et d'Alembert ont conçu puis réalisé le projet de l'Encyclopédie, ils s'étaient donné entre autres tâches celle de faire connaître à une société qui les ignorait les détails du travail des artisans, des fabricants, des laboureurs. Et la marquise de Pompadour, pour obtenir le privilège du roi, n'a-t-elle pas dit à Louis XV qu'elle désirait comprendre de quoi étaient faits les bas de soie qu'elle portait ? L'intelligente marquise avait saisi le sens d'une des grandes œuvres d'un grand siècle.

***

En médecine aussi, tout a changé, et la révolution médicale contemporaine n'a pas été une des moindres causes de l'amélioration sociale que nous avons vécue. Depuis cent ans et surtout depuis cinquante ans, la médecine a fait plus de progrès qu'en mille ans.

Puis-je ajouter, non sans quelque vanité, qu'à cette révolution médicale contemporaine la pédiatrie a largement contribué ? On peut juger du niveau d'une civilisation en regardant les courbes montrant la baisse de la morbidité et de la mortalité dans le jeune âge. Lorsqu'on se demande dans quelle mesure les progrès ont favorisé le bonheur des hommes, nous pouvons répondre que nous avons diminué les souffrances dues à la maladie, écarté de pénibles inquiétudes, allongé la durée de la vie humaine, amélioré l'état des gens âgés, donné — tout au moins à ceux qui font partie des peuples heureux — une plus grande vigueur, rendu plus rare l'affreuse peine des parents lorsque l'enfant qu'ils ont engendré meurt avant eux.

Les médecins d'enfants ont contribué de leur mieux, sinon aux grandes découvertes dues aux études fondamentales, tout au moins à leurs applications. Ils peuvent être fiers de leurs belles moissons. Elles nous apparaissent bien lointaines les scènes de notre jeunesse ! On se représente assez mal aujourd'hui quelle angoisse provoquait l'apparition d'une « angine blanche » qui faisait surgir le spectre de la diphtérie et du croup. L'élévation brusque de la température, avec une angine rouge, faisait redouter la scarlatine. Toute otite faisait craindre des complications alors fréquentes et très graves et toute douleur abdominale une appendicite encore très souvent mortelle. Un simple mal de tête, enfin, évoquait la possibilité d'une méningite tuberculeuse fatale en quelques semaines. Lorsqu'une mère constatait que son enfant maigrissait, elle imaginait quelque infection tuberculeuse inapparente. Chez le nourrisson, la « diarrhée verte » n'allait-elle pas précéder le choléra infantile souvent fatal et la moindre douleur de dos ne traduisait-elle pas le début d'un mal de Pott, ou, si l'enfant traînait la jambe, n'allait-on pas découvrir une coxalgie commençante ?

La tuberculose était une hantise. Je l'ai évoquée en parlant de l'hôpital Beaujon où je soignais des adultes phtisiques et surtout de la crèche de l'hôpital Laennec où j'ai commencé mes études sur la tuberculose du nourrisson et de l'enfant. Mais il faut y revenir car elle dominait et jusqu'à la découverte du B.C.G. la contagion paraissait inévitable. Les services d'enfants de médecine et de chirurgie recevaient un grand nombre de petits malades atteints de tuberculose et l'on organisait en des lieux bien choisis, au bord de la mer ou dans la montagne, de vastes ensembles hospitaliers. Dans la mémoire des médecins de cette époque, est resté le souvenir des visites inutiles et pénibles faites aux enfants atteints de méningite tuberculeuse et condamnés à une mort fatale. Parfois, dès le premier examen, le diagnostic nous apparaissait certain et la ponction lombaire le vérifiait le jour même. Que dire aux parents qui ne soupçonnaient pas la gravité inexorable du mal si insidieux à son début et que faire au cours des trois semaines qui allaient s'écouler jusqu'à la mort ? Comment éviter le retour à de faux espoirs lorsqu'une accalmie survenait ? Parfois nous aimions autant que le doute planât pendant un certain temps, préférant entendre dire : « Les médecins ne comprennent rien à la maladie de notre enfant », plutôt que d'annoncer une certitude, présage du malheur.

Coqueluches souvent sévères, scarlatines parfois malignes, rougeoles compliquées de bronchopneumonies, surtout quand l'enfant vivait dans un taudis, méningites aiguës, poliomyélites nous faisaient peur. La diphtérie sévissait. Souvent l'interne de garde, à l'Hôpital des Enfants-Malades, est réveillé brusquement pour un enfant atteint de croup qui étouffe. Il se précipite ; l'enfant est placé entre les genoux de la surveillante qui, doucement mais fermement, l'immobilise, la tête de l'enfant contre sa poitrine, son corps serré dans un drap. Et l'interne cherche avec émotion et difficulté, de son index gauche plongé dans la gorge, le petit orifice si étroit du larynx, introduit sans blesser les tissus le tube métallique qui permet la respiration. Quel soulagement lorsque, tout d'un coup, à son premier souffle, l'enfant vous rejette au visage une membrane ! « Le tube est bien en place, pourvu qu'il le garde ! » dit la surveillante. En effet, souvent il est rejeté. Il faut recommencer, ou bien avoir recours à la trachéotomie et alors chercher à repérer le conduit trachéal, qui fuit sous la main, pour l'immobiliser et l'ouvrir d'un coup de bistouri. Si la respiration est assurée et si le sérum antidiphtérique a été injecté à temps, l'enfant sera sauvé, mais après quelles émotions ! Aujourd'hui, nos étudiants ont si rarement rencontré un cas de diphtérie et de méningite tuberculeuse qu'ils hésitent à les reconnaître.

Comme je l'ai rappelé dans un des chapitres précédents de ce livre, la thérapeutique était alors bien peu puissante. Le salicylate de soude soulageait les rhumatisants mais n'empêchait pas les lésions du cœur. Nous traitions les méningites aiguës par les bains chauds et les ponctions lombaires, modeste palliatif des malaises de nos petits malades. On mettait des vessies de glace sur l'abdomen des enfants atteints d'appendicite lorsqu'elle était diagnostiquée trop tard pour l'intervention à chaud. On employait encore volontiers les cataplasmes sinapisés, aux ventouses simples ou scarifiées, modestes révulsifs bien peu actifs contre les congestions pulmonaires. Le bromure était efficace contre l'épilepsie mais assoupissait l'intelligence. Heureusement, nous pouvions éviter aux enfants les bains froids, si pénibles, que l'on employait contre la fièvre typhoïde des adultes. Les enveloppements frais suffisaient à abaisser leur température. Nous n'avions point d'autres remèdes. Devant les formes malignes des maladies infectieuses, nous étions impuissants comme devant la paralysie infantile. Seul le sérum antidiphtérique permettait des succès remarquables mais son inefficacité, lorsqu'il intervenait trop tard, était patente. Que de regrets lorsque nous avions été appelés après l'évolution durant plusieurs jours d'une angine négligée ! Alors le sérum antidiphtérique prolongeait la vie mais n'évitait pas l'échéance fatale.

On peut dire que les plus grands succès que remportait le médecin étaient précisément liés à la possibilité d'écarter par l'exactitude du diagnostic la hantise d'une maladie grave. Et lorsque des parents reconnaissants, évoquant avec moi le temps passé, me disent avec gratitude que j'ai sauvé leur enfant, je songe à tel cas où j'ai fermement écarté le spectre de la méningite tuberculeuse ou bien le diagnostic de diphtérie dans un cas de laryngite aiguë, ou encore affirmé qu'on ne devait pas craindre une leucémie, et les ai ainsi soulagés de leur angoisse.

C'est au cours des années qui précédèrent et suivirent immédiatement la Seconde Guerre mondiale que simultanément, la victoire fut assurée contre l'infection, que la physiologie et la biologie, en pénétrant dans la pédiatrie, nous ont donné une puissance thérapeutique jusqu'alors insoupçonnée. C'est qu'en effet nous sommes entrés dans une ère thérapeutique qui a changé complètement l'exercice de la médecine et joué son rôle dans la transformation du monde. Tout d'abord l'amélioration des techniques et les inventions instrumentales ont modifié les conditions dans lesquelles nous posons un diagnostic. Nous explorons le corps jusque dans ses profondeurs, nous définissons les métabolismes jusque dans leurs plus petits détails et étudions aves minutie le fonctionnement de chaque organe. Ainsi pouvons-nous, grâce à la physique et à la chimie médicales qui viennent au secours de nos sens, poser les diagnostics les plus raffinés et comprendre dans un grand nombre de cas les processus morbides compliqués. Les vitamines, les hormones, les antibiotiques, la chimiothérapie, grâce à leurs ressources sans cesse grandissantes, nous permettent de triompher de maladies hier redoutables. Le combat est loin d'être achevé, nous restons, comme on le sait, impuissants devant certains fléaux, mais même dans ces domaines où il est difficile d'avancer nous progressons pas à pas.

Lorsque nous proclamons sur un ton optimiste la grandeur de nos victoires, on nous objecte que certaines maladies deviennent plus fréquentes qu'elles ne l'étaient autrefois et l'on fait allusion aux maladies mentales et aux troubles de l'équilibre nerveux, incriminant alors la vie moderne, ses agitations et ses émotions. Personnellement, je ne suis pas sûr que l'on assiste vraiment à une multiplication de ces désordres. Nos conditions d'observation ont bien changé. Dans toutes les classes de la société, comme l'on est délivré des justes inquiétudes que nous avons évoquées, du souci et du soin des patients qui étaient beaucoup plus souvent et plus gravement malades qu'aujourd'hui, on prête tout naturellement attention aux troubles et aux désordres qu'hier on négligeait. On est à la fois plus attentif, plus libéré, plus désireux d'agir.

Les inquiétudes, les préoccupations et les angoisses ne manquaient pas dans le petit monde d'autrefois que j'ai décrit au début de ce livre, et je ne crois pas que le monde moderne en crée davantage. Je me souviens que les médecins tourangeaux me disaient : « Nous avons autant de neurasthéniques dans les campagnes que vous en observez dans les villes, mais comme on ne peut rien pour eux ou pour elles, on ne nous demande point secours », et lorsque des parents inquiets nous appelaient auprès d'enfants atteints de maladies graves dont on commence à perdre la mémoire, on ne songeait pas à prendre grand souci de l'enfant qui travaillait mal, présentait quelques troubles de caractère, souffrait ou faisait souffrir son entourage par sa nervosité, son insuffisance scolaire, son inadaptation sociale.

Par ailleurs, des esprits chagrins veulent nous démontrer que la médecine moderne, avec ses progrès fulgurants, finit par peser d'un poids économique très lourd sur le budget national et ils fondent sur des calculs assez extravagants leurs regrets hypocrites lorsqu'ils nous refusent les crédits nécessaires. En particulier ils ne tiennent pas compte des incessants progrès, des découvertes nouvelles qui modifient d'une façon imprévue et subite tous leurs calculs en apparence scientifiques. Ils oublient aussi que s'il est en effet très coûteux de faire survivre un malade atteint de maladie du rein grâce aux dispositifs d'épuration moderne ou de greffe du rein, ces frais extraordinaires pèsent bien peu au regard des économies considérables faites par la nation. Sans les progrès de la médecine comment aurait-elle supporté les dépenses écrasantes de tous les tuberculeux, de tous les infirmes, les frais qu'entraînent les soins de toutes les maladies aiguës et chroniques et de toutes les infirmités aujourd'hui disparues ou en voie de disparition ?

Les nostalgiques du passé, vivant dans le souvenir attendri de la médecine exclusivement clinique, craignent que le recours trop aveugle aux investigations de laboratoire et aux explorations diverses fasse négliger l'examen du malade et le contact même avec celui-ci. Que de mauvais praticiens se laissent aller à exercer une sorte de médecine de facilité, rien n'est plus vrai. Mais il y a toujours eu de mauvais médecins. En fait, nos nouvelles générations ne sont point tentées par un travail de robot. Jamais la médecine psychosomatique ne s'est développée comme à présent, n'est entrée plus profondément dans notre pensée et nos mœurs. Jamais la psychologie du patient n'a été étudiée avec plus d'attention. Jamais n'a été autant épiée la manière dont le malade supporte la souffrance. Comment, dans ces conditions, le mouvement de sympathie qui pousse chaque médecin vers celui qu'il soigne ne serait-il pas aussi vif qu'il l'était jadis ?

En songeant aux belles moissons que ma génération a engrangées, je ne voudrais pas céder à l'optimisme de Pangloss. Je sais bien que nous vivons dans un Moyen Age où guerres, massacres, tortures, violences restent des maux accablants, que la misère exerce toujours ses ravages sur de vastes contrées et qu'elle reste encore présente parmi les peuples heureux, mais pour donner espoir, j'ai voulu rappeler comment s'est poursuivie la marche vers un idéal d'égalité entre les hommes, de libération des peuples, des groupes opprimés et de sauvegarde de la vie humaine que l'on parvient à arracher aux griffes de la mort.

Recherche scientifique, devoir social nous posent et nous poseront indéfiniment de graves problèmes. La route où nous sommes engagés s'étend devant nous à l'infini.

·40·

Au-delà des espoirs

Lorsque sous l'occupation, après avoir repris courage, nous essayions d'envisager l'avenir, nous ne pouvions espérer le miracle français tel qu'il se déroule sous nos yeux. Personnellement je n'ai jamais cessé de me reporter par la pensée aux heures sombres, aux moments d'angoisses et d'horreurs, lorsque je voyais des foules heureuses et joyeuses pendant les plus belles heures de la Vᵉ République, l'Etat restauré, le progrès social, les premiers signes de la prospérité, le maintien d'une fécondité suffisante, les vastes desseins, l'autorité morale retrouvée, les différentes communautés politiques et religieuses de nouveau réunies dans l'amour de la patrie, l'exécration unanime des ignominies nazies, comme j'ai vivement ressenti tout ce renouveau de la grandeur nationale ! Ce ne fut qu'après la fin de la guerre d'Algérie et de la rébellion que l'on put sentir la force du redressement. Nest-ce pas un des plus beaux titres de gloire du général de Gaulle que d'avoir restauré à la fois la patrie et la république et montré que la solidité d'un Etat pouvait en France être celle d'un Etat républicain ?

Lorsque je voyageais alors à l'étranger, l'accueil chaleureux que je rencontrais était inspiré par la sympathie que l'on voulait témoigner à notre pays. Dans ce monde qui restait ébranlé par les secousses qu'il avait subies, on ne distinguait pas encore où allaient se diriger les courants dominants. Mais j'étais le témoin de la satisfaction éprouvée en voyant la France reprendre une grande place.

L'admiration que les populations de tous les pays vouaient au général de Gaulle, chaque Français pouvait imaginer qu'en parvenait jusqu'à lui le reflet. Et cependant, nos compatriotes n'appréciaient pas tous à sa juste valeur ce qu'ils devaient au général de Gaulle et ne mesuraient pas l'ampleur du rôle historique qu'il jouait ni les bienfaits que, grâce à son impulsion et à son autorité, notre pays en retirait. Au lendemain de la Libération, nos amis de l'étranger craignaient à juste titre l'instabilité gouvernementale dont on se gaussait partout et redoutaient que la France n'instaurât point un régime qui pût relever un pays tombé si bas. Lorsque le régime nouveau fut établi, ils furent surpris de la promptitude avec laquelle se manifestaient ses effets bienfaisants. Lors de mes retours j'éprouvais l'envie de dire aux Français qu'ils ne se rendaient pas compte à quel point ils étaient plus heureux que tant d'hommes d'autres pays. Plusieurs nations subissaient des oppressions tyranniques, d'autres souffraient de malaises provoqués par des querelles religieuses, linguistiques ou sociales et même de véritables guerres civiles, d'autres encore éprouvaient des difficultés économiques et politiques ! Aux Etats-Unis où le général de Gaulle avait été longtemps critiqué, méconnu, blâmé, j'étais frappé du respect grandissant que l'on éprouvait pour lui et de l'intérêt que l'on reprenait pour les affaires françaises, longtemps effacé dans l'esprit des Américains. Puis-je évoquer une conversation avec le Président de la République italienne, M. Segni, me disant, lors d'une rencontre à Rome à l'occasion du congrès de l'Union Internationale d'Hygiène et de Médecine scolaire et universitaire en 1963, combien son pays aurait besoin d'un général de Gaulle ?

C'est alors que, grâce à la mise en place de la réforme hospitalière et universitaire — le premier C.H.U. à l'Hôpital Saint-Antoine devait s'ouvrir au printemps 1965 — et au début du développement des institutions de recherche biologique et médicale, je voyais se réaliser les rêves que j'avais formés. Les meilleurs parmi mes cadets allaient mener la vie bien équilibrée que j'aurais espérée pour moi-même et ils ne me cachaient pas combien ils appréciaient ce changement de leur existence.

Ces créations, projets, transformations parfois rapides, qui donnaient l'impression d'une marche vers l'avenir, coïncidaient avec la révolution médicale et biologique contemporaine. Les victoires sur la maladie obtenues grâce aux découvertes scientifiques et aux progrès du bien-être, la possibilité d'en faire profiter la population entière, c'était encore la réalisation d'anciens espoirs. L'extension des relations internationales entre médecins et chercheurs nous stimulait dans notre effort et devait nous permettre de faire apprécier, grâce à la valeur des travaux français, la contribution de notre pays aux progrès de la civilisation.

***

Pendant ce même temps, mon fils aîné poursuivait sa carrière d'homme d'Etat. J'ai évoqué plus haut le moment où, prenant le pouvoir, le général de Gaulle en fit son premier Premier ministre.

J'ai raconté les difficultés de sa tâche et les circonstances de sa démission. Suit une période où tout d'abord il fut battu aux élections législatives dans une circonscription tourangelle où se liguèrent contre lui, solidement soudés, les communistes et les réactionnaires. Il leur fallait à tout prix abattre le candidat républicain et gaulliste.

Plus tard, sentant la nécessité de reprendre sa place au Parlement et appelé par les élus de l'Ile de la Réunion, convaincu, comme le général de Gaulle l'était lui-même, qu'il pourrait accomplir dans ce pays une œuvre importante, il accepta la candidature dans la première circonscription de l'Ile de la Réunion en 1963 et depuis dix ans n'a cessé de se vouer avec un grand succès au développement de cette petite île volcanique perdue dans l'océan Indien. On peut dire que la physionomie même de l'île et la vie de ses habitants en ont été modifiés.

En 1966 il faisait de nouveau partie du gouvernement et était chargé de l'Economie et des Finances. Ce poste lui agréait. On sait de quelle puissance il est investi. Il était heureux de pouvoir agir sur les destinées du pays en appliquant les desseins d'une grande politique. Il fallait favoriser à la fois la production et le progrès social. Il lui plaisait de triompher de cette difficulté : être accepté, puis respecté, puis admiré par ses collaborateurs du corps si réservé vis-à-vis d'autrui que forme l'Inspection des Finances. Il devait aussi gagner la confiance des maîtres de l'industrie et des hommes d'affaires pour les guider vers les orientations qu'imposait l'intérêt national, celle des producteurs, notamment ouvriers et paysans, et enfin celle de la nation toute entière pour tâcher d'obtenir que le contribuable n'acquitte pas de trop mauvais gré les impôts qui pèsent sur lui. Il fallait stimuler l'économie française, pousser l'industrie vers la modernisation, le commerce vers la conquête des marchés, bref, lancer la France dans le développement de sa production sans laquelle il n'y a point de ressources pour l'amélioration sociale et l'aide familiale.

Lorsque j'allais lui rendre visite au Louvre je me donnais le plaisir de traverser à pied la place du Carrousel, d'en admirer les perspectives et d'évoquer en moi-même certains souvenirs historiques : le carrousel de Louis XIV en l'honneur du mariage du Dauphin, qui donna son nom à la place, les échafauds de la Révolution française et les revues de la période consulaire et impériale, enfin l'image qu'en a tracée Baudelaire dans ses vers bien connus :

....
Comme je traversais le nouveau Carrousel.
Le vieux Paris n'est plus (la forme d'une ville
Change plus vite, hélas ! que le cœur d'un mortel) ;
Je ne vois qu'en esprit tout ce camp de baraques.
Ce tas de chapiteaux ébauchés et de fûts,
....

Je notais que le monument de Gambetta avait été retiré — à bon droit, certes, car il était là mal placé et son style ne convenait pas en ces lieux — mais je regrettais que cette mémoire ne fût pas ailleurs conservée.

Quand j'apercevais la silhouette de mon fils sur la terrasse ornée de grandes statues, je songeais à la première visite que je lui fis, dans ce palais où je retrouvais le petit bureau qu'il avait occupé lorsqu'il était auditeur au Conseil d'Etat, attaché au Cabinet de Paul Reynaud.

Les abords du bureau du ministre des Finances sont les plus impressionnants parmi ceux de tous les ministères que je connais. Ils imposent le respect et donnent bien la sensation de puissance qui émane de ces lieux. Plus tard je devais le retrouver au Quai d'Orsay, dans l'hôtel du ministère des Affaires étrangères, en 1968, puis à l'Hôtel de Brienne, résidence du ministre des Armées en 1969. On sait que c'est sur le bureau de Vergennes que travaillent les ministres des Affaires Etrangères. A l'Hôtel de Brienne, on évoquait la demeure de madame Mère tandis qu'au Louvre on se retrouvait dans l'appartement de Rouher, le Vice-Empereur. Les décorations trop fastueuses, les meubles garnis à la mode du Second Empire, les tentures forment un décor qui n'a point changé et l'on songe aux dames en crinolines qui sont venues s'asseoir sur les canapés et les sofas...

Je prenais l'habitude de le revoir en ces palais majestueux où les escaliers aux belles formes, les salons aux grandes dimensions, de différents styles classiques, ornés de meubles, de tapisseries, de beaux objets, représentent l'héritage des époques royales et impériales. Une certaine froideur officielle faisant souffrir ma belle-fille ; elle s'efforçait, grâce au Mobilier National, de donner une note de son goût à ces demeures. Venant souvent en ces lieux, je finissais par m'y sentir à l'aise et, après le garde-à-vous des soldats de la garde républicaine et l'accueil devenu coutumier des huissiers, je traversais comme un hôte familier couloirs, galeries et salons dont je ne cessais d'admirer les beautés.

J'évoquais aussi les images du passé : la première visite au Quai d'Orsay, en juillet 1914, ou bien la présentation au général de Gaulle au lendemain de la Libération, à l'Hôtel de Brienne. Mais je ne pouvais m'adonner à cette « recherche du temps perdu » tant m'absorbaient lorsque je venais visiter mon fils, les problèmes du présent.

Nous avons toujours apprécié l'agrément des invitations qui nous étaient adressées ; tantôt, grands dîners entourés d'un apparat de bon ton en l'honneur de personnalités officielles des pays étrangers ; tantôt, déjeuners plus intéressants encore où l'on partageait avec de hauts fonctionnaires et les ambassadeurs des grands pays le repas servi dans cette vaisselle de Sèvres belle sous tous les régimes... De temps en temps c'était un repas pris en famille, ou encore un déjeuner pris en tête à tête avec mon fils lorsque je voulais lui parler seul à seul de nos problèmes.

On peut imaginer mes sentiments lorsque, dans les réceptions de gala de l'Elysée, je voyais défiler devant tous les hôtes debout, le général de Gaulle offrant son bras à ma belle-fille, à la tête du cortège qui s'avançait au son de la musique. Je savais bien que le général de Gaulle trouvait que le cadre de l'Elysée n'était pas celui qui convenait le mieux à sa personne et à la République qu'il fondait, il évoque un peu trop, par sa décoration même, le temps de Louis Bonaparte, prince-président, ou du maréchal Mac Mahon. J'y songeais en regardant ce spectacle qui me remplissait d'une grande fierté.

*
**

Trop rarement j'allais visiter Olivier dans son atelier de la rue Saint-Simon ou de Cachan. Il essayait de me frayer un passage au milieu d'un désordre pittoresque et je m'appliquais à suivre l'évolution de ses manières et périodes successives. Il prenait une grande place dans la peinture moderne et à l'étranger comme en France, amateurs, collectionneurs, directeurs de galeries et de musées recherchaient sa peinture. Son nom s'imposait et le charme et la fantaisie de sa personnalité créaient autour de lui une atmosphère très particulière tandis qu'en sa pensée se précisaient des idées originales sur l'art du peintre.

*
**

A la fin de ma carrière les honneurs de toutes parts me venaient. Mes voyages à l'étranger prenaient un caractère officiel et l'accueil devenait fastueux. De bonne grâce je jouais le rôle qui convenait, tout en m'efforçant de garder le temps nécessaire pour l'exécution de mon programme de travail. Partout je retrouvais d'anciens élèves empressés, qui me parlaient de l'Hôpital des Enfants Malades et du Centre International de l'Enfance. Des décorations m'étaient remises par les chefs d'Etat et les ministres, des titres m'étaient conférés par les académies et les universités. Je devenais membre d'honneur d'associations et de sociétés vouées à l'étude des enfants ou aux sciences médicales. André Cournand et René Dubos présentèrent ma candidature comme membre étranger à la Société des Médecins Américains, club fermé où, pour être admis, il faut avoir l'unanimité des suffrages. Il manqua une voix, ce qui ne découragea pas mes amis. Lors du scrutin suivant je fus élu.

Je reste fier d'avoir été élu à l'Académie des Sciences en 1961. J'avais, lors d'une première candidature, éprouvé un échec. Cette fois, sans bataille, sans concurrent, d'un vœu presque unanime, je fus admis. On me dit : c'est une élection de maréchal. Je n'avais point de concurrent. En effet, Pasteur Vallery-Radot, auquel certains membres de l'Académie des Sciences avaient songé, ne se présenta point. Il vint me voir et évoqua un souvenir qui nous amusa fort. Lorsqu'au lendemain de la Libération l'Académie Française avait voulu procéder aux élections attendues, Georges Duhamel avait « pressenti » Pasteur Vallery-Radot et celui-ci m'avait immédiatement invité à déjeuner dans un restaurant du bord de l'eau pour me demander avec sa bonne grâce coutumière si je ne voulais pas être candidat.

Je lui répondis qu'il n'en était rien, que sa place était à l'Académie Française et que pour moi mes ambitions me porteraient peut-être un jour vers l'Académie des Sciences et pas ailleurs. Et tout en continuant à sourire et à plaisanter nous

nous jurâmes au dessert que jamais nous ne nous présenterions l'un contre l'autre.

Pasteur Vallery-Radot fut, comme il était juste, peu de temps après élu à l'Académie Française et lorsque je me présentai à l'Académie des Sciences, bien que sollicité, il refusa d'être candidat.

Mon oncle Jacques Hadamard qui approchait de la fin de sa vie assista pour la dernière fois à une séance de l'Académie afin de mettre mon nom sur son bulletin de vote. Peut-être remplirai-je le même devoir avunculaire puisqu'en un temps prochain mon neveu Laurent Schwartz, grand mathématicien lui aussi, devra être appelé à siéger parmi nous.

C'est un honneur rare car la section de médecine et chirurgie ne compte traditionnellement que quatre médecins, deux chirurgiens et deux physiologistes. Ils portent un bien lourd et glorieux héritage. Comment assumer l'honneur d'occuper — c'est mon cas — le fauteuil de Claude Bernard ? Ce qui fait mon plaisir, en vérité, ne tient pas seulement à la difficulté vaincue, mais au caractère vénérable de l'Institut de France qui est si plaisant pour un homme féru d'Histoire. La salle des séances où nous siégeons chaque lundi est grandiose. De magnifiques boiseries garnissent les murs jusqu'à un plafond très élevé. On y voit dans des niches des statues de marbre blanc qui représentent les bustes d'hommes glorieux ou inconnus. Il n'y a point de fauteuils, comme on le croit, mais des chaises assez raides et, pour les journalistes, des banquettes avec, derrière eux, une statue de Molière, plus grande que nature, qui a l'air de prendre des notes pour leur donner le bon exemple.

Au cours de ce passé long de trois siècles, ont fait partie de cette Académie les plus originaux et les plus puissants parmi les savants, ceux qui ont trouvé des modes de pensée inconnus avant eux, créé des sciences, marqué leur époque, découvert des mondes célestes et terrestres, et l'on a quelque illusion de vivre un moment à l'ombre de ces grandes ombres...

Quand on y songe, est-ce l'évocation de ces souvenirs ou le cadre et sa beauté, la vanité d'être si peu nombreux et choisis parmi tant d'hommes qui mériteraient de l'être, l'habit noir aux broderies vertes, le bicorne, sa cocarde et sa plume, la cape ou l'épée, les séances solennelles d'une pompe impériale, qui font, si répandu, le contentement des membres de l'Institut ? Est-ce le goût, dans une atmosphère de courtoisie, de rencontres avec des hommes de qualité, est-ce l'effort d'esprit auquel je m'astreins pour saisir le sens de certains exposés touchant à des disciplines scientifique ignorées, avec la sensation que l'on croit fugitivement comprendre, ou le regret de ne pouvoir pénétrer dans le mystère ? Non. Il y a encore une pensée qui flotte dans l'air du Palais Mazarin, c'est la sensation d'être Immortel, dont on corrige la vanité en ajoutant « parce que l'on participe à une œuvre immortelle ». L'immortalité dont on gratifia, dans le style du XVIIe siècle, les membres de l'Académie française, leurs confrères de l'Académie des sciences la revendiquent et ils lisent en souriant cette définition du dictionnaire : « Immortel, se dit en plaisantant des membres de l'Institut de France. »

J'avais demandé qu'en France aucune décoration ne me fût décernée tant que mon fils était au pouvoir. Vint le jour où le général de Gaulle accepta de me remettre lui-même à l'Elysée, au cours d'une cérémonie à la fois impressionnante et familiale, le cordon de Grand-Croix de la Légion d'honneur.

Deux hommages récents — comme ils sont différents l'un de l'autre ! — ont provoqué en moi la résonance d'émotions vibrantes. Une fondation américaine, la *Josiah Macy Junior Foundation,* décida un beau jour d'organiser en France un séminaire scientifique au Centre International de l'Enfance et de lui donner mon nom. Parmi les raisons invoquées pour ce rare hommage figuraient les services rendus à la pédiatrie et à l'éducation médicale. La réunion scientifique internationale sur le développement de l'homme fut du plus haut niveau et le dîner, avec remise de médailles et de souvenirs, fixé le jour de mon anniversaire, touchant par la présence des miens au milieu des savants rassemblés.

En 1973 la municipalité de Vernou décida de donner mon nom à la rue qui mène du bourg à ma maison. Ce fut l'occasion d'une grande fête villageoise où étaient présents des maires et des représentants des villes voisines, de toute la Touraine et la population de Vernou. Après la fin d'un air de musique exécuté par la fanfare du village, nous entendîmes un chaleureux discours du professeur Georges Desbuquois, doyen de la Faculté de médecine de Tours, un autre de M. Michel Guermomprez, maire de Vernou, et enfin une allocution de mon fils rappelant : « Le destin devait lier une grande part de notre vie à cette terre sise sur les bords de la Cisse alors que celle-ci attend, pour se fondre dans la Loire, d'avoir reçu le secours de la Brenne », et il ajoute : « Nous y avons passé des jours heureux, jours de travail ou jours de loisirs dont le nombre et la qualité atténuent dans la mémoire les jours cruels. » Puis je dévoilai moi-même la plaque apposée sur le mur en faisant tomber le voile tricolore.

Aux honneurs se joignaient les charges. J'ai été heureux, après ma retraite hospitalière et universitaire, de continuer à jouer un rôle intéressant et d'assouvir mon goût de l'étude, du travail et de l'action. Je fus appelé à présider comités, conseils et commissions au ministère de l'Education Nationale, à la présidence du Conseil, au ministère de la Santé Publique et aussi à la Radiodiffusion française, au Commissariat au Plan, comme dans les groupes d'experts de l'Organisation Mondiale de la Santé où je cherchais à animer les séances, à rendre efficace le travail et utile l'effort commun. J'ai toujours tenté d'apporter des idées nouvelles, de lancer des initiatives, d'inspirer des recherches et des réformes, de donner à ces réunions élan et rigueur.

La plus précieuse de mes récompenses était la connaissance de mon nom par les étudiants en médecine grâce à des descriptions de maladies auxquelles était rataché le nom de l'auteur. Cette désignation, à juste titre éphémère, m'aura pendant quelque temps fait le plus grand des plaisirs. J'ai été heureux de ma réputation personnelle mais aussi de celle de mes cadets devenus de grands chefs d'école et dont le monde scientifique apprécie la haute qualité. Je dois ajouter que, lorsque je parvins à un âge avancé, je vis que je bénéficiais d'une sorte de notoriété publique et générale dont, à quatre-vingt-dix ans, je reste étonné et à laquelle je ne m'habitue point...

En parlant ici des décorations que, sans les avoir sollicitées, j'ai obtenues, je brave le ridicule. Je devais le faire pour écrire un texte véridique.

***

Pendant les dernières décennies, intense fut notre vie familiale et sociale dans nos logis parisien et tourangeau, auxquels nous étions très attachés. Nous y recevions nos enfants et nos petits-enfants. Mariages et naissances se succédaient. Les liens restaient intimes avec les couples et leurs enfants et nous étions heureux de les voir rester avec nous, proches et confiants. Plus tard, les caractères des garçons et des filles de la nouvelle génération devaient s'accuser. Certains devenaient des « contestataires ». Les opinions politiques et sociales divergeaient et aussi leur manière de conduire leur vie.

Nous nous efforcions, non sans peine, de les comprendre et d'accepter des genres d'existence bien différents de ceux de notre génération, quelles que fussent leurs doctrines et leurs critiques que nous écoutions..., leurs fantaisies vestimentaires et la longueur des chevelures masculines.

La tradition du grand dîner de Noël était respectée. Les descendants des deux lignées étaient si nombreux qu'en y joignant quelques neveux et nièces nous comptions plus de quatre-vingts invités. La fête était très attendue et minutieusement préparée. S'y mélangeaient les âges, les familles, tout comme les opinions. Dans la maison entièrement décorée d'une manière originale, tous se réunissaient autour de l'arbre de Noël illuminé, recevaient leur cadeau soigneusement choisi avant de participer à la gaieté du dîner. Ma sœur vieillissante jouissait profondément de cette joie familiale.

Nous nous réjouissions profondément des bonheurs personnels et des succès professionnels de nos descendants qui s'orientaient de façons les plus variées. Les uns étaient devenus professeurs de médecine ou de chirurgie, ministres ou généraux et dans la génération suivante se décelaient des talents divers. Peut-être me touchait particulièrement la réussite de trois de mes petits-enfants à l'Internat des Hôpitaux de Paris.

Nous avons veillé à ce que la maison restât accueillante aux amis, collègues, confrères français et étrangers et nous nous sommes efforcés de donner à ces derniers l'agrément de pénétrer dans une famille française et de connaître notre civilisation. J'ai toujours tenu à ce que la porte de mon bureau fût facilement ouverte à tous ceux — et ils étaient nombreux — qui venaient me demander conseil au sujet de problèmes bien divers. Parmi eux, j'avais le plaisir d'accueillir les enfants et les petits-enfants de ceux que j'avais jadis soignés eux-mêmes. Dexia, après avoir travaillé au laboratoire de Gaston Ramon, présidé à l'organisation des services de la clinique des Enfants Malades, du « salut » et des journées pédiatriques, fondait des œuvres nouvelles. Ces institutions destinées à compléter notre travail hospitalier, notamment pour les enfants paralysés en bas âge, devaient par leur réussite servir de modèles. Elle fut largement aidée, avant tout par Nicole Barry de Longchamp, amie très proche, fidèle et généreuse, et par sa sœur.

Dexia renouvelait le cadre de la rue de l'Université et celui de notre propriété tourangelle. Aux Madères les aménagements de la maison et du jardin, la joie que nous procuraient nos fleurs et nos plantations d'arbres, l'intérêt que nous prenions à moderniser la petite ferme et à restaurer, grâce à notre ami Roudinesco, la chapelle et ses vitraux, les soins du bétail, l'amitié pour nos chiens, l'importance que nous donnions à chaque détail de notre vie commune n'empêchaient point d'accueillir nos proches et nos amis. Près de nous s'installaient aux Petites Madères le professeur et Mme Gréco, que Dexia avait accueillis lorsqu'ils avaient dû quitter l'Algérie et dont, depuis lors, nous jouissions du voisinage amical.

Les collègues, maîtres et élèves venaient avec plaisir goûter le vin de notre clos et les produits de notre potager. Des habitudes se sont ainsi créées et les séjours ou passages de beaucoup de nos amis sont devenus traditionnels.

Quelques amis, notamment des collègues américains, purent séjourner aux Madères en notre absence et quand nous les retrouvons dans l'appartement de leur gratte-ciel, ils ont plaisir à rappeler avec détails l'image des habitations, des escaliers et des caves pittoresques creusées au cours des siècles dans le rocher.

Ce fut un jour de grande fête lorsqu'en 1957 les membres du Congrès des pédiatres de langue française que je présidais vinrent déjeuner sur la terrasse du château d'Amboise puis envahirent les Madères en une foule joyeuse animée par les chansons de la délégation yougoslave entonnées en chœur.

De Montlouis, en face de nous sur l'autre rive de la Loire, où se trouve la petite résidence de la famille de Michel Debré, des bourgs de Vernou et de Noizay, viennent nous trouver des visiteurs. Mais je n'en suis pas pour autant empêché de continuer mon travail dans ma bibliothèque garnie de meubles anciens, traversée par la lumière et ornée de mes livres familiers.

·41·

Vers soi-même

PARVENU A LA FIN de ce long témoignage, voici qu'il est temps de prendre sur une planchette de cette bibliothèque où il se trouve depuis cinquante ans à la portée de ma main, mon exemplaire des Pensées de Marc Aurèle. Ne faut-il pas se tourner vers soi-même — ἐς ἑαυτον — et imiter l'empereur philosophe qui commence par rendre hommage à ses parents, à ses grands-parents, à celles et ceux avec qui il vécut, à ses maîtres, à ses amis. Il les remercie de lui avoir transmis, grâce à la bienveillance des dieux, les qualités qui lui faisaient honneur et la manière d'arrêter les mauvaises tendances et de favoriser les bonnes.

En silence, comme lui, je remplis ce juste devoir...

Souvent j'ai relu les *Pensées* de ce disciple des Stoïciens et me demande si dans ma vie professionnelle et publique — car il n'est point question de mon existence privée et intime — j'ai pu suivre cet exemple et obéir aux préceptes de ses maîtres. Aujourd'hui, instruits par une science récente d'une façon plus précise que naguère, nous nous demandons dans quelle mesure nous sommes responsables de notre conduite, coupables de nos erreurs et fiers de nos meilleures actions.

Je crois que la liberté de chaque homme est bien limitée. L'étude de sa physiologie nous montre qu'il est dominé par la puissance de messages héréditaires transmis de génération en génération et que les particules qui le forment lui donnent sa physionomie corporelle et mentale. Chacun de nous est fait des molécules qui se sont réunies au cours des millénaires et nous sommes et restons tels que nous avons été conçus. Notre manière de sentir et nos capacités sont innées et il en résulte des mouvements et des événements inéluctables. Quelques éléments fondamentaux sont plastiques, donc influençables. Ainsi le milieu favorise certaines tendances, leur donne un objet, en arrête et en détruit d'autres, modèle tout ce qui en nous est modelable. Son influence s'exerce de mille et mille façons depuis que la cellule initiale a été formée. Mais la puissance de son action diminue avec le temps ; si elle est encore capitale dans les premiers jours, semaines et mois de la vie, dans la petite et la grande enfance, son pouvoir diminue à l'adolescence et devient bien faible chez l'adulte. Or, si le déterminisme conduit le monde, si la nécessité nous lie, que signifie la sensation de liberté que nous éprouvons ?...

Rien ne serait plus difficile de ma part que d'entreprendre à ce moment de mes réflexions un essai de métaphysique. Inutile retour vers les pensées de l'homme jeune qui avait cherché à assimiler Platon et Spinoza, Leibnitz, Pascal et Kant. D'un seul coup nous en arrivons à la conclusion présente : l'homme jouit d'une petite part de liberté, beaucoup plus limitée qu'il ne la ressent. Mais de celle-ci, précisément parce qu'elle est limitée, il se doit d'user de son mieux.

Ai-je moi-même fait de mon mieux ?

Aurais-je dû, plutôt que de me laisser absorber par un exercice professionnel dont je tirai agrément et profit, accentuer mon effort vers la recherche biologique, les investigations expérimentales, me vouer au travail du laboratoire en courant l'aventure et en menant la vie austère du chercheur ? Je m'étais trouvé, je l'ai raconté, à la fin de mon séjour à Strasbourg, à la croisée des chemins et j'avais choisi le métier de clinicien. Je ne me croyais pas doué d'une imagination créatrice assez forte. J'espérais au contraire que l'observation rigoureuse de faits cliniques me permettrait de réussir dans toute la mesure dont j'étais capable.

Comme médecin ayant le devoir de participer aux progrès de mon art, ai-je le droit d'appliquer à moi-même la phrase que j'ai citée de Paul Valéry : « Après tout, j'ai fait ce que j'ai pu. »

Si je n'ai point trahi « Athénè, la déesse, aux yeux bleus » que Renan invoque dans sa prière sur l'Acropole lorsqu'elle voue les hommes au service de la science et de la vérité, lui ai-je été fidèle lorsqu'elle proclame : " Tout bien vient du peuple, et partout où il n'y a pas de peuple pour nourrir et inspirer le génie, il n'y a rien " ? »

Guidé par l'idéal de ma jeunesse, entraîné par Charles Péguy au moment où sa cité harmonieuse était la République socialiste universelle, et par Robert Louzon qui avait foi en une révolution capable de créer une société plus juste, n'aurais-je pas dû suivre leur exemple tout au long de ma vie ? J'ai raconté comment je n'ai point abandonné la classe sociale à laquelle j'appartenais. En un mot, je suis resté franchement ce que j'étais.

J'ai même volontiers critiqué certains intellectuels qui, dans un pays où la liberté va jusqu'à la licence, profitent des jouissances de notre société et la vouent aux malédictions. Ils sont souvent bons et généreux, presque toujours naïfs. Ils signent des manifestes, prennent part à « des meetings de protestation » et prétendent parfois diriger la classe ouvrière. Peut-être reste-t-il au fond de moi-même la trace des enseignements du père Sorel. Celui-ci nous disait : « Les intellectuels ne sont pas, comme on le dit souvent, des hommes qui pensent, ce sont des gens qui font profession de penser. »

Ainsi j'ai vécu en bourgeois libéral. Patriote, républicain et réformateur, je pense que l'on peut éviter aux peuples de l'Occident les malheurs, les destructions, les brutalités, les souffrances, les morts et les crimes qu'une révolution entraîne avec elle et la tyrannie qui risque de lui succéder. Sans diminuer la force de la nation, sans perdre la liberté, le peuple peut se rapprocher de son idéal de justice sociale.

Toutes les libertés doivent être protégées, et avant tout la liberté de conscience. Avons-nous bien agi en laissant à nos enfants la liberté la plus absolue dans le domaine de la religion ? Je le crois aujourd'hui comme nous l'avons cru hier.

Nous avons décidé d'élever nos enfants en dehors de toute pensée et de toute pratique religieuse, convaincus que nous ne devions pas les orienter vers l'une ou l'autre de leur lignée et que sans l'aide d'aucune morale religieuse nous pouvions les former de la manière qui convenait. Plus tard, maîtres d'eux-mêmes, ils auraient à choisir. Une pareille décision est toujours grave puisque chez la plupart des hommes la religion est liée aux souvenirs de l'enfance. Elle comporte des habitudes, des réflexes, des inhibitions, des élans incorporés dans l'individu au cours de sa formation. Elle gardera, souvent pendant toute la durée de la vie, une teinte nostalgique, celle de la tendresse du jeune âge avec ses émotions et son bonheur disparu.

Le comportement naturel des hommes vis-à-vis de la religion est bien complexe. En moi-même je répartissais les hommes de notre civilisation en quatre groupes différents. D'abord les mystiques : parmi eux se placent les saints, les prophètes, les apôtres, les créateurs de religions et d'hérésies et ceux qui communient avec eux, dont l'âme est capable d'extase, dont l'esprit est dominé par des visions, par des impulsions, par des perceptions différentes de celles du commun des hommes dont ils sont ainsi séparés.

Un autre groupe est fait de ceux qui « ont la foi ». Il m'apparaît que seule une propriété innée, une tendance congénitale peut expliquer la capacité de conserver en soi-même un domaine interdit à la raison. Ainsi certains savants, dont l'esprit est plié aux méthodes rigoureuses de l'observation objective et du raisonnement logique, peuvent préserver un monde intérieur où ne pénètre point la lumière de leur intelligence. Ils croient à l'irrationnel, à l'impossible. Ils sont ainsi faits que, si les circonstances sont favorables, la foi vient remplir cette partie de leur conscience ; alors ils deviennent croyants. Si ce n'est pas la religion qui use de cette grâce, c'est une doctrine morale ou sociale.

La foi est absolue, rien ne peut l'ébranler. Ceux qui n'ont pas hérité des prédispositions nécessaires et suffisantes ne peuvent l'acquérir. Nous avons entendu bien des anxieux affirmer qu'ils avaient la foi alors qu'en réalité ils cherchaient à l'avoir, souffraient de n'être point des croyants et n'y parvenaient point. D'autres au contraire l'ont trouvée et la paix est en eux.

La plupart des hommes ne sont pas ainsi faits et sont simplement religieux.

Pour ces hommes — ils représentent la majorité — la religion apporte tel secours, des règles de vie protectrices et les cérémonies du culte représentent un acte collectif, pour eux si bienfaisant qu'ils restent des fidèles sans se croire obligés à une totale crédulité. A ces religieux se mélangent en grand nombre ceux qui agissent conformément à leur entourage pour ne pas se séparer de leur groupe social et pouvoir, en cas de besoin, y trouver refuge.

Enfin certains hommes ne peuvent accepter ni cette obéissance ni cet abandon. Ils gardent leur sérénité plus ou moins grande, suivant les tempéraments, devant les mystères du monde et de la vie que la curiosité humaine s'efforce de dissiper. Ils savent que toute connaissance nouvelle pose un problème nouveau et qu'il en sera ainsi indéfiniment.

Ne faut-il pas alors donner à chaque génération la liberté et lui inspirer, mieux que la tolérance, le respect de la croyance d'autrui ? L'horrible histoire des guerres religieuses, le mépris réciproque du religieux et de l'athée, sont des offenses affreuses à l'esprit libéral.

On comprend que je ne saurais regretter de voir dans notre postérité les évolutions les plus variées, heureux que rien ne trouble l'harmonie affectueuse qui règne entre nos enfants.

***

L'esprit libéral, éclairé par une conception déterministe de la conduite de l'homme, nous conduit à une attitude de compréhension des autres hommes ou tout au moins à un effort de compréhension plutôt que de jugement. Sans doute, si je répète en manière de paradoxe, que les menteurs sont le plus souvent de bonne foi et que les coupables sont généralement des innocents, je n'oublie pas que l'homme doit d'autant mieux user de sa liberté que celle-ci n'est que bien limitée. La recherche de ce que la justice appelle la part de responsabilité me plonge dans d'insondables doutes et j'en retire l'idée que la peine n'a pour justification que la préservation de la santé sociale. A nous de poursuivre les recherches biologiques grâces auxquelles nous saisirons un jour les origines profondes et complexes des impulsions criminelles des brutaux, des meurtriers, des sadiques, des jaloux. Alors on pourra lutter contre les désordres de leur état pathologique grâce à une action thérapeutique s'exerçant sur le cerveau, sur le système neuro-hormonal. Nous avons déjà des moyens de modifier l'humeur et le sentiment dans différentes circonstances... Certains s'en inquiètent. Comme toujours l'acquisition de nouvelles puissances peut être dangereuse, mais on ne peut oublier que jusqu'à présent nous avons réussi à rendre généralement bienfaisants les poisons que crée la nature ou que nous savons fabriquer.

Tout au long de mon existence s'est fortifié en moi le respect de la vie humaine. Je sais bien qu'en temps de guerre et de révolution celle-ci ne compte plus, mais ces grandes crises passent et lorsque retentit la sonnerie du clairon « Cessez-le-feu » l'excitation homicide tombe. Dans la paix ce respect de l'être humain m'a mené au refus de la peine de mort. Il ne faut pas attendre que les « assassins commencent ». C'est ce même sentiment qui m'anime lorsque je demande à présent que l'on respecte l'être humain dès le début de sa formation. Les obligations auxquelles obéit le médecin sont soumises à cette même règle morale dont les applications sont parfois difficiles.

Cette même tendance exige de nous le respect envers tout homme et l'application de la Déclaration des Droits de l'Homme. C'est bien inspiré par cette pensée que Jean Jaurès affirmait que tout le socialisme est compris dans la doctrine républicaine puisque l'égalité réclame les mêmes possibilités de promotion sociale pour tous. Egalité et Liberté doivent être accordées à toutes les nations, quelles que puissent être les inégalités foncières des groupements humains. La devise de la République est la plus belle qu'on ait jamais pu formuler.

Où donc nos enfants vont-ils conduire notre pays ? Comme il est difficile de porter un jugement collectif sur ceux de la génération nouvelle ! Beaucoup sont, comme les meilleurs de leurs aînés, chaleureux et ardents au travail. Certains m'apparaissent, peut-être plus que la majorité de leurs aînés, détachés des questions d'argent et plus désireux de connaître les pays lointains que soucieux de leur confort. Les femmes qui, aujourd'hui ont un métier, avec la charge des enfants et du ménage, font preuve d'énergie. Ils ont tous tendance à écarter certains préjugés, ils sont à la fois plus libres et plus égalitaires que leurs aînés. Ceux qui sont enrégimentés par des partis politiques me choquent par l'étroitesse de leur pensée disciplinée. Cette génération et parmi elle, notamment les jeunes filles, ont acquis et garderont certaines libertés. Mais qu'adviendra-t-il lorsque cette jeunesse aura atteint l'âge mûr et pris de l'expérience ? Comment modifiera-t-elle ce monde moderne auquel on adresse tant d'injustes malédictions ? Croira-t-elle, comme je le pense moi-même, que dans les différents groupes humains l'organisation sociale et morale doit varier, que les régimes les plus divers peuvent coexister sur la terre et que les bouleversements violents, ailleurs inévitables, peuvent être épargnés au monde occidental dont on peut affirmer qu'il marche vers le progrès d'un pas plus sûr qu'hier et sur une route mieux tracée?

J'aime qu'ils me parlent et suis heureux quand ils le font avec une franche sincérité. Comme le faisait Dexia, je leur répète : « Je peux tout entendre. » Il me semble qu'ils le savent. Comme leurs aînés ils prennent volontiers le chemin de mon logis. Il m'appartient d'évoquer devant eux l'idéal poursuivi par ma génération et celle de leurs parents et de leur montrer combien est solide le sol sur lequel s'élève notre échelle des valeurs. Au sommet de celle-ci nous plaçons l'amour de la patrie, le devoir civique, le respect d'autrui, le désir de se battre pour de justes causes, la force du caractère, la capacité de jouir des bonheurs que la vie nous apporte, la fermeté d'âme dans le malheur et, par-dessus tout, le sens de l'honneur.

Celui qui tend ses forces pour supporter l'adversité et voudrait, gardant les élans de l'homme jeune, vieillir avec bonne grâce, songe à l'éternité. Notre éternité, c'est, issue des deux lignées, notre descendance.

A cette descendance, aux miens, mon témoignage apporte un souvenir. Pendant des années j'entendais à la fin de chaque jour la voix de Dexia. Elle disait : « Etes-vous fatigué ce soir ? » Je répondais : « Pas encore. » Maintenant que je ne l'entends plus, je suis las de porter l'honneur de vivre.

Pour ceux qui sont aujourd'hui entraînés par la fougue ardente de leur jeunesse, la vie, aux couleurs changeantes, trop vite s'écoulera. Qu'ils songent, quand l'heure passe, à la devise inscrite sur le cadran solaire des Madères : « Chacune apporte une espérance. »

Paris
Vernou/Brenne (Indre-et-Loire)
mars 1974

Imprimé en France, Aubin 86 Ligugé
Dépôt légal, deuxième trimestre 1974
Numéro d'édition 5772, numéro d'impression 7641
Hermann, éditeurs des sciences et des arts